2026 7·9급 교육행정직 공무원시험 대비

세상의 모든
교육학 기출 1200

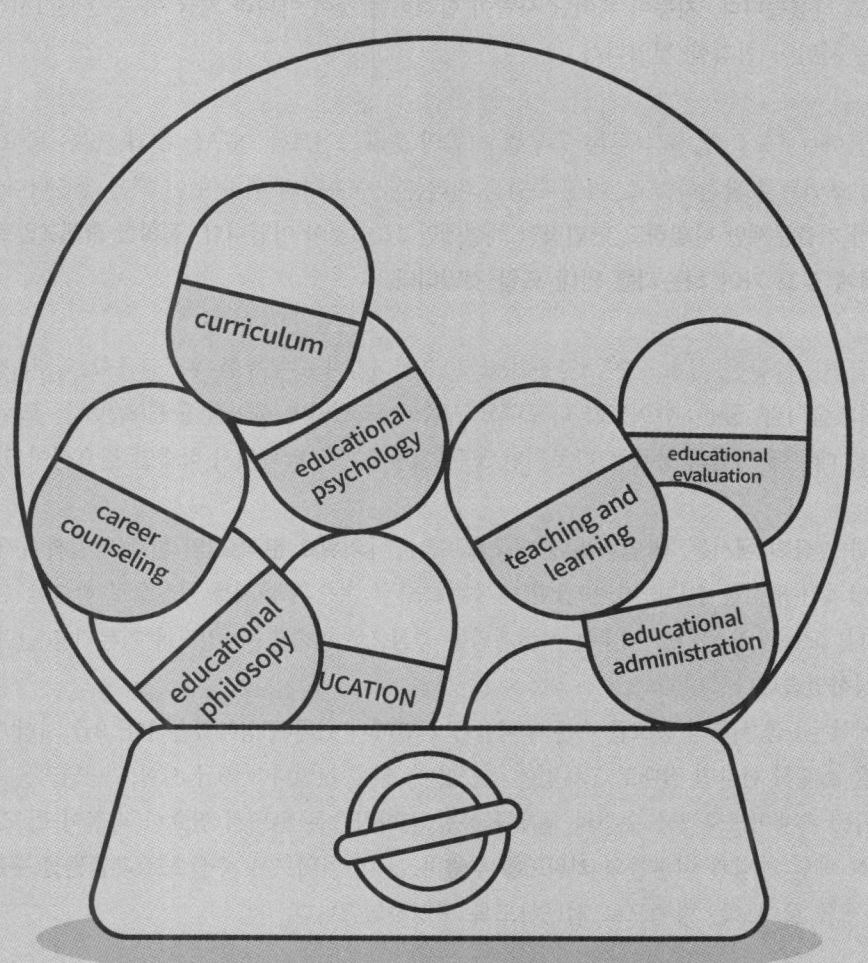

✔ **키워드 3단계 학습법**을 통한 철저한 시험중심 학습
✔ **9급, 7급, 임용고시 기출문제** 선별 총망라
✔ 기본개념은 물론 고난도 문제까지 **해결능력 상승**

김신 편저

동영상 강의 | 공단기 gong.conects.com

Fonus

PREFACE

아리스토텔레스는 '훌륭한 사람이 훌륭한 행동을 하는 것이 아니다. 훌륭한 행동을 하는 사람이 훌륭한 사람이 된다.'고 하셨습니다. 지능이 뛰어난 사람이 합격하는 것이 아니라 지금 이 순간 단 1시간이라도 최선을 다하는 사람이 합격할 것입니다.

저자는 우리가 아는 「교육학」을 다루는 공무원 시험의 출제포인트를 연구한 결과, 많은 중요 섹터가 있겠지만 핵심 포인트를 발견하였고, 이를 수험생 여러분과 공유하기 위하여 이 책을 썼습니다. 때문에 이 책은 단순히 기출문제만 나열하고 단편적인 해설에만 그친 것이 아닙니다. **정확한 출제포인트를 짚고 시험장에 어떻게 갖고 가야 하는지를 안내 드릴 것입니다.**

본 교재는 [9급편], [7급편], [초·중등 임용편]으로 크게 3가지로 분류한 후 「교육학」의 각 챕터별로 문제를 수록하였습니다. 물론, 난이도가 다르다고 느낄 수도 있지만 사실상 출제포인트는 모두 같다고 보시면 됩니다. 때문에 시험의 종류는 다르지만 모든 기출문제를 탐독해서 학습할 필요성이 있습니다.

일단 [9급편]과 [7급편]에서는 책 앞머리에 제공해 드리는 **[키워드 분석표]**와 함께 학습하시기를 권해 드립니다. 개별적인 구성을 설명하면, [9급편]에서는 초중급 수준의 문제를 중심으로 학습할 수 있도록 구성하였습니다. 교육학의 근간을 이루는 기본개념을 중심으로 학습할 수 있도록 기본기를 탄탄히 하는 과정으로 구성하였습니다.
다음 [7급편]에서는 9급 시험의 중고급 수준의 학습을 견인하기 위해 구성하였습니다. 9급 시험만 준비한다고 이 부분을 소홀히 한다면 절대로 고득점에 접근할 수 없을 것입니다. 9급 시험도 변별력을 높이고자 난이도를 높이는 추세이므로 7급 수준의 문제를 통한 심화학습은 반드시 필요한 과정이 될 것입니다. [9급편]을 통해 해당 개념과 이론들의 **키워드를 추출**하고, 이 키워드를 중심으로 **개념들을 구조화**시킨 후 관련된 문제를 풀어보는 방법으로 접근하도록 구성하였습니다.

[임용편]은 초·중등 임용고사 「교육학」 문제로 구성하였습니다.
본 편에서는 비교적 공무원 시험의 난이도와는 약간 높은 수준의 문제이지만, 9급 수준에서는 심화 수준으로, 7급 수준에서는 중급 수준의 문제로 이해하시면 됩니다. 같은 문제가 출제되지는 않겠지만, 동등한 수준의 문제가 출제될 것은 분명하다고 보시면 됩니다. 때문에 본 편의 학습은 난이도 상승 추세의 시험에 대비한 문제해결 능력을 키우는 매우 중요한 과정이라 할 것입니다.

권장 학습과정을 요약하면 다음과 같습니다.

1단계	2단계	3단계
• [9급편] 중심 • 기초 중요개념 정리 • **키워드 추출과 암기**	• [7급편] 중심 • 중고급 개념 정리 • **키워드 중심으로 내용 구조화**	• [임용편] 중심 • 고급 개념 정리 • **개념 정교화**

저자가 권장하는 교육학의 3단계 학습법 [키워드 전략], [구조화 전략], [정교화 전략]을 통하면 반드시 만점에 도전해도 좋다는 수준의 실력에 도달할 수 있을 것입니다.

분명한 것은 누가 얼마나 땀을 흘리냐의 문제이고, 다음은 내 차례가 언제 올 것인가의 문제입니다. 그 외에 다른 것은 없다고 다짐하시고 함께 출발합시다.

2025년 11월

편저자 김 신

키워드 분석표

Ⅰ. 교육과정

		핵심내용	주요 학자 및 개념	키워드1	키워드2	키워드3
교육과정	기초	교육과정 시작	스펜서	지식우선순위	과학>여가	
		과학적 교육과정	보빗	목표 관리(과학적)	성인활동	직무분석
	역사	교과	형식도야	전통, 문화유산	교사중심	체계적 교육
		경험	듀이(성장)	흥미 경험 : 실제생활(인)	아동중심	생성 : 교사+학생(상호작용)
		학문	브루너	지식의 구조 (활동-영상-상징)	발견학습	나선형 교육과정
		인간	자아실현	전인교육	인지<정서 중시	잠재적 교육과정 중시
		홀리스틱		인간+생태계	인간+자연	
	우리나라	교육과정	1차 : 교과, 2차 : 경험	3차 : 학문, 4~5차 : 인간	6차 : 교육과정 분권화	현재 : 역량중심
	이해	공식	교육과정 총론	교육계획	공적 문서	
		잠재	잭슨	의도하지 않았으나	은연중에 배움(정의적)	군집, 상찬, 권력구조
			애플, 지루	의도된 것		
		영	아이즈너	배제된	교육적 가치	경험하지 않은
	개발	개발	타일러	순서 : 목표 학습경험 평가	특징	한계
				목표	학습경험-선정	학습경험-조직
				학생, 사회, 교과	기회, 만족, 가능성	계속, 계열, 통합
				교육철학, 학습심리	일목표 다경험, 일경험 다성과	
			타바	교사가 만드는	단원개발	귀납적
		실제	워커	자연주의적	강령 숙의 설계	정치적
		이해	아이즈너	행동목표(한계)	문제해결목표	표현적 결과
				교육적 상상력	교육적 감식안	교육 비평
			파이너	쿠레레	회귀 전진 분석 종합	해석학 현상학
		대안모형	스킬벡	학교중심 교육과정 개발모형	상황분석	
			위긴즈 맥타이	이해중심(백워드) 교육과정	1 바라는 결과 2 수용 가능한 증거 3 학습경험	
	조직	계속		반복		
		계열		심화	구체 → 추상	
		통합		연결		
		범위		폭과 깊이	시수로 결정	
		연계성		수직적(학교급별)	수평적(통합유사)	
	평가모형	목표달성	타일러	목표와 성취도 일치		
		의사결정	스터플빔	유용한 정보 제공		
		탈목표	스크리븐	의도하지 않은	부수적인 효과 평가	
		전문가	아이즈너	교육비평	교육적 상상력	교육적 감식안
	실행	교육과정 실행	스나이더	충실	상호적응	생성
	2022 총론	구성		학습자 개개인 : 인격적 성장	모든 학생 : 언어, 수리, 디지털	참여형 수업
		교육과정		성취기준 : 교과(학습 전)	성취수준 : 학습자(학습 후)	
		핵심역량		자기 관리, 지식정보	창의적 사고, 심미적 감성	협력적 소통, 공동체 역량
		자유학기		지필평가 지양	2013 연구학교, 2016 모든 학교	진로 탐색, 주제 선택

Ⅱ. 교육심리

		핵심내용	주요 학자 및 개념	키워드1	키워드2	키워드3
교육심리	발달			성숙 유전 상호작용	전체 일반에서 부분 특수로	개인차
	인지발달	개인적 구성	피아제	감 전 구 형 순서 특징	동화(수용) 조절(변화)	발달>학습
		사회적 구성	비고츠키	근접발달영역	비계설정	학습>발달
	성격발달	심리성적 발달	프로이드	원초아 : 본능	자아 : 현실	초자아 : 도덕
	사회성	심리사회적	에릭슨	신 자 주 근 자	근면성(유능감)	정체감(충성)
		정체성 발달	마샤	혼미(위기× 전념×)	상실(위기× 전념○)	유예(위기○ 전념×)
		생물생태학적	브론펜	미 중 외 거 시		
	도덕성	인지	피아제	아동	규칙	전도덕 타율 자율
			콜버그	아동~성인	딜레마	인습이전 인습 인습이후
		정의	길리건	여성	배려	
	행동주의	개념		환경 영향	인간 수동	관찰 과학적 연구
		고전적 조건형성	파블로프	정서적 반응	무조건 자극(고기)	조건화(종소리)
		자극-반응 연합설	손다이크	시행착오	연습 효과 준비성	
		조작적 조건형성	스키너	반응 결과 관심		
		기법		강화계획	프리맥 원리	체계적 둔감법
	사회인지	관찰학습		주 파 재 동		
		자기효능감		성공경험 모델링	사회적 설득 심리상태	
	인지주의	목적적 행동주의	톨만	잠재학습	인지도	
		통찰학습	쾰러	형태주의	전체〉부분의 합	파이현상(지각 실제 다름)
		정보처리	앳킨스	감각 작업 장기	부호화(심상 조직화 정교화)	메타인지(초인지)
		전이		긍정 부정	수평 수직	일반 특수
	동기	귀인	와이너	능력 노력 운 과제난이도		
		자기결정	데시	자율성	유능감	관계성
		기대가치		기대 : 성공 믿음	가치 : 이익에 대한 믿음	
		자기가치		자기존중	자기장애전략(자기방어)	
		목표지향		숙달(내재동기)	수행(외재동기)	
	학습양식	장독립	잠입도형검사	분석적	개별학습 선호	개인목표 강조
		장의존		전체적	협동학습 선호	칭찬
		숙고형	같은 그림찾기	대답 느림	틀리는 경우 적음	
		충동형		대답 빠름	틀리는 경우 많음	
	지능	고전	서스톤	7개 정신		
			카텔	유동지능(유전적)	결정지능(교육 훈련)	
		대안	가드너	다중지능	독립적 다양성 문화영향	
			스턴버그	삼원지능	분석 창의 실제	
		창의성	길포드	유창성	유연성	독창성
		영재	렌줄리	평균 이상 일반능력	높은 수준 과제집착력	높은 수준 창의성
		특수 학습자		학습부진(선수학습 결손)	학습장애(특정학습 장애)	

키워드 분석표

Ⅲ. 진로상담

		핵심내용	주요 학자 및 개념	키워드1	키워드2	키워드3
진로상담	생활지도	기본원리		전인성(통합)	적극성(사전예방)	균등성(모든 학생)
		과정	조 정 상 정 추	학생조사(검사)	정보활동(정보제공)	상담활동(의사결정 지원)
	정신분석	상담기법	프로이드	자유연상	꿈 해석	전이분석
	인간중심	진솔 공감 존중	로저스	비지시적 상담	자유의지 자아실현	
	인지주의	REBT	엘리스	비합리적 신념	논박	
	교류분석	구조분석	번	어버이 어른 어린이	각본분석	
	현실요법	WDEP	글레이서	행동 책임	5가지 욕구	질문 유머 직면
	행동주의	환경 통제	파블로프 월피	체계적 둔감법	행동계약	모델링
	진로	성격유형	홀랜드	6가지 성격유형	성격 환경 상호작용	
		욕구	로우	아동 부모양육	욕구충족	직업분류체계

Ⅳ. 교수학습

		핵심내용	주요 학자 및 개념	키워드1	키워드2	키워드3
교수 학습	객관주의	발견학습	브루너	지식의 구조	표상양식(활동 영상 상징)	
		유의미학습	오수벨	포섭	선행조직자	관련정착지식
		학교학습모형	캐롤	필요시간 : 적성 이해력 수업질	사용시간 : 학습기회 지속력	
		처방적 교수	가네	5가지 학습결과	9가지 수업사태	학습조건(내적 외적)
		교수설계	출발점 행동			
			글레이저	체제적 설계	출발점 행동진단	
			ADDIDE	분석	설계(목표 평가 교수전략)	개발(교수자료)
			딕 앤 캐리	수행목표	평가도구	교수전략
		ARCS	켈러	주의집중 관련성	자신감 만족감	
		토의토론		버즈 : 인간관계 개선 기초학력	원탁 : 모두 발언 상호대등	
		개별화 수업		자기주도학습	학습자중심	
		협동학습		이질적 집단구성		
	구성주의	개념		인식주체	실제적 맥락적	토론 협동
		인지유연성	스피로	다양한 범주사례		
		상황학습	브라운	앎과 행동 동시	실행공동체	포트폴리오 평가
		인지적 도제	콜린스	전문가 사고 내면화		
		정착수업	밴더빌트대학	비디오매체		
		상호교수	팔린사와 브라운	요약 질문 명료화 예언		
		PBL	배로우스	자기주도학습	협동학습	자기 동료평가
		구성주의 학습환경	조나센	교사 : 모 코 스	학생 : 구 성 탐	
	공학	ASSURE	하이니히	순서		
		원격교육	우편물 시작	시공간 분리	매체의존	매체질 학습자중심
		e 러닝	전자매체	교육의 대중화		
		m 러닝	스마트폰	4c		
		u 러닝	언제 어디서나			
		플립러닝	거꾸로학습	사전 동영상	수업 토론 및 과제수행	대면접촉 증가
		블렌디드	온라인 오프라인	학습방법 결합		
		마이크로	1가지 주제	1가지 아이디어		

키워드 분석표

V. 교육평가

		핵심내용	주요 학자 및 개념	키워드1	키워드2	키워드3
교육평가	참조	규준		정규분포	평균 통계	
		준거		부적편포	학습목표 성취기준	
		자기	성장	얼마나 성장	상관계수 낮을수록	
			능력	얼마나 최선		
	수업	진단	수업 전	선수학습	출발점 행동진단	수업 배치
		형성	수업 중	학습목표 도달 피드백	교수학습 개선	오개념 개선
		총괄	수업 후	프로그램 책무성		
	목표	블룸	인지적 영역	지식 이해 적용 분석 종합 평가		
	수행평가	개념	포트폴리오	과정중심 평가	종합적 평가	
	측정 및 검사	표준화검사	형식절차 통제		척도 : 명 서 등 비	
	정의적 특성	평정법	리커트척도	질문법	관찰법	사회성 측정법
	문항분석	고전검사이론	총점 분석	Z점수	T점수	스테나인
		문항반응이론	문항 하나하나 분석	문항특성곡선		
	양호도	타당도	개념	충실히	적절히	
			내용	이원분류표	내용전문가	
			구인	심리적 개념	요인 분석	
			공인	기존검사		
			예측	미래행동 예언		
			결과	결과 가치판단		
		신뢰도	개념	정확하게	일관성 일치도	
			재검사	한 검사	시간간격 상관계수	
			동형검사	두 개 동형검사	상관계수	
			반분신뢰	검사문항 반	스피어만 브라운 공식	문항수 감소 신뢰도 감소
			문항내적	문항 하나하나	KR20 KR21 호이 크론바흐	
			객관도	채점자내신뢰도	채점자간신뢰도	

VI. 교육행정

		핵심내용	주요 학자 및 개념	키워드1	키워드2	키워드3
교육행정	행정	개념과 기능		국가통치(교육에 관한)	조건정비(교육을 위한)	
		행정원리		민주성(참여)	효율성(최소비용 최대성과)	자주성(중립성)
				지방분권의 원리(외부지배×)	적도집권의 원리 (국가 지방 조화)	계층의 원리(책임 수직)
		관료제	베버	관료제 특징	순기능	역기능
		과학적 관리론	테일러	효율-분업	성과 보수	
			보빗		과학적 관리-학교	
		행정과정론	페욜	기획 조직 명령 조정 통제		
		인간관계	메이요	호손실험	비공식 조직	민주화
		인적자원	서지오바니	의사결정 참여	학교 효과성	교사 만족감 증대
		체제론		상호작용	투입-과정-산출	개방 폐쇄
	조직	봉사조직	칼슨	온상조직	야생조직	
	학교조직	조직화된 무정부	코헨 마치	구성원 유동적	목표 불분명	학교 수업 기술 불분명
		이완결합	웨익	자유재량권 자기결정권	신뢰(마이어 로완)	
		이중조직		수업(느슨한 결합)	행정관리(엄격한 결합)	
	동기	욕구위계이론	매슬로우	생존 안전 사회적 존경 자아실현		
		생존 관계 성장	알더퍼	생존 관계 성장		
		동기위생	허즈버그	동기(성취감 존경 책임감)	위생(보수 동료관계)	
		X-Y이론	맥그리거	X(성악 엄격한 감독)	Y(성선 자아실현 존재)	
		미성숙-성숙	아지리스	미성숙 → 성숙		
		기대이론	브룸	기대 가치 주관적 선택	노력 성과 보상	성과 및 보상 기대
		성취만족이론	포터와 로우	노력 성과 보상 만족	만족감(개인의 욕구충족)	
		공정성	아담스	타인과 비교		
		목표설정	로크	구체적이고 어려운 목표 설정		
	리더십	상황	피들러	상황의 호의성	지도자와 구성원 관계	과업구조화 지도자지휘권력
			허쉬	성숙도	지시형 지도형	지원형 위임형
		변혁적	바스	이상화된 영향력	영감적 동기화	지적 자극, 개별화된 배려
		분산적	스필레인, 그론	중앙집권적 사고 부정	공유	
		문화적	서지오바니	가치 신념		
		도덕적	서지오바니			
	의사결정	관점	합리적(관료제)	참여적(합의)	정치적(협상)	우연적(선택우연)
		기획	사회수요(국민수요)	인력수요(산업부분 인력추정)	수익률접근(효율성)	국제비교(타국가)
		모형	합리(이성)	만족(개인만족)	점증(현재+향상대안)	혼합(합리+점증)
			쓰레기통	조직화된 무질서(코헨마치)	자연스럽게	우연적
	장학	개념		수업개선 모든 활동	관리-협동-수업-발달	
		약식장학	일상장학	일상장학	평상시 교장 교감	
		임상장학	저경력교사	저경력교사	수업개선	
		자기장학	경력교사	경력교사	대학원 진학	수업녹화
		동료장학	교사간 상호협력	교사간 상호협력	인적자원 활용	
		학교컨설팅	6가지 컨설팅원리	자발성(요청)	자문성(책임의뢰인)	

키워드 분석표

Ⅶ. 교육사회

	핵심내용		주요 학자 및 개념	키워드1	키워드2	키워드3
교육 사회	거시	기능	사회적 기능	문화전승 : 규범, 가치	사회충원 : 적재적소 배치, 선발	지식의 공식화 위계화
				사회이동 : 지위 향상	사회통합 : 동질성	* 내부 외부 비교
			개념(긍정)	문화 규범 전수	사회유지 통합	선발 분류 배치
			뒤르껭	사회화(보편 특수)	도덕 지적 신체 개발	체벌×
			파슨스	학급사회화	선발 배치	체제
			드리븐	규범적 사회화	독립 보편 특정 성취	
			기술기능주의	클락	산업화 → 기술필요 → 학교교육	
			인간자본론	슐츠	교육 → 생산성 증가 → 개인성장	
			능력주의	기능(긍정)	갈등(부정)	
		갈등	개념(부정)	지배집단	재생산	불평등
			보울스 진티스	경지적 재생산(대응이론)	능력주의 비판	학습과 노동소외
			부르디외	문화적 재생산	아비투스	상징적 폭력
			프레이리	은행저축식 교육(암기비판)	문제제기식 교육 (비판적 사고)	의식화교육
			일리치	탈학교	학습망(학습네트워크)	
			윌리스	저항이론	간파 반문화	사나이 귓구멍
			지위경쟁이론	콜린스		
			학력상승이론	벤딕스 클락		
	미시	신교육	개념	미시 학교내부	교사학생 상호작용	해석적 과정
		교육과정	번스타인	정교화 제한된 어법	집합형 통합형 코드	분류 구조화
			애플	헤게모니	숨은 교육과정	
			애니언	구국 역사 교과서		
		상징적 상호작용	미드	교사학생 상호작용	하그리브스(사자 연예 낭만)	
		자성예언	머튼	말하는 대로		
		피그말리온	로젠탈	긍정		
		스티그마	낙인이론	부정	추측-정교-고정화	
	비행이론	청소년 비행	아노미(뒤르껭)	기존 가치관과 새로운 가치관 공존	아노미(머튼)	제도와 수단의 괴리
			사회통제	사회연대가 통제	낙인이론	추측 정교화 고정화
	평등	기회	허용(헌법 31조)	보장(무상교육)		
		조건	과정의 평등	고교평준화 (1974시작 1981확대)		
		콜맨	사회적 자본	가정배경 또래집단		
		결과	보상교육	방과후 수업	농어촌특별전형	헤드스타트
		롤스	제1원칙 평등	자유	제2원칙 차등	사회적 우연성
	문화	문화실조	학업격차 결핍모형	학습실패 : 문화경험 부족	헤드스타트	문화 상대주의 비판
		다문화	뱅크스	목적 : 자기이해	교육과정 접근법 : 기부사	
	학력상승	이론	학습욕구	기술기능-지위경쟁	졸업장병	국민통합
		학자 내용	천성적 학습	목적 : 자기이해	지위획득 수단	벤딕스

Ⅷ. 교육사 철학

		핵심내용	주요 학자 및 개념	키워드1	키워드2	키워드3
교육사 철학	교육	목적	개념	내재 외재	규범(가치)	조작 (인간행동 계획적 변화)
			피터스	교육의 준거 (규범 인지 과정)	교육으로 입문	
			허스트	자유교육	초기(지식의 형식)	후기(사회적 활동)
	현대	분석철학	피터스, 비트겐	언어 분석	언어 게임	
		실존주의	볼노우, 부버	만남	자아발견	주체적
		비판철학	개념	프랑크푸르트	도구적 이성	지식보다 구조 관심
			하버마스	의사소통 합리성	생활세계	
		모더니즘	객관주의	이성 강조		
		포스트모더니즘	거대서사	반정초	다원주의	형이상학 비판
		프래그머티즘	퍼스, 듀이	상대주의	상호작용	
	고대	그리스	소크라테스	문답법	반어법	산파술 상기설
			플라톤	국가론 정의	이데아	동굴
			아리스토텔레스	니코마코스 윤리학 행복	아크라시아	중용 관조
			이소크라테스	수사학 웅변가	체계적 교육	도덕적 개인 + 정의로운 시민
	중세	인문주의		인간중심	고대 그리스 계승	
		실학주의	라블레 밀턴	인문적(고전 토의)		
			몽테뉴 로크	사회적(여행 신사)		
			코메니우스	감각적(자연 경험)		
		계몽주의	루소(자연)	바제도우(범애)	칸트(합리)	
		자연주의	루소(주관, 본성)	코메니우스(객관 자연)		
	근세	신인문주의	특징	낭만주의(감성)	예술	
			페스탈로치	3H, 노작교육	직관의 원리	고아원
			프뢰벨	유아교육(놀이 은물)	종교 자연 수학 언어 예술	유치원
			헤르바르트	일반교육학(윤리+심리)	도덕적 품성 5가지	명료 연합 체계 방법
	미국	프래그머티즘	존 듀이	민주주의와 교육	아동 흥미 경험	습관 성장
		진보주의	파크 킬패트	아동중심	개인적 자아실현	
		항존주의	허친스	이성계발	영원한 진리	위대한 고전
		본질주의	배글리	전통 문화유산 전달		
		재건주의	브라멜드	사회변화	사회적 자아실현	

키워드 분석표

IX. 한국교육사

		핵심내용	주요 학자 및 개념	키워드1	키워드2	키워드3
한국 교육사	고구려		태학	최초의 관학		
			경당	사설 교육기관	문무겸전	
	백제			기록은 없으나 박사 존재	박사 왕인 왜 태자 스승	
	신라	화랑도		원광 세속오계	유교 불교 도교	
		국학		필수과목 : 논어 효경	독서삼품과	교관 : 박사 조교
	고려시대	관학	국자감	필수과목 : 논어 효경	유학부(국자학 태학 사문학) 먼저	기술계(율학 서학 산학) 뒤에
			학당	중앙설치 국립교육기관	중등수준	문묘×
			향교	지방		문묘○
		사학	12도(개경)	최충(해동공자)	중등수준 이상	
			서당	전국	초등수준	
		과거제도	양대업	문간 기술관 승려 무관	경학보다 문예 중시	
	조선시대	관학	성균관	순수 유학기관(문묘+학당)	입학자격 : 생원 진사 합격	원점법
			학당(성균관 부속)	유월도회	중등수준	문묘×
			향교(지방)			문묘○
		사학	서원	교육+제사	중등수준 이상	정치적 기능
				소수서원(백운동)	최초 사액서원(이황)	소과 합격 우선입학
			서당	사학	초등수준	강독 제술 습자
		과거제도	특징	스년시(3년 정기시험)	홍패(대과합격)	백패(소과합격)
			문과	소과(초시+복시)	대과(초시+복시+전시)	
			무과	대과 3단계	초시-복시-전시	
			잡과	단일 시험(초시+복시)		
		학자	이황	성학십도	경 강조	이기이원론
			이이 학교모범	성학집요	성 강조	이기일원적 이원론
		교재	권근	착령(성균관 학칙)	입학도설(그림책 효시)	4서5경 입문서
			동몽선습	박세무	유학입문용(오륜)	단군~조선 역사
			아학편	정약용	상하 각 1000자	
			훈몽자회	최세진	상중하 3권	
	개화기	신식학교	관립	동문학(1883통변학교)	육영공원(1886년 엘리트)	연무공원(1888년 군인)
			사립	원산학사(1883년)	이화학당(1886년)	점진학교(최초남녀공학)
		갑오개혁	교육입국조서	교원양성 한성사범	덕 체 지	실용교육
	강점기	조선교육령	2차	보통학교 6년 연장	국어 필수	대학설립
	초등학교	변화	1895 소학교령	1906 보통학교(통감부)	1938 소학교 (3차 조선교육령)	1941(국민학교령)

X. 교육법

		핵심내용	주요 학자 및 개념	키워드1	키워드2	키워드3
교육법	교육법	존재형식	상위법 우선	신법 우선	특별법 우선	
		헌법	31조	능력에 따라 균등하게	의무교육 : 초등교육+법률	의무교육 무상
				평생교육 진흥	교육제도의 법정주의	
	교육기본법	교원		교원(전문성 존중)	정당 정파 지지×	다른 공직 취임가능(법률)
				교원단체 조직할 수 있다.	임용 복무 보수 및 연금(법률)	
	초중등교육법	교직원 임무	교장(민원처리)	교감(교장보좌)	수석교사(교사연구지원)	교사행정직원(법령)
	교원	신분		교원(교육공무원 특정직)	교육행정(일반직공무원)	교원의 불체포특권 (현행범인 제외)
		전직 전보		전직(다른 직렬 수평이동)	전보(동일 직렬 수평이동)	
		수석교사		15년 이상	임기 4년마다 심사	교장 교감 자격 취득 불가
	지방자치	교육감	집행기관(규칙)	임기 4년, 재임 3기	주민소환	교육규칙 제정
				과거 1년 동안 정당의 당원×	교육경력 3년	정당 후보추천×
		부교육감	대통령 임명	일반직공무원	장학관	
		교육장	교육지원청	장학관		
		시도의회	의결기관(조례)			
	학교폭력			교육감 실태조자 연 2회	심의위원회(교육지원청)	학교장 자체해결 (2주 이상×)
	의무교육	기간제교원		교원자격증	정규원 임용우선권×	1년 이내 계약(3년 범위)
	공교육정상화	선행교육		학교교육 앞서는 교육과정×	방과후 선행×	
	학교운영위원회	내용	5명~15명 이하	교원 대표, 학부모 대표, 지역사회 인사	학교장 당연직, 교원 위원장×	
		심의사항	교과용 도서 선정	예산안과 결산 교육과정 운영방법	초빙교사 공모 교장 (사립 제외)	학교헌장 학칙 제정 (사립학교 자문)

13

키워드 분석표

XI. 교육재정

		핵심내용	주요 학자 및 개념	키워드1	키워드2	키워드3
교육재정	특성			강제성	공공성	양출제입	영속성
	구조	교육부	일반회계	지방교육재정교부금	인건비	주요 사업비
			지방교육재정교부금	보통교부금	특별교부금	
				(기준재정수입< 기준재정수요액)	특별한 재정수요	교육부장관
				교육부장관	운용실적 우수	용도 제한
		지방자치단체	일반회계	가장 큰 재원: 지방교육재정교부금	교육비특별회계	
		학교	학교회계 세입	국가 일반회계	지방자치단체 교육비특별회계	학부모 부담 경비
				학교발전기금	국가나 지방자치단체 보조금	
	학교회계	운영	매년 3월 1일	다음해 2월말	학교장 세입세출예산 30일전	5일전 심의
		세입	국가 지방자치단체	학부모 부담	학교발전기금	보조금 지원금
		학교발전기금	학교운영위원회 조성			
	교육비	분류	공교육비	공부담(국가 지방 법인)	사부담(입학금 수업료)	사교육(교재비)
	학교예산기법	영기준	전년도 사업 고려×	신년도 우선순위 지원	교직원 참여유도	창의적

XII. 평생교육

		핵심내용	주요 학자 및 개념	키워드1	키워드2	키워드3
평생교육	법	평생교육법	법 : 정규교육 제외	학자 : 정규교육 포함	학교개방(조례)	유급 무급 학습휴가 실시
			학습비 지원	수요자관점 개발	교습학원×	영리 위탁×
	개념	여러 형식	형식	학교	체계적	일정시간, 학위수여
			무형식	가정	자연적, 우연적	
			비형식	문화원	유연한 체제	
		성인교육	린드만	경험, 삶 중심	자기 주도성	개인차의 확대
		자기주도학습	놀즈	안드라고지(성인)	페다고지(아동)	
		평생교육	다베	전체성(학교 안 밖)	보편성(누구나)	교육가능성(자기주도)
	유네스코	평생교육 입문	렝그랑	인간 전 생애 교육기회 강조		
		존재를 위한 학습	포르			
		4가지 학습	들로어	학습 : 그 안에 담긴 보물	알기, 행하기, 존재하기, 함께 살기	
		전환교육	메지로우	근본적인 변화		
	OECD	순환교육		직업 현장 순환		
	평생교육제도	평생교육사		평생교육 담당자	기획 진행 분석 평가 및 교수업무	
		학점은행제		일정 기준 충족 학력 인정	전문학사 80학점	학사 140학점
		학습계좌제		개인 학습경험 종합적 관리		
		전문인력정보은행		전문인력자원 인적정보 수집		
		독학학위제	*	시험으로 학력인정	교양-전공기초	전공심화 – 학위취득종합
		시간제 등록제		대학 학부생 과목 개방		
		문하생 학점학력		무형유산 전수교육 인정		

CONTENTS

PART 01 9급편

- Ⅰ. 교육과정 ·· 21
- Ⅱ. 교육심리 ·· 39
- Ⅲ. 진로상담 ·· 65
- Ⅳ. 교수학습 ·· 80
- Ⅴ. 교육평가 ·· 101
- Ⅵ. 교육행정 ·· 121
- Ⅶ. 교육사회 ·· 151
- Ⅷ. 교육사 철학 ·· 174
- Ⅸ. 한국교육사 ·· 198
- Ⅹ. 교육법 ·· 211
- Ⅺ. 교육재정 ·· 226
- Ⅻ. 평생교육 ·· 235

PART 02 7급편

- Ⅰ. 교육과정 ·· 255
- Ⅱ. 교육심리 ·· 265
- Ⅲ. 진로상담 ·· 284
- Ⅳ. 교수학습 ·· 292
- Ⅴ. 교육평가 ·· 306
- Ⅵ. 교육행정 ·· 321
- Ⅶ. 교육사회 ·· 344
- Ⅷ. 교육사 철학 ····································· 361
- Ⅸ. 한국교육사 ······································ 375
- Ⅹ. 교육법 ··· 384
- Ⅺ. 교육재정 ·· 400
- Ⅻ. 평생교육 ·· 405

CONTENTS

PART 03 임용편

- Ⅰ. 교육과정 ·· 413
- Ⅱ. 교육심리 ·· 440
- Ⅲ. 진로상담 ·· 457
- Ⅳ. 교수학습 ·· 478
- Ⅴ. 교육평가 ·· 509
- Ⅵ. 교육행정 ·· 530
- Ⅶ. 교육사회 ·· 548
- Ⅷ. 교육사 철학 ·· 573
- Ⅸ. 한국교육사 ··· 600
- Ⅹ. 교육법 ·· 621
- Ⅺ. 교육재정 ·· 622
- Ⅻ. 평생교육 ·· 627

PART 01

9급편

Ⅰ. 교육과정

01 다음과 같이 주장한 교육학자는?   ■ 24지

- 이상적인 성인의 활동분석을 통하여 교육목표를 설정한다.
- 과학적인 방법에 따른 교육과정 개발이 필요하다.
- 교육은 학생이 성인이 되어서 할 일을 미리 준비시켜 주는 것이다.

① 애플(Apple)   ② 보빗(Bobbitt)
③ 듀이(Dewey)   ④ 위긴스와 맥타이(Wiggins & McTighe)

보빗은 테일러의 과학적 관리 방법에 영향을 받았으며 이상적인 성인들의 활동을 분석하여 교육목표를 설정해야 한다고 주장하였다. 또한 직무분석을 통한 교육과정 개발과 원만한 성인생활을 영위하는데 필요한 교육을 강조하였다.

 ②

02 다음 (가), (나)의 내용에 부합하는 교육과정 유형을 바르게 짝지은 것은?   ■ 16지

(가) 인류가 축적한 문화유산을 체계화한 지식을 중심으로 교육과정을 설계한다. 교육의 주된 목적을 지식의 전수에 두고 있으며, 교사 중심의 강의식 수업을 중시한다.
(나) 이론적 체계가 갖추어진 지식의 구조를 중심으로 교육과정을 설계한다. 학생의 탐구활동을 통한 발견학습과 지식의 전이를 강조한다.

	(가)	(나)
①	인간 중심 교육과정	학문 중심 교육과정
②	인간 중심 교육과정	경험 중심 교육과정
③	교과 중심 교육과정	학문 중심 교육과정
④	교과 중심 교육과정	경험 중심 교육과정

(가)는 인류의 문화유산 및 지식의 전수, 교사 중심의 강의식 수업을 강조하는 교과 중심 교육과정이다.
(나)는 지식의 구조를 중심으로 발견학습을 강조한 학문 중심 교육과정이다.

 ③

03 경험 중심 교육과정에 대한 설명으로 가장 옳은 것은? ■ 15지

① 사전에 계획된 조직적이고 계통적인 수업을 선호한다.
② 학문의 핵심적인 아이디어 또는 기본원리 및 개념을 중시한다.
③ 문화유산 가운데 영구적이고 객관적인 사실, 개념, 법칙을 강조한다.
④ 학생의 실생활 내용을 주로 다루며, 학생 흥미 위주의 수업을 지향한다.

경험 중심 교육과정은 '학생이 교육의 중심적 존재가 되어야 한다.'는 입장에서 교육과정의 중심이 되는 내용을 학생이 행해야 할 경험으로 구성한다. 학생의 관심과 흥미를 중시하며 반성적 사고를 통한 문제해결과 프로젝트 학습, 협동학습을 강조한다.

정답 ④

04 학문중심교육과정의 기본관점에 대한 설명으로 옳은 것은? ■ 12국

① 교과내용을 미리 선정하거나 조직하지 않고 학습의 장에서 결정한다.
② 교과의 목적은 사회의 재구조화를 위한 비판적 시민을 양성하는 데 있다.
③ 핵심적인 아이디어 또는 기본적인 원리 및 개념을 중시한다.
④ 교육과정의 효율성을 위하여 체계적이고 과학적인 방법론을 적용한다.

학문중심교육과정은 지식의 구조화, 발견학습, 학습의 계열화 및 나선형 교육과정(계속성, 계열성)을 중시한다. 또한 핵심 아이디어 또는 기본원리 및 개념을 중시한다.

정답 ③

05 학문 중심 교육과정의 주요 특징에 해당하는 내용만을 〈보기〉에서 고른 것은? ■ 13지

―| 보기 |―
㉠ 교육목표를 자아실현에 두며, 잠재적 교육과정을 중시한다.
㉡ 인류의 위대한 문화유산을 교육내용으로 삼아 학습자에게 효과적으로 전달한다.
㉢ 교육과정을 나선형으로 구성하여 교과에 담긴 핵심 개념이나 기본원리를 학생들의 사고 방식에 알맞게 가르친다.
㉣ 교과지식을 체계적으로 조직해 높은 지식의 구조를 중시한다.

① ㉠, ㉡ ② ㉢, ㉣
③ ㉠, ㉢ ④ ㉡, ㉣

㉠ 인간 중심 교육과정의 특징에 해당한다.
㉡ 교과 중심 교육과정의 특징에 해당한다.

정답 ②

06 학문중심 교육과정에 대한 설명으로 옳지 않은 것은? ■ 23지
① 경험을 통한 생활적응학습을 강조한다.
② 지식의 구조를 중요시한다.
③ 나선형 교육과정으로 내용을 조직한다.
④ 발견학습을 강조한다.

경험을 통한 생활적응학습을 강조하는 것은 경험중심 교육과정이다.

정답 ①

07 교육과정 이론에 대한 설명으로 옳지 않은 것은? ■ 19지
① 학문중심 교육과정은 나선형 교육과정의 원리를 채택한다.
② 인간중심 교육과정은 정의적 특성의 발달보다는 지적 능력의 성취를 강조한다.
③ 경험중심 교육과정은 학습자의 삶과 관련이 있는 다양한 경험을 주된 교육내용으로 삼는다.
④ 교과중심 교육과정은 문화유산의 전달을 목적으로 하는 내용을 논리적으로 체계화하여 교과로 분류한다.

인간중심 교육과정에서 교육의 궁극적인 목표는 인간적 성장, 인격적 통합, 자율성 등의 이상을 추구하는 것이다. 따라서 지적 능력의 성취보다는 정의적 특성의 발달을 강조한다.

정답 ②

08 지식의 구조와 나선형 교육과정의 개념을 주장한 학자는? ■ 25지

① 파이나(W. Pinar) ② 아이즈너(E. Eisner)
③ 브루너(J. Bruner) ④ 보빗(F. Bobbitt)

 해설

지식의 구조(Structure of Knowledge)와 나선형 교육과정(Spiral Curriculum) 개념을 주장한 학자는 미국의 심리학자이자 교육학자인 제롬 브루너(Jerome Bruner)이다.
- **지식의 구조** : 브루너는 학문(지식)의 가장 기본적인 아이디어, 원리, 관계 등을 의미하는 '지식의 구조'를 교육과정의 핵심으로 보며, 이것을 가르치는 것이 학습 전이(Transfer)와 지적 흥미를 높이는 데 가장 중요하다고 주장한다.
- **나선형 교육과정** : 지식의 구조를 기본으로 하여, 학습의 내용을 나선형처럼 점진적으로 깊이와 폭을 더하며 반복적으로 제시하는 교육과정 조직 방식이다. 이를 통해 학습자는 어떤 교과든 지적으로 정직한 형태로 모든 발달 단계에서 가르칠 수 있다고 본다.

오답 해설
① **파이나(W. Pinar)** : 교육과정 재개념주의를 대표하며, 교육과정을 학생 개개인의 삶을 이해하는 '쿠레레(Currere) 방법론'으로 접근한다.
② **아이즈너(E. Eisner)** : 교육과정 재개념주의 학자로, 예술적 교육과정 접근(Artistic Approach), 교육적 비평(Educational Connoisseurship & Criticism)을 강조한다.
④ **보빗(F. Bobbitt)** : 교육과정 경험 재생산 모형(고전적 모형)을 제시했으며, 학교의 역할이 사회생활에서 필요한 활동을 분석하여 교육과정을 구성하는 것이라고 주장한다.

 ③

09 다음에 제시된 특징을 지니고 있는 교육과정은? ■ 00지

| • 자아실현을 목표로 함 | • 학교 환경의 인간화 |
| • 학습 선택권의 최대한 보장 | • 잠재적 교육과정 중시 |

① 생활중심 교육과정 ② 학문중심 교육과정
③ 인간중심 교육과정 ④ 경험중심 교육과정
⑤ 교과중심 교육과정

 해설

인간중심 교육과정의 특징
1) **자아실현을 목표로 함** : 교육이 단순히 지식 전달에 그치는 것이 아니라, 학생이 자신의 잠재력을 최대한 발휘할 수 있도록 돕는 것을 목표로 한다. 이는 학생이 자신의 관심과 능력을 탐색하고, 개인적인 목표를 설정하며, 스스로의 정체성을 확립할 수 있도록 도와준다.
2) **학교 환경의 인간화** : 학교가 학생들에게 안전하고 지적인 공간이 되도록 만들며, 모든 학생이 존중받고 개인적인 가치를 느낄 수 있도록 환경을 조성한다.

3) 학습 선택권의 최대한 보장 : 학생들에게 다양한 학습 기회를 제공하고, 그들이 선호하는 학습 방법과 주제 선택 가능성을 보장한다.
4) 잠재적 교육과정 중시 : 공식적인 교육과정 외에도 학생들이 학교에서 경험하는 다양한 학습 기회(잠재적 교육)를 중요시한다.

정답 ③

10 다음에 해당하는 교육과정 관점은? ■ 16국

- 교사가 아니라 학생 중심의 수업을 강조한다.
- 교육내용을 학생과 환경 간의 상호작용이라는 측면에서 이해한다.
- 교육과정은 사전에 계획되는 것이 아니라 교육의 과정에서 생성되는 것으로 본다.

① 경험중심 교육과정
② 교과중심 교육과정
③ 학문중심 교육과정
④ 행동주의 교육과정

교과중심 교육과정은 교사중심, 학문중심 교육과정은 지식의 구조, 행동주의 교육과정은 목표중심의 결과적 행동을 중심으로 조직한다.

정답 ①

11 교육과정 유형에 대한 설명으로 옳지 않은 것은? ■ 22국

① 경험중심 교육과정은 아동의 성장과 발달에 목적을 둔다.
② 교과중심 교육과정은 교사 중심의 설명식 교수법을 요구하는 경우가 많다.
③ 학문중심 교육과정은 전통적으로 내려오는 가치와 문화의 전수를 교육과정의 핵심으로 본다.
④ 인간중심 교육과정은 개인적 의미의 중요성을 강조하고 전인적 발달을 추구함으로써 학습자의 자아실현을 돕는다.

전통적으로 내려오는 가치와 문화의 전수를 교육과정의 핵심으로 보는 것은 교과중심 교육과정이다.

정답 ③

12. 교육과정 유형에 대한 설명으로 옳은 것만을 모두 고른 것은?

■ 11지

㉠ 교과 중심 교육과정은 학생들에게 일률적인 교재를 제공한다.
㉡ 경험 중심 교육과정은 생활인의 육성을 목표로 한다.
㉢ 인간 중심 교육과정은 학교의 지도하에 학생들이 가지게 되는 모든 경험을 교육과정으로 본다.
㉣ 학문 중심 교육과정은 직관 통찰적 사고보다 논리 분석적 사고를 더욱 중시한다.

① ㉠, ㉡
② ㉡, ㉢
③ ㉢, ㉣
④ ㉠, ㉣

㉢ 인간 중심 교육과정은 학교의 지도하에 학생들이 가지게 되는 모든 경험뿐만 아니라 학교의 지도 외적인 부분의 경험도 교육과정으로 본다.
㉣ 학문 중심 교육과정은 직관, 분석적 사고 모두 중요하다.

정답 ①

13. 다음 설명에 해당하는 교육과정 유형은?

■ 25국

• 잭슨(P. Jackson, 1968)의 저서 『교실에서의 생활(Life in Classrooms)』에서 처음 사용되었으며, 군집·상찬·평가 등의 학교 특성이 학생의 삶에 미치는 영향력과 관련된다.
• 교육과정 운영 단계에서 의도되지는 않았지만, 학생이 은연중에 배우는 가치·태도·행동 양식과 같은 경험된 교육과정이다.

① 공식적 교육과정
② 실제적 교육과정
③ 영 교육과정
④ 잠재적 교육과정

① 공식적 교육과정(Formal Curriculum) : 학교에서 명시적으로 문서화하고 계획하여 가르치기로 의도한 교육과정
② 실제적 교육과정(Enacted Curriculum) : 교사가 공식적 교육과정을 바탕으로 실제 수업에서 구현하는 교육과정. 교사의 해석, 학생과의 상호작용 등이 반영
③ 영 교육과정(Null Curriculum) : 학교에서 가르치기로 결정하지 않거나 의도적으로 배제한 내용. 학생들은 영 교육과정을 통해 특정 지식이나 관점의 부재를 배우게 됨
④ 잠재적 교육과정(Hidden Curriculum) : 학교의 공식적인 교육과정 외에 학교 환경, 교사의 태도, 학교 문화 등을 통해 학생들이 은연중에 배우게 되는 가치관, 태도, 행동 양식 등을 의미. 잭슨의 연구에서 중요하게 다루어졌으며, 보기의 설명과 정확히 일치

잭슨(P. Jackson)의 『교실에서의 생활』에서 처음 사용되었으며, 군집·상찬·평가 등의 학교 특성이 학생의 삶에 미치는 영향력과 관련된다 : 학교라는 특정한 사회적 환경 속에서 학생들이 경험하는 다양한 요소들이 그들의 학습과 성장에 영향을 미친다는 점을 강조. 특히 교실 내의 밀집된 환경, 칭찬과 비판, 평가 등의 학교 문화가 학생들에게 미치는 숨겨진 영향력을 시사한다.

정답 ④

14 교실생활의 군집성, 상찬, 권력구조 등이 학생들의 행동과 학습결과에 미치는 영향을 설명하면서, 잠재적 교육과정의 개념을 제시한 인물은?   ■ 15국

① 잭슨(P. Jackson) ② 보빗(F. Bobbitt)
③ 프레리(P. Freire) ④ 위긴스(G. Wiggins)

잠재적 교육과정이란 공식적 교육과정에서 의도하지 않았으나 학생들이 은연중에 배우게 되는 경험된 교육과정으로, 잭슨(P. Jackson)이 제시한 개념이다.

정답 ①

15 다음과 관련된 교육과정은?   ■ 20지

- 교실풍토의 영향
- 잭슨(Jackson)
- 군집, 상찬, 평가 등이 학생의 삶에 미치는 영향
- 학생에게 무(無)의도적으로 전달되는 교육과정

① 공식적 교육과정 ② 영 교육과정
③ 잠재적 교육과정 ④ 실제적 교육과정

잭슨은 잠재적 교육과정과 관련이 있다. 잠재적 교육과정은 공식적 교육과정에서 의도하지 않았으나 학생들이 은연중에 배우게 되는 경험된 교육과정이다. 공식적인 교육과정 외에 학교생활에서 학생들이 경험하는 다양한 비공식적 요소를 강조한다. 비공식적 요소에는 교실 내외부의 경험 및 환경조성, 교사의 태도, 사회적 관계 형성 등이 있다.

정답 ③

16 다음 진술문 중 잠재적 교육과정에 해당하는 것은? ■ 10국
① 모든 교과나 학문 분야에서 지식의 구조를 중시한다.
② 주로 정의적인 영역이나 학교풍토와 관련된다.
③ 정부나 교사에 의해 의도적으로 조직된다.
④ 교육목표가 구체적으로 설정되고 진술된다.

① 학문중심 교육과정에 대한 설명이다.
③, ④ 공식적 교육과정에 대한 설명이다.

정답 ②

---

17 영 교육과정(null curriculum)에 대한 설명으로 옳은 것을 〈보기〉에서 고른 것은? ■ 16지

― 보기 ―
ㄱ. 아이즈너(E. Eisner)가 제시한 개념이다.
ㄴ. 교과 지식을 아동의 흥미와 요구에 맞추어 재구성한 것이다.
ㄷ. 학생이 학교생활을 통해 은연중에 가지게 되는 경험의 총화이다.
ㄹ. 교육적 가치가 있음에도 불구하고 학교에서 학생들이 학습할 기회를 갖지 못하는 내용이다.

① ㄱ, ㄷ   ② ㄱ, ㄹ
③ ㄴ, ㄷ   ④ ㄴ, ㄹ

• 경험중심 교육과정 : ㄴ. 교과지식을 아동의 흥미와 요구에 맞추어 재구성한 것이다.
• 잠재적 교육과정 : ㄷ. 학생이 학교생활을 통해 은연중에 가지게 되는 경험의 총화이다.

정답 ②

---

18 아이즈너(E. W. Eisner)가 제시한 영교육과정(Null Curriculum)에 대한 설명으로 옳은 것은? ■ 14국

① 공식적 교육과정에서 의도하지 않았으나 학생들이 은연중에 배우게 되는 경험된 교육과정이다.
② 교사가 교실에서 실제로 가르친 교육과정이다.
③ 교육적 가치가 있음에도 불구하그 공식적 교육과정에서 배제된 교육과정이다.
④ 공적 문서 속에 기술되어 있는 교육계획으로서의 교육과정이다.

영교육과정(Null Curriculum)은 아이즈너(E. W. Eisner)가 제시한 개념으로 교육적 가치가 있음에도 불구하고 공식적 교육과정에서 배제된 교육과정이다. 그리고 영교육과정은 학교에서 공개적으로 가르치지 않거나 소홀히 다루어지는 교과지식, 사회양식, 가치, 태도, 행동양식 등을 일컫는다.

🔒정답 ③

19 다음에 해당하는 교육과정 개념은?   ■21국

> 만약 우리가 학교의 프로그램이 가져오는 결과나, 그런 결과를 초래하는 측면에서 교육과정의 역할에 대하여 관심을 갖는다면, …(중략)… 학교가 가르치지 않는 것에 대하여도 고려할 필요가 있다.

① 공식적 교육과정 ② 잠재적 교육과정
③ 영 교육과정 ④ 의도된 교육과정

학교가 가르치지 않는 것에 대하여도 고려할 필요가 있다고 보는 관점은 영 교육과정이다.

🔒정답 ③

20 타일러(Tyler)가 개념화시킨 교육과정 개발의 네 가지 단계에 해당하지 않은 것은?   ■12국
① 지식의 구조 ② 학습경험의 선정
③ 교육목표 ④ 학습자평가

타일러의 교육과정 개발 네 가지 단계는 1. 교육목표 설정 2. 학습경험 선정 3. 학습경험 조직 4. 학습자평가이다. 지식의 구조는 브루너가 강조한 내용으로 지식은 단순한 사실이나 정보의 집합이 아니라, 이들 사이의 관계와 맥락을 포함한 체계적인 구조로 이루어져 있으며 각각의 연결된 개념들로 조직되어 있어야 한다고 주장하였다.

🔒정답 ①

21 타일러(Tyler)가 제시한 학습경험을 효과적으로 조직하는 원리에 해당하지 않는 것은? ■ 20국

① 계열성의 원리 ② 유용성의 원리
③ 계속성의 원리 ④ 통합성의 원리

해설

타일러(Tyler)가 제시한 학습경험을 효과적으로 조직하는 원리는 계열성, 계속성, 통합성의 원리이다.

정답 ②

22 다음 설명에 해당하는 교육과정 조직의 원리는? ■ 15국

- 교육과정 내용이 제시되는 시간적 순서를 의미
- 단순한 내용에서 복잡한 내용 순으로 제시
- 친숙한 내용에서 낯선 내용 순으로 제시
- 구체적인 개념에서 추상적인 개념 순으로 제시

① 범위 ② 계속성
③ 계열성 ④ 균형성

해설

계열성(sequence)이란 시간의 경과에 따라 내용을 수준별로 조직, 심화하며 단순한 것에서 복잡한 것으로 나열하는 것이다.

정답 ③

23 타일러(Tyler)가 제시한 학습경험을 효과적으로 조직하기 위해 고려할 준거에 해당하지 않는 것은? ■ 24국

① 범위(scope) ② 계속성(continuity)
③ 계열성(sequence) ④ 통합성(integration)

해설

타일러의 학습경험의 조직 원칙
1) **계속성(continuity)**: 주된 교육과정 요소들을 수직적으로 반복하는 것. 동일 내용이나 영역을 수준을 높여가며 반복함으로써 학생이 해당 부분을 이해할 수 있도록 조직하는 것이다.
2) **계열성(sequence, 위계성)**: 각각의 계속적인 경험을 선행하는 경험 위에 세우지만 포함된 내용이 좀 더 깊게 진행되도록 하는 데 따른 중요성 강조. 학습 내용을 학년이 올라갈수록(시간) 폭과 깊이가 확대·심화하게 조직하는 것이다. 이때 학습자의 발달 수준과 교과의 내용 수준을 고려한다.
3) **통합성(integration)**: 교육과정 경험의 수평적 관계. 교육 경험의 조직은 교육 경험이 학생들로 하여금 점차로 통합된 견해를 갖도록 도와주고, 다루었던 요소들과 관련해서 학생의 행동을 통합시키도록 도와주는 것이 되어야만 한다(예 수학, 상점 계산을 통해 사회, 과학 등 생활 능력).

정답 ①

24 타일러(Tyler)가 제시한 교육과정 개발에서 고려할 네 가지 질문에 해당하지 않는 것은?
① 학교는 어떤 교육목표 달성을 위해 노력해야 하는가
② 교육목표 달성을 위하여 어떤 교육경험을 제공해야 하는가
③ 교육경험을 효과적으로 조직할 때 필요한 교육매체는 무엇인가
④ 교육목표 달성여부를 어떻게 판단할 것인가

타일러의 교육과정 개발에서 중요한 것은 교육경험과 목표 설정, 목표달성 여부의 평가이다. 매체에 대해서는 언급하지 않았다.

정답 ③

25 타일러(R. W. Tyler)의 교육과정 이론에 대한 설명으로 옳지 않은 것은?
① 교육목표를 설정할 때 학습자, 사회, 교과를 균형 있게 고려한다.
② 교육과정을 교육목적, 교육내용, 교육방법, 학습활동까지 포함하는 경험으로 파악한다.
③ 학습목표를 행위동사로 진술할 것을 주장한다.
④ 기존 교육과정에 대해 기계적이고 절차적인 모형이라는 비판을 가하였다.

타일러(R. W. Tyler)의 교육과정 이론이 교육과정에 대해 기계적이고 절차적인 모형이라는 비판을 받았다.

정답 ④

26 〈보기〉는 타일러(R. Tyler)의 교육목표 설정 절차에 대한 것이다. 그 순서가 올바른 것은?

보기
㉠ 잠정적인 교육목표를 진술한다.
㉡ 교육철학과 학습심리학이라는 체에 거른다.
㉢ 학습자, 사회, 교과의 세 자원을 조사·연구한다.
㉣ 행동의 변화를 명시한 최종 교육목표를 진술한다.

① ㉠ → ㉡ → ㉢ → ㉣
② ㉠ → ㉢ → ㉡ → ㉣
③ ㉢ → ㉠ → ㉡ → ㉣
④ ㉢ → ㉡ → ㉠ → ㉣

타일러(R. Tyler)의 교육목표 설정 절차는 다음과 같다.
ⓒ 학습자, 사회, 교과의 세 자원을 조사·연구한다.
㉠ 잠정적인 교육목표를 진술한다.
ⓛ 교육철학과 학습심리학이라는 체에 거튼다.
㉣ 행동의 변화를 명시한 최종 교육목표를 진술한다.

정답 ③

27 다음에서 설명하고 있는 교육내용의 조직 원리로 가장 적절한 것은?   ■ 09국

> 학습자의 발달 단계에 따른 학습 능력을 고려하여 단순한 것에서 복잡한 것으로, 친숙한 것에서 생소한 것으로, 선수학습에 기초하여 그 다음 내용으로, 구체적인 것에서 추상적인 것으로 교육내용을 순차적으로 조직해 나간다.

① 계속성(continuity) ② 계열성(sequence)
③ 통합성(integration) ④ 균형성(balance)

계열성(sequence)은 구체적인 것에서 추상적인 것으로 교육 내용을 순차적으로 조직한다.

정답 ②

28 다음에서 설명하는 교육내용의 조직 원리는?   ■ 22지

> • 학습내용과 경험의 여러 요소는 그 깊이와 너비가 점진적으로 증가되도록 조직된다.
> • 예를 들어 단순한 내용에서 복잡한 내용으로, 친숙한 내용에서 친숙하지 않은 내용으로, 선수학습에 기초해서 다음 내용으로, 사건의 역사적 발생의 순서대로, 구체적인 개념에서 추상적인 개념으로 내용을 조직할 수 있다.

① 적절성 ② 스코프
③ 통합성 ④ 계열성

구체적인 개념에서 추상적인 개념으로 내용을 조직하는 것은 계열성이다.

정답 ④

29 교육과정의 내용조직 원리에 대한 설명으로 옳은 것은? ■14국
① 범위성(scope)은 교과목이나 단원의 폭과 영역을 결정하는 것이다.
② 통합성(integration)은 교육내용을 결정할 때 생길 수 있는 여러 결절부를 중복, 비약, 후퇴, 누락 등이 없도록 부드럽게 조절하는 것이다.
③ 계열성(sequence)은 같은 내용이 반복되도록 조직하는 것이다.
④ 연속성(continuity)은 교육내용이 위계적·논리적 순서에 따라 심화 및 확대되도록 조직하는 것이다.

② 비약, 누락을 부드럽게 조절하는 것은 수직적 연계성이다.
③은 계속성(continuity), ④는 계열성(sequence)에 해당한다.

정답 ①

30 아이즈너(Eisner)의 교육과정 이론에 대한 설명으로 옳은 것만을 모두 고르면? ■23지
ㄱ. 행동목표 중심으로 교육과정을 개발해야 한다.
ㄴ. 내용선정 과정에서 영 교육과정에 대해서 신중히 고려해야 한다.
ㄷ. 학습기회의 유형을 개발할 때 교육적 상상력을 동원해야 한다.
ㄹ. 교육과정 개발 과정은 목표설정부터 평가방법 개발에 이르는 직선적 과정이다.

① ㄱ, ㄴ   ② ㄱ, ㄹ
③ ㄴ, ㄷ   ④ ㄷ, ㄹ

ㄱ. 아이즈너는 행동목표의 한계점을 지적하면서 문제해결목표와 표현적 결과를 강조하였다.
ㄹ. 타일러의 교육과정 모형에 대한 설명이다.

정답 ③

31 다음의 내용을 모두 포함하는 교육과정개발 이론은? ■17국
- 강령을 표방하고, 해당 강령을 지지하는 자료를 검토하는 강령(platform) 단계
- 다양한 대안을 검토하고 이를 토대로 적절한 대안을 도출하는 숙의(deliberation) 단계
- 선택한 대안을 구체적 프로그램으로 만드는 설계(design) 단계

① 타일러(R. Tyler)의 이론   ② 아이스너(E. Eisner)의 이론
③ 타바(H. Taba)의 이론   ④ 워커(D. Walker)의 이론

'강령(platform) 단계 – 숙의(deliberation) 단계 - 설계(design) 단계'는 워커(D. Walker)의 자연주의적 개발모형이다.

정답 ④

32 다음 ㉠과 ㉡에 해당하는 용어로 올바른 것은?   ■ 15지

- 타일러(R. Tyler)는 교육과정 개발 단계를 (㉠), 학습경험 선정, 학습경험 조직, 교육평가로 제시하였다.
- 워커(D. Walker)가 제안한 교육과정 개발 단계는 강령(platform), (㉡), 설계(design)로 구성된다.

	㉠	㉡
①	교육목표 설정	숙의(deliberation)
②	교육내용 결정	숙의(deliberation)
③	교육목표 설정	처방(prescription)
④	교육내용 결정	처방(prescription)

타일러(R. Tyler)는 교육과정 개발 단계를 교육목표 설정, 학습경험 선정, 학습경험 조직, 교육평가로 제시하였다. 워커(D. Walker)가 제안한 교육과정 개발 단계는 강령(platform), 숙의(deliberation), 설계(design)로 구성된다.

정답 ①

33 다음 내용과 가장 관련이 깊은 학자는?   ■ 18지

- 교육과정이란 교육 속에서 개인들이 갖는 경험의 의미와 성질을 탐구하는 것이다.
- 교수(teaching)는 학생들이 자신의 경험을 이해하고 해석하는 학습활동에 적극적으로 임할 수 있도록 안내하고 조력해 가는 과정이다.
- 인간의 내면세계에 보다 가까이 다가가기 위해 학생 자신의 전기적(biographical) 상황에 주목하는 쿠레레(currere) 방법을 제시하였다.

① 보빗(F. Bobbit)   ② 파이너(W. Pinar)
③ 타일러(R. W. Tyler)   ④ 브루너(J. S. Bruner)

쿠레레(currere) 방법을 제시한 학자는 파이너(W. Pinar)이다.

정답 ②

34 미국에서 1970년대부터 시작된 교육과정의 재개념화(Reconceptualization)에 대한 옳은 설명은?
■ 14지
① 교육과정 설계와 개발을 위한 이론 체계를 제시하였다.
② 과학적 합리주의에 바탕을 둔 교육과정 이론을 개발하였다.
③ 사회과학적 방법을 통한 지식의 구조화를 통해 교육과정 내용을 이론화하였다.
④ 해석학이나 현상학 같은 다양한 방법론을 교육과정 연구에 적용하였다.

교육과정 재개념화의 특징은 개인적 교육체험의 자서전적 서술 방법 도입(쿠레레 방법 4단계)으로 해석학과 현상학 같은 다양한 방법론을 교육과정 연구에 적용하였다.
① 설계와 개발보다 교육과정을 학생들의 삶의 이해로 보았다.
② 합리주의보다 학생들의 삶을 이해하는 교육과정 이론을 개발하였다.
③ 지식의 구조는 브루너의 입장이다.

정답 ④

35 교육과정 학자와 그의 업적이 바르게 연결된 것은?
■ 14지
① 워커(Walker) : 교육과정을 쿠레레(Currere)의 관점으로 재개념화하였다.
② 보빗(Bobbitt) : 목표 설정 – 학습경험의 선정 – 학습경험의 조직 – 평가의 교육과정 구성요소를 밝혔다.
③ 파이너(Pinar) : 실제 교육현장에서 이루어지는 교육과정 개발 과정을 3단계로 제시하였다.
④ 아이즈너(Eisner) : 예술 교육과 교육과정에 대한 질적인 연구를 시도하였다.

아이즈너(Eisner)는 최초로 예술 교육과 교육과정에 대해 질적인 연구를 시도했다는 점에서 큰 의의를 가진다.

정답 ④

36 다음 중 교육평가모형에 대한 설명으로 옳지 않은 것은? ▪10국

① 타일러(Tyler)는 행동적 용어로 진술된 목표와 학생의 성취도와의 일치 정도를 알아보는 데 평가의 초점을 맞추고 있다.
② 아이즈너(Eisner)는 교육평가가 예술작품을 비평하는 것과 같은 방식으로 이루어져야 한다고 주장하였다.
③ 스크리븐(Scriven)은 프로그램이 의도했던 효과만을 평가하고 부수적인 효과는 배제하였다.
④ 스터플빔(Stufflebeam)은 의사결정에 유용한 정보를 획득·기술·제공하는 과정으로 평가를 정의하였다.

스크리븐(Scriven)은 프로그램이 의도했던 효과도 평가하고 부수적인 효과도 평가하였다.

정답 ③

37 중앙집권적 교육과정에 비해 지방분권적 교육과정 개발이 갖는 단점은? ▪07지

① 교사가 교육과정 문제로부터 소외될 가능성이 있다.
② 지역, 학교, 학습자의 특수성에 부합하는 다양한 교육과정 운영이 어렵다.
③ 지역, 학교 간 격차가 심화될 가능성이 있다.
④ 교육과정의 운영이 획일화되고 경직화되기 쉽다.

①, ②, ④는 중앙집권적 교육과정이 갖는 단점이다.

정답 ③

38 「2015 개정 교육과정」에 근거해 볼 때, (가)에 들어갈 말은? ▪21지

> (가) 은/는 학생들이 교과를 통해 배워야 할 내용과 이를 통해 수업 후 할 수 있거나 할 수 있기를 기대하는 능력을 결합하여 나타낸 활동의 기준을 의미하며, 학생의 특성·학교 여건 등에 따라 교육과정 및 교과서 내용을 분석하여 교과협의회를 통해 재구조화할 수 있다.

① 성취기준   ② 성취수준
③ 평가기준   ④ 평가요소

학생들이 교과를 통해 배워야 할 내용과 이를 통해 수업 후 할 수 있거나 할 수 있기를 기대하는 능력을 결합하여 나타낸 활동의 기준은 성취기준이다.

정답 ①

39 「2015 개정 교육과정」 총론에서 제시된 핵심역량에 해당하지 않는 것은? ■ 21지
① 세계시민 역량
② 자기관리 역량
③ 심미적 감성 역량
④ 창의적 사고 역량

2015 교육과정 핵심역량
1) 자기관리 역량
2) 지식정보처리 역량
3) 창의적 사고 역량
4) 심미적 감성 역량
5) 의사소통 역량
6) 공동체 역량

2022 교육과정 핵심역량
1) 자기관리 역량
2) 지식정보처리 역량
3) 창의적 사고 역량
4) 심미적 감성 역량
5) 협력적 소통 역량
6) 공동체 역량

정답 ①

40 2015 개정 교육과정에서 현재 고시하고 있는 국가 수준의 지원 사항에 해당하는 것은? ■ 21국
① 학교가 새 학년도 시작에 앞서 교육과정 편성·운영에 관한 계획을 수립할 수 있도록 교육과정 편성·운영 자료를 개발·보급하고, 교원의 전보를 적기에 시행한다.
② 교과와 창의적 체험활동에 필요한 교과용 도서의 인정, 개발, 보급을 위해 노력한다.
③ 교과별 평가 활동에 활용할 수 있는 다양한 평가방법, 절차, 도구 등을 개발하여 학교에 제공한다.
④ 안정적인 원격수업을 지원하기 위해 학교의 원격수업 인프라 구축, 교원의 원격수업 역량강화 등에 필요한 행·재정적인 지원을 한다.

2015 개정 교육과정에서 현재 고시하고 있는 국가 수준의 지원 사항에 해당하는 것 : 교과별 평가 활동에 활용할 수 있는 다양한 평가방법, 절차, 도구 등을 개발하여 학교에 제공한다.

정답 ③

41 자유학기제에 대한 설명으로 옳은 것은? ▪18국

① 자유학기제 기간에는 중간고사, 기말고사, 수행평가 등의 평가를 실시할 수 없다.
② 2013년도에 연구학교에서 시작되었고, 2015년도부터 모든 중학교에서 시행되었다.
③ 자유학기 활동으로는 진로탐색 활동, 주제선택 활동, 예술·체육 활동, 동아리 활동이 있다.
④ 중학교의 장은 해당 학교 교원 및 학부모의 의견을 수렴하여 자유학기제의 실시 여부를 결정할 수 있다.

해설

① 자유학기제 기간에는 수행평가 등의 평가를 실시할 수 있다.
② 2013년도에 연구학교에서 시작되었고, 2016년도부터 모든 중학교에서 시행되었다.
④ 중학교의 장은 해당 학교 교원 및 학부모의 의견을 수렴하여 자유학기제의 실시 여부를 결정할 수 없다.

초·중등교육법 시행령 제44조 제3항
중학교 및 특수학교(중학교의 과정을 교육하는 특수학교로 한정한다)의 장은 제1항에 따른 학기(특수학교의 경우에는 중학교의 과정을 교육하는 학기로 한정한다) 중 한 학기 또는 두 학기를 자유학기로 지정해야 한다. 이 경우 지정 대상 학기의 범위 등 자유학기의 지정에 관한 세부 사항은 교육부장관이 정한다.

정답 ③

42 다음은 2022 개정교육과정에서 교육과정 구성의 중점 중 일부이다. (가), (나), (다)에 들어갈 말을 바르게 연결한 것은? ▪24국

- 학생 개개인의 (가) 성장을 지원하고, 사회 구성원 모두의 행복을 위해 서로 존중하고 배려하며 협력하는 공동체 의식을 함양한다.
- 모든 학생이 학습의 기초인 언어·수리· (나) 기초소양을 갖출 수 있도록 하여 학교 교육과 평생 학습에서 학습을 지속할 수 있게 한다.
- 다양한 (다) 수업을 활성화하고, 문제 해결 및 사고의 과정을 중시하는 평가를 통해 학습의 질을 개선한다.

	(가)	(나)	(다)		(가)	(나)	(다)
①	인격적	디지털	학생 참여형	②	인격적	외국어	학생 주도형
③	통합적	디지털	학생 주도형	④	통합적	외국어	학생 참여형

해설

(가) 학생 개개인의 인격적 성장을 지원하고, 사회 구성원 모두의 행복을 위해 서로 존중하고 배려하며 협력하는 공동체 의식을 함양한다.
(나) 모든 학생이 학습의 기초인 언어·수리·디지털 기초소양을 갖출 수 있도록 하여 학교 교육과 평생 학습에서 학습을 지속할 수 있게 한다.
(다) 다양한 학생 참여형 수업을 활성화하고, 문제 해결 및 사고의 과정을 중시하는 평가를 통해 학습의 질을 개선한다.

정답 ①

Ⅱ. 교육심리

01 발달에 대한 설명으로 틀린 것은? ■ 14지
① 발달은 선천적인 요인에 의한 행동의 변화와 후천적인 요인에 의한 행동의 변화를 포함한다.
② 발달과업은 특정 발달단계에서 반드시 성취해야 할 과업을 말한다.
③ 피아제(Piaget)의 발생학적 인식론은 지식의 발달을 탐구하는 이론이다.
④ 비고츠키(L. Vygotsky)는 인지 불균형을 해소하는 과정에서 상위의 인지 구조가 출현한다고 보았다.

해설
④ 인지 구조의 변화는 피아제(Piaget)의 견해이다.
② 발달과업은 해비거스트(Havighurst)의 주장이다.

정답 ④

02 피아제(J. Piaget)는 인지발달이론에서 "인간은 적응을 위해 새로운 경험과 도식을 서로 조정한다"라고 하였다. 다음의 예와 피아제가 제시한 적응의 유형이 옳게 짝지어진 것은? ■ 17국

(가) 다른 나라를 방문할 때 그 나라의 문화와 음식, 언어에 빠르게 순응하려고 노력하는 것
(나) 아빠는 양복을 입은 사람이라는 생각을 가진 유아가 양복을 입은 사람을 모두 '아빠'라고 부르는 것

	(가)	(나)		(가)	(나)
①	탈중심화	중심화	②	조절	동화
③	중심화	탈중심화	④	동화	조절

해설
(가)는 다른 나라의 문화와 음식, 언어에 순응하려고 하므로 조절이며, (나)는 아빠는 양복을 입은 사람이라는 생각을 수용하며 생각에 변화가 없으므로 동화이다.

정답 ②

03 피아제(J. Piaget)의 인지발달단계를 순서대로 바르게 나열한 것은? ■ 19지

ㄱ. 전조작기	ㄴ. 형식적 조작기
ㄷ. 감각운동기	ㄹ. 구체적 조작기

① ㄱ → ㄴ → ㄷ → ㄹ ② ㄱ → ㄷ → ㄴ → ㄹ
③ ㄷ → ㄱ → ㄹ → ㄴ ④ ㄷ → ㄴ → ㄱ → ㄹ

해설

피아제(J. Piaget)의 인지발달단계 순서는 ㄷ. 감각운동기 – ㄱ. 전조작기 – ㄹ. 구체적 조작기 – ㄴ. 형식적 조작기이다.

정답 ③

04 피아제(Piaget)의 구체적 조작기에 해당되는 아동의 인지적 특성으로 알맞은 것은? ■ 15지

① 장난감이나 인형과 같은 생명이 없는 모든 사물도 생명과 감정을 가지고 있다고 생각한다.
② 컵에 담겨져 있던 우유를 크기와 길이가 다른 컵에 옮겨 부어도 그 양이 동일하다는 것을 이해한다.
③ 비유, 풍자, 은유 등과 같은 복잡한 언어형식을 이해한다.
④ 어떤 물건을 눈에 보이지 않는 곳에 숨기면 그것이 없어져 더 이상 존재하지 않는다고 믿는다.

해설

② 보존성 개념으로 구체적 조작기에서 아동은 가역성의 개념을 이해하여 보존 과제를 획득한다.
① 물활론에 대한 설명으로 전조작기에 해당하는 아동의 인지적 특성이다.
③ 추상적 사고에 대한 설명으로 형식적 조작기에 해당하는 아동의 인지적 특성이다.
④ 대상 영속성에 대한 설명으로 감각운동기에 해당하는 아동의 인지적 특성이다.

정답 ②

05 피아제(J. Piaget)의 인지발달 이론에 대한 설명으로 옳은 것만을 모두 고르면? ■ 25국

ㄱ. 조절은 기존의 도식을 수정하는 인지과정이다.
ㄴ. 언어는 인지발달에 중요한 역할을 하며, 학습이 발달에 선행한다.
ㄷ. 구체적 조작기에서는 하나의 기준에 따라 대상을 순서대로 배열할 수 있는 서열화가 가능하다.
ㄹ. 형식적 조작기에서는 추상적 사고와 가설 연역적 추리가 불가능하다.

① ㄱ, ㄴ ② ㄱ, ㄷ
③ ㄴ, ㄹ ④ ㄷ, ㄹ

ㄱ. 조절은 기존의 도식을 수정하는 인지과정이다.(옳음)
　피아제는 인지발달의 적응 과정으로 동화와 조절을 제시했다.
　조절(accommodation)은 새로운 정보나 경험에 맞춰 기존의 인지 구조(도식)를 변화시키는 과정을 의미한다.
ㄴ. 언어는 인지발달에 중요한 역할을 하며, 학습이 발달에 선행한다.(틀림)
　피아제는 언어발달이 인지발달의 결과로 나타난다고 보았으며, 발달이 학습에 선행한다고 주장했다. 즉, 특정 인지 구조가 발달해야 그에 맞는 학습이 가능하다고 보았다.
ㄷ. 구체적 조작기에서는 하나의 기준에 따라 대상을 순서대로 배열할 수 있는 서열화가 가능하다.(옳음)
　구체적 조작기(만 7세 ~ 11세)의 아동은 보존 개념, 분류화, 서열화 등의 논리적 사고 능력을 획득한다. 서열화(seriation)는 길이나 크기와 같은 하나의 속성에 따라 사물을 순서대로 배열하는 능력이다.
ㄹ. 형식적 조작기에서는 추상적 사고와 가설 연역적 추리가 불가능하다.(틀림)
　형식적 조작기(만 12세 이후)는 추상적인 개념을 이해하고 논리적으로 사고하며, 가설을 설정하고 연역적으로 추론하는 능력(가설 연역적 추리)이 발달하는 단계이다.

 ②

06 다음에서 설명하는 개념은? ▪17국

- 학생의 인지발달을 위해서 교사가 찾아야 하는 것
- 학습자가 주위의 도움을 받아서 문제를 해결할 수 있는 범위
- 학습자의 실제적 발달 수준과 잠재적 발달 수준 간의 차이

① 비계(scaffolding)　　② 근접발달영역(ZPD)
③ 내면화(internalization)　　④ 메타인지(metacognition)

② 근접발달영역(ZPD) : 학습자의 실제적 발달 수준과 잠재적 발달 수준 간의 차이
① 비계 : 새로운 지식을 습득하고 문제를 해결할 수 있도록 지원하는 임시적인 도움
③ 내면화 : 교육 이론이나 교육 과정에서 배운 지식, 가치, 태도 등을 개인의 내면에 통합하여 자신의 행동이나 사고방식에 자연스럽게 반영하는 과정
④ 메타인지 : 자신의 인지 과정에 대한 인식과 이해

 ②

07 학생이 문제해결능력이 없는 경우, 교사가 어떤 역할을 해야 하는지에 대한 비고츠키(L. Vygotsky)의 관점으로 보기 어려운 것은? ▪15국

① 구조화를 형성할 수 있는 단서를 제공한다.
② 세부사항과 단계를 기억할 수 있도록 조력하고 격려한다.
③ 표준화 지능검사 문항을 풀게 하여 학생의 지적 발달 수준을 측정한다.
④ 학생이 혼자서 풀 수 있는 문제와 도움을 받아야 하는 문제를 모두 평가하여 지적 발달 수준을 측정한다.

학생들의 잠재적 발달 수준은 다르며 비고츠키는 개인의 잠재적 수준을 고려한 역동적 평가를 강조한다. 그리고 표준화 검사는 인간의 지능을 표준화시켜 개인과 개인을 비교시키므로 비고츠키의 입장과는 다르다.

🔒정답 ③

08 비고츠키(Vygotsky)의 사회문화이론에 근거할 때, (가)에 들어갈 말은? ■ 23국

> 타인의 도움을 받아서 수행할 수 있는 수준과 자기 혼자서 독립적으로 수행할 수 있는 수준 사이에 ⟨(가)⟩이 있다.

① 집단 무의식
② 근접발달영역
③ 학습된 무기력
④ 잠재적 발달영역

근접발달영역은 잠재적 발달수준과 실제적 발달수준의 차이로 성인이나 뛰어난 동료의 도움, 비계설정을 통해 학습 가능한 영역을 말한다.
① 집단 무의식은 융(C. Jung)의 용어이며 여전의 의식적 경험이 상징을 통해 과거부터 누적되고 전승되어 사회 구성원들에게 저절로 체화된 것을 말한다.
③ 셀리그만(Seligman)의 이론으로 계속되는 학업 실패와 좌절의 경험을 통해 노력해도 성공할 수 없다고 느끼는 상태를 말한다.
④ 잠재적 발달영역은 교사나 친구 등의 도움을 받아서 문제를 해결할 수 있는 영역이다.

🔒정답 ②

09 아동의 혼잣말(private speech)에 대한 비고츠키(L. Vygotsky)의 견해로 옳지 않은 것은?

① 자기중심적 언어로서 미성숙한 사고를 보여 준다. ■ 17지
② 자신의 사고과정과 행동을 스스로 조절하고 주도한다.
③ 연령이 증가함에 따라 점차 줄어들면서 내적 언어로 바뀐다.
④ 쉬운 과제보다 어려운 과제를 해결할 때 더 많이 사용한다.

비고츠키는 아동의 혼잣말을 자신의 사고와 행동을 지도하기 위한 수단이자 문제해결을 위한 사고의 도구라고 보았다.

🔒정답 ①

10 아동의 인지발달과정에 대한 피아제(Piaget)와 비고츠키(Vygotsky) 이론의 차이점으로 옳지 않은 것은?
■ 20지

① 피아제는 학습이 발달을 주도한다고 보는 반면 비고츠키는 발달에 기초하여 학습이 이루어진다고 본다.
② 피아제는 아동은 스스로 세계를 구조화하고 이해하는 존재라고 생각한 반면 비고츠키는 아동이 타인과의 관계에서 영향받아 성장하는 사회적 존재임을 강조한다.
③ 피아제는 혼잣말을 미성숙하고 자기중심적 언어로 보지만 비고츠키는 혼잣말이 자신의 사고를 위한 수단, 문제해결을 위한 사고의 도구라고 생각한다.
④ 피아제는 개인 내적 지식이 사회적 지식으로 확대 또는 외면화된다고 보는 반면 비고츠키는 사회적 지식이 개인 내적 지식으로 내면화된다고 본다.

피아제는 발달에 기초하여 학습이 이루어진다고 보았고, 비고츠키는 학습이 발달을 주도한다고 보았다.

정답 ①

11 프로이드(Freud)가 제안한 성격발달 단계와 에릭슨(E. Erikson)이 제안한 심리사회적 발달단계를 짝지은 것 중 시기적으로 유사하지 않은 것은?
■ 10국

① 항문기 – 자율성
② 구강기 – 기본적 신뢰
③ 남근기 – 주도성
④ 잠복기 – 친밀성

프로이드의 잠복기에 해당하는 에릭슨의 발달단계는 근면성 대 열등감이다.

정답 ④

12 에릭슨(E. Erikson)의 심리사회적 발달단계에 대한 설명으로 옳은 것만을 모두 고른 것은?
■ 18국

ㄱ. 인생 주기 단계에서 심리사회적 위기가 우세하게 출현하는 최적의 시기는 개인에 따라 차이가 있지만, 그것이 출현하는 순서는 불변한다고 가정한다.
ㄴ. 현 단계에서는 직전 단계에서 실패한 과업을 해결할 수 없다고 본다.
ㄷ. 청소년기에는 이전 단계에서의 발달적 위기가 반복하여 나타난다고 본다.

① ㄱ
② ㄴ
③ ㄱ, ㄷ
④ ㄱ, ㄴ, ㄷ

에릭슨(E. Erikson)은 인생 주기 단계에서 심리사회적 위기가 우세하게 출현하는 최적의 시기는 개인에 따라 차이가 있지만, 그것이 출현하는 순서는 불변한다고 가정하였으며 각 단계에는 심리사회적 위기(psycho-social crisis)가 있으며, 각 단계의 위기를 성공적으로 해결했을 때 성격발달이 제대로 이루어진다고 보았다. 또한 청소년기에는 이전 단계에서의 발달적 위기가 반복되며 현 단계의 위기를 극복하지 못해도 다음 단계로 넘어갈 수 있다고 보았다.

정답 ③

13 에릭슨(Erikson)의 심리사회적 발달단계에 따라 취학 전 아동의 주도성(initiative)을 격려하기 위한 수업지침으로 가장 적절한 것은?
■ 13국

① 어린이들이 좋아하는 이야기에 어울리는 옷을 스스로 선택하고 등장인물이 되어 실연하면서 학습에 참여하게 한다.
② 짧고 간단한 숙제부터 시작해서 점차 양이 많은 과제를 내어주고, 향상 점검점(check point)을 설정하여 목표를 향해 결심히 학습하도록 격려한다.
③ 유명한 위인들의 생일을 표시한 달력을 만들어 각각의 생일마다 그 사람의 업적에 대해서 토론하고 자신의 미래 직업에 대해 탐색하게 한다.
④ 수학문제를 틀렸을 경우, 다른 어린이들의 모범답안을 보여주어 자신의 문제풀이 과정과 비교할 수 있게 한다.

주도성 대 죄의식 단계에서는 탐색할 수 있는 자유를 허용하고 아동의 질문에 충실히 답해 줄 때 주도성이 발달한다. 어린이들이 좋아하는 이야기에 어울리는 옷을 스스로 선택하고 등장인물이 되어 실연하면서 학습에 참여하게 한다.
② 근면성 대 열등감 단계에서 사용하는 수업지침이다.
③ 자아 정체감 대 역할혼미 단계에서 사용하는 수업지침이다.
④ 근면성 대 열등감 단계에서 사용하는 수업지침이다.

정답 ①

14 에릭슨(E. Erikson)의 사회심리적 발달이론에서 볼 때, 다음과 같이 지도한 결과로 형성되는 것과 가장 관련이 있는 것은?
■ 11국

- 자서전을 쓰게 한다.
- 자신의 약점과 강점을 스스로 평가하게 한다.
- 학습한 내용이 직업에서 어떻게 활용될 수 있는지 생각하게 한다.

① 자율성　　　　　　　　② 주도성
③ 근면성　　　　　　　　④ 정체성

정체감 대 역할혼미 단계의 주요 특징은 자신의 존재, 가치에 대한 인식이 정체감을 발달시킨다는 것이다. 신체적 불안감, 성 역할과 직업선택의 불안정은 역할혼미를 초래한다. 정체감을 발달시키기 위해 자서전을 쓰게 하는 것이 좋다.

심리사회적 위기	연령	주요 사회관계	주요 특징	바람직한 결과
신뢰 대 불신	출생~18개월	어머니	유아는 일관성 있는 양육자에 대한 사랑과 신뢰감을 형성하며 양육자의 거부적 태도는 불신감을 발달시킨다.	신뢰 희망
자율성 대 수치 및 의심	18개월~3세	부모	걷기, 잡기 등 통제를 포함하는 신체적 기술의 발달이 이루어지도록 허용하고 격려할 때 자율성이 발달한다. 도움이 부족하거나 과잉보호하는 것은 자신의 능력에 의심을 갖게 하여 수치심이 형성된다.	의지
주도성 대 죄의식	3~6세	이웃, 학교	탐색할 수 있는 자유를 허용하고 아동의 질문에 충실히 답해줄 때 주도성이 발달한다. 아동의 활동을 제한하거나 간섭하고 질문에 불성실하게 대하면 죄의식이 형성된다.	목적 의도
근면성 대 열등감	6~12세	이웃, 학교	새로운 것을 학습할 기회를 부여하고, 성취한 것에 대한 인정을 받으면 근면성이 발달한다. 성취할 기회를 갖지 못하거나 결과에 대해 비난을 받으면 열등감이 형성된다.	유능감
정체감 대 역할혼미	청년기	또래집단, 리더십 모델	자신의 존재, 가치에 대한 인식이 정체감을 발달시킨다. 신체적 불안감, 성 역할과 직업선택의 불안정은 역할혼미를 초래한다.	성실 충성
친밀성 대 고립	성인 전기	친구, 연인, 회사동료	타인과 친밀한 인간관계를 유지하는 능력을 발달시킨다. 친밀한 관계 형성에 실패하면 고립감을 느끼게 된다.	사랑
생산성 대 침체	성인 중기	노동 분화와 가사 분담	자녀나 다음 세대의 지도과정에 참여하여 타인과 사회를 위해 노력할 때 생산성이 발달한다. 이러한 활동에 참여하지 못할 때 침체감에 빠진다.	배려
통합성 대 절망	노년기	인류	자신의 인생이 만족스러웠다고 회상하고, 있는 그대로의 자신을 수용하고, 인생에 대한 관조를 할 수 있을 때 통합성이 형성된다. 인생을 후회하고 죽음을 두려워할 때 절망감에 빠진다.	지혜

정답 ④

15 에릭슨(E. Erikson)의 심리사회적 발달 단계 중 다음에 해당하는 것은? ■ 25국

- 인지적·사회적 기술 습득
- 아동이 학교에 들어가면서 사회적 세계 확대
- 아동이 성취할 수 있는 기회 제공
- 교사와 친구들의 중요성이 커지면서 부모의 영향력은 감소

① 주도성 대 죄의식(initiative vs. guilt)
② 근면성 대 열등감(industry vs. inferiority)
③ 친밀성 대 고립감(intimacy vs. isolation)
④ 생산성 대 침체감(generativity vs. stagnation)

제시된 특징들은 에릭슨(E. Erikson)의 심리사회적 발달 단계 중 학령기(만 6~12세)에 해당하는 근면성 대 열등감 단계에 해당한다.
1) **배경 및 환경 확장**: 아동이 학교라는 새로운 사회적 환경에 들어가면서 사회적 세계가 크게 확대된다.
2) **기술 습득 및 성취**: 학교를 통해 읽기, 쓰기, 계산뿐만 아니라 다양한 인지적, 사회적 기술을 습득하고 성취할 수 있는 기회를 제공받는다. 이 과정에서 아동은 유능감(근면성)을 발달시킨다.
3) **영향력의 변화**: 교사와 친구들의 중요성이 커지면서 이들의 평가가 자아 개념에 큰 영향을 미치며, 상대적으로 부모의 영향력은 감소한다.
4) **핵심 갈등**: 자신의 기술과 노력이 성공적으로 인정받으면 근면성을 발달시키지만, 실패하거나 또래 및 교사에게 무시당하면 열등감을 느끼게 된다.

오답 해설
① 주도성 대 죄의식(유아기(만 3~6세)): 환경을 탐색하고 활동을 계획하는 것에 주도성을 느끼거나, 부모의 제약으로 죄의식을 느낀다.
③ 친밀성 대 고립감(성인 초기(만 20~40세)): 타인과 깊은 관계를 맺어 친밀성을 형성하거나, 그렇지 못할 경우 고립감을 느낀다.
④ 생산성 대 침체감(중년기(만 40~60세)): 다음 세대를 양육하고 사회에 기여하여 생산성을 느끼거나, 자기 자신에게만 몰두하여 침체감을 느낀다.

 ②

16 다음에 해당하는 자아정체감의 개념은? ■ 21국

의사결정을 할 때, 대안을 고려하지 않고 부모 등이 제시하는 역할이나 가치를 그대로 선택하거나 수용한다.

① 정체감 성취(achievement)
② 정체감 유예(moratorium)
③ 정체감 유실(foreclosure)
④ 정체감 혼미(diffusion)

정체감 유실(foreclosure) : 스스로 심각하게 생각하거나 의문을 갖지 않고 타인의 가치를 받아들이는 상태
① 정체감 성취 : 삶의 위기를 경험하고 확실하고 변함없는 자아정체감을 확립한다.
② 정체감 유예 : 현재 정체감 위기나 변화를 경험하고 있는 상태로 정체감 확립을 위해 노력한다.
④ 정체감 혼미 : 삶의 방향성이 결여되어 있는 상태이다.

정답 ③

17 마샤(Marcia)의 정체성 지위 이론에서 다음의 특징에 해당하는 것은?   ■ 24국

- 정체성 위기의 상태에 있다.
- 구체적인 과업에 전념하지 못하고 있다.
- 자신의 정체성에 대해 적극적으로 탐색한다.

① 정체성 동요(identity agitation)
② 정체성 상실(identity foreclosure)
③ 정체성 유예(identity moratorium)
④ 정체성 혼미(identity diffusion)

정체성 유예 상태는 위기를 겪고 있으나 전념하지 못하는 상태이다.
② 정체성 상실 : 위기의 상태는 아니나 전념하고 있는 상태로, 타인의 가치를 그대로 받아들인다.
④ 정체성 혼미 : 위기의 상태도 아니며 전념하지 못하는 상태이다.

정답 ③

18 브론펜브레너(U. Bronfenbrenner)에 의해 제안된 인간발달의 생태이론에서 중간체계(mesosystem)에 대한 설명으로 가장 적절한 것은?   ■ 15국

① 아동이 속해 있는 사회의 이념, 가치, 관습, 제도 등을 의미한다.
② 아동과 아주 가까운 주변에서 일어나는 활동과 상호작용을 나타낸다.
③ 가정, 학교, 또래집단과 같은 미시체계들 간의 연결이나 상호관계를 나타낸다.
④ 아동이 직접적으로 접촉하고 있지는 않지만 아동에게 영향을 주는 환경(부모의 직장, 보건소 등)을 나타낸다.

중간체계(mesosystem)는 둘 또는 그 이상의 미시체계가 상호 관련되어 서로 영향을 주고받는 양방향 관계다.
예 부모-교사 관계, 가정-학교 관계, 부모-또래 친구 관계
① 거시체계에 해당한다.
② 미시체계에 해당한다.
④ 외체계에 해당한다.

정답 ③

19 콜버그(L. Kohlberg)의 도덕성 발달이론에 대한 설명으로 옳은 것을 〈보기〉에서 고른 것은?

■ 16지

| 보기 |
ㄱ. 피아제(J. Piaget)가 구분한 아동의 도덕성 발달단계를 더 세분화하여 성인기까지 확장하였다.
ㄴ. 도덕적 사고력을 길러 주기 위해서는 성인에 의한 사회적 전수가 중요한 교육방법이라고 하였다.
ㄷ. 다섯 번째 단계인 '사회계약 정신 지향' 단계에서는 '착한 소년·소녀'처럼 타인으로부터 도덕적이라고 인정받는 것이 중요하다.
ㄹ. 길리건(C. Gilligern)은 콜버그의 도덕성 발달이론에 대해 남성 중심의 이론이며 여성의 도덕성 판단기준은 남성과 다르다고 비판하였다.

① ㄱ, ㄷ   ② ㄱ, ㄹ   ③ ㄴ, ㄷ   ④ ㄴ, ㄹ

ㄴ. 도덕적 사고력을 길러 주기 위해서는 성인에 의한 사회적 전수보다 도덕적 원리에 대한 사고능력을 중시하였다.
ㄷ. '착한 소년·소녀' 단계는 3단계이다.

 ②

20 다음 글과 가장 적합한 콜버그(L. Kohlberg)의 도덕성 발달단계는?

■ 11국

• 주변에서 착한 아이라는 말을 듣기 좋아한다.
• 부모님을 기쁘게 해 드리기 위해 열심히 공부한다.
• 부모님이 걱정하시지 않도록 일찍 귀가한다.

① 처벌 – 복종지향 단계   ② 상대적인 쾌락주의 단계
③ 대인관계 조화 단계   ④ 법과 질서의 도덕적 추론 단계

부모님을 기쁘게 해 드리기 위해 열심히 공부하는 것은 타인을 기쁘게 하는 것으로 착한 소년/소녀 즉, 대인관계 조화 단계이다.

인습 이전 수준	1단계	복종과 처벌 지향
	2단계	개인적 쾌락주의
인습 수준	3단계	착한 소년/소녀 지향
	4단계	사회질서와 권위 지향
인습 이후 수준	5단계	사회계약 지향
	6단계	보편적 원리 지향

정답 ③

21 콜버그(Kohlberg)의 도덕성 발달이론에 대한 설명으로 옳은 것은?   ■ 23국

① 아동 초기에 초점을 둔 이론으로 도덕성 발달은 동화와 조절의 과정을 거쳐 이루어진다.
② 전인습(preconventional) 수준에서 도덕성 발달의 시작은 처벌을 피하기 위한 행동에서 비롯된다.
③ 선악을 판단하는 초자아(superego)의 작동에 의해 도덕성이 발달한다.
④ 인습(conventional) 수준에서 도덕성은 정의, 평등, 생명과 같은 보편적인 원리를 지향한다.

① 피아제(Piaget)가 주장한 내용이다.
③ 프로이트(Freud)가 주장한 내용이다.
④ 6단계(양심 및 보편적 도덕원리에 대한 확신으로서의 도덕성)에 해당하므로 후인습 수준에 해당한다.

정답 ②

22 행동주의 학습이론에 대한 설명으로 옳지 않은 것은?   ■ 19지

① 환경은 학습자의 행동에 영향을 끼치는 변인이다.
② 학습자는 상황에 관계없이 스스로 사고하고 판단하는 존재이다.
③ 바람직한 행동뿐만 아니라 부적응 행동도 학습의 결과이다.
④ 학습은 외현적 행동으로 나타나기 때문에 과학적 연구가 가능하다.

상황에 관계없이 스스로 사고하고 판단하는 존재로 보는 것은 인지주의 학습이론 관점이다.

정답 ②

23 강화에 대한 설명으로 옳은 것만을 모두 고르면?   ■ 21지

┌───┐
│ ㄱ. 행동의 강도와 빈도를 높이는 데 있어 강화보다 벌이 더 효과적이다.
│ ㄴ. 선호하지 않는 것을 제거함으로써 행동의 강도와 빈도를 높일 수 있다.
│ ㄷ. 선호하는 것을 제공함으로써 행동의 강도와 빈도를 높일 수 있다.
└───┘

① ㄱ, ㄴ   ② ㄱ, ㄷ
③ ㄴ, ㄷ   ④ ㄱ, ㄴ, ㄷ

ㄴ. 부적 강화에 대한 옳은 설명으로 청소면제 등의 예시가 있다.
ㄷ. 정적 강화에 대한 설명으로 칭찬 등의 예시가 있다.
ㄱ. 행동의 강도와 빈도를 높이는 것은 강화이며 벌은 행동의 강도와 빈도를 감소시키는 것에 효과적이다.

 ③

24 다음과 가장 관계가 깊은 학습 이론은? ■ 22국

> 영수는 국어 성적이 좋지 않아서 시험 성적이 나올 때마다 여러 번 국어 선생님으로부터 꾸중을 들었고, 꾸중을 들을 때마다 기분이 상해서 얼굴이 붉어졌다. 어느 날 영수는 우연히 국어 선생님을 복도에서 마주쳤는데, 잘못한 일이 없음에도 불구하고 자신도 모르게 얼굴이 붉어졌다.

① 구성주의 이론
② 정보처리 이론
③ 고전적 조건형성 이론
④ 조작적 조건형성 이론

고전적 조건형성은 특정 자극이 반응을 유발하는 과정으로, 환경의 자극과 반응 간의 연결을 형성하는 방법을 설명한다. 꾸중을 듣는 상황이 국어 선생님이라는 특정 자극과 연결되어 얼굴이 붉어짐(조건 반응)을 유발하는 것이기 때문에 고전적 조건형성과 관련이 깊다.
조작적 조건형성은 동의 결과에 따라 행동의 발생 빈도가 변화하는 과정을 설명한다.

 ③

25 행동주의에 기반한 교수설계 원리로 옳지 않은 것은? ■ 14국

① 학습목표는 수업이 끝났을 때 학습자가 성취해야 하는 결과를 관찰 가능한 행동목표로 진술해야 한다.
② 학습이 이루어질 수 있도록 내재적 동기를 유발할 수 있는 교수전략을 수립해야 한다.
③ 수업의 내용은 쉬운 것에서부터 어려운 것으로 점진적으로 제시해야 한다.
④ 바람직한 수행을 유도하기 위하여 지속적인 평가와 피드백을 제공해야 한다.

행동주의에서 학습은 외현적 행동으로 나타나기 때문에 과학적 연구가 가능하다고 보았다. 따라서 학습이 진행되는 내적 과정을 지나치게 간과했다는 비판을 받기도 한다.

 ②

26. 다음에 해당하는 학습원리는?
■ 21국

- 학습태도가 좋은 학생을 칭찬한다.
- 미술시간에 과제를 잘 수행한 학생의 작품을 전시한다.

① 정적 강화 ② 부적 강화
③ 수여성 벌 ④ 제거성 벌

① **정적 강화** : 특정 행동을 장려하고 반복하도록 만드는 중요한 원리로 정적인 결과를 통해 행동의 변화를 유도하고, 학습 동기를 증진시키는 데 기여한다. 정적 강화의 예시로는 칭찬, 상품, 상장 등이 있다.
② **부적 강화** : 특정 행동이 발생한 후 불쾌한 자극이 제거되거나 감소하여 그 행동의 발생 빈도가 증가하는 과정이다. 즉, 원하지 않는 상황이나 자극을 없애는 방식으로 행동을 강화한다.
③ **수여성 벌** : 특정 행동이 발생한 후 불쾌한 자극이 추가되어 그 행동의 발생 빈도를 감소시키는 과정을 의미한다. 즉, 원치 않는 행동에 대해 추가적인 자극을 제공하여 행동을 줄이는 방식이다. 예시로는 벌점 부여 등이 있다.
④ **제거성 벌** : 특정 행동이 발생한 후 긍정적인 자극이 제거되어 그 행동의 발생 빈도를 감소시키는 과정을 의미한다. 즉, 원치 않는 행동에 대한 결과로서 긍정적인 경험이나 보상을 빼앗아 행동을 억제하는 방식이다.

정답 ①

27. 행동주의 학습이론에 대한 설명으로 옳은 것은?
■ 20지

① 고정비율 강화계획은 일정한 시간 간격을 기준으로 강화가 제시되는 것을 의미한다.
② 부적 강화란 어떤 행동 후 싫어하는 자극을 제거함으로써 특정 행동을 증가시키는 것을 의미한다.
③ 일차적 강화물은 그 자체로 강화능력을 가지고 있지 않는 자극이 다른 강화물과 연합하여 가치를 얻게 된 강화물이다.
④ 프리맥 원리는 차별적 강화를 이용하여 목표와 근접한 행동을 단계적으로 형성해 나가는 것이다.

① 고정간격 강화계획(fixed interval schedules)은 일정한 시간 간격을 기준으로 강화가 제시되는 것을 의미한다. 고정비율 강화계획(fixed ratio schedules)은 정해진 반응 횟수에 따라 강화물이 제시되는 것을 의미한다.
③ 일차적 강화물이란 그 자체로 강화능력을 가지고 있어 생리적 욕구를 충족해 주는 것으로서 음식물이나 물 같은 것이 해당된다.
④ 프리맥(Premack)의 원리 : 학습자에게 빈번하게 발생하는 행동이 상대적으로 덜 빈번하게 일어나는 행동의 빈도를 증가시키기 위한 강화물로 사용될 수 있다는 것을 의미한다. 행동 조성은 일련의 복잡한 행동을 학습시키기 위해 목표 행동에 근접하는 행동을 보일 때마다 강화를 하여 점진적으로 목표 행동을 학습시키는 것이다.

정답 ②

28 다음 설명에 해당하는 강화계획은? ■ 25지

- 강화물은 일정한 시간 간격이 경과한 후 제공된다.
- 다음 강화물이 주어질 시간을 예측할 수 있다.
- 적용 사례로 기말고사에 대한 성적을 제공하는 것을 들 수 있다.

① 고정간격 ② 변동간격
③ 고정비율 ④ 변동비율

해설
- 강화물의 제공 시점 : 강화물은 일정한 시간 간격(Fixed Interval)이 경과한 후에 제공된다.
- 예측 가능성 : 강화물이 주어질 시간을 학습자가 예측할 수 있다.

오답 해설
② **변동간격(VI)** : 강화물이 평균적인 시간 간격은 있지만, 매번 불규칙한 시간 간격으로 제공된다.
③ **고정비율(FR)** : 일정한 횟수(비율)의 반응이 일어날 때마다 강화물이 제공된다.
④ **변동비율(VR)** : 강화물이 평균적인 반응 횟수 후에 제공되지만, 매번 불규칙한 횟수 후에 제공된다. (가장 반응률이 높음)

정답 ①

---

29 반두라(Bandura)의 관찰학습 단계 중 모델의 행동을 언어적·시각적으로 부호화하는 단계는?
① 재생 ② 파지 ■ 22국
③ 동기화 ④ 주의집중

해설
관찰학습 단계는 주의집중 – 파지 – 재생(운동) – 동기화 순서이며 관찰학습 단계 중 모델의 행동을 언어적·시각적으로 부호화하는 단계는 파지이다.

정답 ②

---

30 사회인지이론에서 주장하는 관찰학습의 단계를 순서대로 바르게 나열한 것은? ■ 19국
① 파지단계 → 재생단계 → 동기화단계 → 주의집중단계
② 주의집중단계 → 파지단계 → 재생단계 → 동기화단계
③ 동기화단계 → 주의집중단계 → 파지단계 → 재생단계
④ 재생단계 → 주의집중단계 → 동기화단계 → 파지단계

관찰학습 단계는 주의집중 – 파지(기억) – 재생(운동) – 동기화(보상) 순서이다.

정답 ②

31 다음에 해당하는 학습이론은?
■ 16국

- 강화 없이 관찰하는 것만으로 학습이 일어날 수 있다.
- 강화는 수행을 위해 필요한 조건이지 학습을 위해 반드시 필요한 조건은 아니다.
- 인간의 행동은 보상이나 처벌보다는 자기 조절에 의해 이루어진다.

① 형태주의 학습이론 ② 사회인지 이론
③ 행동주의 학습이론 ④ 병렬분산처리 이론

사회인지 이론은 관찰하는 것으로 학습이 이루어진다고 본다.

정답 ②

32 형태주의(Gestalt) 심리학의 관점으로 옳지 않은 것은?
■ 24지

① 학습의 과정에 통찰도 포함된다.
② 지각은 실제와 차이가 있을 수 있다.
③ 전체는 부분의 합이 아니라 그 이상이다.
④ 복잡한 현상을 단순한 요소로 나누어 설명한다.

형태주의는 지각은 전체로서 이해되어야 하며 전체는 부분의 합 이상이라고 주장한다. 따라서 복잡한 형상을 단순한 요소로 나누어 설명하는 것은 형태주의 관점이라고 볼 수 없다. 또한 형태주의자들은 통찰의 중요성을 강조하였으며 지각이 실제 세계와 반드시 일치하지 않을 수 있다고 주장한다.

정답 ④

33 형태주의 심리학(Gestalt psychology)에 대한 설명으로 옳지 않은 것은?   ■ 19국

① 학습자는 세상을 지각할 때 외부자극을 단순히 합하는 것 이상의 작업을 수행한다.
② 문제 장면에 존재하는 다양한 요소의 관계를 파악하는 통찰에 주목한다.
③ 학습은 인지구조의 변화가 아니라 행동의 변화를 나타낸다.
④ 쾰러(W. Köhler)의 유인원 실험은 중요한 근거를 제공한다.

③ 주로 행동주의 학습이론에 대한 설명이다. 형태주의 심리학은 행동주의가 아닌 인지주의 학습이론이다.

 ③

34 다음 내용과 가장 관련이 깊은 학습 이론은?   ■ 18지

> 굶주린 침팬지가 들어 있는 우리의 높은 곳에 바나나를 매달아 놓았다. 침팬지는 처음에는 이 바나나를 먹으려고 손을 위로 뻗거나 뛰어 오르는 등 시행착오 행동을 보였다. 몇 차례의 시도 후에 막대를 갖고 놀던 침팬지는 마치 무엇을 생각한 듯 행동을 멈추고 잠시 서 있다가 재빠르게 그 막대로 바나나를 쳐서 떨어뜨렸다. 쾰러(W. Köhler)는 이것이 통찰에 의해 전체적 관계를 파악함으로써 학습이 이루어지는 좋은 예라고 주장하였다.

① 구성주의   ② 인간주의
③ 행동주의   ④ 형태주의

제시문은 형태주의 이론가인 쾰러(W. Köhler)의 유인원 실험이다.

 ④

35 학습이론에 대한 설명으로 옳지 않은 것은?   ■ 21지

① 형태주의 심리학에 따르면 학습은 계속적인 시행착오의 결과이다.
② 사회인지이론에 따르면 개인, 행동, 환경의 상호작용에 의해 학습이 이루어진다.
③ 행동주의 학습이론에 따르면 학습의 근본적인 원리는 자극과 반응 간의 연합이다.
④ 정보처리이론에 따르면 정보저장소는 감각기억, 작업기억, 장기기억의 세 가지로 구분된다.

독일에서 출현한 형태주의(Gestalt theory)는 유기체가 환경을 있는 그대로 받아들이는 것이 아니라, 환경을 능동적으로 구조화하고 조직함으로써 형태(Gestalt)를 구성한다고 하였다. 통찰학습은 문제 상황에서 관련 없는 여러 요인이 갑자기 완전한 형태로 재구성되어 문제를 해결하는 것을 뜻한다.

정답 ①

36 인지주의 학습이론에 대한 설명으로 옳지 않은 것은? ■ 20국

① 부호화 - 제시된 정보를 처리가능한 형태로 변형하는 과정
② 인출 - 장기기억 속에 있는 정보를 작업기억으로 가져오는 과정
③ 조직화 - 기존에 가지고 있던 정보를 새 정보에 연결하여 정보를 유의미한 형태로 저장하는 과정
④ 메타인지 - 사고과정에 대한 지식으로 자신의 인지과정 전체를 지각하고 통제하는 정신 활동

조직화 전략(organization)은 공통 범주나 유형을 기준으로 새로운 정보를 장기기억에 저장되어 있는 정보와 연결하는 부호화 전략이며, 정교화 전략(elaboration)은 기존에 가지고 있던 정보를 새 정보에 연결하여 정보를 유의미한 형태로 저장하는 과정(자신의 경험 + 새로운 정보 + 장기기억 연결)이다.

정답 ③

37 인지주의 학습전략 중 기존에 가지고 있던 정보를 새로운 정보에 연결하여 정보를 유의미한 형태로 바꾸는 것은? ■ 19국

① 정적 강화　　　　　　　　② 부적 강화
③ 체계적 둔감화　　　　　　 ④ 정교화

정교화 전략(elaboration)은 기존에 가지고 있던 정보를 새 정보에 연결하여 정보를 유의미한 형태로 저장하는 과정(자신의 경험 + 새로운 정보 + 장기기억 연결)이다.

정답 ④

38 정보처리 이론의 부호화 과정에 해당하지 않는 것은?   ■ 16국
① 필요한 정보를 도표, 개념지도, 개요 등으로 조직화한다.
② 새로운 정보를 장기기억에 저장되어 있는 선행지식과 연결시키는 작업을 한다.
③ 새로운 정보를 유사하고 유관한 정보 조각과 연합하여 유의미하게 한다.
④ 새로운 자극에 주의를 기울일 수 있도록 화려한 멀티미디어를 사용한다.

④ 주의집중과 감각기억에 해당한다.

정답 ④

39 다음은 정보처리이론에서 부호화(encoding)를 촉진하기 위한 전략을 설명한 것이다. (가)~(다)에 해당하는 전략을 바르게 짝지은 것은?   ■ 17지

> (가) 개별적 정보를 범주나 유형으로 묶는다. 도표나 그래프, 위계도를 작성하는 것이 그 예이다.
> (나) 정보를 시각적인 형태인 그림으로 저장한다. 자동차를 언어적 서술 대신 그림으로 기억하는 것이 그 예이다.
> (다) 새로운 정보를 기존의 지식과 관련짓는다. 학습한 정보를 자신의 말로 바꾸어 보거나 또래에게 설명해 보는 것이 그 예이다.

	(가)	(나)	(다)
①	정교화	심상	조직화
②	정교화	조직화	심상
③	조직화	정교화	심상
④	조직화	심상	정교화

- 조직화 전략(organization): 공통 범주나 유형을 기준으로 새로운 정보를 장기기억에 저장되어 있는 정보와 연결하는 부호화 전략이다(개요작성 또는 개념도).
- 심상 전략(imagery): 새로운 정보를 우리의 마음속에 그림으로 만드는 과정으로, 심상 전략을 통해 우리는 정보를 오래 기억할 수 있다(언어정보 + 시각적 자료).
- 정교화 전략(elaboration): 기존에 가지고 있던 정보를 새 정보에 연결하여 정보를 유의미한 형태로 저장하는 과정이다(자신의 경험 + 새로운 정보 + 장기기억 연결).

정답 ④

40 인지학습이론(cognitive learning theories)에 기초한 수업방식으로 적절하지 않은 것은?
① 관련된 모든 내용을 학생들에게 제공하여 더 많은 정보를 얻게 한다. ■ 13국
② 주어진 내용을 분명하게 조직적으로 제시한다.
③ 학생들의 주의를 환기하고 유지하기 위해 다양성, 호기심, 놀라움을 강조한다.
④ 새로운 내용과 이미 알고 있는 내용을 연결할 수 있도록 도와준다.

너무 많은 정보제공은 학습자에게 인지과부하를 초래한다.

정답 ①

41 다음 사례에 해당하는 학습의 전이(transfer)가 아닌 것은? ■ 23지

> 수학 시간에 사칙연산을 배우는 것은 가게에서 물건값을 지불하고 잔돈을 계산하는 데 도움을 준다.

① 긍정적(positive) 전이   ② 특수(specific) 전이
③ 일반(general) 전이   ④ 수평적(lateral) 전이

1) 정적 전이와 부적 전이
   정적 전이(positive transfer)는 선행학습이 후속학습을 촉진하는 현상이다. 이에 반해 부적 전이(negative transfer)는 선행학습이 후속학습을 방해하는 현상이다.
2) 일반 전이와 특수 전이
   일반 전이(general transfer)는 선행학습에서 획득한 지식, 기능, 법칙을 완전히 새로운 장면에 적용하는 것을 의미한다. 특수 전이(specific transfer)는 선행장면에서 학습한 지식, 기능, 법칙 등을 매우 유사한 장면에 적용하는 것을 뜻한다. 영어 학습이 스페인어 학습에 영향을 미치는 것은 특수 전이다. 특수 전이는 일반 전이에 비해 나타나기가 쉽고, 가르치기도 쉽다.
3) 수평적 전이와 수직적 전이
   수평적 전이는 선행학습과 후속학습의 수준이 비슷한 경우에 나타나는 전이를 말한다. 일반적으로 수평적 전이는 특정 교과의 학습이 다른 교과의 학습에 영향을 미칠 때 나타난다. 역사시간에 학습한 3·1운동에 대한 지식이 국어시간의 독립선언문 학습에 영향을 미치는 것은 수평적 전이다. 수직적 전이(vertical transfer)는 위계관계가 분명한 학습과제 사이에서 나타나는 전이를 말한다.

정답 ③

42 와이너(B. Weiner)의 귀인이론에서 (가)에 들어갈 귀인요소는?   ▪11국

귀인요소	원인의 소재	통제가능성	안정성
(가)	외적	통제불가	안정
( )	내적	통제가능	불안정
( )	내적	통제불가	안정
( )	외적	통제불가	불안정

① 운
② 과제난이도
③ 노력
④ 능력

위에서 아래 순서대로 과제난이도, 노력, 능력, 운에 해당한다.

정답 ②

43 와이너(Weiner)의 귀인이론에 의하면 그 요소가 외적이며, 안정적이고, 통제불가능한 귀인은?   ▪21국

① 운
② 능력
③ 노력
④ 과제난이도

① 운 – 외적, 불안정적, 통제불가
② 능력 – 내적, 안정적, 통제불가
③ 노력 – 내적, 불안정적, 통제가능

정답 ④

44 와이너(Weiner)의 귀인 이론에 따르면 그 소재가 내부에 있고 불안정하며 통제 가능한 귀인은?   ▪24국

① 과제난이도
② 교사의 편견
③ 일시적인 노력
④ 시험 당일의 기분

노력은 소재가 내부에 있고 불안정하며 통제가 가능하다.
① **과제난이도** : 소재가 외부에 있고 안정적이며 통제 불가능하다.
② **교사의 편견** : 소재가 외부에 있고 안정적이며 통제 불가능하다.
④ **시험 당일의 기분** : 소재가 내부에 있고 불안정하며 통제 불가능하다.

정답 ③

45. 다음 설명에 해당하는 동기이론은?

- 학생은 자기 자신의 행동과 운명을 자율적으로 선택할 수 있다.
- 학습에 대한 선택권을 제공함으로써 학생의 자율성을 신장시킬 수 있다.
- 학생이 스스로 과제를 선택할 때, 보다 오랫동안 과제에 참여하고 즐거운 학습경험을 하게 된다.

① 귀인 이론 ② 기대 – 가치 이론
③ 자기결정성 이론 ④ 자기효능감 이론

자기결정성은 환경에 대해 어떤 행동을 취할 것인가를 스스로 결정하는 것으로 개인의 의지를 사용하는 과정이다.

정답 ③

46. 숙달목표지향성의 특징에 해당하지 않는 것은?

① 도전 추구 ② 능력 입증
③ 노력 귀인 ④ 절대적, 내적 자기참조 기준

②는 수행목표(performance goal)이다. 자신의 유능함과 능력이 다른 사람의 능력과 어떻게 비교되느냐에 초점을 둔 목표이다. 자신의 능력이 타인에 의해서 어떻게 평가받는가에 관심을 둔다.

정답 ②

47. (가), (나)에 들어갈 말을 바르게 연결한 것은?

학습동기에 대한 목표지향성 이론에 따르면, 학습자가 [(가)] 목표를 갖고 있으면, 자신의 능력을 높이기 위한 목표를 성취하기 위해 도전적인 새로운 과제를 선택하는 경향이 높지만, 학습자가 [(나)] 목표를 갖고 있으면, 자신의 능력이 부족해 보이는 것을 피하기 위해 새롭고 도전적인 과제보다 이미 충분히 학습된 쉬운 과제를 선택하려는 경향이 높다.

	(가)	(나)		(가)	(나)
①	수행	숙달	②	숙달	수행
③	사회적	숙달	④	수행접근	과제회피

(가) **숙달목표** : 과제의 숙달 및 향상, 이해 증진 등 학습과정 자체에 가치를 부여하며 자신의 유능감을 발전시키는 것을 중요하게 생각하는 목표유형이다.
(나) **수행목표** : 자신의 유능함과 능력이 다른 사람의 능력과 어떻게 비교되느냐에 초점을 둔 목표이다. 자신의 능력이 타인에 의해서 어떻게 평가받는가에 관심을 둔다.

정답 ②

48 인지양식을 장독립적 양식과 장의존적 양식으로 구분할 때, 장독립적 양식을 지닌 학습자의 일반적인 특성으로 옳은 것은?   ■ 15지

① 정보를 분석적으로 처리한다.
② 개별학습보다는 협동학습을 선호한다.
③ 비구조화된 과제의 수행에 어려움을 겪는다.
④ 교사 또는 동료 학생과의 대인관계를 중시한다.

② 협동학습보다는 개별학습을 선호한다.
③ 비구조화된 과제의 수행에 어려움을 겪지 않는다.
④ 교사 또는 동료 학생과의 대인관계를 중시하지 않는다.

정답 ①

49 지능에 대한 설명으로 옳지 않은 것은?   ■ 20국

① 서스톤(Thurstone) – 지능의 구성요인으로 7개의 기본정신능력이 존재한다.
② 길포드(Guilford) – 지능은 내용, 산출, 조작(operation)의 세 차원으로 구성되어 있다.
③ 가드너(Gardner) – 8개의 독립적인 지능이 존재하며, 각각의 지능의 가치는 문화나 시대에 따라 달라진다.
④ 스턴버그(Sternberg) – 지능은 유동적 지능과 결정적 지능으로 구성되며 결정적 지능은 경험에 따라 변할 수 있다.

스턴버그는 삼원지능이론을 주장하여 지능을 분석적, 창의적, 실제적 지능으로 구분하였다. 유동적 지능과 결정적 지능으로 구분한 것은 카텔(R. B. Cattel)이다.

정답 ④

50 지능에 대한 학자의 설명으로 옳은 것은?

■ 16국

① 길포드(J. P. Guilford)는 지능이 내용, 형식, 조작, 산출이라는 4개의 차원으로 구성된다고 가정하였다.
② 스턴버그(R. J. Sternberg)는 지능이 맥락적 요소, 정신적 요소, 시간적 요소로 구성된다는 삼위일체이론을 주장하였다.
③ 가드너(H. Gardner)는 지능이 사회문화적 맥락의 영향을 받지 않는, 서로 독립적이며 다양한 능력으로 구성되어 있다고 보았다.
④ 카텔(R. B. Cattell)은 지능을 유동적 지능과 결정적 지능으로 구분하고, 결정적 지능은 교육이나 훈련의 결과로 형성되는 것으로 보았다.

유동적 지능은 유전적이고 생리적인 영향을 많이 받는 지능요인으로 암기, 지각, 추리와 같은 정보의 관계성이나 기억력과 관련된 능력이다. 결정적 지능은 교육이나 훈련으로 형성되는 것으로, 정보의 내용과 관련되며 언어능력, 문제해결능력, 논리적 추리력과 같이 경험의 영향을 많이 받는 능력이다.
① 길포드(J. P. Guilford)는 지능이 내용, 산출, 조작이라는 3개의 차원으로 구성된다고 가정하였다.
② 스턴버그(R. J. Sternberg)는 지능이 분석적, 창의적, 실제적 요소로 구성된다는 삼위일체이론을 주장하였다.
③ 가드너(H. Gardner)는 지능이 사회문화적 맥락의 영향을 받으며, 서로 독립적인 다양한 능력으로 구성되어 있다고 보았다.

정답 ④

51 지능이론에 대한 설명으로 옳지 않은 것은?

■ 14국

① 유동지능은 탈문화적이고 비언어적인 능력과 관련되며 두뇌발달에 영향을 받는다.
② 삼원지능이론에서는 일상적인 문제와 사회적 상황을 효과적으로 처리하고 반응하는 것이 지능의 주요 요소 중 하나이다.
③ g요인설을 통해 언어 능력과 추론 능력이 동시에 우수한 사람에 대한 설명이 가능하다.
④ 결정지능은 태어날 때 이미 결정되어 있기 때문에 새로운 지식이나 경험이 영향을 미치지 않는다.

결정지능은 교육이나 훈련으로 형성되는 것이다. 태어날 때 이미 결정되어 새로운 지식이나 경험이 영향을 적게 받는 것은 유동적 지능이다.

정답 ④

52 다음 설명에 해당하는 지능은? ■24국

- 카텔(Cattell)과 혼(Horn)이 제시한 지능 개념이다.
- 유전적·신경생리적 영향을 받는 지능이다.
- 기계적 암기, 지각, 일반적 추리 능력과 관련된다.
- 청소년기까지 증가하다가 성인기 이후 점차 쇠퇴한다.

① 결정지능 ② 다중지능
③ 성공지능 ④ 유동지능

카텔(R. B. Cattell)은 지능을 유동적 지능과 결정적 지능으로 구분하였다. 유동적 지능은 유전적이고 생리적인 영향을 많이 받는 지능요인으로 암기, 지각, 추리와 같은 정보의 관계성이나 기억과 관련된 능력이다. 20대 중반 이후부터는 점차 쇠퇴한다.
① **결정지능(Crystallize)** : 교육이나 훈련으로 형성, 정보의 내용과 관련된 것으로, 언어능력, 문제해결능력, 논리적 추리력과 같이 경험의 영향을 많이 받는 능력이다. 평생 동안 발전하며 시간이 흘러도 크게 쇠퇴하지 않는다.
② 다중지능은 가드너가 제시한 지능의 개념으로 지능은 8개의 독립적인 부분으로 존재하며 각각의 지능의 가치는 문화나 시대에 따라 달라진다.
③ 성공지능은 스턴버그가 제시한 지능의 개념으로 분석적 지능, 창의적 지능, 실제적 지능으로 구성되며 삼원지능으로도 불린다.

정답 ④

53 렌줄리(J. S. Renzulli)가 제안한 영재성 개념의 구성요인이 아닌 것은? ■14국

① 평균 이상의 일반능력 ② 평균 이상의 지도성
③ 높은 수준의 창의성 ④ 높은 수준의 과제집착력

렌줄리(J. S. Renzulli)가 제안한 영재성 개념의 구성요인
1) 평균 이상의 일반능력
2) 높은 수준의 과제집착력
3) 높은 수준의 창의성

정답 ②

54 렌줄리(Renzulli)가 제시한 영재성의 세 가지 요소에 해당하지 않는 것은? ■21지

① 높은 도덕성 ② 높은 창의성
③ 높은 과제집착력 ④ 평균 이상의 일반능력

렌줄리(J. S. Renzulli)가 제안한 영재성 개념의 구성요인
1) 평균 이상의 일반능력
2) 높은 수준의 과제집착력
3) 높은 수준의 창의성

 ①

55 지능 이론 및 검사에 대한 설명으로 옳은 것은?
■ 25지
① 가드너(H. Gardner)는 세계 최초로 표준화된 지능검사를 개발하였다.
② 카우프만(Kaufman) 아동용 지능검사(K-ABC)는 비언어적 척도를 포함한다.
③ 웩슬러(Wechsler) 지능검사는 언어, 논리·수학, 공간, 음악 지능으로 구성된다.
④ 스탠포드-비네(Stanford-Binet) 지능검사에서 IQ는 생활연령을 정신연령으로 나눈 값에 10을 곱해 계산한다.

① 가드너(H. Gardner) : 다중지능이론(Multiple Intelligences Theory)을 제시한 사람이지, 지능검사를 개발한 사람은 아니다.
세계 최초 표준화 지능검사는 비네(S. Binet)와 시몽(Simon)이 개발한 비네-시몽 검사이다.
② 카우프만(Kaufman) 아동용 지능검사(K-ABC)
인지처리이론(Luria의 정보처리이론)에 기초하여 개발되었으며, 언어적(Verbal) 및 비언어적(Nonverbal) 척도를 모두 포함한다.
③ 웩슬러(Wechsler) 지능검사 구성 요인은 언어성 지능(Verbal IQ)과 동작성 지능(Performance IQ)이며, 음악·공간·논리수학 등은 가드너의 다중지능이론 요소이다.
④ 스탠포드-비네(Stanford-Binet) → IQ = (정신연령 ÷ 생활연령) × 100
문제에서 "생활연령을 정신연령으로 나눈 값에 10을 곱한다."라고 했으므로 계산식이 거꾸로 됨 + 10이 아니라 100을 곱한다.

- **비네** : 최초 표준화 지능검사
- **웩슬러** : 언어성·동작성 지능
- **가드너** : 다중지능이론
- **카우프만** : 언어적 + 비언어적 척도(정보처리이론 기반)

 ②

56. 특수 학습자 유형을 바르게 설명한 것은?

■ 18국

① 학습부진(under achiever) – 정서적 혼란과 같은 의미로 사용되며 개인적 불만, 사회적 갈등, 학교성적 부진이 지속적으로 나타난다.
② 학습장애(learning disabilities) – 지능 수준이 낮지 않으면서도 말하기, 쓰기, 읽기, 셈하기 등 특정 학습에서 장애를 보인다.
③ 행동장애(behavior disorders) – 지적 수준이 심각할 정도로 낮고, 동시에 적응적 행동의 결함을 보인다.
④ 정신지체(mental retardation) – 선수학습 결손으로 인해 자신의 지적능력에 비해서 최저 수준에 미달하는 학업 성취를 보인다.

해설

1) 학습장애(learning disabilities)
   ① 지능 수준이 낮지 않으면서도 말하기, 쓰기, 읽기, 셈하기 등 특정 학습에서 장애를 보인다.
   ② 다양한 장애증상 중에서 학습장애로 진단받는 학생의 비율이 가장 높으며 계속 증가 추세이다.
   ③ 학습장애 학생들 사이에서도 최근에는 주의결핍 및 과잉행동장애를 보이는 학생이 점차 늘어나고 있다.
2) 정신지체(mental retardation)
   미국정신지체아협회(AAMD) 정의 : 일반적 지적 기능이 심각할 정도로 평균 이하이거나 적응적 행동의 결함을 동반하며, 발달과정 중에 이러한 특징이 나타나는 아동
3) 행동장애(behavior disorders)
   ① 행동장애는 정서적 혼란(emotional disturb)과 같은 의미로 사용되고 있으며, 행동장애 학생이란 사회 갈등, 개인적 불만, 학교 성적 부진 등을 지속적으로 나타내는 학생을 의미한다.
   ② 상대가 바라지 않는 부적절하고 충동적이며 공격적인 행위나 언어, 우울증이나 좌절을 나타내는 만성적 이상행동으로 행동장애를 정의한다.
4) 학습부진(under achiever)
   학습부진 학생은 학습장애 학생과 유사한 개념으로 자신의 능력에 비해 학업 성취 수준이 낮은 학생을 일컫는다.

정답 ②

Ⅲ. 진로상담

01 학교교육에서 생활지도의 기본 원리로 옳지 <u>않은</u> 것은?　　■ 14국
① 치료나 교정보다 예방에 중점을 두고 있다.
② 학교 교육과정과 통합될 필요가 있다.
③ 문제유발 가능성이 없는 학생은 대상에 포함되지 않는다.
④ 개인의 권리와 존엄성 및 가치의 인정을 기초로 한다.

생활지도의 원리 중 균등성은 모든 학생을 대상으로 한다는 것이다.

정답 ③

02 생활지도의 원리로 옳은 것만을 모두 고르면?　　■ 24국

> ㄱ. 모든 학생을 대상으로 해야 한다.
> ㄴ. 치료나 교정이 아니라 예방에 초점을 두어야 한다.
> ㄷ. 인지적 발달뿐만 아니라 정의적·신체적 발달도 함께 도모해야 한다.

① ㄱ, ㄴ　　　　　　　　　　② ㄱ, ㄷ
③ ㄴ, ㄷ　　　　　　　　　　④ ㄱ, ㄴ, ㄷ

생활지도의 원리
1) **개인 존중과 수용** : 개인의 권리와 존엄성 및 가치의 인정
2) **전인성(통합)** : 학생의 지, 덕, 체의 조화로운 성장 도모, 교육과정과 통합
3) **적극성** : 교정이나 처벌보다 사전예방과 지도 및 선도에 중점
4) **균등성** : 모든 학생을 대상
5) **계속성** : 1회성이 아닌 연속적인 과정

정답 ④

03 생활지도 활동과 적용 사례가 바르게 짝지어진 것은?　　■ 23국

① 학생조사 활동 – 진로 탐색을 위한 학생 맞춤형 프로그램을 실시하였다.
② 정보제공 활동 – 신입생에게 학교의 교육과정 및 특별활동에 관한 안내 자료를 배부하였다.
③ 배치(placement) 활동 – 학생들의 수업 적응 정도를 점검하고 부적응 학생을 상담하였다.
④ 추수(follow-up) 활동 – 학기 초에 학생에 관한 신체적·지적 특성과 가정환경 등 기초적인 정보를 수집하였다.

해설

1) **학생조사 활동** : 학생의 특성을 객관적, 과학적으로 파악 예 표준화 검사, 학업성취도 검사
2) **정보 활동** : 학생들의 환경 적응과 문제해결을 돕기 위해 각종 정보를 수집, 제공 예 교육정보, 직업정보
3) **상담 활동** : 정보활동의 자료를 바탕으로 학생의 합리적이며 현실적인 의사결정을 지원
4) **정치 활동** : 학생들의 희망과 적성을 고려하여 적재적소에 배치
5) **추수 활동** : 사후 활동, 생활지도를 받은 학생이 어느 정도 적응, 개선되었는지를 알아보고 계속 지도·점검·격려하는 활동

정답 ②

04 (가), (나)에 해당하는 생활지도 영역을 바르게 짝지은 것은?　　■ 18지

(가) 생활지도 업무를 담당하는 김 교사는 학기 초에 생활지도 계획을 수립하기 위해 전교생에게 학교생활 적응검사를 실시하였다.
(나) 취업지도 업무를 담당하는 송 교사는 기업체에 취업한 졸업생들에게 전화를 걸어 직장생활에 잘 적응하고 있는지를 점검하고 격려하였다.

(가)	(나)
① 조사(調査) 활동	정치(定置) 활동
② 정보(情報) 활동	정치(定置) 활동
③ 조사(調査) 활동	추수(追隨) 활동
④ 정보(情報) 활동	추수(追隨) 활동

(가) **학생조사 활동** : 학생의 특성을 객관적, 과학적으로 파악 예 표준화 검사, 학업성취도 검사
(나) **추수 활동** : 사후 활동, 생활지도를 받은 학생이 어느 정도 적응, 개선되었는지를 알아보고 계속 지도·점검·격려하는 활동

정답 ③

05 생활지도를 받은 학생을 진학 혹은 졸업 후에도 계속 체계적으로 지도하는 생활지도 활동은?

① 정치 활동(placement service)
② 추수 활동(follow-up service)
③ 학생조사 활동(inventory service)
④ 정보제공 활동(information service)

■ 25지

추수 활동(Follow-up Service) : 생활지도의 한 영역으로, 학생이 학교를 졸업하거나 상급 학교로 진학한 후에도 그들이 겪는 문제나 적응 상태를 파악하고, 필요에 따라 추가적인 조언과 도움을 지속적이고 체계적으로 제공하는 활동이다. 이는 학교교육과 생활지도의 효과를 검증하고 개선하는 데도 중요한 역할을 한다.

오답 해설

① **정치 활동(Placement Service)** : 학생이 학교생활을 하는 동안이나 졸업 후 적절한 학습환경(수업, 동아리 등)이나 직업에 배치될 수 있도록 돕는 활동이다.
③ **학생조사 활동(Inventory Service)** : 학생의 가정환경, 흥미, 적성, 능력 등 개인적인 자료를 수집하고 기록하는 활동이다.
④ **정보제공 활동(Information Service)** : 학생들에게 진학, 직업, 사회 적응 등에 필요한 정보를 제공하는 활동이다.

정답 ②

06 정신분석이론에 기초한 상담기법이 아닌 것은?

① 자유연상
② 꿈의 분석
③ 전이의 분석
④ 무조건적인 긍정적 수용

■ 15국

무조건적인 긍정적 수용은 칼 로저스(Carl Rogers)에 의해 창시된 인간중심 상담이론이다.

정신분석이론에 기초한 상담기법의 종류
1) **자유 연상(Free Association)** : 내담자가 떠오르는 모든 생각과 감정을 자유롭게 이야기하도록 유도하여 이를 통해 무의식의 내용을 드러내고, 억압된 감정이나 기억을 탐색한다.
2) **꿈 분석(Dream Analysis)** : 꿈은 무의식의 창으로 간주되며, 꿈의 내용과 상징을 해석하여 내담자의 내면적 갈등과 욕망을 이해한다.
3) **전이(Transference)** : 내담자가 상담자에게 자신의 감정이나 경험을 이전하여 내담자의 대인관계 패턴과 과거 경험을 이해하고 치료적 관계를 발전시킬 수 있다.
4) **역전이(Countertransference)** : 상담자가 내담자에게 느끼는 감정으로, 자신의 무의식적 감정을 인식하고 이해함으로써 내담자의 치료에 긍정적인 영향을 미칠 수 있다.
5) **저항(Resistance)** : 내담자가 특정 주제나 감정에 대해 이야기하려고 하지 않는 경향으로, 저항의 원인을 분석하여 억압된 감정을 탐색한다.
6) **방어 기제 분석(Defense Mechanism Analysis)** : 내담자가 사용하는 방어 기제를 이해하고 분석함으로써, 이들이 어떻게 불안이나 갈등을 회피하는지를 탐구한다.
7) **해석(Interpretation)** : 상담자는 내담자의 발언이나 행동을 해석하여, 그 의미와 내면적 갈등을 드러내도록 돕는다.

정답 ④

07 정신분석 상담과 행동주의 상담의 공통점에 해당하는 것은? ■ 18국
① 상담과정에서 과거 경험보다 미래 경험을 중시한다.
② 상담기법보다는 상담자의 인간적 자질과 진솔한 태도를 중시한다.
③ 인간의 행동을 인과적 관계로 해석하는 결정론적 관점을 가진다.
④ 비합리적 신념을 인식하고 수정하는 논박 과정을 중시한다.

정신분석 상담과 행동주의 상담의 공통점: 인간의 행동을 인과적 관계로 해석하는 결정론적 관점을 가진다.

정답 ③

08 다음에 해당하는 프로이트(Freud)의 성격 구조 요소는? ■ 22국

- 도덕적 원리를 추구한다.
- 부모나 양육자로부터 영향을 많이 받는다.
- 양심과 자아이상이라는 두 가지 하위체계로 구성된다.

① 무의식 ② 원초아
③ 자아 ④ 초자아

초자아는 개인의 도덕적 판단과 행동을 규지하는 중요한 요소로, 성격의 복잡한 구조에서 핵심적인 역할을 한다. 초자아는 도덕적 기준, 양심, 자아이상으로 구성되어 있다. 초자아를 통해 인간은 충동적인 행동을 억제하고 자기비판과 도덕적 판단을 통해 더 나은 결정을 내린다.
① **무의식**: 의식되지 않은 감정, 욕망
② **원초아**: 본능적이고 충동적인 욕구
③ **자아**: 현실원리에 따르며 행동, 원초아 조절

정답 ④

09 정신분석 상담의 주요 기법에 해당하지 않는 것은? ■ 23국
① 전이 분석 ② 저항의 분석
③ 자유연상법 ④ 비합리적 신념 논박

비합리적 신념 논박은 정신분석 상담 기법에 해당하지 않는다.

프로이트 상담기법
1) **자유연상** : 프로이드는 최면술보다는 브로이어(Breuer)가 사용했던 담화치료(talkingcure)에 매료되어 이를 자유연상(free association)으로 발전시켰다. 자유연상은 내담자로 하여금 자신의 마음에 떠오르는 모든 것을 검열이나 비판 없이 표현하게 하는 방법이다.
2) **꿈의 해석** : 잠을 잘 때 자아의 힘이 약해지므로 억압된 소망과 본능이 꿈을 통해 표현된다. 그러나 잠을 잘 때도 자아의 검열기능이 미약하게나마 작동하므로 꿈은 덜 위협적인 형태로 왜곡된 내용을 표현한다. 내담자가 보고한 꿈의 내용을 상담자가 듣고, 꿈의 의미를 내담자가 깨닫도록 설명하는 것을 해석이라고 한다. 따라서 프로이트에게 꿈의 해석은 무의식에 이르는 왕도이다.
3) **전이의 분석** : 전이(transference)란 한 사람이 과거에 가졌던 의미 있는 인간관계에서 체험한 소망, 기대 혹은 좌절 등이 지금 여기에서 만나는 상대(예컨대, 상담자)와의 관계에서 무의식적으로 활성화되면서 반복되는 현상을 말한다. '전이'는 정신역동이론의 핵심 개념으로 내담자는 전이를 통하여 상담자를 과거의 중요한 사람으로 경험한다.

정답 ④

10 프로이트(S. Freud)의 정신분석학적 상담이론에 대한 설명으로 옳지 않은 것은? ▪17지

① 내담자는 합리적으로 불안을 조절할 수 없을 때 자아방어기제에 의존한다.
② 상담자는 내담자의 불안을 초래한 행동자극을 분석하고 체계적 둔감법을 활용한다.
③ 상담자는 내담자의 저항과 전이 감정을 분석하여 무의식적 갈등을 해결하도록 돕는다.
④ 내담자의 행동은 무의식 속에 억압된 과거의 경험과 심리성적인 에너지에 의해서 결정된다.

체계적 둔감법은 행동주의 이론이다.

정답 ②

11 다음 설명에 해당하는 방어기제는? ▪19국

- 사회적으로 용인될 수 없는 충동을 정반대의 말이나 행동으로 표출하는 과정
- 친구를 좋아하면서도 표현하기가 힘든 아이가 긴장된 상황에서 '난 네가 싫어!'라고 말하는 것

① 억압(repression)   ② 반동형성(reaction formation)
③ 치환(displacement)   ④ 부인(denial)

반동형성이란 자기가 실제로 가지고 있는 감정과 정반대되는 감정을 나타내는 것이다. 예를 들어 부모의 사랑을 빼앗아 간 어린 동생에 대한 증오심을 숨기 위하여 동생을 더 예뻐하는 것이 있다.

정답 ②

12 스트레스에 대처하는 다양한 방어기제들에 대한 설명으로 옳지 않은 것은? ■ 12국
① 퇴행 – 만족이 주어졌던 발달 초기의 수준으로 돌아가 미숙한 반응을 나타내어 불안을 극복하려는 것
② 합리화 – 사회적으로 용납될 수 없거나 수치스러운 욕구가 외부로 나타나지 않도록 욕구와 반대되는 행동과 태도를 보이는 것
③ 승화 – 사회적으로 가치있는 일을 성취하려고 노력함으로써 자신이 억압당하고 있는 욕구를 만족시키는 것
④ 동일시 – 다른 사람의 행동특성이나 심리특성을 자신의 특성처럼 받아들여 불안을 극복하려는 것

합리화란 자신의 욕구를 만족시키지 못하는 대상에 대해 그럴듯한 이유를 둘러대는 것이다. 예를 들어 여우와 신포도 이야기가 이에 해당된다.

정답 ②

13 로저스(C. Rogers)의 인간중심 상담이론에 대한 설명으로 적절하지 않은 것은? ■ 17국
① 인간에게는 선천적으로 자아실현의 경향이 있다고 본다.
② 내면의 경험을 자각하고 수용할 수 있도록 하기 위해 지금–여기보다 과거에 더 주목한다.
③ 상담자가 갖추어야 할 중요한 태도로 진솔성, 무조건적 긍정적 존중, 공감적 이해를 제안하였다.
④ 외적으로 부여된 가치의 조건화가 주관적인 경험을 왜곡하고 부정할 때 문제가 발생한다고 본다.

로저스의 인간중심 상담은 내담자가 현재 느끼고 경험하는 감정과 생각, 즉 '지금–여기(here and now)'의 경험을 자각하고 수용하는 것을 가장 중요하게 여긴다. 과거의 경험을 분석하거나 해석하는 데 초점을 맞추는 것은 정신분석적 접근에 더 가까우며, 인간중심 상담과는 구분된다.
• 현실 중시 : 인간중심 상담, 게슈탈트치료, 현실치료
• 과거 중시 : 정신분석

정답 ②

14 다음의 특징을 가진 상담기법은? ■ 19지

- 비(非)지시적 상담이라는 별칭을 갖고 있다.
- 상담자와 내담자 사이의 촉진적 관계를 강조한다.
- 인간은 합목적적이고 건설적이며 선한 존재라고 가정한다.
- 상담의 목표는 내담자가 자신의 모습대로 살아가게 하고 잠재력을 실현하도록 하는 데 있다.

① 인지적 상담기법   ② 행동주의 상담기법
③ 인간중심 상담기법   ④ 정신분석 상담기법

인간중심 상담기법은 비지시적 상담이며 내담자가 자신의 모습대로 살아가게 하는 것을 목표로 한다.

정답 ③

15 로저스(Rogers)의 인간중심적 상담에서 상담자에게 필요한 태도로 옳지 않은 것은? ■ 22지

① 체계적 둔감   ② 공감적 이해
③ 일치성   ④ 무조건적 긍정적 존중

체계적 둔감법은 울페에 의해 개발된 행동수정 기법이다.

정답 ①

16 다음 내용과 가장 관련이 깊은 상담이론가는? ■ 15지

- 비지시적 상담 혹은 내담자 중심 상담을 제안하였다.
- 인간의 잠재력과 성장 가능성을 신뢰하며, 상담자와 내담자 사이의 인간관계를 중시하였다.
- 상담자의 자세로 진실성(congruence), 무조건적인 긍정적 존중, 공감적 이해를 강조하였다.
- 충분히 기능하는 인간(fully functioning person)이 되는 것을 상담의 목표로 하였다.

① 올포트(G. Allport)   ② 로저스(C. Rogers)
③ 프랭클(V. Frankle)   ④ 매슬로우(A. Maslow)

인간중심 상담이론
1) 칼 로저스(Carl Rogers)에 의해 창시된 인간중심 상담은 인간은 선하며 독특한 존재이며 근본적으로 자신의 문제를 스스로 해결할 수 있는 가능성과 잠재력을 가지고 태어났다고 보았다.
2) 모든 인간은 지지해주고 존중해주며 신뢰해주는 환경에서 자아실현을 강조하고, 인간행동을 설명할 때 원인 보다는 목적, 과거보다는 미래에 관심을 갖는다.
3) 행동주의의 인간에 대한 결정론적 관점에 반대하고 인간의 자유의지를 중요시한다.
4) 이 이론의 초기 명칭은 비지시적 상담이었는데, 발전하는 과정에서 내담자 중심 상담으로 불리었고, 그 후 인간중심적 상담으로 명칭이 바뀌었다.
5) 인간의 행동은 지금 그리고 여기에서 어떻게 생각하고 느끼느냐에 따라 결정된다고 보았다. 외적으로 부여된 가치의 조건화가 주관적인 경험을 왜곡하고 부정할 때 문제가 발생한다고 본다. 즉, 객관적 현실이 아닌, 지금 여기에서의 주관적인 경험세계에 초점을 두고 인간의 행동을 이해하려고 하였다.
6) 인간중심 상담에서는 내담자의 성장을 돕기 위해 상담자가 갖추어야 할 세 가지 조건으로, 진솔성(솔직성), 무조건적인 긍정적 존중과 수용, 그리고 공감적 이해를 들고 있다.

정답 ②

17 다음 보기의 내용과 관련된 상담자의 상담기법과 관련된 것으로 옳은 것은? ■ 08 서울

┤보기├
- 인간 존재의 가장 중요한 문제는 불안의 문제이다.
- 인간 존재의 불안 원인은 본질적인 시간의 유한성과 죽음에 대한 불안에서 온다.
- 문제해결 방법은 인간 존재의 의미를 찾는 것이다.

① 내담자의 내적세계 내의 존재구조를 분석하고 내담자의 내적세계의 의미를 해석한다.
② 비합리적, 비현실적, 자기 파괴적 신념을 합리적, 현실적, 관대한 신념으로 변화시켜 융통성 있고 생산적인 삶을 살아가도록 돕는다.
③ 상담자가 피상담자의 문제에 대한 해석을 하고 이에 대하여 객관적이고 정확한 정보를 주고 문제해결에 관한 조언이나 충고를 한다.
④ 상담자가 허용적 분위기를 조성하여 학생이 자기통찰과 수용을 통해서 스스로 문제를 해결해 나갈 수 있도록 하는 방법이다.

인간 불안의 문제를 인간 존재의 가장 중요한 문제로 보고 그 문제의 원인을 인간 존재의 의미를 찾는데서 얻는 상담방법은 실존주의적 상담이다.
② 합리적 정의 이론에 해당한다.
③ 지시적 상담에 해당한다.
④ 비지시적 상담에 해당한다.

정답 ①

18 다음 설명에 해당하는 상담이론으로 가장 적절한 것은? ■ 13국

> 내담자의 사고 과정을 수정 또는 변화시켜 정서적 장애와 행동적 장애를 극복하게 하는 데 상담의 중점을 둔다. 정서적 장애는 주로 비적응적인 사고 과정의 결과로서, 이 잘못된 사고 과정을 재구성하는 것이 상담의 주요 과제라고 본다.

① 인지적 상담
② 행동 수정 상담
③ 인간 중심 상담
④ 의사결정적 상담

잘못된 사고과정을 재구성하는 것을 인지적 상담이라고 한다.

정답 ①

19 엘리스(A. Ellis)의 합리적·정서적 상담에 대한 설명으로 옳은 것은? ■ 16지

① 내담자의 이상적 자아와 현실적 자아의 일치를 정신건강의 지표로 간주한다.
② 주요 상담기법으로 자유연상, 꿈의 분석, 전이의 분석, 저항의 해석이 있다.
③ 상담자는 내담자로 하여금 자신의 문제가 왜곡된 지각과 신념에 기인한 것임을 깨닫도록 논박한다.
④ 내담자는 부모, 어른, 아이의 세 가지 자아를 필요에 따라 적절하게 사용할 수 있는 능력을 갖추는 것이 중요하다.

합리적·정서적 상담에서는 인간의 비합리적인 사고로 인해 나타나는 문제를 해결하기 위해서 비합리적 사고를 합리적인 사고로 바꾸어야 한다고 주장한다.

정답 ③

20 다음 설명에 해당하는 상담은? ■ 22지

> • 엘리스(Ellis)가 창시자이다.
> • 상담과정은 A(Activating events, 선행사건) → B(Beliefs, 신념) → C(Consequences, 결과) → D(Disputing, 논박) → E(Effects, 효과) 과정으로 진행된다.
> • 자신, 타인, 세상에 대한 비현실적인 기대와 요구를 합리적으로 변화시키는 데 초점을 둔다.

① 합리적·정서적 행동 상담
② 게슈탈트 상담
③ 개인심리학적 상담
④ 정신분석적 상담

합리적·정서적 행동 상담은 엘리스(Ellis)가 창시자이다.

정답 ①

21 다음의 상담기법이 활용되는 상담이론은? ■ 23지

- 숙련된 질문 기술
- 적절한 유머
- 토의와 논쟁
- 직면하기
- 역설적 기법

① 게슈탈트 상담
② 인간중심 상담
③ 행동주의 상담
④ 현실치료

현실치료 상담기법
1) 질문하기
   ① 내담자의 전체행동 탐색, 바람 파악, 현재 하고 있는 행동 파악, 구체적 계획수립에서 중요한 역할이다.
   ② 우볼딩의 네 가지 질문 : 내담자가 내적 세계로 들어가기, 정보 얻기, 정보 주기, 내담자가 보다 효과적인 통제를 하도록 조력한다.
   ③ 질문은 내담자에게 선택하도록 하며 선택을 통해 자신의 삶을 변화시키는 방법을 통제하도록 도움을 준다.
2) 유머 사용하기
   ① 현실치료는 즐거움이나 흥미를 기본 욕구로 강조한다.
   ② 상담자가 유머를 통해 내담자와 친근한 관계를 유지함으로써 내담자의 소속감 욕구를 충족시킨다.
3) 직면하기
   ① 상담자는 직면하기를 통해 내담자의 변명을 다룰 때 긍정적 태도를 유지하면서 변명을 수용하지 않는다.
   ② 내담자를 비판하거나 논쟁하지 않으면서 내담자가 자신의 전체행동을 탐색해서 효과적인 계획을 수립하도록 한다.
   ③ 내담자가 달성하기를 소망하는 바람과 그가 현재 하고 있는 행동이 그러한 바람을 달성해 주는지의 여부를 따지는 활동이다.
4) 역설적 기법
   상담자는 내담자에게 모순된 요구나 지시를 주어 그를 딜레마에 빠지게 하는 역설적 기법을 사용한다.

정답 ④

22 다음 설명에 해당하는 상담이론은? ■ 21지

> 이 상담이론에서는 인간이 통제력 또는 선택할 수 있는 능력을 갖고 있으므로, 궁극적으로 자기 삶에 책임을 가져야 한다고 주장한다. 상담의 목표는 내담자로 하여금 책임 있는 행동을 학습하여 성공정체감을 발달시키게 하는 것이다. 따라서 상담자는 내담자에게 '원하는 게 무엇인지를 확인한 후 지금부터 계획을 세우자'고 유도함으로써 내담자가 변명이나 구실을 찾지 못하게 하고 자신의 감정이나 행동에 책임을 지도록 도와준다.

① 인간중심 상담
② 정신분석적 상담
③ 행동주의 상담
④ 현실 요법

 해설

현실 요법 상담에서는 '거의 대부분의 인간의 행동은 자신이 선택한 것이다'라는 관점을 가진다. 따라서 선택한 행동에 대한 책임이 개인에게 있음을 강조한다.(실존주의 선택)

정답 ④

23 상담이론과 그 이론이 추구하는 상담목표를 알맞게 연결한 것은? ■ 13지

① 인간중심 상담 – 무의식적인 갈등과 감정 해결
② 행동주의 상담 – 자율성과 책임의식 신장
③ 현실치료 – 역기능적인 인지도식 수정
④ 합리적·정서적 행동 상담 – 비합리적인 사고 변화

 해설

① 정신분석 – 무의식적인 갈등과 감정 해결
② 현실치료 – 자율성과 책임의식 신장
③ 인지주의 – 역기능적인 인지도식 수정

정답 ④

24 상담이론에 대한 설명으로 옳은 것은? ■ 20지

① 내담자 중심 상담 – 미해결 갈등을 이해하는 것이 개인의 정신역동을 이해하는 방법이다.
② 행동주의 상담 – 인간의 행동을 개인이 선택한 것으로 바라보며 행동의 원인보다는 목적에 더 주목하면서 자아실현을 강조한다.
③ 의사교류분석 – 가족치료에서 시작된 이론으로 내담자의 욕구를 파악한 후 현실과 맞서도록 심리적인 힘을 개발할 수 있도록 돕는다.
④ 합리적·정서적 행동 상담 – 인간의 감정, 즉 정서적 문제의 원인이 비합리적 신념임을 가정하고 이를 합리적 신념으로 변화시키기 위한 치료기법을 개발하였다.

① 정신분석 – 미해결 갈등을 이해하는 것이 개인의 정신역동을 이해하는 방법이다.
② 인간중심 상담 – 인간의 행동을 개인이 선택한 것으로 바라보며 행동의 원인보다는 목적에 더 주목하면서 자아실현을 강조한다.
③ 현실치료 – 가족치료에서 시작된 이론으로 내담자의 욕구를 파악한 후 현실과 맞서도록 심리적인 힘을 개발할 수 있도록 돕는다.

정답 ④

25. 상담이론에 대한 설명으로 옳지 않은 것은? ■ 12국

① 프로이드(Freud) 정신분석이론의 핵심개념은 무의식으로, 상담의 목표는 무의식을 의식화하는 것이다.
② 글레이서(Glasser)의 현실주의 이론은 책임있는 행동이 성공적인 자아정체의식을 효과적으로 형성한다고 가정한다.
③ 엘리스(Ellis)의 합리적-정서적 치료이론은 인지적 측면의 합리성과 정의적 측면의 정서, 행동주의의 원리를 절충한 방법이다.
④ 번(Berne)의 교류분석이론은 인간을 원본능, 자아, 초자아의 세 가지 자아상태로 구성된 존재로 간주한다. 이에 인간이 가진 신체적 욕구와 심리적 욕구들은 다른 사람과의 교류를 통해서만 충족될 수 있다고 강조한다.

에릭 번(E. Berne)의 교류분석이론은 자아상태(ego-state)를 어버이 자아(P), 어른 자아(A), 어린이 자아(C)로 나누어 이들 간의 관계를 규명하였다. 원본능, 자아, 초자아로 구성한 것은 프로이드다.

정답 ④

26. 상담기법에 대한 설명으로 옳지 않은 것은? ■ 07국

① 명료화는 상담자가 상담시간, 약속, 상담자와 내담자의 행동역할 등 상담 체계와 방향에 대해 알려주는 것이다.
② 수용은 '음', '네', '이해가 갑니다' 등의 긍정적인 언어와 비언어적 표현으로 이루어진다.
③ 반영은 내담자의 말이나 행동의 밑바탕에 흐르고 있는 감정을 정확히 파악하여 내담자에게 전달해 주는 것이다.
④ 해석은 내담자로 하여금 자기 문제를 새로운 각도에서 이해하도록 행동이나 말의 의미를 설명해 주는 것이다.

① 구조화는 상담자가 상담시간, 약속, 상담자와 내담자의 행동역할 등 상담의 진행을 안내하고 체계와 방향에 대해 알려주는 것이다.

정답 ①

27 (가)~(다)와 개인상담 기법을 바르게 연결한 것은? ■ 24지

> (가) 내담자가 하는 말의 이면에 담겨 있는 의미와 내면의 감정에까지 귀 기울이는 것을 의미한다.
> (나) 내담자의 감정상태를 공감하여, 그 공감내용을 내담자에게 다시 되비쳐 주는 기법이다.
> (다) 정보수집을 위한 기능 외에도 내담자가 자신의 내면을 탐색하도록 자극하거나 유도하는 기능을 한다.

	(가)	(나)	(다)
①	감정 반영	재진술	직면
②	경청	감정 반영	질문
③	주의집중	감정 반영	구조화
④	주의집중	재진술	질문

- **경청** : 내담자의 말과 감정을 주의 깊게 듣고 이해하는 기법
- **감정반영** : 내담자의 감정을 공감하고 그것을 다시 표현하여 내담자가 자신의 감정을 인식할 수 있게 돕는 기법
- **질문** : 내담자가 자신의 감정이나 생각을 탐색할 수 있도록 유도하는 기법
- **재진술** : 내담자가 한 말을 상담자가 다른 말로 바꾸어 되풀이하는 기법. 내담자가 자신의 감정을 정확히 표현하지 못하거나 혼란스러워할 때, 상담자가 그들의 말을 명확하게 정리하여 다시 말해주는 것
- **직면** : 내담자가 자신의 행동이나 감정을 인식하지 못하거나 모순적인 행동을 할 때, 상담자가 그것을 직접 지적하고 내담자가 자신의 모순을 인식하도록 돕는 기법
- **주의집중** : 내담자가 특정 주제나 감정에 대해 지나치게 분산되거나 우울해질 때, 상담자가 내담자의 주의를 특정 부분에 집중시켜 주는 기법

정답 ②

28 홀랜드(Holland)가 제안한 직업흥미유형 간 유사성이 가장 낮은 조합은?   ■ 20국
① 탐구적(I) - 기업적(E)
② 예술적(A) - 사회적(S)
③ 사회적(S) - 기업적(E)
④ 예술적(A) - 탐구적(I)

홀랜드(Holland)가 제안한 직업흥미유형 간 유사성이 가장 낮은 조합은 탐구적(I) - 기업적(E)이다.

정답 ①

29 홀랜드(Holland)의 진로이론에 대한 설명으로 옳지 않은 것은?   ■ 12국
① 대부분의 사람들은 실재적, 탐구적, 예술적, 사회적, 기업가적인 다섯 가지 유형 중의 하나로 분류될 수 있다.
② 실재적 유형은 기계, 전기 등과 같이 옥외에서 하는 육체노동에 관련된 직업을 선택하는 경향이 높다.
③ 사회적 유형과 예술적 유형은 매우 높은 상관이 있다.
④ 진로의식의 핵심요소로 직업 흥미를 중시한다.

홀랜드(Holland)는 여섯 가지 성격유형(실재적, 탐구적, 예술적, 사회적, 설득적, 그리고 관습적)으로 나누었다.

정답 ①

30 홀랜드(Holland)의 인성이론에 관한 설명으로 알맞지 않은 것은?   ■ 13지
① 직업적 성격으로 현실적, 탐구적, 예술적, 사회적, 설득적, 관습적 유형이 있다고 가정한다.
② 개인의 흥미 분야를 발견하고 그것을 발휘할 수 있는 직업을 찾도록 하는 것이 진로지도의 기본전략이다.
③ 현실적 유형은 관습적 유형과는 높은 관련성을, 사회적 유형과는 낮은 관련성을 보인다.
④ 진로정체감의 발달이 자아개념과 사회적 역할의 변화에 따라 전생애에 걸쳐 이루어진다고 본다.

④ 수퍼의 진로이론에 해당한다.

정답 ④

31 청소년 비행이론 중에서 중화이론을 설명한 것은?

① 지배적인 가치가 중산층 기준에 의해 형성되어 있기 때문에 하층계급 자녀들은 상대적으로 불리한 입장에 처하게 되어 비행을 저지르게 된다.
② 특정 개인은 유전 또는 취향이 일탈 행위자와 관계를 맺도록 형성되어 있으며, 법을 위반하는 비슷한 심리상태를 가진 사람들과 접촉하면서 범죄기술을 학습하게 된다는 것이다.
③ 청소년 비행은 모방이나 모델링을 통해 학습되며, TV, 영화 등을 통해서 동기나 정서의 영향을 받아 비행이 이루어진다.
④ 자신의 잘못된 행위를 주변환경을 탓하거나 피해자가 유혹하였다는 등 타인에게 책임을 지워 자신의 잘못을 경감시키고자 한다.

중화이론은 자기합리화 또는 사회통제 무력화 이론이라 불리며 자신의 행위가 도덕적으로 잘못되었지만 합리화 또는 죄가 없다고 생각한다.
① 비행하위문화이론에 해당한다.
② 차별접촉이론에 해당한다.
③ 사회인지학습이론에 해당한다.

정답 ④

32 청소년 비행에 관한 사회학적 이론 중 다음 내용과 관계 깊은 것은?

- 모든 종류의 범죄와 비행은 학습된 것이다.
- 비행학습은 가까운 친구들로부터 이루어진다.
- 비행은 그것을 고무하는 분위기가 억제하는 분위기를 압도할 때 시도된다.

① 낙인이론 ② 사회통제이론
③ 아노미이론 ④ 차별접촉이론

비행은 학습되며 가까운 친구들로부터 이루어진다고 보는 것은 차별접촉이론이다.
1) **낙인이론**: 일탈 혹은 범죄행동이 특정 행동에 대한 사회문화적 평가와 소외의 결과로 규정된다고 보는 이론
2) **사회통제이론**: 개인과 사회를 묶어주는 사회적 유대가 약해지거나 끊어졌을 때 비행이 발생한다고 본다.
3) **아노미이론**: 뒤르켐에 의해 최초로 주장된 이론으로 긴장이론의 뿌리를 이룬다. 뒤르켐에 따르면 아노미는 한 사회를 지배하는 강력한 가치관이 세력이 약화되고, 한 가지 이상의 서로 다른 가치관이 동등한 세력을 가지면서 한 사회 내에서 공존하는 현상을 의미한다. 이와 같은 아노미 상태에서 살고 있는 개인들은 어떤 가치관을 따라야 할지와 같은 가치관의 혼란을 경험하게 된다. 따라서 그 사회에서 지배적인 가치·규범에서 벗어난 행동인 일탈 행위를 할 가능성이 높아진다고 본다.

정답 ④

Ⅳ 교수학습

01 브루너(Bruner)의 교수이론에 대한 설명으로 옳지 않은 것은? ■ 20지
① 어떤 교과든지 지적으로 올바른 형식으로 표현하면 어떤 발달 단계에 있는 아동에게도 효과적으로 가르칠 수 있다.
② 학습자의 발달 단계에 맞게 학습내용을 구조화하고 조직함으로써 학습자가 교과내용을 잘 이해할 수 있다.
③ 지식의 표상 양식은 영상적 표상으로부터 작동(행동)적 표상을 거쳐 상징적 표상의 순서로 발달해 나간다.
④ 지식의 구조를 이해하게 되면 학습자 스스로가 사고를 진행할 수 있으며, 최소한의 지식으로 많은 것을 알 수 있다.

지식의 표상 양식은 작동적·영상적·상징적 순서이다.

정답 ③

02 브루너(J. S. Bruner)의 '지식의 구조'에 대한 설명으로 옳지 않은 것은? ■ 19지
① 경험중심 교육과정의 핵심적인 원리이다.
② 특정 학문에서의 학문 현상을 이해하기 위한 개념적 수단이다.
③ 학문에 내재해 있는 기본적인 아이디어나 개념들을 구조화한 것이다.
④ 배운 내용을 사태에 적용하기 쉽고 위계적인 지식 사이의 간격을 좁힐 수 있게 해준다.

브루너(J. S. Bruner)의 '지식의 구조'는 학문중심 교육과정의 핵심적인 원리이다.

정답 ①

03 브루너(J. Bruner)의 교수이론에 근거한 수업으로 보기 어려운 것은? ■ 16국
① 내재적 보상보다 외재적 보상을 강조한다.
② 각각의 교과목이 가지고 있는 나름의 지식의 구조를 학생에게 탐색하도록 한다.
③ 기본적 원리나 개념의 이해를 통해 전이의 가능성을 최대로 한다.
④ 아동의 사고방식과 지적 수준을 고려하여 교과의 내용을 가르친다.

브루너(J. S. Bruner)는 내재적 보상을 강조하였다.

정답 ①

04 다음에서 설명하는 교수-학습방법은?
■ 15지

> • 브루너(J. Bruner)에 의해 제시되었다.
> • 수업의 과정은 '문제인식, 가설설정, 가설검증, 적용'의 순으로 진행된다.
> • 교사는 지시를 최소한으로 줄이고, 학생 스스로 자발적인 학습을 통해서 학습목표를 달성하도록 지도한다.

① 설명학습 ② 협동학습
③ 발견학습 ④ 개별학습

브루너는 교수-학습의 과정에서 지식 습득의 결과보다는 과정을 중시하는 발견학습을 제시했다. 발견학습은 학생이 교사의 설명에 의해 지식을 습득하는 것이 아니라 학생 스스로 문제 해결의 과정을 통해 지식을 발견하는 것이다.

정답 ③

05 다음 내용에 해당하는 교수학습이론은?
■ 22지

> • 새로운 지식·정보와 선행 학습내용의 통합을 강조한다.
> • 학습자의 인지구조에 알맞게 포섭 및 동화되도록 학습과제를 제시한다.
> • 일반적이고 포괄적인 지식을 먼저 제시하고, 그다음에 세부적이고 상세한 지식을 제시한다.

① 블룸(Bloom)의 완전학습이론 ② 오수벨(Ausubel)의 유의미학습이론
③ 스키너(Skinner)의 행동주의 학습이론 ④ 콜린스(Collins)의 인지적 도제학습이론

학습자의 인지구조에 알맞게 포섭 및 동화되도록 학습과제를 제시하는 것은 오수벨(Ausubel)의 유의미학습이론이다.

정답 ②

06 다음 설명에 해당하는 것은?   ■ 23국

> • 학습 정도를 시간의 함수로 본다.
> • 적성은 최적의 학습 조건하에서 학습 과제를 일정한 수준으로 성취하는 데 필요한 시간으로 표현된다.
> • 수업 이해력은 학습자가 수업내용, 교사의 설명, 제시된 과제를 이해하는 정도를 의미한다.

① 글래이저(Glaser)의 교수과정   ② 캐롤(Carroll)의 학교학습모형
③ 브루너(Bruner)의 발견학습   ④ 가네(Gagné)의 학습위계

캐롤의 학교학습모형
1) 그에 의하면 학습의 정도는 어떤 학습과제의 학습에 필요로 하는 시간의 양에 비추어 실제로 얼마만큼의 시간을 그 과제의 학습에 사용하느냐의 비율에 의해 결정된다는 것이다.
2) 여기에서 학습의 정도란 도달되어야 할 목표 기준에 비추어 실제로 성취한 정도를 가리키고, 필요 시간량이란 학습과제를 완전학습하는 데 소요되는 총 시간량을 말하며, 사용 시간량이란 학습자가 능동적으로 학습과제에 주의를 집중시키며 학습에 열중하는 시간량을 말한다. 이러한 Carroll의 명제를 방정식으로 나타내면 다음과 같다.

$$\text{학습의 정도} = f\left(\frac{\text{학습기회, 학습지속력}}{\text{적성, 수업이해력, 수업의 질}}\right)$$

◆ 수업변인
　① 수업의 질(과제 제시의 적절성)
　② 학습기회(과제의 학습을 위해 주어진 시간)
◆ 학습자변인
　③ 수업이해력(일반지능과 언어능력이 통합된 것)
　④ 적성(주어진 과제를 성취하는 데 필요한 시간)
　⑤ 학습지속력(학습자가 학습에 사용한 시간)

정답 ②

07 가네(Gagné)가 제시한 학습의 결과에 해당하지 않는 것은?   ■ 20국
① 태도   ② 언어정보
③ 탐구기능   ④ 운동기능

가네(Gagné)가 제시한 학습의 결과는 언어정보, 지적기능, 운동기능, 태도, 인지전략이다.

정답 ③

08 다음 내용에 해당하는 가네(R. Gagné)의 학습 성과(learning outcomes) 영역은?

■ 17지

- 방법적 지식 혹은 절차적 지식에 해당한다.
- 여러 가지 기호나 상징을 규칙에 따라 활용하는 것을 말한다.
- 변별학습, 구체적 개념학습, 정의된 개념학습, 원리학습, 고차원리학습으로 세분되며, 이들은 위계적 관계에 있다.

① 언어정보 ② 운동기능
③ 인지전략 ④ 지적기능

가네의 지적기능은 학습자가 정보를 처리하고 문제를 해결하는 데 필요한 다양한 인지적 능력을 포함하는 것으로 변별학습, 구체적 개념 학습, 정의된 개념 학습, 원리학습, 고차원의 학습 등의 요소로 구성된다. 지적기능은 위계적으로 조직되어 있으며 기본적인 학습이 이루어진 후에 심화 학습이 가능하다는 특징을 가지고 있다.

🔒 정답 ④

09 다음 설명에 해당하는 가네(R. Gagné)의 학습 결과 유형은?

■ 18국

- 학습자가 그의 주위 환경을 개념화하여 반응하는 능력을 말한다.
- 지식이나 정보의 내용(what)을 아는 것이 아니라, 그 방법(how)을 아는 것으로 정의한다.
- 복잡성 수준에 따라 가장 단순한 것에서부터 변별, 개념, 규칙, 문제해결 등의 형태로 이루어져 있다.

① 지적기능 ② 인지전략
③ 언어정보 ④ 운동기능

지적기능(intellectual skills) – 변별 – 개념 – 원리 – 문제해결 순서로 가르친다. 지적기능은 대상이나 사건 등을 구별하고, 결합하고, 도표화하고, 분류하고, 분석하고 적용하는 등 기호나 상징을 사용하거나 방법을 아는 것으로 절차적 지식이라고도 한다. 학교교육에서 가장 많은 비중을 차지하는 영역이다.

🔒 정답 ①

10 가네(R. Gagné)의 교수이론에 대한 설명으로 옳은 것은?

■ 25국

① 학습성과는 언어 정보, 인지 전략, 태도, 운동 기능의 네 영역으로 분류된다.
② 학습의 조건에는 내적 조건과 외적 조건이 있다.
③ 교수 활동은 7단계로 구성된다.
④ 모든 수업은 학습목표 제시로부터 시작된다.

가네의 교수이론은 학습의 결과를 체계적으로 분류하고(학습 성과), 학습이 효과적으로 일어나기 위한 조건(학습 조건)을 제시하며, 이를 위한 교수 절차(교수 사태)를 강조하는 체제적 접근법이다.

가네는 학습이 일어나기 위해서는 학습자의 내적 조건(→ 선수 학습 능력, 학습 동기 등)과 교수자가 환경을 통해 제공하는 외적 조건(→ 자극 제시, 피드백 등)이 모두 필요하다고 본다. 이들이 상호작용하여 학습이 이루어진다.

오답 해설
① 학습성과는 언어 정보, 지적 기능, 인지 전략, 태도, 운동 기능의 다섯 영역으로 분류된다.
③ 가네가 제시한 교수 활동(→ 교수 사태, Instructional Events)은 총 9단계로 구성된다.
④ 학습목표 제시는 가네의 교수 사태 9단계 중 2단계에 해당한다. 1단계는 '주의 획득'이며, 2단계가 '학습목표 제시'이다.

 ②

11 가네(R. Gagné)의 수업 사태에서 (가)~(다)에 들어갈 단계를 A~C와 바르게 연결한 것은?

■ 25지

(가) - 학습목표 제시 - 선수학습 재생 자극 - 자극자료 제시 - (나) - 수행 유도 - 피드백 제공 - 수행 평가 - (다)

| A. 학습안내 제공 | B. 파지 및 전이 촉진 | C. 주의집중 획득 |

	(가)	(나)	(다)		(가)	(나)	(다)
①	A	B	C	②	A	C	B
③	C	A	B	④	C	B	A

가네(R. Gagné)의 교수 사태(Instructional Events) 9단계 순서에 해당한다. 가네는 효과적인 교수 활동이 학습자의 내부에서 일어나는 정보처리 과정을 도와야 한다고 보았으며, 이를 위한 9가지 외적 조건을 제시하였다. 주어진 순서에 따라 빈칸을 채우면 다음과 같다.

시작 단계 : 학습 과정의 도입부로, 학습을 위한 내적 환경을 조성한다.
→ (주의집중) (1단계) → 학습목표 제시 (2단계) → 선수학습 재생 자극 (3단계) → 자극자료 제시 (4단계) → (학습안내 제공) (5단계) → 수행 유도 (6단계) → 피드백 제공 (7단계) → 수행 평가 (8단계) → (파지 및 전이) (9단계)

 ③

12 ADDIE모형에 대한 설명으로 옳지 않은 것은? ▪ 23지

① 분석 – 요구 분석, 학습자 분석, 환경 분석, 과제 분석 등이 실시된다.
② 설계 – 수행 목표 명세화, 교수전략 및 매체 선정 등이 실시된다.
③ 개발 – 설계명세서를 토대로 교수학습자료를 개발한다.
④ 평가 – 평가도구를 제작하고 평가를 실시한다.

④ 평가도구 제작은 설계단계에서 실시된다.

정답 ④

13 교수설계이론에 대한 설명으로 옳은 것은? ▪ 20지

① 개발단계 – 학습을 위해 개발된 자원과 과정을 실제로 사용하는 것을 말한다.
② 실행단계 – 설계에서 구체화된 내용을 물리적으로 완성하는 단계로 실제 수업에서 사용할 자료를 만든다.
③ 평가단계 – 앞으로의 효과 및 결과를 예견하고 평가하는 과정으로 학습과 관련된 요인과 학습자 요구를 면밀히 분석한다.
④ 설계단계 – 설정된 목표를 달성하기 위해 어떤 내용을 어떻게 조직하고 제시해야 효과적인 결과를 얻을 것인가를 핵심질문으로 하는 수업의 청사진이다.

① 실행단계에 해당한다.
② 개발단계에 해당한다.
③ 분석단계에 해당한다.

정답 ④

14 체제적 교수설계(ADDIE) 모형에서 '개발(development)' 단계에 해당하는 활동은? ▪ 15지

① 교수자료 및 매체를 제작한다.
② 학습자의 선수지식 정도를 확인한다.
③ 수업목표에 따라 단원의 계열을 결정한다.
④ 학습과제의 특성과 하위요소 간의 관계를 파악한다.

② 분석단계에 해당한다.
③ 설계단계에 해당한다.
④ 설계단계에 해당한다.

정답 ①

15 교수설계를 위한 ADDIE 모형 중 다음에 해당하는 단계는? ■ 21국

| • 학습목표 명세화 • 평가도구 개발 • 교수매체 선정 |

① 분석 ② 설계
③ 개발 ④ 실행

설계: 수행목표 서술, 평가도구 개발, 교수전략 선정 개발

정답 ②

16 딕과 캐리(W. Dick, L. Carey & J. Carey)의 교수설계모형에 대한 설명으로 옳지 않은 것은?
① 교수설계자의 입장에 초점을 두어 개발된 체제적 교수설계모형이다. ■ 16지
② 교수분석 단계에서는 수업목표의 유형을 구분하고 세부 과제를 도출한다.
③ 수행목표 진술 단계에서는 학습자에게 기대되는 성과를 구체적으로 진술한다.
④ 각 단계명의 영어 첫째 글자를 조합하여 ASSURE 모형으로 명명하기도 한다.

ASSURE 모형은 매체를 활용하는 모형으로 딕과 캐리의 교수설계모형과는 다르다.

정답 ④

17 다음 설명에 해당하는 모형은? ■ 24지

| 체제적 교수모형으로, 요구사정, 교수분석, 학습자 및 상황 분석, 수행목표 진술, 평가도구 개발, 교수전략 개발, 교수자료 개발 및 선정, 형성평가 개발 및 시행, 교수 수정, 총괄평가 설계 및 시행의 10단계로 구성된다. |

① ADDIE 모형 ② 글레이저(Glaser) 모형
③ 켈러(Keller) 동기설계 모형 ④ 딕과 캐리(Dick & Carey) 모형

딕과 캐리 모형은 체계적 교수설계를 위한 모형으로 10단계의 과정으로 구성되어 있으며 지속적인 수정을 통해 학습 효과를 극대화할 수 있다.
① ADDIE 모형은 분석, 설계, 개발, 시행, 평가 5단계로 구성된 교수설계 모형이다.
② 글레이저 모형은 교수설계 방법으로 목표를 설정, 출발점 행동을 진단, 수업, 평가의 단계로 진행된다.
③ 켈러의 동기설계 모형은 ARCS 모형으로 주의집중, 관련성, 자신감, 만족감으로 구성되어 있다.

정답 ④

18 딕과 캐리(Dick & Carey) 교수 설계 모형에 대한 설명으로 옳지 않은 것은? ■ 25국
① 교수 분석 단계에서는 학습자가 학습해야 하는 하위 기능들을 분석한다.
② 평가도구 개발 단계에서는 문항에서 측정하고 있는 것과 목표에서의 성취 행동을 일치시켜야 한다.
③ 교수전략 개발 단계에서 새로운 자료의 개발 여부는 목표별 학습유형, 기존의 관련 자료의 이용 가능성에 따라 결정된다.
④ 형성평가 설계 및 실행 단계에서는 교수 프로그램 초안이 완성된 후, 질 개선을 위해 필요한 자료를 수집한다.

③ 새로운 자료의 개발 여부는 교수자료 개발 단계이다.
① 교수 분석 단계에서는 학습자가 학습해야 하는 하위 기능들을 분석한다.
  → 하위 기능들을 분석하는 활동은 '교수 분석(Instructional Analysis)' 단계의 주요 활동이 맞다.
② 평가도구 개발 단계에서는 문항에서 측정하고 있는 것과 목표에서의 성취 행동을 일치시켜야 한다.
  → 이는 목표 지향 평가(Criterion-Referenced Test)를 개발하는 원칙이며, 딕과 캐리 모형의 핵심이다. 개발된 평가도구는 교수 목표와 수행 목표에 직접적으로 일치하도록 개발해야 한다.
④ 형성평가 설계 및 실행 단계에서는 교수 프로그램 초안이 완성된 후, 질 개선을 위해 필요한 자료를 수집한다.
  → 형성평가는 교수 프로그램의 초안이 완성된 직후에 실시하여, 잠재적인 오류를 찾고 프로그램의 효과를 개선하기 위한 자료(데이터)를 수집하는 과정이다.

정답 ③

19 교수-학습 과정 중 출발점 행동 진단에 대한 설명으로 옳지 않은 것은? ■ 23국
① 학습내용과 매체를 선정하고 수업절차를 확인한다.
② 학습자가 해당 학습과제를 학습할 만한 발달수준에 도달했는지를 확인한다.
③ 학습자의 선수학습 요소를 확인한다.
④ 해당 학습과제에 대한 학습자의 흥미나 적성을 확인한다.

학습내용과 매체를 선정하고 수업절차를 확인하는 것은 출발점 행동 진단 이후에 이루어지는 절차이다.

 ①

20 다음은 켈러(J. Keller)의 ARCS 이론에 기초하여 동기 유발·유지를 위해 수립한 교수학습 전략들이다. (가)~(라)에 해당하는 ARCS 요소를 바르게 짝지은 것은? ■ 18국

> (가) 비일상적인 내용이나 사건을 제시함으로써 학습자의 흥미를 유발한다.
> (나) 쉬운 것에서부터 어려운 것 순으로 과제를 제시해 준다.
> (다) 친밀한 예문이나 배경지식, 실용성에 중점을 둔 목표를 제시한다.
> (라) 적절한 강화계획을 세워, 의미 있는 강화나 보상을 제공한다.

	(가)	(나)	(다)	(라)
①	주의집중	관련성	만족감	자신감
②	자신감	주의집중	관련성	만족감
③	만족감	관련성	주의집중	자신감
④	주의집중	자신감	관련성	만족감

(가) 주의집중(Attention)
(나) 자신감(Confidence)
(다) 관련성(Relevance)
(라) 만족감(Satisfaction)

 ④

21 다음의 교수설계 전략에 해당하는 ARCS 모형의 요소는? ■ 21국

> • 학습에서 성공기회를 제시한다.
> • 학습의 필요조건을 제시한다.
> • 개인적 조절감 증대 기회를 제시한다.

① 주의집중 ② 관련성
③ 자신감   ④ 만족감

자신감(Confidence)은 "자신감을 위한 핵심질문은 학습자들이 자신의 통제 하에서 성공하도록 하기 위해 어떻게 도와줄 수 있는가?"이다.
예 도전감을 느낄 수 있는 문제를 제시하고, 이를 해결했을 때 기분 좋게 느끼도록 한다. 쉬운 것에서 어려운 것의 순서로 과제 제시

정답 ③

22 켈러(Keller)가 제시한 학습자의 동기유발을 위한 4요소에 해당하지 않는 것은? ■ 24국
① 관련성 ② 만족감
③ 자신감 ④ 자율성

켈러의 ARCS의 모형
1) 주의집중(Attention) : 주의집중을 위해 교사가 고려해야 하는 핵심적인 질문은 '학습자의 주의집중을 어떻게 유발시키고 어떻게 유지시킬 수 있는가?'이다. 예 비일상적인 내용이나 사건의 제시를 통해 흥미유발
2) 관련성(Relevance) : 관련성을 위한 핵심 질문은 '이 수업이 어떠한 측면에서 학습자에게 가치 있을 수 있는가?'이다. 예 친밀한 인물이나 사건의 활용
3) 자신감(Confidence) : 자신감을 위한 핵심 질문은 '학습자들이 자신의 통제 하에서 성공하도록 하기 위해 어떻게 도와줄 수 있는가?'이다. 예 도전감을 느낄 수 있는 문제를 제시하고, 이를 해결했을 때 기분 좋게 느끼도록 한다. 쉬운 것에서 어려운 것의 순서로 과제 제시
4) 만족감(Satisfaction) : 만족감을 위한 핵심 질문은 '학습자들이 그들의 학습경험에 대해 만족하고, 계속적으로 학습하려는 욕구를 가지도록 하기 위해 어떻게 도와줄 수 있는가?'이다. 예 성공적 학습 결과에 대한 긍정적 피드백 제공

정답 ④

23 라이겔루스(Reigeluth)의 정교화 이론에 대한 설명으로 알맞은 것은? ■ 14지
① 내용요소를 하나씩 교수할 때 적용할 수 있는 미시적 교수설계이론이다.
② 요약자는 학습이 효율적으로 이루어지도록 하기 위해 필요로 하는 학습내용 바로 앞에 제시한다.
③ 정수(epitome)를 시작으로 과제를 점차 상세하게 다루는 계열화 전략을 사용한다.
④ 종합자는 새로운 정보를 친숙한 아이디어에 연결시켜 좀 더 쉽게 이해할 수 있도록 도와주는 전략요소이다.

① 라이겔루스의 정교화 이론은 거시적 교수설계이론이다.
② 요약자는 학습자가 학습한 것을 망각하지 않도록 하기 위해 체계적으로 복습하는 데 사용되는 전략요소이다.
④ 종합자는 아이디어들을 서로 연결시키고 통합시키기 위하여 사용되는 전략요소이다.

정답 ③

24 교수-학습의 형태 중 프로그램 학습(programmed learning)을 가장 잘 설명하고 있는 것은?

■ 10국

① 특별한 형태로 짜여진 교재에 의해서 학습자료를 제시하고 학생들에게 개별학습을 시켜서 특정한 학습목표까지 무리 없이 확실하게 도달시키기 위한 학습방법
② 학습자료를 최종 형태로 주지 않고 학생 자신이 그 자료를 조직하도록 요구하고 그 자료에 들어 있는 정보들 간의 관련성을 발견하게 하는 학습방법
③ 교사의 명석한 설명과 제시방법 여하에 따라서는 학생들이 여러 가지 수준의 지적 학습을 할 수 있다는 전제하에 취해지는 교수방법
④ 정보를 명료하고 의미가 확실하게 부각되도록 최종 형태로 조직하여 제시하는 유의미학습

② 발견학습에 대한 설명이다.
③ 설명식 수업에 대한 설명이다.
④ 유의미학습에 대한 설명이다.

정답 ①

25 교수이론에 관한 설명 중 옳지 않은 것은?

■ 00국

① Gagné의 교수이론은 인간의 학습에 대한 위계를 강조하였다.
② Glaser는 학습내용을 정보로 간주하여 수업과정을 컴퓨터의 구조와 기능에 비교하였다.
③ Ausubel은 설명적 교수이론에 기초하여 유의미학습이 아닌 기계적 학습을 강조하였다.
④ Bruner의 교수이론은 선행경향성의 자극, 지식의 구조화, 학습의 계열화, 내적 보상 등을 강조하였다.

오수벨의 설명식 교수이론은 기계적 학습에 대한 비판적 시각에서 유의미학습을 제안하였다.

정답 ③

26 협동학습의 일반적인 원리로 옳지 않은 것은?

■ 22국

① 개별 책무성
② 동질적 집단구성
③ 긍정적 상호의존성
④ 공동의 목표 달성 노력

협동학습은 이질적 집단구성을 원칙으로 한다.

정답 ②

27 수업모형의 하나인 '협동학습'에 대한 설명으로 옳지 않은 것은? ▪13국
① 모든 구성원이 함께 참여하여 성취할 수 있는 명확한 공동의 목표가 있어야 효과적이다.
② 효과적인 협동학습이 되기 위해서는 기본적으로 동질집단으로 구성되어야 한다.
③ 자신의 역할을 완수하지 않으면 구성원이 불이익을 받게 된다.
④ 협동학습이 잘 이루어지기 위해서는 신뢰에 바탕을 둔 구성원 간의 상호의존관계가 필요하다.

협동학습은 이질적 집단구성을 원칙으로 한다.

정답 ②

28 개별화 수업의 특징으로 볼 수 없는 것은? ▪16국
① 교육목표는 학습자 개인의 동기·능력·희망·흥미에 따라 선택되고 결정된다.
② 평가 결과에 따라 교정이 이루어지거나 보충·심화 과제가 주어진다.
③ 효율적인 수업을 위해 교수자가 주도권을 가진다.
④ 학생의 수준과 속도에 따라 학습내용의 분량과 진도 등이 결정된다.

개별화 수업은 학습자의 주도성을 강조하고, 학습자가 자신의 속도와 수준에 맞춰 학습할 수 있도록 지원한다.

정답 ③

29 구성주의 학습이론에 대한 설명으로 알맞지 않은 것은? ▪13지
① 학습자의 내적 사고전략과 교수자의 부호화 전략을 토대로 인간의 사고활동을 촉진시킨다.
② 복잡하고 비구조화된 실제적 학습과제를 제시하여 학습자의 자기주도적 학습능력을 증진한다.
③ 인간의 학습은 개인 경험에 근거하여 세계에 대한 새로운 의미를 창출하는 과정이다.
④ 교사는 지식 전달자로서가 아니라 학습보조자나 촉진자로서의 역할을 수행해야 한다.

부호화 전략은 정보처리이론(information processing theory)에서 사용되며 정보처리이론은 인지주의 학습이론에 해당한다.

정답 ①

30 구성주의 교육에 대한 설명으로 옳은 것만을 모두 고르면? ■ 20지

> ㄱ. 교수의 내용은 객관적 법칙이라고 밝혀진 체계화된 지식이다.
> ㄴ. 실재하는 지식을 효과적으로 전달할 수 있는 교수·학습방법을 강조한다.
> ㄷ. 학습자가 정보를 획득하고 의미를 재구성할 수 있도록 복잡하고 비구조화된 과제를 제시한다.
> ㄹ. 협동 수업, 소집단 활동, 문제해결학습 등을 통해 사고와 메타인지를 촉진하는 다양한 교육방법을 적용한다.

① ㄱ, ㄴ   ② ㄱ, ㄹ
③ ㄴ, ㄷ   ④ ㄷ, ㄹ

ㄱ. 객관주의에 대한 설명이다.
ㄴ. 객관주의에 대한 설명이다.

정답 ④

31 구성주의 학습이론에 기반한 교사의 교수기술로 적절하지 않은 것은? ■ 17국

① 지식을 효과적으로 전달하기 위해 구조화된 문제와 반복학습을 강조한다.
② 학생 스스로 사고과정을 통해 문제를 해결하도록 촉진한다.
③ 협동학습을 통해 학생이 생각을 능동적으로 발전시키도록 돕는다.
④ 실제 환경에서 직면하게 되는 문제를 학습과제로 제시하여 학습한 내용과 실제 세계를 연결하도록 한다.

구조화된 문제와 반복학습을 강조하는 것은 객관주의(교사중심) 관점이다.

정답 ①

32 괄호 안에 들어갈 용어로 가장 적절한 것은? ■ 12국

> • 사회적 (   )는 비고츠키(Vygotsky)의 영향을 받아 전개되었다. 우리의 지식과 가치는 사회와 문화에 깊은 영향을 받는다.
> • (   ) 이론은 듀이(Dewey), 피아제(Piaget), 비고츠키(Vygotsky) 등으로부터 직접적인 영향을 받았다.
> • (   ) 학습모형에는 문제중심학습과 상황학습 등이 있다.

① 구조주의   ② 구성주의
③ 실용주의   ④ 인지주의

괄호의 내용은 구성주의이다.

정답 ②

33 다음 설명에 해당하는 이론은?
■ 20국

- 전문가의 사고과정을 내면화하는 것이다.
- 콜린스(Collins)와 동료들이 발전시켰다.
- 학습환경을 구성하는 내용, 방법, 순서, 사회학의 네 차원을 중시한다.
- 모델링, 코칭, 비계설정, 발화, 반성, 탐구의 수업방법을 활용한다.

① 완전학습 ② 전환학습
③ 학습공동체이론 ④ 인지적 도제학습

콜린스(Collins)는 인지적 도제학습을 통해 모델링, 코칭, 비계설정, 발화, 반성, 탐구의 수업방법을 제시하였다.

정답 ④

34 상황학습(situated learning)의 설계 원리에 대한 설명으로 옳지 않은 것은?
■ 19국

① 지식이나 기능은 유의미한 맥락 안에서 제공되어야 한다.
② 교실에서 학습한 것과 교실 밖에서 필요로 하는 것의 관계형성을 돕는다.
③ 전이(transfer)를 촉진할 수 있도록 추상적인 형태의 지식을 제공한다.
④ 다양한 사례를 활용하여 능동적인 문제해결을 유도한다.

상황학습은 실제적인 문제를 포함하는 환경에서 이루어지는 문화 적응 과정이다. 따라서 지식이 실제 상황과 맥락에 밀접하게 연결되어 있어야 하므로, 추상적인 지식보다는 구체적이고 실제적인 지식이 강조된다.

정답 ③

35 문제중심학습(Problem-Based Learning)의 특징이라고 보기 어려운 것은?
■ 15국

① 실제성 ② 협동학습
③ 자기주도학습 ④ 구조적인 문제

문제중심학습(Problem-Based Learning)의 특징
1) 문제특징 : 실제적, 맥락적, 비구조화된 문제
2) 학습방법 : 협동학습, 자기주도학습

정답 ④

36 다음 내용과 관계가 깊은 인지적 도제이론의 교육방법은? ■ 14지

학생이 학습과제에서 문제에 봉착할 때 교사가 도움을 주는 활동이다. 예를 들면 쓰기를 촉진하기 위한 단서카드나, 스키를 가르치기 위해 사용된 짧은 스키와 같은 물리적 지원 체제의 형태가 될 수 있다.

① 명료화(clarification) ② 비계설정(scaffolding)
③ 반성적 사고(reflection) ④ 모델링(modeling)

② 비계설정(scaffolding) : 근접발달영역에서 제공되는 더 뛰어난 친구나 성인의 도움
① 명료화 : 학습자의 이해도를 높이고, 그들이 능동적으로 사고하고 문제를 해결할 수 있도록 지원하는 과정
③ 반성적 사고(Reflective Thinking) : 자신의 경험, 행동, 사고 과정을 비판적으로 분석하고 평가하는 과정
④ 모델링(Modeling) : 학습이론에서 중요한 개념으로, 학습자가 다른 사람의 행동, 사고 과정, 또는 기술을 관찰하고 이를 모방하거나 적용하는 과정

정답 ②

37 다음 설명에 해당하는 교수-학습 이론은? ■ 21지

전문가와 초심자 간의 특정한 관계 속에서 실제적 과제를 해결해 나가는 과정을 통하여 새로운 지식을 구성함으로써 개념을 발전시켜 나간다. 전문가는 초심자의 지식 구성과정을 도와주는 역할을 하며, 초심자는 전문가와의 토론이나 초심자 간의 토론을 통하여 사회적 학습행동을 습득하고 자신의 인지적 활동을 통제하면서 인지능력을 개발한다.

① 상황학습 이론 ② 문제기반학습 이론
③ 인지적 융통성 이론 ④ 인지적 도제학습 이론

초심자가 전문가와의 토론이나 초심자 간의 토론을 통하여 사회적 학습행동을 습득하고 자신의 인지적 활동을 통제하면서 인지능력을 개발하는 것은 인지적 도제학습 이론이다.
인지적 융통성(유연성) 이론 : 학습자가 복잡하고 다양한 정보를 효과적으로 처리하고, 다양한 상황에 맞게 적용할 수 있는 능력을 강조하는 이론으로 복잡하고 다차원적인 상황에서의 학습과 지식 전이에 초점을 맞춘다.

정답 ④

38 교수매체의 효과적인 선정과 활용을 위한 ASSURE 모형에서 R 단계는? ■ 25지

① 학습자 분석
② 학습목표 진술
③ 평가와 수정
④ 학습자 참여 유도

R 단계(Require learner participation)는 학습자가 단순히 수동적으로 정보를 받는 것이 아니라, 적극적으로 참여하고 반응하도록 설계하는 단계
① A 단계 : 학습자 분석
② S 단계 : 학습목표 진술
③ E 단계 : 평가와 수정

〈ASSURE 모형의 6단계 요약〉
• A(Analyze learners) 학습자 분석 – 학습자의 특성, 수준, 동기 등을 파악
• S(State objectives) 학습목표 진술 – 구체적이고 관찰 가능한 행동 용어로 진술
• S(Select methods, media, and materials) – 교수방법・매체・자료 선정
• U(Utilize media and materials) 매체 및 자료 활용 – 실제 수업에서 어떻게 사용할지 계획
• R(Require learner participation) 학습자 참여 유도 – 학습자가 능동적으로 학습에 참여하도록 함
• E(Evaluate and revise) 평가와 수정 – 수업 및 매체의 효과 평가, 개선점 수정

정답 ④

39 교육공학의 기본영역별 하위영역에 대한 설명으로 옳지 않은 것은? ■ 15국

① 평가영역에는 문제분석, 준거지향 측정, 형성평가, 총괄평가가 있다.
② 활용영역에는 프로젝트 관리, 자원관리, 전달체제 관리, 정보관리가 있다.
③ 설계영역에는 교수체제 설계, 메시지 디자인, 교수전략, 학습자 특성이 있다.
④ 개발영역에는 인쇄 테크놀로지, 시청각 테크놀로지, 컴퓨터 기반 테크놀로지, 통합 테크놀로지가 있다.

활용영역에는 매체활용, 혁신의 확산, 수행 및 제도화, 정책 및 규제가 있다. 관리영역에는 프로젝트 관리, 자원관리, 전달체제 관리, 정보관리가 있다.

정답 ②

40 다음에서 설명하는 개념은? ■ 17국

> • 학습자에게 교수학습 내용을 전달하는 모든 수단이나 방법을 총칭한다.
> • 교수학습을 위해 사용하는 시청각 기자재와 수업자료를 총칭한다.

① 교수매체 ② 시청각매체
③ 실물매체 ④ 디지털매체

해설

교수매체는 교수학습을 위해 사용하는 시청각 기자재와 수업자료를 총칭한다.

정답 ①

41 서책형 교과서와 비교하여 디지털 교과서의 장점으로 보기 어려운 것은? ■ 14국

① 사용에 있어 시공간의 제약이 적다.
② 학습자의 능력 및 수준에 따른 맞춤형 학습이 용이하다.
③ 다양한 멀티미디어 콘텐츠의 활용을 통해 학습동기를 높일 수 있다.
④ 특정한 장비와 프로그램이 없어도 접근이 가능하여 시간과 비용을 절약할 수 있다.

해설

디지털 교과서는 특정한 장비와 프로그램이 필요하다.

정답 ④

42 원격교육에 대한 설명으로 옳지 않은 것은? ■ 20지

① 원격교육은 컴퓨터 통신망을 기반으로 등장하였다.
② 각종 교재개발과 학생지원 서비스 등을 위한 물리적·인적 조직이 필요하다.
③ 교수자와 학습자가 물리적으로 떨어져 있으나 교수·학습매체를 통해 의사소통을 한다.
④ 다수를 대상으로 하면서도 공학적인 기재를 사용하여 사전에 계획, 준비, 조직된 교재로 개별학습이 이루어진다.

해설

원격교육은 우편물로 시작되었으며 현재는 온라인 수업 위주이다.

정답 ①

43 다음 내용에 가장 부합하는 교수-학습 방법은? ■ 17지

> - 거꾸로 학습이나 거꾸로 교실로 알려져 있다.
> - 학습할 내용을 수업 이전에 온라인으로 미리 공부한다.
> - 일종의 블렌디드 러닝(blended learning)으로서 학습의 효과를 높이기 위한 전략이다.
> - 학교 수업에서 학습자는 질문, 토론, 모둠활동과 같은 형태로 수업에 적극적으로 참여한다.

① 플립러닝(flipped learning)
② 문제 중심 학습(problem-based learning)
③ 자원기반학습(resource-based learning)
④ 교사주도학습(teacher-directed learning)

플립러닝(flipped learning)은 일종의 블렌디드 러닝(blended learning)으로 학습할 내용을 수업 이전에 온라인으로 미리 공부하는 것으로 거꾸로 학습이나 거꾸로 교실이라고 한다.

정답 ①

44 다음 설명에 해당하는 학습법은? ■ 22지

> - 면대면 수업이 갖는 시간적·공간적 제한점을 온라인학습의 장점을 통해 극복한다.
> - 인간접촉의 부재, 홀로 학습하는 것에 대한 두려움, 동기 저하 등의 문제를 면대면 교육으로 보완한다.

① 상황학습(situated learning)
② 블렌디드 러닝(blended learning)
③ 모바일 러닝(mobile learning)
④ 팀기반학습(team-based learning)

블렌디드 러닝은 학습의 효과성을 향상시키고 학습경험을 극대화하기 위하여 온라인과 오프라인 학습환경뿐만 아니라 다양한 학습방법과 매체를 결합하여 활용하는 교수-학습 방법이다.

정답 ②

45 '이러닝(e-learning)'의 교육공학적 방법이 교육 분야에 공헌한 것으로 보기 가장 어려운 것은?
① 학습효과를 극대화시킨다. ■ 11국
② 교사와 학생 간 인격적 접촉을 증가시킨다.
③ 교육활동의 개별화를 촉진시킨다.
④ 교육의 경제성 및 대중화를 촉진시킨다.

이러닝은 원격교육의 하나로, 컴퓨터와 각종 정보통신매체가 지원하는 상호작용성에 기반한 온라인 학습을 주로 교수학습 과정에 적용하면서 시간과 장소에 대한 제약을 받지 않는 새로운 형태의 교육방법이다. 따라서 학습통제권이 학습자에게 주어지기 때문에 성공적인 원격교육을 위해서는 학습자의 자기주도적 학습능력이 일반교육에 비해 더 많이 요구된다.

정답 ②

46 학생이 사전에 온라인 등으로 학습내용을 공부해 오게 한 후 학교수업에서는 문제해결이나 토론 등의 상호작용에 중점을 두는 수업 형태는? ■ 19국
① 플립러닝(flipped learning) ② 탐구수업
③ 토론수업 ④ 문제기반학습(problem-based learning)

플립러닝(flipped learning)은 일종의 블렌디드 러닝(blended learning)으로 학습할 내용을 수업 이전에 온라인으로 미리 공부하는 것으로 거꾸로 학습이나 거꾸로 교실이라고 한다.

정답 ①

47 다음 설명에 해당하는 교육방법은? ■ 25국

> 학생은 교실 수업 전에 온라인 자료를 통해 학습하고, 교실 수업에서는 교실 전 수업에서 해결하지 못한 과제나 문제를 교사와의 심화학습 활동, 동료 학생과의 상호작용 등을 통해 해결하는 교육방법이다.

① 플립러닝(flipped learning)
② 정착수업(anchored instruction)
③ 문제중심학습(problem-based learning)
④ 인지적 도제학습(cognitive apprenticeship)

① 플립러닝(Flipped Learning) : 교실 수업의 내용 전달 방식과 학습 활동 방식을 역전시킨 교육 방법. 학생들이 수업 전에 온라인 자료를 통해 학습하고, 교실에서는 토론, 문제 해결, 협력 학습 등 능동적인 학습 활동에 참여한다.
② 정착수업(Anchored Instruction) : 실제적이고 복잡한 문제 상황(앵커)을 제시하여 학습 동기를 유발하고 학습 내용을 맥락화하는 교육 방법
③ 문제중심학습(Problem-Based Learning, PBL) : 학생들이 실제적이고 비구조화된 문제 상황을 해결하기 위해 협력적으로 학습하는 방법
④ 인지적 도제학습(Cognitive Apprenticeship) : 숙련된 전문가가 초보 학습자의 인지적 과정을 명시화하고 시범을 보이며, 학습자가 점진적으로 숙련되어 가도록 안내하는 교수-학습 방법

정답 ①

48 다음 내용과 가장 관련이 깊은 학습 형태는?
■ 18지

- 무선 환경에서 네트워크에 접속하여 학습한다.
- PDA, 태블릿 PC 등을 활용하여 물리적 공간에서 이동하면서 가상공간을 통하여 학습한다.
- 기기의 4C(Content, Capture, Compute, Communicate) 기능을 활용하여 교수·학습을 촉진할 수 있다.

① 모바일 러닝(m-learning)
② 플립드 러닝(flipped learning)
③ 마이크로 러닝(micro learning)
④ 블렌디드 러닝(blended learning)

모바일 러닝(Mobile learning) : 스마트폰 등 모바일 기기를 통해 언제 어디서나 자유롭게 인터넷에 접속해 교육받을 수 있게 하는 시스템이다. 기기의 4C(Content, Capture, Compute, Communicate) 기능을 활용하여 교수·학습을 촉진한다.

정답 ①

49 가상현실(VR) 기술을 활용한 교육에 대한 설명으로 옳지 않은 것은?
■ 23국
① 다양한 각도에서 수업자료를 탐구하도록 유도할 수 있다.
② 현실에서 직접 경험할 수 없었던 사물, 장소, 역사 속 사건 등을 재현할 수 있다.
③ 투사매체인 실물화상기나 OHP(overhead projector)를 핵심 장치로 활용한다.
④ 학습활동 과정에서 학습자의 흥미와 몰입감을 높일 수 있다.

실물화상기는 실물을 활용한 기술로서 가상현실과 관련이 없다.

정답 ③

50 다음 설명에 해당하는 것은?

■ 24국

- 슐만(Shulman)의 교수내용지식에 테크놀로지 지식을 추가한 개념이다.
- 교수지식, 내용지식, 테크놀로지 지식 간의 상호작용을 이해하고 이를 바탕으로 수업환경에 적합한 테크놀로지를 통합하는 지식을 의미한다.

① ASSURE
② STAD
③ TPACK
④ WHERETO

tpack은 교육기술의 통합을 보다 체계적이고 효과적으로 다루기 위해 내용지식(Content Knowledge, CK), 교수지식(Pedagogical Knowledge, PK), 그리고 기술지식(Technological Knowledge, TK)이 상호작용하는 복합적인 관계이다.
① ASSURE 모형은 하이니히 등에 의해 개발된 교수매체 선정 및 활용 절차이다.
② STAD는 협동학습의 종류인 성취과제분담 학습이다. 개선점수와 집단보상을 통해 팀의 평균점수를 산출한다.
④ WHERETO는 위긴스와 맥타이가 제안한 방법으로 학습결과를 효과적으로 수행하고 성취하기 위해 학습경험과 교수방법을 어떻게 설계할 것인지를 설명한다.

정답 ③

Ⅴ. 교육평가

01 규준참조평가(norm-referenced evaluation)와 비교할 때, 준거참조평가(criterion-referenced evaluation)의 특징으로 가장 옳은 것은?　　■ 15지

① 정규분포곡선과 표준점수를 기초로 한다.
② 선발적 교육관보다는 발달적 교육관에 근거한다.
③ 검사도구의 타당도보다는 신뢰도와 문항곤란도를 중시한다.
④ 학생들 사이의 개인차를 강조함으로써 경쟁심을 조장할 수 있다.

①, ③, ④는 규준참조평가의 특징이며 ②는 준거참조평가의 특징이다.

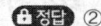 ②

02 (가)와 (나)에 해당하는 평가의 유형을 옳게 짝지은 것은?　　■ 19국

> (가) 학습목표를 설정해 놓고 이 목표에 비추어 학습자 개개인의 학업성취 정도를 따지려는 것이다.
> (나) 최종 성취수준 그 자체보다 사전 능력수준과 평가시점에 측정된 능력수준 간의 차이에 관심을 두는 평가로 개별화교육을 촉진할 수 있다.

	(가)	(나)
①	준거참조평가	성장참조평가
②	준거참조평가	능력참조평가
③	규준참조평가	성장참조평가
④	규준참조평가	능력참조평가

- **준거참조평가** : (가) 학습목표를 설정해 놓고 이 목표에 비추어 학습자 개개인의 학업성취 정도를 따지려는 것이다.
- **성장참조평가** : (나) 최종 성취수준 그 자체보다 사전 능력수준과 평가시점에 측정된 능력수준 간의 차이에 관심을 두는 평가로 개별화교육을 촉진할 수 있다.
- **능력참조평가** : 학습자가 지니고 있는 능력에 비추어서 얼마나 최선을 다하였는지에 초점을 두는 평가방법이다.

 ①

03 준거참조평가의 특징으로 옳은 것만을 모두 고르면? ■ 21지

┌───┐
│ ㄱ. 경쟁을 통한 학습자의 외적 동기 유발에 부족하다.   │
│ ㄴ. 탐구정신 함양, 지적인 성취동기 자극 등을 장점으로 들 수 있다. │
│ ㄷ. 고등 정신능력의 함양보다는 암기 위주의 학습을 유도할 가능성이 있다. │
│ ㄹ. 일정 점수 이상을 획득한 대상에게 자격증을 부여할 때 주로 사용하는 평가이다. │
└───┘

① ㄴ, ㄷ   ② ㄷ, ㄹ
③ ㄱ, ㄴ, ㄹ   ④ ㄱ, ㄴ, ㄷ, ㄹ

ㄷ. 규준참조평가의 특징이다.

정답 ③

04 상대평가와 절대평가의 특성에 대한 설명으로 옳지 않은 것은? ■ 13국

	상대평가	절대평가
①	신뢰도 강조	타당도 강조
②	규준 지향	목표 지향
③	편포 곡선 기대	정상분포 곡선 기대
④	선발적 교육관 강조	발달적 교육관 강조

상대평가는 정상분포 곡선, 절대평가는 부적편포 곡선이다.

정답 ③

05 성장참조평가에 대한 설명으로 옳은 것만을 모두 고르면? ■ 22국

┌───┐
│ ㄱ. 교육과정을 통하여 학생이 얼마나 성장하였는지에 관심을 둔다. │
│ ㄴ. 학업 증진의 기회를 부여하고 평가의 개별화를 강조한다.   │
│ ㄷ. 사전 측정치와 현재 측정치의 상관이 높을수록 타당한 결과를 얻을 수 있다. │
│ ㄹ. 대학 진학이나 자격증 취득을 위한 행정적 기능이 강조되는 고부담검사에 적합하다. │
└───┘

① ㄱ, ㄴ   ② ㄷ, ㄹ
③ ㄱ, ㄴ, ㄷ   ④ ㄴ, ㄷ, ㄹ

성장참조평가
1) 학습자의 수준이 교육과정을 통하여 얼마나 성장하였는지를 과거의 수준과 비교하여 판단하는 평가방법이다.
2) 최종 성취수준에 대한 관심보다는 초기 능력수준에 비추어 얼마만큼 능력의 향상을 보였느냐를 강조한다.
3) 즉 사전 능력수준과 관찰 시점에 측정된 능력수준 간의 차이에 관심을 둔다.
4) 성장참조평가 결과가 타당하기 위한 세 가지 조건(Oosterhof)
   첫째, 사전에 측정한 점수를 신뢰할 수 있어야 한다.
   둘째, 현재 측정한 측정치를 신뢰할 수 있어야 한다.
   셋째, 사전 측정치와 현재의 측정치의 상관이 낮아야 한다.
   사전에 측정한 측정치나 현재 측정한 측정치가 신뢰롭지 못하다면 능력의 변화를 분석할 수 없음은 당연하다.
5) 장점 : 교수적 기능이나 상담 기능이 있는 개별화 수업에 적합하다.
6) 단점 : 자격증 취득이나 행정적 기능이 강조되는 검사에서 평가결과에 공정성 문제 제기

 ①

06 다음 설명에 해당하는 교육평가의 유형은? ■ 23지

- 평가의 교수적 기능을 중시한다.
- 최종 성취수준에 대한 관심보다는 사전 능력 수준과 현재 능력 수준의 차이에 관심을 둔다.
- 고부담시험보다는 영향력이 낮은 평가에서 사용하는 것이 바람직하다.

① 규준참조평가 ② 준거참조평가
③ 능력참조평가 ④ 성장참조평가

성장참조평가 – 얼마나 성장하였는가
1) 학습자의 수준이 교육과정을 통하여 얼마나 성장하였는지를 과거의 수준과 비교하여 판단하는 평가방법이다.
2) 최종 성취수준에 대한 관심보다는 초기 능력수준에 비추어 얼마만큼 능력의 향상을 보였느냐를 강조한다.
3) 사전 능력수준과 관찰 시점에 측정된 능력수준 간의 차이에 관심을 둔다.
4) 장점 : 교수적 기능이나 상담적 기능이 있는 개별화 수업에 적합하다.
5) 단점 : 자격증 취득이나 행정적 기능이 강조되는 검사에서 평가결과에 공정성 문제 제기

 ④

07 교육평가에 관한 설명으로 옳은 것은? ■ 23국

① 속도검사 : 모든 학생이 모든 문항을 풀어볼 수 있도록 충분한 시간을 준 다음 측정한다.
② 준거지향평가 : 학생의 점수를 다른 학생들의 점수와 비교하여 상대적 서열 또는 순위를 매긴다.
③ 형성평가 : 학기 중 학습의 진척 상황을 점검하여 학습속도 조절이나 학습자 강화에 활용한다.
④ 표준화검사 : 교사가 제작하여 수업 진행 중 학생들의 학업성취도나 행동 특성을 측정한다.

① 충분한 시간을 주는 것은 역량검사이다.
② 규준참조평가에 대한 설명이다.
④ 형성평가에 대한 설명이다.

형성평가(formative evaluation) : 수업 중
1) 형성평가는 수업이 진행되고 있는 도중에 실시하는 평가로서, 현재 진행 중인 학습내용에 대한 학습자의 이해 정도나 기능 수준을 확인하고 이를 극대화하기 위해 실시하는 평가다.
2) 학습의 개별화를 추구한다. 형성평가를 실시하면 학생 개개인의 결과가 다르게 나타나므로 개인별 학습능력에 맞추어 개인학습을 진행하도록 도와줄 수 있다.
3) 피드백을 하여야 한다. 형성평가 결과를 학생에게 알려주어 자신의 장점과 약점을 파악하도록 한다.
4) 학습곤란을 진단하여야 한다. 학습을 하는데 어느 부분은 쉽고 어려운지를 파악하여야 하며, 특정 학습단위에서 실패율이 높다면 그 실패의 원인이 어디에 있는가를 알 수 있어야 한다.
5) 학습동기를 유발하여야 한다. 형성평가의 결과로 칭찬을 하면 그것이 강화제 역할을 하여 학습동기를 유발할 수 있다.
6) 학습지도 방법의 개선 및 수업의 질 관리에 유용하다.

정답 ③

08 형성평가와 총괄평가에 대한 설명으로 옳지 않은 것은? ▪13국
① 형성평가는 학생 성적의 판정 및 진급 자격을 부여하거나 당락을 결정짓기 위해 시행된다.
② 형성평가는 교사의 학습지도 방법 개선에 큰 도움을 준다.
③ 총괄평가는 교수·학습이 완료된 시점에서 교육목표의 달성 여부나 정도를 종합적으로 판정할 때 활용한다.
④ 형성평가는 학생의 학습에 대한 강화 역할을 한다.

학생 성적의 판정 및 진급 자격을 부여하거나 당락을 결정짓기 위해 시행하는 것은 총괄평가이다.

정답 ①

09 어떤 단원의 학습을 위해, 수업 전에 학습자가 알고 있는 기초지식이나 기술 등을 점검하는 평가는? ▪12국
① 형성평가   ② 진단평가
③ 중간평가   ④ 준거지향평가

진단평가 : 수업 전에 학습자가 알고 있는 기초지식이나 기술 등을 점검하는 평가

정답 ②

10 다음 설명에 해당하는 교육평가 유형은?   ■ 15국

- 학습보조의 개별화를 위한 자료를 제공한다.
- 학습진전의 효율화를 확인하기 위한 자료를 제공한다.
- 교수–학습 방법의 개선을 위한 자료를 제공한다.

① 형성평가 ② 진단평가
③ 절대평가 ④ 총괄평가

형성평가는 수업이 진행되고 있는 도중에 실시하는 평가로서, 현재 진행 중인 학습내용에 대한 학습자의 이해 정도나 기능수준을 확인하고 이를 극대화하기 위해 실시하는 평가다. 학습의 개별화를 추구한다.

정답 ①

11 체육시간에 줄넘기 50번을 계속적으로 하는 학생에게는 '합격', 그렇지 못한 학생에게는 '불합격'이라고 하였다면 이것은 어떤 평가인가?   ■ 00지

① 상대평가 ② 비교평가
③ 양적평가 ④ 규준지향평가
⑤ 준거지향평가

50번이라는 목표를 제시하였으므로 준거지향평가이다.

정답 ⑤

12 ㉠~㉢에 들어갈 평가 유형을 바르게 연결한 것은?   ■ 19지

유형	(㉠)	(㉡)	(㉢)
시행 시기	수업 전	수업 중	수업 후
목적	출발점 행동과 학습결손의 원인을 확인하고자 한다.	수업지도방법을 개선하거나 학습행동을 강화하고자 한다.	수업목표의 달성 여부를 판단하고자 한다.

	㉠	㉡	㉢
①	진단평가	총괄평가	형성평가
②	진단평가	형성평가	총괄평가
③	형성평가	진단평가	총괄평가
④	총괄평가	형성평가	진단평가

일반적으로 수업진행에 따라 수업 전(진단평가), 수업 중(형성평가), 수업 후(총괄평가)로 나뉘며 진단평가(출발점 행동 진단), 형성평가(수업개선), 총괄평가(목표달성 확인)가 주요 목적이다.

정답 ②

13 다음 내용에 가장 부합하는 교육평가 유형은? ▪17지

- 교과내용 및 평가 전문가가 제작한 검사를 주로 사용한다.
- 서열화, 자격증 부여, 프로그램 시행 여부 결정의 목적을 위해 시행한다.
- 교수·학습이 완료된 시점에서 교육목표의 달성 정도를 종합적으로 판정한다.

① 총괄평가(summative evaluation)
② 형성평가(formative evaluation)
③ 능력참조평가(ability referenced evaluation)
④ 성장참조평가(growth-referenced evaluation)

교수·학습이 완료된 시점에서 교육목표의 달성 정도를 종합적으로 판정하는 평가는 총괄평가(summative evaluation)이다.

정답 ①

14 교육평가 유형에 대한 설명으로 옳지 않은 것은? ▪25지

① 규준지향평가는 상대적인 서열과 관계없이 판단하는 평가이다.
② 준거지향평가는 학습자가 정해진 목표에 도달하였는지 판단하는 평가이다.
③ 형성평가는 교수·학습이 진행되는 동안 실시되며, 수업 방법의 개선을 위한 평가이다.
④ 총합평가는 학기말 또는 학년말에 교육목표의 달성 정도를 종합적으로 판정하는 평가이다.

규준지향평가는 규준을 중심으로 상대적인 서열을 비교하며 통계처리하기 용이한 평가이다.

정답 ①

15 수행평가에 대한 설명으로 옳지 않은 것은?　　　■ 25지

① 실험·실습은 자연과학 분야에서 많이 사용된다.
② 면접에서는 평가자가 학생과의 대화를 통해 정보를 수집한다.
③ 토론법은 특정 주제에 대한 학생들의 토론을 보고 평가하는 방법이다.
④ 실기시험은 자연스러운 상황이 아니라 잘 통제된 상황에서 실시한다.

수행평가는 학생의 실제 수행 능력을 평가하기 위해 가능한 한 자연스러운 상황(context) 속에서 평가하는 것을 중시한다.
'잘 통제된 인위적 상황'에서 실시하는 것은 전통적 지필평가나 표준화검사의 특징이다.

정답 ④

16 맥밀란(McMillan)이 주장하는 수행평가의 특성으로 옳지 않은 것은?　　　■ 10국

① 단편적 지식보다는 고차적 사고능력을 요구한다.
② 수행은 직접 관찰할 수 있는 성질의 것이어야 한다.
③ 단일의 정답은 존재하지 않는다.
④ 평가의 준거와 기준을 사전에 공개하지 않는다.

수행평가는 결과뿐만 아니라 과정을 평가하는 것으로 교사는 평가 과정의 기준을 만들고 학습자와 학부모에게 제공하여야 한다.

정답 ④

17 다음은 포트폴리오(portfolio) 평가에 대한 기술이다. 포트폴리오 평가방식에 대한 설명으로 옳지 않은 것은?　　　■ 07국

> 일정기간 동안 학생들의 수행 및 성취정도, 그리고 향상정도를 표현한 누적된 결과물에 대한 평가이다. 예를 들면, 그림 공부를 하는 학생이 미술담당 교사에게 지속적으로 지도를 받으면서, 자신의 작품을 그린 순서대로 차곡차곡 모아 둠으로써, 자기 자신의 변화와 발전 과정을 스스로 파악할 수 있고, 그 작품집을 이용하여 지도 교사뿐만 아니라 다른 사람으로부터 쉽게 평가 받을 수 있게 된다.

① 포트폴리오 평가의 수행목적은 포괄적으로 기술될 필요가 있다.
② 포트폴리오 평가는 학생의 결과물에 대한 평가보다 향상 정도를 파악하기 위한 방법이다.
③ 포트폴리오 평가는 개인간의 비교에 초점이 있는 것이 아니라, 각 개인의 변화 및 진전도에 그 초점이 있다.
④ 포트폴리오 평가는 다양한 교과 과정상의 수행을 통합할 수 있다는 장점이 있다.

V. 교육평가　107

해설

포트폴리오 평가는 구체적으로 기술될 필요가 있다.

정답 ①

18 어떤 하나의 특징에 입각하여 아동의 전체적인 능력을 평가하는 심리적 경향은? ■ 10국
① 후광효과 ② 강화효과
③ 착시효과 ④ 피그말리온 효과

해설

후광효과 : 학생에 대한 교사의 일반적인 인상이 개인의 특성이나 수행에 주어지는 점수에 영향을 미칠 때 발생한다.
② **강화효과** : 강화(보상 혹은 벌)를 통해 행동을 강화하거나 감소시키는 현상
③ **착시효과** : 시각적 인식에서 실제와 다르게 보이는 현상
④ **피그말리온 효과** : 타인의 기대가 개인의 행동이나 성과에 긍정적 영향을 미치는 현상

정답 ①

19 다음 설명에 해당하는 블룸(Bloom)의 교육목표 분류 범주는? ■ 23국

- 복잡한 사상이나 아이디어의 구조를 파악하는 수준의 행동으로, 그 구성요소나 관계의 확인을 포함한다.
- 이 범주에 속하는 목표 진술의 예로는 사실과 추론을 구분하기, 원인과 결과를 찾아내기 등이 있다.

① 적용 ② 평가
③ 종합 ④ 분석

해설

분석 : 어떤 사실을 구성하는 요소로 분해하는 능력으로 구성요소의 구조를 이해하는 능력이다. 이는 구성 부분을 확인하고 그 부분 간의 관계를 분석하여 구성 원리를 인지하는 능력을 말한다. 분석은 내용과 내용의 구성 형태를 이해하여야 하기 때문에 이해와 적용보다 높은 지적 능력이다.

구분	설명
지식	교육과정 속에서 경험한 아이디어나 현상으로, 전에 배운 내용을 기록한 것으로 정의된다. 특수한 사실부터 이론까지 광범위한 범위의 내용에 대한 기억을 말한다. 이 모든 것은 머리와 관련된다. 지식은 지적 영역의 가장 낮은 수준의 산물이다.
이해	사실, 사물의 의미를 이해하는 능력을 말한다. 이는 어떤 것을 다른 단어나 수로 번역하는 능력, 해석, 설명, 요약, 미래 경향을 예측하는 능력이다. 이해는 사실에 대한 단순한 기억, 그리고 가장 낮은 이해 수준의 다음 단계에 오는 능력이다.
적용	학습한 내용을 새로운 상황이나 구체적 상황에 사용하는 능력이다. 이는 규칙, 방법, 개념, 원리, 법칙 그리고 이론 같은 것들을 적용하는 것을 말한다. 적용은 이해 수준 이상의 능력을 요구한다.
분석	어떤 사실을 구성하는 요소로 분해하는 능력으로 구성요소의 구조를 이해하는 능력이다. 이는 구성 부분을 확인하고 그 부분 간의 관계를 분석하여 구성 원리를 인지하는 능력을 말한다. 분석은 내용과 내용의 구성 형태를 이해하여야 하기 때문에 이해와 적용보다 높은 지적 능력이다.
종합	새로운 것을 만들기 위하여 부분들을 모으는 능력이다. 이는 연설이나 강연 등을 위한 독창적 의사 전달, 실행 계획이나 관계의 요약을 말한다. 이 단계는 새로운 양상의 구조를 강조하는 창의적 행동을 강조한다.
평가	주어진 목적을 위하여 사실들에 대하여 판단하는 능력이다. 이 판단은 규명된 기준에 근거하며, 그 기준은 내적 기준과 외적 기준이 있다. 이 능력은 이상에서 설명한 모든 지식 기능을 포함하는 가치판단까지 요구되므로 가장 높은 정신기능이다.

 ④

20 다음 설명에 해당하는 정의적 특성 측정방법은? ■ 20국

- 의견, 태도, 감정, 가치관 등을 측정하기 용이하다.
- 단시간에 다양한 자료를 수집하고 결과 또한 신속하게 처리할 수 있다.
- 응답 내용의 진위 확인이 어려워 결과 해석에 유의해야 한다.

① 관찰법 ② 사례연구
③ 질문지법 ④ 내용분석법

질문법은 사용이 간편하고, 의견, 태도, 감정, 가치관 등을 측정하기가 용이하다. 단시간에 다양한 자료를 수집하고 결과 또한 신속하게 처리할 수 있다. 응답의 진위 여부를 확인하는 것이 불가능하기 때문에 결과 해석에 주의가 요망된다.

정답 ③

21 정의적 영역의 평가를 위한 사회성 측정법에 관한 설명으로 옳지 않은 것은? ▪18지

① 선택 집단의 범위가 명확해야 한다.
② 측정 결과를 개인 및 집단에 적용할 수 있다.
③ 문항 작성 절차가 복잡하고 검사 시간이 길다.
④ 집단 내 개인의 사회적 위치를 알아 낼 수 있다.

 해설

사회성 측정법은 체크리스트에 의한 친구 간의 관계를 분석하는 것으로, 간단한 체크리스트 문항으로 검사를 할 수 있다.

🔒정답 ③

22 변별도에 대한 설명으로 옳은 것만을 모두 고른 것은? ▪16국

> ㄱ. 난이도가 어려울수록 변별도는 높아진다.
> ㄴ. 정답률이 50%인 문항의 변별도는 1이다.
> ㄷ. 모든 학생이 맞힌 문항의 변별도는 0이다.

① ㄴ ② ㄷ
③ ㄱ, ㄴ ④ ㄱ, ㄷ

 해설

ㄱ. 난이도가 어려워지면 변별도가 높아질 수도 낮아질 수도 있다.
ㄴ. 정답률이 50%이더라도 상·하 집단 구성에 따라 변별도는 달라진다.

🔒정답 ②

23 고전검사이론에서의 문항변별도에 대한 설명으로 옳은 것을 〈보기〉에서 고른 것은? ▪16지

> ┤보기├
> ㄱ. 문항변별도 지수는 0~100 사이의 값을 갖는다.
> ㄴ. 각 문항이 학생들의 능력 수준을 구분해 주는 정도를 나타낸다.
> ㄷ. 능력 수준이 다른 두 집단을 대상으로 각각 계산하더라도 문항변별도는 동일하다.
> ㄹ. 검사 총점이 높은 학생이 낮은 학생에 비해 문항변별도가 높은 문항에서 정답을 맞힐 가능성이 높다.

① ㄱ, ㄷ ② ㄱ, ㄹ
③ ㄴ, ㄷ ④ ㄴ, ㄹ

ㄱ. 문항변별도 지수는 -1~1 사이의 값을 갖는다.
ㄷ. 능력 수준이 다른 두 집단을 대상으로 각각 계산하는 경우 문항변별도는 달라진다.

정답 ④

24 고전검사이론에 대한 설명으로 옳지 않은 것은?   ■ 23지
① 문항난이도는 문항의 쉽고 어려운 정도를 나타낸다.
② 피험자의 능력과 문항의 답을 맞힐 확률 간의 관계를 나타내는 문항특성곡선을 사용한다.
③ 문항변별도는 문항이 피험자의 능력을 변별하는 정도를 나타낸다.
④ 관찰점수는 진점수와 오차점수의 합으로 가정한다.

② 문항특성곡선은 문항반응이론에서 사용한다.

정답 ②

25 문항반응이론(item response theory)에 대한 설명으로 옳은 것은?   ■ 08국
① 문항변별도 지수는 항상 양수이다.
② 문항특성곡선의 기울기가 가파를수록 변별력이 없는 문항이 된다.
③ 문항난이도가 0인 문항은 거의 모든 학생이 정답을 할 수 없는 문항을 말한다.
④ 피험자 집단의 능력이 달라져도 결과적으로는 하나의 고유한 문항특성곡선이 추정된다.

문항특성곡선은 어떠한 문항이든 고유의 특성을 가지고 있기 때문에 피험자 집단의 능력이 달라져도 문항의 특성은 변하지 않는다.
① 문항변별도 지수는 양수일 수도 음수일 수도 있다.
② 문항특성곡선의 기울기가 가파를수록 변별력이 높은 문항이 된다.
③ 문항난이도가 0인 문항은 중간 정도의 난이도를 가진 문항을 말한다.

정답 ④

26 다음은 지능 원점수 4개를 서로 다른 척도로 나타낸 것이다. 지능 원점수가 가장 낮은 것은? (단, 지능 원점수는 정규분포를 따른다)   ■ 18국
① Z점수 1.5　　　　　　　　　② 백분위 90
③ T점수 60　　　　　　　　　④ 스테나인 2등급

4개의 척도를 Z점수 변환하면
① Z점수 1.5,   ② 백분위 90은 Z점수 약 1.3,
③ T점수 60은 Z점수 1,   ④ 스테나인 2등급은 Z점수 약 1.2~2

정답 ③

27 수학성취도 평가를 실시한 결과, 전체 학생의 수학 원점수는 평균이 70, 표준편차가 10인 정규분포를 따랐다. 원점수 80을 받은 학생이 포함된 백분위 구간은?   ■ 16국

① 60이상 70미만
② 70이상 80미만
③ 80이상 90미만
④ 90이상 100미만

(원점수 80 – 평균 70)/표준편차 10 = 1σ 므로 백분위 구간은 80~90이다.

정답 ③

28 (가)~(다)에 들어갈 말을 바르게 연결한 것은?   ■ 25국

- (가) 는 편차를 그 분포의 표준편차로 나눈 값이다.
- (나) 는 평균을 50, 표준편차를 10으로 표준화한 점수이다.
- (다) 는 평균을 5, 표준편차를 2로 표준화한 점수이다.

	(가)	(나)	(다)
①	Z점수	T점수	스테나인점수
②	Z점수	준거점수	NCE점수
③	사분편차	T점수	NCE점수
④	사분편차	준거점수	스테나인점수

- **편차** : 개인의 점수에서 평균을 뺀 값
- **표준편차** : 자료의 흩어진 정도를 나타내는 통계량
- **표준화** : 서로 다른 측정 도구나 집단의 점수를 비교하기 쉽도록 평균과 표준편차를 이용하여 변환하는 과정

선지 해설
- (가)는 편차를 그 분포의 표준편차로 나눈 값이다.
  Z점수 = (개인의 점수 – 평균) / 표준편차

- (나)는 평균을 50, 표준편차를 10으로 표준화한 점수이다.
  T점수는 Z점수를 선형 변환하여 평균을 50, 표준편차를 10으로 만든 점수
  T점수 = 10 × Z점수 + 50
- (다)는 평균을 5, 표준편차를 2로 표준화한 점수이다.
  스테나인점수는 원점수를 9개의 범주로 나누어 표시하는 표준점수 체계로, 평균이 5이고 표준편차가 약 2인 분포를 가진다.

정답 ①

29 검사도구의 내용타당도를 높이기 위해 사용할 수 있는 가장 좋은 방법은? ■ 10국

① 문항이 이원목적분류표에 의거하여 제작되었는지 전문가들을 통해 확인하였다.
② 구인들에 관한 논리적 가설을 뒷받침해주는 경험적 자료들을 수집하였다.
③ 검사를 반복적으로 시행하여 검사점수를 비교하였다.
④ 요인분석을 통하여 정의되지 않은 변수들 간의 관계를 분석하였다.

해설

학업성취도 검사에서 내용타당도를 증진시키기 위하여 내용요소와 행동요소로 나누어 이원분류표를 작성하는 것은 매우 중요하다.

정답 ①

30 검사도구의 타당도에 대한 옳은 설명을 〈보기〉에서 고른 것은? ■ 17지

보기
ㄱ. 검사점수가 사용 목적에 얼마나 부합하는가를 의미한다.
ㄴ. 검사대상을 얼마나 정확하게 무선오차(random error) 없이 측정하는지를 의미한다.
ㄷ. 동일한 검사에 대한 채점자들 간 채점 결과의 일치 정도를 의미한다.
ㄹ. 측정하고자 하는 특성을 검사점수가 얼마나 잘 나타내 주는지를 의미한다.

① ㄱ, ㄷ
② ㄱ, ㄹ
③ ㄴ, ㄷ
④ ㄴ, ㄹ

해설

ㄴ, ㄷ은 신뢰도에 대한 설명이다.

정답 ②

31. 구인타당도에 대한 설명으로 옳지 않은 것은? ■ 20국

① 측정을 통해 얻은 사실로 미래의 행동특성을 예견한다.
② 타당도 증거를 수집하기 위해 요인분석 등 여러 통계적 방법이 사용된다.
③ 한 검사가 어떤 심리적 개념이나 논리적 구인을 제대로 측정하는가를 검증한다.
④ 검사가 의도한 바의 특성을 측정하고 있는지에 대한 증거를 수집하는 과정이다.

해설

① 예언(측) 타당도에 대한 설명이다.

정답 ①

32. 다음 설명에 해당하는 타당도는? ■ 22지

- 검사도구에서 구한 점수와 미래에 피험자에게 나타날 행동 특성을 수량화한 준거점수 간의 상관을 토대로 한다.
- 선발, 채용, 배치를 목적으로 하는 적성검사나 선발시험 등에서 요구된다.

① 예언타당도
② 공인타당도
③ 구인타당도
④ 내용타당도

해설

예언타당도는 준거관련 타당도 중의 하나이며, 검사도구가 수험자의 미래의 행동 특성을 어느 정도 정확하게 예언하는지를 나타내는 지수를 말한다.

정답 ①

33. (가)에 해당하는 타당도는? ■ 24지

새로 개발한 A시험의 (가) 를 구하기 위하여 기존에 타당도를 검증한 B검사의 점수와 A시험의 점수와의 상관계수를 구하였다. (단, A시험과 B검사의 점수 획득 시기가 같다)

① 공인타당도
② 구인타당도
③ 내용타당도
④ 예측타당도

해설

공인타당도란 기존에 타당성을 입증받고 있는 검사로부터 얻은 점수와의 관계를 통해서 검증되는 타당도이다. 제작한 검사의 점수와 준거점수로 타당성을 인정받고 있는 검사점수와의 상관계수에 의하여 검증되므로 계량화할 수 있다.

② **구인타당도** : 심리적 특성을 이루고 있는 하위 구인들이 실제로 검사도구에 구성되고 있는지를 측정하는 것이다.
③ **내용타당도** : 교수·학습과정에서 설정하였던 교육목표의 성취 여부를 묻는 학업성취도 검사의 타당성 검증을 위하여 내용타당도가 주로 사용된다.
④ **예측타당도** : 준거관련 타당도 중에 하나이며, 검사도구가 수험자의 미래의 행동특성을 어느 정도 정확하게 예언하는지를 나타내는 지수를 말한다.

정답 ①

34 특정 교사가 개발한 시험에 대한 전문가들의 평가가 다음과 같은 경우, 이 시험의 양호도에 대한 설명으로 옳은 것은?
■ 24국

> 반복 측정에서의 결과가 일관성은 있으나 측정하고자 하는 것을 충실히 측정하지 못하고 있다.

① 신뢰도는 높지만 실용도는 낮은 시험
② 신뢰도는 높지만 타당도는 낮은 시험
③ 타당도는 높지만 난이도는 낮은 시험
④ 타당도는 높지만 신뢰도는 낮은 시험

평가에서 신뢰도는 정확성, 일관성을 의미하며 타당도는 적절성, 충실성을 의미한다. 따라서 결과의 일관성이 있으면 신뢰도는 높은 것이고, 측정하고자 하는 것을 충실히 측정하지 못하였으면 타당도는 낮은 시험이라고 볼 수 있다.

정답 ②

35 문항들 간의 동질성을 평가하기 위한 지수로 부적합한 것은?
■ 18국

① Cronbach's α 계수
② Kuder – Richardson 20
③ Kuder – Richardson 21
④ Kappa 계수

문항내적일관성 신뢰도는 검사도구의 문항 하나하나를 독립된 하나의 검사도구로 간주하여, 각 문항 간의 상관을 산출하고 그것을 종합해서 신뢰도를 나타내는 방법이다. 종류는 KR-20(이분문항), KR-21(이분, 다분문항), Hoyt(이분, 다분문항), Cronbach α(이분문항, 다분문항)가 있다.

정답 ④

36 동일한 집단을 대상으로 동일한 검사를 1회 실시함으로써 추정할 수 있는 신뢰도로만 짝지은 것은?
■ 13지

① 재검사 신뢰도 – 반분검사 신뢰도
② 동형검사 신뢰도 – 재검사 신뢰도
③ 반분검사 신뢰도 – 문항 내적 일관성 신뢰도
④ 문항 내적 일관성 신뢰도 – 동형검사 신뢰도

- 2회 반복검사를 통한 신뢰도 추정 : 재검사 신뢰도(Test-Retest Reliability), 동형검사 신뢰도(Parallel-Form Reliability)
- 1회 검사를 통한 신뢰도 추정 : 반분 신뢰도(Split-Half Reliability), 문항 내적 일관성 신뢰도

 ③

37 평가도구의 양호도에 대한 설명으로 옳지 않은 것은?
■ 14국

① 규준지향평가의 신뢰도에서는 원점수 자체의 의미가 중요하다.
② 평가도구의 문항 수는 신뢰도에 영향을 미친다.
③ 최근에는 타당도를 평가 결과의 해석이 얼마나 타당한가에 대한 근거를 수집하는 과정으로 본다.
④ 입학시험과 입학 이후의 학업성적과의 상관이 높다면 입학시험의 예측타당도가 높다고 할 수 있다.

규준지향평가의 신뢰도에서는 원점수 자체보다 다른 사람과의 비교에 의한 위치가 중요하다.

 ①

38 20개의 문항으로 구성된 검사 도구를 앞의 10개 문항과 뒤의 10개 문항으로 나누어 반분검사신뢰도(split-half reliability)를 추정하려고 할 때, 이 검사 도구가 갖추어야 할 가장 적절한 조건은?
■ 18지

	문항 간 동질성	평가 유형		문항 간 동질성	평가 유형
①	낮음	속도검사	②	낮음	역량검사
③	높음	속도검사	④	높음	역량검사

반분신뢰도는 검사문항을 반으로 나누어 신뢰도를 추정한다. 두 부분의 점수 간의 상관계수를 산출하여 신뢰도를 나타내는 방법이다. 따라서 문항 간 동질성이 높아야 하고, 평가 유형은 속도검사보다는 역량검사에 적당하다.

정답 ④

39 검사도구의 신뢰도를 높이기 위한 방법에 해당하지 않는 것은? ■ 19지
① 새로 실시한 검사와 이미 공인된 검사 사이의 유사도를 추정한다.
② 실시한 하나의 검사를 두 부분으로 나누어 각 부분의 측정 결과 간의 유사도를 추정한다.
③ 동일한 집단에게 동일한 검사를 일정한 간격을 두고 반복 실시하여 두 검사 간의 일관성 정도를 추정한다.
④ 동일한 집단에게 검사의 특성이 거의 같은 두 개의 검사를 실시하여 두 점수 간의 유사성 정도를 추정한다.

검사도구의 신뢰도를 높이기 위한 방법에는 양질의 문항 수를 증가(곡선형 증가), 적절한 문항난이도, 높은 변별도, 시험 시간을 제한하지 않는 역량검사, 내용타당도 고려 등이 있다.

정답 ①

40 평가도구의 신뢰도 및 타당도에 대한 설명으로 옳지 않은 것은? ■ 22국
① 신뢰도는 얼마나 정확하게 오차 없이 측정하는가와 관련된다.
② 평가도구가 높은 타당도를 갖기 위해서는 평가도구의 신뢰도가 높아야 한다.
③ 공인타당도는 새로운 평가도구의 타당도를 기존의 타당성을 인정받고 있는 도구와의 유사성 혹은 연관성에 의해 검증한다.
④ 동형검사신뢰도는 동일한 피험자 집단에게 동일한 평가도구를 일정 간격을 두고 반복 실시한 결과로 파악한다.

동형검사신뢰도는 두 개의 동형검사 도구를 제작하고, 이 두 검사 간의 상관계수를 산출하여 신뢰도를 나타내는 방법이다.

정답 ④

41 서답형 또는 논술형 문항에 대한 바람직한 채점방식과 그 이유에 대한 설명으로 옳지 않은 것은?

■ 10국

① 채점자의 주관이나 편견의 영향을 줄이기 위해 채점기준을 미리 정해 놓아야 한다.
② 답안 작성자에 대한 편견을 제거하기 위해 답안 작성자의 이름과 번호를 답안지와 분리해서 채점해야 한다.
③ 채점의 신뢰도를 높이기 위해 답안지를 평가문항별로 채점하지 말고 답안 작성자 단위별로 채점하는 것이 바람직하다.
④ 단독채점보다 다수의 평가자가 채점하여 평균 점수를 내는 것이 보다 바람직하다.

채점의 신뢰도를 높이기 위해 답안지를 평가문항별로 채점하는 것이 바람직하다.

정답 ③

42 검사도구의 양호도에 대한 설명으로 옳은 것은?

■ 20지

① 실용도는 시간, 비용, 노력 측면에서 검사가 얼마나 경제적인지를 나타낸다.
② Cronbach's α계수는 재검사 신뢰도의 일종이다.
③ 객관도는 신뢰도보다는 타당도에 가까운 개념이다.
④ 높은 신뢰도는 높은 타당도가 되기 위한 충분조건이다.

② Cronbach's α계수는 문항내적일관성 신뢰도이다.
③ 객관도는 타당도보다는 신뢰도에 가까운 개념이다.
④ 높은 신뢰도는 높은 타당도가 되기 위한 필요조건이다.

정답 ①

43 좋은 검사도구가 갖추어야 할 다음의 조건은?

■ 21국

• 여러 검사자(채점자)가 어느 정도로 일치된 평가를 하느냐를 의미한다.
• 검사자의 신뢰도를 의미하기도 한다.

① 타당도 ② 객관도
③ 실용도 ④ 변별도

검사자의 신뢰도는 객관도이다.

정답 ②

44 사물이나 사람의 특성을 측정하기 위해서는 측정단위를 설정하여야 한다. 다음 중 '절대 영점'을 포함하고 있는 척도는?
■ 13국

① 명명척도(nominal scale)   ② 서열척도(ordinal scale)
③ 동간척도(interval scale)   ④ 비율척도(ratio scale)

비율척도(ratio scale) : 절대 영점과 가상적 단위를 지니고 있으며 측정단위의 간격 간에 동간성이 유지되는 척도이다. 예를 들면 키, 몸무게, 나이 등을 들 수 있다.

정답 ④

45 다음 설명에 해당하는 척도는?
■ 24지

- 사물이나 사람을 구분하거나 분류하기 위해 사용되는 척도이다.
- 예를 들어 성별을 표시할 때, 여학생을 0, 남학생을 1로 표시한다.

① 명명척도   ② 서열척도
③ 동간척도   ④ 비율척도

명명척도는 데이터를 분류하고 구별하는 데 사용되는 척도이며 범주 간의 순서나 크기는 차이가 없으며 단순한 이름에 해당한다. **예** 성별, 혈액형, 색상
② **서열척도** : 측정단위의 간격 간에 동간성이 유지되지 않으며 측정대상의 속성에 따라 순서를 정하거나 순위를 매긴 척도이다.
③ **동간척도** : 점수의 단위들이 척도상의 모든 위치에서 동일한 값을 갖는 척도이다. 분류, 서열, 동간성의 특성을 가지며 비율특성, 즉 절대 영점은 없다.
④ **비율척도** : 영점과 가상적 단위를 지니고 있으며 측정단위의 간격 간에 동간성이 유지되는 척도이다. **예** 키, 나이

정답 ①

46 표준화 검사 도구를 활용할 때 유의할 점으로 적절하지 않은 것은?
■ 17국

① 검사 실시 목적에 적합한 내용의 검사를 선택한다.
② 검사의 타당도, 신뢰도, 객관도, 실용도를 고려하여 검사를 선택한다.
③ 상황에 맞춰 검사의 실시, 채점, 결과의 해석을 융통성 있게 변경한다.
④ 검사를 사용하는 사람이 검사에 대한 객관적인 식견이 있어야 한다.

표준화 검사는 상황에 맞춰 검사의 실시, 채점, 결과의 해석을 융통성 있게 변경해서는 안 된다.

정답 ③

47 표집방법에 대한 설명으로 옳지 않은 것은? ▪11국

① 단순무선표집방법(simple random sampling)은 모집단의 모든 구성원이 표집될 확률이 같도록 하는 방법이다.
② 유층표집방법(stratified sampling)은 모집단을 다양한 하위집단으로 분할한 후에 각 하위집단으로부터 표본을 무선으로 표집하는 방법이다.
③ 편의적 표집방법(convenience sampling)은 표집의 단위가 개인이 아니라 집단을 표집 단위로 표집하는 방법이다.
④ 체계적 표집방법(systematic sampling)은 모집단에 일련번호를 부여한 후에 한 번호를 선정하고 동일한 간격만큼 뛰어넘어 표집하는 방법이다.

편의적 표집방법(convenience sampling)은 체계적인 계획이 아니라 연구자가 임의로 편의를 고려하여 표집하는 방법이다.

정답 ③

48 전집의 주요 특성을 감안하여 하위집단으로 나누고 각 하위집단으로부터 난수표나 제비뽑기를 이용하여 표집하는 방법은? ▪02국

① 유층표집   ② 단계적 표집
③ 군집표집   ④ 단순무선표집

전집을 여러 개의 하위집단으로 나누어 분할해 가는 것은 유층표집이다.

정답 ①

Ⅵ 교육행정

01 다음 글은 교육행정을 정의하는 관점 중 어느 것에 근거한 것인가? ■ 11국

> 광복 직후 우리나라에는 오늘날의 교육과학기술부와 같은 독자적인 중앙교육행정조직이 없었다. 그 대신 내무부 산하의 학무국이 중앙교육행정조직이었으며, 여기에는 비서실 외에 6과가 편성되어 있었다.

① 조건정비론 ② 행정과정론
③ 협동행위론 ④ 국가통치권론

중앙집권적인 형태를 띠는 것은 국가통치권론(국가공권설) 관점이다.

정답 ④

02 다음 설명에 해당하는 교육행정 과정의 요소는? ■ 20국

> • 각 부서별 업무 수행의 관계를 상호 관련시키고 원만하게 통합, 조절하는 일이다.
> • 이것이 잘 이루어지면 노력·시간·재정의 낭비를 막고, 각 부서 간의 부조화 및 직원 간의 갈등을 예방할 수 있다.

① 기획 ② 명령
③ 조정 ④ 통제

교육행정의 기능 중 조정(coordinating)은 모든 활동을 통합하고 상호조정하는 일이다. 예시로 의사소통, 갈등 조정 등이 있다.

정답 ③

03 다음 설명에 해당하는 교육행정의 과정은?   ■ 23국

> 조직의 목표를 설정하고 목표 달성에 필요한 수단을 선택하여 미래의 행동을 준비한다.

① 기획(planning) ② 자극(stimulating)
③ 조정(coordinating) ④ 평가(evaluating)

교육행정의 기능
1) **기획(planning)** : 미래를 예측하고 행동계획을 수립하는 일
   예 교육기획, 학교기획
2) **조직(organizing)** : 인적 · 물적 자원을 조직하고 체계화하는 일
   예 학교조직, 관료제
3) **명령(commanding)** : 구성원으로 하여금 과업을 수행하도록 하는 일
   예 변혁적 리더십
4) **조정(coordinating)** : 모든 활동을 통합하고 상호 조정하는 일
   예 의사소통, 갈등조정
5) **통제(controlling)** : 정해진 규칙과 명령에 따라 확인하는 일
   예 장학, 재정관리

 ①

04 교육행정의 특성으로 옳은 것은?   ■ 14국

① 교육행정은 조직, 인사, 내용, 운영 등에서의 자율성과 민주성을 중요시한다.
② 교육행정은 교육과 행정을 구분하기 때문에 정치적 측면에 강조점을 두지 않는다.
③ 교육이 전문적 활동이기 때문에 이를 지원하는 교육행정은 특별한 훈련 없이도 수월하게 이루어질 수 있다.
④ 교육행정은 교수-학습 활동의 감독을 중요한 출발점으로 한다.

② 교육행정의 특징 중 정치적 특성 : 무상급식의 시행, 고교평준화의 유지와 해제 등의 사회적 이슈가 되는 교육현안들은 교육적 가치와 교육 논리만으로 해결하기 어려워 정치적 결정에 의지하는 경우가 많다는 것이다.
③ 교육은 전문적 활동이기 때문에 이를 지원하는 교육행정은 특별한 훈련을 거쳐야 수월하게 이루어질 수 있다.
④ 교육행정은 교육목표를 효율적으로 달성하기 위하여 인적 · 물적 자원을 지원하는 수단적 봉사활동이다.

 ①

05 다음에서 설명하는 교육행정의 기본원리는?

■ 24지

- 교육활동에 투입되는 인적·물적 자원에 대한 교육산출의 비율을 최대한 높이는 것이다.
- 예를 들어 국가재정의 한계로 인해 학급당 학생 수를 늘리는 것이다.

① 민주성의 원리
② 합법성의 원리
③ 효율성의 원리
④ 기회균등의 원리

효율성의 원리란 행정활동에서 최소한의 인적·물적 자원과 시간을 들여서 최대의 성과를 거두는 것을 의미한다.
① **민주성의 원리**: 교육행정이 민주성의 원리에 따라야 한다는 것은 국민의 의사를 행정에 반영하고 국민을 위한 행정을 해야 한다는 것을 의미한다.
② **합법성의 원리**: 교육행정의 모든 활동이 합법적으로 개정된 법령, 규칙, 조례 등에 따라야 하는 법률 적합성을 가져야 한다는 것을 의미한다.
④ **기회균등의 원리**: 민주주의의 기본원리로서, 특히 교육행정에 있어서 가장 강력하게 요청되는 원리다. 「헌법」 제31조 제1항은 '모든 국민은 능력에 따라 균등하게 교육받을 권리를 가진다.'고 규정하여 교육권을 기본권의 하나로 규정하고 있다.

정답 ③

06 학교조직의 운영 원리에 대한 설명으로 옳지 않은 것은?

■ 24국

① '적도집권의 원리'는 분권을 중심으로 학교조직을 운영하는 것이다.
② '분업의 원리'는 조직의 업무를 직능 또는 특성별로 구분하여 한사람에게 동일한 업무를 분담시키는 것이다.
③ '조정의 원리'는 조직의 목표 달성을 위해서 구성원의 노력을 집결시키고 업무 간·집단 간 상호관계를 조화롭게 유도하는 것이다.
④ '계층의 원리'는 조직의 목표를 달성하기 위한 업무를 수행함에 있어 권한과 책임의 정도에 따라 직위를 수직적으로 서열화·등급화하는 것이다.

적도집권의 원리는 학교나 기업에서 중요한 정책이나 결정을 중앙에서 내리고 각 부서나 학교의 현장에서는 그 결정을 실행하는 형태이다. 이는 집권주의와 분권주의 간의 균형을 유지하려는 원리이다.

정답 ①

07 교육행정의 원리에 대한 설명으로 옳지 않은 것은?   ▪ 21지

① 안정성의 원리는 교육정책을 일관되고 지속적으로 추진해야 한다는 것이다.
② 효율성의 원리는 교육에 투입되는 비용을 상대적으로 적게 하면서 교육목표를 달성하려는 것이다.
③ 자주성의 원리는 지역의 특수성과 다양성을 반영하여 주민의 적극적인 의사와 자발적인 참여를 강조하는 것이다.
④ 민주성의 원리는 이해당사자들의 의사를 적극적으로 반영하고 그들을 의사결정과정에 적절하게 참여시켜야 한다는 것이다.

자주성의 원리는 교육이 그 본질을 추구하기 위하여 일반행정에서 분리·독립되고 정치와 종교로부터 중립성을 유지해야 한다는 것이다.
지역의 특수성과 다양성을 반영하여 주민의 적극적인 의사와 자발적인 참여를 강조하는 것은 민주성의 원리이다.

 ③

08 교육행정의 원리로서 '민주성의 원리'를 가장 잘 표현한 것은?   ▪ 13국

① 교육행정은 일반행정으로부터 분리·독립되고 정치와 종교로부터 중립성을 유지해야 한다.
② 다양한 구성원들의 의사를 반영하기 위해 위원회, 협의회 등을 둔다.
③ 가계가 곤란한 학생이 능력이 있을 경우 장학금을 지급하여 교육기회를 제공한다.
④ 교육행정 활동에서는 최소한의 인적·물적 자원과 시간을 들여서 최대의 성과를 거두도록 해야 한다.

② 지역의 특수성과 다양성을 반영하여 주민의 적극적인 의사와 자발적인 참여를 강조하는 것은 민주성의 원리이다.
① **자주성의 원리** : 교육행정은 일반행정으로부터 분리·독립되고 정치와 종교로부터 중립성을 유지해야 한다.

정답 ②

09 새로운 환경변화에 신축적으로 대응하고 능동적으로 대처함으로써 변화를 주도해 나가야한다는 교육행정의 원리는?   ▪ 22지

① 민주성의 원리   ② 안정성의 원리
③ 전문성의 원리   ④ 적응성의 원리

새로운 환경변화에 신축적으로 대응하고 능동적으로 대처함으로써 변화를 주도해 나가야한다는 것은 적응성의 원리이다.

정답 ④

10 다음 「교육기본법」 제6조의 내용과 관계가 깊은 교육행정의 원리는?   ■ 16국

> 교육은 교육 본래의 목적에 따라 그 기능을 다하도록 운영되어야 하며, 정치적·파당적 또는 개인적 편견을 전파하기 위한 방편으로 이용되어서는 아니 된다.

① 자주성의 원리 ② 합법성의 원리
③ 기회균등의 원리 ④ 지방분권의 원리

자주성의 원리는 교육이 그 본질을 추구하기 위하여 일반행정에서 분리·독립되고 정치와 종교로부터 중립성을 유지해야 한다는 것이다.

정답 ①

11 다음은 학교장이 교직원들에게 당부한 내용이다. 이 내용과 가장 부합하는 교육행정의 원리는?   ■ 15지

> 학교의 주요 결정에 교육 주체의 참여를 보장하고, 공익에 초점을 두면서 행정의 과정을 공개하며, 학교 내 다른 부서들과 이해와 협조를 바탕으로 사무를 집행해 주기를 바랍니다.

① 민주성의 원리 ② 자주성의 원리
③ 합법성의 원리 ④ 효율성의 원리

민주성의 원리는 국민의 의사를 행정에 반영하고 국민을 위한 행정을 해야 한다는 것을 의미한다.

정답 ①

12 다음 내용에 해당하는 교육행정의 원리는? ■ 17지

- 이 원리를 지나치게 강조하면 교육행정의 전문성이 경시될 수 있다.
- 이 원리로 공무원의 부당한 직무수행과 행정재량권의 남용을 방지할 수 있다.
- 이 원리에 따라 교육공무원으로서의 신분을 보장받아서 업무를 소신 있게 수행할 수 있다.

① 수월성 ② 능률성
③ 효과성 ④ 합법성

합법성의 원리는 교육행정의 모든 활동이 합법적으로 개정된 법령·규칙·조례 등에 따라야 하는 법률 적합성을 가져야 한다는 것이다.

정답 ④

13 교육행정의 원리에 대한 설명으로 옳은 것만을 모두 고르면? ■ 25국

ㄱ. 자주성: 일반행정으로부터 분리·독립되고 정치와 종교로부터 중립성을 유지해야 한다.
ㄴ. 효율성: 가장 능률적인 방법으로 최대의 목표를 달성해야 한다.
ㄷ. 안정성: 모든 국민은 능력과 적성에 따라 교육받을 권리를 가진다.
ㄹ. 전문성: 국민의 의사를 최대한 행정에 반영해야 한다.

① ㄱ, ㄴ ③ ㄴ, ㄷ
② ㄱ, ㄹ ④ ㄷ, ㄹ

ㄱ. **자주성**: 일반행정으로부터 분리·독립되고 정치와 종교로부터 중립성을 유지해야 한다.(옳음)
 교육은 국가의 미래를 좌우하는 중요한 영역이므로, 정치적 상황이나 종교적 편향에 흔들리지 않고 독립성과 자율성을 확보하여 일관성 있게 추진되어야 한다.
ㄴ. **효율성**: 가장 능률적인 방법으로 최대의 목표를 달성해야 한다.(옳음)
 교육행정은 제한된 자원을 효율적으로 활용하여 교육목표를 최대한으로 달성해야 하며 예산, 인력, 시설 등을 효과적으로 관리하고 운영하는 것이 중요하다.
ㄷ. **안정성**: 모든 국민은 능력과 적성에 따라 교육받을 권리를 가진다.(옳지 않음)
 제시된 내용은 교육의 기본권에 대한 설명이다. 교육행정의 안정성은 교육정책이 일관성을 유지하고 예측 가능하게 운영되어야 한다는 원리를 의미한다. 잦은 정책 변화는 교육현장의 혼란을 야기할 수 있다.
ㄹ. **전문성**: 국민의 의사를 최대한 행정에 반영해야 한다.(옳지 않음)
 국민의 의사를 행정에 반영하는 것은 민주성의 원리에 해당한다. 교육행정의 전문성은 교육 관련 정책 결정 및 집행 과정에서 교육 전문가의 지식과 경험이 존중되고 활용되어야 한다는 것을 의미한다.

정답 ①

14 보비트(Bobbit)가 학교행정에 적용한 과학적 관리의 원칙으로 옳지 않은 것은? ▪ 22국
① 교육에서의 낭비를 최대한 제거한다.
② 가능한 모든 시간에 교육시설을 활용한다.
③ 교직원의 작업능률을 최대한 유지하고 교직원 수를 최소화 한다.
④ 교원은 학생을 가르치는 일과 함께 학교행정의 책임도 져야 한다.

해설
과학적 관리는 분업을 강조한다.

정답 ④

15 과학적 관리론을 학교 상황에 적용한 것으로 가장 적절한 것은? ▪ 16지
① 학교장은 구성원들의 동기를 파악하여, 내재적 동기를 적극적으로 유발한다.
② 학교장은 학교조직을 개방체제로 파악하고, 학교 문제 해결을 위해 학부모들의 요구를 적극 반영한다.
③ 교사들 간의 적절한 갈등은 학교의 발전에 도움이 된다고 보고, 학교장은 적절한 갈등 자극 전략을 사용한다.
④ 교사는 교수자로서 학생을 가르치는 데 전념하고, 학교장은 관리자로서 학교행정을 책임지는 일에 집중한다.

해설
과학적 관리론은 학교 상황에 있어 비용편익의 효율성을 강조하기 때문에, 교사는 학생을 가르치는 데 전념하고 학교장은 관리자로서 학교행정을 책임지는 일에 집중한다.

정답 ④

16 베버(M. Weber)의 관료제 특성과 순기능 및 역기능을 연결한 것으로 옳지 않은 것은? ▪ 18국

	관료제 특성	순기능	역기능
①	분업과 전문화	전문성	권태
②	몰인정성	합리성	사기저하
③	규정과 규칙	계속성과 통일성	경직성, 본말전도
④	경력지향성	유인체제	의사소통 저해

해설
의사소통 저해는 관료제 특성 중 '권위의 위계' 특성의 역기능에 해당한다.

정답 ④

17 다음에 나타난 관료제의 역기능은? ■ 15국

> 김 교장은 교사들이 수업을 충실하게 진행하도록 유도하기 위해 모든 수업에 대한 지도안을 사전에 작성하여 제출하도록 하였다. 그 후로 교사들이 수업지도안을 작성해서 제출하느라 수업 시간에 늦는 사례가 빈발했다.

① 권태
② 인간 경시
③ 실적과 연공의 갈등
④ 목표와 수단의 전도

지문의 사례는 관료제 중 규율과 규정에 대한 설명이다. 규율과 규정에 대한 역기능은 목표와 수단의 전도이다.

정답 ④

18 학교조직에서 관료제의 특징과 설명의 연결이 옳지 않은 것은? ■ 14국

① 몰인정지향성 – 개인적인 감정에 좌우되지 않고 원리원칙에 의해 조직을 운영한다.
② 경력지향성 – 조직 구성원의 직무경력을 중요하게 여겨 한 조직에 오랫동안 남게 하는 유인이 된다.
③ 분업과 전문화 – 과업을 효율적으로 수행하기 위하여 직위 간에 직무를 적정하게 배분하고 전문화를 도모한다.
④ 규칙과 규정 – 모든 직위가 공식적 명령계통을 중심으로 계층구조를 가지고 있어 부서 및 개인 활동의 조정이 용이하다.

부서 및 개인 활동의 조정이 용이하지 않다.

정답 ④

19 참모조직과 계선조직에 대한 설명으로 옳은 것은? ■ 24국

① 참모조직은 전문적인 지식과 기술을 활용하여 직접적인 명령, 집행, 결정을 행사한다.
② 계선조직은 권한과 책임의 한계가 불명확하여 능률적인 업무 수행이 어려운 한계가 있다.
③ 참모조직은 계선조직이 원활하게 역할을 수행하도록 연구, 조사, 계획 등의 기능을 수행한다.
④ 계선조직은 횡적 지원을 하는 수평적 조직인 반면, 참모조직은 계층적 구조를 갖는 수직적 조직이다.

참모조직은 계선조직을 지원하며 주로 조언, 연구, 계획, 지원의 업무를 수행하는 조직으로 수평적 구조를 가지고 있으며 전문성은 제공하나 결정권이나 명령권은 가지지 않는다. 계선조직은 직접적인 명령, 집행, 결정을 담당하는 조직으로 수직적 구조를 가지고 있으며, 권한과 책임의 명확성을 가지고 있다.
① 참모조직은 계선조직이 의사결정이나 업무를 원활히 수행할 수 있도록 전문적인 자문이나 조언을 하는 조직이다.
② 계선조직은 조직도의 수직적인 라인에 있는 부서로, 상하 위계 속에서 지휘와 명령 계통에 따라 업무를 직접 수행하는 조직이다.
④ 계선조직은 수직적 조직인 반면, 참모조직은 수평적 구조를 갖는 조직이다.

정답 ③

20 학교 조직이 갖고 있는 관료제의 특성에 해당하지 않는 것은? ■ 19국
① 교장-교감-교사의 위계구조
② 과업수행의 통일성을 기하기 위한 규정과 규칙
③ 연공서열과 업적에 의해 결정되는 승진 체계
④ 인간적인 감정 교류가 중시되는 교사-학생의 관계

④ 인간관계론의 특성이다.

정답 ④

21 교육행정의 접근에서 인간관계론의 관점으로 보기 어려운 것은? ■ 21국
① 개인은 적극적이며 능동적인 존재이다.
② 경제적 유인가가 유일한 동기유발 요인은 아니다.
③ 고도의 전문화가 집단을 가장 효율적인 조직으로 이끈다.
④ 생산 수준은 개인의 능력이 아니라 비공식 집단의 사회적 규범에 따라 결정된다.

효율성은 인간관계론의 관점이 아니다.

정답 ③

22

메이요(G. Mayo)와 뢰슬리스버거(F. Roethlisberger)에 의해 수행된 호손(Hawthorne) 실험이 계기가 되어 등장하였으며, 교육행정의 민주화에 공헌한 이론은? ■ 25국

① 과학적 관리론   ② 인간관계론
③ 행동과학론   ④ 체제이론

① **과학적 관리론**: 테일러(F. W. Taylor)에 의해 주창된 이론으로, 작업 과정의 효율성을 극대화하기 위해 시간 연구, 동작 연구 등을 통해 과학적인 관리 방법을 적용하는 것을 강조하였다. 인간을 경제적 동기에 의해 움직이는 존재로 보고, 작업 효율성 향상에 초점을 맞추었으므로 교육행정의 민주화와는 거리가 있다.
② **인간관계론**: 메이요(G. Mayo)와 뢰슬리스버거(F. Roethlisberger)의 호손 실험을 통해 발전된 이론으로, 작업 능률은 물리적 조건뿐만 아니라 작업 집단 내의 사회적 관계, 인간적인 상호 작용, 심리적 요인 등에 의해 더 크게 영향을 받는다는 것을 강조하였다. 이는 교육행정에서 교직원 간의 협력, 의사소통, 인간적인 관계의 중요성을 인식하게 하여 교육행정의 민주화에 기여했다.
③ **행동과학론**: 심리학, 사회학, 인류학 등 행동 과학의 연구 결과를 교육행정에 적용하여 인간 행동을 과학적으로 분석하고 이해하려는 접근이다. 인간관계론을 포함하는 보다 넓은 범위의 이론이지만, 호손 실험을 직접적인 계기로 등장했다고 보기는 어렵다.
④ **체제이론**: 조직을 상호 관련된 여러 요소들로 구성된 하나의 개방된 체제로 보고, 환경과의 상호작용 속에서 조직의 유지와 발전을 설명하려는 이론이다. 교육조직 전체의 효율성을 강조하지만, 호손 실험의 직접적인 영향으로 등장했다고 보기는 어렵다.

정답 ②

23

겟젤스(Getzels)와 구바(Guba)가 제시한 사회체제모형에 대한 설명으로 알맞지 않은 것은? ■ 13지

① 학교조직이 위기상황에 처하게 되면 역할보다 인성의 지배를 더 많이 받는다.
② 심리적 차원에서 인성이란 그 사람의 행위에 영향을 주는 일련의 특이한 욕구성향을 의미한다.
③ 인간의 행동은 사회조건들로 이루어진 조직적 차원과 개인의 인성적 특성으로 이루어진 심리적 차원의 기능적 관계에서 나타난다.
④ 조직적 차원은 개인의 행동이 사회규범에 순응하도록 하는 것이며, 그 구성요소는 제도, 역할, 그리고 행동에 대한 역할기대이다.

학교조직이 위기상황에 처하게 되면 인성보다 역할의 지배를 더 많이 받는다.

정답 ①

24. 칼슨(Carlson)의 분류에 따를 때, 공립학교가 해당되는 유형은?

조직의 고객선택권 \ 고객의 참여결정권	유	무
유	유형 I	유형 III
무	유형 II	유형 IV

① 유형 I
② 유형 II
③ 유형 III
④ 유형 IV

공립학교는 유형 IV이다.

정답 ④

25. 다음 글에서 설명하고 있는 교육조직은?

- 대학을 대상으로 연구한 결과에 기반하고 있으며, 주로 고등교육조직을 설명할 때 많이 활용된다.
- 의사결정이 주먹구구식으로 이루어진다고 하여 쓰레기통(garbage can) 모형이라고 한다.
- 학교조직 참여자들이 유동적이며 추상적 목표에 대한 해석이 달라 상충을 일으키기도 한다.

① 조직화된 무정부조직(organized anarchy)
② 이완결합조직(loosely coupling organization)
③ 전문관료제(professional bureaucracy)
④ 사육조직(domesticated organization)

조직화된 무정부조직: 학교조직 참여자들이 유동적이며 의사결정이 주먹구구식으로 이루어지는 쓰레기통(garbage can) 모형을 활용한다.

정답 ①

26. 학교조직의 특성으로 옳지 않은 것은?

① 중심적 활동인 수업에 대한 교사의 재량권이 발휘되는 이완조직이다.
② 통일된 직무수행 기준에 따라 엄격하게 통제되는 순수한 관료제 조직이다.
③ 불분명한 목표, 불확실한 기술, 유동적인 참여를 특징으로 하는 조직화된 무질서 조직이다.
④ 느슨한 결합구조와 엄격한 결합구조를 동시에 가지고 있는 이중조직이다.

학교조직은 순수한 관료제보다 전문적 관료제에 가깝다.

정답 ②

27 다음과 같은 학교조직의 특성에 가장 부합하는 조직 유형은?   ▪ 21국

학교의 목적은 구체적이지도 않고 분명하지도 않다. 비록 그 목적이 명료하게 나타나 있다고 하더라도 그 해석은 사람마다 다르며, 그것을 달성할 수단과 방법도 분명하게 제시하기 어렵다. 또한 학교의 구성원인 교사와 행정직원들은 수시로 학교를 이동하며, 학생들도 일정한 시간이 지나면 졸업하여 학교를 떠나게 된다.

① 야생 조직
② 관료제 조직
③ 조직화된 무질서 조직
④ 온상 조직

 조직화된 무질서(무정부) 조직의 특징은 다음과 같다.
1) 학교 구성원들의 참여가 유동적이고 간헐적이다.
2) 교육 조직의 목적은 구체적이지도 명료하지도 않다.
3) 학교운영 기술뿐만 아니라 교수학습 기술이 분명하지 않다.

정답 ③

28 다음과 같은 학교조직의 특성을 나타내는 말은?   ▪ 15국

- 교원의 직무수행에 대한 엄격하고 분명한 감독이나 평가방법이 없다.
- 교사들의 가치관과 신념, 전문적 지식, 문화·사회적 배경에 따라 교육내용에 대한 해석이나 교수방법이 다르다.
- 체제나 조직 내의 참여자에게 보다 많은 자유재량권과 자기결정권을 제공한다.

① 관료체제
② 계선조직
③ 비공식조직
④ 이완결합체제

 학교 구성원들에게 더 많은 자유재량과 자기결정권을 부여하므로 교원의 직무수행에 대한 엄격하고 분명한 감독이나 평가방법이 없는 것이 이완결합체제의 특징이다.

정답 ④

29 다음 설명과 가장 관계가 깊은 학교조직의 유형은?   ■ 10국

> 학교조직의 존재와 생존은 이미 보장받은 것이고, 학교는 고객의 유치를 위해 경쟁할 필요도 없다. 이것은 학교가 전통적으로 왜 변화에 둔감한지를 잘 설명해 준다. 한편, 학교는 때때로 학교에 오기를 원하지 않는 학생도 다루어야 하고, 반대로 학교에 입학하지 말았으면 하는 학생도 가르쳐야 하는 곳이다.

① 생산조직(production organization)
② 사육조직(domesticated organization)
③ 야생조직(wild organization)
④ 공리조직(utilitarian organization)

학교조직의 존재와 생존은 이미 보장받은 것이고, 학교는 고객의 유치를 위해 경쟁할 필요도 없다. → 온상(사육)조직

정답 ②

30 호이(Hoy)와 미스켈(Miskel)이 구분한 학교풍토의 네 가지 유형에 대한 설명으로 옳지 않은 것은?
■ 22국

① 개방풍토 - 교장은 교사들의 의견과 전문성을 존중하고, 교사들은 과업에 헌신한다.
② 폐쇄풍토 - 교장은 일상적이거나 불필요한 잡무만을 강요하고, 교사들은 업무에 대한 관심과 책임감이 없다.
③ 몰입풍토 - 교장은 효과적인 통제를 시도하지만 교사들은, 낮은 전문적 업무수행에 그친다.
④ 일탈풍토 - 교장은 개방적이고 지원적이지만 교사들은 교장을, 무시하거나 무력화하려 하고 교사 간 불화와 편견이 심하다.

몰입풍토(engaged climate) : 교장은 비효과적인 통제를 시도하지만, 교사는 이와는 별개로 높은 전문적 업무수행을 하는 풍토

정답 ③

31. 다음과 가장 관계가 깊은 이론은? ■ 21국

> 직무 만족과 직무 불만족은 서로 독립된 별개의 차원이며, 각 차원에 작용하는 요인 역시 별개이다. 직무 만족을 가져다주는 요인에는 성취, 책임감 등이 있으며, 충족되지 않으면 직무 불만족을 가져오는 요인에는 대인관계, 근무조건 등이 있다.

① 허즈버그(Herzberg)의 동기-위생이론
② 매슬로우(Maslow)의 욕구위계이론
③ 맥그리거(McGregor)의 X-Y이론
④ 헤크만과 올드함(Hackman & Oldham)의 직무특성

해설
제시문은 직무 만족 요인과 직무 불만족 요인으로 나누어 설명하는 허즈버그(Herzberg)의 동기-위생이론이다.

정답 ①

32. (가), (나)에 들어갈 말을 바르게 연결한 것은? ■ 23국

> • 허즈버그(Herzberg)는 직무 불만족을 야기하는 근무조건, 직업안정성, 보수 등을 (가) 으로 보았다.
> • 맥그리거(McGregor)는 적절하게 동기부여가 되면 누구나 자율적이고 창의적으로 행동한다는 관점을 (나) 로 불렀다.

	(가)	(나)		(가)	(나)
①	동기요인	이론 X	②	동기요인	이론 Y
③	위생요인	이론 X	④	위생요인	이론 Y

해설
(가) 허즈버그는 직무 만족과 불만족에 영향을 미치는 요인이 서로 다르다고 주장했다. 직무 불만족을 야기하는 요인들(근무조건, 직업안정성, 보수, 회사 정책 등)은 조직의 환경적 측면과 관련이 있으며, 이러한 요인들이 충족되더라도 직무 만족을 가져오지는 못하고 단지 불만족을 예방하는 역할만 하므로 이를 (가) 위생요인(Hygiene Factors)이라고 한다.
반면, 직무 만족을 야기하는 요인들(성취감, 인정, 직무 자체, 책임감, 성장 등)은 직무 내용과 관련이 있으며, 이러한 요인들이 충족될 때 동기부여와 만족이 발생하므로 이를 동기요인(Motivator Factors)이라고 한다.
(나) 맥그리거는 인간의 본성에 대한 상반된 두 가지 관점(가정)을 제시하고, 이에 따라 관리 방식이 달라져야 한다고 주장했다.
이론 X는 인간이 본질적으로 일을 싫어하고, 책임을 회피하며, 동기부여를 위해 통제와 강제가 필요하다고 보는 부정적인 인간관에 해당한다.
이론 Y는 인간이 일하는 것을 놀이나 휴식처럼 자연스럽게 여기고, 적절한 조건 하에서는 스스로 목표를 설정하고 책임감 있게 행동하며, 잠재력을 발휘할 수 있다는 긍정적인 인간관에 해당한다.

정답 ④

33 허즈버그(Herzberg)의 동기-위생이론에서 교사의 직무만족을 가져다 주는 동기요인에 해당하는 것만을 모두 고르면?
■ 23지

| ㄱ. 근무조건 | ㄴ. 동료와의 관계 |
| ㄷ. 가르치는 일 자체 | ㄹ. 발전감 |

① ㄱ, ㄴ ② ㄱ, ㄹ
③ ㄴ, ㄷ ④ ㄷ, ㄹ

동기요인(만족)	위생요인(불만족)
만족도가 높아지며 그때 성과가 높아지게 하는 요인	불만족은 줄이지만 만족도를 높이지는 못하는 요인
직무 자체나 개인의 정신적/심리적 요인	직무외적 요인
• 성취감, 책임감, 재량권, 학생의 존경 • 칭찬이나 인정받을 기회 • 직무자체에 대한 도전성	• 보수, 근무조건, 기술적 감독, 지위 • 조직정책과 관리, 동료관계 • 직장의 안정성

정답 ④

34 아지리스(C. Argyris)의 교육조직에 관한 주장으로 (가)와 (나)에 들어갈 적합한 말은? ■ 14지

교사와 같은 전문직 종사자는 (가) 인간으로 대우받고 싶어 하지만 대부분의 현대 조직은 관료적 가치체계를 따르고 있기 때문에 그들의 잠재력을 최대한으로 활용하지 못하고 있다. 사람들은 (나) 인간으로 취급받게 되면 공격적이 되거나 냉담한 반응을 나타내게 되고, 그에 따라 관리자는 더욱 통제를 가하게 되어 결과적으로 조직의 효율성이 저하된다. 따라서 조직관리자는 구성원을 (가) 인간으로 대우하고 그러한 조직문화 풍토를 조성하는 데 최선의 노력을 기울여야 한다.

	(가)	(나)		(가)	(나)
①	자율적	타율적	②	성숙한	미성숙한
③	Y이론적	X이론적	④	평등한	불평등한

미성숙-성숙이론은 X-Y이론과 연관된 것으로, X이론적 바탕의 관료적이고 전통적인 조직에서는 인간을 미성숙한 존재로 가정한다. 이러한 조직에서는 강압적 관리전략을 사용하여 개인의 성숙을 방해하고, 수동적이고 의존적인 행동을 장려하여 미성숙한 존재로 남게 한다.

정답 ②

35 다음 설명에 해당하는 동기이론은? ■ 19지

- 동기 행동이 유발되는 과정에 초점을 맞춘다.
- 유인가, 성과기대, 보상기대의 세 가지 기본 요소를 토대로 이론적 틀을 구축하였다.
- 개인의 가치와 태도는 역할기대, 학교문화와 같은 요소와 상호작용하여 행동에 영향을 미친다고 가정한다.

① 브룸(V. H. Vroom)의 기대이론
② 허즈버그(F. Herzberg)의 동기-위생이론
③ 아담스(J. H. Adams)의 공정성이론
④ 알더퍼(C. P. Alderfer)의 생존-관계-성장이론

동기 행동이 유발되는 과정에 초점을 맞추며 유인가, 성과기대, 보상기대의 세 가지 기본 요소를 토대로 이론적 틀을 구축한 이론은 브룸(V. H. Vroom)의 기대이론이다.

정답 ①

36 교사의 동기과정이론에 대한 설명으로 옳은 것은? ■ 21지

① 목표설정 이론은 직무에서 만족을 주는 요인과 불만족을 주는 요인을 독립된 별개의 차원으로 본다.
② 공정성 이론은 보상의 양뿐 아니라 그 보상이 공정하다고 지각하는 정도가 만족을 결정한다고 본다.
③ 기대 이론은 동기를 개인의 여러 가지 자발적인 행위 중에서 자신의 선택을 지배하는 과정으로 본다.
④ 성과-만족 이론은 자신이 투자한 투입 대 결과의 비율을 타인의 그것과 비교하여 공정성을 판단한다고 본다.

① 허즈버그(F. Herzberg)의 동기-위생이론
② 포터와 라우러(Porter & Lawler)의 성취-만족이론
④ 아담스(Adams)의 공정성 이론

정답 ③

37 구성원의 성숙도를 지도자 행동의 효과성에 영향을 주는 주요 요인으로 보는 리더십 이론에 대한 설명으로 옳은 것은?
■ 19국

① 조직의 상황과 관련 없이 최선의 리더십 유형이 있다고 본다.
② 허시(P. Hersey)와 블랜차드(K. Blanchard)의 상황적 리더십 이론이 대표적이다.
③ 블레이크(R. Blake)와 모튼(J. Mouton)에 의해 완성된 리더십 이론이다.
④ 유능한 지도자는 환경보다는 유전적인 특성에 달려 있다고 본다.

구성원의 성숙도를 지도자 행동의 효과성에 영향을 주는 주요 요인으로 보는 리더십 이론은 허시(P. Hersey)와 블랜차드(K. Blanchard)의 상황적 리더십 이론이 대표적이다.

정답 ②

38 다음 설명에 해당하는 지도성이론은?
■ 12국

- 대표적 학자에는 하우스(House), 허시(Hersey)와 블랜차드(Blanchard) 등이 있다.
- 지도자의 행동은 사회적 맥락에 따라 유동적이고 지도성의 효과도 다르다.
- 레딘(Reddin)의 삼차원 지도성 유형을 예로 들 수 있다.

① 특성적 지도성이론
② 행동적 지도성이론
③ 변혁적 지도성이론
④ 상황적 지도성이론

상황적 지도성이론의 대표적 학자에는 하우스(House), 허시(Hersey)와 블랜차드(Blanchard) 등이 있다.

정답 ④

39 피들러(F. Fiedler)의 상황적응 지도성이론을 학교 상황에 적용했을 때 상황 호의성 변수가 아닌 것은?
■ 11국

① 교장과 교사의 관계
② 과업구조
③ 교사의 성숙도
④ 교장의 지위 권력

피들러(F. Fiedler)의 상황적응 지도성이론을 학교 상황에 적용했을 때 상황 호의성 변수는 ① 교장과 교사의 관계, ② 과업구조, ④ 교장의 지위 권력이다.

정답 ③

40. 피들러(Fiedler)의 리더십 상황 이론에서 강조하는 '상황' 요소에 포함되지 않는 것은? ■21국

① 구성원의 성숙도
② 과업의 구조화 정도
③ 지도자와 구성원의 관계
④ 지도자가 구성원에 대해 가지고 있는 영향력의 정도

구성원의 성숙도 : 허시(Hersey)와 블랜차드(Blanchard)

정답 ①

41. 다음에 해당하는 리더십 유형은? ■22국

- 구성원으로 하여금 조직 목적에 헌신하도록 하고, 의식과 능력 향상을 격려함으로써 자신과 타인의 발전에 보다 큰 책임감을 갖고 조직을 변화시키고 높은 성취를 이루도록 유도한다.
- 이상적 영향력, 영감적 동기화, 지적 자극, 개별적 고려 등의 특징을 갖는다.

① 변혁적 리더십　　　　② 문화적 리더십
③ 도덕적 리더십　　　　④ 슈퍼 리더십

BASS(1985)의 변혁적 지도성의 핵심적 요소 네 가지 요인
1) **이상화된 영향력(idealized influence)** : 구성원으로부터 신뢰와 존경을 받고 동일시와 모방의 대상이 되어 이상적인 영향력을 행사한다.
2) **영감적 동기화(inspirational motivation)** : 구성원들로 하여금 조직의 과업이 달성되고 발전할 수 있다는 기대와 도전감을 갖도록 하며, 비전을 공유하도록 구성원을 동기화시킨다.
3) **지적 자극(intellectual stimulation)** : 기존 상황에 대해 새롭고 개방적인 방식으로 접근함으로써 구성원들이 혁신적이고 창의적이 되도록 자극한다.
4) **개별화된 배려(individualized consideration)** : 구성원들의 개인적 성장 욕구에 관심을 보이며, 지원적 분위기에서 학습기회를 제공하여 그들의 잠재력을 발전시키고자 한다.

정답 ①

42 배스(Bass)의 변혁적 리더십 요인에 대한 설명으로 옳지 않은 것은? ■ 20지

① 지적 자극 – 기존 상황에 새롭고 개방적인 방식으로 접근함으로써 구성원이 혁신적이고 창의적이 되도록 유도한다.
② 개별적 배려 – 구성원의 개인적 성장 욕구에 세심한 관심을 기울이고 학습 기회를 만들어 그들의 잠재력을 발전시킨다.
③ 추진력 – 결단력과 업무 추진력으로 조직을 변혁하고 높은 성과를 유도해야 한다.
④ 이상화된 영향력 – 구성원으로부터 신뢰와 존경을 받고 동일시와 모방의 대상이 되어 이상적인 영향력을 행사한다.

추진력이 아니라 영감적 동기화를 통해 구성원들을 동기화시킨다.

정답 ③

43 학교장의 변혁적 지도성 행동으로 볼 수 없는 것은? ■ 16지

① 학교구성원이 혁신적이고 창의적으로 사고하고 행동하도록 유도한다.
② 높은 기준의 도덕적 행위를 보여줌으로써 학교구성원의 신뢰를 얻는다.
③ 학교구성원이 원하는 보상을 제공하고 그 대가로 주어진 과업을 달성하도록 한다.
④ 학교구성원과 더불어 학교의 비전을 설정하고 공유하여 학교의 변화를 도모한다.

③은 거래적 지도성의 특징이며 변혁적 리더십은 이상화된 영향력(idealized influence), 영감적 동기화(inspirational motivation), 지적 자극(intellectual stimulation), 개별화된 배려(individualized consideration)를 통해 리더십을 발휘한다.

정답 ③

44 다음 설명에 해당하는 리더십 이론은? ■ 25지

- 번즈(J. Burns)가 제안하였으며, 바스(B. Bass)가 발전시켰다.
- 리더십의 핵심요소로 이상적 영향력, 영감적 동기화, 지적인 자극, 개별화된 배려를 제시하였다.
- 리더는 구성원에게 인센티브를 제공하는 단순한 상호교환적인 차원을 뛰어 넘어 조직목적에 헌신하도록 하고, 기대 이상의 성과를 달성하게 한다.

① 분산적 리더십
② 거래적 리더십
③ 문화적 리더십
④ 변혁적 리더십

- 번즈(J. M. Burns) : 변혁적 리더십 개념 최초 제안(1978)
- 바스(B. M. Bass) : 이를 확장·구체화하여 실증적 연구 수행

핵심 요소 4가지(Bass, 1985)
1) 이상적 영향력(Idealized Influence) : 리더가 모범이 되어 신뢰·존경을 받음
2) 영감적 동기화(Inspirational Motivation) : 비전 제시로 구성원에게 동기 부여
3) 지적 자극(Intellectual Stimulation) : 창의적 사고를 자극
4) 개별화된 배려(Individualized Consideration) : 구성원의 성장 지원

오답 해설

리더십	개념	핵심 내용
분산적 리더십	리더십을 구성원에게 분산·공유	조직 내 다수 구성원이 리더십 발휘
거래적 리더십	보상과 처벌 중심의 교환관계	성과 → 보상, 실패 → 처벌
문화적 리더십	학교문화 창출·공유를 통해 조직통합	의미·가치·규범 중시
변혁적 리더십	구성원의 가치와 신념을 변화시켜 헌신 유도	

정답 ④

45 다음에 해당하는 지도성 유형은? ■ 23국

- 지도성에 대한 중앙집권적 사고를 부정한다.
- 학교 구성원 모두가 공동의 지도성을 실행하면서 학교 조직의 효과성을 극대화하는 것을 목표로 한다.
- 학교 조직이 크고 업무가 복잡하므로 조직 내 다양한 자원을 적극 활용하는 것을 강조한다.

① 분산적 지도성   ② 상황적 지도성
③ 거래적 지도성   ④ 변혁적 지도성

중앙집권적 사고를 부정하며 조직 내에 다양한 자원을 활용하여 효과성을 극대화하는 지도성은 분산적 지도성이다.

정답 ①

46 다음은 서지오바니(Sergiovanni)의 도덕적 지도성 이론에 따라 분류한 네 가지 학교 유형이다. (가)에 해당하는 것은?

■ 24지

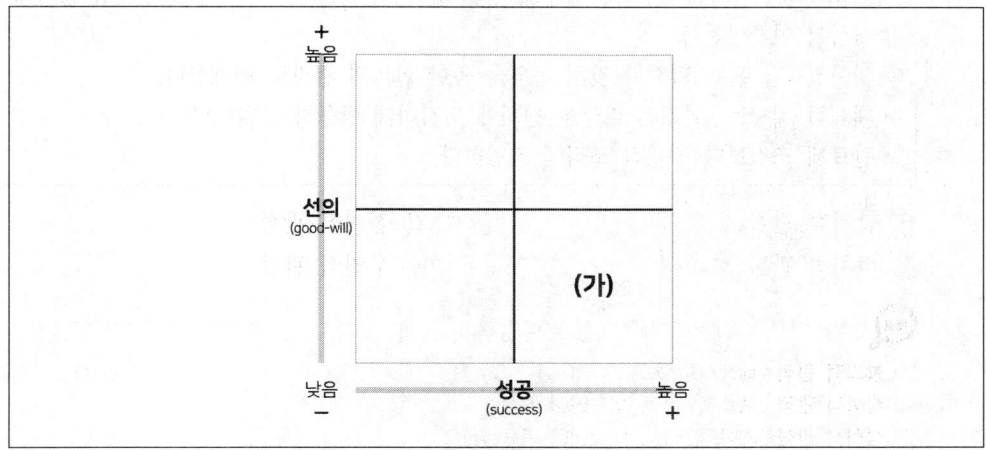

① 도덕적인 학교
② 정략적인 학교
③ 도덕적이고 효과적인 학교
④ 비도덕적이고 비효과적인 학교

서지오바니의 도덕적 지도성에서는 선의(goodness)와 성공이 중요한 축을 이룬다. 선의는 지도자가 도덕적 가치와 윤리적 기준을 중심으로 리더십을 실천해야 한다는 개념이다. 또한 성공은 단순한 효율적인 성과가 아닌 도덕적 가치와 윤리적 성장을 고려한 효과적인 학교 운영과 공동체 목표 달성으로 보고 있다.

예 ↑ 선의 ↓ 아니오	I 도덕적인 학교	II 도덕적이고 효과적인 학교
	III 비도덕적이고 비효과적인 학교	IV 정략적인 학교

아니오 ← 성공 → 예

정답 ②

47 다음 설명에 해당하는 교육정책 형성의 관점은? ■ 23지

- 공동의 목표가 있고 이를 달성하기 위해 최선의 선택을 하며, 체제 내의 작용에 의해 의사결정이 이루어진다.
- 의사결정을 관련 당사자 간의 논의를 통한 합의의 결과로 이해한다.
- 폐쇄적 체제로, 환경의 다양한 변화에 민감하게 반응하지 않는다.
- 관료제 조직보다 전문직 조직에 적합하다.

① 합리적 관점 ② 참여적 관점
③ 정치적 관점 ④ 우연적 관점

① **합리적 관점** : 폐쇄적, 목표달성 극대화
② **참여적 관점** : 폐쇄적, 합의, 목표달성 최선
③ **정치적 관점** : 개방적, 협상, 이해집단 목표달성
④ **우연적 관점** : 개방적, 우연적 결과

정답 ②

48 다음에서 설명하는 교육정책 의사결정 관점은? ■ 24지

- 관료제, 중앙집권적 조직에 적합하다.
- 조직목표 달성이 의사결정의 목적이다.
- 목표 달성을 극대화하는 최적의 대안을 선택하는 것이 가능하다고 본다.

① 우연적 관점 ② 정치적 관점
③ 참여적 관점 ④ 합리적 관점

합리적 관점은 의사결정에서 명확한 목표 설정과 그 목표를 달성하기 위한 최적의 대안을 선택하는 것을 중요시하며 일반적으로 관료제나 중앙집권적 조조에 적합하다.
① **우연적 관점** : 의사결정이 우연적이고 예측 불가능한 경우에 다룬다.
② **정치적 관점** : 의사결정이 다양한 이해관계자들 사이의 정치적 협상이나 갈등을 바탕으로 이루어진다고 본다.
③ **참여적 관점** : 의사결정에 여러 사람의 의견과 참여를 반영한다.

정답 ④

49 다음에 해당하는 의사결정모형은? ■ 14국

> 학교 조직의 의사결정은 다양한 문제와 해결 방안들 사이의 혼란스러운 상호작용 속에서 비합리적이고 우연적 방식으로 이루어진다.

① 혼합 모형 ② 만족 모형
③ 최적화 모형 ④ 쓰레기통 모형

쓰레기통 모형 : 학교 조직의 의사결정은 다양한 문제와 해결 방안들 사이의 혼란스러운 상호작용 속에서 비합리적이고 우연적 방식으로 이루어진다.

정답 ④

50 다음에서 설명하는 정책결정모형은? ■ 14지

> • 정책결정 과정에서 선택되는 대안은 대체로 기존 정책의 문제점을 개선해 나가는 것이라는 전제에서 출발한다.
> • 첨예한 갈등이나 문제를 야기하지 않고 안정적인 정책결정과 집행을 할 수 있다.
> • 정책에 대한 폭넓은 지지를 받기 쉽고 실현 가능성이 높은 대안을 선택할 수 있다는 장점을 지닌다.

① 합리모형 ② 점증모형
③ 만족모형 ④ 최적모형

점증모형(incremental model)은 의사결정 시 현실을 긍정하고 이전의 상태보다 다소 향상된 대안을 추구하는 모형으로 현실적인 대안을 선택할 수 있는 장점이 있는 반면 보수적이고 소극적이라는 비판을 받고 있다.

정답 ②

51 다음 설명에 해당하는 교육정책 결정 모형은? ■ 20국

> • 의사결정은 합리성보다는 우연성에 의존한다.
> • 문제와 해결책이 조화를 이룰 때 좋은 의사결정이 이루어진다.
> • 조직의 목적은 사전에 설정되는 것이 아니라 자연스럽게 나타난다.
> • 높은 불확실성을 경험하고 있는 조직에서 가장 많이 일어나는 정책결정 모형이다.

① 합리 모형 ② 만족 모형
③ 점증 모형 ④ 쓰레기통 모형

쓰레기통 모형 : 학교 조직의 의사결정은 다양한 문제와 해결 방안들 사이의 혼란스러운 상호작용 속에서 비합리적이고 우연적 방식으로 이루어진다고 본다.

정답 ④

52 교육정책 결정 모형에 대한 설명으로 옳은 것은? ■ 22국

① 혼합 모형은 만족 모형의 이상주의와 합리성 모형의 보수주의를 혼합하여 발전시킨 모형이다.
② 점증 모형은 인간의 이성과 합리적 행동에 대한 믿음을 바탕으로 가장 합리적인 최선의 대안을 찾고자 하는 모형이다.
③ 만족 모형은 최선의 결정은 이론적으로 가능할 뿐이며 실제로는 제한된 범위 안에서의 합리성만 추구할 수 있다고 본다.
④ 합리성 모형에서는 기존의 정책 대안과 경험을 기초로 약간의 개선을 도모할 수 있는 제한된 수의 대안을 검토하여 현실성 있는 정책을 선택한다.

① 혼합 모형은 합리 모형의 이상주의와 점증 모형의 보수주의를 혼합하여 발전시킨 모형이다.
② 합리 모형은 인간의 이성과 합리적 행동에 대한 믿음을 바탕으로 가장 합리적인 최선의 대안을 찾고자 하는 모형이다.
④ 점증 모형에서는 기존의 정책 대안과 경험을 기초로 약간의 개선을 도모할 수 있는 제한된 수의 대안을 검토하여 현실성 있는 정책을 선택한다.

정답 ③

53 조하리(Johari)의 창에 따른 의사소통 모형에서 다음에 해당하는 것은? ■ 24국

- 마음의 문을 닫고 자기에 관해서 남에게 노출하기를 원치 않는다.
- 자기의 생각이나 감정은 표출시키지 않으면서 상대방으로부터 정보를 얻기만 하려고 한다.
- 자기 자신에 대하여 다른 사람들은 전혀 모르고 있고, 본인만이 알고 있는 정보로 구성되어 있다.

① 개방(open) 영역　　　　　　② 무지(blind) 영역
③ 미지(unknown) 영역　　　　 ④ 은폐(hidden) 영역

은폐 영역은 자기 자신에 대하여 본인만이 알고, 타인은 전혀 모르고 있는 영역이다. 마음의 문을 닫고 자기에 관해서 남에게 내보이지 않는 경우가 여기에 해당된다.
① 개방 영역은 자기 자신에 대하여 본인은 물론이고 타인에게도 잘 알려진 영역이다. 즉, 자신에 관한 정보가 본인과 타인 모두에게 잘 알려져 있기 때문에 인간관계가 좋고 갈등이 적다.
② 무지 영역은 자기 자신에 대하여 타인은 알고 있는데 정작 본인은 모르고 있는 영역이다.
③ 미지 영역은 자신에 대해서 자기 자신도 모르고 타인도 모르는 영역이다. 본인을 포함해서 어느 누구도 어떤 개인을 완전히 알 수는 없기 때문에 이 영역은 결코 없어지지 않는다.

🔒 정답 ④

54 토마스(K. Thomas)의 갈등관리이론에 근거할 때, 다음 모든 상황에서 가장 효과적인 갈등관리의 방식은?
■ 15지

- 조화와 안정이 특히 중요할 때
- 자신이 잘못한 것을 알았을 때
- 다른 사람에게 더 중요한 사항일 때
- 패배가 불가피하여 손실을 극소화할 필요가 있을 때

① 경쟁 ② 회피
③ 수용 ④ 타협

수용적 전략: 협상자가 성과보다 관계적 성과를 더 중요시할 때 적절하다. 이러한 방식은 상대방을 이길 수 없을 때 내일을 기약하는 전략이다.

높음 (독단성) 낮음	강제(경쟁)		협력
		타협	
	회피		양보(수용)
	낮음	(협조성)	높음

🔒 정답 ③

55 장학개념의 변천에 대한 설명으로 옳은 것은?
■ 20국

① 관리장학은 학문중심 교육과정으로 인해 등장하였다.
② 협동장학은 조직의 규율과 절차, 효율성을 강조하였다.
③ 수업장학은 교육과정의 개발과 수업효과 증진을 강조하였다.
④ 아동 중심 교육이 강조되던 시기에 발달장학이 널리 퍼졌다.

해설
1) **관리장학 시대(1750~1930년)**: 이 시기의 장학은 근본적으로 행정의 연장으로 보이며, 권위주의적이고 강제적인 방법으로 장학이 이루어졌다.
2) **협동장학 시대(1930~1955년)**: 과학적 관리론은 1930년대 인간관계론의 등장과 더불어 퇴조하게 되었다. 장학사와의 원만한 인간관계를 통하여 교사가 학교에 만족감을 느끼게 하고 스스로 학교에 헌신하게 한다.
3) **수업장학 시대(1955~1970년)**: 1957년 옛 소련의 스푸트니크호의 충격은 미국 교육의 전반을 바꾸어 놓는 계기가 되었다. (학문중심 교육과정)
4) **발달론적 장학 시대(현재)**: 교사의 전문적 자질의 증진이란 교사 개개인의 가치관과 신념·태도·지적 이해력이라는 내면적 변화와 더불어 교수의 기술, 문제해결능력, 자율적 의사결정능력, 교사 상호 간의 협동적 사고와 교육실제의 개선이라는 외면적 행동의 변화를 의미한다.

정답 ③

56. 다음 설명에 해당하는 교내 자율장학의 형태는?   ■ 21지

> - 교사들의 교수-학습 기술 향상을 위해 교장·교감이나 외부 장학요원, 전문가, 자원인사 등이 주도하는 개별적이고 체계적인 성격이 강한 조언 활동이다.
> - 주로 초임교사, 저경력교사 등을 대상으로 진행된다.
> - 구체적인 형태로는 임상장학, 마이크로티칭 등이 있다.

① 동료장학 ② 발달장학
③ 수업장학 ④ 자기장학

해설
수업장학은 주로 초임교사, 저경력교사 등을 대상으로 교수-학습 기술 향상을 위해 임상장학 형태로 이루어진다.

정답 ③

57. 장학의 유형에 대한 설명으로 옳지 않은 것은?   ■ 18국

① 임상장학 - 학급 내에서 수업의 질을 개선하기 위한 것으로, 교사와 학생 사이에서 이루어지는 상호작용에 초점을 둔다.
② 약식장학 - 평상시에 교장 및 교감의 계획과 주도하에 이루어지는 것으로, 다른 장학형태의 보완적인 성격을 지닌다.
③ 동료장학 - 수업전략을 개발하기 위한 것으로, 교사 간에 상호협력하는 장학형태이다.
④ 요청장학 - 교내 자율장학으로, 사전 예방차원에서 전문적이고 집중적인 지원이 필요한 경우 이루어지는 장학형태이다.

해설
요청장학은 개별학교의 요청에 의하여 해당 분야의 전문 장학담당자를 파견하여 지도·조언하는 장학활동이다.

정답 ④

58 다음 설명에 해당하는 것은?

- 학교교사가 공동으로 노력하도록 함으로써 장학활동을 위해 학교의 인적 자원을 최대한 활용할 수 있다.
- 수업개선 전략에 대한 책임감을 부여함으로써 수업개선에 기여할 수 있다는 성취감을 갖게 할 수 있다.
- 교사관계를 증진할 수 있고, 학교 및 학생 교육에 대한 적극적인 자세와 전문적 신장을 도모할 수 있다.

① 임상장학 ② 동료장학
③ 약식장학 ④ 자기장학

학교교사가 공동으로 노력하며 교사관계를 증진하는 장학은 동료장학이다.

정답 ②

59 김 교장이 실시하고자 하는 장학의 종류는?

김 교장 : 교사들이 좀 더 수업을 잘 하도록 지원하기 위해서는 수업 장면을 살펴봐야겠습니다.
박 교감 : 공개수업을 참관해 보면 미리 짠 각본처럼 준비된 수업을 하니 정확한 실상을 알기가 어렵습니다.
김 교장 : 교사들이 거부반응을 보일지 모르지만 복도에서라도 교실 수업 장면을 살펴보고 필요한 조언을 해야겠습니다.

① 약식장학 ② 자기장학
③ 중앙장학 ④ 확인장학

약식장학은 평상시에 교장 및 교감의 계획과 주도하에 이루어지는 것으로, 다른 장학형태의 보완적인 성격을 지닌다. 단위학교에서 일상적으로 빈번하게 수행되기 때문에 일상장학이라고도 부른다.

정답 ①

60 장학의 유형과 그에 대한 설명으로 옳지 않은 것은? ■ 12국

① 자기장학 – 교수활동의 전문성을 반영한 장학형태이다.
② 동료장학 – 인적자원활용의 극대화라는 측면에 장점이 있다.
③ 임상장학 – 학교운영 전반에 대한 진단 및 임상적 처방이 목적이다.
④ 약식장학 – 교장이나 교감 등 주로 학교의 관리자에 의하여 이루어진다.

임상장학은 학급 내에서 수업의 질을 개선하기 위한 것으로, 교사와 학생 사이에서 이루어지는 상호작용에 초점을 둔다.

정답 ③

61 다음에 해당하는 장학의 유형은? ■ 16국

- 학생들의 수업평가 결과 활용
- 자신의 수업을 녹화하여 분석·평가
- 대학원에 진학하여 전공 교과 또는 교육학 영역의 전문성 신장

① 약식 장학   ② 자기 장학
③ 컨설팅 장학 ④ 동료 장학

자기 장학은 교수활동의 전문성을 반영한 장학형태이다. 자신의 수업을 녹화하여 분석·평가하거나 대학원에 진학하여 전공 교과 또는 교육학 영역의 전문성을 신장한다.

정답 ②

62 다음 설명에 해당하는 장학의 유형은? ■ 25지

- 단위학교에서 일상적으로 빈번하게 수행되기 때문에 일상장학이라고도 부른다.
- 교장이나 교감이 간헐적으로 짧은 시간 동안 학급 순시나 수업 참관을 통하여 교사의 수업 및 학급경영 활동을 관찰하고 교사에게 지도·조언을 제공하는 활동이다.

① 자기장학   ② 약식장학
③ 임상장학   ④ 동료장학

"일상적, 간헐적, 짧은 시간, 교장·교감, 지도·조언" → 약식장학
① 자기장학(Self-supervision) : 교사가 스스로 자신의 수업을 점검·개선
③ 임상장학(Clinical supervision) : 사전·사후 협의 포함한 계획적·체계적 장학, 긴밀한 피드백 중심
④ 동료장학(Peer supervision) : 교사 상호 간의 수업참관과 협의, 수평적 관계

 ②

63 다음 설명에 해당하는 학교컨설팅의 원리는? ▪ 24지

- 학교 컨설턴트가 의뢰인을 대신하여 교육활동을 전개하거나 학교를 경영하지 않아야 한다.
- 컨설팅 결과에 대한 최종 책임은 의뢰인에게 있다.

① 자문성의 원리 ② 자발성의 원리
③ 전문성의 원리 ④ 한시성의 원리

자문성의 원리는 학교가 변화의 주체가 되도록 돕는 접근법으로, 컨설턴트는 해결책을 제시하기보다는 학교가 스스로 해결책을 찾을 수 있도록 유도한다.

6가지 학교 컨설팅 원리 : 자발성, 전문성, 자문성, 한시성, 독립성, 학습성의 원리
1) **자발성의 원리** : 학교 컨설팅이 학교 내외의 구성원들의 자발적인 참여와 협력을 바탕으로 이루어져야 한다는 원리이다.
2) **전문성의 원리** : 컨설턴트가 교육 분야에서 충분한 전문 지식과 경험을 갖추고 있어야 한다는 원리이다.
3) **자문성의 원리** : 학교가 변화의 주체가 되도록 돕는 접근법으로, 컨설턴트는 해결책을 제시하기보다는 학교가 스스로 해결책을 찾을 수 있도록 유도한다.
4) **한시성의 원리** : 학교 컨설팅이 일정한 기간 내에 이루어져야 한다는 원리로 컨설팅이 지나치게 장기화될 경우 학교의 자율성과 독립성이 침해될 수 있다.
5) **독립성의 원리** : 학교 컨설팅 과정에서 컨설턴트가 외부적 압력이나 학교 내의 이해관계에 영향을 받지 않고 독립적으로 활동해야 한다는 원리이다.
6) **학습성의 원리** : 학교 컨설팅이 학교와 교직원들의 지속적인 학습과 성장을 촉진해야 한다는 원리이다.

 ①

64 우리나라 학교운영위원회의 구성 및 운영에 대한 설명으로 옳은 것은? ▪ 15국
① 국·공립학교의 교감은 운영위원회의 당연직 교원위원이 된다.
② 국·공립학교에 두는 운영위원회의 회의는 학교장이 소집한다.
③ 국·공립학교에 두는 운영위원회는 학교교육과정의 운영방법에 대해서 심의한다.
④ 사립학교에 두는 운영위원회는 학교발전기금의 조성·운용 및 사용에 관한 사항을 심의할 수 없다.

① 국·공립학교의 교장은 운영위원회의 당연직 교원위원이 된다.
② 국·공립학교에 두는 운영위원회의 회의는 위원장이 소집한다.
④ 사립학교에 두는 운영위원회는 학교발전기금의 조성·운용 및 사용에 관한 사항을 심의할 수 있다.

정답 ③

65 학교운영위원회에 대한 설명으로 옳지 않은 것은? ■ 10국
① 국·공립학교에서는 대학입학과 관련된 사항을 심의할 수 없다.
② 학교발전기금을 조성할 수 있다.
③ 사립의 특수학교도 구성·운영하여야 한다.
④ 15인을 초과하여 구성할 수 없다.

국·공립학교에서는 대학입학과 관련된 사항을 심의할 수 있다.

정답 ①

66 국·공립학교의 학교운영위원회에 대한 옳은 설명만을 〈보기〉에서 있는 대로 고른 것은? ■ 17지

┤보기├
ㄱ. 그 학칙의 제정 또는 개정 사항을 심의한다.
ㄴ. 학교운동부의 구성·운영 사항을 심의한다.
ㄷ. 학부모위원은 교직원전체회의에서 선출한다.
ㄹ. 학교의 장은 운영위원회의 당연직 교원위원이다.

① ㄱ, ㄷ
② ㄱ, ㄴ, ㄹ
③ ㄴ, ㄷ, ㄹ
④ ㄱ, ㄴ, ㄷ, ㄹ

학부모위원은 민주적 대의절차에 따라 학부모 전체회의를 통하여 학부모 중에서 투표로 선출한다. 다만, 특별한 사유가 있는 경우에는 학급별 대표로 구성된 학부모대표회의에서 선출할 수 있다.

정답 ②

Ⅶ. 교육사회

01 시험의 교육적 기능에 대비한 사회적 기능이 아닌 것은? ■ 14국
① 지식의 공식화와 위계화
② 교육과정 결정
③ 문화의 형성과 변화
④ 사회적 선발

시험을 통해 인재를 선발하고 선발기준에 대한 지식을 공식적으로 위계화시키는 기능을 하며 이를 통해 문화의 형성과 변화를 일으키는 기능을 한다.

정답 ②

02 다음에 해당하는 교육의 사회적 기능은? ■ 22국

- 산업구조와 사회구조의 급격한 변화에 대응하는 인력 수급의 기능을 담당한다.
- 사회의 존속을 위해 필요한 다양한 기능에 적합한 학생을 교육하여 적재적소에 배치한다.

① 문화전승의 기능
② 사회이동의 기능
③ 사회통합의 기능
④ 사회충원의 기능

사회의 존속을 위해 필요한 다양한 기능에 적합한 학생을 교육하여 적재적소에 배치하는 것은 사회충원의 기능이다.

정답 ④

03 학교교육의 사회적 기능에 대한 기능주의적 관점으로 볼 수 없는 것은? ■ 16국
① 사회구성원을 선발·분류하여 적재적소에 배치한다.
② 체제 적응 기능을 수행해 전체 사회의 유지에 기여한다.
③ 지배집단의 신념과 가치를 보편적 가치로 내면화시킨다.
④ 새로운 세대에게 기존 사회의 생활양식, 가치와 규범을 전수한다.

지배집단의 신념과 가치를 보편적 가치로 내면화시키는 관점은 갈등론 관점이다.

정답 ③

04 학교교육의 기능을 보는 관점이 다른 것은? ※ 19국

① 학교는 불평등한 경제적 구조를 재생산한다.
② 학교의 문화전달과 사회통합적 기능을 높이 평가한다.
③ 학교는 능력에 맞게 인재를 사회의 적재적소에 배치하는 데 기여한다.
④ 학교교육의 사회화 기능을 긍정적으로 평가한다.

갈등론 관점 : 학교는 불평등한 경제적 구즈를 재생산한다고 본다.

 ①

05 학교교육에 대한 기능론적 관점으로 옳은 것만을 〈보기〉에게 모두 고른 것은? ※ 16지

┤보기├
ㄱ. 기존의 계층 간 사회불평등을 유지·심화한다.
ㄴ. 자본주의 이데올로기에 순응하는 노동력을 양산한다.
ㄷ. 개인을 능력에 따라 합리적으르 분류·선발·배치한다.
ㄹ. 사회구성원에게 보편적 가치를 내면화하여 구성원의 동질성을 확보한다.

① ㄱ, ㄴ
② ㄷ, ㄹ
③ ㄱ, ㄴ, ㄷ
④ ㄴ, ㄷ, ㄹ

ㄱ, ㄴ은 갈등론적 관점에 해당한다.

정답 ②

06 기능론적 교육관에 대한 설명으로 옳지 않은 것은? ※ 25국

① 교육은 국민이 기존의 정치적 질서에 적절히 참여하도록 함으로써 사회통합을 추구한다.
② 학교는 재능 있는 사람을 선발하여 훈련시킨 뒤, 적재적소에 배치·충원하는 합리적 기제이다.
③ 학교는 아동에게 필요한 가치, 구범 등을 내면화시켜 사회에 원만하게 적응하도록 도와주는 사회화 기능을 한다.
④ 학교는 지배계급의 이익을 보존·재생산하기 위한 제도이다.

① 교육은 국민이 기존의 정치적 질서에 적절히 참여하도록 함으로써 사회통합을 추구한다. 기능론에서는 교육이 사회 구성원들에게 공통의 가치와 규범을 학습시키고, 사회 질서에 대한 이해를 높여 사회통합에 기여한다고 본다. 정치적 질서에 대한 적절한 참여는 사회 안정에 필수적이다.
② 학교는 재능 있는 사람을 선발하여 훈련시킨 뒤, 적재적소에 배치·충원하는 합리적 기제이다. 기능론에서는 교육이 사회적 선발 및 배치 기능을 수행한다고 본다. 학교는 개인의 능력과 적성에 따라 교육 기회를 제공하고, 이를 통해 사회에 필요한 인재를 효율적으로 선발하고 배치하는 역할을 한다.
③ 학교는 아동에게 필요한 가치, 규범 등을 내면화시켜 사회에 원만하게 적응하도록 도와주는 사회화 기능을 한다. 기능론에서 교육의 중요한 기능 중 하나는 사회화이다. 학교는 사회의 유지에 필요한 기본적인 가치, 규범, 행동 양식을 학생들에게 가르쳐 사회 구성원으로서 원만하게 적응하도록 돕는다.
④ 학교는 지배계급의 이익을 보존·재생산하기 위한 제도이다. 이는 갈등론적 교육관의 핵심 내용이다. 갈등론에서는 학교가 사회 불평등 구조를 반영하고 심화시키며, 지배 계급의 이데올로기를 주입하여 기존의 권력 관계를 유지하는 데 기여한다고 본다.

정답 ④

07 다음은 뒤르껨(E. Durkheim) 저술의 일부이다. ㉠~㉢에 해당하지 않는 것은? ■ 18국

"교육은 아직 사회생활에 준비를 갖추지 못한 어린 세대들에 대한 성인 세대들의 영향력 행사이다. 그 목적은 전체 사회로서의 정치 사회와 그가 종사해야 할 특수 환경의 양편에서 요구하는 (㉠), (㉡), (㉢) 제 특성을 아동에게 육성 계발하게 하는 데 있다."

① 지적 ② 예술적
③ 도덕적 ④ 신체적

뒤르껨(E. Durkheim)은 아동에게 도덕적, 지적, 신체적 계발을 중요하게 보았다.

정답 ②

08 파슨스(Parsons)의 관점으로 옳은 것만을 모두 고르면? ■ 20지

ㄱ. 사회화는 장차 성인이 되어 담당하게 될 역할수행에 필요한 정신적 자세와 자질을 기르는 것이다.
ㄴ. 학교교육은 지배와 종속의 관계를 유지시켜 주는 역할을 한다.
ㄷ. 역할을 담당할 인재를 선발하여 적재적소에 배치하는 것이 교육의 중요한 기능이다.

① ㄱ, ㄴ ② ㄱ, ㄷ
③ ㄴ, ㄷ ④ ㄱ, ㄴ, ㄷ

해설
파슨스(Parsons)는 기능론자로 사회화와 인재 선발을 강조하였다. ㄴ은 갈등론 관점이다.

정답 ②

09 드리븐(R. Dreeben)이 주장하는 현대사회에서 요구되는 핵심적인 네 가지 규범 중 다음 글에 해당하는 것은?
■ 11국

> 학생들은 시험에서 부정행위를 했거나 표절을 했을 때 제재를 받는다는 사실을 통해서 이 규범을 익히게 된다. 이 규범에 적응함으로써 학생들은 자신들의 행위에 대해 개인적으로 책임져야 한다는 것을 깨닫게 된다.

① 독립성(independence)
② 성취의 중요성(achievement)
③ 보편주의(universalism)
④ 특수성(specificity)

해설
드리븐(R. Dreeben)은 독립성(independence)을 통해 자신들의 행위에 대해 개인적으로 책임져야 한다는 것을 배워야 함을 강조하였다.

정답 ①

10 (가), (나)에 들어갈 단어를 바르게 나열한 것은?
■ 21지

> (가) 은/는 사회화를 보편적 사회화와 특수 사회화로 구분하면서 도덕교육을 강조하였다. 그리고 사회의 동질성을 유지하기 위해 한 사회의 공통적인 감성과 신념, 집단의식을 새로운 세대에 내면화시키는 (나) 가 필요하다고 주장하였다.

	(가)	(나)
①	뒤르켐(Durkheim)	특수 사회화
②	뒤르켐(Durkheim)	보편적 사회화
③	파슨스(Parsons)	특수 사회화
④	파슨스(Parsons)	보편적 사회화

해설
뒤르켐(Durkheim)은 사회화를 보편적 사회화와 특수 사회화로 구분하였으며, 사회의 동질성을 유지하기 위해 한 사회의 공통적인 감성과 신념, 집단의식을 새로운 세대에 내면화시키는 보편적 사회화가 필요하다고 주장하였다.

정답 ②

11 학교교육에 대한 인간자본론(human capitalism)의 관점은? ▪25국

① 학교교육은 자본주의 사회의 불평등 체제를 유지하는 도구적 수단이다.
② 학교교육은 은연중에 자본주의 사회의 지배층의 문화를 강조한다.
③ 학교교육에서 학생은 수동적인 존재가 아니라 불평등한 사회구조를 비판하는 능동적인 존재이다.
④ 학교교육은 개인과 사회의 수익률을 높이는 중요한 요인이다.

④ 인간자본론에서는 교육 투자를 통해 개인의 지식, 기술, 능력이 향상되고, 이는 노동 시장에서 더 높은 생산성과 임금으로 이어져 개인의 수익률을 높인다고 본다. 또한, 교육받은 인력의 증가는 사회 전체의 생산성 향상으로 이어져 사회 전체의 수익률을 높이는 요인이 된다.
① 갈등이론 또는 비판이론의 관점에 더 가깝다. 이 관점에서는 학교교육이 사회계층 구조를 재생산하고 지배 집단의 이익을 옹호하는 역할을 한다고 본다.
② 문화재생산 이론의 관점에 더 가깝다. 이 관점에서는 학교교육이 사회의 지배적인 문화를 학생들에게 내면화시켜 사회적 불평등을 심화시킨다고 본다.
③ 저항이론 또는 비판적 교육학의 관점에 더 가깝다. 이 관점에서는 학생들이 학교교육에 단순히 순응하는 것이 아니라 비판적인 시각을 가지고 사회구조에 저항할 수 있는 능동적인 주체라고 본다.

 ④

12 다음 내용과 다른 입장을 가진 교육 사회학자는? ▪15지

- 사회를 유기체에 비유한다.
- 사회의 각 부분은 상호의존적이다.
- 학교의 사회적 기능은 사회화, 선발 및 배치에 있다.
- 사회의 각 부분은 사회 전체의 유지와 조화에 기여한다.

① 파슨스(T. Parsons)　　② 드리븐(R. Dreeben)
③ 뒤르켐(E. Durkheim)　　④ 번스타인(B. Bernstein)

①, ②, ③ 학자는 기능론 입장이다.

정답 ④

13 능력주의 평등화론에 대한 설명으로 옳지 않은 것은?
■ 22국

① 지능과 노력의 합을 능력으로 보았다.
② 현대 서구 교육평등관의 바탕이 되었다.
③ 능력에서의 사회구조적 불평등을 고려하였다.
④ 학교교육을 대표적인 능력주의 실현 장치로 보았다.

능력주의 평등화론은 사회에서 개인의 성공이 그들의 능력과 노력에 의해 결정되어야 한다고 주장한다.

능력주의 평등화론의 주요내용
1) **동등한 기회 제공** : 동등한 출발선을 강조하며 교육, 직업 기회 등에서 차별되면 아니한다.
2) **능력과 성취의 관계** : 개인의 성취는 그들의 능력과 노력에 따라 결정되어야 한다.
3) **사회적 배경의 영향 축소** : 개인의 사회적 배경이나 출신이 아닌, 능력과 성취를 중시한다.
4) **공정한 평가** : 개인의 능력과 성과를 공정하게 평가하고 인정하는 체계를 강조하며 시험, 성적, 실적 등을 통해 이루어질 수 있다.
5) 능력주의 평등화론은 일부는 사회적 불평등이나 차별이 여전히 존재하므로, 단순히 능력과 노력을 강조하는 것만으로는 공정한 사회를 만들 수 없다고 비판을 받는다.

정답 ③

14 (가), (나)에 들어갈 말을 바르게 나열한 것은?
■ 22지

> (가) 은 학교가 개인을 사회적 존재로 성장시킨다고 본다. 학교는 능력주의에 따라 학생을 선발하고 교육 수준에 따라 인재를 적재적소에 배치하는 기능을 한다. 반면, (나) 은 학교가 기존의 불평등한 계층구조를 재생산한다고 본다. 학교는 교육내용뿐만 아니라 교육 분위기를 통해 기존의 계층구조를 정당화하는 교육을 한다.

	(가)	(나)
①	기능주의적 관점	갈등론적 관점
②	갈등론적 관점	기능주의적 관점
③	해석적 관점	기능주의적 관점
④	현상학적 관점	갈등론적 관점

학생을 선발하고 교육 수준에 따라 인재를 적재적소에 배치하는 기능은 기능주의 관점이며, 갈등론적 관점은 학교가 기존의 불평등한 계층구조를 재생산한다고 본다.

정답 ①

15 갈등론적 관점에서 학교교육을 바라본 학자에 해당하지 않는 사람은? ■ 25지

① 뒤르켐(E. Durkheim)
② 보울즈(S. Bowles)와 진티스(H. Gintis)
③ 부르디외(P. Bourdieu)
④ 애플(M. Apple)

뒤르켐(E. Durkheim)은 기능론 입장으로 학교교육을 사회화로 보았다.

정답 ①

16 갈등론적 관점에서의 학교교육에 대한 설명으로 옳지 않은 것은? ■ 13국

① 학교교육의 기능을 부정적, 비판적으로 본다.
② 학교교육은 기존의 사회구조를 재생산한다.
③ 학교교육은 사회의 안정과 질서에 기여하는 제도이다.
④ 학교교육은 계급구조와 불평등을 정당화한다.

학교교육을 사회의 안정과 질서에 기여하는 제도로 보는 것은 기능론적 관점이다.

정답 ③

17 갈등이론(conflict theory)에 대한 설명으로 옳지 않은 것은? ■ 08국

① 사회제도와 각 집단은 서로 다른 목적과 이해관계를 추구한다.
② 사회관계는 지배와 피지배관계로 설명된다.
③ 학교는 사회적 불평등을 재생산하는 제도적 장치에 불과하다.
④ 사회는 유기체와 마찬가지로 각 부분이 전체의 존속을 위해 각기 기능을 수행한다.

기능론 관점 : 사회는 유기체와 마찬가지로 각 부분이 전체의 존속을 위해 각기 기능을 수행한다고 본다.

정답 ④

18 밑줄 친 부분에서 설명하고 있는 시험의 기능으로 보기 어려운 것은?   ■ 20국

> 시험은 학문적으로 무엇이 가치가 였으며 교육제도가 선택적으로 가르치고자 하는 것이 무엇인가를 가장 극명하게 표출하지만, 시험의 의미는 그것만이 아니다. <u>지식의 사회적 의미 규정과 그 표현방식을 학교의 시험을 통하여 학생들에게 강요함으로써, 지배문화와 지배문화의 가치관을 주입하는 가장 효과적인 도구로 시험이 이용되고 있는 것이다.</u>

① 교육과정과 교수방법 개선   ② 지식의 공식화와 위계화
③ 기존 사회질서의 정당화와 재생산   ④ 규범과 가치관 통제

지배문화와 지배문화의 가치관을 주입하는 가장 효과적인 도구로 시험이 이용되고 있다고 보는 것은 갈등주의 입장이며 교육과정과 교수방법 개선은 갈등주의 입장이 아니다.

정답 ①

19 다음 주장을 한 학자는?   ■ 20지

> • 학교는 자본주의적 사회관계의 유지에 필수적인 통합기능을 수행하는 기관이라고 보았다.
> • 경제적 재생산이라는 개념을 사용하여 학교교육이 자본주의 경제체제를 재생산하는 데 어떻게 기여하는지 그 메커니즘을 설명하고자 하였다.
> • 학교 교육체제에서 학생이 미래에 차지할 경제적 위치를 반영하여 차별적 사회화가 이루어진다고 주장하였다.

① 해비거스트(Havighurst)   ② 보울스와 진티스(Bowles & Gintis)
③ 콜만(Coleman)   ④ 번스타인과 영(Bernstein & Young)

보울스와 진티스(Bowles & Gintis)는 경제적 재생산이라는 개념을 사용하여 학교교육이 자본주의 경제체제를 재생산하는 제도적 장치라고 보았다.

정답 ②

20 학교교육에 대한 다음 주장과 가장 거리가 먼 것은? ■ 17국

- 학교는 지배집단의 '문화자본'을 재창조하고 정당화하는 역할을 수행한다.
- 학습결과인 성적도 학생이 속해 있는 계급의 영향에서 벗어나지 못한다.
- 경제구조가 학교교육을 일방적으로 결정한다고 비판한다.

① 부르디외(P. Bourdieu)   ② 구조기능주의
③ 재생산이론   ④ 보울스(S. Bowls)와 진티스(H. Gintis)

지문은 갈등론 입장이며 구조기능주의는 기능론적 관점이다. 구조기능주의는 기능주의에 대한 보완적이고 대안적인 용어로서 간주되고 있다.

 ②

21 다음에 해당하는 개념은? ■ 21국

- 특정 계급적 환경에서 내면화된 지속적 성향이나 태도를 의미한다.
- 내면화된 문화자본으로서 계급적 행동유형과 가치체계를 반영한다.

① 아노미(anomie)   ② 쿠레레(currere)
③ 패러다임(paradigm)   ④ 아비투스(habitus)

④ 아비투스(habitus) : 피에르 부르디외(Pierre Bourdieu)가 제시한 개념으로, 개인의 행동, 생각, 취향 등을 형성하는 내재된 구조로 이는 개인이 사회적 환경과 상호작용하면서 형성되는 지속적이고 전이 가능한 방식으로, 사회적 위치와 문화적 배경에 따라 달라질 수 있다.
① 아노미(anomie) : 사회적 규범이나 가치가 약화되거나 불명확해져 개인이 사회적 기대에 부응하지 못하는 상태이다.
② 쿠레레(currere) : 교육과정 및 개인의 삶의 경험을 중심으로 한 개념으로, '과거, 현재, 미래'의 경험이 개인의 정체성과 학습에 영향을 미친다고 주장한다.
③ 패러다임(paradigm) : 특정 분야에서 일반적으로 받아들여지는 규범, 가치, 이론으로 연구자나 교육자들이 특정 문제를 이해하고 해결하는 데 사용하는 기본적인 이론적, 개념적 구조를 포함한다.

정답 ④

22 다음 내용과 가장 관련이 깊은 학자는?

- 문화 자본에는 예술 작품과 같이 객체화된 것, 학력이나 자격과 같이 제도화된 것, 일종의 행동 성향처럼 습성화된 것이 있다.
- 지배집단의 자녀들은 자신들이 상속받은 문화 자본을 학교가 제공하는 학벌과 같은 다른 형태의 문화 자본으로 쉽게 전환하여 부모 세대의 사회경제적 지위를 재획득한다.
- 능력주의가 지배하는 현대사회에서 부모의 사회경제적 지위는 문화 재생산을 통해 자녀에게 합법적으로 세습된다.

① 베버(M. Weber)
② 일리치(I. Illich)
③ 파슨스(T. Parsons)
④ 부르디외(P. Bourdieu)

문화 자본에는 예술 작품과 같이 객체화된 것, 학력이나 자격과 같이 제도화된 것, 일종의 행동 성향처럼 습성화된 것이 있다고 보는 것은 부르디외(P. Bourdieu)의 이론이다.

정답 ④

23 부르디외(P. Bourdieu)의 문화재생산 이론에 부합하는 내용만을 모두 고르면?

ㄱ. 교육은 사회에 적합한 인간을 양성하는 순기능적인 사회화 과정이다.
ㄴ. 문화자본은 가정에서 자녀의 교육을 위해 지출하는 직접적인 교육비를 의미한다.
ㄷ. 지배집단은 자신들의 문화를 학교교육에 투입시켜 불평등한 사회적 관계를 정당화한다.
ㄹ. 학교에서 가치 있다고 여겨지는 문화자본을 많이 소유한 사람이 그렇지 못한 사람에 비해 성공할 가능성이 높다.

① ㄱ, ㄴ
② ㄱ, ㄷ
③ ㄴ, ㄹ
④ ㄷ, ㄹ

문화자본에는 예술 작품과 같이 객체화된 것, 학력이나 자격과 같이 제도화된 것, 일종의 행동 성향처럼 습성화된 것이 있다고 보는 것은 부르디외(P. Bourdieu)의 이론이다.

정답 ④

24 다음 설명에 해당하는 이론은?

• 사회질서는 상징적 폭력을 매개로 하여 재생산된다.
• 체화된 상태의 자본(취향, 태도 등), 객관화된 상태의 자본(책, 예술작품 등), 제도화된 상태의 자본(졸업장, 학위 등)을 강조한다.

① 경제재생산이론 ② 문화재생산이론
③ 저항이론 ④ 지위경쟁이론

 해설

상징적 폭력으로 사회질서를 재생산한다고 보는 이론은 문화재생산이론이다.

부르디외의 4가지 자본 : 문화적 자본
1) **경제적 자본**(economic capital) : 금전, 토지, 임금 등의 화폐 요소를 의미한다.
2) **사회적 자본**(social capital) : 특정 집단에 소속되어 사회 관계망을 형성하여 영향력을 미치는 자본으로 학맥과 정치사회적 연줄 등을 의미한다.
3) **문화적 자본**(cultural capital) : 특정 문화에 계급적 가치가 부여되어 자본적 역할을 수행하는 것을 의미한다.
4) **상징적 자본**(symbolic capital) : 경제적 자본 + 사회적 자본 + 문화적 자본의 결합에서 파생되어 얻어진 신뢰, 위신, 명예, 존경, 명성 등을 의미한다.

 ②

25 다음 설명에 해당하는 것은?

• 몸에 각인된 행동거지, 말하고 생각하고 행동하는 방식으로 계급적 배경을 반영한다.
• 문화자본의 일종이다.

① 아비투스 ② 패러다임
③ 헤게모니 ④ 이데올로기

 해설

① **아비투스** : 부르디외가 제시한 개념으로 개인의 행동, 사고, 언어 등이 사회적 배경에 따라 형성된다. 문화자본의 일종으로 개인의 습관과 태도 등이 사회적 환경에 의해 영향을 받는다.
② **패러다임** : 특정 시대나 분야에서 학문적 활동의 방향을 설정하는 기준이나 모델을 의미하며, 과학적 연구의 전반적인 체계나 규범, 이론을 뜻한다.
③ **헤게모니** : 그람시가 제시한 개념으로 지배 계급이 다른 계급에게 사회적, 문화적, 정치적 가치를 자연스럽게 수용하게 만드는 문화적 지배이다.
④ **이데올로기** : 가치관, 신념체계 등을 의미한다. 마르크스주의에서 이데올로기는 지배계급의 사상을 나타내는 개념으로 자주 등장한다.

 ①

26 다음과 같이 주장한 사람은? ■ 15국

- 학습이 학교에 의해서만 이루어지는 것은 아니고, 학교가 반드시 학습의 증진을 가져다 주는 것도 아니다.
- '조작적 제도'에 대치되는 것으로 '상호친화적 제도'를 만들어야 한다.
- 기존의 학교제도를 대신해 '학습을 위한 네트워크'를 만들어야 한다.

① 일리치(I. Illich) ② 라이머(E. Reimer)
③ 프레이리(P. Freire) ④ 슈타이너(R. Steiner)

해설
일리치는 교육의 이러한 모순적 기능을 극복하기 위해서 제도화되고, 정형화된 틀을 강요하는 교육에서 벗어나는 '탈학교'를 주장하였다.

정답 ①

27 다음 내용과 관련이 있는 학자는? ■ 17지

- 문해교육에서는 성인 각자의 삶이 반영된 일상용어를 활용해야 효과적이다.
- 진정한 교육은 학습자가 탐구(inquiry)와 의식적 실천(praxis) 활동을 하는 것이다.
- 교육은 주어진 지식을 전달하는 은행저금식이 아니라 문제제기식으로 이루어져야 한다.

① 일리치(I. Illich) ② 프레이리(P. Freire)
③ 노울즈(M. Knowles) ④ 메지로우(J. Mezirow)

해설
프레이리는 교사와 학생의 수평적 관계 속에서 사회 현실에 대한 올바른 이해와 성찰적 사고를 통해 비판적 사고를 형성하게 하는 문제제기식 교육(problem-posing education)을 제안하였다.

정답 ②

28 의무교육의 대안으로 '학습망(learning web)'이라는 개념을 제시한 학자는? ■ 23지

① 영(Young) ② 일리치(Illich)
③ 지루(Giroux) ④ 프레이리(Freire)

탈학교사회(학습망) : 일리치
학교교육은 인간의 자아실현과 인간성 회복을 저해하고 있으며, 지배계급의 이념을 주입시킴으로써 사회의 모순적 불평등을 심화시킨다. 학교교육은 지배계급의 이익을 영속화하고, 학업성취가 낮은 피지배계급을 사회적 실패자나 낙오자로 낙인찍어 심한 좌절감과 패배감을 형성시킨다. 그는 교육의 이러한 모순적 기능을 극복하기 위해서 제도화되고, 정형화된 틀을 강요하는 교육에서 벗어나는 '탈학교'를 주장하였다. 탈학교는 제도화된 틀에서 해방된 인간의 본질적 자유를 추구할 수 있는 새로운 교육적 대안이다. 그는 탈학교의 구체적 실현을 위해 모든 사람이 언제, 어디서든 원하면 교육을 받을 수 있는 '학습망(learning web)'을 제안하였다.

정답 ②

29 거시적 접근 이론에서 기능론의 입장이 아닌 것은? ■ 04국
① 교육은 전체사회의 한 하위체제로서 사회의 존속을 위한 나름의 기능을 수행한다.
② 교육은 지배집단의 문화를 정당화하여 주입시킴으로써 상류층에 유리하게 기존의 계층 구조를 재생산한다.
③ 학력이 개인의 실제적 능력과 생산성의 지표가 된다.
④ 교육의 양적 팽창을 정당화하는 이론적 배경이다.

지배집단의 문화를 정당화하여 주입시킴으로써 상류층에 유리하게 기존의 계층 구조를 재생산한다고 보는 것은 갈등론적 입장이다.

정답 ②

30 신교육사회학에 대한 설명으로 옳지 않은 것은? ■ 21국
① 학교 교육과정 또는 교육내용에 주목한다.
② 불평등의 문제를 학교 교육 안에서 찾는다.
③ 학교에서 가르치는 지식의 사회적 성격을 탐구한다.
④ 구조 기능주의에 기반하여 교육의 사회적 기능을 탐구한다.

구조 기능주의에 기반하여 교육의 사회적 기능을 탐구하는 것은 기능론적 관점이다.

정답 ④

31. 〈보기〉의 내용과 관계가 깊은 교육사회학 이론은? ■ 13지

> **보기**
> - 학교교육의 내적 과정에 관심을 가진다.
> - 교육내용으로서의 지식, 학생·교사 간의 상호작용, 그리고 교육현상과 정치·사회적 현상과의 연관성 문제 등을 주로 탐구한다.
> - 미시적 관점에서 학교교육의 문제를 이해하려고 한다.

① 기능이론 ② 갈등이론
③ 신교육사회학 ④ 문화적 재생산론

신교육사회학은 미시적 관점에서 학교교육의 문제를 이해하며 학교교육의 내적 과정에 관심을 가진다.

정답 ③

32. 교육사회학 연구에서 해석적 접근에 대한 설명으로 옳지 않은 것은? ■ 25지

① 질적연구방법을 선호한다.
② 연역적 접근과 사고를 강조한다.
③ 교육의 내적과정에 대한 미시적 분석을 강조한다.
④ 기능론과 갈등론적 접근을 비판하면서 등장한 대안적 접근이다.

해석적 접근은 귀납적·질적연구를 통해 교육현상의 내면적 의미를 해석하려는 접근이다.
따라서 "연역적 접근"을 강조한다는 진술은 틀렸다.

정답 ②

33. 다음과 같이 주장한 교육학자는? ■ 24지

> 역사 교과서에서 자본가 집단에 유리한 내용을 비중 있게 다루고 노동자들의 기여를 언급하지 않거나 부정적으로 다루고 있다.

① 애니언(Anyon) ② 드리븐(Dreeben)
③ 프레이리(Freire) ④ 보울즈와 진티스(Bowles & Gintis)

① 애니언(J. Anyon)은 미국의 역사 교과서를 분석하여, 자본주의 이데올로기가 어떤 형태로 조직되고 누구의 이익을 반영하고 있는지를 명확하게 분석하였다.
② 드리븐은 교육과 사회화의 관계를 탐구하면서, 학교가 학생들에게 특정한 사회적 규범과 가치를 전달하는 방식을 분석했다.
③ 프레이리는 '의식화 교육'을 강조하며 사회 현실에 대한 올바른 이해와 성찰적 사고를 통해 비판적 사고를 형성하게 하는 문제제기식교육(problem-posing education)을 제안하였다.
④ 보울스와 진티스는 학교가 사회적 불평등을 재생산하는 도구이며 권력 구조를 지속시키는 역할을 한다고 주장하였다.

 ①

34 번스타인(Bernstein)의 계층과 언어사용에 대한 설명으로 옳지 않은 것은? ■ 24국

① 학교교육에서는 제한된(restricted) 언어코드가 많이 사용된다.
② 학생의 출신 배경에 따라 사용하는 언어방식이 다르다.
③ 중류층 가정의 학생들은 정교한(elaborated) 언어코드를 많이 사용한다.
④ 노동자 계층 가정의 학생들은 제한된(restricted) 언어코드를 많이 사용한다.

번스타인은 학교교육은 체계화된 언어 유형인 정교화된 코드를 선호하기 때문에, 상위계급 아동은 하위계급 아동보다 학업성취에서 우월하여, 미래에 차지할 직업적 지위에 대해서도 유리한 위치에 놓이게 된다고 주장하였다. 번스타인은 언어의 사회적 기능에 관하여 주목하였으며 언어사용이 사회적 배경에 따라 달라지고 하위계층과 상위계층이 사용하는 언어 유형이 다르다고 주장하였다.
• 정교화(집합적) 언어 : 상위계층들이 사용하는 언어로 주로 중산층 이상의 사람들이 사용한다. 명확하고 구체적이며, 문법적 규칙을 잘 따르고 있다.
• 제한적 언어 : 하위계층들이 사용하는 언어로 주로 노동계층의 사람들이 사용한다. 단순하고 직설적이며 문법적 구조가 덜 복잡하다.

 ①

35 다음과 같이 주장한 교육사회학자는? ■ 23국

• 학교가 지배집단의 의미체계와 가치체계인 헤게모니를 주입하여 기존 질서를 정당화한다.
• 학교 교육과정과 수업에서 가르치는 지식은 이데올로기적 속성을 갖는다.

① 애플(Apple)　　　　　　　　② 파슨스(Parsons)
③ 로젠탈(Rosenthal)　　　　　④ 드리븐(Dreeben)

애플의 문화적 헤게모니
1) 헤게모니는 자본가 계급이 그들의 지배적 가치관, 규범, 문화체계 등의 우월성을 일상생활을 통해 은연중에 사회구성원들에게 내면화시켜, 자신들의 지배적 위치를 정당화·합법화하는 과정을 말한다.
2) 애플에 의하면 학교는 지배계급의 헤게모니를 창출하는 기관이라고 한다.
3) 학교현장에 스며 있는 계급적 영향력, 즉 헤게모니의 작용으로 인해 사회적 불평등을 오히려 자연스러운 사회적 결과로 받아들이게 되는 것이다.
4) 학교의 일상생활 속에 침투된 숨은 교육과정은 계급 간의 모순을 은폐하는 헤게모니가 작용하고 있으며, 학생들은 은연중에 기존의 불평등한 체제를 정당한 것으로 받아들이게 된다.
5) 외견상 학교의 일상생활은 학생의 자본주의 이데올로기와 무관하게 보이지만, 교묘한 방법으로 교수-학습과정에 지배적 헤게모니가 침투하여 학생들은 자신들도 모르는 사이에 자본주의 이데올로기에 동화된다.

정답 ①

36 우리나라 '고교 평준화 정책'에는 다음 중 어떠한 평등관이 반영되어 있는가? ■ 00지
① 능력주의 평등관
② 교육결과의 평등관
③ 교육여건의 과정적 평등관
④ 교육기회의 보장적 평등관
⑤ 교육기회의 허용적 평등관

우리나라 '고교 평준화 정책'은 교육여건의 과정적 평등관이다.

정답 ③

37 "학교의 시설, 교사의 자질, 교육과정 등의 측면에서 학교 간의 차이가 없어야 한다."라는 관점에 해당하는 것은? ■ 19국
① 교육기회의 허용적 평등
② 장학금 제도
③ 교육조건의 평등
④ 대학입학특별전형제도

"학교의 시설, 교사의 자질, 교육과정 등의 측면에서 학교 간의 차이가 없어야 한다."라는 관점은 교육과정(조건)의 평등이다.

정답 ③

38. 교육 평등에 관한 관점 중 교육결과의 평등을 위한 정책에 해당하는 것은? ■ 17국

① 취학을 가로막는 경제적, 지리적, 사회적 제반 장애를 제거해 주는 취학 보장 대책
② 저소득층의 취학 전 어린이들을 위한 보상교육(compensatory education)
③ 한국의 고교평준화 정책
④ 초·중등교육의 의무무상화

저소득층의 취학 전 어린이들을 위한 보상교육(compensatory education), 미국의 Head Start Project, 영국의 교육우선지역(Educational Priority Area) 사업, 한국의 농어촌학생특별전형제, 한국의 교육복지우선지원사업 등이 있다.

정답 ②

39. '교육결과의 평등'을 위한 조치로 옳은 것은? ■ 13국

① 교육을 받을 수 있는 신분적, 법적 제약을 철폐한다.
② 교육을 위한 경제적, 지리적, 사회적 장애를 제거한다.
③ 모든 학생들이 평등한 조건에서 학습을 받을 수 있도록 교육조건을 정비한다.
④ 저소득층 아동들의 기초학습 능력을 길러주기 위해 보상교육을 제공한다.

교육결과의 평등은 교육결과 즉 학업성취의 평등을 위한 적극적 조치를 취해야 한다는 입장이다. 배워야 하는 것을 배우는 데 목적이 있으므로 교육결과가 같지 않으면 결코 평등이 이루어진 것이 아니라고 본다. 따라서 저소득층 아동들의 기초학습 능력을 길러주기 위해 보상교육을 제공한다.

정답 ④

40. 다음과 관련된 평등관은? ■ 07 경북

- 사람이 타고나는 능력은 모두 다르다.
- 헌법 제31조 제1항과 교육기본법 제4조에 나타나 있다.
- 누구나 원하면 자신의 능력에 따라 교육받을 수 있도록 해야 한다.

① 허용적 평등관   ② 과정적 평등관
③ 결과적 평등관   ④ 보장적 평등관

누구나 원하면 자신의 능력에 따라 교육받을 수 있도록 해야 한다. → 허용적 평등관

정답 ①

41 다음 설명에 해당하는 교육평등의 관점은? ■ 22지

- 단지 취학의 평등만으로는 충분하지 않다.
- 고교평준화 정책이 지향한 목적이다.
- 시설, 교사의 자질, 교육과정 등에서 학교 간에 차이가 없어야 교육평등이 실현된다.

① 교육기회의 허용적 평등 ② 교육기회의 보장적 평등
③ 교육조건의 평등 ④ 교육결과의 평등

해설
고교평준화 정책은 교육조건의 평등이다.

정답 ③

42 다음은 자녀의 학업성취 향상에 도움을 줄 수 있는 부모활동이다. 이 활동에 해당하는 자본의 명칭은? ■ 21국

- 부모가 이웃에 사는 친구 부모들과 자녀교육, 학습 보조방법, 학습 분위기 조성에 관하여 대화하였다.
- 부모가 자신의 자녀가 다니는 학교의 학부모회에 참석하고 학생지도에 협력하였다.

① 재정자본(financial capital) ② 인간자본(human capital)
③ 문화자본(cultural capital) ④ 사회자본(social capital)

해설
사회자본(social capital) : 부모가 다른 부모, 학교, 지역사회와의 관계와 네트워크를 통해 자녀 교육에 도움을 주는 자본
예 학부모회 참석, 이웃과의 대화, 학교 행사 참여, 부모 간의 정보 공유와 협력

정답 ④

43 학업성취도에 관한 콜맨(Coleman)의 주장으로 옳은 것은? ■ 14지

① 인간의 지능은 유전되므로 부모의 지능이 자녀의 학업성취도에 영향을 준다.
② 교사들의 학업성취에 대한 기대가 학생들의 학업성취도에 영향을 준다.
③ 학교의 학습풍토(학생·교사·교장 풍토)가 학업성취도에 영향을 준다.
④ 학생 가정의 문화적 환경이 학업성취도에 영향을 준다.

사회자본(social capital) : 학생 가정의 문화적 환경이 학업성취도에 영향을 준다.

정답 ④

44 보상적(補償的) 교육평등관에 해당하는 내용을 〈보기〉에서 고른 것은? ■ 17지

| 보기 |
ㄱ. 성별이나 인종의 차별 없이 교육에 접근할 수 있는 기회를 부여한다.
ㄴ. 교육복지우선지원사업으로 사회적 취약 계층의 교육결과를 제고한다.
ㄷ. 대학 입시에서 농어촌지역 학생들을 배려하기 위한 특별전형을 실시한다.
ㄹ. 학교의 시설 및 여건, 교사의 전문성, 교육과정에서 학교 간 차이를 줄인다.

① ㄱ, ㄷ
② ㄱ, ㄹ
③ ㄴ, ㄷ
④ ㄴ, ㄹ

"보상적 평등주의" : 미국의 Head Start Project, 영국의 교육우선지역(Educational Priority Area)사업, 한국의 농어촌학생특별전형제, 한국의 교육복지우선지원사업 등
ㄱ. 허용적 평등에 해당한다.
ㄹ. 조건의 평등에 해당한다.

정답 ③

45 콜만(Coleman)의 사회자본(social capital)에 대한 설명으로 옳지 않은 것은? ■ 23국

① 부모-자녀 간의 상호신뢰, 긍정적 상호작용, 자녀에 대한 높은 기대 등으로 나타난다.
② 지역사회 주민들이 생활지도, 학습지원 방법, 학습분위기 조성 등에 대해 협력하는 활동이다.
③ 학생의 학업성취 격차를 설명하는 주요 변인이다.
④ 학교시설, 실험실 등 물리적·객관적 여건에 따라 좌우된다.

사회적 자본
1) 전국에 걸쳐 대규모로 시행된 자료를 분석한 연구결과는 학교의 교육조건들, 즉 학급 크기, 학교시설, 다양한 교육과정 등의 차이는 학생들의 학업성취에 별다른 영향을 주지 못하며, 오히려 학생들의 가정배경과 또래집단의 영향이 더 크다는 것이었다.
2) 즉, 가정배경으로 인해 발생한 학업성취 격차를 해결하는 데 학교는 이렇다 할 영향력을 미치지 못하며 나아가 가난이 대물림될 수 있다는 문제점을 야기시켰다.

정답 ④

46 다음 설명에 해당하는 롤스(Rawls)의 교육평등 원리는? ■ 20지

- 모든 이익이 평등하게 분배되도록 요구하지는 않지만 평등한 분배로부터의 일탈은 결과적으로 모든 사람에게 이득이 될 경우에만 인정되어야 함을 요구한다.
- 사회적으로 가장 불리한 입장에 있는 사람의 필요에 특히 신경 쓸 것을 요구한다.
- 모든 사람이 평등하게 살아야 한다는 것이 아니라 어떤 사람이 다른 사람의 희생으로 잘 살게 되는 것을 금지하는 것이다.

① 공정한 경쟁의 원리
② 최대이익의 원리
③ 차등의 원리
④ 인간존중의 원리

롤스의 교육관은 '차등의 원칙'을 고려하여, 모든 사람의 최대 이익을 구현하는 사회적·집단적 공동선을 실현하는 자유를 통해서 모두가 행복할 수 있는 사회적 평등의 최대화에 있다. 롤스는 개인의 자유 가치를 존중하면서 사회의 평등 원리를 지향하고 있지만, 궁극적으로 평등 원리에 비중을 더 두고 있다.

정답 ③

47 뱅크스(J. A. Banks)가 제시한 다문화교육의 목적이 아닌 것은? ■ 14국

① 특정 인종이나 민족 또는 소외받은 자만을 대상으로 교육하는 것이다.
② 학생들에게 다른 문화의 관점을 통해 자신의 문화를 바라보게 함으로써 자기 이해를 증진시키는 것이다.
③ 학생들에게 문화적, 민족적, 언어적 대안과 선택을 가르치는 것이다.
④ 학생들이 전 지구적이며 테크놀로지화된 세계에서 살아가는 데 필요한 읽기, 쓰기, 수리적 능력을 습득하도록 돕는 것이다.

다문화교육의 목적: 개인들로 하여금 다른 문화의 관점을 통해 자신의 문화를 바라보게 함으로써 자기 이해를 증진시키는 것이다. 다문화교육은 이해와 지식을 통해 존경이 나올 수 있다고 가정한다.

정답 ①

48. 문화실조론의 주장으로 옳지 않은 것은?

① 학생의 학습실패 중요 요인으로 학생의 문화적 경험 부족을 지목한다.
② 문화적 상대주의 관점이며, 학생 간의 교육격차가 문화적 결핍보다는 문화적 차이 때문이라고 본다.
③ 빈곤가정의 결핍된 문화적 환경을 보상하기 위한 프로그램 중 하나가 헤드스타트 프로그램이다.
④ 학교에서 학생들의 성공과 실패는 유전적으로 결정된 것이 아니라고 본다.

② 문화적 상대주의는 문화실조를 비판하는 관점에 해당하며 문화실조는 문화적 결핍에 기반한 관점이다.

 ②

49. 문화실조론에 대한 설명으로 옳은 것만을 모두 고르면?

ㄱ. 미국 헤드스타트(Head Start) 프로그램의 배경이 되었다.
ㄴ. 학생의 학업성취 격차의 원인은 학교요인에 있다고 주장한다.
ㄷ. 문화상대주의자들은 문화실조라는 개념이 성립할 수 없다고 비판한다.

① ㄱ
② ㄱ, ㄷ
③ ㄴ, ㄷ
④ ㄱ, ㄴ, ㄷ

ㄱ. 문화실조론은 헤드스타트 프로그램과 같은 초기 아동 교육 프로그램을 통해 격차를 해소하고자 했다.
ㄷ. 문화실조론은 가정에서의 문화의 결핍을 뜻한다. 문화 상대주의자들은 이러한 것들은 문화의 다양성을 인정하지 않는 것으로 보아 비판하기도 한다.
ㄴ. 문화실조론은 학생의 학업성취 격차의 원인은 가정에 있다고 본다. 가정에서 경험하는 문화적 자원이 부족하기 때문에 이러한 문화적 결핍이 학업성취에 영향을 준다고 본다.

 ②

50. 다음 설명에 해당하는 청소년 비행 관련 이론은?

- 뒤르켐(Durkheim)의 이론을 발전시켜 머톤(Merton)이 정립하였다.
- 문화적인 가치와 사회적 수단 간의 불일치로 인한 사회·심리적 긴장 상태에서 벗어나고자 비행을 시도한다.

① 낙인 이론
② 사회통제 이론
③ 아노미 이론
④ 합리적 선택 이론

아노미(anomie)
문자적으로는 '무규범'을 뜻하지만, 더 일반적으로는 적절한 규범에 대하여 실질적인 불일치가 존재하는 사회의 상태를 말한다. 뒤르켐은 근대사회에서의 아노미를 기계적 연대에서 유기적 연대로 불완전하게 이동한 데에서 야기되는 것이라고 보았다. 머튼은 『사회이론과 사회구조』(1949)에서 아노미의 의미를 무규범에서 규범갈등으로 변화시켰다. 그는 현대 미국에 대한 분석에서 여러 가지 상이한 사회의 가치구조 간의 분열, 문화적으로 인정되는 목표(주로 높은 물질적 성취)와 그것을 얻기 위한 제도화되고 정당화된 수단 간의 분열 때문에 불행이 초래된다고 주장했다. 아노미는 사람들이 목표를 정상적인 수단에 의해 성취할 수 없을 때 발생한다.
① 낙인이론(labeling theory, 烙印理論) : 일탈 혹은 범죄행동이 특정 행동에 대한 사회문화적 평가와 소외의 결과로 규정된다고 보는 이론이다.
② 사회통제이론(社會統制理論, Social Control Theory) : 다수의 사람들이 범죄를 저지르지 않는 이유를 그 행동과 욕구가 내적·외적 요소에 따라 통제되기 때문에 사람들이 법을 준수하는 것이라 보고 있다.
④ 합리적 선택이론(rational choice theory) : 범죄를 저지르는 행동은 어떠한 방식으로든지 가해자에게 이익이 되는 쪽으로 이루어지게 된다. 따라서 합리적 선택의 관점은 범행동기를 충족시킬 수 있는 기회들을 범죄자에게 제공하는 특수한 환경 안에서 특별한 동기가 부여된 범죄자가 어떻게 범죄를 선택하는가에 대하여 이해하는 것이라 할 수 있다(임준태, 2003 : 81).

 ③

51 다음 설명에 해당하는 청소년 비행 관련 이론은? ■ 23지

- 일탈행위가 오히려 정상행동이며, 규범준수행위가 비정상적인 행동이다.
- 인간의 본성은 악하기 때문에 사람은 항상 규범을 위반할 수 있으며, 개인과 사회 간의 결속이 약화될수록 일탈할 확률이 높아진다.

① 낙인이론　　　　　　　　　② 사회통제이론
③ 아노미이론　　　　　　　　④ 차별접촉이론

② **사회통제이론**(社會統制理論, Social Control Theory) : 다수의 사람들이 범죄를 저지르지 않는 이유를 그 행동과 욕구가 내적·외적 요소에 따라 통제되기 때문에 사람들이 법을 준수하는 것이라 보고 있다.
④ **차별적 접촉이론**(Differential Association Theory, 差別的接觸理論) : 사람들은 일탈유형과의 접촉을 통하여 일탈자로 되어 간다는 미국의 범죄학자 에드윈 H. 서덜랜드의 범죄학 이론으로, 왜 특정한 사람이 일탈적 행위유형을 학습하게 되는지를 설명한다. 범죄는 일반적인 행위와 마찬가지로 학습을 통해서 배우게 되고, 학습은 주로 친밀한 사람들과의 상호작용을 통해 일어난다는 것이 이 이론의 중심 내용이다.

 ②

52 뱅크스(Banks)의 다문화교육을 위한 교육과정 접근법에 해당하지 않는 것은?

① 기여적 접근
② 변혁적 접근
③ 동화주의적 접근
④ 의사 결정 및 사회적 행동 접근

해설

뱅크스가 제시한 네 가지 접근법
1) 기여적 접근(Contributions Approach) : 특정한 영웅, 기념일, 문화적 요소 등 단편적인 내용만을 교육과정에 첨가하는 수준이다. 주류 교육과정의 기본 구조는 변화시키지 않고 유지한다.
2) 부가적 접근(Additive Approach) : 주류 교육과정의 구조를 바꾸지 않으면서, 내용, 개념, 주제 등을 책, 단원, 강좌의 형태로 추가한다. 여전히 주변화된 관점에서 소수 집단의 내용을 다루는 경향이 있다.
3) 변혁적 접근(Transformation Approach) : 교육과정의 기본 구조를 바꾸어 학생들이 다양한 민족 및 문화 집단의 관점에서 개념, 문제, 주제, 사건 등을 볼 수 있도록 한다. 내용 추가를 넘어, 지식의 본질과 구성에 대한 이해를 변혁하는 데 중점을 둔다.
4) 의사 결정 및 사회적 행동 접근(Decision Making and Social Action Approach) : 변혁적 접근의 모든 요소를 포함하며, 여기에 학생들이 학습한 내용을 바탕으로 실제적인 사회 문제에 대한 의사 결정을 하고 사회적 행동을 취하도록 촉구하는 단계까지 통합한다.

정답 ③

Ⅷ. 교육사 철학

01 교육의 개념에 대한 설명으로 옳지 <u>않은</u> 것은? ▪ 13국

① 교육의 사회적 기능이 부각되면서 사회가 요구하는 가치나 규범을 내면화하는 개념으로 사회화라는 개념이 쓰이게 되었다.
② 교육의 기초인 양육은 물질적인 원조뿐만 아니라 정신적, 심리적 조력을 모두 포괄하는 개념이다.
③ 조작적 정의를 견지하는 학자들은 교육을 '인간행동을 계획적으로 변화시키는 과정'이라고 본다.
④ 훈련(training)은 자연의 원리에 따르는 교육에서 유래한 것으로, 신념체계 전체를 변화시키는 '전인적' 교육이다.

훈련(training)은 주로 특정한 직종에서의 업무능력 개발을 의미한다. 예 군대에서 사격훈련

정답 ④

02 교육의 목적을 내재적·외재적 목적으로 구분할 때, 〈보기〉에서 외재적 목적에 해당하는 것으로만 묶은 것은? ▪ 15지

보기
ㄱ. 국가 경쟁력 강화　　ㄴ. 지식의 형식 추구
ㄷ. 인적 자원의 개발　　ㄹ. 합리적 마음의 계발

① ㄱ, ㄴ　　　　　　　　　② ㄱ, ㄷ
③ ㄴ, ㄹ　　　　　　　　　④ ㄷ, ㄹ

ㄱ. 국가 경쟁력 강화, ㄷ. 인적 자원의 개발은 외재적 목적이다.
ㄴ. 지식의 형식 추구 ㄹ. 합리적 마음의 계발은 내재적 목적이다.
- **내재적(內在的) 목적** : 교육활동 자체를 통해 고유한 가치와 이상을 추구하는 것
   예 지식 습득을 통한 즐거움, 인격 성장, 자아실현, 전인교육 등
- **외재적(外在的) 목적** : 교육을 수단이나 도구로 여기고 교육활동 밖에 있는 가치를 성취하고자 하는 것
   예 시험 합격, 좋은 성적

정답 ②

03 교육의 정의 방식에 대한 설명으로 알맞지 않은 것은? ■ 13지

① 규범적(programmatic) 정의는 교육의 용어를 객관적이고 가치중립적인 입장에서 규정하는 방식이다.
② 조작적(operational) 정의는 교육활동의 요소와 그것이 작용하는 실제 과정을 관찰할 수 있는 형태로 설명하는 방식이다.
③ 기술적(descriptive) 정의는 사전(辭典)의 용어 설명 방식과 유사하게 용어의 일상적 의미를 풀어서 설명하는 방식이다.
④ 약정적(stipulative) 정의는 원활한 의사소통을 위해 복잡한 내용이나 현상을 약속을 통하여 간략한 용어로 나타내는 방식이다.

규범적 정의(programmatic definition)는 가치판단이나 가치주장을 포함하는 정의로, 가치의 맥락에서 교육의 의미를 밝힐 필요가 있을 때, 교육개념 속에 붙박여 있는 내재적 가치를 실현하거나 강조할 필요가 있을 때 의미 있게 사용된다.

정답 ①

04 다음 내용에 가장 부합하는 것은? ■ 17지

- 교육은 학습자와 교육내용을 모두 고려해야 한다.
- 교육내용의 내재적 가치는 선험적으로 정당화된다.
- 교육은 합리적인 사고와 지적 안목을 도덕적인 방식으로 전달하는 과정이다.
- 교육은 인류의 문화유산이라는 공적(公的) 전통으로 학생을 안내하는 과정이다.

① 주입(注入)으로서의 교육
② 주형(鑄型)으로서의 교육
③ 성년식(成年式)으로서의 교육
④ 행동수정(行動修正)으로서의 교육

성년식(成年式)으로서의 교육 : 교육받은 사람이란 모종의 정신 상태를 성취한 사람이요, 그 정신 상태란 바로 전달된 가치 있는 것을 통달하고 그것을 소중히 여기는 상태이며, 또한 그것을 폭넓은 안목으로 볼 수 있는 상태를 말한다.

정답 ③

05 다음 설명에 해당하는 피터스(Peters)가 제시한 교육의 개념적 기준은?   ■ 23지

- 교육은 일반적인 훈련과 달리 전인적 계발을 지향해야 한다.
- 교육받은 사람은 폭넓은 안목을 가짐으로써 자신과 분야가 다른 인간의 삶과 어떤 관련을 맺고 있는지를 깊이 이해할 수 있어야 한다.

① 규범적 기준 ② 내재적 기준
③ 과정적 기준 ④ 인지적 기준

피터스의 교육의 준거
1) **규범적 준거**: 교육은 가치 있는 것을 전달함으로써 그것에 헌신하는 사람을 만들어야 한다.
2) **인지적 준거**: 교육은 지식과 이해, 그리고 폭넓은 지적 안목을 길러주어야 하며, 이런 것들은 무기력한 것이어서는 안 된다.
3) **과정적 준거**: 교육은 교육받는 사람의 의식과 자발성을 전제로 해야 한다.

 ④

06 피터스(R. Peters)는 교육의 개념을 3가지 준거로 구분하였다. 그 중 규범적 준거(normative criterion)에 근거한 교육의 개념으로 옳은 것만을 모두 고른 것은?   ■ 18국

ㄱ. '무엇인가 가치 있는 것'을 추구하는 활동이다.
ㄴ. 학습자의 의식과 자발성을 전제하는 것이다.
ㄷ. 지식, 이해, 인지적 안목을 길러주는 것이다.

① ㄱ ② ㄷ
③ ㄴ, ㄷ ④ ㄱ, ㄴ, ㄷ

교육의 준거
1) **규범적 준거**: 교육은 가치 있는 것을 전달함으로써 그것에 헌신하는 사람을 만들어야 한다.
2) **인지적 준거**: 교육은 지식과 이해, 그리고 폭넓은 지적 안목을 길러주어야 하며, 이런 것들은 무기력한 것이어서는 안 된다.
3) **과정적 준거**: 교육은 교육받는 사람의 의식과 자발성을 전제로 해야 한다.

 ①

07 다음의 주장과 가장 관계가 깊은 현대 교육철학자는? ■ 21국

> 교육의 내용은 일차적으로 특정한 사회적 활동(social practices)의 영역에 학생을 입문시키는 일로 이루어져야 한다. 그러한 활동들은 '사회적으로' 발전되거나 형성된 것들로서, 해당 사회를 구성하는 사람들이 개인적으로나 집단적으로 종사하는 행위의 패턴들이다. 교육에서 가장 근본적인 것은 건강한 삶을 사는 것이며, 바로 이 활동들이야말로 개인의 건강한 삶을 구성하는 요소들이 된다.

① 피터스(Peters) ② 허스트(Hirst)
③ 프레이리(Freire) ④ 마르쿠제(Marcuse)

전기 허스트가 교육의 핵심을 지식의 형식들을 가르치고 배움으로써 마음을 개발하는 데서 찾았다면, 후기 허스트는 학생들을 구체적이고도 실질적인 활동의 복합체로 입문케 함으로써 그들이 건강한 삶 또는 좋은 삶을 살도록 하는데서 교육의 핵심을 찾았다.

정답 ②

08 분석적 교육철학에 대한 설명으로 옳지 않은 것은? ■ 22국

① 위대한 사상가의 교육사상이나 교육적 주장에서 교육의 목적과 방향을 찾으려 하였다.
② 전통적 교육철학에서 애매하거나 모호하게 사용되고 있는 개념의 의미를 명료화하는 데 치중하였다.
③ 교육을 과학적·논리적 방법으로 탐구함으로써 교육철학을 객관적인 체계를 갖춘 독립학문으로 발전시키려 하였다.
④ 이차적 또는 반성적이라는 철학적 방법의 성격상 교육의 가치나 실천의 문제에 소홀한 한계를 지닌다.

위대한 사상가의 교육사상이나 교육적 주장에서 교육의 목적과 방향을 찾는 것이 아니라 위대한 사상가의 교육사상이나 교육적 주장에서 애매하거나 모호하게 사용되고 있는 개념의 의미를 명료화하는 데 치중하였다.

정답 ①

09 다음과 같이 주장하는 교육철학은?

■ 16지

> 교육철학은 철학 이론들로부터 교육실천의 함의를 이끌어 내는 데 주력하지 말고, 교육의 목적이나 교육의 실제 그 자체에 대해 철학적으로 사고하는 일에 집중해야 한다. 또한 기존 교육사상들이 가정하고 있는 개념적 구조를 명료화하고 개념의 일관성과 타당성을 검토함으로써 언어의 혼란으로 인해 빚어진 교육문제를 제거하는 일에 관심을 두어야 한다.

① 분석적 교육철학 ② 비판적 교육철학
③ 실존주의 교육철학 ④ 프래그머티즘 교육철학

분석적 교육철학은 철학 고유의 기능을 언어와 그 언어에 의해 표현되는 개념의 분석을 통해 사물을 이해하는 데 두고 있다.

정답 ①

10 다음 내용과 관련이 있는 교육철학은?

■ 17지

- 프랑크푸르트 학파의 이론적 성과를 수용하였다.
- 교육 현상에 대해 규범적, 평가적, 실천적으로 접근하였다.
- 자본주의 사회의 불평등 문제와 교육의 관련성에 주목하였다.
- 인간의 의식과 지식이 사회, 정치, 경제에 의해 결정되는 것으로 보았다.

① 비판적 교육철학 ② 분석적 교육철학
③ 홀리스틱 교육철학 ④ 프래그머티즘 교육철학

비판적 교육철학 : 프랑크푸르트 학파
1) 현대사회의 학교교육에서 나타나는 교육의 불평등과 부정의를 드러내는 데 관심이 있다.
2) 비판이론이란 현대사회에 대한 비판이론을 말한다.
3) 비판이론의 특징은 현대사회를 비판하되 그 책임을 개인에게 돌리지 않고 사회 또는 그 체제에 돌리는 데 있다.
4) 그럼에도 불구하고 역설적이긴 하지만 비판이론은 체제가 변화해도 인간이 변화하지 못하면 사회는 근본적으로 달라질 수 없다는 명제에 도달하게 되어, '새로운 인간'을 요구하기도 한다.
5) 이처럼 프랑크푸르트 학파의 사회철학에 있어서는 인간을 철두철미한 사회적 존재로 파악한다.
6) 비판이론의 주요 관심은 산업자본주의하의 민주주의 체제 속에 숨겨져 있는 전체주의적 요소를 벗겨 내어 고발하고 인간과 이성을 회복하자는 데 있다.
7) 따라서 비판이론가들은 "비판이 마비된 사회, 반대가 없는 사회는 파쇼적 권위주의의 정치지배가 파놓은 현대문명의 함정"이라고 주장한다.
8) 프랑크푸르트 학파의 체제에 대한 도전, 즉 '위대한 거부'는 인간회복 선언이자 현재의 권위주의적 지배에 대한 학문적 저항인 것이다.

정답 ①

11. 비판적 교육사회학 이론가들의 교육관으로 가장 적절한 것은? ▪12국

① 부르디외(Bourdieu), 애플(Apple), 가드너(Gardner)는 상호작용의 관점에서 학교의 현상을 설명한다.
② 학교의 지식은 그 시대의 사회적 합의에 의하여 만들어진다.
③ 특정 입장에 대한 편향성을 지양하므로 가치중립적 관점을 추구한다.
④ 교과지식의 획득보다는 사회의 구조적 문제해결에 더 관심을 둔다.

비판이론 : 1923년 독일 프랑크푸르트대학의 사회 연구소를 중심으로 자본주의 사회의 문화와 이데올로기를 연구의 대상으로 삼고, 인간의 사고와 대상이 사회적으로 제약되는 현상을 파헤치며, 인간이 해방되는 새로운 사회의 가능성을 모색한다.

비판이론의 특징
1) 교과지식의 획득보다는 사회의 구조적 문제해결에 더 관심을 둔다.
2) 교육문제에 대해 좀 더 실제적이고 정치사회적인 관점을 취한다.
3) 교육이 처해 있는 사회 구조나 제도에 대해 의문을 제기한다.
4) 교육을 교육의 논리가 아니라 정치·경제·사회의 논리에 의해 해석하는 경향이 있다.

정답 ④

12. 비판적 교육철학 또는 비판교육학(critical pedagogy)에 대한 설명으로 옳지 않은 것은? ▪20국

① 인간의 자유로운 의식의 형성을 억압하고 왜곡하는 사회적, 경제적, 정치적 제약요인들을 분석하고 비판한다.
② 하버마스(J. Habermas), 지루(H. Giroux), 프레이리(P. Freire) 등이 대표적인 학자이다.
③ 지식 획득을 포함한 인간의 모든 인식행위는 가치중립적인 것으로 간주한다.
④ 교육문제에 대해 좀 더 실제적이고 정치사회적인 관점을 취한다.

비판적 교육철학 또는 비판교육학(critical pedagogy)은 교과지식의 획득보다는 사회의 구조적 문제해결에 더 관심을 갖고, 교육문제에 대해 좀 더 실제적이고 정치사회적인 관점을 취한다.

정답 ③

13 다음에 해당하는 현대 교육철학 사조는? ▪16국

- 교육이 처해 있는 사회 구조나 제도에 대해 의문을 제기한다.
- 의사소통적 합리성이라는 개념을 통해 교육에서 조작이나 기만, 부당한 권력 남용 등을 극복할 수 있는 발판을 마련하였다.
- 교육을 교육의 논리가 아니라 정치·경제·사회의 논리에 의해 해석하는 경향이 있다.

① 실존주의 교육철학 ② 분석적 교육철학
③ 비판적 교육철학 ④ 포스트모더니즘 교육철학

비판적 교육철학의 특징
1) 교과지식의 획득보다는 사회의 구조적 문제해결에 더 관심을 둔다.
2) 교육문제에 대해 좀 더 실제적이고 정치사회적인 관점을 취한다.
3) 교육이 처해 있는 사회 구조나 제도에 대해 의문을 제기한다.
4) 교육을 교육의 논리가 아니라 정치·경제·사회의 논리에 의해 해석하는 경향이 있다.
5) 교과지식의 획득보다는 사회의 구조적 문제해결에 더 관심을 둔다.

정답 ③

14 다음은 학교장이 학부모 연수에서 강조한 내용이다. 이에 가장 부합하는 교육철학은? ▪18지

우리 학교는 지금까지 지식 교육에 매진해 온 결과, 학업성취도에서는 우수한 성과를 거두었습니다. 하지만 학생들은 그다지 행복하지 않은 것 같고, 왜 교과지식을 배우는지도 모르는 것 같습니다. 그래서 저는 앞으로 교과보다는 학생에 관심을 기울이고, 교사와 학생의 인격적 만남을 중시하며, 교과 지식도 학생 개개인의 삶에 의미 있는 것이 되도록 하는 학교를 만들어 가겠습니다.

① 분석적 교육철학 ② 항존주의 교육철학
③ 본질주의 교육철학 ④ 실존주의 교육철학

실존주의
1) 교육의 목적은 자유롭고 주체적이며 창조적인 인간형성에 있다.
2) 교육은 자기결정적인 자아의 형성을 위한 것이다.

정답 ④

15. 다음과 같이 주장한 교육사상가는?

- 인간이 세계에 대하여 갖는 두 가지 관계는 나-너의 관계와 나-그것의 관계이다.
- 나-그것의 관계에서 세계는 경험과 인식과 이용의 대상이다.
- 나-너의 관계는 직접적이고 인격적 관계이다.
- 나-너의 관계를 통해서 만남이 이루어진다.

① 부버(Buber)
② 프뢰벨(Fröbel)
③ 피터스(Peters)
④ 헤르바르트(Herbart)

부버는 참된 교육은 "나 - 너의 관계를 통해 학생과 교사 사이에서 이루어진다."고 주장했다.
- 나 - 그것(I - It) 관계 : 객체화된 관계로, 대상은 주체의 경험, 분석, 이용의 대상이다.
- 나 - 너(I - Thou) 관계 : 상호적이고 인격적인 관계로, 주체와 대상이 전인격적으로 연결된다.
② 프뢰벨은 유아교육의 창시자로, 유아교육과 놀이의 중요성을 강조했다.
③ 피터스는 교육의 규범적 정의에 대해서 주장하였다.
④ 헤르바르트는 도덕적 품성(인격 형성)과 다면적 흥미를 강조하였다.

정답 ①

16. 실존주의 교육철학관에 대한 설명으로 옳지 않은 것은?

① 교육의 목적은 자유롭고 주체적이며 창조적인 인간형성에 있다.
② 교육은 자기결정적인 자아의 형성을 위한 것이다.
③ 교육에서는 인간적인 만남이 중요하다.
④ 인간의 본질을 규격화된 것으로 이해한다.

인간의 본질을 규격화하는 것에 대한 비판적 관점이 실존주의 교육철학관이다.

실존주의 특징
1) 교육의 목적은 자유롭고 주체적이며 창조적인 인간형성에 있다.
2) 교육은 자기결정적인 자아의 형성을 위한 것이다.
3) 교육에서는 인간적인 만남이 중요하다.

정답 ④

17 실존주의 교육철학의 특징에 해당하는 것은? ■ 20지

① 삶의 긍정적·부정적 측면을 통해 학습자 스스로가 삶의 문제를 해결하고 주체적으로 성장할 수 있다.
② 교육의 사회적 역할을 강조하고 교육을 통한 사회개조를 강조한다.
③ 교육의 주도권은 교사에게 있고 교육과정의 핵심은 소정의 교과를 철저하게 이수하는 것이다.
④ 교육에서 현실의 학문을 무시하고 고전의 지식을 영원한 것으로 여기며 지적인 훈련을 매우 강조한다.

실존주의 교육철학은 개인의 경험과 주체성을 강조하며, 학습자가 스스로의 삶의 문제를 해결하고 자아를 발견하도록 돕는 데 중점을 둔다.
② 실존주의는 개인의 주체성과 경험을 강조한다.
③ 실존주의는 학생의 주도적인 학습을 강조한다.
④ 실존주의는 고전 지식에 대한 절대적인 중요성을 강조하지 않으며, 개인의 경험과 삶을 중시한다.

 ①

18 다음과 같은 주장을 하는 현대교육사상가는? ■ 19지

> 현대의 위기상황에서 잃어버린 인간의 본래적 모습을 회복할 수 있는 방안은 인간들 간의 대화적, 실존적 만남 속에서 서로의 독특성을 발견하는 데 있다. 교육도 이러한 인격적 만남에 기초해야만 한다. 따라서 교수 목표는 지식 교육이 아니라 아동과의 관계형성을 통한 정체성 확립에 있다.

① 부버(M. Buber)   ② 듀이(J. Dewey)
③ 브라멜드(T. Brameld)   ④ 허친스(R. M. Hutchins)

만남이 교육에 선행한다. 교육에서 만남을 강조한 실존주의 사상가는 볼노우와 마틴 부버이다.

정답 ①

19 포스트모더니즘 교육론의 특징으로 옳지 않은 것은? ■ 24지

① 획일적 교육방식에서 벗어나 교육내용과 방법의 다원화를 추구한다.
② 국가주도의 공교육 체제보다는 유연하고 다양한 교육체제를 요구한다.
③ 교육에서 다루는 지식의 가치를 절대적이고 보편적인 것으로 인식하고 있다.
④ 교육과정은 지식의 논리적 특성보다 지식의 사회문화적 특성에 근거해야 한다고 본다.

포스트모더니즘은 진리, 현실, 문화, 언어 등에 대한 근본적인 질문을 던지며, 현대 사회에서 상대성, 다원성, 다양성의 중요성을 강조하는 사조이다. 다원주의를 표방하기 때문에 어느 한 지식의 가치를 절대적이고 보편적으로 인식하지 않고 여러 가지 가치, 신념, 문화를 존중한다.

정답 ③

20 포스트모더니즘의 특징으로 옳지 않은 것은? ■ 21지
① 다원주의를 표방한다.
② 반권위주의를 표방한다.
③ 반연대의식을 표방한다.
④ 반정초주의를 표방한다.

포스트모더니즘의 특징 중 연대의식은 다른 사람에게 해를 끼치는 권력, 착취, 폭력 등을 거부하고 공동체를 존중하는 것이다.

정답 ③

21 포스트모던 교육철학을 반영한 교육적 실천으로 볼 수 없는 것은? ■ 16지
① 학교 내 소수자를 보호하는 방안을 모색한다.
② 발표 수업에서 학생들의 다양한 관점을 수용한다.
③ 대화와 타협의 과정에 충실한 토론식 수업을 권장한다.
④ 학습 과정에서 지식의 실재성과 가치의 중립성을 강조한다.

포스트모던 교육철학에서는 지식의 상대성과 가치의 중요성을 인정한다.

정답 ④

22 다음 설명에 해당하는 교육사조는? ■ 25국

- 인간의 본성은 변하지 않는다.
- 교육의 목적은 이성의 계발이다.
- 시간과 공간을 초월하는 영원한 진리를 학습해야 한다.
- 오랜 세월에 걸쳐 축적된 고전을 읽어야 한다.

① 진보주의
② 본질주의
③ 항존주의
④ 재건주의

① **진보주의**: 아동중심 교육, 경험중심 학습, 문제해결 능력 함양 등을 강조하며, 사회 변화와 학습자의 흥미를 중시한다. 인간 본성의 불변성이나 고전 학습과는 거리가 있다.
② **본질주의**: 문화유산의 전수, 교사중심의 체계적인 교육, 기본적인 학문능력 함양 등을 강조한다. 인간 본성의 불변성을 인정하는 경향이 있지만, 영원한 진리 학습이나 고전 독서를 핵심으로 강조하지는 않는다.
③ **항존주의**: 인간 본성은 변하지 않으며, 교육의 목적은 이성의 계발과 영원한 진리 탐구에 있다고 본다. 시대를 초월하는 고전 학습을 교육의 중요한 방법으로 강조하였다.
④ **재건주의**: 사회 개혁과 변화를 교육의 중요한 목표로 삼으며, 현실사회의 문제해결 능력을 강조한다. 영원한 진리나 고전 학습보다는 사회비판 능력과 미래사회 건설을 위한 교육을 중시하였다.

정답 ③

23 진보주의 교육철학에 대한 설명으로 옳지 않은 것은?
■ 25지

① 교육은 현재의 생활 그 자체이다.
② 학습은 아동의 흥미와 관련되어야 한다.
③ 학교는 협동을 장려하는 곳이어야 한다.
④ 위대한 고전 읽기 교육을 강조한다.

진보주의(Progressivism) 교육철학은 아동중심, 경험중심, 생활중심 교육을 강조한다. 교육의 목적은 끊임없이 변화하는 사회에 적응하고 민주사회의 구성원으로 성장하는 데 둔다.
① 진보주의의 핵심 사상으로, 교육을 미래를 위한 준비가 아닌 현재 아동의 삶과 경험 그 자체로 본다.(존 듀이)
② 아동의 흥미(interest)를 학습을 시작하는 출발점이자 동기로 보고, 흥미를 통해 자발적인 활동이 이루어지도록 한다.
③ 학교는 민주적인 소사회로서, 학생들이 토론, 협동, 공동 문제 해결 과정을 통해 사회성을 기르고 민주적인 태도를 습득하도록 한다.
④ 이 주장은 항존주의(Perennialism) 교육철학에 해당한다. 항존주의는 시대를 초월하여 변하지 않는 진리(고전)를 학습함으로써 인간의 이성을 계발하는 것을 교육의 목적으로 한다. 따라서 진보주의와는 대립되는 입장이다.

정답 ④

24 진보주의 교육원리에 대한 설명으로 옳지 않은 것은?
■ 22지

① 미래의 생활을 위한 준비가 아니라 현재의 생활 자체를 의미 있게 만들어야 한다.
② 학습자의 관심과 흥미를 강조한다.
③ 고대 그리스의 자유교양교육을 교육적 이상으로 삼는다.
④ 경험에 의한 학습과 학습자의 참여를 중시한다.

고대 그리스의 자유교양교육을 교육적 이상으로 삼는 것은 항존주의다.

정답 ③

25 진보주의 교육사조와 가장 거리가 먼 것은? ▪ 10국

① 학습자의 필요와 흥미에 따른 학습 중시
② 경험 중심 교육과정 운영
③ 사회적 자아실현을 교육목적으로 추구
④ 구안법(project method) 수업

사회적 자아실현을 교육목적으로 추구하는 것은 재건주의 교육사조 입장이다.

정답 ③

26 〈보기〉의 내용과 관계가 깊은 20세기 미국의 현대 교육사조는? ▪ 13지

┤보기├
• 지식은 모든 곳에서 동일해야 한다.
• 교육은 아동을 진리에 적응시키는 것이다.
• 이성의 훈련과 지성의 계발을 위해서 교양교육을 실시해야 한다.

① 본질주의   ② 항존주의
③ 진보주의   ④ 재건주의

항존주의는 절대적 진리와 절대적 원리를 중시하였으며, 대표적인 학자 허친스는 지식과 진리는 영원한 것이며, 시대와 장소를 초월하는 보편적인 가치를 지닌다고 보았다.

정답 ②

27 현대 교육철학 사조 중 본질주의에 대한 설명으로 옳은 것은? ▪ 14국

① 인류의 전통과 문화유산을 소중히 여기며 교육을 통해 문화의 주요 요소들을 다음 세대에 전달할 것을 강조한다.
② 진리를 인간의 경험에서 나오는 실험적 혹은 가설적인 것으로 간주한다.
③ 교육에서 전통과 고전의 원리를 강조하고 불변의 진리를 인정한다.
④ 교육이 문화의 기본적인 가치를 실현시키는 새로운 사회질서를 창조하는 일에 전념할 것을 강조한다.

본질주의는 교육에서 문자 그대로 '본질적인 것'을 가르쳐야 한다고 주장한다. 인류의 전통과 문화유산을 소중히 여기며 교육을 통해 문화의 주요 요소들을 다음 세대에 전달할 것을 강조한다.

정답 ①

28 다음 내용과 관련이 있는 교육사상가는?   ■ 17지

> 교사는 학생에게 정답을 미리 알려주지 않고 학생이 알고 있는 것이 참인지 거짓인지를 판단하면서 학생 스스로 진리의 세계로 들어갈 수 있도록 돕는 역할을 한다. 이를 위해 교사는 반어적인 질문을 학생에게 던짐으로써 학생 자신이 무지를 깨닫게 한다. 지적(知的)인 혼란에 빠진 학생은 교사와의 끊임없는 대화를 통해 진리를 성찰하게 되면서 점차 참된 지식에 이를 수 있게 된다.

① 아퀴나스(T. Aquinas) ② 소크라테스(Socrates)
③ 프로타고라스(Protagoras) ④ 아리스토텔레스(Aristoteles)

지적(知的)인 혼란에 빠진 학생이 교사와의 끊임없는 대화를 통해 진리를 성찰하게 되면서 점차 참된 지식에 이르도록 하는 문답법은 소크라테스(Socrates)가 주로 사용하던 교육방법이다.

정답 ②

---

29 고대 그리스의 소크라테스 교육사상에 대한 설명으로 틀린 것은?   ■ 15지

① 덕(德)과 지식은 동일하다고 주장하였다.
② 도덕성 함양을 위해 습관 형성을 강조하였다.
③ 교육방법으로 대화법과 산파술을 사용하였다.
④ 절대적이고 객관적인 진리의 존재를 역설하였다.

고대 그리스의 소크라테스 교육단계
1) '너 자신을 알라' : 지식이나 진리를 터득하는 데 첫걸음은 타인을 비판하거나 외부 사물을 분석하는 것이 아니라 자기 자신을 검토하는 것이다.
2) 반어법(反語法, irony) : 학생들이 현재 알고 있는 지적인 상태를 흔들어서 혼란에 빠트리기 위해 교사가 논리적으로 반대적인 질문을 던지는 것을 말한다. 학생은 교사의 집요한 반어적 질문에 금세 당황하면서 스스로 아직 정확히 모르고 있음을 자각하기 된다.
3) 에로스(eros) : 학생은 참된 지식을 구하고 싶어 스승에 의존한다. 이러한 지적 갈구 상태이다.
4) 산파법 : 교사가 이미 알고 있는 정답을 미리 알려주지 않고 학생 스스로 그 답을 찾도록 안내하는 대화 기법이다.

정답 ②

30 소크라테스의 '산파술'에 대한 설명으로 적절하지 않은 것은? ■ 08국

① 교육자는 상대가 이미 알고 있다고 생각하는 관념에 대해 그것이 과연 타당한 것인지 계속해서 질문을 제기한다.
② 교육자는 대화를 통해 상대방이 스스로 발견한 지식의 옳고 그름을 판정해 주는 역할을 한다.
③ 교육자가 피교육자에게 무엇인가를 일러주는 것이 아니라 피교육자 스스로 생각하도록 유도하는 교육방법이다.
④ 상대방으로 하여금 결국 자신이 모르고 있었다는 것을 깨닫게 하여 배움의 새로운 단계로 이끄는 교육방법이다.

소크라테스는 지식의 옳고 그름을 판정해 주기보다 대화를 통해 진리를 스스로 깨닫게 해주는 산파술을 주로 사용하였다.

정답 ②

31 플라톤의 사상에 대한 설명으로 옳은 것은? ■ 25지

① 이데아의 세계는 지속적으로 변화한다.
② 귀족주의, 엘리트주의적인 특징을 갖는다.
③ 통치자 계급에게 절제의 덕을 강조하였다.
④ 이상국가에서 인간의 계급은 네 개로 분류된다.

플라톤의 이상국가(국가론)에서는 가장 지혜로운 자, 즉 철인(哲人)이 통치하는 철인 통치를 주장한다. 이는 지혜와 덕을 갖춘 소수 엘리트가 국가를 이끌어야 한다는 귀족정치(Aristocracy)의 이상을 반영하며, 엘리트주의적인 특징에 해당한다.
① 플라톤에게 이데아의 세계는 영원하고 불변하며 완벽한 실재의 세계에 해당한다. 변화하는 것은 감각 세계(현실 세계)이다.
③ 플라톤은 이상국가에서 각 계급의 주요 덕을 다음과 같이 대응시켰다.
  • **통치자 계급(철인)** : 지혜(Wisdom)
  • **수호자 계급(군인)** : 용기(Courage)
  • **생산자 계급(농민, 장인 등)** : 절제(Temperance)
④ 플라톤의 이상국가에서 인간의 계급은 세 개로 분류된다.(통치자, 수호자, 생산자)

정답 ②

32. 다음 내용과 관련이 가장 깊은 것은?

- 핵심 주제는 정의, 즉 올바른 삶이다.
- 올바른 삶을 위해 가장 중요한 것은 이성의 덕인 지혜를 갖추는 것이다.
- 초기교육은 음악과 체육을 중심으로 하고, 후기교육은 철학 또는 변증법을 강조한다.

① 플라톤(Platon)의 『국가론』
② 루소(J. J. Rousseau)의 『에밀』
③ 듀이(J. Dewey)의 『민주주의와 교육』
④ 피터스(R. S. Peters)의 『윤리학과 교육』

플라톤(Platon)의 『국가론』 핵심 주제는 정의, 즉 올바른 삶이다. 올바른 삶을 위해 가장 중요한 것은 이성의 덕인 지혜를 갖추는 것이며 『국가론』에서 초기교육은 음악과 체육을 중심으로 하고, 후기교육은 철학 또는 변증법을 강조한다.

정답 ①

33. 플라톤이 『국가론』에서 주장한 내용으로 옳은 것은?

① 교육의 궁극적인 목적은 개인의 자아실현에 있다.
② 국가는 능력에 따라 구분된 계급에 적합한 교육을 시켜야 한다.
③ 모든 인간은 백지상태에서 태어나므로 개인의 사회적 역할은 평등하다.
④ 국가는 교육에 최소한으로 개입하여 개인의 발달을 보장해야 한다.

플라톤은 『국가론』을 통해 국가는 능력에 따라 구분된 계급에 적합한 교육을 시켜야 한다는 내용을 언급하였다.
① 플라톤은 개인의 자아실현보다는 국가의 조화와 정의를 더 중시했다.
③ 플라톤은 개인의 능력과 역할이 다르다고 보았다.
④ 플라톤은 국가가 교육에 적극적으로 개입해야 한다고 주장했다.

정답 ②

34. 다음 설명에 해당하는 교육사상가는?

- 중용의 덕을 강조한다.
- 교육 목적은 행복을 영위하는 인간의 양성이다.
- 모든 실체는 형상(form)과 질료(matter)로 구성된다고 주장한다.

① 소크라테스
② 플라톤
③ 아리스토텔레스
④ 아우구스티누스

① 소크라테스 : 주로 문답법을 통해 스스로 깨닫도록 유도하는 교육 방법을 강조했으며, 지행합일을 주장했다. 중용이나 형이상학적 실체론과는 거리가 있다.
② 플라톤 : 이데아론을 주장하며, 교육의 목적을 이데아를 인식할 수 있는 철학자를 양성하는 데 두었다. 감각적인 세계보다는 이성적인 세계를 중시했으며, 중용의 덕을 강조하기는 했으나 제시된 세 가지 특징을 모두 포괄하지는 않는다.
③ 아리스토텔레스 : 중용의 덕을 강조하며 도덕적 행위의 목표를 행복으로 보았다. 또한, 모든 실체는 가능태(potentiality)와 현실태(actuality), 그리고 이를 구성하는 형상(form)과 질료(matter)로 이루어져 있다고 주장했다. 제시된 세 가지 특징 모두 아리스토텔레스의 사상과 부합한다.
④ 아우구스티누스 : 신앙심을 강조하며, 교육의 목적을 신에게 귀의하고 영원한 행복을 얻는 데 두었다.

정답 ③

35. 아리스토텔레스의 교육사상에 대한 설명으로 옳은 것만을 모두 고르면? ■ 20지

ㄱ. 모든 인간은 장차 실현될 모습을 스스로 지니고 있다는 목적론적 세계관을 지향한다.
ㄴ. 교육의 최종적인 목적은 행복한 삶을 영위할 수 있는 인간을 기르는 것이다.
ㄷ. 자유교육은 직업을 준비하거나 실용적인 목적을 위해 행해지는 것이 아니라 지식 자체의 목적에 맞추어져 있다.

① ㄱ, ㄴ ② ㄱ, ㄷ
③ ㄴ, ㄷ ④ ㄱ, ㄴ, ㄷ

아리스토텔레스는 모든 인간은 장차 실현될 모습을 스스로 지니고 있다는 목적론적 세계관을 지향하였으며 교육의 최종적인 목적은 행복한 삶이라 주장하였다. 또한 자유교육이란 직업을 준비하거나 실용적인 목적을 위해 행해지는 것이 아니라 지식 그 자체에 있다고 하였다.

정답 ④

36. 아리스토텔레스의 교육 사상에 대한 설명으로 옳지 않은 것은? ■ 16지

① 교육은 시민들의 행복한 삶을 다룬다는 점에서 정치와 동일하다.
② 도덕적 탁월성이란 개인이 가진 내적 소질을 최대한 발현시키는 것이다.
③ 인간을 포함하여 존재하는 모든 것은 장차 실현될 모습을 스스로 지니고 있다.
④ 반어법(反語法)과 산파술(産婆術)은 학습자의 무지를 일깨우기 위한 교수법이다.

④ 반어법(反語法)과 산파술(産婆術)은 소크라테스가 주장한 내용이다.

정답 ④

37 소피스트들과 이소크라테스(Isocrates)의 교육 방식과 철학에 대한 비교로 옳지 않은 것은?

■ 11국

① 대부분의 소피스트들은 연속적이고 체계적인 교육을 제공하였지만, 이소크라테스(Isocrates)는 인간의 삶에 관계되는 다양한 질문을 하면서 산발적이며 비형식적인 교육을 하였다.
② 소피스트들은 젊은이들에게 수사학의 기술을 가르쳐 유능한 대중 연설가로 키우는 것이 목적이었으나, 이소크라테스(Isocrates)는 수사학의 기술과 함께 이들에게 인간의 정신을 도야하도록 가르쳤다.
③ 소피스트들은 출세위주의 입신양명에 교육목적을 두었으나, 이소크라테스(Isocrates)는 자신이 소피스트가 아니라고 주장했다.
④ 자유분방한 소피스트들은 법과 권위를 당연한 것으로 받아들이지 않는 회의주의적 도덕관을 가졌으나, 이소크라테스(Isocrates)는 보편적인 인간교육 이념을 확산시켰다.

소피스트들은 주로 실용적인 기술(수사학, 논변법)을 가르쳤으며, 교육이 체계적이라기보다는 단기적이고 실용적 목적에 초점이 맞춰져 있었으나 이소크라테스는 교육을 보다 체계적이고 철학적으로 접근했으며, 그의 아카데미에서는 인간의 정신 도야와 수사학 기술을 조화롭게 발전시키는 것을 강조했다.

🔒 정답 ①

38 16세기 서양의 인문주의 교육사상에 대한 설명으로 옳은 것은?

■ 17지

① 고대 그리스·로마의 자유교육의 이상을 계승하였다.
② 자연이나 실재하는 사물을 매개로 하는 실물교육을 도입하였다.
③ 민족적으로 각성된 관점에서 공동체 의식을 기르는 데 주력하였다.
④ 고등교육이 아닌 초등교육 수준에서 구체적인 교육 방안을 제안하였다.

인문주의 교육은 모든 고전으로부터 인간본성을 주제로 삼고자 하였으며 고대 그리스·로마의 자유교육의 이상을 계승하였다.

🔒 정답 ①

39 르네상스 시기의 인문주의 교육에 대한 설명으로 옳지 않은 것은?

■ 16국

① 인간 중심적 사고를 강조하였다.
② 감각적 실학주의를 비판하며 등장하였다.
③ 북유럽의 인문주의 교육은 개인보다는 사회 개혁에 주된 관심을 가졌다.
④ 이탈리아의 인문주의 교육에서는 자기 표현 및 창조적 능력의 실현을 강조하였다.

인문주의 교육에 대한 비판으로 감각적 실학주의가 등장하였다.

정답 ②

40 17세기 서양의 실학주의 철학 사조에서 강조하는 교육의 특징으로 옳지 않은 것은? ■18국
① 인문적 실학주의 – 고전연구를 통해 현실생활에 잘 적응하는 유능한 인간 양성을 강조하였다.
② 사회적 실학주의 – 여행과 같은 경험중심 교육을 통하여 사회적 조화와 신사 양성을 교육목적으로 강조하였다.
③ 감각적 실학주의 – 감각적 경험을 통하여 생활의 지식을 습득하며, 이해와 판단을 중시하는 교육방법을 강조하였다.
④ 인문적 실학주의 – 고전중심의 교과를 토의와 설명에 의해 개별적으로 교육하는 것을 강조하였다.

사회적 리얼리즘의 교육방법은 단순한 기억보다는 이해와 판단을 중요시하고 행동을 통한 실습과 실제에의 지식 적용을 강조한다.

정답 ③

41 서양의 감각적 실학주의(Sensual Realism)에 관한 설명으로 가장 적절한 것은? ■18지
① 인문주의 교육을 비판한 몽테뉴(Montaigne)가 대표적인 사상가이다.
② 고전을 중시하지만, 고전을 가르치는 목적이 현실생활을 이해하는 데 있다.
③ 세상은 가장 훌륭한 교과서이며, 세상사에 밝은 인간을 기르는 데 교육의 목적이 있다.
④ 자연과학의 지식과 방법론을 활용하여 교육의 현실적 적합성과 실용성을 추구한다.

서양의 감각적 실학주의(Sensual Realism)는 자연과학의 지식과 방법론을 활용하여 교육의 현실적 적합성과 실용성을 추구한다.
① 몽테뉴는 사회적 실학주의 사상가이다.
② 감감적 실학주의는 고전보다 현실적이고 실용적인 교육을 중시한다.
③ 사회적 실학주의에 해당한다.

정답 ④

42 서양교육사에서 나타난 사실로 옳은 것은? ▪ 17국

① 고대 그리스의 스파르타에서는 신체와 영혼의 균형을 교육의 목적으로 추구하여 교육과정에서 읽기, 쓰기, 문학, 철학의 비중이 컸다.
② 고대 로마시대에는 초기부터 공립학교 중심의 공교육체제가 확립되어 유행하였다.
③ 17세기 감각적 실학주의는 감각을 통한 지각, 관찰학습, 실물학습을 중시하였다.
④ 산업혁명기 벨(A. Bell)과 랭커스터(J. Lancaster)의 조교법(monitorial system)은 소규모 토론식 수업방법이었다.

① 고대 그리스의 스파르타에서는 신체와 영혼의 균형을 교육의 목적으로 추구하여 문학이나 철학보다는 군사훈련과 신체적 강화를 중시했다.
② 고대 로마시대 초기에는 공립학교가 존재하지 않았다.(사립학교 위주)
④ 조교법(monitorial system)은 대규모 수업에서 주로 사용하는 방법이다.

🔒정답 ③

43 코메니우스(Comenius)의 교육사상에 대한 설명으로 옳지 않은 것은? ▪ 23국

① 모든 사람에게 모든 것을 철저하게 가르쳐야 한다고 주장하였다.
② 그림을 넣은 교재인 『세계도회』를 제작하여 문자 위주 언어교육의 문제를 해결하고자 하였다.
③ 동굴의 비유를 통해 교육의 핵심적 원리와 지식의 단계를 제시하였다.
④ 어머니 무릎 학교, 모국어 학교, 라틴어 학교, 대학으로 이어지는 단계적 학교 제도를 제안하였다.

동굴의 비유는 플라톤이다.

🔒정답 ③

44 코메니우스(J. A. Comenius)의 교육사상에 대한 설명으로 옳지 않은 것은? ▪ 19국

① 고전(古典)의 내용을 체계적으로 전달하고 이해하는 것이 중요하다.
② 감각교육의 중요성을 강조한다.
③ 교육을 이끌어가는 방법상의 원리를 자연에서 찾는다.
④ 수업에서는 사물이 사물에 대한 언어보다 앞서야 한다.

감각적 실학주의 : 코메니우스
1) 17세기 과학의 시대의 이념을 가장 잘 반영하고 있는 실학주의가 감각적 실학주의이다.
2) 시대적으로 약간 앞선 인문적·사회적 실학주의의 한계를 극복하고 그 장점을 절충하였다.
3) 자연이나 실재하는 사물을 매개로 하는 실물교육을 도입하였다.
4) 감각을 통한 지각, 관찰학습, 실물학습을 중시하였다.
5) 교육방법의 원리를 자연에서 찾으며 사물의 언어보다 사물 자체에 관심을 갖게 한다.

정답 ①

45 18세기 유럽의 계몽주의 교육사조에 대한 설명으로 틀린 것은?

① 인간의 이성적 능력을 신뢰하였다.
② 전통적인 관습과 권위에 도전하였다.
③ 인문·예술 교과를 통한 감성 교육을 강조하였다.
④ 교육을 통한 무지의 타파와 사회 개혁을 추구하였다.

③ 인문·예술 교과를 통한 감성 교육을 강조한 것은 낭만주의(신인문주의)다.

정답 ③

46 다음 설명에 해당하는 교육사상가는?

• 아동이 무엇을 배울 수 있을 것인가에 대해 생각하지 않고 성인이 알아야 할 것에 대해서만 열중하고 있다는 점을 비판하였다.
• 자연주의 교육사상을 주장하였다.
• 자신의 교육관을 담은 『에밀(Emile)』을 저술하였다.

① 루소(Rousseau)   ② 페스탈로치(Pestalozzi)
③ 듀이(Dewey)   ④ 허친스(Hutchins)

1) **자연주의** : 루소 『에밀』
2) 루소(J. Rousseau)의 '**자연에 따르는 교육**'의 특징 : 교육의 목적은 자연질서의 한 부분인 자연과 인간본성에 의존해야 한다.

정답 ①

47. 다음 글에 해당하는 교육사상가는? ■ 14국

> "모든 것은 조물주의 손에서 나올 때는 순전히 선하나 인간의 손에 넘어오면서 타락한다."고 주장하며, 인위적 교육을 비판하고 자연의 원리에 맞는 교육을 해야 한다고 강조하였다.

① 니일(A. S. Neill)
② 루소(J. J. Rousseau)
③ 듀이(J. Dewey)
④ 로크(J. Locke)

"모든 것은 조물주의 손에서 나올 때는 순전히 선하나 인간의 손에 넘어오면서 타락한다."는 루소(J. J. Rousseau)의 저작 『에밀』에 나오는 문장이다.

 ②

48. 페스탈로치(Pestalozzi)의 교육사상이 대한 설명으로 옳지 않은 것은? ■ 23국

① 『일반교육학』을 저술하여 심리학적 원리에 기초한 교육방법을 정립하였다.
② 아동의 자발적 활동과 실물을 활용한 직관교육을 중시하였다.
③ 루소의 자연주의 교육사상을 교육 실제에 적용하여 빈민학교를 설립하였다.
④ 전체적인 구조 속에서 신체적 능력, 도덕적 능력, 지적 능력의 조화로운 발달을 주장하였다.

『일반교육학』은 헤르바르트가 저술하였다.

 ①

49. 다음과 같이 주장한 교육학자는? ■ 23지

> 교육의 목적은 궁극적으로 학생의 드덕적 품성을 강화하는 것이다. 도덕적 품성은 다섯 가지 기본 이념으로 이루어져 있으며, 내적 자유의 이념, 완전성의 이념, 호의(선의지)의 이념, 정의(권리)의 이념, 공정성(보상)의 이념이다.

① 페스탈로치(Pestalozzi)
② 피히테(Fichte)
③ 프뢰벨(Fröbel)
④ 헤르바르트(Herbart)

헤르바르트의 교육목적론 : 헤르바르트는 교육의 목적은 자라나는 세대들로 하여금 자신들이 속한 사회의 규범을 습득하고 행동적으로 안정된 인간으로 살아가게 하는 데 있다고 주장한다.

도덕적 품성(5가지 기본이념)
1) 내적 자유의 이념 : 칸트가 규정한 개인윤리의 기본적인 원칙을 그대로 수용한 것
2) 완전성의 이념 : 고대 그리스에 기원을 둔 균형과 조화 개념을 수용한 것
3) 호의의 이념 : 하나의 의지가 다른 사람의 의지에 대해서 최선을 다하는 이념, 즉 사람들이 남의 의지를 배려하면서 행동을 하는 것
4) 정의의 이념 : 이는 두 의지의 대립으로 인해 갈등이 생길 때, 이를 피하면서 법칙과 원칙에 입각하여 전력을 다할 것
5) 공정성 혹은 보상의 이념 : 처벌이나 상벌에 관한 교육적 대응을 의미하는 것으로서, 일정한 의지에 따른 행동에 대하여 그에 해당하는 징벌 혹은 보상이 제공되어야 한다는 이념

🔒 정답 ④

50 헤르바르트(J. F. Herbart) 4단계 교수론에서 다음이 설명하는 단계는? ■ 19지

> 이 단계에서는 지식 사이의 중요한 관련과 중요하지 않은 관련이 명백히 구분되고, 지식은 하나의 통일된 전체로 배열된다. 이 단계에서 학습의 성공은 학습자의 내부에 들어 있는 표상들이 완전한 통합을 이루도록 하는 데 있다.

① 명료화(clearness)
② 연합(association)
③ 방법(method)
④ 체계(system)

4단계 교수론에서 '표상들이 완전한 통합'과 관련된 것은 체계이다.

🔒 정답 ④

51 듀이(Dewey) 교육관의 특징에 해당하지 않는 것은? ■ 13국

① 사회적 가치보다는 아동의 흥미를 더 중시하는 아동 중심적 교육관이다.
② 이론 중심의 전통적 교육관에 대해 비판적이다.
③ 학습자 경험의 재구성과 성장을 중시하는 교육관이다.
④ 전통주의와 진보주의 교육 사이에서 극단적인 입장을 취하기보다는 절충적인 입장을 취한다.

듀이는 민주주의가 의미를 갖기 위해서는 '사회적·도덕적' 측면에서 그 가치가 실현되어야 한다고 주장했다. 사회적 가치와 아동의 흥미 모두를 중시했다.

🔒 정답 ①

52 다음 글에서 듀이(J. Dewey)의 반성적 사고의 특징을 설명한 것으로만 묶은 것은? ■ 11국

> ㄱ. 궁극적으로 변화를 추구한다.
> ㄴ. 과학적 탐구과정의 수단으로 활용될 수 있다.
> ㄷ. 문제해결과정에서 최초 목표에 대한 수정이 불가능하다.
> ㄹ. 개인의 내적 사고과정이므로 타인과의 상호작용에 가치를 두지 않는다.

① ㄱ, ㄴ   ② ㄱ, ㄹ
③ ㄴ, ㄷ   ④ ㄷ, ㄹ

듀이(John Dewey)는 반성적 사고(Reflective Thinking)를 '어떤 신념이나 지식으로 간주되는 것을 그 신념을 뒷받침하는 근거와 그 신념이 이끌어낼 결론의 관점에서 능동적이고 지속적이며 신중하게 고려하는 것'이라고 정의하였다. 이는 곧 문제해결 과정이자 과학적 탐구과정에 해당한다.
ㄷ. 반성적 사고는 유동적이며 유연한 과정이다. 가설을 검증하는 단계에서 예상치 못한 결과가 나오거나 추론 단계에서 논리적 결함이 발견되면, 최초에 설정했던 문제의 정의나 가설(목표)은 수정되고 재정립될 수 있다.
ㄹ. 듀이는 교육과정에서 협동학습과 민주적 토론을 강조하였다. 반성적 사고는 때로는 개인의 내적 사고에 해당한다. 하지만, 사회적 맥락에서 발생한 문제를 해결하고 가설을 공동으로 검증하며, 타인과의 의사소통을 통해 사고를 정교화하는 사회적 상호작용에 높은 가치를 둔다.

 ①

53 다음 프래그머티즘(Pragmatism)에 대한 내용 중 잘못된 것은? ■ 04 서울

① 소크라테스나 합리론을 철학적 토대로 한다.
② 사변적 절대주의에 반대하고 경험적 상대주의에 기초한 철학체계이다.
③ 지식은 감각과 경험을 통하여 인식하는 것이며, 과학적 실험에 의해서 증명되어야 한다.
④ 교육은 생활을 위한 준비가 아닌 그 자체가 되어야 한다.

소피스트가 당시에 상대적인 지식을 강조하고 소크라테스는 보편적인 지식을 추구하였다.
프래그머티즘(pragmatism)은 고대 그리스어 'pragma'에서 유래된 것으로 원래 행위·사실·활동·상호작용을 의미하는 말로서 소피스트가 추구한 상대적인 지식의 관점이다.

 ①

54 교육사상가들에 대한 설명으로 옳지 않은 것은? ■ 17국

① 파크허스트(H. Parkhurst)는 달톤플랜(Dalton plan)에서 학생과 교사가 계약을 맺는 계약학습을 제시하였다.
② 아들러(M. J. Adler)는 파이데이아 제안서(Paideia proposal)에서 학생들이 동일한 교육목표를 가지는 교육과정을 주장하였다.
③ 허친스(R. M. Hutchins)는 듀이(J. Dewey)와 함께 진보주의 교육협회를 설립하고 진보주의 교육운동을 전개하였다.
④ 킬패트릭(W. H. Kilpatrick)은 학생이 자신의 학습을 계획하고 활동을 수행하는 프로젝트 학습법(project method)을 제시하였다.

허친스(R. M. Hutchins)는 항존주의이다.

정답 ③

IX 한국교육사

01 시대별 교육기관이 바르게 짝지어진 것은? ■ 12국
① 백제(경당), 고구려(국학), 고려(오경박사), 조선(국자감)
② 통일신라(사부학당), 백제(서당), 고려(향교), 조선(국학)
③ 고구려(태학), 통일신라(국학), 고려(십이공도), 조선(향교)
④ 고구려(경당), 백제(학당), 고려(국학), 조선(성균관)

- **고구려 태학** : 소수림왕(小獸林王) 2년(372년)에 설립된 우리나라 최초의 관학(官學)이며 고등교육기관이다.
- **통일신라 국학(國學)** : 682년(신문왕 2)에 설치하였다.
- **고려 십이도(十二徒)** : 고려시대 개경에 있었던 12개 사학(私學)의 총칭이다. 십이공도의 시초는 1055년(문종 9) 벼슬에서 물러난 최충(崔冲)이 자신의 집 사랑채에 사숙(私塾)을 열어 후진을 양성한 데서 비롯되었다.
- **향교** : 고려와 조선시대의 지방에서 유학을 교육하기 위하여 설립된 관학교육기관이다.

 ③

02 통일신라의 국학과 고려의 국자감에서 공통으로 필수 과목이었던 두 책은? ■ 21지
① 『논어』와 『맹자』 ② 『논어』와 『효경』
③ 『소학』과 『가례』 ④ 『소학』과 『대학』

- **통일신라 국학** : 국학의 교수 과목은 『논어』와 『효경』을 비롯해 『예기』・『주역』・『상서(尙書)』・『모시(毛詩)』・『춘추좌씨전(春秋左氏傳)』・『문선(文選)』 등이었다. 이것은 경학(經學)이 주가 되고, 거기에 문학(文學)이 부수되었음을 말해 준다. 그런데 이 교수 과목은 전공을 3분과(分科)로 나누고 『논어』와 『효경』을 공통 필수로 하였다. 특히 『논어』와 『효경』을 3과 공통의 일반 필수로 한 것은, 그것이 유교의 윤리수신(倫理修身)에 관한 중요 과목으로 인식되었기 때문이다.
- **고려 국자감** : 교과과정은 유학학부에 있어서 교양필수 과목이 『논어』와 『효경』이었으며 전공 과목은 『주역』과 『상서』・『주례』・『예기』・『의례』・『모시』・『좌전』・『공양전』・『곡량전』의 9경으로 되어 있다.

 ②

03 우리나라 교육사에 관한 설명으로 옳지 않은 것은?

① 백제에서는 교육기관으로 국학을 세웠다.
② 고구려에서는 교육기관으로 태학을 세웠다.
③ 유형원은 『반계수록』에서 교육제도 개혁을 주장하였다.
④ 근대적 관립학교인 육영공원을 세웠다.

백제는 학교 설립에 관한 공식적인 기록이 없으며 국학은 신라의 유교식 대학기관이다.

 ①

04 다음 내용에 해당하는 우리나라 교육제도는?

- 유(儒) · 불(佛) · 선(禪) 삼교의 융합
- 청소년들의 심신을 수련하는 교육 집단
- 원광(圓光)의 세속오계를 통한 교육이념의 체계화

① 고구려의 경당　　　　　② 신라의 화랑도
③ 고려의 국자감　　　　　④ 조선의 성균관

신라의 화랑도는 진흥왕 때 국가적인 조직으로 정비되었으며, 원광의 세속오계를 행동 규범으로 삼았던 단체이다.

 ②

05 신라시대의 국학(國學)에 대한 설명으로 옳은 것은?

① 교수와 훈도를 교관으로 두어 교육하게 하였다.
② 6두품 출신 자제들에게만 입학 자격이 부여되었다.
③ 독서삼품과를 도입하여 독서의 정도에 따라 관직에 진출시켰다.
④ 수학 기간은 관직에 진출할 때까지 누구에게도 제한하지 않았다.

① 국학에서는 박사와 조교가 교육하였다.
② 국학에는 대사 이하의 경위(京位)를 가지고 있거나, 또는 관등을 가지고 있지 못하더라도 장차 가질 수 있는 사람이 입학하였다.
④ 국학은 15세부터 30세까지 학업을 수행할 수 있었으며, 9년을 기한으로 했는데 우둔해서 교화되지 않는 자는 그만두게 하고, 재기(才器)가 이루어질 수 있으나 익숙하지 못한 자는 비록 9년이 넘더라도 재학을 허락하였다.

 ③

06 고려 시대의 관학만을 모두 고르면? ■ 25국

ㄱ. 5부학당	ㄴ. 서원
ㄷ. 서당	ㄹ. 국자감

① ㄱ, ㄴ　　　　　　　　② ㄱ, ㄹ
③ ㄴ, ㄷ　　　　　　　　④ ㄷ, ㄹ

- **관학** : 국가에서 설립하고 운영하는 교육기관
- **사학** : 개인이 설립하거나 사립 단체에서 운영하는 교육기관
- ㄱ. **5부학당** : 고려 시대 초기, 개경의 5부에 설치된 관학이다. 귀족 자제들을 교육하기 위한 기관이다.
- ㄴ. **서원** : 서원은 조선 시대의 대표적인 사학으로 고려 시대에는 존재하지 않았다.
- ㄷ. **서당** : 서당은 고려 시대부터 조선 시대까지 존재한 사학으로 주로 초등교육을 담당했으며, 일반 백성의 자제들도 교육받을 수 있었다.
- ㄹ. **국자감** : 고려 시대의 최고 교육기관으로, 관학이다. 귀족 자제들을 교육했으며, 유학부와 기술학부 등을 두었다.

정답 ②

07 다음 설명에 해당하는 고려시대 교육기관은? ■ 25지

- 성종 11년(992년)에 설립되었다.
- 육학으로 구성되었다.
- 교과목으로 효경, 논어 등이 있었다.

① 국학　　　　　　　　② 경당
③ 국자감　　　　　　　④ 육영공원

제시된 설명은 고려시대의 최고 교육기관인 국자감(國子監)에 해당한다.

국자감
1) **성종 11년(992년)에 설립** : 국자감은 고려 6대 왕인 성종 때 유교 이념에 기반한 통치 체제를 확립하기 위해 992년에 설치되었다.
2) **육학(六學)으로 구성** : 국자감은 유교를 가르치는 유학계 3학인 국자학, 태학, 사문학과 기술학(전문학)을 가르치는 기술계 3학인 율학(법률), 서학(서예), 산학(수학) 등 총 여섯 개의 학과(육학)로 구성되었다.
3) **필수 교과목으로 효경, 논어 등이 있었다** : 유교 교육이 중심이었으므로, 가장 기본적인 경전인 「효경」과 「논어」를 포함하여 다양한 유교 경전을 가르쳤다.

교육기관	시대	특징
국학	통일신라	신문왕 때 설립된 통일신라의 최고 교육기관이다.
경당	고구려	고구려의 지방 및 사립 교육기관으로, 경전과 활쏘기를 함께 가르쳤다.
육영공원	조선(고종)	1886년에 설립된 한국 최초의 근대식 관립 교육기관이다.

정답 ③

08 고려시대 국자감에 대한 설명으로 옳지 않은 것은? ■ 11국
① 국자감은 유학부와 기술부의 이원체제로 운영되었다.
② 국자감의 유학부에서는 논어와 주역을 필수교과로 하였다.
③ 예종 때에 국자감에 설치한 7재에는 무학도 포함되어 있었다.
④ 국자감은 향사의 기능을 가진 문묘와 강학의 기능을 가진 학당이 별도로 있었다.

필수과목 : 효경(孝經)과 논어(論語)

정답 ②

09 조선시대 성균관에 대한 설명으로 옳지 않은 것은? ■ 16국
① 문묘와 학당이 공존하는 묘학(廟學)의 형태를 띠고 있었다.
② 고려의 국자감과 달리 순수한 유학(儒學) 교육기관으로 운영되었다.
③ 유생들이 생활하며 공부할 때 지켜야 할 수칙으로 학령(學令)이 존재하였다.
④ 재학 유생이 정원에 미달하면 지방 향교(鄕校)의 교생을 우선적으로 승보시켰다.

입학자격은 과거시험의 소과에 합격한 생원과 진사를 원칙으로 하였다.

정답 ④

10 조선시대 성균관에 대한 설명으로 옳은 것은? ■ 13국
① 양반(귀족)의 자제면 누구나 입학할 수 있다.
② 성현의 제사를 지내는 것이 주목적이다.
③ 강독, 제술, 서법 등이 교육내용이다.
④ 생원이나 진사가 되기 위한 준비기관이다.

성균관의 교육과정은 4서와 5경, 역사서의 강독과 제술 및 서법으로 구성되었다.

정답 ③

11 조선시대 성균관 유생의 출석 확인을 위한 방식은? ■ 19국

① 학교모범(學校模範) ② 원점법(圓點法)
③ 탕평책(蕩平策) ④ 학교사목(學校事目)

원점법(圓點法) : 성균관과 사학(四學) 등에 거재(居齋)하는 유생(儒生)들의 출석·결석을 점검하기 위하여 아침·저녁으로 식당에 들어갈 때마다 도기(到記)에 원점을 찍게 하던 규정

정답 ②

12 조선시대 성균관의 학령에 대한 설명으로 옳은 것을 〈보기〉에서 고른 것은? ■ 18지

┤보기├
ㄱ. 사서오경과 역사서뿐만 아니라 노자와 장자, 불교, 제자백가 관련 서적도 함께 공부하도록 하였다.
ㄴ. 매월 옷을 세탁하도록 주어지는 휴가일에는 활쏘기와 장기, 바둑, 사냥, 낚시 등의 여가활동을 허용하였다.
ㄷ. 유생으로서 재물과 뇌물을 상의하는 자, 주색을 즐겨 말하는 자, 권세에 아부하여 벼슬을 꾀하는 자는 벌하도록 하였다.
ㄹ. 매년 여러 유생이 함께 의논하여 유생들 중 품행이 탁월하고 재주가 출중하며 시무에 통달한 자 한두 명을 천거하도록 하였다.

① ㄱ, ㄴ ② ㄱ, ㄹ
③ ㄴ, ㄷ ④ ㄷ, ㄹ

교육내용은 사서삼경 및 제사(諸史)의 강독(講讀), 제술(製述), 서법(書法)을 익히되, 노자와 장자 및 불교서적과 제자백가와 잡학에 관한 책은 읽지 못하게 했다.

정답 ④

13 우리나라 교육기관 중 사학(私學)에 해당하는 것은? ■ 04국

① 사학(四學) ② 서원
③ 향교 ④ 성균관

우리나라 교육기관 중 사학(私學)에 해당하는 것은 서원이다.

정답 ②

14 조선시대 사학(四學)에 대한 설명으로 옳지 않은 것은? ▪09국

① 경서 중에서 소학은 필수과목이었다.
② 향교와 같이 중등교육을 담당하였다.
③ 성균관과 같이 명륜당과 문묘를 갖추고 있었다.
④ 입학 후 15세 이상이 되어 학문이 우수하면 성균관에 입학할 수 있었다.

학제와 교육방침은 성균관과 비슷하였으나, 위패를 모신 문묘를 따로 두지 않았다는 점은 향교와의 차이점이다.

정답 ③

15 조선시대의 향교에 대한 설명으로 옳지 않은 것은? ▪21국

① 전국의 부·목·군·현에 일읍일교(一邑一校)의 원칙에 따라 설립된 지방 관학이다.
② 교관으로는 중앙에서 파견하는 교수(敎授)나 훈도(訓導)가 있었다.
③ 성균관과 마찬가지로 문묘와 학당으로 구성된 묘학(廟學)의 구조를 갖추고 있었다.
④ 향교 유생들은 성균관 유생들을 대상으로 거행하는 알성시나 황감제, 도기과 등의 시험에 함께 응시할 수 있었다.

향교 유생들은 성균관 유생들을 대상으로 거행하는 알성시나 황감제, 도기과 등의 시험에 함께 응시할 수 없었다.

정답 ④

16 향교(鄕校)에 대한 설명으로 옳지 않은 것은? ▪08국

① 향교의 기능은 크게 제례(祭禮)와 강학(講學)의 두 가지로 나뉜다.
② 향교는 조선시대에 처음 설치된 관학 교육기관이다.
③ 향교의 교생은 양반 이외에 일반 양인(良人) 신분도 등록할 수 있었다.
④ 향교에 대한 관리와 감독은 지방수령의 기본 업무 중 하나이다.

향교는 고려시대부터 시작되었다.

정답 ②

17 조선시대 교육기관인 서원(書院)에 대한 설명으로 옳지 않은 것은?   ■ 17지

① 관학(官學)인 향교(鄕校)와 대비되는 사학(私學)이다.
② 퇴계 이황은 서원의 교육목적을 위인지학(爲人之學)에 두었다.
③ 원규(院規) 혹은 학규(學規)라고 규약을 갖추고 있었다.
④ 교육의 기능뿐만 아니라 선현(先賢)을 숭상하고 그의 학덕을 기리는 제사의 기능도 겸하였다.

퇴계 이황은 서원의 교육목적을 위기지학(爲己之學)에 두었다.
위기지학(爲己之學) : 자기 자신의 본질을 밝히기 위한 학문이라는 뜻의 유학 용어이다. 『논어』 헌문편의 "옛날에는 자기 자신을 위해 배웠지만, 오늘날은 남을 위해 한다(古之學者爲己, 今之學者爲人)."에서 비롯되었다.

정답 ②

18 조선시대 과거제도에 대한 설명으로 옳지 않은 것은?   ■ 14국

① 문과 대과에 급제한 자에게는 홍패(紅牌)가 지급되었다.
② 생진과의 복시(覆試)에 합격한 자에게는 성균관에 입학할 수 있는 자격이 주어졌다.
③ 생원시에서는 유교경전을, 진사시에서는 부(賦), 시(詩) 등의 문학을 시험보았다.
④ 과거시험은 정규시험인 정시(庭試)와 특별시험인 별시(別試)로 구분된다.

정규시험은 식년시이고 별시는 부정기 시험이다.

과거의 종류 : 문과(생원·진사시 포함), 무과, 잡과
1) 조선시대의 과거제도는 크게 문과(생원·진사시 포함), 무과, 잡과로 나누어진다.
2) **식년시(式年試)** : 조선시대에 3년마다 정기적으로 시행된 과거시험
3) **부정기 과거시험** : 증광시, 별시, 알성시, 정시, 춘당대시 등
4) 식년시와 증광시는 생원·진사시와 문과, 무과, 잡과가 모두 열렸다.
5) 별시·알성시·정시·춘당대시는 문과와 무과만으로 치러졌다.

정답 ④

19. 다음에서 조선의 성리학자들이 공통적으로 말하고 있는 것은?

※ 16지

> • 도리(道理)를 우리들이 마땅히 알아야 할 것으로 삼고 덕행(德行)을 우리들이 마땅히 실천해야 할 것으로 삼아 먼 곳보다 가까운 데서 겉보다 속부터 공부를 시작해서 마음으로 터득하여 몸소 실천해야 한다. — 퇴계 이황, 『퇴계집』의 「언행록」 —
> • 처음 배우는 이는 먼저 뜻을 세우되, 반드시 성인(聖人)이 될 것을 스스로 기약해야 하며 조금이라도 자신을 별 볼 일 없게 여겨 물러나려는 생각을 가져서는 안 된다. — 율곡 이이, 『격몽요결』의 「입지」 —

① 위기지학(爲己之學)
② 격물치지(格物致知)
③ 실사구시(實事求是)
④ 권학절목(勸學節目)

 해설

위기지학(爲己之學) : 자기 자신의 본질을 밝히기 위한 학문이라는 뜻의 유학 용어이다. ≪논어≫ 헌문편의 "옛날에는 자기 자신을 위해 배웠지만, 오늘날은 남을 위해 한다(古之學者爲己, 今之學者爲人)."에서 비롯되었다.

정답 ①

20. 조선 초 권근(權近)이 제정한 성균관 학칙으로, 학생의 성적, 벌칙, 일과, 자치활동 등을 포함하고 있는 것은?

※ 14지

① 학교모범(學校模範)
② 학령(學令)
③ 학제조건(學制條件)
④ 구재학규(九齋學規)

 해설

성균관 유생들은 재학 중 학령(學令)의 적용을 받았는데, 학령은 성균관 학칙인 동시에 관학(官學) 일반의 학칙이다. 권근(權近)은 조선 교육체제의 근간을 다진 인물로서 성균관 학칙인 「학령(學令)」과 「권학사목(學事目)」, 「향학사목(學事目)」 등을 제정해 학제(學制)의 내용을 정비하는 데 기여하였다. 이 중 「학령(學令)」은 조선 최초의 교칙으로 성균관 유생들이 지켜야 할 생활규칙에 해당한다.
① 이이가 지은 것으로 학생훈육과 학생수양을 위한 규칙에 해당하며, 「학령(學令)」의 미비점을 보완한 '조선시대 교육헌장'으로 일컬어진다.
③ 선조 17년 김우현이 지은 것으로 학생에 관한 인사문제를 다루고 있으며, 이이의 「학교사목」과 유사하다.
④ 성균관의 교육과정(4서5경)을 규정한 것으로 학습순서를 제시하고 있다.

정답 ②

21 다음 설명에 해당하는 조선시대 교재는?

- 소학(小學) 등 유학 입문용 교재이다.
- 중종 때 박세무가 저술하였다.
- 학습내용을 경(經)과 사(史)로 나누어 제시하였다.
- 일제 강점기에는 우리 역사를 다룬다는 이유로 서당의 교재로 쓰지 못하게 하였다.

① 『동몽선습』 ② 『유합』
③ 『입학도설』 ④ 『훈몽자회』

동몽선습은 《천자문》을 익히고 난 후의 학동들이 배우는 초급교재로서 유학 입문용 교재로 먼저 부자유친(父子有親)·군신유의(君臣有義)·부부유별(夫婦有別)·장유유서(長幼有序)·붕우유신(朋友有信)의 오륜(五倫)을 설명하였다.

정답 ①

22 다음 설명에 해당하는 저서는?

- 체계적 한자 학습을 위하여 엮은 고육용 교재로서 천자문의 결점을 극복하기 위하여 만들어졌다.
- 상하 각각 1,000자를 수록하여 2,000자로 구성이 되었다.
- 상권에는 유형적 개념에 해당하는 한자를 담았고, 하권에는 계절, 기구, 방위 등의 무형적 개념에 해당하는 한자를 담았다.

① 『아학편(兒學編)』 ② 『성학집요(聖學輯要)』
③ 『격몽요결(擊蒙要訣)』 ④ 『학교모범(學校模範)』

아학편(兒學編) : 정약용(丁若鏞, 1762~1836)
1) 『천자문』이 체계적인 글자의 배열과 초학자를 배려한 학습의 단계성이나 난이도를 전적으로 무시하고 있음을 지적하고, 이러한 내용 및 체계상의 결점을 극복하고자 저술하였다.
2) 상하 각각 1,000자를 수록하여 2,000자로 구성되었다.
3) 상권에는 구체적인 명사나 자연현상 등 실제적인 현상들의 개념을 담았다.
4) 하권에는 추상명사, 대명사, 형용사 등의 개념을 담고 있다.
5) 이러한 분류법은 암기 위주의 학습을 유도하는 천자문의 한계를 극복했다는 측면에서 교육사적인 의의가 크다고 하겠다.

정답 ①

23 조선 후기 실학자에 의해 직접 편찬된 한자 학습용 교재는?
■ 24국
① 아학편
② 천자문
③ 동몽선습
④ 입학도설

해설

아학편은 조선 후기 정약용이 편찬한 한자 학습 교재이다.
② 천자문은 중국에서 만들어진 한자 학습 교재이다.
③ 동몽선습은 조선 중기 박세무가 편찬한 아동용 한자 교재이다.
④ 입학도설은 조선 초기 권근이 편찬한 유학 입문서이다.

정답 ①

24 개화기에 설립된 우리나라 관립 신식학교에 해당하는 것만을 모두 고르면?
■ 21지

| ㄱ. 동문학 | ㄴ. 육영공원 | ㄷ. 연무공원 |

① ㄱ, ㄴ   ② ㄱ, ㄷ   ③ ㄴ, ㄷ   ④ ㄱ, ㄴ, ㄷ

해설

개화기 관립 신식학교에는 동문학(1883), 육영공원(1886), 연무공원(1888)이 해당된다.

정답 ④

25 새로운 교육의 방향을 제시하기 위해 고종이 갑오개혁 시기에 반포한 교육입국조서의 내용으로 옳은 것만을 모두 고른 것은?
■ 18국

ㄱ. 초등단계의 의무교육을 시행할 것임을 선언하였다.
ㄴ. 유교식 교육기관인 성균관을 근대식 대학으로 전환할 것을 천명하였다.
ㄷ. 교육의 3대 강령으로 덕양(德養), 체양(體養), 지양(智養)을 제시하였다.
ㄹ. 과거의 허명(虛名)교육을 버리고 실용(實用)교육을 중시할 것임을 밝혔다.

① ㄱ, ㄴ   ② ㄱ, ㄹ   ③ ㄴ, ㄷ   ④ ㄷ, ㄹ

해설

교육입국조서(敎育立國詔書) : 갑오개혁 이후 1895년(국가 부강은 교육 + 실용성)
1) 갑오개혁에 의해 근대적 교육제도들이 마련되었고, 이어서 교육입국조서가 반포되었다.
2) 교육입국조서는 '국가의 부강은 지식의 개명에 달려 있으니, 교육은 실로 국가를 보존하는 근본이라.'는 내용으로, 이 교육입국정신에 따라 정부는 소학교, 중학교, 사범학교, 외국어학교 등 각종 관립학교를 세웠다.
3) 교육의 3대 강령으로 덕양(德養), 체양(體養), 지양(智養)을 제시하였다.
4) 과거의 허명(虛名)교육을 버리고 실용(實用)교육을 중시하였다.

정답 ④

26 우리나라 개화기 교육에 대한 설명으로 옳지 않은 것은?   ■ 20지
① 동문학은 통역관 양성을 위한 목적으로 출발하였다.
② 배재학당은 우리나라 최초로 설립된 민간 신식교육기관이다.
③ 육영공원은 엘리트 양성을 위한 목적으로 설립된 관립 신식교육기관이다.
④ 안창호는 대성학교를 설립하여 구실역행을 강조하였다.

원산학사는 우리나라 최초로 설립된 민간 신식교육기관이다.

정답 ②

27 구한말 고종이 선포한 '교육입국조서'의 내용으로 옳지 않은 것은?   ■ 07국
① 체·덕·지순으로 그 중요성을 강조하였다.
② 교육을 통한 국가건설을 주창하였다.
③ 허명(虛名)을 버리고 실질을 숭상할 것을 역설하였다.
④ 학교를 널리 세워 인재를 양성할 것을 제창하였다.

덕 – 체 – 지 순서이다.

정답 ①

28 1894년부터 1896년까지 추진된 갑오개혁의 과정에 관제(官制) 또는 영(令)에 의해 설립된 근대 교육기관이 아닌 것은?   ■ 23지
① 소학교   ② 중학교
③ 외국어학교   ④ 한성사범학교

우리나라에서 중학교 교육이 근대 학교로 제도화되어 실시된 것은 1899년 4월 공포된 '중학교 관제' 이후다. 이 관제에 따르면 "중학교는 실업에 나아가려는 사람에게 정덕(正德)·이용후생의 도(道)를 가르치고 중등 교육의 보급을 도모한다."고 하고 있다. 1900년에 학부령으로 중학교 규칙 공포, 1908년에 '고등학교령 시행규칙'을 공포하여 중학교를 고등학교로 개칭함으로써 새로이 발족하게 되었다.

정답 ②

29 일제 강점기의 제2차 조선교육령에 대한 설명으로 옳지 않은 것은? ■15국

① 조선어를 필수과목으로 정했다.
② 고등보통학교의 수업 연한을 3년으로 정했다.
③ 대학 설립에 관한 조항을 두었다.
④ 3·1 운동으로 표출된 반일감정을 무마하기 위한 회유책이었다.

고등보통학교 5년, 여자고등보통학교 4년, 사범학교 및 대학 설립 조항을 두었다.

정답 ②

30 다음 내용을 포함하고 있는 일제강점기의 조선교육령은? ■21국

- 보통학교의 수업연한은 6년으로 한다. 단, 지역의 상황에 따라 5년 또는 4년으로 할 수 있다.
- 전문교육은 전문학교령에, 대학교육 및 그 예비교육은 대학령에 의한다.

① 제1차 조선교육령   ② 제2차 조선교육령
③ 제3차 조선교육령   ④ 제4차 조선교육령

제2차 「조선교육령」: 1919년 3·1운동 이후 개정, 반일감정에 대한 회유책
1) '문화정치'를 표방하여, 형식상으로는 일본 학제와 동일하게 융화정책을 사용하였다.
2) 그러나 이면에 숨겨진 교육정책은, 동일한 교육제도와 교육기간을 확충함으로써 일본식 교육을 강화하여 우리 민족의 사상을 일본화 또는 말살하려는 데 있었다.
3) 종래 4년이던 보통학교의 수업연한을 6년으로 연장하고, 각급 학교의 교과목 중 종래에는 폐지되었던 국어를 필수과목으로 하였다.
4) 고등보통학교는 5년, 여자고등보통학교는 4년, 사범학교 및 대학 설립 조항을 두었다.
5) 독립운동가들이 조선교육회를 발기하고 '조선민립대학설립운동'을 전개하여 종합대학의 설립을 추진하자, 일제(日帝)가 한국인의 고등교육기관을 봉쇄할 목적으로 경성제국대학을 설립하였다.
6) 일제의 우민화 정책에도 불구하고 제2차 조선교육령 시기에 조선인의 보통학교 재학생 수는 증가하였다.

정답 ②

31 고구려의 경당에 대한 설명으로 옳지 않은 것은?   ■ 22국
① 문과 무를 아울러 교육하였다.
② 미혼 자제들을 위한 교육기관이다.
③ 『문선(文選)』을 교재로 사용하였다.
④ 유교 경전으로는 사서(四書)를 중시하였다.

유교 경전으로 사서(四書)를 중시한 것은 고려 후기이다.

정답 ④

32 다음에 해당하는 조선 후기의 자찬 교재는?   ■ 22국

- 『천자문』이 갖고 있던 문자학습 교재로서의 결함을 극복하기 위해 만든 한자 학습서이다.
- 상·하권으로 나누어, 상권은 유형적 개념, 하권은 무형적 개념 위주로 2,000자를 수록하였다.

① 사소절   ② 아학편
③ 아희원람   ④ 하학지남

상·하권으로 나누어, 상권은 유형적 개념, 하권은 무형적 개념 위주로 2,000자를 수록한 것은 아학편이다.

정답 ②

X 교육법

01 교육법의 존재형식과 그 구체적인 예의 연결이 옳지 않은 것은? ■ 20국
① 법률 - 초·중등교육법
② 조약 - 유네스코 헌장
③ 법규명령 - 고등교육법시행령
④ 규칙 - 학생인권조례

지방의회가 만드는 법을 조례라 하며, 자치단체장이 만드는 법을 규칙이라 한다. 교육감이 만드는 법을 교육규칙이라 한다.

정답 ④

02 법적용의 우선원칙에 대한 설명으로 옳은 것은? ■ 19국
① 「지방자치법」과 「지방교육자치에 관한 법률」이 충돌할 경우 전자를 우선적으로 적용한다.
② 「초·중등교육법」과 「초·중등교육법 시행령」이 충돌할 경우 후자를 우선적으로 적용한다.
③ 「노동조합 및 노동관계조정법」과 「교원의 노동조합 설립 및 운영 등에 관한 법률」이 충돌할 경우 후자를 우선적으로 적용한다.
④ 신법과 구법이 충돌할 때에는 먼저 제정된 법을 우선적으로 적용한다.

특별법 우선의 원칙을 적용하여 「교원의 노동조합 설립 및 운영 등에 관한 법률」을 우선한다.

정답 ③

03 헌법 제31조에서 규정하고 있는 교육에 관한 내용으로 옳지 않은 것은? ■ 19지
① 균등하게 교육 받을 권리
② 고등학교까지의 의무교육 무상화
③ 교육의 정치적 중립성
④ 교육제도의 법정주의

모든 국민은 그 보호하는 자녀에게 적어도 초등교육과 법률이 정하는 교육을 받게 할 의무를 진다. 의무교육은 무상으로 한다.

정답 ②

04 교육과 관련하여 우리나라 헌법에 명문화되어 있지 않은 내용은?
■ 24국

① 국가는 평생교육을 진흥하여야 한다.
② 모든 국민은 능력에 따라 균등하게 교육을 받을 권리를 가진다.
③ 교육의 자주성·전문성·정치적 중립성 및 대학의 자율성은 법률이 정하는 바에 의하여 보장된다.
④ 국가는 특별한 교육적 배려가 필요한 사람의 교육을 지원하기 위하여 필요한 시책을 수립·실시하여야 한다.

④ 「교육기본법」에 명문화되어 있는 내용이다.

> 교육기본법 제18조(특수교육)
> 국가와 지방자치단체는 신체적·정신적·지적 장애 등으로 특별한 교육적 배려가 필요한 사람을 위한 학교를 설립·경영하여야 하며, 이들의 교육을 지원하기 위하여 필요한 시책을 수립·실시하여야 한다.

①, ②, ③은 헌법 제31조에 명문화되어 있다.

> 헌법 제31조
> ① 모든 국민은 능력에 따라 균등하게 교육을 받을 권리를 가진다.
> ② 모든 국민은 그 보호하는 자녀에게 적어도 초등교육과 법률이 정하는 교육을 받게 할 의무를 진다.
> ③ 의무교육은 무상으로 한다.
> ④ 교육의 자주성·전문성·정치적 중립성 및 대학의 자율성은 법률이 정하는 바에 의하여 보장된다.
> ⑤ 국가는 평생교육을 진흥하여야 한다.
> ⑥ 학교교육 및 평생교육을 포함한 교육제도와 그 운영, 교육재정 및 교원의 지위에 관한 기본적인 사항은 법률로 정한다.

정답 ④

05 「교육기본법」에 명시된 교원에 관한 규정이 아닌 것은?
■ 17국

① 교원은 법률로 정하는 바에 따라 다른 공직에 취임할 수 있다.
② 교원은 특정한 정당이나 정파를 지지하거나 반대하기 위하여 학생을 지도하거나 선동하여서는 아니 된다.
③ 교사는 전문성을 바탕으로 학생을 교육한다.
④ 교원은 교원의 경제적·사회적 지위를 향상시키기 위하여 각 지방자치단체와 중앙에 교원단체를 조직할 수 있다.

제14조(교원)
① 학교교육에서 교원(敎員)의 전문성은 존중되며, 교원의 경제적·사회적 지위는 우대되고 그 신분은 보장된다.

정답 ③

06 「초·중등교육법」에서 규정하고 있는 내용이 아닌 것은?　■ 25국
① 학교운영위원회의 설치 및 기능
② 교원의 자격 및 교직원의 임무
③ 고등학교 등의 무상교육 및 고교학점제의 지원 등
④ 초·중등학교의 유치원 병설

④ 유치원의 설립 및 운영에 관한 사항은 「유아교육법」에 규정되어 있다. 따라서 초등학교나 중학교에 유치원을 병설하는 것에 대한 내용은 「초·중등교육법」에서 직접적으로 규정하고 있지 않다. 물론 실제 학교에 병설 유치원이 존재할 수 있지만, 이는 「유아교육법」에 근거한 것이다.

🔒 정답 ④

07 「초·중등교육법 시행령」상 (가), (나)에 들어갈 말을 바르게 연결한 것은?　■ 24지

> 제48조의2(자유학기의 수업운영방법 등) ① 중학교 및 특수학교(중학교의 과정을 교육하는 특수학교로 한정한다)의 장은 자유학기에 (가) 을 실시하고 학생의 진로탐색 등 다양한 체험을 위한 (나) 을 운영해야 한다.

	(가)	(나)
①	학생 참여형 수업	진로교육
②	학생 참여형 수업	체험활동
③	학생 주도형 수업	진로교육
④	학생 주도형 수업	체험활동

제48조의2(자유학기의 수업운영방법 등)
① 중학교 및 특수학교(중학교의 과정을 교육하는 특수학교로 한정한다)의 장은 자유학기에 학생 참여형 수업을 실시하고 학생의 진로탐색 등 다양한 체험을 위한 체험활동을 운영해야 한다.
② 제1항에 따른 학생 참여형 수업 및 체험활동에 관한 세부 사항은 교육부장관이 정한다.

🔒 정답 ②

08 초·중등학교에 근무하는 교원과 직원의 신분에 대한 설명으로 옳은 것은?　■ 19국
① 수석교사는 교육전문직원이다.
② 공립학교 행정실장은 교육공무원이다.
③ 교장은 별정직 공무원이다.
④ 공무원인 교원은 특정직 공무원이다.

> ① 수석교사는 특정직 공무원이다.
> ② 공립학교 행정실장은 일반직 공무원이다.
> ③ 교장은 특정직 공무원이다.

정답 ④

09 「초·중등교육법」상 교직원의 임무로서 옳지 않은 것은? ■ 25지

① 교사는 법령에서 정하는 바에 따라 학생을 교육한다.
② 수석교사는 교사의 교수·연구 활동을 지원하며, 학생을 교육한다.
③ 행정직원은 법령에서 정하는 바에 따라 학교의 행정사무를 담당하고, 학생을 교육한다.
④ 교장은 교무를 총괄하고, 민원처리를 책임지며, 소속 교직원을 지도·감독하고, 학생을 교육한다.

> 행정직원은 교육활동이 아니라 학교의 행정사무를 담당하는 것이 임무이며, "학생을 교육한다."는 표현은 교원(교장·교감·교사·수석교사)에게만 해당된다.

정답 ③

10 교원 인사이동에 대한 설명으로 옳지 않은 것은? ■ 25국

① 승진은 동일 직렬 내에서의 직위 상승을 의미한다.
② 전직은 종류와 자격을 달리하는 임용이다.
③ 전보는 같은 직위 및 자격에서 근무기관이나 부서를 달리하는 임용이다.
④ 전직은 수직적 이동이고 전보는 수평적 이동이다.

> ① 승진은 교사가 현재 속한 직렬 내에서 더 높은 직위로 이동하는 것을 말한다. 예를 들어, 평교사에서 수석교사, 교감, 교장으로 올라가는 것이 승진에 해당한다.
> ② 전직은 교사가 현재 가지고 있는 자격이나 직렬과는 다른 종류의 직위로 임용되는 것을 의미한다. 예를 들어, 중등학교 교사가 교육 행정직 공무원으로 임용되거나, 유치원 교사가 초등학교 교사 자격을 취득하여 초등학교 교사로 임용되는 경우가 전직에 해당한다.
> ③ 전보는 교사의 직위와 자격은 그대로 두지하면서 근무하는 학교나 교육기관, 또는 학교 내의 다른 부서로 이동하는 것을 말한다. 예를 들어, A 초등학교에서 B 초등학교로 옮기거나, 같은 고등학교 내에서 학년 부장을 맡게 되는 경우가 전보에 해당한다.
> ④ 전직은 종류와 자격을 달리하는 이동이므로 반드시 수직적인 이동이라고 단정하기 어렵다. 같은 수준의 다른 직렬로 이동하는 경우도 있기 때문에 수평적인 이동일 수도 있다.
>   전보는 일반적으로 같은 직위와 자격 내에서의 근무지 변경이므로 수평적인 이동으로 볼 수 있다. 하지만 전직이 항상 수직적 이동인 것은 아니므로 ④번 전체가 옳지 않다.

정답 ④

11 전직에 해당하지 않는 것은?
① 초등학교 교감이 장학사가 되었다.
② 초등학교 교사가 중학교 교사가 되었다.
③ 중학교 교장이 교육장이 되었다.
④ 중학교 교사가 특성화 고등학교 교사가 되었다.

④ 전보에 해당한다.

정답 ④

12 「교육공무원법」상 교원의 전보에 해당하는 것은?
① 교사가 장학사로 임용된 경우
② 도교육청 장학관이 교장으로 임용된 경우
③ 중학교 교사가 초등학교 교사로 임용된 경우
④ 교육지원청 장학사가 도교육청 장학사로 임용된 경우

- 전보 : 동일한 직렬의 계급 또는 직급으로 수평적(근무지) 이동
- 전직 : 다른 직렬의 계급 또는 직급으로 수평적 이동

정답 ④

13 2급 정교사인 사람이 1급 정교사가 되고자 할 때 받아야 하는 연수는?
① 직무연수　　　　　　　② 자격연수
③ 특별연수　　　　　　　④ 지정연수

교원연수	기관중심(법정)	자격연수	자격취득연수 : 1급 정교사, 교감·교장 자격
		직무연수	수시연수 : 직무수행에 필요한 능력 배양
		특별연수	부전공 연수 : 학위취득, 해외 유학 및 연수
	단위학교(비법정)		연구수업, 동학년 협의회
	개인중심(비법정)		학위취득, 개인별 연구, 학회

정답 ②

14 현행 교육 관련법에서 교원에 대하여 규정하고 있는 내용으로 옳지 않은 것은? ■ 13국

① 교원은 교육자로서 갖추어야 할 품성과 자질을 향상시키기 위하여 노력하여야 한다.
② 교권은 존중되어야 하며, 교원은 그 전문적 지위나 신분에 영향을 미치는 부당한 간섭을 받지 아니한다.
③ 교원은 특정한 정당이나 정파를 지지하거나 반대하기 위하여 학생을 지도하거나 선동하여서는 아니된다.
④ 교원은 어떠한 경우에도 소속 학교의 장의 동의 없이 학원 안에서 체포되지 아니한다.

교원의 지위 향상 및 교육활동 보호를 위한 특별법 제4조(교원의 불체포특권)
교원은 현행범인인 경우 외에는 소속 학교의 장의 동의 없이 학원 안에서 체포되지 아니한다.

정답 ④

15 「지방교육자치에 관한 법률」상 교육감에 대한 설명으로 옳지 않은 것은? ■ 22지

① 시·도의 교육·학예에 관한 사무의 집행기관이다.
② 교육·학예에 관한 교육규칙의 제정에 관한 사항을 관장한다.
③ 교육감후보자가 되려면 교육경력과 교육행정경력을 각각 최소 1년 이상 갖추어야 한다.
④ 주민은 교육감을 소환할 권리를 가진다.

교육감후보자가 되려는 사람은 후보자등록신청개시일을 기준으로 「지방교육자치에 관한 법률」 제24조 제2항에 따른 교육경력 또는 교육행정경력이 3년 이상 있거나 양 경력을 합한 경력이 3년 이상 있는 사람이어야 한다.

정답 ③

16 「지방교육자치에 관한 법률」상 교육지원청에 대한 내용으로 옳지 않은 것은? ■ 25지

① 교육지원청의 관할구역과 명칭은 대통령령으로 정한다.
② 교육지원청에 교육장을 두되 장학관으로 보하고, 그 임용에 관하여 필요한 사항은 대통령령으로 정한다.
③ 교육지원청은 지방의 교육·학예에 관한 사무를 담당하기 위해 설치된 하급교육행정기관으로 특별시·광역시에는 설치할 수 없다.
④ 시·도의 교육·학예에 관한 사무를 분장하기 위하여 1개 또는 2개 이상의 시·군 및 자치구를 관할구역으로 하는 하급교육행정기관으로서 교육지원청을 둔다.

교육지원청은 특별시·광역시에도 설치 가능하며, 지방 교육행정의 하급기관 역할을 수행한다.

정답 ③

17 현행법상 교육의 중립성에 대한 설명으로 옳지 않은 것은? ■ 22지
① 교육은 정치적·파당적 또는 개인적 편견을 전파하기 위한 방편으로 이용되어서는 아니 된다.
② 교원노동조합은 정치활동을 할 수 없다.
③ 교원은 특정한 정당이나 정파를 지지하거나 반대하기 위하여 학생을 지도하거나 선동하여서는 아니 된다.
④ 공립학교에서는 학교운영위원회의 동의가 있는 경우 특정한 종교를 위한 종교교육을 할 수 있다.

국가와 지방자치단체가 설립한 학교에서는 특정한 종교를 위한 종교교육을 하여서는 아니 된다.

정답 ④

18 지방교육자치에 관한 법령상 교육감에 대한 설명으로 옳은 것만을 모두 고른 것은? ■ 17국

ㄱ. 교육규칙의 제정에 관한 사항은 교육감의 관장사무에 해당한다.
ㄴ. 주민은 교육감을 소환할 권리를 가진다.
ㄷ. 시·도의회에 제출할 교육·학예에 관한 조례안과 관련하여 심의·의결 권한을 가진다.
ㄹ. 교육감의 임기는 4년으로 하며, 교육감의 계속 재임은 3기에 한한다.

① ㄱ, ㄴ　　　　　　　　　　② ㄷ, ㄹ
③ ㄱ, ㄴ, ㄹ　　　　　　　　④ ㄱ, ㄴ, ㄷ, ㄹ

의결기관으로는 시·도 의회(교육위원회)가 있다.

정답 ③

X. 교육법

19 우리나라의 지방교육자치제에 대한 설명으로 옳지 않은 것은?　　■ 15국

① 교육지원청에 교육장을 두되 장학관으로 보한다.
② 교육감은 시·도의 교육·학예에 관한 사무의 집행기관이다.
③ 교육감의 임기는 4년으로 하며, 교육감의 계속 재임은 2기에 한한다.
④ 부교육감은 당해 시·도의 교육감이 추천한 자를 교육부장관의 제청으로 국무총리를 거쳐 대통령이 임명한다.

교육감의 임기는 4년으로 하며, 교육감의 계속 재임은 3기에 한한다.

정답 ③

20 현재 우리나라에서 시행되고 있는 지방교육자치제도에 대한 설명으로 옳은 것은?　　■ 13국

① 교육위원회는 집행기관이고, 교육감은 의결기관이다.
② 교육위원회는 지방의회와 독립되어 있다.
③ 교육감의 임기는 4년으로 하며, 교육감의 계속 재임은 3기에 한한다.
④ 교육감은 학교운영위원에 의한 간선제로 선출된다.

① 교육감은 집행기관이고, 교육위원회는 의결기관이다.
② 과거에는 독립되어 있었지만 현재는 지방의회가 권한을 담당하고 있다.
④ 교육감은 주민 직선제로 선출된다.

정답 ③

21 「사립학교법」의 내용으로 옳지 않은 것은?　　■ 23지

① 학교법인의 설립 당초의 임원은 정관으로 정하여야 한다.
② 기간제교원의 임용기간은 1년 이내로 하되, 필요한 경우 4년의 범위에서 그 기간을 연장할 수 있다.
③ 사립학교 교원은 권고에 의하여 사직을 당하지 아니한다.
④ 각급 학교의 장은 해당 학교를 설치·경영하는 학교법인 또는 사립학교경영자가 임용한다.

제54조의4(기간제교원)
③ 기간제교원의 임용기간은 1년 이내로 하되, 필요한 경우 3년의 범위에서 그 기간을 연장할 수 있다.

제10조(설립허가)
① 학교법인을 설립하려는 자는 일정한 재산을 출연하고, 다음 각 호의 사항을 적은 정관을 작성하여 대통령령으로 정하는 바에 따라 교육부장관의 허가를 받아야 한다. 이 경우 기술대학을 설치·경영하는 학교법인을 설립할 때에는 대통령령으로 정하는 바에 따라 미리 산업체가 일정한 재산을 출연하여야 한다.
  1. 목적
  2. 명칭
  3. 설치·경영하려는 사립학교의 종류와 명칭
  4. 사무소 소재지
  5. 자산 및 회계에 관한 사항
  6. 임원의 정원 및 그 임면(任免)에 관한 사항
  7. 이사회에 관한 사항
  8. 수익사업을 경영하려는 경우에는 그 사업의 종류, 그 밖에 사업에 관한 사항
  9. 정관 변경에 관한 사항
  10. 해산에 관한 사항
  11. 공고에 관한 사항과 그 방법
  12. 그 밖에 이 법에 따라 정관에 적어야 할 사항

제56조(의사에 반한 휴직·면직 등의 금지)
① 사립학교 교원은 형(刑)의 선고, 징계처분 또는 이 법에서 정하는 사유에 의하지 아니하고는 본인의 의사에 반하여 휴직이나 면직 등 불리한 처분을 받지 아니한다. 다만, 학급이나 학과의 개편 또는 폐지로 인하여 직책이 없어지거나 정원이 초과된 경우에는 그러하지 아니하다.
② 사립학교 교원은 권고에 의하여 사직을 당하지 아니한다.

제53조(학교의 장의 임용)
① 각급 학교의 장은 해당 학교를 설치·경영하는 학교법인 또는 사립학교경영자가 임용한다.
② 제1항에 따라 학교법인이 대학교육기관의 장을 임기 중에 해임하려는 경우에는 이사 정수의 3분의 2 이상의 찬성에 의한 이사회의 의결을 거쳐야 한다.
③ 각급 학교의 장의 임기는 학교법인 및 법인인 사립학교경영자의 경우에는 정관으로 정하고, 사인인 사립학교경영자의 경우에는 규칙으로 정하되, 4년을 초과할 수 없으며, 중임할 수 있다. 다만, 초·중등학교 및 특수학교의 장은 한 차례만 중임할 수 있다.

 ②

22 「학교폭력예방 및 대책에 관한 법률」상 학교폭력의 예방 및 대책에 대한 설명으로 옳지 않은 것은?
■ 23국

① 학교 안뿐만 아니라 학교 밖에서 발생한 학생 간의 상해, 폭행, 협박, 따돌림 등도 이 법의 적용대상이다.
② 경미한 학교폭력사건의 경우 가해학생 및 그 보호자가 학교폭력대책심의위원회의 개최를 원하지 않으면 학교의 장은 자체적으로 해결할 수 있다.
③ 학교의 장은 학교폭력의 예방 및 대책 등을 위한 교직원 및 학부모에 대한 교육을 학기별로 1회 이상 실시하여야 한다.
④ 피해학생의 보호를 위한 조치에는 학내외 전문가에 의한 심리상담 및 조언, 일시보호, 치료 및 치료를 위한 요양, 학급교체 등이 있다.

해설
가해학생 및 그 보호자가 아닌 피해학생 및 그 보호자이다.

학교폭력예방 및 대책에 관한 법률 제13조의2(학교의 장의 자체해결)
① 제13조 제2항 제4호 및 제5호에도 불구하고 다음 각 호에 모두 해당하는 경미한 학교폭력에 대하여 피해학생 및 그 보호자가 심의위원회의 개최를 원하지 아니하는 경우 학교의 장은 학교폭력사건을 자체적으로 해결할 수 있다. 이 경우 학교의 장은 지체 없이 이를 심의위원회에 보고하여야 한다.
  1. 2주 이상의 신체적·정신적 치료가 필요한 진단서를 발급받지 않은 경우
  2. 재산상 피해가 없는 경우 또는 재산상 피해가 즉각 복구되거나 복구 약속이 있는 경우
  3. 학교폭력이 지속적이지 않은 경우
  4. 학교폭력에 대한 신고, 진술, 자료제공 등에 대한 보복행위가 아닌 경우
② 학교의 장은 제1항에 따라 사건을 해결하려는 경우 다음 각 호에 해당하는 절차를 모두 거쳐야 한다.
  1. 피해학생과 그 보호자의 심의위원회 개최 요구 의사의 서면 확인
  2. 학교폭력의 경중에 대한 제14조 제3항에 따른 전담기구의 서면 확인 및 심의

정답 ②

23 「학교폭력예방 및 대책에 관한 법률」상 내용으로 옳은 것은?
■ 14국

① 학교폭력 가해 중학생의 경우 퇴학처분이 가능하다.
② 학교의 장은 학교폭력과 관련한 개인정보 등을 경찰청장, 지방경찰청장, 관할 경찰서장 및 관계 기관의 장에게 요청할 수 없다.
③ 교육감은 학교폭력의 실태를 파악하고 학교폭력에 대한 효율적인 예방대책을 수립하기 위하여 학교폭력 실태조사를 연 2회 이상 실시하여야 한다.
④ 교육감은 학교폭력대책자치위원회가 처리한 학교의 학교폭력빈도를 학교의 장에 대한 업무수행 평가에 부정적 자료로 사용할 수 있다.

① 학교폭력 가해 중학생의 경우 퇴학처분이 불가능하다.
② 학교의 장은 학교폭력과 관련한 개인정보 등을 경찰청장, 시·도경찰청장, 관할 경찰서장 및 관계 기관의 장에게 요청할 수 있다.
④ 교육감은 학교폭력대책자치위원회가 처리한 학교의 학교폭력빈도를 학교의 장에 대한 업무수행 평가에 부정적 자료로 사용하여서는 아니 된다. (학교폭력대책자치위원회 → 학교폭력대책심의위원회로 개정됨)

정답 ③

24 「학교폭력예방 및 대책에 관한 법률」상 중학교에서 발생한 학교폭력문제 처리과정에서 중학생인 가해학생에 대해 취할 수 있는 조치가 아닌 것은? ■ 19지
① 출석정지 ② 학급교체
③ 전학 ④ 퇴학처분

퇴학처분은 의무교육과정에 있는 가해학생에 대하여는 적용하지 아니한다.

정답 ④

25 우리나라 의무교육제도에 대한 설명으로 옳지 않은 것은? ■ 17국
① 지방자치단체는 국립 또는 사립의 초등학교·중학교 또는 특수학교에 일부 의무교육대상자에 대한 교육을 위탁할 수 있다.
② 지방자치단체로부터 의무교육대상자의 교육을 위탁받은 사립학교의 설립자·경영자는 의무교육을 받는 사람으로부터 수업료와 학교운영지원비를 받을 수 있다.
③ 모든 국민은 그 보호하는 자녀에게 6년의 초등교육과 3년의 중등교육을 받게 할 의무를 진다.
④ 취학아동명부의 작성을 담당하는 읍·면·동의 장은 입학연기신청서를 제출받은 경우 입학연기대상자를 취학아동명부에서 제외하고, 입학연기대상자 명단을 교육장에게 통보하여야 한다.

지방자치단체로부터 의무교육대상자의 교육을 위탁받은 사립학교의 설립자·경영자는 의무교육을 받는 사람으로부터 수업료와 학교운영지원비를 받을 수 없다.

정답 ②

26 「교육공무원법」상 고등학교 이하 각급학교 기간제교원으로 임용할 수 있는 경우가 아닌 것은?

① 교원이 병역 복무를 사유로 휴직하게 되어 후임자의 보충이 불가피한 경우
② 특정 교과를 한시적으로 담당하도록 할 필요가 있는 경우
③ 유치원 방과후 과정을 담당하도록 할 필요가 있는 경우
④ 학부모의 요구가 있는 경우

■ 19지

해설

제32조(기간제교원)
① 고등학교 이하 각급학교 교원의 임용권자는 다음 각 호의 어느 하나에 해당하는 경우에는 예산의 범위에서 기간을 정하여 교원 자격증을 가진 사람을 교원으로 임용할 수 있다.
　1. 교원이 제44조 제1항 각 호의 어느 하나의 사유로 휴직하게 되어 후임자의 보충이 불가피한 경우
　2. 교원이 파견·연수·정직·직위해제 등 대통령령으로 정하는 사유로 직무를 이탈하게 되어 후임자의 보충이 불가피한 경우
　3. 특정 교과를 한시적으로 담당하도록 할 필요가 있는 경우
　4. 교육공무원이었던 사람의 지식이나 경험을 활용할 필요가 있는 경우
　5. 유치원 방과후 과정을 담당하도록 할 필요가 있는 경우

정답 ④

---

27 「공교육 정상화 촉진 및 선행교육 규제에 관한 특별법」에서 금지하는 행위에 포함되지 않는 것은?

■ 16국

① 지필평가, 수행평가 등 학교 시험에서 학생이 배운 학교교육과정의 범위와 수준을 벗어난 내용을 출제하여 평가하는 행위
② 각종 교내 대회에서 학생이 배운 학교교육과정의 범위와 수준을 벗어난 내용을 출제하여 평가하는 행위
③ 「영재교육 진흥법」에 따른 영재교육기관에서 학교교육과정의 범위와 수준을 벗어난 내용으로 영재교육을 실시하는 행위
④ 대학의 입학전형에서 고등학교 교육과정의 범위와 수준을 벗어난 내용을 출제 또는 평가하는 대학별고사를 실시하는 행위

해설

영재교육기관에서 학교교육과정의 범위와 수준을 벗어난 내용으로 영재교육을 실시하는 행위는 가능하다.

정답 ③

28 학교의 평생교육을 규정한 「평생교육법」 제29조에 대한 설명으로 옳지 않은 것은? ■ 24국

① 학교의 평생교육을 실시하기 위하여 각급학교의 교실·도서관·체육관, 그 밖의 시설을 활용하여야 한다.
② 학교의 장은 학교를 개방할 경우 개방시간 동안의 해당 시설의 관리·운영에 필요한 사항을 정할 수 있다.
③ 각급학교의 장은 해당 학교의 교육여건을 고려하여 학생·학부모와 지역 주민의 요구에 부합하는 평생교육을 직접 실시하거나 지방자치단체 또는 민간(영리를 목적으로 하는 법인 및 단체는 제외)에 위탁하여 실시할 수 있다.
④ 「초·중등교육법」 및 「고등교육법」에 따른 각급학교의 장은 평생교육을 실시하는 경우 평생교육의 이념에 따라 교육과정과 방법을 수요자 관점으로 개발·시행하도록 하며 학교를 중심으로 공동체 및 지역문화 개발에 노력하여야 한다.

평생교육법 제29조(학교의 평생교육)
④ 학교의 장이 학교를 개방할 경우 개방시간 동안의 해당 시설의 관리·운영에 필요한 사항은 해당 지방자치단체의 조례로 정한다.

🔒정답 ②

---

29 「평생교육법」상 (가), (나)에 들어갈 말을 바르게 연결한 것은? ■ 24지

> "평생교육"이란 학교의 정규교육과정을 ☐(가)☐ 학력보완교육, 성인 문해교육, 직업능력 향상교육, 성인 진로개발역량 향상교육, 인문교양교육, 문화예술교육, 시민참여교육 등을 포함하는 모든 형태의 ☐(나)☐ 교육활동을 말한다.

	(가)	(나)		(가)	(나)
①	포함한	조직적인	②	포함한	비조직적인
③	제외한	조직적인	④	제외한	비조직적인

평생교육법 제2조(정의)
"평생교육"이란 학교의 정규교육과정을 제외한 학력보완교육, 성인 문해교육, 직업능력 향상교육, 성인 진로개발역량 향상교육, 인문교양교육, 문화예술교육, 시민참여교육 등을 포함하는 모든 형태의 조직적인 교육활동을 말한다.

🔒정답 ③

30 「평생교육법」상 용어의 정의로 옳지 않은 것은?
■ 25국

① "평생교육"이란 학교의 정규교육과정을 포함한 학력보완교육, 성인 문해교육, 시민참여교육 등 다양한 형태의 교육활동을 말한다.
② "문해교육"이란 일상생활을 영위하는데 필요한 문자해득능력을 포함한 사회적·문화적으로 요청되는 기초생활능력 등을 갖출 수 있도록 하는 조직화된 교육프로그램을 말한다.
③ "평생교육사업"이란 국가 및 지방자치단체가 국민과 주민의 평생교육을 위하여 예산 또는 기금으로 조직적인 교육활동을 직·간접적으로 지원하는 사업을 말한다.
④ "평생교육이용권"이란 평생교육프로그램을 이용할 수 있도록 금액이 기재(전자적 또는 자기적 방법에 따른 기록을 포함한다)된 증표를 말한다.

「평생교육법」 제2조 제1호에 따르면, "평생교육"이란 학교의 정규교육과정을 제외한 학력보완교육, 성인 문해교육, 직업능력 향상교육, 성인 진로개발역량 향상교육, 인문교양교육, 문화예술교육, 시민참여교육 등 모든 형태의 조직적인 교육활동을 말한다. 따라서 학교의 정규교육과정을 포함한다는 설명은 법률의 정의와 맞지 않는다.

정답 ①

31 「평생교육법」상 평생교육사에 대한 설명으로 옳지 않은 것은?
■ 25지

① 평생교육사는 평생교육의 기획·진행·분석·평가 및 교수업무를 수행한다.
② 평생교육사 자격증은 다른 사람에게 빌려주거나 빌려서는 아니 되며, 이를 알선하여서도 아니 된다.
③ 평생교육사의 등급, 직무범위, 이수과정, 연수 및 자격증의 교부절차 등에 필요한 사항은 대통령령으로 정한다.
④ 거짓이나 그 밖의 부정한 방법으로 평생교육사 자격을 취득하여 자격이 취소된 경우, 그 자격이 취소된 날부터 1년이 경과하면 다시 평생교육사가 될 수 있다.

거짓이나 그 밖의 부정한 방법으로 자격을 취득하여 취소된 자는, 그 취소된 날부터 3년이 경과하기 전에는 다시 평생교육사가 될 수 없다.

정답 ④

32 「학점인정 등에 관한 법률」상 교육부장관이 그에 상당하는 학점을 인정할 수 있는 자에 해당하지 않는 것은?
■ 22국

① 외국이나 군사분계선 이북 지역에서 중등교육에 상응하는 교육과정을 마친 자
② 대통령령으로 정하는 자격을 취득하거나 그 자격 취득에 필요한 교육과정을 마친 자
③ 「고등교육법」 제36조 제1항, 「평생교육법」 제32조 또는 제33조에 따라 시간제로 등록하여 수업을 받은 자
④ 「무형문화재 보전 및 진흥에 관한 법률」 제17조에 따라 국가무형문화재의 보유자로 인정된 사람과 그 전수교육을 받은 사람으로서 대통령령으로 정하는 사람

외국이나 군사분계선 이북 지역에서 대학교육에 상응하는 교육과정을 마친 자이다.
※ 무형문화재 → 무형유산으로 개정됨

정답 ①

XI 교육재정

01 교육재정의 특성으로 옳지 않은 것은? ▪ 19국

① 재정은 공공의 이익을 도모하는 국가활동과 정부의 시책을 위해 사용되어야 한다는 공공성이 있다.
② 공권력을 통하여 기업과 국민 소득의 일부를 조세를 통해 정부의 수입으로 이전하는 강제성을 가지고 있다.
③ 수입이 결정된 후에 지출을 조정하는 양입제출(量入制出)의 원칙이 적용된다.
④ 존속기간이 길다고 하는 영속성을 특성으로 한다.

교육재정은 양출제입의 원칙이 적용된다.

정답 ③

02 민간경제와 교육재정의 특성을 비교한 설명으로 옳은 것은? ▪ 13국

① 민간경제는 등가교환 원칙에 의하여 수입을 조달하지만, 교육재정은 합의의 원칙에 의한다.
② 민간경제는 수입과 지출이 균형을 유지해야 하는 특성을 가지고 있는 반면, 교육재정은 항상 잉여획득을 기본 원칙으로 하여 거래가 이루어지고 있다.
③ 민간경제는 존속기간이 영속성을 가지고 있는 데 비해, 교육재정은 단기성을 가진다.
④ 민간경제는 양입제출의 회계원칙이 적용되는 데 반해, 교육재정은 양출제입의 원칙이 적용된다.

민간경제는 양입제출, 교육재정은 양출제입의 원칙이다.
① 민간경제는 등가교환 원칙에 의하여 수입을 조달하지만, 교육재정은 강제의 원칙에 의한다.
② 민간경제는 수입과 지출이 불균형을 이루어 잉여를 획득하는 반면 교육재정은 수입과 지출이 균형을 유지해야 하는 특성을 가지고 있다.
③ 민간경제는 존속기간이 단기성을 가지고 있는 데 비해, 교육재정은 영속성을 가진다.

정답 ④

03 우리나라의 현행 교육재정의 구조에 대한 설명으로 옳지 않은 것은? ■ 21국

① 국가가 지방자치단체에 교부하는 교부금은 보통교부금과 특별교부금으로 나눈다.
② 교육부의 일반회계와 특별회계는 정부가 교육과 학예 활동을 위해 투자하는 예산을 말한다.
③ 교육부 일반회계의 세출 내역 중에서 가장 규모가 큰 것은 지방교육재정교부금이다.
④ 시·도교육비 특별회계의 세입 중에서 가장 큰 비중을 차지하는 것은 지방자치단체 일반회계로부터의 전입금이다.

해설

시·도교육비 특별회계의 세입 중에서 가장 큰 비중을 차지하는 것은 지방교육재정교부금이다.

정답 ④

04 교육재정의 구조와 배분에 대한 설명으로 옳지 않은 것은? ■ 23지

① 학생이 교육을 받는 기간 동안 미취업에 따른 유실소득은 공부담 교육기회비용에 해당된다.
② 국가는 지방교육재정상 부득이한 수요가 있는 경우, 국가예산으로 정하는 바에 따라 보통교부금과 특별교부금 외에 따로 증액교부할 수 있다.
③ 시·도 및 시·군·자치구는 관할구역에 있는 고등학교 이하 각급학교의 교육경비를 보조할 수 있다.
④ 시·도의 교육·학예에 필요한 경비는 해당 지방자치단체의 교육비특별회계에서 부담한다.

① 학생이 교육을 받는 기간 동안 미취업에 따른 유실소득은 사부담 교육기회비용에 해당된다. 교육비용은 크게 공적 부담과 사적 부담(가계 부담)으로 구분된다. 유실소득(미취업에 따른 소득)은 교육을 받는 개인이 포기하는 비용이므로, 개인(가계)이 부담하는 비용, 즉 사부담 교육비용(Private Cost)에 해당한다.

정답 ①

05 우리나라 교육재정에 대한 설명으로 옳지 않은 것은? ■ 14국

① 공교육비는 공부담 교육비와 사부담 교육비로 나뉘는데, 학생납입금은 사부담 교육비에 해당된다.
② 지방교육재정의 가장 큰 재원은 지방교육재정교부금 및 보조금이다.
③ 국가의 재정이 국민의 납세의무에 의해 재원을 확보하듯이 교육 예산도 공권력에 의한 강제성을 전제로 한다.
④ 교육재정의 지출 가운데 시설비가 차지하는 비중이 인건비에 비해서 상대적으로 크다.

교육재정의 지출 가운데 시설비가 차지하는 비중이 인건비보다 작다.

정답 ④

06 교육재정 제도와 정책에 대한 설명으로 옳지 않은 것은? ■ 21지
① 사립학교의 재원은 학생 등록금, 학교 법인으로부터의 전입금 두 가지로만 구성된다.
② 학부모 재원은 수업료, 입학금, 기성회비 혹은 학교 운영지원비로 구분할 수 있다.
③ 국세교육세는 「교육세법」에 의하여 세원과 세율이 결정되고, 지방교육세는 「지방세법」에 의하여 세원과 세율이 결정된다.
④ 중앙정부가 부담하는 지방교육재정 교부금 재원은 교육세 세입액 중 일부와 내국세의 일정 비율에 해당하는 금액으로 구성된다.

사립학교 교비회계 : 사립학교의 재원은 학생 등록금, 학교법인으로부터의 전입금, 국고 또는 각종 단체로부터의 원조·보조금으로 구성되어 있다.

정답 ①

07 지방교육재정교부금에 대한 설명으로 옳지 않은 것은? ■ 22지
① 교육의 균형 있는 발전을 목적으로 확보·배분된다.
② 지방자치단체 교육비특별회계의 세입 재원에 포함되지 않는다.
③ 국가는 회계연도마다 「지방교육재정교부금법」에 따른 교부금을 국가예산에 계상(計上)하여야 한다.
④ 「지방교육재정교부금법」상 지방자치단체에 교부하는 교부금은 보통교부금과 특별교부금으로 나눈다.

지방자치단체 교육비특별회계의 세입 재원에 포함된다.

정답 ②

08 지방교육재정교부금제도에 대한 설명으로 옳지 않은 것은? ■ 18국
① 기준재정수입액은 교육·학예에 관한 지방자치단체 교육비특별회계의 수입예상액으로 한다.
② 기준재정수입액을 산정하기 위한 각 측정단위의 단위당 금액을 단위비용이라 한다.
③ 교육부장관은 기준재정수입액이 기준재정수요액에 미치지 못하는 지방자치단체에 대해서는 그 부족한 금액을 기준으로 하여 보통교부금을 총액으로 교부한다.
④ 특별교부금은 지방교육행정 및 지방교육재정의 운용실적이 우수한 지방자치단체에 재정지원이 필요할 때 교부한다.

기준재정수요액을 산정하기 위한 각 측정단위의 단위당 금액을 단위비용이라 한다.

🔒 정답 ②

09 우리나라의 지방교육재정에 대한 설명으로 옳은 것은? ■ 15국
① 교육세는 지방교육재정교부금의 재원에 포함되지 않는다.
② 광역시는 담배소비세의 100분의 45에 해당하는 금액을 교육비특별회계로 전출하여야 한다.
③ 교육부장관은 특별교부금의 사용에 관하여 조건을 붙이거나 용도를 제한할 수 없다.
④ 시·군·자치구는 고등학교 이하 각급학교의 교육에 소요되는 경비를 보조할 수 없다.

지방자치단체 일반회계로부터의 전입금은 시·도세 총액 전입금(특별시세의 10%, 광역시세·경기도세의 5%, 도세의 3.6%), 지방교육세 전입금, 담배소비세 전입금(특별시 및 광역시 45%) 등이 있다.
① 교육세는 지방교육재정교부금의 재원에 포함된다.
③ 교육부장관은 특별교부금의 사용에 대해서는 조건을 붙이거나 용도를 제한할 수 있다.
④ 시·군·자치구는 고등학교 이하 각급학교의 교육에 소요되는 경비를 보조할 수 있다.

🔒 정답 ②

10 「초·중등교육법」에 근거할 때, 학교회계에 대한 설명으로 옳은 것은? ■ 16지
① 단위 학교 행정실장이 학교회계 세입세출예산안을 편성한다.
② 학교회계 세입세출예산안은 학교운영위원회의 심의를 거쳐야 한다.
③ 학교회계의 회계연도는 매년 1월 1일에 시작하여 12월 말일에 종료된다.
④ 학교발전기금으로부터 받은 전입금은 학교회계의 세입으로 할 수 없다.

① 단위 학교 학교장이 학교회계 세입세출예산안을 편성한다.
③ 학교회계의 회계연도는 매년 3월 1일에 시작하여 2월 말일에 종료된다.
④ 학교발전기금으로부터 받은 전입금은 학교회계의 세입으로 할 수 있다.

정답 ②

11 「초·중등교육법」상 우리나라 국·공립 초등학교·중학교·고등학교 및 특수학교의 학교회계 제도에 대한 설명으로 옳지 않은 것은? ■ 17국

① 학교회계의 회계연도는 매년 3월 1일에 시작하여 다음 해 2월 말일에 끝난다.
② 학교운영위원회 심의를 거쳐 학부모가 부담하는 경비는 학교회계의 세입으로 한다.
③ 학교의 장은 회계연도마다 학교회계 세입세출예산안을 편성하여 학교운영위원회에 제출하여야 한다.
④ 지방자치단체의 교육비특별회계의 전입금은 학교회계의 세입 항목이 아니다.

학교회계는 국가의 일반회계나 지방자치단체의 교육비특별회계로부터 받은 전입금을 세입(歲入)으로 한다.

정답 ④

12 「초·중등교육법」상 국·공립학교 학교회계의 세입(歲入)에 해당하지 않는 것은? ■ 19국

① 지방자치단체의 교육비특별회계로부터 받은 전입금
② 학교발전기금으로부터 받은 전입금
③ 사용료 및 수수료
④ 지방교육세

학교회계는 다음 각 호의 수입을 세입(歲入)으로 한다.
1. 국가의 일반회계나 지방자치단체의 교육비특별회계로부터 받은 전입금
2. 학교운영위원회 심의를 거쳐 학부모가 부담하는 경비
3. 학교발전기금으로부터 받은 전입금
4. 국가나 지방자치단체의 보조금 및 지원금
5. 사용료 및 수수료, 이월금, 물품매각대금, 그 밖의 수입

정답 ④

13 우리나라 교육비 분류에서 공교육비에 포함되는 것만을 모두 고르면? ■25국

ㄱ. 학교법인의 교육활동비	ㄴ. 수업료
ㄷ. 교재대, 부교재대	ㄹ. 교통비

① ㄱ, ㄴ ② ㄱ, ㄷ
③ ㄴ, ㄹ ④ ㄷ, ㄹ

ㄱ. **학교법인의 교육활동비** : 사립학교이지만 정부의 재정 지원을 받는 학교법인의 교육활동비는 공교육비에 포함될 수 있다.
ㄴ. **수업료(학교회계 이관)** : 공립학교의 수업료는 학교회계로 이관되어 교육활동에 사용되므로 공교육비에 포함된다.
ㄷ. **교재대, 부교재대** : 교재 및 부교재 구입비는 일반적으로 학생 또는 학부모가 부담하는 사교육비에 해당한다. 학교에서 무상으로 제공하는 경우는 공교육비에 포함될 수 있지만, 일반적인 상황에서는 포함되지 않는다.
ㄹ. **교통비** : 학생의 통학 교통비는 교육 관련 비용이지만, 공교육비의 범주에는 포함되지 않는다. 가정에서 부담하거나, 별도의 학생 복지 차원에서 지원될 수 있다.
따라서 공교육비에 포함되는 것은 ㄱ(학교법인의 교육활동비 – 조건부)과 ㄴ(수업료 – 공립학교)이다.

정답 ①

14 학부모가 지출한 교재비를 교육비의 기준에 따라 분류할 때, 옳은 것으로만 묶은 것은? ■20국
① 직접교육비, 사교육비, 공부담 교육비
② 직접교육비, 사교육비, 사부담 교육비
③ 간접교육비, 공교육비, 공부담 교육비
④ 간접교육비, 공교육비, 사부담 교육비

학부모가 지출한 교재비는 직접교육비, 사교육비, 사부담 교육비로 분류할 수 있다.

정답 ②

15 공·사교육비를 '공공의 회계절차를 거치는가'에 따라 분류할 때, 공교육비에 해당하지 않는 것은? ■19지
① 학생이 학교에 내는 입학금 ② 학생이 사설학원에 내는 학원비
③ 학부모가 부담하는 학교운영지원비 ④ 학교법인이 부담하는 법인전입금

학생이 사설학원에 내는 학원비는 사교육비이다.

정답 ②

16 우리나라에서의 교육비 분류방식에 대한 설명으로 옳지 <u>않은</u> 것은? ▪10국

① 간접교육비는 교육기간 동안 취업할 수 없는 데서 오는 손실로서의 유실소득과 비영리 교육기관이 향유하는 면세의 가치이다.
② 직접교육비는 교육활동에 직접적으로 투입되는 경비로서 사교육비는 제외된다.
③ 공교육비는 공공의 회계절차를 거쳐 교육에 투입되는 교육비로서 수업료를 포함한다.
④ 공부담 교육비는 국가나 지방자치단체 및 학교법인이 부담하는 경비로서 학교운영지원비는 제외된다.

직접교육비는 공교육비와 사교육비로 나눈다.

정답 ②

17 다음 설명에 해당하는 것은? ▪24국

- 일정 규모의 단위학교가 현재 교육목표 및 교육과정 등 제반 교육체제를 유지한다는 전제 하에서 정상적인 교육활동을 수행하는 데 필요한 최소한의 교육비를 의미한다.
- 최저소요교육비라고도 한다.

① 간접교육비 ② 직접교육비
③ 표준교육비 ④ 공부담교육비

③ **표준교육비**: 일정 규모의 단위학교가 정상적인 교육활동을 수행하는 데 필요한 표준적인 경비이다. 적정단위교육비 혹은 최저소요교육비라고도 하는데 현실적으로 최저소요교육비를 의미하는 경우가 많다.
① **간접교육비**: 직접 교육에 투자되는 비용은 아닌 기회비용으로 사부담 기회비용과 공부담 기회비용으로 분류한다.
② **직접교육비**: 직접 교육에 투자되는 비용으로 공교육비와 사교육비로 구분되며, 교육재정은 공교육비 가운데서도 국가나 지방자치단체가 부담하는 공부담공교육비와 학부모가 부담하는 사부담공교육비로 나눈다.
④ **공부담교육비**: 국가와 지방공공단체가 부담하는 직접교육비의 일종이다.

정답 ③

18 간접교육비에 대한 설명으로 옳지 <u>않은</u> 것은? ▪24지

① 학생이 학교에 다니기 때문에 취업할 수 없는 데서 오는 유실소득을 포함한다.
② 비영리기관인 학교에 대해 세금을 면제해주는 면세의 비용을 포함한다.
③ 학교건물과 장비 사용에 따라 발생하는 감가상각비와 이자도 포함된다.
④ 유아의 어머니가 취업 대신 자녀 교육을 위해 가정에 머물면서 포기된 소득은 제외한다.

간접교육비는 교육과 관련된 기회비용을 포함하는데, 이는 부모가 자녀 교육을 위해 취업을 포기한 경우도 포함된다.

간접교육비
1) 교육과 관련된 비용 중에서 직접적으로 지출되는 비용이 아닌, 교육을 받음으로써 발생하는 기회비용 또는 그로 인해 발생한 다른 형태의 비용을 의미한다. 즉, 교육을 받기 위해 감수해야 하는 경제적 손실이나 자원의 사용에 대한 비용을 포함한다.
2) 간접교육비의 주요 예시
   ① 유실소득 : 학생이 학교에 다니기 위해 취업을 할 수 없는 경우, 취업을 통해 얻을 수 있었던 소득을 포기하는 것
   ② 기회비용 : 부모가 자녀 교육을 위해 직장을 포기하거나, 가정에서 교육을 돌보는 대신 취업을 하지 않는 경우 발생하는 소득의 손실
   ③ 학교 운영에 따른 비용 : 학교의 건물과 장비 사용으로 인한 감가상각비나, 학교의 운영을 위한 재정적 부담 등
   ④ 세금 면제 : 학교가 비영리기관으로 세금 혜택을 받는 경우, 세금 면제로 인한 비용

🔒 정답 ④

19 학교예산 편성 기법 중 영기준 예산제도(Zero Based Budgeting System)의 장점으로 볼 수 없는 것은? ■ 16국

① 우선순위가 높은 사업에 대한 집중 지원이 가능하다.
② 학교경영에 구성원의 폭넓은 참여를 유도할 수 있다.
③ 점증주의적 예산 편성 방식을 통해 시간과 노력의 부담을 경감할 수 있다.
④ 학교경영 계획과 예산이 일치함으로써 교장의 합리적이고 과학적인 학교경영을 지원할 수 있다.

점증주의적 예산 편성 방식은 기존 안을 참고로 하지만 영기준 예산제도는 새롭게 예산을 기획한다.

🔒 정답 ③

20 다음의 특징과 가장 일치하는 학교예산 편성제도는? ■ 15지

• 전년도 예산편성과 상관없이 신년도 사업을 평가하여 예산을 결정한다.
• 창의적이고 자발적인 사업의 구상과 실행을 유도할 수 있다.
• 사업이 기각되거나 평가절하되면 비협조적 풍토가 야기될 수 있다.

① 기획예산제도 ② 품목별 예산제도
③ 영기준 예산제도 ④ 성과주의 예산제도

전년도 예산편성과 상관없이 신년도 사업을 평가하여 예산을 결정하는 것은 영기준 예산제도이다.

정답 ③

21 다음에 해당하는 학교예산 편성 기법은?
※ 22국

- 달성하려는 목표와 사업이 무엇인가를 표시하고 이를 달성하는 데 필요한 비용을 명시해 주는 장점이 있다.
- 예산 관리에 치중하여 계획을 소홀히 하거나 회계 책임이 불분명한 단점도 있다.

① 기획 예산제도
② 성과주의 예산제도
③ 영기준 예산제도
④ 품목별 예산제도

달성하려는 목표와 사업이 무엇인가를 표시하고 이를 달성하는 데 필요한 비용을 명시해 주는 예산 편성 기법은 성과주의 예산제도이다.

정답 ②

22 우리나라 현행 지방교육재원 중에서 규모가 가장 큰 것은?
※ 00지

① 지방자치단체 보조금
② 사용료 및 수수료
③ 정부로부터의 차입금
④ 일반회계로부터 전입금
⑤ 지방교육재정교부금

우리나라 현행 지방교육재원 중에서 규모가 가장 큰 것은 지방교육재정교부금이다.

정답 ⑤

XII. 평생교육

01 다음은 「평생교육법」 조항의 일부이다. 괄호 안에 공통으로 들어가는 말은? ■ 15국

> 제2조(정의) 이 법에서 사용하는 용어의 정의는 다음과 같다.
> 1. "평생교육"이란 학교의 정규교육과정을 제외한 학력보완교육, 성인 (　)교육, 직업능력 향상교육, 인문교양교육, 문화예술교육, 시민참여교육 등을 포함하는 모든 형태의 조직적인 교육활동을 말한다.
> 제39조 … ① 국가 및 지방자치단체는 성인의 사회생활에 필요한 (　)능력 등 기초능력을 높이기 위하여 노력하여야 한다.

① 취업
② 문자해득
③ 의사소통
④ 정보통신

해설

"평생교육"이란 학교의 정규교육과정을 제외한 학력보완교육, 성인 문해교육, 직업능력 향상교육, 성인 진로개발역량 향상교육, 인문교양교육, 문화예술교육, 시민참여교육 등을 포함하는 모든 형태의 조직적인 교육활동을 말한다.

정답 ②

02 평생교육에 대한 설명으로 옳지 않은 것은? ■ 25지

① 학교가 교육을 독점하는 것을 인정한다.
② 계획적인 학습과 우발적인 학습을 모두 포함한다.
③ 모든 기관과 모든 장소에서 이루어지는 교육을 수평적으로 통합한 것이다.
④ 한 개인의 생존기간 전체에 걸쳐 이루어지는 교육을 수직적으로 통합한 것이다.

해설

평생교육(lifelong education)은 학교 중심의 교육 독점을 부정하고, 가정·지역사회·직장 등 다양한 교육기관과 장면에서 이루어지는 학습을 중시한다.
즉, '교육의 탈학교화(de-schooling)'를 강조하며, 학교교육뿐 아니라 사회 전체가 학습의 장이 되어야 한다고 본다.

정답 ①

03 「초·중등교육법」에 따른 각급학교의 장이 「평생교육법」에 의거하여 학교의 평생교육을 실시하고자 할 때, 그 방법으로 옳지 않은 것은?
■ 16국
① 평생교육을 직접 실시하거나 영리를 목적으로 하는 법인 및 단체에 위탁하여 실시할 수 있다.
② 학교의 평생교육을 실시하기 위하여 각급학교의 교실·도서관·체육관, 그 밖의 시설을 활용하여야 한다.
③ 평생교육을 실시함에 있어서 평생교육의 이념에 따라 교육과정과 방법을 수요자 관점으로 개발·시행하도록 한다.
④ 학교를 개방할 경우 개방시간 동안의 해당 시설의 관리·운영에 필요한 사항은 해당 지방자치단체의 조례로 정한다.

각급학교의 장은 해당 학교의 교육여건을 고려하여 학생·학부모와 지역 주민의 요구에 부합하는 평생교육을 직접 실시하거나 지방자치단체 또는 민간에 위탁하여 실시할 수 있다. 다만, 영리를 목적으로 하는 법인 및 단체는 제외한다.

정답 ①

04 형식학습과 비교한 비형식 학습에 대한 설명으로 옳지 않은 것은?
■ 20국
① 시간 - 단기간 및 시간제 학생
② 목적 - 일반적인 목적 및 학위수여
③ 내용 - 개인화된 내용 및 학습자가 입학조건 결정
④ 전달방식 - 자원의 절약 및 유연한 체제

'학위수여'는 형식학습의 주요 목적에 해당한다.
'일반적인 지식 습득'이나 '실용 기술 습득'은 비형식 학습의 주요 목적에 해당한다.

정답 ②

05 평생교육체제의 특징에 대한 설명으로 옳지 않은 것은?
■ 13국
① 인간의 통합적이고 유기적인 발달을 고려하여 여러 교육간의 연계와 결합을 추구한다.
② 때와 상황에 따라 사회 전 영역에서 교육의 기회가 제공될 수 있어야 한다고 본다.
③ 지식, 인격, 이성이 변증법적으로 생성될 수 있다는 관점을 가지고 있다.
④ 교육은 문화유산의 전달 수단이 되고, 인재선별의 기능을 한다.

평생교육체제의 특징이라기보다는 교육사회에서 기능론 관점에 해당한다.

정답 ④

06 다음 설명에 해당하는 평생교육 문헌은? ■ 20국

- 국제교육의 해와 개발연대를 맞이하여 전 세계적으로 보급되었다.
- 평생교육 개념 확산에 크게 기여하였다.
- 평생교육의 개념 정립보다는 평생교육의 대두 배경을 제시한 입문서로 볼 수 있다.

① 렝그랑(Lengrand)의 『평생교육에 대한 입문』
② 포르(Faure)의 『존재를 위한 학습』
③ 다베(Dave)의 『평생교육과 학교 교육과정』
④ OECD의 『순환교육 보고서』

평생교육 개념 확산에 크게 기여한 사람은 렝그랑(Lengrand)이다. 『평생교육에 대한 입문』은 평생교육의 개념 정립보다는 평생교육의 대두 배경을 제시한 입문서로 볼 수 있다.

정답 ①

07 다음은 유네스코의 21세기 국제교육위원회에서 제시한 21세기를 준비하는 4가지 학습이다. 이 내용을 담고 있는 보고서는? ■ 16국

- 알기 위한 학습(learning to know)
- 행하기 위한 학습(learning to do)
- 존재하기 위한 학습(learning to be)
- 함께 살기 위한 학습(learning to live together)

① 만인을 위한 평생학습(Lifelong Learning for All)
② 학습 : 감추어진 보물(Learning : The Treasure Within)
③ 지구 지식경제에서의 평생학습(Lifelong Learning in the Global Knowledge Economy)
④ 순환교육 : 평생학습을 위한 전략(Recurrent Education : A Strategy for Lifelong Learning)

들로어(J. Delors) - 「학습 : 그 안에 담긴 보물(Learning : The Treasure Within)」
1996년에 보물을 담은 학습이라는 보고서를 발간하였다. 4가지 보물은 알기, 행하기, 존재하기, 함께 살기이다.

정답 ②

08 경제협력개발기구(OECD)가 제안한 순환교육에 대한 설명으로 옳지 않은 것은? ▪19지

① 의무교육과 같은 정규교육 영역을 중심으로 제안한 전략이다.
② 사적 영역에서 이루어지고 있는 직무교육을 포함한다.
③ 교육은 개인의 전 생애 동안 순환적인 방법으로 배분될 수 있다고 가정한다.
④ 교육과 일, 자발적 비고용 기간, 은퇴가 서로 교차할 수 있다는 것을 기본 원리로 삼는다.

경제협력개발기구(OECD)가 제안한 순환교육은 모든 형태의 학습이나 교육이 모든 연령 계층에게 필요하고 그로 인하여 수시로 일과 학습이 번갈아가며 이루어지는 현상을 설명하는 개념이다.

정답 ①

09 렝그랑(P. Lengrand)의 평생교육에 대한 견해와 가장 거리가 먼 것은? ▪18국

① 학교교육과 학교 외 교육의 시간적·공간적 분리를 강조한다.
② 개인에게 사회의 발전에 충분히 참여할 수 있게 하는 교육이다.
③ 평생을 통해 개인이 가진 다방면의 소질을 계속적으로 발전시키는 교육이다.
④ 급속한 사회변화와 인구증가, 고학기술의 발달, 생활양식과 인간관계의 균형상실 등이 그 필요성을 증가시킨 배경이다.

렝그랑(P. Lengrand)은 학교교육과 학교 외 교육의 시간적·공간적 분리보다 통합의 입장이다. 인간의 전 생애에 걸친 교육기회 제공, 인간의 발달단계에 적합한 교육기회 제공, 인간의 전 생애에 걸친 학습지원을 위한 제도적 장치 마련, 공교육기관의 평생교육기관으로서의 기능 강화를 통해 개인의 사회 참여 등이다.

정답 ①

10 성인학습에 대한 린드만(Lindeman)의 설명으로 옳지 않은 것은? ▪23지

① 성인학습자의 개인차는 나이가 들수록 감소한다.
② 경험은 성인학습의 중요한 자원이다.
③ 토론은 성인교육의 실천적 방법이다.
④ 성인학습은 삶 혹은 현장 중심적이다.

린드만이 제시한 성인학습의 특징
1) 성인학습자의 개인차는 나이가 들수록 확대된다.
2) 경험은 성인학습을 위한 가장 풍부한 학습자원이다.
3) 토론은 성인교육의 실천방법이다.
4) 성인학습은 생활중심을 지향한다.

정답 ①

11 평생교육에 이론적 기초를 제공한 학자와 그가 주장한 핵심개념이 올바르게 연결된 것은?

① 일리치(I. Illich) - 인간자본론
② 랑그랑(P. Lengrand) - 순환교육
③ 허친스(R. Hutchins) - 문화재생산이론
④ 놀스(K. Knowles) - 안드라고지(andragogy)

① 일리치(I. Illich) -『탈학교사회』
② 랑그랑(P. Lengrand) -『평생교육에 대한 입문(Introduction to Lifelong Education, 1970)』
③ 허친스(R. Hutchins) -『학습사회론』

정답 ④

12 성인교육(andragogy)에 대한 설명으로 옳지 않은 것은?

① 학습자의 경험을 유용한 교육자원으로 활용한다.
② 학습자가 자기주도적이라는 것을 전제로 한다.
③ 현재의 실생활에 적용할 수 있도록 학습하게 하므로 성과지향적이다.
④ 문제중심학습보다는 과목중심학습을 추구한다.

학교교육은 과목중심의 구조화, 탈맥락적 과제학습을 중시하며 성인교육은 맥락적이고 비구조화된 문제중심학습을 중시한다.

정답 ④

13 평생교육의 개념에 어긋나는 것은?

① 평생교육은 개인적 차원 및 사회공동체 차원에서 인간의 '삶의 질' 향상을 목적으로 하고 있다.
② 평생교육은 계획적인 학습과 우발적인 학습을 모두 포함한다.
③ 평생교육에서는 발달과업의 학습을 중시한다.
④ 평생교육에서는 학교가 교육을 독점하는 것을 인정하나, 학교교육이 지니는 의미를 평생교육의 관점에서 찾으려 한다.

평생교육은 학교교육 뿐만 아니라 학교 밖 교육까지 인정하는 학습이다.

정답 ④

14 데이브(R. Dave)와 스캐거(R. Skager)가 제시한 평생교육의 개념적 특징 중 다음 글과 가장 관련이 있는 것은? ■ 11국

> 최대의 학습효과를 올리기 위하여 자기주도학습을 도모하되, 이를 위하여 학습방법, 체험의 기회, 평가방법 등의 개선에 주목한다.

① 전체성(totality)
② 융통성(flexibility)
③ 기회와 동기부여(opportunity and motivation)
④ 교육 가능성(educability)

제시된 개념은 교육 가능성에 대한 설명이다.
① 학교교육과 학교 외 교육 등 정신적, 사회적, 정서적, 전체적 측면에서의 발달
② 어떤 환경에서도 학습이 가능하도록 다양한 여건과 제도를 조성
③ 개인의 호기심과 탐구력에 기초한 학습의 기회를 충분히 제공하되 필요할 경우 동기도 자극

 ④

15 경제협력개발기구(OECD)에 의하여 구상된 혁신적 교육프로그램으로, 사회에 진출한 사람들을 다시 정규교육 기관에 입학하게 하여 재학습의 기회를 주는 교육은? ■ 21지

① 계속교육
② 생애교육
③ 성인교육
④ 순환교육

OECD가 학습휴가제와 같이 혁신적인 방안을 함께 제시하면서 순환교육은 고등교육과 직업교육 그리고 평생교육을 연결하는 개념으로서 각광을 받았다.

 ④

16 평생교육의 6대 영역 중 인문교양교육에 해당하는 것은? ■ 20지

① 건강심성 프로그램
② 시민참여활동 프로그램
③ 생활문화예술 프로그램
④ 레저생활스포츠 프로그램

① 건강심성 프로그램 – 인문교양교육
② 시민참여활동 프로그램 – 시민참여교육
③ 생활문화예술 프로그램 – 문화예술교육
④ 레저생활스포츠 프로그램 – 문화예술교육

평생교육의 6대 영역
1) 기초문해교육
2) 학력보완교육
3) 직업능력교육
4) 문화예술교육
5) 인문교양교육
6) 시민참여교육

정답 ①

17 평생학습사회에 대한 설명으로 적절하지 않은 것은? ■ 10국
① 사회 자체가 변화에 대해 총체적이고 장기간에 걸친 자기혁신을 통해 새로운 생존방식을 추구하는 일련의 작동기제이다.
② 학습에 대한 결정이 주로 학습자들에게 위임되고, 모든 종류의 조직적·비조직적 사회활동 속에서 일어나는 학습혁명의 사회이다.
③ 학습의 총량이 증대됨에 따라 해당 사회가 정체되지 않고 스스로 자기주도적 성장을 도모할 수 있는 여건을 조성하는 사회이다.
④ 사회가 학습해야 한다고 요구하는 것을 학습하고, 같은 연령의 학습자가 연령에 따라 단계적으로 표준화된 교육과정으로 학습하는 사회이다.

평생학습사회는 사회가 요구하거나 단계별 학습을 하는 것이 아니라 개인의 필요에 따라 학습하고 비표준화된 교육과정을 추구하는 사회를 말한다.

정답 ④

18 다음 내용이 설명하고 있는 것은? ■ 08국

- 1968년 허친스(R. M. Hutchins)의 학습사회론 이후 발전된 개념이다.
- 학습공동체 건설을 도모하는 총체적 도시 재구조화 운동이다.
- OECD의 한 보고서는 지식기반 경제시대를 맞아 도시 및 지역에서의 학습, 생산성, 혁신, 경제 등을 증진시키는 데에 이것의 운영이 매우 긍정적인 작용을 한 것으로 평가한다.
- 산업 혁신형, 학습 파트너형, 지역사회 재생형, 이웃공동체 형성형 등으로 구분할 수 있다.

① 기업도시 ② 혁신도시
③ 평생학습도시 ④ 행정도시

해설

평생학습도시는 1968년 허친스(R. M. Hutchins)의 학습사회론 이후 주목되었으며 OECD의 한 보고서는 지식기반 경제시대를 맞아 도시 및 지역에서의 학습, 생산성, 혁신경제 등을 증진시키는 데에 이것의 운영이 매우 긍정적인 작용을 한 것으로 평가하였다.
① **기업도시**: 특정 기업이나 산업의 발전을 지원하기 위해 설계된 도시
② **혁신도시**: 정부의 정책적 목표로 특정 지역을 혁신적인 기술, 창업, 연구 등의 중심지로 발전시키기 위해 만든 도시
④ **행정도시**: 공공기관의 본부를 모아 놓은 도시로, 행정의 효율성을 높이고 정부의 업무 집중을 위해 만든 도시

정답 ③

19 「평생교육법」상 평생학습도시에 대한 설명으로 옳지 않은 것은? ■ 21지

① 평생학습도시의 지정 및 지원에 필요한 사항은 교육부장관이 정한다.
② 전국평생학습도시협의회의 구성 및 운영에 필요한 사항은 교육부령으로 정한다.
③ 평생학습도시 간의 연계·협력 및 정보교류의 증진을 위하여 전국평생학습도시협의회를 둘 수 있다.
④ 국가는 지역사회의 평생교육 활성화를 위하여 시·군 및 자치구를 대상으로 평생학습도시를 지정 및 지원할 수 있다.

해설

전국평생학습도시협의회의 구성 및 운영에 필요한 사항은 대통령령으로 정한다.

정답 ②

20 다음 설명에 해당하는 평생교육제도는? ■ 25국

- 고등학교를 졸업한 자 또는 이와 같은 수준 이상의 학력이 있다고 인정된 학습자는 누구나 수학 연한과 관계없이 원하는 때에 원하는 곳에서 학습할 수 있다.
- 학교에서뿐만 아니라 학교 밖에서 이루어지는 다양한 형태의 학습경험 및 자격을 인정받아 일정 기준을 충족시키면 학위취득을 가능하게 하는 제도로서 「학점인정 등에 관한 법률」에 근거하고 있다.
- 이 제도가 시행되기 이전에는 학교 이외의 비정규 교육기관에서의 학습경험을 학위로 연계할 수 있는 공적인 인정제도가 없었다.

① 평생교육사 ② 학점은행제
③ 독학학위제 ④ 평생학습계좌제

① **평생교육사** : 평생교육 프로그램을 기획, 조직, 운영, 평가하는 전문 인력을 의미하며 특정 제도를 지칭하는 것은 아니다.
② **학점은행제** : 고등학교 졸업 이상의 학력을 가진 사람이 다양한 학습 활동(대학 강좌 이수, 자격증 취득, 독학학위제 시험 합격 등)을 통해 학점을 취득하고, 일정 기준을 충족하면 학사 또는 전문학사 학위를 받을 수 있도록 국가에서 운영하는 제도이다.
③ **독학학위제** : 대학에 다니지 않고 스스로 공부하여 국가고시에 합격하면 학위를 취득할 수 있도록 하는 제도이다. 다양한 학습 경험을 인정한다는 특징은 학점은행제와 유사하지만, 주로 시험을 통해 학위를 취득한다는 점에서 차이가 있다.
④ **평생학습계좌제** : 개인의 다양한 학습 이력을 체계적으로 기록하고 관리하며, 학습 결과를 인정받아 활용할 수 있도록 지원하는 제도로 학위 취득을 직접적으로 지원하는 제도는 아니다.

 ②

21 학점은행제에 대한 설명으로 옳은 것은? ■ 12국

① 평가인정의 기준, 학점인정의 기준, 학위 수여요건에 대한 사항은 기관운영의 편이성 차원에서 해당 대학의 장이 정한다.
② 평생교육훈련기관이나 독학사 시험 및 독학시험 면제교육과정 이수 등의 학습경험을 학점으로 인정하지만, 국가기술자격은 학점으로 인정하지 않는다.
③ 표준교육과정은 학위의 종류에 따른 전공별로 정하되, 전문학사과정의 학위취득 최소이수학점은 140학점이다.
④ 학교뿐 아니라 학교 밖에서 이루어지는 다양한 형태의 학습경험을 제도적 인정기준과 절차에 따라 평가하여 학점이나 학력 또는 국가자격 등과 같이 사회적으로 공인된 교육결과를 인정하는 제도이다.

① 교육부장관이 정한다.
② 국가기술자격도 학점으로 인정한다.
③ 전문학사학위 과정은 80학점, 학사학위 과정은 140학점이다.

정답 ④

22 평생학습사회에서 학력은 전통적인 학교체제를 통해서뿐만 아니라 다양한 학습과 경험을 통해서도 얻을 수 있다. 우리나라가 시행하고 있는 평생학습 인증시스템이 아닌 것은? ■ 13국
① 학점은행제
② 평생교육사 자격제
③ 독학학위제
④ 문하생 학점·학력 인정제

평생교육사 자격제도는 평생교육을 담당하는 전문인력의 양성 및 승급에 관한 제도이다. 평생교육사는 평생교육을 받는 학습자들의 이익을 보호하기 위한 제도이다.

정답 ②

23 「평생교육법」상 학습휴가제에 대한 설명으로 옳은 것은? ■ 18지
① 도서비·교육비·연구비 등 학습비를 지원할 수 있다.
② 공공기관 소속 직원의 경우에는 무급으로만 가능하다.
③ 100인 이상의 사업장에서는 의무적으로 실시해야 한다.
④ 지방자치단체 소속 직원의 경우에는 적용 대상에서 제외한다.

② 유급 또는 무급으로 실시한다.
③ 의무 조항이 아닌 권장 사항이다.
④ 지방자치단체 소속 직원의 경우에도 적용된다.

정답 ①

24 다음에 해당하는 우리나라의 평생교육 제도는? ■ 21국

- 국민의 학력·자격이 결과에 대한 사회적 인정 및 활용기반을 확대하기 위한 제도이다.
- 학교교육, 비형식교육 등 국민의 다양한 개인적 학습경험을 학습이력관리시스템으로 누적·관리한다.

① 학습휴가제
② 학습계좌제
③ 시간제 등록제
④ 평생교육 바우처

학습계좌제에 대한 설명이다.
① **학습휴가제** : 근로자에게 교육을 받거나 학습을 하게 할 목적으로 일정 기간 동안 부여하는 휴가
③ **시간제 등록제** : 학습자가 원하는 과목을 선택하여 시간 단위로 수업을 듣고 학점을 취득하는 유연한 학사제도

 ②

25 다음 (가), (나)의 내용에 해당하는 평생교육제도를 바르게 짝지은 것은? ■ 16지

(가) 개인의 다양한 학습경험을 공식적인 이력부에 종합적으로 누적·관리하고 그 결과를 학력이나 자격 인정과 연계하거나 고용정보로 활용하는 제도이다.
(나) 학교에서뿐만 아니라 학교 밖에서 이루어지는 다양한 형태의 학습경험 및 자격을 학점으로 인정하고, 학점이 누적되어 일정 기준을 충족하면 학위취득을 가능하게 하는 제도이다.

	(가)	(나)
①	평생학습 계좌제	학점은행제
②	평생학습 계좌제	독학학위제
③	문하생 학력인정제	학점은행제
④	문하생 학력인정제	독학학위제

(가) **평생학습 계좌제**
　　평생학습 계좌제는 개인이 참여한 학습 이력(학교교육, 직업훈련, 평생교육 프로그램 참여, 자격 취득 등)을 온라인 시스템에 개인별 학습 계좌 형태로 기록·관리하여, 학습 결과를 사회적으로 인정받고 활용할 수 있도록 지원하는 제도이다.
(나) **학점은행제**
　　학점은행제는 정규 대학 외의 다양한 학습활동(평가인정 학습 과정, 자격증 취득, 독학학위제 시험 합격 등)을 학점으로 인정하여, 일정 기준의 학점을 이수하면 교육부장관 명의의 학위를 취득할 수 있도록 하는 평생교육 제도이다.

 ①

26 다음 설명에 해당하는 평생교육제도는? ■ 16국

> 학교 안팎에서 이루어지는 다양한 형태의 학습경험과 자격을 학점으로 인정하여, 일정 기준을 충족하면 대학졸업학력 또는 전문 대학졸업학력을 인정하는 제도

① 독학학위제 ② 학점은행제
③ 평생학습계좌제 ④ 국가직무능력표준제

학점은행제는 "학교에서뿐만 아니라 학교 밖에서 이루어지는 다양한 형태의 학습 및 자격을 대학 학점으로 인정받을 수 있도록 하고, 이 학점이 누적되어 일정 기준을 충족시키면 대학 학위 취득을 가능하게 함으로써 궁극적으로 열린교육사회와 평생학습사회를 구현하기 위한 제도이다."

정답 ②

---

27 독학학위제에 대한 설명으로 옳은 것만을 모두 고른 것은? ■ 18국

> ㄱ. 교양과정, 전공기초과정, 전공심화과정 등의 3개 인정시험을 통과하면, 학사학위를 수여하는 제도이다.
> ㄴ. 학점은행제로 취득한 학점은 일정 조건을 갖추게 되면, 독학학위제의 시험 응시자격에 활용될 수 있다.
> ㄷ. 특성화고등학교를 졸업한 사람은 독학학위제에 응시할 수 없다.
> ㄹ. 교육부장관은 독학학위제의 시험 실시 권한을 평생교육진흥원장에게 위탁하고 있다.

① ㄱ, ㄷ ② ㄱ, ㄹ
③ ㄴ, ㄷ ④ ㄴ, ㄹ

ㄱ. 마지막 4단계 학위취득 종합시험을 합격해야 한다.
ㄷ. 특성화고등학교를 졸업한 사람도 독학학위제에 응시할 수 있다.

정답 ④

---

28 우리나라의 독학자 학위취득시험 단계에서 □에 들어갈 것은? ■ 15국

교양과정 인정시험 → 전공기초과정 인정시험 → 전공심화과정 인정시험 → □

① 심층면접 ② 학위취득 종합시험
③ 실무능력 인정시험 ④ 독학능력 인정시험

4단계 학위취득 종합시험

정답 ②

29 「독학에 의한 학위취득에 관한 법률」의 내용으로 옳지 않은 것은? ■ 23지

① 국가는 독학자가 학사학위를 취득하는 데에 필요한 편의를 제공하여야 한다.
② 학위취득시험에 응시할 수 있는 사람은 고등학교 졸업이나 이와 같은 수준 이상의 학력이 있다고 인정된 사람이어야 한다.
③ 일정한 학력이나 자격이 있는 사람에 대하여는 학위취득 종합시험을 면제할 수 있다.
④ 교육부장관은 학위취득 종합시험에 합격한 사람에게는 학위를 수여한다.

법률은 면제 대상을 '제1호부터 제3호까지의 각 과정별 인정시험'으로 명시적으로 한정하고 있다.

제5조(시험의 과정 및 과목)
① 시험은 다음 각 호의 과정별 시험을 거쳐야 하며, 제4호의 학위취득 종합시험에 응시하려는 사람은 제1호부터 제3호까지의 각 과정별 시험을 모두 거쳐야 한다. 다만, 대통령령으로 정하는 바에 따라 일정한 학력(學歷)이나 자격이 있는 사람에 대하여는 제1호부터 제3호까지의 각 과정별 인정시험 또는 시험과목의 전부 또는 일부를 면제할 수 있다.
  1. 교양과정 인정시험(면제가능)
  2. 전공기초과정 인정시험(면제가능)
  3. 전공심화과정 인정시험(면제가능)
  4. 학위취득 종합시험(필수)

정답 ③

30 평생학습도시에 대한 설명으로 옳은 것은? ■ 11국

① 평생학습도시의 효시는 1968년에 애들러(M. Adler)가 학습사회론을 제창하면서부터이다.
② 1979년에 평생학습도시를 최초로 선언한 도시는 영국의 뉴캐슬이다.
③ 평생학습도시의 유형 중 '산업혁신형'은 지방자치단체의 종합적이고 광범위한 재생 전략을 기본 특징으로 하는 도시이다.
④ 우리나라의 경우 1999년에 경기도 광명시가 최초로 평생학습도시를 선언한 후 국가 단위의 학습도시사업이 전개되고 있다.

우리나라의 최초 평생학습도시는 경기도 광명시이다.
① 평생학습도시의 효시는 1968년에 허친스가 학습사회론을 제창하면서부터이다.
② 1979년에 평생학습도시를 최초로 선언한 도시는 일본의 가케가와시이다.
③ 평생학습도시의 유형 중 '지역사회 재생형'은 지방자치단체의 종합적이고 광범위한 재생 전략을 기본 특징으로 하는 도시이다.

정답 ④

31 우리나라 평생교육제도에 대한 설명으로 옳지 않은 것은? ■17국

① 국가무형문화재의 보유자로 인정된 사람과 그 전수교육을 받은 사람으로서 대통령령으로 정하는 사람은 그에 상당하는 학점을 인정받을 수 있다.
② 헌법은 "국가가 평생교육을 진흥하여야 한다."라고 규정하고 있다.
③ 평생교육사는 평생교육의 기획·진행·분석·평가 및 교수업무를 수행한다.
④ 대표적인 평생교육제도인 독학학위제, 학점은행제, 평생학습계좌제, 내일배움카드제는 국가평생교육진흥원에서 운영하그 있다.

내일배움카드제는 고용노동부에서 운영하고 있다.
※ 국가무형문화재 → 국가무형유산으로 개정됨

정답 ④

32 평생교육 제도에 대한 설명으로 옳은 것은? ■14국

① 학점은행제는 다양한 학습경험을 학점으로 인정하나 학위취득은 불가능한 제도이다.
② 학습계좌제는 학습자에게 교육비를 무상으로 지원해주기 위한 제도이다.
③ 시간제 등록제는 대학의 입학 자격이 있는 사람이 시간제로 등록하여 수업을 받을 수 있게 하는 제도이다.
④ 산업대학은 원격교육을 통해 정식 학위를 수여하는 제도이다.

① 학점은행제는 학점으로 학위취득이 가능한 제도이다.
② 학습계좌제는 학습자의 학습경험을 종합적으로 관리하는 제도이다.
④ 산업대학은 대면교육을 통해 정식 학위를 수여할 수 있는 제도이다.

정답 ③

33 평생교육 제도에 대한 설명으로 옳지 않은 것은? ■22지

① 학습휴가제 - 평생학습 기회를 확대하기 위하여 소속 직원에게 유급 또는 무급의 학습휴가를 실시할 수 있다.
② 평생교육이용권 - 국민에게 평생교육의 기회를 제공하기 위하여 신청을 받아 평생교육이용권을 발급할 수 있다.
③ 학습계좌제 - 평생교육을 촉진하고 인적자원의 개발·관리를 위해 국민의 개인적 학습경험을 종합적으로 집중 관리한다.
④ 독학학위제 - 고등학교 졸업이나 이와 같은 수준 이상의 학력을 인정받지 못한 경우에도 학사학위 취득시험의 응시자격이 있다.

독학학위제 : 고등학교 졸업이나 이와 같은 수준 이상의 학력을 인정받지 못한 경우에는 학사학위 취득시험의 응시자격이 없다.

정답 ④

34 다음에 해당하는 교육 개념은?

■ 22국

- 정규 학교교육 체제 밖에서 이루어지는 조직적 교육활동이다.
- 교수자의 자격 요건이나 교육 방법이 프로그램의 상황과 조건에 따라 유동적인 경우가 많다.

① 형식 교육 ② 비형식 교육
③ 무형식 교육 ④ 우연적 학습

교육의 여러 형식
1) 형식 교육(formal education) : 학교, 특정한 교육기관이 마련되어 있고 일정한 교육목적을 향하여 규율과 순서에 따라 계획적이고, 계속적인 교육작용이 이루어지는 것으로 표준화된 교육과정을 제공하고 초등교육부터 고등교육까지 위계적인 제도를 유지하고 있는 제도권 교육을 뜻한다.
2) 무형식 교육(informal education) : 가정, 인터넷, 학교나 사회처럼 의도적이 아닌, 자연발생적이고 우발적으로 이루어지는 교육이다.
3) 비형식 교육(nonformal education) : 방송통신 교육, 사회문화원, 형식 교육과 무형식 교육의 중간 형식을 갖춘 교육이라 할 수 있다.

정답 ②

35 「평생교육법」에 근거할 때, 평생교육기관이 아닌 것은?

■ 16지

① 교육감에게 등록된 학교교과교습학원
② 관할청에 보고된 대학 부설 평생교육원
③ 교육감에게 신고된 시민사회단체의 평생교육시설
④ 교육부장관의 인가를 받은 사업장 부설 사내대학

제2조(정의)
"평생교육기관"이란 다음 각 목의 어느 하나에 해당하는 시설·법인 또는 단체를 말한다.
가. 이 법에 따라 인가·등록·신고된 시설·법인 또는 단체
나. 「학원의 설립·운영 및 과외교습에 관한 법률」에 따른 학원 중 학교교과교습학원을 제외한 평생직업교육을 실시하는 학원
다. 그 밖에 다른 법령에 따라 평생교육을 주된 목적으로 하는 시설·법인 또는 단체

정답 ①

36. 평생교육 참여의 장애요인 중 크로스(Cross)가 분류한 세 가지 요인에 해당하지 않는 것은?

① 기질적(dispositional) 요인
② 상황적(situational) 요인
③ 기관적(institutional) 요인
④ 정보적(informational) 요인

■ 24지

크로스(Cross)가 제시한 평생교육 참여의 장애 요인
1) 기질적 요인(Dispositional Factors): 개인의 태도, 동기, 자신감, 학습에 대한 관심 등과 같은 심리적 특성에 관련된 요인이다. 학습에 대한 부정적인 태도나 동기 부족이 해당한다.
2) 상황적 요인(Situational Factors): 외부 환경이나 특정 상황과 관련된 요인이다. 시간 부족, 경제적 어려움, 가족과의 책임, 일정 충돌 등과 같은 현실적인 제약이 여기에 해당한다.
3) 기관적 요인(Institutional Factors): 교육기관의 구조나 운영 방식과 관련된 요인이다. 교육기관의 접근성 문제, 교육과정의 불충분, 비효율적인 학습환경 등이 포함된다.

정답 ④

37. 다음 설명에 해당하는 것은?

■ 25국

- 시·도교육청 또는 교육지원청에 설치된 학생상담지원시설
- 단위학교에서 선도 및 치유가 어려워 의뢰한 위기 학생에 대한 전문적인 진단·상담·치유 서비스 제공
- 임상심리사, 사회복지사, 전문상담사 등의 전문인력 상주
- 지역사회 내 관계기관과의 연계를 통한 문제해결 지원

① 청소년상담복지센터
② 위(Wee)센터
③ 청소년쉼터
④ 위(Wee)클래스

① **청소년상담복지센터**: 주로 여성가족부 산하에 설치되어 학교 밖 청소년을 포함한 모든 청소년의 상담 및 복지 지원을 제공하는 기관으로 교육청 산하라는 특징과는 거리가 있다.
② **위(Wee)센터**: 교육청 직속 또는 교육지원청 산하에 설치되어 학교에서 의뢰된 위기 학생에게 전문적인 상담, 진단, 치유 서비스를 제공하는 기관이다. 임상심리사, 사회복지사, 전문상담사 등 전문인력이 상주하며 지역사회와 연계하여 학생들을 지원한다.
③ **청소년쉼터**: 가정 밖 청소년에게 숙식, 상담, 교육 등을 제공하는 보호시설이다. 교육청 산하의 상담지원 시설과는 목적과 기능이 다르다.
④ **위(Wee)클래스**: 단위학교 내에 설치된 상담실로, 학교 상담 교사가 학생들의 초기 상담 및 예방 교육 등을 담당한다. Wee센터는 Wee클래스보다 더 전문적인 지원을 제공하는 상위 단계의 기관이다.

정답 ②

38. 5·31 교육개혁 방안이 발표된 1995년 이후 이루어진 조치에 해당하지 않는 것은? ■ 25지

① 교원정년 단축
② 교원노조 합법화
③ 고교평준화 정책 도입
④ 교육복지투자우선지역 사업 시행

③ 고교평준화 정책은 1974년(박정희 정부)에 이미 도입된 제도이다.

5·31 교육개혁(1995, 김영삼 정부)은 자율화·다양화·개방화를 핵심가치로 한 교육개혁 종합방안이었다. 이후 실제로 여러 교육제도 개편 조치가 시행되었다.

1) 교원정년 단축
   - 1999년「교육공무원법」개정으로 교원정년이 단계적으로 단축
   - 5·31 개혁 이후 교원 인사제도 개편의 일환
2) 교원노조 합법화
   - 1999년「교원의 노동조합 설립 및 운영 등에 관한 법률」제정으로 전교조 합법화
   - 5·31 개혁의 교원 전문성 및 자율성 강화 정책과 관련 있음
3) 교육복지투자우선지역 사업 시행
   - 2003년부터 본격 시행된 사업
   - 5·31 개혁의 '교육기회의 평등' 정신을 계승한 교육복지 실천 정책임

핵심 포인트

5·31 교육개혁(1995년)은
"자율화, 다양화, 개방화" 중심의 개혁이며,
1970년대 제도(고교평준화)와는 시대적으로 다르다.

🔒 정답 ③

세상의 모든
교육학 기출 1200

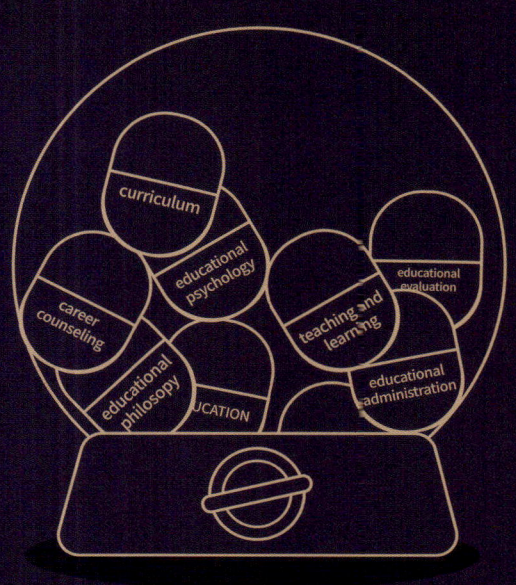

2026 7·9급 교육행정직 공무원시험 대비

세상의 모든
교육학 기출 1200
7급편

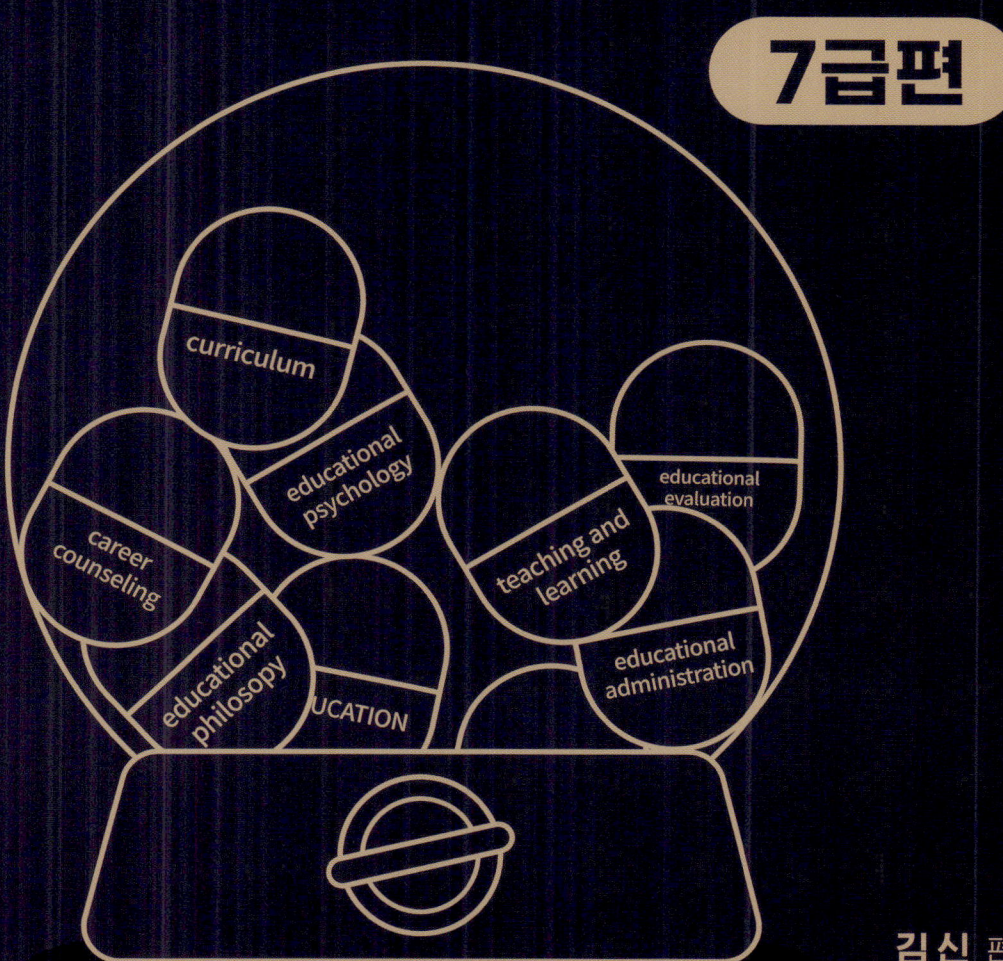

김신 편저

✓ 키워드 3단계 학습법을 통한 철저한 시험중심 학습
✓ 9급, 7급, 임용고시 기출문제 선별 총망라
✓ 기본개념은 물론 고난도 문제까지 해결능력 상승

동영상 강의 | 공단기 gong.conects.com

Fonus

PART

02

7급편

Ⅰ 교육과정

01 교육과정에 대한 설명으로 옳지 않은 것은? ■ 16 7급

① 보비트(Bobbitt)는 성인의 활동영역을 전문적으로 분석하여 교육목표를 설정할 것을 강조하였다.
② 브루너(Bruner)는 지식의 구조를 나선형으로 조직하여 가르칠 것을 제안하였다.
③ 교과중심 교육과정은 교과지식을 통해 사회변화를 위한 비판적 의식을 기를 것을 강조한다.
④ 인간중심 교육과정은 교육을 삶 그 자체로 간주하고 학생의 정서를 중시한다.

교과중심 교육과정은 문화유산의 전달을 목적으로 하는 내용을 논리적으로 체계화하여 교과로 분류하며 전통 중시, 문화유산 전달, 교사의 통제를 강조하기 때문에 비판적 의식을 강조하지 않는다. 비판적 의식을 강조하는 것은 비판철학이다.

 ③

02 다음 설명에 해당하는 교육과정은? ■ 22 7급

- 교과가 속한 학문의 고유한 구조를 강조한다.
- 교과를 구성하는 기본개념 및 법칙과 원리를 중시한다.
- 지식을 탐구하고 발견하는 교육방법을 활용한다.

① 학문중심 교육과정　　　　　② 인간중심 교육과정
③ 경험중심 교육과정　　　　　④ 사회중심 교육과정

교과가 속한 학문의 고유한 구조를 강조하는 것은 학문중심 교육과정이다.

 ①

03 다음의 내용을 강조하는 교육과정은? ■ 08 7급

- 지식의 구조 중시
- 내적 보상에 의한 학습동기 유발
- 교과내용의 종적 계열성 중시
- 기본 원리 및 개념 중시

① 교과중심 교육과정
② 경험중심 교육과정
③ 학문중심 교육과정
④ 인간중심 교육과정

학문중심 교육과정에서 중요한 것은 지식의 구조이다.

 ③

04 다음과 같은 특징을 가진 교육과정은? ■ 24 국가직 7급

- 국가경쟁력 향상에 중요한 수학과 과학 분야는 새롭게 가르쳐질 필요가 있다는 입장이다.
- 직관적 사고를 중시하였다.
- 내적 동기를 강조하였다.
- 대표 학자로 브루너(J. Bruner)가 있다.

① 교과중심 교육과정
② 학문중심 교육과정
③ 경험중심 교육과정
④ 인간중심 교육과정

학문중심 교육과정에서는 교과(지식)의 구조를 중시하였으며 능동적인 탐구를 통한 발견학습과, 학습자의 내적 동기를 강조하였다. 대표적인 학자로는 브루너가 있다.
① 교과중심 교육과정은 문화유산 전달을 목적으로 하며 형식도야 이론에 근거한다.
③ 경험중심 교육과정은 학생의 흥미를 중시하며 반성적 사고를 통한 문제해결을 강조한다. 대표적인 학자로는 듀이가 있다.
④ 인간중심 교육과정은 학생의 인간적 성장, 긍정적 통합을 궁극적인 목표로 두고 교육을 삶 그 자체로 간주한다.

 ②

05 형식도야이론에 대한 설명으로 옳지 않은 것은? ▪7급 국가직 13년

① 능력심리학에 토대를 두면서, 지각이나 기억 등과 같은 정신능력을 단련시키는 것을 강조한다.
② 마음을 이루는 특정 능력은 적절한 교과나 학습자료를 이용한 계속적인 반복 연습을 통해 발달된다.
③ 20세기 초반에 형식도야이론에 입각한 전통적 교육과정을 거부하는 운동이 다양하게 일어났다.
④ 듀이(J. Dewey)는 형식도야이론을 철학적으로 정당화하였다.

형식도야이론은 특정 학문이 정신능력을 단련하는 데 효과적이라고 주장한다. 듀이는 학습의 전이가 단순한 특정 교과의 반복으로만 이루어지지 않는다고 보아 형식도야이론의 주장을 비판하였다.

정답 ④

06 잠재적 교육과정에 대한 설명으로 옳지 않은 것은? ▪7급 국가직 15년

① 잠재적 교육과정은 주로 정의적 영역과 관계가 있다.
② 학교 환경과 교육활동을 의도적으로 조직·통제하는 행위와 결과는 포함되지 않는다.
③ 표면적 교육과정과 상호 조화될 때 교육효과는 더욱 높아진다.
④ 학교에서의 상과 벌, 평가, 사회적 관행 등이 잠재적 교육과정을 형성한다.

잠재적 교육과정의 부정적인 현상은 학교교육의 우연적인 결과라기보다는 누군가에 의해 고의적으로 '의도'된 것이라는 시각으로 보는 것은 애플(M. Apple), 지루(H. Giroux)의 잠재적 교육과정(hidden curriculum) 관점이다.

정답 ②

07 잠재적 교육과정에 대한 설명으로 옳지 않은 것은? ▪23 7급

① 공식적 교육과정과 구분되는 개념이다.
② 학교의 물리적 조건, 행정 조직, 사회 심리 상황 등의 환경에 기인한다.
③ 교사가 의도하지 않은 가운데 학생의 지식, 태도, 행동에 큰 영향을 끼친다.
④ 배울 만한 가치가 있음에도 교육과정에서 빠져 있는 교육내용을 가리킨다.

④ 영교육과정에 대한 설명이다.

잠재적 교육과정(latent curriculum) : 잭슨(P. Jackson)
1) 공식적 교육과정에서 의도하지 않았으나 학생들이 은연중에 배우게 되는 경험된 교육과정이다.
2) 잠재적 교육과정은 공개적으로 가르치거나 다루어지지 않았지만 수업분위기, 학급문화, 학교의 관행 등으로 학생이 은연중에 배우거나 경험한 것들이다.(군집성, 상찬, 권력구조)
3) 주로 정의적인 영역이나 학교풍토와 관련된다.
4) 사례 : 수업시간에 배운 한자를 30번씩 써 오라는 숙제 때문에 한문을 싫어하게 되었다.

 ④

08 교육과정에 대한 설명으로 옳은 것은? ■ 7급 국가직 14년

① 잠재적 교육과정에서는 문서 속에 담긴 교육계획이 중요한 의미를 가진다.
② 교육과정을 수업을 통해 실현된 학습경험으로 본다면 교육과정은 학생마다 다를 수 있다.
③ 우리나라의 공식적 교육과정은 국가 수준의 교육과정과 시·도교육청 수준의 교육과정 편성 및 운영 지침 등 두 수준으로 구성된다.
④ 아이즈너(Eisner)는 영교육과정이 공식적 교육과정에 포함되지 않기 때문에 교육적으로 중요한 의미를 갖지 않는다고 하였다.

① 잠재적 교육과정은 교육과정에서 의도하지 않은(문서 이외에) 부분에 관심을 갖는다.
③ 우리나라의 공식적 교육과정은 국가 – 시·도교육청 – 학교 수준으로 구성된다.
④ 아이즈너(Eisner)는 영교육과정이 공식적 교육과정을 더 풍성하게 할 수 있기 때문에 영교육과정을 공식적 교육과정에 잘 반영해야 된다고 하였다.

 ②

09 다음 내용과 가장 밀접하게 관련된 개념은? ■ 7급 국가직 11년

- 의도적으로 배제된 교육내용
- 대중문화
- 아이즈너(E. W. Eisner)의 주장

① 잠재적 교육과정　　② 영 교육과정
③ 묵시적 교육과정　　④ 재개념주의

영 교육과정은 아이즈너(E. W. Eisner)의 주장이다.

②

10 타일러(Tyler)의 교육과정개발 모형의 특징으로 볼 수 없는 것은? ■ 08 7급

① 집단적 숙의의 과정을 거쳐 교육과정을 설계한다.
② 탈역사적인 성격을 가지며 가치중립성을 표방한다.
③ 교육과정 개발자들이 따라야 할 절차를 제시하는 처방적 모형이다.
④ 어떤 학습경험을 선정하는가는 설정되는 교육목표에 따라 달라진다.

집단적 숙의의 과정을 거쳐 교육과정을 설계하는 것은 워커모형이다.

정답 ①

11 타일러(R. Tyler)의 교육과정 개발 모형의 특징 및 한계에 대한 설명으로 옳지 않은 것은?
■ 13 7급

① 교육과정 설계에서 교육목표는 가장 먼저 결정되어야 하고, 그 이후 모든 활동의 기준역할을 하는 것으로 간주되었다.
② 교육의 과정에서 형성되는 사회적 관계, 가치갈등 등에 주목하면서 내용을 목표보다 우위에 두었다.
③ 교육목표의 원천은 제시하고 있으나, 무엇이 교육목표이고 왜 다른 목표보다 우선적으로 선정되어야 하는지를 밝혀주지 못했다.
④ 교육목표는 학생들의 목표도달 여부를 판단할 수 있는 준거가 될 수 있도록 구체적이고 명시적으로 표현할 것이 강조되었다.

타일러(R. Tyler)는 교육의 과정에서 형성되는 사회적 관계, 가치갈등 등에 주목하지 않았다.

정답 ②

12 교육내용 선정 시 고려해야 할 일반적인 원리에 대한 설명으로 옳지 않은 것은? ■ 18 7급

① 다성과(多成果)의 원리 – 하나가 아닌 여러 가지 교육목표를 달성하는 데 도움이 되는 행동을 선택한다.
② 다활동(多活動)의 원리 – 동일한 목표를 달성하는데도 다양한 학습경험을 사용할 수 있다.
③ 만족의 원리 – 학생에게 요구되는 행동이 현재의 능력, 성취, 발달 수준에 맞아야 한다.
④ 기회의 원리 – 교육목표가 의미하는 행동을 학생 스스로 해보는 기회를 가지게 한다.

만족의 원리는 학생의 흥미, 필요와 합치되도록 경험을 선정하는 것이다.
1) 기회의 원칙 : 교육목표를 달성할 기회가 보장되도록 경험 선정
2) 만족의 원칙 : 학생의 흥미, 필요와 합치되도록 경험 선정
3) 학습가능성의 원칙 : 학습자의 발달단계에 맞는 경험 선정
4) 일목표 다경험의 원칙 : 다양한 학습경험으로 교육목표를 달성할 수 있도록 함
5) 일경험 다성과의 원칙 : 하나의 경험을 통하여 여러 성과를 거둘 수 있도록 계획
6) 타당성의 원칙 : 교육내용이 목표 달성에 도움이 되도록 선정

정답 ③

13 타일러(Tyler)가 제시한 학습경험 선정의 일반적 원리에 해당하지 않는 것은? ■ 21 7급

① 다성과의 원리 ② 가능성의 원리
③ 통합성의 원리 ④ 만족의 원리

타일러가 제시한 학습경험 선정의 일반적 원리는 다음과 같다.
1) 기회의 원칙 : 교육목표를 달성할 기회가 보장되도록 경험 선정
2) 만족의 원칙 : 학생의 흥미, 필요와 합치되도록 경험 선정
3) 학습가능성의 원칙 : 학습자의 발달단계에 맞는 경험 선정
4) 일목표 다경험의 원칙 : 다양한 학습경험으로 교육목표를 달성할 수 있도록 함
5) 일경험 다성과의 원칙 : 하나의 경험을 통하여 여러 성과를 거둘 수 있도록 계획
6) 타당성의 원칙 : 교육내용이 목표 달성에 도움이 되도록 선정

정답 ③

14 다음은 교육과정 조직의 원리 중 무엇에 해당하는가? ■ 10국 7

> 이 원리는 어떤 시점에서 학생들이 배워야 할 내용이 무엇이고, 그 내용을 얼마나 깊이 있게 배워야 하는가를 결정한다. 여기서 배워야 할 내용은 학교급, 학년, 교과목에 따라 달라지며, 깊이는 배울 내용에 할당된 수업시수로 표현된다.

① 계열성(sequence)의 원리 ② 계속성(continuity)의 원리
③ 범위(scope)의 원리 ④ 통합성(integration)의 원리

• 범위성(포괄성) : 특정 과목이나 분야에서 다루어야 할 내용의 폭과 깊이 즉, 학생들이 배우는 주제나 개념의 양을 의미한다.
• 계열성(순차성) : 학습 내용이나 경험이 어떻게 순서적으로 배열되는지를 의미한다. 즉, 학생들이 배워야 할 내용의 흐름이나 단계적 구성을 나타낸다.

정답 ③

15 아이즈너(Eisner)의 교육과정 이론에 대한 설명으로 옳지 않은 것은? ■ 20 7급

① 교육적 감식안에 토대한 표준화 검사가 필요하다.
② 평가는 교육과정 개발의 모든 과정에서 이루어져야 한다.
③ 교육내용을 선정할 때 학교에서 가르치지 않는 것에 대하여 고려해야 한다.
④ 행동적 목표에 대한 보완으로 표현적 결과(expressive outcomes)를 고려해야 한다.

아이즈너(Eisner)의 교육과정 이론에서 교육적 감식안은 학생들의 다양한 표현양식을 평가해야 하므로 표준화 검사는 적당하지 않다.

정답 ①

16 다음과 같이 주장한 교육학자는? ■ 24 국가직 7급

- 행동목표의 한계를 지적하였다.
- 예술적 접근을 통한 교육과정 개발을 강조하였다.
- '교육적 감식안'을 제안하였다.

① 타일러(R. Tyler) ② 아이즈너(E. Eisner)
③ 보빗(F. Bobbitt) ④ 애플(M. Apple)

아이즈너는 모든 것을 수업 전에 행동목표로 진술하는 것은 불가능하다고 주장하며 목표를 미리 설정하지 않고 얻게 되는 표현적 결과를 제시하였다. 또한 교육적 감식안에 기반을 둔 교육비평을 주장하였다.
① 타일러는 목표중심 교육과정을 주장하였으며 학습경험의 선정과 조직을 중시하였다.
③ 보빗은 타일러의 과학적 관리 방법에 영향을 받았으며 직무분석을 통한 교육과정 개발을 주장하였다.
④ 애플은 잠재적 교육과정을 주장하였으며 헤게모니를 강조하였다.

정답 ②

17 교육과정 '이해' 패러다임에 대한 설명으로 옳지 않은 것은? ■ 12국 7

① 교육과정의 정치적 독립성과 가치중립성을 강조한다.
② 교육과정 '개발' 패러다임의 행동주의와 과학주의를 비판한다.
③ 교육과정 개선을 위한 처방적 원리보다 교육과정 문제의 복합성에 더 관심을 갖는다.
④ 애플(Apple)의 정치적 텍스트로서의 교육과정 탐구, 아이즈너(Eisner)의 심미적 관점에서의 교육과정 탐구 등을 그 사례로 들 수 있다.

교육과정의 정치적 독립성과 가치중립성을 강조하는 것은 타일러의 교육과정 개발 논리이다. 교육과정 '이해' 패러다임에서는 역사적, 정치적, 심미적 텍스트로서의 교육과정 탐구를 한다.

정답 ①

18 위긴스(Wiggins)와 맥타이(McTighe)가 제시한 이해중심교육과정(백워드 설계)의 세 가지 설계 단계에 해당하지 않는 것은?

■ 21 7급

① 학습자의 요구와 상황 분석하기
② 바라는 결과 확인하기
③ 학습경험 계획하기
④ 수용 가능한 증거 결정하기

위긴스(Wiggins)와 맥타이(McTighe)가 지시한 이해중심교육과정(백워드 설계)의 세 가지 설계 단계
- 1단계 : 바라는 결과 확인하기
- 2단계 : 수용 가능한 증거 결정하기
- 3단계 : 학습경험 계획하기

정답 ①

19 스터플빔(D. L. Stufflebeam)의 의사결정 평가 모형에 대한 설명으로 옳은 것만을 모두 고르면?

■ 23 7급

ㄱ. 경영자의 결정에 판단적 정보를 제공한다는 점에서 경영자 위주의 접근이라고 불린다.
ㄴ. 상황(Context)평가, 투입(Input)평가, 과정(Process)평가, 산출(Product)평가로 구성된다.
ㄷ. 평가의 주된 목적은 목표 실현 정도를 파악하는 데 있다.
ㄹ. 예술작품을 비평하는 것과 같은 전문가의 감식안(connoisseurship)에 근거한 평가를 의사결정에 활용할 것을 제안하고 있다.

① ㄱ, ㄴ
② ㄱ, ㄹ
③ ㄴ, ㄷ
④ ㄷ, ㄹ

ㄷ : 타일러 목표달성 모형에 해당한다.
ㄹ : 아이즈너 전문가 모형에 해당한다.

정답 ①

20 「2015 개정 교육과정」 총론에서 제시한 학교 급별 교육과정 편성·운영의 기준에 해당하지 않는 것은?

■ 21 7급

① 학년 간 상호 연계와 협력을 통해 학교 교육과정을 유연하게 편성·운영할 수 있도록 학년군을 설정한다.
② 학습 부담을 적정화하고 의미 있는 학습 활동이 이루어질 수 있도록 학기당 이수 교과목 수를 조정하여 집중이수를 실시할 수 있다.
③ 학교 교육과정을 편성·운영할 때 교원의 요구, 학생의 요구, 학부모의 요구, 지역사회의 요구 등을 반영하도록 노력한다.
④ 초등학교 1학년부터 중학교 3학년까지의 공통 교육과정과 고등학교 1학년부터 3학년까지의 선택 중심 교육과정으로 편성·운영한다.

학교 교육과정을 편성·운영할 때 교원의 조직, 학생의 실태, 학부모의 요구, 지역사회의 실정 및 교육시설·설비 등 교육 여건과 환경을 충분히 반영하도록 노력한다.

정답 ③

21 2015 개정 교육과정이 제시한 미래사회 핵심역량에 해당하지 않는 것은?

■ 19 7급

① 자기관리 – 자아정체성과 자신감을 가지고 자신의 삶과 진로에 필요한 기초능력과 자질을 갖추어 자기주도적으로 살아갈 수 있는 능력
② 문제해결 – 다양한 영역의 지식과 정보를 활용하여 문제 상황이 발생할 경우 창의적으로 해결할 수 있는 능력
③ 심미적 감성 – 인간에 대한 공감적 이해와 문화적 감수성을 바탕으로 삶의 의미와 가치를 발견하고 향유하는 능력
④ 의사소통 – 다양한 상황에서 자신의 생각과 감정을 효과적으로 표현하고 다른 사람의 의견을 경청하며 존중하는 능력

문제해결은 2015 개정 교육과정이 제시한 미래사회 핵심역량에 해당하지 않는다.

정답 ②

22 「2022 개정 초·중등학교 교육과정 총론」에 제시된 교육과정 구성의 중점이 아닌 것은?

■ 24 국가직 7급

① 디지털 전환, 기후·생태환경 변화 등에 따른 미래 사회의 불확실성에 능동적으로 대응할 수 있는 능력과 자신의 삶과 학습을 스스로 이끌어가는 주도성을 함양한다.
② 교과 교육에서 깊이 있는 학습을 통해 역량을 함양할 수 있도록 교과 간 연계와 통합, 학생의 삶과 연계된 학습, 학습에 대한 성찰 등을 강화한다.
③ 국가직무능력표준을 활용하여 산업사회가 필요로 하는 기초 역량과 직무 능력을 함양한다.
④ 다양한 학생 참여형 수업을 활성화하고, 문제 해결 및 사고의 과정을 중시하는 평가를 통해 학습의 질을 개선한다.

「2022 개정 초·중등학교 교육과정 총론」에서는 학생 개개인의 인격적 성장을 지원하고, 사회구성원 모두의 행복을 위해 서로 존중하고 배려하며 협력하는 공동체 의식을 함양한다.

정답 ③

23 고교학점제에 대한 설명으로 옳지 않은 것은?

■ 24 국가직 7급

① 학생의 기초 소양과 기본 학력 획득을 보장하기 위해 공통과목 비중을 확대하는 제도이다.
② 이수 기준에 도달한 과목에 대해 학점을 취득·누적하여 졸업하는 제도이다.
③ 고등학교 수업량 기준을 '단위'에서 '학점'으로 전환하는 제도이다.
④ 법령상 출석일수 기준 충족 여부만으로 결정되는 현행 졸업 요건을 학점 취득 기준으로 전환하는 제도이다.

고교학점제는 학생이 기초 소양과 기본 학력을 바탕으로 진로·적성에 따라 과목을 선택하는 제도이다.

정답 ①

II. 교육심리

01 인간발달에 대한 설명으로 옳지 않은 것은? ■ 10 5급
① 발달은 유전과 환경 간 상호작용의 결과이다.
② 발달의 순서와 방향은 동일하다.
③ 발달은 계속적인 과정이다.
④ 인지발달과 정서발달은 상호 독립적이다.
⑤ 발달속도와 시기별 개인차가 있다.

발달은 신체와 정서발달과 상호 영향을 미친다.

정답 ④

02 피아제(Piaget)의 인지발달이론에 대한 설명으로 옳지 않은 것은? ■ 07국 7
① 인지발달은 인지구조의 변화에 의해 일어난다.
② 인지발달단계는 사고의 질적 변화를 나타낸다.
③ 인지기능은 적응과 조직화 기능으로 구성된다.
④ 고차적 인지능력은 사회적 상호작용의 결과다.

사회적 상호작용을 통해 고차적 인지능력을 획득한다고 보는 것은 비고츠키의 인지발달이론이다. 피아제(Piaget)의 인지발달이론에서는 개인적 구성주의를 주장한다.

정답 ④

03 피아제(Piaget)의 인지발달 단계에서 구체적 조작기에 대한 설명으로 옳은 것만을 모두 고르면?
■ 21 7급

ㄱ. 가설연역적 사고가 가능하다.
ㄴ. 서열화와 분류가 가능하다.
ㄷ. 상징을 형성하고 사용하는 능력이 발달하기 시작한다.
ㄹ. 가역적 사고가 가능하다.

① ㄱ, ㄷ   ② ㄱ, ㄹ
③ ㄴ, ㄷ   ④ ㄴ, ㄹ

ㄱ. 형식적 조작기에 해당한다.
ㄷ. 전조작기에 해당한다.

정답 ④

04 다음 글에서 설명하고 있는 피아제(Piaget)의 인지발달 단계는? ■ 12 7급

> 한 아이에게 같은 양의 주스를 채운 두 개의 동일한 모양의 컵을 보여준다. 그런 다음에 한 컵의 주스를 지금보다 가늘고 긴 다른 컵에 옮겨 붓는다. 그리고 그 아이에게 어느 컵의 주스가 더 많은지 묻자 그 아이는 가늘고 긴 컵의 주스가 더 많다고 대답한다.

① 감각운동기 ② 전조작기
③ 구체적 조작기 ④ 형식적 조작기

질문에 대답을 하는 것으로 보아 전조작기 이후이며 같은 양이나 가늘고 긴 컵의 주스가 많다고 하는 것은 가역성 개념을 획득하지 못했기 때문에 전조작기이다.
구체적 조작기에서 가역성의 개념을 획득하여 보존과제를 획득한다.

정답 ②

05 피아제(Piaget)와 비고츠키(Vygotsky)의 발달이론에 대한 설명으로 옳은 것은? ■ 7급 국가직 15년

① 피아제는 전조작기 단계에서 아동의 자기중심적 사고가 타인에 대한 관심으로 전환된다고 보았다.
② 피아제는 아동이 획득하는 특정 사고와 기술을 결정하는 데 문화가 중요하다고 강조하였다.
③ 비고츠키는 아동의 자기중심적 언어가 문제해결을 위한 사고의 도구라고 주장하였다.
④ 비고츠키는 학습자의 인지가 연령에 따라 단계적으로 발달한다고 설명하였다.

① 피아제는 구체적 조작기에 들어서면서 아동의 자기중심적 사고가 타인에 대한 관심으로 전환된다고 보았다.
② 비고츠키는 아동이 획득하는 특정 사고와 기술을 결정하는 데 문화가 중요하다고 강조하였다.
④ 피아제는 학습자의 인지가 연령에 따라 단계적으로 발달한다고 설명하였다.

정답 ③

06 다음 설명에 해당하는 인지적 도제학습의 방법은? ■ 22 7급

> - 학습자의 근접발달영역에 속하지만 독자적으로 수행하기 어려운 과제를 수행하도록 도와준다.
> - 학습의 초기 단계에 교수자는 학습자에게 많은 지지를 제공하다가 단계적으로 감소시켜 학습자가 독립적으로 수행하게 한다.

① 비계설정(scaffolding)
② 반성적 사고(reflection)
③ 명료화(articulation)
④ 모델링(modeling)

해설
학습자의 근접발달영역에 속하지만 독자적으로 수행하기 어려운 과제를 수행하도록 도와주는 것은 비계설정(scaffolding)이다.

정답 ①

07 피아제(J. Piaget)와 비고츠키(L.S. Vygotsky)의 발달이론이 지닌 공통점은? ■ 7급 국가직 11년
① 인지발달 단계를 4단계로 구분하였다.
② 인지발달에서 환경과의 상호작용을 강조했다.
③ 인지발달이 학습에 선행하는 것으로 보았다.
④ 자기중심적 언어를 문제해결의 도구로 보았다.

해설
피아제(J. Piaget)와 비고츠키(L. S. Vygotsky)의 발달이론이 지닌 공통점은 인지발달에서 환경과의 상호작용을 강조하였다는 점이다.

정답 ②

08 에릭슨(Erikson)의 심리사회적 발달이론에서 (가)~(라)에 들어갈 발달단계를 A~D와 바르게 연결한 것은? ■ 21 7급

> 신뢰감 대 불신감 - (가) - (나) - 근면성 대 열등감 - (다) - (라) - 생산성 대 침체감 - 통합성 대 절망감

A. 자율성 대 수치심과 회의
B. 주도성 대 죄책감
C. 정체성 대 역할혼미
D. 친밀감 대 고립감

	(가)	(나)	(다)	(라)		(가)	(나)	(다)	(라)
①	A	B	C	D	②	A	B	D	C
③	B	A	C	D	④	B	A	D	C

해설
신뢰감 대 불신감 - (가) A. 자율성 대 수치심과 회의 - (나) B. 주도성 대 죄책감 - 근면성 대 열등감 - (다) C. 정체성 대 역할혼미 - (라) D. 친밀감 대 고립감 - 생산성 대 침체감 - 통합성 대 절망감

정답 ①

09 인간 발달에 대한 연구자와 이론을 바르게 연결한 것은? ■ 20국 7
① 비고츠키(Vygotsky) - 동화와 조절을 통해 환경에 적응해 나감으로써 인지발달이 이루어진다.
② 콜버그(Kohlberg) - 아동은 인지적 성숙과 사회적 경험을 통해 타율적 도덕성 단계에서 자율적 도덕성 단계로 발달한다.
③ 프로이트(Freud) - 생의 특정 시점에서 경험하는 사회적 요구에 의해 나타나는 위기를 어떻게 해결하느냐에 따라 심리사회적 발달이 이루어진다.
④ 브론펜브레너(Bronfenbrenner) - 인간은 개인에게 직접적인 영향을 주는 가족뿐만 아니라 사회적·문화적 환경을 포함한 여러 수준의 환경과 다양한 상호작용을 통해 발달한다.

해설
① 피아제 : 동화와 조절을 통해 환경에 적응해 나감으로써 인지발달이 이루어진다.
② 피아제 : 아동은 인지적 성숙과 사회적 경험을 통해 타율적 도덕성 단계에서 자율적 도덕성 단계로 발달한다.
③ 에릭슨 : 생의 특정 시점에서 경험하는 사회적 요구에 의해 나타나는 위기를 어떻게 해결하느냐에 따라 심리사회적 발달이 이루어진다.

정답 ④

10 발달이론을 제안한 학자와 그의 관점에 대한 설명으로 옳지 않은 것은? ■ 19 7급
① 에릭슨(Erickson) - 각 발달단계에서 겪게 되는 위기를 어떻게 해결하느냐에 따라 성격발달이 이루어진다.
② 콜버그(Kohlberg) - 개인의 도덕적 판단은 인지발달 수준과 병행한다.
③ 비고츠키(Vygotsky) - 한 개인이 수행할 수 있는 수준과 타인의 도움을 받아 수행할 수 있는 수준의 차이가 존재한다.
④ 피아제(Piaget) - 자기중심적 언어는 단순히 자기만의 생각을 표현하는 것이 아니라 문제해결을 위한 사고의 도구이다.

해설
비고츠키 : 자기중심적 언어는 단순히 자기만의 생각을 표현하는 것이 아니라 문제해결을 위한 사고의 도구이다.

정답 ④

11 콜버그(Kohlberg)의 도덕성 발달 단계에 따른 도덕적 판단의 예가 옳게 연결되지 않은 것은?

■ 7급 국가직 14년

① 1단계 - 들키지만 않으면 좋은 점수를 받기 위해서 부정행위를 해도 괜찮다.
② 2단계 - 불쌍한 사람을 위해서는 내가 조금 누명을 써도 괜찮다.
③ 3단계 - 부모님을 실망시키지 않기 위해서 바른 행동을 해야 한다.
④ 4단계 - 금전적 손실이 있더라도 법으로 정해진 세금을 꼬박꼬박 내야 한다.

해설

2단계 : 개인적 쾌락주의. 아동 자신의 욕구충족이 도덕 판단의 기준이 된다.

 정답 ②

12 다음에 해당하는 콜버그(L. Kohlberg)의 도덕성 발달 단계는?

■ 24 국가직 7급

- 극소수의 사람들만이 이 단계에 도달한다.
- 도덕적 판단은 스스로 선택한 도덕 원리, 양심의 결단에 따라 이루어진다.

① 사회적 질서 유지 지향(law and order orientation)
② 보편적 윤리 지향(universal ethical principles orientation)
③ 좋은 소년·소녀 지향(good boy-nice girl orientation)
④ 사회적 계약 지향(social contract orientation)

해설

도덕성 발달의 제일 마지막 단계로 보편적 윤리 지향에 해당한다. 이 단계에의 사람들은 스스로 선택한 도덕 윤리에 따른 양심적인 행위가 곧 올바른 행위가 된다.

 정답 ②

13 길리건(Gilligan)의 도덕성 발달이론의 특징에 대한 설명으로 맞지 않는 것은?

■ 11국 5

① 여성은 정의와 개인의 권리라는 관점에서 도덕적 판단을 하는 경향이 있다.
② 남성과 여성의 도덕적 지향과 선호는 다르다.
③ 여성의 도덕성은 인간관계에서의 보살핌과 애착을 강조하는 대인지향적이다.
④ 도덕성에서 감정과 정서가 중요한 역할을 한다.
⑤ 여성들의 도덕성 발달이론을 3단계와 2개의 과도기로 제시하였다.

해설

길리건은 서양의 기존 윤리관을 남성 중심의 성차별적 윤리관으로 규정하고 이에 대한 대안으로서 배려의 윤리를 주장하였다.

 정답 ①

14 다음 설명에 해당하는 학습이론은? ■ 23 7급

- 학습이란 시행착오의 과정을 통해 이루어진다.
- 시행착오 학습은 성공적인 반응이 결합되는 점진적인 과정을 통해 일어난다.
- 쏜다이크(E. L. Thorndike)에 의해 체계화된 이론이다.

① 통찰설 ② 자극-반응 연합설
③ 조작적 조건형성설 ④ 목적적 행동주의설

① 통찰설은 쾰러, ③ 조작적 조건형성설은 스키너, ④ 목적적 행동주의설은 톨만이다.

 ②

15 행동주의 학습이론인 고전적 조건화기론에 대한 설명으로 옳은 것은? ■ 08 7급

① 조건 자극이 무조건 자극으로 대체된다.
② 대표적인 학자로는 Skinner와 Hull을 들 수 있다.
③ 반응 뒤에 자극이 오기 때문에 R-S이론이라고도 한다.
④ 불수의적 행동이 어떻게 학습되는지를 이해하는 데 도움이 된다.

① 무조건 자극이 조건 자극으로 대체된다.
② 대표적인 학자는 파블로프이다.
③ 반응 뒤에 자극을 주는 것은 스키너이다.

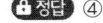 ④

16 조작적 조건화(operational conditioning)에 의한 행동수정의 예로 적절하지 않은 것은? ■ 10 7급

① 부적 강화 : 수업시간 중 휴대폰으로 문자를 보내는 학생의 휴대폰을 빼앗는다.
② 정적 강화 : 교사의 질문에 바르게 답한 학생에게 칭찬 스티커를 지급한다.
③ 타임아웃(time out) : 수업에 방해되는 행동을 한 학생을 복도에 세워 둔다.
④ 소거 : 교사의 관심을 끌기 위해 소란을 피우는 학생을 무시하고 그냥 내버려둔다.

자극을 제거하면서 빈도를 감소시키는 것은 부적 벌이다. 행동 증가는 강화, 행동 감소는 벌이다.

 ①

17 체계적 둔감화(systematic desensitization)의 예로 적절한 것은? ■ 09 7급

① 지각을 자주하는 찬혁이는 좀더 일찍 일어나야겠다고 스스로 다짐하였다.
② 은미는 심부름을 도울 때마다 엄마에게 초콜릿을 선물로 받았다.
③ 경민이는 얕은 물에서부터 점차 깊은 물로 들어가는 상상과 긴장이완을 통해 물에 대한 두려움을 줄여나갔다.
④ 잘하는 것이 없다고 고민하던 승아는 어려움을 극복해내는 영화의 주인공을 보고 자기도 열심히 노력하기로 마음먹었다.

체계적 둔감법(systematic desensitization) : Wolpe에 의해 개발된 체계적 둔감법은 이완된 상태에서 불안을 유발하는 상황들을 생각하도록 함으로써 불안과 병존할 수 없는 이완을 연합시켜 불안을 감소 또는 소거시키는 기법이다. 공존할 수 없는 새로운 반응(신체적 이완)을 통해 부적응적 반응(불안, 공포)을 억제하는 상호 억제의 원리를 이용한다. 주로 특정 사건, 사람, 대상에 대한 불안이나 공포가 있는 사람들의 상담을 위해 고안된 것으로 공포 관련 부적응 행동이나 회피행동 또는 일반화된 공포의 상담에 효과적이다.

정답 ③

18 행동치료의 방법 중 체계적 둔감법에 대한 설명으로 옳은 것은? ■ 7급 국가직 20년

① 처음부터 강한 불안을 유발하는 자극에 노출하고 불안이 감소될 때까지 노출을 계속하는 방법이다.
② 바람직한 행동을 했을 때 토큰을 나누어 주어 일정한 개수가 모이면 실제적인 강화물로 교환해 줌으로써 바람직한 행동을 유도하는 방법이다.
③ 근육을 이완시킨 상태에서 불안을 유발하는 상황을 약한 것에서부터 강한 것까지 차례로 경험시킴으로써 특정 사태에 대한 불안을 제거하는 방법이다.
④ 부적응적인 행동에 대해서는 강화물을 제거하고, 새로운 적응적 행동에 대해서는 긍정적 강화를 줌으로써 문제행동을 교정하고 바람직한 행동을 습득하게 하는 방법이다.

체계적 둔감법 : 불안과 공포 등 부정적 정서를 치료하는 기법으로, 긴장을 이완한 상태에서 부정적 정서를 가지게 하는 원인의 가장 낮은 단계부터 점차 경험하게 하여 부정적 정서를 극복하도록 하는 것이다. 이완된 상태에서 불안을 유발하는 상황들을 생각하도록 함으로써 불안과 병존할 수 없는 이완을 연합시켜 불안을 감소 또는 소거시키는 기법이다.

정답 ③

19 초등학교 교사가 아이들이 수업시간에 조용히 앉아서 수업에 집중할 때마다 만화캐릭터 스티커를 노트에 붙여 주고 일정한 수 이상의 스티커가 모아지면 아이들에게 인형이나 성적에 대한 보너스 점수를 부여했을 경우, 이 교사가 활용한 강화기법은? ■ 08 7급

① 부적 강화
② 토큰 경제
③ 긍정적 실습
④ 프리맥 원리

해설
포인트, 쿠폰, 스티커는 토큰 경제이다.

정답 ②

20 다음 대화에서 교사가 적용하려는 행동수정방법은? ■ 16국 7

> 학생 : 오늘도 이론만 공부해요? 다른 반은 실험을 하면서 재미있게 공부하고 있는데요.
> 교사 : 다른 반은 지난 시간에 이론을 다 마쳐서 실험을 할 수 있는 거예요.
> 학생 : 저희도 실험하고 싶어요. 이론은 너무 지겨워요. 실험부터 하면 안 될까요?
> 교사 : 그럼 이론을 먼저 30분 공부하고 나서 20분 동안 실험을 하도록 하지요. 이론 공부가 잘 되면 더 일찍 실험을 시작할 수도 있어요.

① 간헐적 강화
② 프리맥(Premack) 원리
③ 체계적 둔감법
④ 타임아웃(time-out)

해설
프리맥(Premack)의 원리 : 학습자에게 빈번하게 발생하는 행동이 상대적으로 덜 빈번하게 일어나는 행동의 빈도를 증가시키기 위한 강화물로 사용될 수 있다는 것을 의미한다.

정답 ②

21 더 선호하는 활동을 덜 선호하는 활동의 강화원으로 활용하는 강화 방법은? ■ 22 7급

① 조형(shaping)의 원리
② 프리맥(Premack) 원리
③ 토큰 경제(token economy)
④ 타임 아웃(time out)

해설
프리맥(Premack)의 원리 : 학습자에게 빈번하게 발생하는 행동이 상대적으로 덜 빈번하게 일어나는 행동의 빈도를 증가시키기 위한 강화물로 사용될 수 있다는 것을 의미한다.
① 조형(shaping)의 원리 : 주로 스키너(B. F. Skinner)의 조작적 조건화 이론과 관련이 있으며 특정 행동을 점진적으로 형성해 나가는 과정
③ 토큰 경제(token economy) : 특정 행동을 하면 토큰을 주고 이를 모아 더 큰 보상과 교환할 수 있게 하는 전략
④ 타임 아웃(time out) : 부적절한 행동을 줄이고 문제 행동을 수정하는 기법으로 학생이 수업 중 방해 행동을 할 때, 잠시 다른 공간에서 타임 아웃을 주어 그 행동을 반성하도록 하는 방법

정답 ②

22 사회인지이론(social cognitive theory)에서 주장하는 것으로 적절하지 않은 것은?

① 학습은 단순히 모델을 관찰하는 것만으로도 이루어질 수 있다.
② 학습에서는 개인의 신념, 자기 지각 등과 같은 인지적 요인들의 역할이 중요하다.
③ 모델이 높은 지위와 능력을 가지고 있다고 판단될 경우 모델의 행동을 모방할 가능성이 높아진다.
④ 행동의 빈도를 결정하는 것은 결과에 대한 개인의 해석으로서, 강화는 행동의 지속에 중요한 역할을 하지 못한다.

사회인지이론에서는 강화와 처벌에 대한 개념을 받아들인다.

정답 ④

23 다음에 해당하는 이론은?

- 특정한 행동을 관찰하고 흉내내는 모델링
- 타인의 행동을 관찰함으로써 학습이 되는 대리학습
- 타인의 행동을 관찰하고 유사한 행동을 하는 관찰학습

① 톨만(Tolman)의 잠재학습
② 반두라(Bandura)의 사회인지학습이론
③ 쾰러(Köhler)의 통찰학습
④ 브루너(Bruner)의 발견학습

사회인지학습이론 주요 개념 3가지 : ① 모델링, ② 대리적 조건 형성, ③ 관찰학습

정답 ②

24 형태주의 심리학(Gestalt psychology)의 관점에 대한 설명으로 옳지 않은 것은?

① 인간은 완전하지 않은 대상을 보완하여 완전한 형태로 지각하는 경향이 있다.
② 전체는 단순히 부분의 합이 아닌 그 이상을 의미한다.
③ 복잡한 현상을 단순한 구성 원자로 환원할 때 더 정확하게 이해할 수 있다.
④ 파이 현상(phi phenomenon)의 사례처럼 지각은 종종 실재와 다르다.

형태주의 심리학(Gestalt psychology)은 단순한 구성 원자보다 전체적인 관점을 강조한다.

정답 ③

25 다음 설명에 해당하는 이론은?   ■ 19국 7

- 강화가 없어도 학습이 이루어진다.
- 눈에 보이는 행동의 변화만이 학습은 아니다.
- 구체적인 행동이 아니라 인지도(cognitive map)를 학습한다.
- 학습은 자극-반응을 결합하는 것이 아니라 어떤 행동을 하면 특정한 결과를 얻을 것이라는 기대를 획득하는 것이다.

① 목적적 행동주의   ② 사회적 구성주의
③ 행동수정   ④ 메타인지

목적적 행동주의는 톨만의 잠재학습을 가리키는 말이며 눈에 보이는 행동의 변화만이 학습은 아니며 구체적인 행동이 아니라 인지도(cognitive map)를 학습한다고 본다.

 ①

26 다음 설명에 해당하는 학습이론은?   ■ 18국 7

- 문제해결의 과정에서 관련 없어 보이던 요소들이 유의미한 전체로 파악되고 결합된다.
- 전날 저녁 내내 문제가 풀리지 않았으나 새벽에 일어나서 보니 해결방법이 갑자기 떠올랐다.

① 스키너(B. F. Skinner)의 조작적 조건 형성
② 톨만(E. C. Tolman)의 잠재학습
③ 쾰러(W. Köhler)의 통찰학습
④ 반두라(A. Bandura)의 관찰학습

통찰학습은 문제 상황에서 관련 없는 여러 요인이 갑자기 완전한 형태로 재구성되어 문제를 해결하는 것을 뜻한다. '아하' 현상이 나타난다.

 ③

27 정보처리이론에서 장기기억에 해당하지 않는 것은?   ■ 21 7급

① 감각기억   ② 의미기억
③ 일화기억   ④ 절차기억

장기기억(long-term memory) : 작업기억의 정보는 부호화 과정을 통해 장기기억에 저장된다.(일화기억 : 6·25 참전, 의미기억 : 1950년 한국전쟁, 절차기억 : 사격방법)

 ①

28. 학습전략에 대한 설명으로 옳지 않은 것은?
■ 7급 국가직 19년

① 묶기(chunking) - 많은 작은 정보를 몇 개의 큰 묶음으로 처리함으로써 파지할 수 있는 정보의 양을 늘릴 수 있다.
② 심상(imagery) - 정보에 대한 시각적 이미지를 머릿속에 표상하는 전략으로, 개념에 대한 정신적 이미지를 만든다.
③ 정교화(elaboration) - 공통 범주나 유형을 기준으로 새로운 정보를 장기기억에 저장되어 있는 정보와 연결하는 부호화 전략이다.
④ 조직화(organization) - 구체적인 방법으로 개요 작성과 개념도가 있으며, 개념도는 개념 간의 관계를 보여 주고 주제와의 관련성을 도형화하는 것이다.

조직화 전략(organization) : 공통 범주나 유형을 기준으로 새로운 정보를 장기기억에 저장되어 있는 정보와 연결하는 부호화 전략이다.(개요 작성 또는 개념도)

정답 ③

29. 메타인지(meta-cognition)에 대한 설명으로 옳지 않은 것은?
■ 7급 국가직 17년

① 자신의 인지과정을 점검하고 조절하는 기능을 한다.
② 시연, 정교화, 조직화와 같이 정보를 처리하는 방식을 의미한다.
③ 사고에 대한 사고, 인지에 대한 인지로 볼 수 있다.
④ 내가 무엇을 알고 무엇을 모르는지에 대한 지식이다.

부호화(encoding) : 제시된 정보를 처리 가능한 형태로 변형하는 과정으로 만약 정보가 부호화되지 않으면 그 정보는 작업기억에서 사라진다. 부호화는 정교화, 조직화, 심상을 통해 촉진된다.

정답 ②

30. 메타인지(metacognition)에 대한 설명으로 옳지 않은 것은?
■ 7급 국가직 15년

① 메타인지는 자신의 인지를 알고 통제하고 조절하는 것이다.
② 메타인지는 주의·부호화·조직화 등 정보를 처리하는 방식이다.
③ 자신의 학습전략이 효과적인지 아닌지를 판별하는 것도 메타인지의 사례이다.
④ 새로운 개념을 학습할 때 그 이해과정을 모니터하는 것도 메타인지에 포함된다.

주의·부호화·조직화 등은 정보처리 이론 과정이다.

정답 ②

31 작업기억(working memory)의 특징에 해당되는 것으로만 묶인 것은?
■ 7급 국가직 11년

ㄱ. 저장 용량이 제한되어 있다.
ㄴ. 컴퓨터의 이동식 저장장치(USB)에 비유될 수 있다.
ㄷ. 저장 용량에 개인차가 존재한다.
ㄹ. 노력을 하지 않으면 정보가 저장되는 시간이 1초 정도이다.
ㅁ. 의식에 의해 부분적으로 통제된다.

① ㄱ, ㄴ, ㄹ
② ㄱ, ㄷ, ㄹ
③ ㄱ, ㄷ, ㅁ
④ ㄴ, ㄹ, ㅁ

ㄱ. 작업기억은 매우 제한적인 용량을 가진다.
ㄴ. USB는 데이터를 영구적으로 저장하는 장치로, 이는 용량이 무제한에 가깝고 장기간 보존되는 장기기억(Long-Term Memory)에 비유하는 것이 더 적절하다.
ㄷ. 작업기억의 용량(또는 처리 효율성)은 개인의 인지 능력을 나타내는 중요한 지표에 해당한다.
ㄹ. 노력을 하지 않을 경우 정보가 매우 짧게 유지되는 것은 감각기억(Sensory Memory)의 특징에 해당한다. 작업기억은 일반적으로 정보를 15~30초 정도 유지할 수 있다.
ㅁ. 작업기억은 주의를 통제하고, 정보를 조작하며, 인지 과정을 관리하는 기능을 수행한다. 이는 의식적인 통제 하에 작동하는 것에 해당한다.

정답 ③

32 학습의 전이에 대한 설명으로 옳지 않은 것은?
■ 7급 국가직 18년

① 특정 장면에서 학습한 내용이 다른 장면의 학습에 영향을 미치는 것을 말한다.
② 일반적으로 원래의 학습장면과 새로운 학습장면이 다를수록 전이가 촉진된다.
③ 학습 원리를 학습자 스스로가 경험할수록 전이가 촉진된다.
④ 다양한 사례와 충분한 연습의 기회를 제공할수록 전이가 촉진된다.

선행학습이 새로운 학습에 영향을 미치는 것을 전이(transfer)라고 한다. 전이는 학습되었던 상황과 전이가 일어날 상황이 비슷할 때 더 쉽게 발생된다.

정답 ②

33
'수학시간에 가감승제를 배운 것이 물리시간에 배우는 공식을 이해하는 데 도움이 되는 것'을 나타내는 전이의 두 가지 종류는? ■ 7급 국가직 14년

① 긍정적 전이와 수평적 전이
② 부정적 전이와 수평적 전이
③ 긍정적 전이와 수직적 전이
④ 부정적 전이와 수직적 전이

해설
수학시간에 배운 것이 물리시간에(수평적) 배우는 공식을 이해하는 데 도움(긍정적)을 주었으므로 긍정적 전이와 수평적 전이이다.

 정답 ①

34
동기이론 중 귀인이론에 관한 설명으로 옳지 않은 것은? ■ 08 7급

① 귀인은 통제가능성 차원에 따라 내적 귀인과 외적 귀인으로 구분된다.
② 성공과 실패에 영향을 주는 주요 원인으로 능력, 노력, 과제 난이도, 행운 등을 들 수 있다.
③ 학습의 실패를 자신의 능력보다 노력에 귀인시킬 때 학습동기는 증가하는 경향이 있다.
④ 학교학습 장면에서 학생이 자신의 성공과 실패의 원인을 어떻게 설명하는가에 대해 체계적으로 이해할 수 있게 해 준다.

해설
귀인은 원인의 소재에 따라 내적 귀인과 외적 귀인으로 구분되며 통제 가능성에 따라 통제 불가능한 귀인, 통제 가능한 귀인으로 구분된다.

정답 ①

35
목표지향이론에서 제시하고 있는 수행접근목표에 해당하는 것은? ■ 20국 7

① 그림을 못 그린다고 놀림을 받을 것 같아 미술 과제를 제출하지 않았다.
② 지난번보다 더 나은 결과물을 만들기 위해 열심히 과제를 준비하였다.
③ 기말시험에서 경쟁자인 동급생보다 더 잘하기 위하여 열심히 공부하였다.
④ 뛰어난 운동선수가 실력이 떨어질 것 같아 새로운 기술의 습득을 주저하였다.

해설
수행목표(performance goal) : 자신의 유능함과 능력이 다른 사람의 능력과 어떻게 비교되느냐에 초점을 둔 목표이다. 자신의 능력이 타인에 의해서 어떻게 평가받는가에 관심을 둔다.

 정답 ③

36 개인차에 대한 설명으로 옳지 않은 것은? ■ 17국 7

① 결정성 지능은 경험에 따라 변화될 수 있다.
② 창의적인 사람은 모호성을 잘 견디고 과제 집착력이 높은 경향이 있다.
③ 문제를 해결할 때 충동형 학습자는 속도에 주안을 두지만 숙고형 학습자는 정확성에 주안을 둔다.
④ 장독립형 학습자는 사물을 전체적으로 지각하기 때문에 정보 항목들 사이의 관련성을 파악하는 데 능하다.

장독립형 학습자는 사물을 분석적으로 지각한다.

정답 ④

37 성취목표를 숙달목표와 수행목표로 구분할 때, 숙달목표를 지닌 학습자의 특성으로 옳지 않은 것은? ■ 17 7급

① 자신의 유능성을 입증하고자 과제에 대하여 계속해서 노력하는 경향이 있다.
② 어려움이나 실패에 직면했을 때에도 학습을 지속해 나가는 경향이 있다.
③ 학습기회를 극대화하는 과제를 선택하고 도전하는 경향이 있다.
④ 자신의 능력을 진단하고 향상을 도울 수 있는 피드백을 추구하는 경향이 있다.

숙달목표 학습자는 자신의 유능성을 입증하기보다 과제의 숙달에 관심이 있다.

정답 ①

38 동기이론에 대한 설명으로 옳지 않은 것은? ■ 7급 국가직 16년

① 기대가치이론 – 과제수행의 성공가능성에 대한 개인의 높은 기대는 과제수행 동기를 감소시킨다.
② 자기결정성이론 – 통제나 평가를 받고 있다고 느낄 때 내재적 동기는 감소한다.
③ 목표지향성이론 – 수행목표지향은 자신의 능력을 증명하고 다른 사람과 비교하는 데 초점을 둔다.
④ 자기가치이론 – 자기장애(self-handicapping) 전략은 실패를 정당화하고 자기가치를 보호하기 위해 사용된다.

기대가치이론 - 과제수행의 성공가능성에 대한 개인의 높은 기대는 과제수행 동기를 증가시킨다.

정답 ①

39 학습동기에 관한 설명으로 가장 옳은 것은?　　　　　■ 09 7급

① 능력에 대한 증가적 견해를 가진 학생은 학습에 대한 동기가 낮을 가능성이 높다.
② 실패회피동기가 낮은 학습자는 과제를 성공했을 때 동기가 감소하는 경향이 있다.
③ 자아개입 학습목표를 가진 학습자는 타인의 평가보다는 과제의 숙달에 관심을 가질 가능성이 높다.
④ 성취동기가 높은 학습자는 과제수행의 결과에 크게 관심을 보이지 않는 경향이 있다.

① 능력에 대한 증가적 견해를 가진 학생은 학습에 대한 동기가 높을 가능성이 높다.
③ 자아개입 학습목표는 수행목표를 가진 사람들이며 과제의 숙달보다는 타인의 평가를 더 중시한다.(자아개입형 학습자 - 수행목표, 과제개입형 학습자 - 숙달목표)
④ 성취동기가 높은 학습자는 과제수행의 결과에 큰 관심을 가지고 있다.

정답 ②

40 다음 설명에 해당하는 개념은?　　　　　■ 23 7급

- 어떤 결과를 산출하기 위해 요구되는 행동을 성공적으로 수행할 수 있다는 신념을 말한다.
- 개인적인 능력의 판단과 관계가 있다.
- 영향요인으로는 숙달 경험, 신체적 혹은 정서적 각성, 대리경험 및 사회적 설득이 있다.

① 자아개념(self-concept)　　② 자기조절(self-regulation)
③ 자기효능감(self-efficacy)　　④ 자아존중감(self-esteem)

자기효능감
1) 과제를 성공적으로 수행하는 데 요구되는 개인의 능력에 대한 자신의 판단 또는 신념이다.
2) **자기효능감 요인** : 성공경험, 모델링, 사회적 설득, 심리적 상태

정답 ③

41 지능이론에 대한 설명으로 옳은 것은? ■ 7급 국가직 16년

① 스피어만(Spearman)은 지능이 일반요인과 특수요인으로 구성된다고 하였다.
② 카텔(Cattell)은 지능을 유동지능과 발달지능으로 구분하였다.
③ 스턴버그(Sternberg)는 다양한 측면의 지능을 인정하는 다중지능이론을 주장하였다.
④ 가드너(Gardner)는 지능을 성분적, 경험적, 맥락적 요소로 설명하였다.

해설

② 카텔(Cattell)은 지능을 유동지능과 결정지능으로 구분하였다.
③ 가드너(Gardner) 이론이다.
④ 스턴버그(Sternberg) 이론이다.

정답 ①

42 가드너(H. Gardner)의 다중지능 이론에 대한 설명으로 옳지 않은 것은? ■ 24 국가직 7급

① 지능은 단일한 특성을 지닌다.
② 여러 지능들은 상호작용한다.
③ 언어 지능은 단어의 의미와 소리에 대한 민감성과 관련된다.
④ 논리-수학적 지능은 논리적·수리적 유형에 대한 민감성과 구분 능력 등을 말한다.

해설

가드너는 지능을 단일한 특성으로 보지 않았다. 언어, 논리-수학, 공간, 음악, 신체-운동, 대인관계, 내적, 자연주의 8개의 독립적인 지능이 존재한다고 보았으며 각 지능들은 상호작용을 한다고 주장하였다.

정답 ①

43 스턴버그(Sternberg)의 삼원지능이론(triarchic theory of intelligence)에 대한 설명으로 옳은 것은? ■ 09 7급

① 지능을 경험 포착, 관계 유출, 상관인 유출의 인지원리를 사용하는 능력으로 파악하였다.
② 지능을 인지활동, 내용영역, 결과의 세 차원이 상호작용하여 산출해내는 정신능력으로 보았다.
③ 지능을 상황하위이론, 경험하위이론, 요소하위이론으로 구성된 종합적 능력으로 보았다.
④ 지능의 하위요소로 음악적 지능, 신체운동적 지능, 대인관계적 지능을 제시하였다.

해설

① 스피어만은 지능을 경험 포착, 관계 유출, 상관인 유출의 인지원리를 사용하는 능력으로 파악하였다.
② 길포드는 지능을 인지활동, 내용영역, 결과의 세 차원이 상호작용하여 산출해내는 정신능력으로 보았다.
④ 가드너는 지능의 하위요소로 음악적 지능, 신체운동적 지능, 대인관계적 지능을 제시하였다.

정답 ③

44 스턴버그(R. Sternberg)의 지능의 삼원론(triarchic theory of intelligence)을 구성하는 요소에 해당하지 않는 것은?
■ 24 국가직 7급

① 분석적 지능(analytic intelligence)
② 창의적 지능(creative intelligence)
③ 실제적 지능(practical intelligence)
④ 공간적 지능(spatial intelligence)

스턴버그(Sternberg)의 삼원지능이론은 인간이 어떠한 문제를 해결하고 지적으로 행동하기 위한 정보를 어떻게 모으고 사용하는지의 관점에서 지능을 바라보았다.
① 분석적 지능(analytical intelligence)은 지적인 행동과 관련되어 있는 인간의 정신과정과 연관된 것으로서 흔히 학문적인 영역의 지능을 의미한다.(메타, 수행, 지식획득요소)
② 창의적 지능(creative intelligence)은 인간의 경험과 긴밀하게 연관되어 있는 것으로서 창조적인 지능을 의미한다.(경험이론)
③ 실제적 지능(practical intelligence)은 전통적인 지능검사의 점수나 학업성취도와는 무관한 지능으로서 실용적인 능력을 의미한다.(맥락이론)

정답 ④

45 지능과 관련된 설명으로 옳은 것은?
■ 07 7급

① 가드너(Gardner)는 지능이 일반요인(general factor)과 특수요인(specific factor)으로 구성되어 있다고 하였다.
② 스턴버그(Sternberg)는 지능연구에서 상황적 측면, 경험적 측면, 그리고 요소적 측면을 고려해야 한다고 하였다.
③ 현재 주로 활용되는 표준화된 지능검사는 정신연령에 대한 생활연령의 비율로 지능지수를 산출한다.
④ 스탠포드-비네(Stanford-Binet) 검사는 집단용 지능검사로 개발되었다.

스턴버그는 인간의 지능은 분석적, 창의적, 실제적 지능 세 가지로 구성되었으며 각 지능은 상황, 경험, 요소 세 가지의 하위요소로 인하여 더욱 구체화된다고 주장하였다.
① 스피어만은 지능이 일반요인(general factor)과 특수요인(specific factor)으로 구성되어 있다고 하였다.
③ 현재 주로 활용되는 표준화된 지능검사는 정신연령을 직접적으로 사용하는 대신, 연령대별 평균과 표준편차를 기반으로 한 정규분포를 기준으로 산출한다.
④ 스탠포드-비네(Stanford-Binet) 검사는 개인용 지능검사로 개발되었다.

정답 ②

46. ㉠, ㉡에 들어갈 말로 옳은 것은?

■ 7급 국가직 14년

> 벽돌의 용도를 묻는 창의성 검사에서 철수는 벽돌의 용도를 많이 열거하기는 하였지만 그것은 모두 무언가를 건설하는 것과 관련되어 있었다. 이렇게 볼 때 철수는 창의성의 요소 중 (㉠) 점수는 높을지라도 (㉡) 점수는 낮다고 할 수 있다.

	㉠	㉡		㉠	㉡
①	유창성	융통성	②	독창성	유창성
③	융통성	유창성	④	유창성	독창성

- 유창성(fluency) : 확산적 사고의 요인으로 많은 답을 내는 것, 반응의 수
- 유연성(flexibility) : 다양한 답을 내는 것, 각기 다른 반응범주의 수로 측정

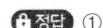 ①

47. 오스본(Osborn)이 주장한 창의적 사고 기법인 브레인스토밍(brainstorming)의 기본 원칙으로 옳은 것을 모두 고르면?

■ 7급 국가직 12년

> ㄱ. 아이디어의 양보다는 질을 우선한다.
> ㄴ. 아이디어들끼리의 결합과 개선을 추구한다.
> ㄷ. 아무리 우스꽝스러운 아이디어라도 수용한다.
> ㄹ. 아이디어에 대한 평가는 마지막까지 유보한다.

① ㄱ, ㄷ ② ㄴ, ㄹ
③ ㄴ, ㄷ, ㄹ ④ ㄱ, ㄴ, ㄷ, ㄹ

ㄱ. 아이디어의 질보다는 양을 우선한다.

정답 ③

48 지능에 대한 설명으로 옳지 않은 것은? ▪ 17 7급

① 비율지능지수는 편차지능지수의 문제점을 해결하기 위해 고안된 것으로 정신연령과 생활연령의 비로 나타낸다.
② 스턴버그(Sternberg)는 분석적 능력, 창의적 능력, 실제적 능력의 세 가지 능력으로 구성된 성공지능을 제안하였다.
③ 정서지능은 개인의 정서적 능력이 학교에서의 성공 및 사회에서의 성공과 밀접한 관계가 있음을 시사해 준다.
④ 가드너(Gardner)는 지능이 높으면 모든 영역에서 우수하다고 간주하는 종래의 지능이론을 비판하고 지능이 상호독립적인 여러 지능으로 구성된다고 주장했다.

편차지능지수가 비율지능지수의 문제점을 해결하기 위해 고안된 것이다.

정답 ①

Ⅲ 진로상담

01 다음 설명에 해당하는 방어기제는?   ■ 22 7급

- 욕구 충족이 어려운 상황에서 참된 이유가 아니라 그럴듯한 이유를 찾아 자신의 행동을 정당화시킨다.
- 자신이 바라는 것을 얻지 못하였을 때 그것의 가치를 평가절하하는 신포도 기제가 활용될 수 있다.
- 자신이 인정하고 싶지 않은 상황을 할 수 없이 받아들여야 할 때 그것이 마치 바라던 일인 것처럼 과대평가하는 단레몬 기제를 동원할 수 있다.

① 투사(projection) ② 반동형성(reaction formation)
③ 억압(repression) ④ 합리화(rationalization)

합리화(rationalization) : 욕구 충족이 어려운 상황에서 참된 이유가 아니라 그럴듯한 이유를 찾아 자신의 행동을 정당화시킨다.

정답 ④

02 프로이드(S. Freud)의 자아방어기제 중 자신의 용납할 수 없는 충동, 생각 혹은 행동들을 무의식적으로 다른 사람에게 귀속시킴으로써 자신을 방어하는 기제는?   ■ 7급 국가직 13년

① 억압   ② 투사
③ 승화   ④ 반동형성

방어기제	정의	예시
부정 (denial)	고통스럽거나 위협적인 상황이 없는 것처럼 부인하는 것	가족이 중병에 걸렸다는 소식을 들은 사람이 사실이 아니라고 부인하며, 오히려 평온하게 일상생활을 한다.
억압 (repression)	• 고통스러운 감정이나 경험을 무의식에 억누르는 것 • 망각의 한 형태	부모에게 원망과 증오를 심하게 느끼지만 표현할 수는 없음을 알고 있는 자녀가 마치 그런 감정을 느끼지 않는 것처럼 행동한다.

동일시 (identification)	상대와 비교해서 자신이 무능하다고 느끼는 사람이 상대의 바람직한 점을 자신에게 받아들여 자신과 유능한 사람이 같다고 여기는 것	부모가 자식의 성공을 자신의 성공으로 여긴다.
투사 (projection)	상대에 대해 가지고 있는 감정이나 갈등을 상대에게 표현할 수 없는 경우, 상대가 나에게 그런 감정이나 갈등을 겪고 있다고 받아들이는 것	선생님에게 분노를 느끼는 고등학생이 선생님이 자주 화를 내서 공부에 집중할 수 없다고 불평한다.
전위 (displacement)	어떤 대상에 대한 욕구를 충족시키지 못하여 불편감을 느낄 때, 대상을 바꾸어 원래의 욕구를 만족시키는 것	상사에게 꾸중을 들었지만 상사에게 표현하고 싶은 불만을 부하 직원에게 대신 표현한다.
반동형성 (reaction)	자기가 실제로 가지고 있는 감정과 정반대되는 감정을 나타내는 것	부모의 사랑을 빼앗아 간 어린 동생에 대한 증오심을 숨기기 위하여 동생을 더 예뻐한다.
합리화 (rationalization)	자신의 욕구를 만족시키지 못하는 대상에 대해 그럴듯한 이유를 둘러대는 것	키가 닿지 않아서 먹고 싶은 포도를 따 먹지 못하게 된 여우가 "저건 맛없는 신포도니까 먹을 가치가 없어."라고 말한다.
퇴행 (regression)	심한 스트레스 상황에 처해 어린 시절의 유치한 행동이나 원시적인 방어 행동으로 돌아가는 것	동생이 태어나자 형이 야뇨증세를 보이기 시작한다.
승화 (sublimation)	원래의 욕구나 충동을 사회적으로 용납될 수 있는 방식으로 만족시키는 것	현실적으로 충족시킬 수 없는 성적욕구를 창작활동으로, 공격적 충동을 스포츠 활동으로 표현한다.

정답 ②

03 인간중심 상담이론에 대한 설명으로 옳지 않은 것은? ■ 7급 국가직 13년

① 초기의 명칭은 비지시적 상담이었으며, 대표적인 학자는 칼 로저스(C. Rogers)이다.
② 상담의 과정에서 내담자에게 위협적이지 않은 수용적인 환경을 제공한다.
③ 인간의 정서적 문제의 원인은 비현실적이고 비합리적인 신념 때문이라고 가정한다.
④ 내담자가 주도적으로 상담의 과정에 참여할 때 문제해결이 효과적이다.

엘리스(A. Ellis)의 상담이론 : 인간의 정서적 문제의 원인은 비현실적이고 비합리적인 신념 때문이라고 가정한다.

정답 ③

04 상담자가 촉진적 의사소통을 위해 견지해야 할 태도인 무조건적 존중에 대해 가장 잘 설명한 것은? ■ 08 7급

① 상담자는 내담자가 표현하는 감정과 경험을 분명하고 정확하게 이해한다.
② 상담자는 내담자를 있는 그대로 수용하며 한 인간으로 배려한다.
③ 상담자는 자신의 부정적 감정을 솔직하게 표현하되 비파괴적으로 표현한다.
④ 상담자는 내담자의 문제점을 명료하게 지적하고 무조건 수용한다.

해설
상담자가 내담자를 그 어떠한 가치 기준도 적용하지 않은 채, 상담자가 내담자를 하나의 인격체로서 있는 그대로 수용하고 무조건적으로 존중해주는 것이다.

정답 ②

05 다음 설명에 해당하는 상담이론은? ■ 18 7급

- 엘리스(A. Ellis)는 사람들이 정서적 문제를 겪는 이유를 비합리적 사고방법으로 사건을 해석하기 때문이라고 설명한다.
- 상담의 강조점은 감정 표현보다는 사고와 행동에 있다.

① 인지행동 상담   ② 정신분석 상담
③ 행동주의 상담   ④ 내담자중심 상담

해설
엘리스(A. Ellis)의 상담이론은 인지행동 상담이다.

정답 ①

06 상담이론과 그 특징으로 옳지 않은 것은? ■ 7급 국가직 15년

① 정신분석상담은 무의식 세계를 의식화하여 자아의 문제해결기능을 강화하는 것이 목표이다.
② 행동적 상담에서는 부적응 행동을 약화·제거하고 적응 행동을 형성·강화하는 체계화된 학습이론을 적용한다.
③ 내담자 중심 상담이론에서는 불안을 유발하는 비합리적 신념을 변화시키고 문제를 해결할 수 있도록 상담자의 중재를 강화한다.
④ 행태주의 상담에서는 지금 상황에서 무엇을 경험하는 지를 중시하며 내적 욕구와 외적 욕구에 따라 전경과 배경이 바뀐다는 것에 주목한다.

내담자 중심 상담이론은 인간중심 상담이론이며 불안을 유발하는 비합리적 신념을 변화시키고 문제를 해결할 수 있도록 상담자의 중재를 강화하는 것은 인지상담 이론이다.

 ③

07 엘리스(A. Ellis)의 합리적 정서행동 치료(rational emotive behavior therapy : REBT)에서 사용하는 기법으로 옳은 것은? ■ 24 국가직 7급

① 저항 분석(resistance analysis)
② 꿈 분석(dream analysis)
③ 자유 연상(free association)
④ 비합리적 신념 논박(disputing)

엘리스는 인간의 감정과 행동에 대한 비합리적이고 왜곡된 신념들이 고통을 유발한다고 주장하였다. 이러한 비합리적 신념을 논리적이고 합리적인 방식으로 대체함으로써 문제를 해결하고자 하였다. REBT의 핵심 요소는 ABC 모델이다.
- A(Activating Event, 자극적 사건) : 문제가 되는 상황이나 사건
- B(Beliefs, 신념) : 그 사건에 대한 개인의 신념이나 생각
- C(Consequences, 결과) : 그 신념으로 인해 나타나는 감정적, 행동적 결과

①, ②, ③은 프로이트가 정신분석 치료에서 사용하는 기법이다. 이를 통해 무의식적인 문제를 이해하고 해결하고자 하였다.

 ④

08 인지상담이론 중 합리적 정서 치료 이론에 대한 설명으로 옳은 것은? ■ 23 7급

① 불안은 잘못된 학습의 결과이므로, 재학습을 통해 교정하면 사라진다.
② 심리적 문제는 어린 시절 경험을 억압하기 때문에 나타나게 된다.
③ 이상적 자아와 현실적 자아 간의 간극으로 인해 심리 문제가 발생한다.
④ 부정적 정서나 행동은 비합리적 신념에 의해 발생한다.

① 행동주의
② 정신분석
③ 인간중심

 ④

09 행동수정과 관련된 다음 예들 중에서 부적 강화(negative reinforcement) 기법에 해당되는 것은?

■ 07 7급

① 교장 선생님께 공손하게 인사한 영희는 칭찬 스티커를 받았다.
② 중간시험에서 교과성적이 많이 오른 영수는 화장실 청소를 면제 받았다.
③ 게임하느라고 엄마 심부름을 하지 않은 철수는 용돈이 줄어들었다.
④ 수학 수업시간에 지각한 지희는 선생님으로부터 꾸중을 들었다.

부적 강화 : 자극을 제거(화장실 청소 면제)하고 행동을 촉진(성적 향상)한다.
① 정적 강화에 해당한다.
③ 제거성 처벌에 해당한다.
④ 수여성 처벌에 해당한다.

정답 ②

10 성격 및 직업 흥미에 관한 홀랜드(Holland)의 이론에 대한 설명으로 옳은 것은?

■ 19 7급

① 개인은 일반적으로 6가지 성격(흥미) 영역 중 일부는 더 발달시키고 일부는 덜 발달시킨다.
② 6각형 성격모형은 실재적 성격, 탐구적 성격, 예술적 성격, 기업가적 성격, 자기이해적 성격, 관습적 성격으로 구성되어 있다.
③ 행동은 타고난 성격에 의해 결정되며, 직업 흥미 또한 일과 관련된 개인의 성격과 관련이 깊다고 전제한다.
④ 홀랜드 이론을 기반으로 한 진로지도는 6가지 성격(흥미) 영역 모두를 균형적으로 발달시키는 데 궁극적 목적이 있다.

홀랜드(Holland)는 개인은 일반적으로 6가지 성격(흥미) 영역 중 일부는 더 발달시키고 일부는 덜 발달시킨다고 보았다. 개인은 여섯 가지 기본 성격 유형(실재적, 탐구적, 예술적, 사회적, 설득적, 그리고 관습적) 중의 하나와 유사하다고 주장하였다. 홀랜드(Holland)는 개인은 자신의 능력과 기술을 발휘하고 태도 및 가치를 표현하고 자신에게 알맞은 역할을 수행할 수 있는 환경을 찾는다고 가정하였고, 개인의 행동은 성격과 환경적 특성의 상호작용에 따라 결정된다고 보았다. 즉, 개인의 성격 유형이 진로 선택 및 발달에 중요한 영향을 끼치기 때문에 개인의 직업적 흥미는 곧 그 사람이 가진 성격의 표현이라고 주장하였다.

정답 ①

11 상담기법에 대한 설명으로 옳지 않은 것은? ■ 22.7급

① 경청 - 상담자가 자신의 선입견, 편견, 고정관념에서 벗어나 내담자의 생각, 감정, 입장까지 생각하면서 듣는 것이다.
② 질문 - 내담자의 사고·느낌·행동방식을 구체적으로 확인하는 것으로, 내담자가 새로운 시각에서 생각해 볼 수 있는 자극이 된다.
③ 반영 - 내담자의 왜곡된 사고와 신념을 논박하여 내담자가 이를 깨닫게 하는 것이다.
④ 공감 - 내담자의 내면에 있는 감정을 상담자가 자신의 감정인 것처럼 느끼면서 내담자와 소통하는 것이다.

반영은 내담자의 감정이나 말을 정확하게 이해하고 다시 내담자에게 전달하여 내담자가 자신의 감정을 명확히 표현하도록 돕는 것이다. 내담자의 왜곡된 사고와 신념을 논박하여 내담자가 이를 깨닫게 하는 것은 논박이다.

정답 ③

12 상담면접기법과 상담자 반응의 연결이 옳은 것은? ■ 7급. 국가직 15년

① 수용 - "네, 정말 그런 마음이 드실 수 있겠네요."
② 해석 - "무척 속이 상하다고 하시면서 웃으시네요."
③ 직면 - "오늘 우리가 나눈 이야기를 좀 정리해 볼까요?"
④ 요약 - "지금 답답한 느낌이라고 하셨는데 좀 더 말씀해 주시겠어요?"

- **수용**: 로저스(Rogers)가 창안한 인간중심 상담이론에서 중요하게 여기는 상담자의 행동으로서, 상대방이 이야기한 것을 이해하고 받아들였다는 것을 표현하면서 상대방의 사고 흐름을 방해하지 않는 것
- **해석**: 치료 과정에서 분석가가 담당하는 중심적인 활동으로서, 분석가가 환자의 정신적 삶에 관하여 이해한 것을 말로 표현하는 것이다.
- **직면**: 내담자의 행동, 사고, 감정에 있는 불일치나 모순을 깨닫도록 하는 것
- **요약**: 광범위한 내담자 진술 내용을 초점을 맞춘 정보로 함축하는 것

② 직면기법에 해당한다.
③ 요약기법에 해당한다.
④ 선택적 경청기법에 해당한다.

정답 ①

13 다음은 상담기법 중 무엇에 관한 내용인가? ■ 07 7급

> 학생 : 저는 이 세상에서 우리 아빠를 누구보다 사랑하고 존경해요.
>   (온몸이 경직되면서 두 주먹을 불끈 쥔다.)
> 교사 : 너는 아빠를 사랑한다고 말하면서도 그 순간 온 몸이 긴장하는구나.

① 직면(confrontation) ② 명료화(clarification)
③ 반영(reflection) ④ 해석(interpretation)

두렵거나 회피하고 싶은 상황을 피하지 않고 직접 그 속으로 들어가서 자신이 경험하는 불안이나 공포가 점차 감소할 때까지 그 대상이나 심상을 지속적으로 경험하도록 하는 인지행동치료 기법으로 직면에 해당한다.

 ①

14 다음 설명에 해당하는 집단상담의 기법은? ■ 23 7급

> • 어떤 문제의 밑바닥에 깔린 혼란스러운 감정과 갈등을 가려내게 해 준다.
> • 질문, 재진술 등의 방법을 활용한다.
> • 집단 구성원이 미처 생각하지 못했던 측면을 다시 생각하도록 해 주는 자극제의 역할을 한다.

① 해석 ② 명료화
③ 피드백 교환 ④ 공감적 반응

• **명료화** : 애매하게 진술된 것을 명료하게 함
• **해석** : 내담자가 진술하지 않은 내용을 추론하여 새로운 시각을 제공함

 ②

15 다음과 같은 상담자의 반응에 해당되는 상담기법은?

■ 10 7급

> 인혜씨, 기분이 좋다고 말했지만, 주먹을 꽉 쥐고 있어요. 얼굴 표정도 화가 난 것 같고요. 이런 차이가 왜 나타나는 걸까요?

① 공감적 이해하기
② 요약하기
③ 직면하기
④ 자기개방하기

내담자의 말과 행동(표정) 등의 모순을 드러내는 기법은 직면하기이다.
① **공감적 이해하기** : 상담자가 내담자인 것처럼 이해하는 것
② **요약하기** : 상담 끝 무렵 상담을 정리하는 것
④ **자기개방하기** : 상담자가 자기 경험을 통해 문제해결에 도움이 되는 것

 ③

16 심리검사에 대한 설명으로 옳지 않은 것은?

■ 17 7급

① MMPI, MBTI는 자기보고식 성격검사이다.
② 웩슬러(Wechsler) 지능검사는 언어성 검사 이외에 동작성 검사를 포함하고 있다.
③ 투사적 성격검사는 구조화되지 않은 모호한 자극 제시를 통해 내적 심리상태를 파악한다.
④ 로르샤흐(Rorschach) 잉크반점검사는 융의 성격유형을 근거로 한 16가지 성격 유형 분류에 활용된다.

로르샤흐(Rorschach) 잉크반점검사는 잉크를 떨어뜨려 만들어진 그림 10장을 피험자에게 보여주는 방식으로 그림에 대한 자유로운 반응을 통해 개인의 내면세계를 파악한다. 융의 성격유형 이론을 바탕으로 한 16가지 성격 유형 분류는 MBTI(Myers-Briggs Type Indicator)이다.
① **자기보고식 성격검사** : 개인이 자신의 생각, 감정, 행동 양식에 대한 질문에 직접 답하는 방식으로 대표적인 자기보고식 성격검사로는 MMPI, MBTI, Big Five Personality Test, 16PF(16 Personality Factors Questionnaire) 등이 있다.
② **웩슬러 지능검사** : 지능을 다각적으로 평가하는 도구로 여러 하위척도로 구성되어 있다. 일반적인 하위척도로는 언어지능과 동적지능이 있으며 하위척도 점수를 종합하여 개인의 전반적인 지능 수준을 나타낸다.
③ **투사적 성격검사(Projective Personality Tests)** : 개인의 무의식적 생각, 감정, 동기를 평가하기 위해 설계된 심리검사로 개인이 제시된 자극(이미지, 문장 등)에 대해 자유롭게 반응하도록 하여, 그 반응을 통해 성격의 내면적 특성을 분석한다. 대표적인 투사적 성격검사로는 로르샤흐 잉크반점검사(Rorschach Inkblot Test), TAT(Thematic Apperception Test), Sentence Completion Test 등이 있다.

 ④

Ⅳ 교수학습

01 다음 설명에 해당하는 교수-학습 방법은?   ■ 23 7급

- 학생이 스스로 교과의 기본 개념·원리·법칙을 학습하도록 하는 방법이다.
- 학습자의 사고력 함양에 주안점을 두고 교육목표와 교육방법을 수립한다.
- 문제 파악, 가설 설정, 가설 검증, 원리 적용의 단계를 거쳐 학습하는 방법이다.
- 학습자의 탐구활동을 위해서 탐구의 자극, 탐구의 유지, 탐구의 방향성을 조장해야 한다.

① 토의법
② 강의법
③ 발견학습법
④ 완전학습법

해설

발견학습
1) 학문중심 교육과정에서는 지식의 탐구, 실험 등을 통해 학습자가 해당 교과의 구조에 통찰력을 갖도록 하기 위해서 능동적인 발견학습을 한다.
2) 교사는 학습자가 해당 교과의 구조를 발견하도록 조력하고 시범을 보여 주는 역할을 수행하지, 결코 지식의 전달자 역할을 하지 않는다.
3) 발견학습이란 학습자에게 학습내용을 최종형태로 제공하는 것이 아니라 학습자가 능동적인 탐구의 과정을 통해 최종 결과물(기본 개념이나 원리 등)을 발견하는 학습을 의미한다.
4) 주로 수학이나 과학에서 탐구활동을 통해 학습내용과 관련되는 기본 원리나 개념을 발견하는 교수학습방법이다.

정답 ③

02 다음 설명에 해당하는 것은?   ■ 18국 7

- 선행조직자는 학습자의 인지구조의 조정을 위해 학습 이전에 미리 제공되는 일반적, 포괄적, 추상적인 도입자료이다.
- 새로운 학습과제가 선행조직자와 연결이 잘 될 때, 새로운 학습과제는 잘 획득되고 오래 지속된다.

① 직소(Jigsaw) 모형
② 글래이저(R. Glaser)의 수업모형
③ 오수벨(D. P. Ausubel)의 유의미학습이론
④ 스미스(P. L. Smith)와 라간(T. J. Ragan)의 교수설계모형

① 오수벨(D. P. Ausubel)은 유의미학습이론에서 선행조직자를 강조하였다.
② 글래이저의 수업모형은 모형적 수업모형이다. 모형적 수업모형은 교사가 시연을 통해 학생들에게 원하는 행동이나 사고 과정을 모델링하고, 학생들이 이를 바탕으로 직접 탐구하고 적용하도록 유도하는 방식으로 학생 중심의 학습을 강조한다.
④ 스미스(P. L. Smith)와 라간(T. J. Ragan)의 교수설계모형은 학습자의 요구를 분석하고, 교육목표를 설정하며, 교육내용을 구성하고 평가하는 과정이다.

정답 ③

03 다음은 캐롤(Carroll)의 학교학습 모형에서 설정한 명제를 나타낸 공식이다. '학습에 사용된 시간'을 결정하는 변인에 해당하는 것은?   ■ 7급 국가직 12년

$$\text{학습의 정도} = f\left(\frac{\text{학습에 사용된 시간}}{\text{학습에 필요한 시간}}\right)$$

① 적성
② 수업 이해력
③ 수업의 질
④ 지속력

- 학습에 사용된 시간 = 학습기회, 학습지속력
- 학습에 필요한 시간 = 적성, 수업 이해력, 수업의 질

정답 ④

04 다음 내용과 직접 관련된 이론은?   ■ 07 7급

학교 수업 장면에서 불안수준이 낮은 학습자는 강의법보다 토의법에서 성취수준이 높다.

① 학교학습이론
② 완전학습이론
③ 적성 처치 상호작용이론
④ 학습위계이론

적성 처치 상호작용이론: 학교 수업 장면에서 불안수준이 낮은 학습자는 강의법보다 토의법에서 성취수준이 높다.

정답 ③

05 가네(R. M. Gagné)의 교수-학습이론에 대한 설명으로 옳지 않은 것은? ■ 23 7급

① 수업 목표는 수업의 본질이나 내용을 말하는 것이 아니라 학습자의 수업 결과로 획득되는 능력을 말한다.
② 학습자의 학습 성과는 지적 기능, 언어정보, 인지 전략, 태도, 운동기능 영역으로 구분된다.
③ 행동주의에 기반을 둔 직접 교수 모형이기 때문에 정보처리이론이 배제되었다.
④ 학습의 외적 조건은 학습자 주위의 수업 사상(events)을 통해 학습자의 내적 과정을 지원해 주는 다양한 방법이다.

정보처리이론은 인지주의에 기반을 두고 있다.

정답 ③

06 학습에 대한 인지적 접근에서 말하는 선언적 지식(declarative knowledge)에 해당하는 가네(R. M. Gagné)의 교육목표는? ■ 11국 7

① 언어정보 ② 지적기능
③ 인지전략 ④ 태도

언어정보(verbal information) : 정보를 진술하거나 말하는 능력으로 선언적 지식 또는 명제적 지식이라고도 한다. 사물의 이름이나 단순한 사실, 원리, 조직화된 정보 등을 말한다.

정답 ①

07 가네(Gagné)가 제시한 다음의 수업사태는 어떤 학습과정을 촉진시키기 위한 활동인가? ■ 09 7급

> 이 단계는 학습할 과제의 모든 요소들을 통합시키는데 필요한 방법을 제시하는 것으로서, 학습자들이 과제를 적절히 수행할 수 있도록 모든 관련된 정보를 사용할 수 있는 규칙이나 모델을 제시하는 것이다. 적절한 예 제시, 시연, 도표 활용, 순차적 교수 등이 여기에 해당된다.

① 동기화 ② 선택적 지각
③ 탐색과 회상 ④ 의미적 부호화

의미적 부호화란 기존 지식과 새로운 학습 내용을 의미있게 연결하여 장기기억에 저장하는 것을 뜻한다. 따라서 학습할 과제의 모든 요소를 통합시켜 관련된 정보를 사용할 수 있게 도와준다.
① 동기화 : 학습 과제에 흥미와 관심을 가질 수 있도록 도와준다.
② 선택적 지각 : 중요한 정보를 선택적으로 지각하고 주의를 기울일 수 있도록 도와준다.
③ 탐색과 회상 : 이미 알고 있는 정보를 탐색하고 회상한다.

정답 ④

08 글레이저(Glaser)의 수업이론에 있어 수업의 일반적 흐름을 가장 적절하게 나열한 것은?

■ 09 5급

① 출발점 진단 – 수업목표 설정 – 학습평가 – 수업활동
② 수업목표 설정 – 수업활동 – 출발점 진단 – 학습평가
③ 수업활동 – 수업목표 설정 – 출발점 진단 – 학습평가
④ 수업목표 설정 – 출발점 진단 – 수업활동 – 학습평가
⑤ 수업활동 – 출발점 진단 – 학습평가 – 수업목표 설정

글레이저(Glaser)의 수업이론에 있어 수업의 일반적 흐름은 수업목표 설정 – 출발점 진단 – 수업활동 – 학습평가 순으로 이루어져 있으며 타일러 모형(목표 – 수업 – 평가)과 구분하자.

정답 ④

09 ADDIE 모형의 '분석(analysis)' 단계에 해당하지 않는 것은?

■ 24 국가직 7급

① 요구 분석
② 학습자 분석
③ 직무 및 과제 분석
④ 프로그램 효과 분석

프로그램 효과는 평가 단계에서 실시한다. 분석 단계에는 요구자, 학습자, 환경, 직무 및 과제 분석을 실시한다.

정답 ④

10 교수설계절차인 ADDIE 모형의 단계에 대한 설명으로 옳지 않은 것은?

■ 16국 7

① 설계 – 평가도구를 고안하고 교수전략과 교수매체를 선정한다.
② 개발 – 실제 수업에 사용할 교수 프로그램이나 교수자료를 제작한다.
③ 분석 – 요구분석, 환경분석, 과제분석 등을 포함한다.
④ 실행 – 투입된 교수자료의 효과성과 효율성을 결정한다.

실행 단계(Implementation) : 이 단계는 완성된 교수 프로그램을 현장에서 사용하고 이를 유지, 관리하는 활동을 포함한다.

정답 ④

11 교수설계 모형을 제시한 학자와 그에 대한 설명으로 옳은 것은? ■ 19국 7
① 켈러(Keller) - 학습자의 내적 학습과정을 유발하기 위한 외적 상황을 9가지로 제시하였다.
② 메릴(Merrill) - 복잡한 학습내용을 수행-내용 매트릭스에 따라 유형별로 나누고 그에 기초하여 교수전략을 개발하였다.
③ 라이겔루스(Reigeluth) - 인지과학적 구성주의를 기반으로 한 수행역량중심 모형을 제안하였다.
④ 가네(Gagné) - 학습동기를 유발하고 유지하기 위해 가장 중요한 변인들을 주의, 관련성, 자신감, 만족감으로 세분화하여 동기설계의 전략을 제공하였다.

① 가네(Gagné)가 주장한 내용이다.
③ 라이겔루스(Reigeluth)는 객관주의 기반이다.
④ 켈러(Keller)가 주장한 내용이다.

정답 ②

12 다음은 교수설계 이론가인 라이겔루스(C. M. Reigeluth)가 제안한 교수설계의 3요소 중 교수조건, 교수방법, 교수결과 변인을 열거한 것이다. 이 중 교수조건에 해당되는 것으로만 묶은 것은?
■ 10 7급

| ㄱ. 조직 전략 | ㄴ. 학습자 특성 | ㄷ. 효율성 |
| ㄹ. 제약 요소 | ㅁ. 매력성 | ㅂ. 교과 내용 |

① ㄱ, ㄴ, ㄷ ② ㄱ, ㄷ, ㅁ
③ ㄴ, ㄹ, ㅂ ④ ㄷ, ㅁ, ㅂ

- 교수의 조건 : 교과 내용의 특성, 목적, 학습자 특성, 제약 조건
- 교수의 방법 : 조직 전략, 전달 전략, 관리 전략
- 교수의 결과 : 효과성, 효율성, 매력성

정답 ③

13 롸이겔루스(Reigeluth)의 교수설계이론에서 제시한 교수방법의 세 가지 전략에 해당하지 않는 것은?
■ 21 7급
① 조직전략　　　　　　　② 전달전략
③ 평가전략　　　　　　　④ 관리전략

롸이겔루스의 교수방법은 서로 다른 조건하에서 학습결과를 성취하기 위해 사용되는 다양한 전략으로 조직전략, 전달전략, 관리전략으로 나뉜다.

정답 ③

14 교수설계이론에 대한 설명으로 옳은 것만을 모두 고르면?
■ 14 7급

> ㄱ. 켈러(Keller)의 ARCS 모형은 주의집중, 관련성, 자신감, 만족감을 학습동기 유발의 주요 요인으로 고려한다.
> ㄴ. 메릴(Merrill)의 내용요소제시이론은 '내용' 수준과 '수행' 수준의 이차원적 구분에 따라 교수전략을 제안한다.
> ㄷ. 라이겔루스(Reigeluth)의 정교화이론은 미시적 조직전략을 대표하는 것으로 복잡한 내용에서 점차 단순한 내용으로의 수업전개를 제안한다.
> ㄹ. 글레이저(Glaser)의 교수모형은 수업목표 설정, 투입행동 진단, 수업절차의 선정과 실행, 학습성과 평가 등 네 가지 구성요소가 피드백 순환선에 의해서 서로 연계되어 상호작용적 관계를 맺고 있는 체제적 접근을 취한다.

① ㄱ, ㄷ　　　　　　　　② ㄴ, ㄷ
③ ㄱ, ㄴ, ㄹ　　　　　　④ ㄱ, ㄴ, ㄷ, ㄹ

라이겔루스(Reigeluth)의 정교화이론은 거시적 조직전략을 대표하는 것으로 단순한 내용에서 점차 복잡한 내용으로의 수업전개를 제안한다.

정답 ③

15. 다음 설명에 해당하는 토의법은? ■ 22 7급

- 3~6명으로 편성된 소집단이 주어진 주제에 대해 6분 가량 토론한다.
- 소집단별 토론 이후에 전체가 다시 모여서 그 결과를 공유하고 종합·정리하는 과정을 거친다.
- 소수 인원으로 소집단이 구성되기 때문에 서로 친근감을 갖게 되어 자유롭게 의견을 교환할 수 있다.

① 버즈 토의(buzz discussion)
② 단상 토의(symposium)
③ 배심 토의(panel discussion)
④ 공개 토의(forum)

1) **배심 토의(Panel)** : 토의에 참가할 인원이 많을 때 적절한 것으로 각 부의 대표자 4~6명과 다수의 일반인으로 구성된다. 의장은 각 부의 대표자 1인당 1회가량의 발언할 기회를 제공하고, 배심원(패널)은 그 내용에 대해 토의를 한다. 토의가 마무리될 무렵에는 일반 참가자의 발언이나 질문도 받아들이도록 한다. 이러한 과정을 거쳐 최종적으로 배심원들이 결론을 내린다. 배심원은 그 문제에 대하여 정통해 있어야 하며 필요시는 전문가를 초대할 수도 있다.
2) **포럼(forum)** : 이 토의는 특별한 주장을 가진 전문가 1~3명이 자신의 의견을 청중 앞에 발표하고 발표한 내용을 중심으로 여러 명의 청중과 질의 응답하는 방법이다. 이 방법은 청중이 토의에 직접 참여하는 것이 특징이다.
3) **원탁식 토의(round table)** : 원탁식 토의는 토의의 전형적 형태로서 사전 지식이 있는 사회자와 서기를 포함하여 7~8명이 원탁에 둘러앉아 모든 학생이 상호 대등한 관계 속에서 자유롭게 의견을 교환하는 것이다. 사회자는 회의 규칙을 잘 이해하고 자유로운 분위기에서 구성원 모두가 발언할 수 있는 기회를 가질 수 있도록 안내한다.
4) **단상 토의(symposium)** : 단상 토의는 전문적인 지식을 가진 2~5명의 인사가 사회자의 안내에 따라 특정 주제에 대해 서로 다른 입장으로 청중 앞에서 발표하고, 발표자 간의 질의 응답을 통한 토의를 한다. 단상 토의는 토론자, 사회자, 청중이 전문가로 구성되는 것이 특징이다.
5) **버즈 토의** : 버즈(Buzz) 토의란 벌들이 윙윙거리는(buzz) 것과 같이 여러 명의 학생들이 집단을 편성하여, 서로 의견을 교환하면서 학습해 가는 방법이다. 이 학습법의 목적은 학급 내의 인간관계를 개선하고, 학생의 기초학력을 향상시키기 위해 고안된 토의학습의 한 유형이다.

정답 ①

16. 다음에 제시된 학습모형의 공통적인 특징으로 가장 적절한 것은? ■ 08 7급

| • Jigsaw 모형 | • STAD 모형 | • TGT 모형 |

① 컴퓨터 활용을 통한 학습을 강조한다.
② 초인지 전략의 활용을 통한 학습을 강조한다.
③ 교사와 학생 간의 문답을 통한 학습을 강조한다.
④ 학습자 간의 협력적인 상호 작용을 통한 학습을 강조한다.

Jigsaw 모형, STAD 모형, TGT 모형은 협동학습으로 학습자 간의 협력적인 상호 작용을 통한 학습을 강조한다.
① 컴퓨터 보조학습에 대한 설명이다.
② 자기조절학습, 자기주도학습에 대한 설명이다.
③ 문답법에 대한 설명이다.

정답 ④

17 다음 설명에 해당하는 협동학습기법은?
■ 20국 7

> 모둠원들에게 학습과제를 세부 영역으로 할당하고, 해당 세부 영역별로 전문가 집단을 구성한 후 전문가 집단별로 학습한다. 이후, 원래 모둠에 돌아와서 동료학습자를 교육한다.

① 직소모형(Jigsaw)
② 팀토너먼트게임모형(TGT : Teams Games Tournament)
③ 팀보조개별학습모형(TAI : Team Assisted Individualization)
④ 성취과제분담모형(STAD : Student Teams Achievement Division)

① **직소모형(Jigsaw)** : 학생들이 소규모 그룹으로 나뉘고, 각 그룹의 학생들이 특정 주제를 깊이 공부하여 서로 가르치는 방식이다.
② **팀토너먼트게임모형(TGT)** : 학생들이 팀으로 나뉘어 서로 경쟁하면서 학습하는 방식으로 팀이 경쟁을 통해 더 나은 성과를 내도록 유도한다.
③ **팀보조개별학습모형(TAI)** : 학생들이 팀으로 협력하지만 개별적으로 학습하는 방식으로 개인 학습과 팀 학습이 결합된 형태이다.
④ **성취과제분담모형(STAD)** : 학생들이 팀으로 나뉘어 과제를 수행하고, 각 팀의 성과를 바탕으로 평가받는다. 팀의 성과가 개인의 성취에 연결된다.

정답 ①

18 구성주의 교수-학습 방법에 대한 설명으로 옳은 것은?
■ 7급 국가직 15년

① 지식의 외재적인 실재를 강조한다.
② 사실이나 개념, 원리 등 지식의 요소를 이해하는 것에 초점을 둔다.
③ 교수목표와 과제를 사전에 구체적으로 분석하고, 목표달성 전략을 고안한다.
④ 학습과정에서 학습자의 능동적 참여와 문제해결 수행 여부를 중시한다.

① 구성주의는 지식의 외재적인 실재보다는 개인의 내적 맥락을 중시한다.
② 사실이나 개념, 원리 등 지식의 요소를 이해하는 것을 넘어 지식을 구성하는 과정에 초점을 둔다.
③ 구성주의에서는 사전에 목표를 구체적으로 설정하기보다 학습자가 자율적으로 목표를 설정하고 탐구한다.

정답 ④

19 구성주의 학습이론이 교수설계에 주는 시사점으로 옳지 않은 것은? ■ 7급 국가직 13년
① 구성주의는 학습자 중심의 학습환경을 강조한다.
② 구성주의는 실제적 과제와 맥락을 강조한다.
③ 구성주의는 문제해결 중심의 학습을 강조한다.
④ 구성주의는 외재적 동기의 강화를 강조한다.

구성주의는 외재적 동기의 강화를 강조하지 않는다. 행동주의가 외재적 동기를 강조한다.

정답 ④

20 다음의 학습에 대한 관점에 입각한 수업 설계 원리로 적합하지 않은 것은? ■ 7급 국가직 11년

- 실재에 대한 지식은 매개를 거친다.
- 인간의 지각은 주체의 안목과 긴밀한 연계를 맺고 있다.
- 인식주체의 역사・문화적 상황을 떠난 절대적 관점은 존재하지 않는다.

① 학습의 평가는 준거지향 평가에서 벗어나야 한다.
② 수업 과제를 구체적으로 분석하여 사전에 수업목표를 설정한다.
③ 현실세계의 문제 상황과 관련된 지식을 제공한다.
④ 학습자가 지식을 해석하고 생성할 수 있는 환경을 조성한다.

제시문은 구성주의에 대한 관점이다. 현실세계의 문제 상황과 관련된 지식을 제공하는 것은 객관주의 관점에 입각한 수업 설계 원리이다.

정답 ③

21. 구성주의 관점에서 학습에 대한 설명으로 옳지 않은 것은? ■ 23 7급

① 유의미한 지식은 학습자 스스로 구성하는 지식이어야 한다.
② 학습환경을 설계할 때의 중심은 학습자가 활용할 자원과 정보이다.
③ 교육과정 개발은 교과의 논리나 구조가 아니라 교사와 학습자의 삶의 맥락에 대한 이해에서 출발한다.
④ 교사는 학습자의 문제 해결을 촉진하기 위해 대화 및 협력 도구를 함께 제공해야 한다.

해설

구성주의 관점에서 학습환경을 설계할 때의 중심은 학습자가 활용할 자원과 정보가 아니라 학습자의 능동적인 지식 구성과 문제/프로젝트 중심의 학습이다.

 정답 ②

22. 다음 설명에 해당하는 학습은? ■ 22 7급

- 유의미한 학습이 일어나기 위해서는 지식이 사용되는 맥락에 대한 정보가 제공되어야 한다.
- 전이를 촉진하기 위해 한 가지 주제를 다양한 맥락에서 다양한 예시와 함께 다룰 필요가 있다.
- 학습은 일상생활의 활동에 참여하는 경험을 통해 진행되므로 사회공동체의 활동에 참여하는 과정이 장려되어야 한다.

① 발견학습(discovery learning)
② 상황학습(situated learning)
③ 혼합학습(blended learning)
④ 거꾸로학습(flipped learning)

해설

맥락에 대한 정보, 다양한 맥락을 강조하며 사회공동체의 활동에 참여하는 과정을 중시하는 학습은 상황학습(situated learning)이다.
① 발견학습 : 학습자에게 학습내용을 최종형태로 제공하는 것이 아니라 학습자가 능동적인 탐구의 과정을 통해 최종 결과물(기본 개념이나 원리 등)을 발견하는 학습을 의미한다.
③ 블렌디드 러닝 : 블렌디드 러닝은 학습의 효과성을 향상시키고 학습경험을 극대화하기 위하여 온라인과 오프라인 학습환경뿐만 아니라 다양한 학습방법과 매체를 결합하여 활용하는 교수-학습 방법이다.
④ 플립러닝(flipped learning) : 거꾸로학습은 교사가 수업시간에 강의를 하지 않고, 수업내용 관련 동영상을 제공하여 학생들이 미리 학습하게 하고, 수업시간에는 학생 주도로 과제수행, 질문, 토론 등 학생들이 적극적으로 참여하는 수업방식이다.

 정답 ②

23. 다음 설명에 해당하는 교수-학습 모형은?
※ 7급 국가직 12년

- 단기간에 독해 교육의 성과를 얻는 데 유용한 것으로 보고된 구성주의적 교수-학습 모형이다.
- 학생들의 읽기와 듣기 이해력 향상을 위한 네 가지 핵심 전략으로 요약(summarizing), 질문(questioning), 명료화(clarifying), 예언(predicting) 등을 제시하였다.

① 상보적 교수(reciprocal teaching) 모형
② 상황적 수업(anchored instruction) 모형
③ 인지적 도제(cognitive apprenticeship) 모형
④ 문제 중심 학습(problem based learning) 모형

상보적 교수(reciprocal teaching) 모형은 학생들의 읽기와 듣기 이해력 향상을 위한 네 가지 핵심 전략으로 요약(summarizing), 질문(questioning), 명료화(clarifying), 예언(predicting) 등을 제시하였다.

 ①

24. 문제중심학습(problem-based learning)에 대한 설명으로 옳지 않은 것은?
※ 17 7급

① 비구조화된 문제상황에서 추론기능과 자기주도적 학습을 필요로 한다.
② 의과대학에서 전통적인 교육방식의 문제점을 개선하기 위해 개발된 모형이다.
③ 실제 문제를 중심으로 학습내용을 학습자가 찾아서 해결하는 학습자 중심의 모형이다.
④ 문제해결 과정이 끝난 후 실시되는 평가는 교사에 의해 시험으로 이루어진다.

평가는 과정 중심적이며 자기평가를 강조한다.

④

25. 문제중심학습(Problem-Based Learning)에 대한 설명으로 옳지 않은 것은?
※ 23 7급

① 의과대학의 교육생을 훈련할 때 발생한 교육적 문제점을 해결하기 위해 등장하였다.
② 학습에서 다루어지는 문제는 정답이 정해져 있으며 이론적 맥락에서 발생하는 성격을 가진다.
③ 학습자는 상호 의견을 나누고 정보를 공유하는 과정을 통해 성찰, 비판적 사고, 협동심을 키울 수 있다.
④ 교사는 지식전달자의 역할 대신 학습자가 자기 주도적으로 학습하도록 하는 역할을 한다.

② 문제는 복잡하고 비구조적이며 실제적인 특성을 지닌다.

문제중심학습모형(Problem-Based Learning)
1) 의과대학에서 전통적으로 고수되어 온 의사양성방법의 문제점을 개선하기 위하여 문제중심학습을 개발하였다.
2) **협동학습을 장려**한다. 문제중심학습을 사용하는 학생들은 문제해결을 위해 각자 배우고 함께 활동하면서 팀워크 기술을 형성한다.
3) **교사** : 학습지원자(촉진자)의 역할을 하고, 학생은 자기 주도적인 성찰
4) **문제 특징** : 비구조적 문제, 실제적이고 맥락적
5) 실제문제 + 자기주도학습 + 협동학습

정답 ②

26 문제기반학습(PBL : problem-based learning)에 대한 설명으로 옳지 않은 것은?   ■ 09 7급

① 문제개발과 평가가 용이하여 학교교육 및 기업교육에 보편적으로 활용되고 있는 교육방법이다.
② 비구조화된 문제해결능력을 함양하고자 하는 의과대학의 교육적 요구를 충족시키기 위해 개발된 것이다.
③ 새로운 지식과 기술의 습득을 위해 유의미하고 포괄적인 문제가 활용된다.
④ 복잡하고 비구조화된 문제의 해결을 위해 자기주도적 학습과 소집단 협동학습을 강조한다.

문제기반학습(PBL : problem-based learning)은 문항개발과 평가가 어려워 현재 학교교육에서 보편적으로 활용하고 있지 않다.

정답 ①

27 원격교육에 대한 설명으로 옳지 않은 것은?   ■ 7급 국가직 19년

① 다양한 기술적 매체들에 의존하여 교수자와 학습자 간의 상호작용을 지원한다.
② 다수를 대상으로 하면서도 사전에 계획, 준비, 조직된 교재로 개별학습이 이루어진다.
③ 전통적인 면대면 교육에 비해 학습자들이 자기주도적으로 학습에 몰입하게 되므로 중도탈락률이 상대적으로 낮다.
④ 다양한 교육프로그램에 접근할 수 있는 가능성을 높여 교육대상의 범위를 확대하였다.

전통적인 면대면 교육에 비해 교사의 통제가 없어 학습자들의 중도탈락률이 상대적으로 높다.

정답 ③

28 하이니히(Heimich) 등의 ASSURE 모형에 따른 교수매체 선정 및 활용 절차이다. ㉠~㉢에 들어갈 절차로 옳은 것은?
■ 7급 국가직 16년

(㉠) - (㉡) - 매체와 자료의 선정 - 매체와 자료의 활용 - (㉢) - 평가와 수정

	㉠	㉡	㉢
①	학습자 분석	학습자 참여유도	목표진술
②	목표진술	학습자 분석	학습자 참여유도
③	학습자 분석	목표진술	학습자 참여유도
④	목표진술	학습자 참여유도	학습자 분석

해설

학습자 분석 - 목표진술 - 매체와 자료의 선정 - 매체와 자료의 활용 - 학습자 참여유도 - 평가와 수정

정답 ③

29 교수매체의 효과적인 선정과 활용을 위한 ASSURE 모형에 대한 설명으로 옳지 않은 것은?
■ 20 7급
① 수업계획의 첫 단계는 학습자를 분석하는 것이다.
② 수업목표는 학습자가 수업 중 경험할 학습활동으로 제시한다.
③ 학습 내용에 대한 연습과 피드백 기회를 통해 학습자의 능동적인 참여를 유도한다.
④ 마지막 단계에서는 수업의 효과 및 영향에 대한 평가와 그에 따른 수정이 이루어진다.

해설

수업목표는 학습자가 수업 중 경험할 학습활동이 아니라 수업 전에 달성해야 할 목표로 제시한다.

정답 ②

30 데일(Dale)이 제시한 경험의 원추에 근거해 볼 때, 브루너(Bruner)의 인지적 학습단계 중 영상적 단계에 해당되지 않는 매체는?
■ 08 7급
① 실물 표본　　　　　　② TV
③ 영화　　　　　　　　④ 녹음, 라디오

해설

브루너의 학습단계는 작동적, 영상적, 상징적 단계로 나눌 수 있으며 실물 표본은 작동적(활동적) 단계이다.
* 표현방식의 다양성 : 지식의 구조는 표현되는 방식이 다양하기 때문에 의미롭다. Bruner에 따르면, 어떤 영역의 지식도 작동적·영상적·상징적 형태로 표현 가능하다.

정답 ①

31 유비쿼터스 러닝(ubiquitous learning)에 대한 설명으로 옳지 않은 것은? ▪10 7급

① 인터넷 네트워크 기술을 바탕으로 시간과 장소, 수준의 제약 없이 학습자가 다양한 학습경험을 할 수 있도록 지원하는 학습이다.
② 온라인 교육이 갖고 있는 강점과 면대면으로 이루어지는 오프라인 교육의 강점을 최대한 살려서 학습의 효과를 극대화하고자 하는 학습이다.
③ 무선 인터넷 및 위성통신 기술을 바탕으로 이동통신 기기를 활용하여 다양한 교수학습 활동을 수행할 수 있도록 하는 학습이다.
④ 각종 정보화기기, 사물에 이식된 센서, 칩 등을 통해 어디서나 존재하는 컴퓨팅 기술을 활용하여 교수학습 활동을 수행할 수 있도록 하는 학습이다.

온라인과 오프라인 교육의 강점을 살린 학습은 블렌디드 러닝이다.
블렌디드 러닝 : 학습의 효과성을 향상시키고 학습경험을 극대화하기 위하여 온라인과 오프라인 학습환경뿐만 아니라 다양한 학습방법과 매체를 결합하여 활용하는 교수-학습 방법이다.

정답 ②

32 MOOC(Massive Open Online Courses)에 대한 설명으로 옳지 않은 것은? ▪17 7급

① MOOC 강좌들은 세계적으로 공통된 품질보증 및 규제에 따라 개발·관리되며 신뢰할 만한 교육내용을 제공하고 있다.
② 북미 명문대학 강좌의 온라인 운영 형태를 근간으로 출발하여 대안적 교육형태로 급부상하게 되었다.
③ 교수자와의 상호작용과 피드백을 중요시하는 cMOOC와 교수자의 개입을 최소화하고 수준 높은 강의내용 제공에 초점을 맞춘 xMOOC로 구분할 수 있다.
④ 국내에서도 정부 지원하에 K-MOOC를 개발하여 한국 고등교육의 국제경쟁력을 제고하고자 노력하고 있다.

MOOC 강좌들은 기관의 자체적인 기준이 존재할 뿐이지 공통된 품질 보증이나 규제자가 존재하지는 않는다.

정답 ①

Ⅴ 교육평가

01 규준지향평가와 준거지향평가를 비교할 때 옳지 않은 것은? ■ 7급 국가직 16년

구분	규준지향평가	준거지향평가
① 목적	상대적 서열 평가	목표 달성도 평가
② 검사문항	적절한 난이도와 변별도 강조	난이도와 변별도가 강조되지 않음
③ 득점분포	정규분포를 기대함	부적 편포를 기대함
④ 신뢰도 및 타당도	타당도 강조	신뢰도 강조

 해설

- 규준지향평가 : 신뢰도 강조
- 준거지향평가 : 타당도 강조

정답 ④

02 평가기준에 따른 평가유형에 대한 설명으로 옳지 않은 것은? ■ 7급 국가직 17년

① 규준참조(norm-referenced) 평가 – 서열화가 쉽고 경쟁 유발에 유리하다.
② 능력참조(ability-referenced) 평가 – 모든 학생들에게 동일한 평가기준의 적용이 가능하다.
③ 성장참조(growth-referenced) 평가 – 사전능력수준과 현재능력수준 간의 차이를 참조하여 평가한다.
④ 준거참조(criterion-referenced) 평가 – 학습결과에 대한 직접적인 정보제공을 통해 교수·학습을 개선할 수 있다.

 해설

능력참조(ability-referenced) 평가는 학생들에게 각자의 능력에 맞는 평가기준의 적용이 가능하다.

정답 ②

03 평가에 관한 설명으로 옳지 않은 것은?
■ 08 7급

① 규준참조평가는 개인의 성취수준을 비교집단의 규준에 비추어 판단하는 평가방법이다.
② 성장참조평가는 각 성장단계에서 학습자의 최종 성취결과를 확인하는 평가방법이다.
③ 능력참조평가는 학생이 지닌 능력에 비추어 얼마나 최선을 다했는지를 중시하는 평가방법이다.
④ 준거참조평가는 성취목표를 기준으로 목표의 달성 여부 또는 달성 정도를 확인하는 평가방법이다.

성장참조평가는 각 성장단계에서 학습자의 학습과정을 확인하는 평가방법이다.

 ②

04 형성평가에 대한 설명으로 옳지 않은 것은?
■ 7급 국가직 20년

① 형성평가의 목적은 교수-학습 개선에 있다.
② 형성평가는 수업 전 학습곤란 정도를 파악한다.
③ 형성평가는 학습자의 학습을 강화하는 기능을 한다.
④ 형성평가는 학습의 진행 속도를 조절하는 기능을 한다.

수업 전 학습곤란 정도를 파악하는 것은 진단평가이다.

 ②

05 형성평가의 특징에 대한 설명 중 옳은 것으로만 묶인 것은?
■ 7급 국가직 11년

> ㄱ. 학습이 시작되기 전에 학생의 특성을 체계적으로 관찰, 측정하는 평가이다.
> ㄴ. 절대평가를 지향하며 검사도구의 제작과 평가는 교사중심으로 이루어진다.
> ㄷ. 학생의 성취 정도를 판단하여 정치(定置)한다.
> ㄹ. 준거참조평가와 규준참조평가를 혼용하여 사용한다.
> ㅁ. 수업과정에서 학생에게 피드백을 주고 수업방법을 개선하기 위한 평가이다.

① ㄱ, ㅁ ② ㄱ, ㄹ
③ ㄴ, ㅁ ④ ㄷ, ㄹ

해설

ㄱ, ㄷ : 진단평가의 특징에 해당한다.
ㄹ : 총괄평가의 특징에 해당한다.

정답 ③

06 블룸(Bloom)의 교육목표분류학에 대한 설명으로 옳지 않은 것은? ■ 20 7급

① 학습목표를 행위동사로 기술한다.
② 교육목표 간의 유목 구분이 명확하다.
③ 통찰이나 직관 같은 인지능력이 교육목표에서 제외된다.
④ 인지적 영역 교육목표는 인지작용의 복잡성 정도에 따라 위계적으로 조직된다.

해설

블룸의 분류에서 인지적 영역의 목표는 단계적으로 나누어져 있지만, 각 단계 간의 경계가 명확하지 않아 어떤 목표가 어느 단계에 포함되는지 판단하기 어려운 경우가 많아 유목 구분이 명확하지 않다고 비판받았다.

정답 ②

07 수행평가에 대한 설명으로 옳지 않은 것은? ■ 18 7급

① 수행평가의 유형으로는 지필식, 구술식, 실습식, 포트폴리오 평가방법 등이 있다.
② 수행평가의 개발 절차에는 일반적으로 평가목적의 진술, 수행의 상세화, 자료 수집·채점·기록 방법 결정, 수행평가 과제의 결정 등이 포함된다.
③ 채점자가 범할 수 있는 평정의 오류로는 집중경향의 오류, 후광효과, 논리적 오류, 표준의 오류, 근접의 오류 등이 있다.
④ 비판적 사고능력의 개인별 변화 및 발달과정을 평가하기에 적합한 수행평가 방식은 표준화검사이다.

해설

비판적 사고능력의 개인별 변화 및 발달과정을 평가하기에 표준화검사는 적절하지 않다.
표준화검사 : 모집단을 대표하는 피험자를 표집하여 동일한 지시와 절차에 따라 검사를 시행한 후 객관적 채점 방법에 따라 규준이 만들어진 검사이다.

정답 ④

08 수행평가의 특징을 가장 적절하게 나타낸 것은?

■ 07 7급

① 학생들로 하여금 문제의 정답을 선택하게 하는 것이 아니라, 학생 스스로 정답을 작성하거나 행동으로 나타내도록 하는 평가방식이다.
② 평가의 준거를 교육을 통해 달성하려고 하는 수업목표에 두는 것으로 교수-학습 방법의 개선 방향을 밝혀주는 평가방식이다.
③ 학습자 개개인에게 적합한 교수-학습의 기회를 제공하여 주어진 학습목표에 도달시킬 수 있다는 발달적 교육관을 바탕으로 하는 평가방식이다.
④ 경쟁을 통하여 학생들의 외현적 동기유발을 도모하는데 유리하며, 엄밀한 개인차의 변별이 가능한 평가방식이다.

수행평가는 학생들로 하여금 문제의 정답을 선택하게 하는 것이 아니라, 학생 스스로 정답을 작성하거나 행동으로 나타내도록 하는 과정중심 평가방식이다.

정답 ①

09 다음은 무엇에 관한 설명인가?

■ 09 7급

- 학습자가 과제를 수행하면서 보이는 반응을 평가자가 관찰하거나 그 수준에 대한 판단을 내릴 때 사용하는 수행기준이다.
- 우리나라에서는 수행평가를 강조한 7차 교육과정부터 이 도구의 개발에 관심을 보이기 시작했다.
- 수행과정 혹은 과제를 해결한 후 얻은 결과를 평가하는데 사용되며, 반응의 방법과 수준을 구체적으로 제시하는 평가지침의 역할을 한다.

① 질문지(questionnaire) ② 체크리스트(checklist)
③ 루브릭(rubric) ④ 포트폴리오(portfolio)

루브릭(rubric)은 수행과정 혹은 과제를 해결한 후 얻은 결과를 평가하는데 사용되며, 반응의 방법과 수준을 구체적으로 제시하는 평가지침의 역할을 한다.

정답 ③

10 집단역동이론에서는 감정과 욕구를 가진 개개인이 서로 영향을 주고 받으면서 변화하고 적응해 가는 역동적 과정을 이해하기 위한 수단으로 이 방법을 사용한다. 집단 구성원들이 서로 좋아하고 싫어하는 개인을 지적하게 함으로써 집단의 인간관계 구조, 응집성, 안정성 등을 측정·평가하는데 활용되는 이 방법은?
■ 07 7급

① 의미분석법 ② 사회성측정법
③ 장면선택법 ④ 평정기록법

 해설

사회성측정법 : 집단 내에서 개인의 선택, 선호도를 분석하는 방법
1934년 모레노(J. Moreno)가 개발한 방법으로, 집단 내에서 개인 간 수용이나 배척관계, 대인관계 유형, 집단의 상호작용 구조와 형태 및 상태, 사회적 관계, 영향력의 방향, 의사소통의 방향, 집단 내 개인의 위치 등을 발견, 설명, 평가할 수 있다. 이 측정법에서 많은 선택을 받은 사람은 인기형(star), 선택이 없는 사람은 고립형(isolated), 선택을 거의 받지 못한 사람은 소외형(neglectee), 부정적 선택만 받은 사람은 배척아(rejectee), 서로가 서로를 선택한 사람은 상호적 선택형(mutual choice), 자신은 선택을 했지만 상대방은 선택하지 않은 사람은 일방적 선택형(one-way choice), 큰 집단 내에서 3명이나 그 이상으로 서로를 선택했지만 그 이외의 집단원에게는 선택을 받지 않은 집단을 파벌(clique), 2개 이상의 하위집단 사이에 선택이 거의 없는 경우를 분열(cleavage)이라고 한다.

 정답 ②

11 다음 설명에 해당하는 정의적 특성 평가 방법은?
■ 17 7급

- 스티븐슨(Stephenson)이 개발한 것으로, 인간의 태도와 행동을 연구하는 데 유용하다.
- 다양한 진술문을 분류하는 작업을 통해 피험자의 특정 주제에 대한 주관적 의견이나 인식의 구조를 확인할 수 있다.
- 여러 사람의 분류에서 어떤 공통성, 차이가 있는가를 밝힐 때 혹은 한 개인의 두 장면(예컨대 치료 전, 후)에서의 차이를 비교할 때 사용될 수 있다.

① 관찰법 ② 의미분석법
③ Q 분류법(Q sort) ④ 사회성 측정법(Sociometry)

 해설

Q 분류법(Q sort) : 1953년 스티븐슨(W. Stephenson)이 개발한 것으로서, 태도나 흥미를 측정하고 평가하는 데 유용한 기법이다. Q-분류방법에서 평가 대상자는 어떤 진술, 특성, 그림 등이 기재된 카드를 나누어 받은 뒤에 자신이 속하는 특성을 나타내는 차원에서 자신이 생각하는 현재 위치에 따라 카드를 분류해야 한다. 카드에 적힌 진술문의 예는 '나는 마음만 먹으면 어떤 일이든지 잘할 수 있다.', '나는 다른 사람들의 비판에 예민한 편이다.', '나는 다른 사람들을 즐겁게 하기 위해 애쓴다.' 등이다.

 정답 ③

12. 난이도와 변별도를 바르게 이해한 것은?

① 변별도가 0이거나 음수인 문항은 제외해야 한다.
② 난이도는 총 피험자 중 오답을 한 피험자의 비율이다.
③ 변별도를 높이기 위해서는 문제를 가능한 한 어렵게 출제해야 한다.
④ 난이도를 조절하기 위해서는 상위집단과 하위집단의 정답률을 비슷하게 구성해야 한다.

② 총 피험자 중 정답을 한 피험자의 비율은 난이도 지수이다.
③ 난이도가 어렵다고 해서 변별도가 높아지는 것은 아니다.
④ 변별도를 비슷하게 한다고 해서 난이도가 조절되지 않는다.

 ①

13. 어떤 지능검사가 평균이 100, 표준편차가 15인 정상분포를 이룰 때, 115의 점수를 받은 학생의 백분위(percentile rank)에 가장 가까운 값은?

① 64
② 74
③ 84
④ 94

평균이 100이고 표준편차가 15인 정상분포에서 115점을 받은 학생의 Z값은 1이다. Z = 1은 84.13%이기 때문에 84에 가장 가깝다.

 ③

14. 다음 표는 학생의 문항별 정답 및 오답을 표시한 것이다. 총점에 따른 학생별 수준을 고려할 때, 문항1~문항4 중 문항변별도가 가장 높은 문항은? (단, 정답은 ○, 오답은 ×로 표시한다)

	문항1	문항2	문항3	문항4	···	총점	수준
학생A	○	×	○	×	···	99	상위집단
학생B	○	×	○	×	···	95	상위집단
학생C	×	○	○	×	···	20	하위집단
학생D	×	○	○	×	···	25	하위집단
학생E	○	×	○	×	···	90	상위집단

① 문항 1
② 문항 2
③ 문항 3
④ 문항 4

문항변별도는 문항이 학생들의 능력을 얼마나 잘 구분해 주는지를 나타내는 지표이다. 따라서 상위집단 학생들은 정답을 맞추고 하위집단 학생들은 정답을 맞추지 못한 문항 1번이 학생들의 능력을 잘 구분하였기에 문항변별도가 가장 높다고 볼 수 있다.

정답 ①

15 A학교의 수학 시험 점수의 평균이 70점이고, 표준편차가 10점일 때, 가장 높은 점수는? (단, 수학 시험 점수는 정규분포를 따른다)   ■ 7급 국가직 15년

① 원점수 : 75
② T점수 : 65
③ Z점수 : 1
④ 백분위 : 80

모두 Z점수로 변환하면
① 원점수 : 75에서 Z점수 = (75 − 70)/10 = 0.5
② T점수 : 65에서 T점수(65) = 10Z + 50이므로 Z점수는 1.5
③ Z점수 : 1
④ 백분위 : 80에서 Z점수 1이 백분위 약 84%이므로 백분위 80은 Z점수 대략 0.9

정답 ②

16 A학교의 국어 과목 기말고사의 평균점수가 60점이고 표준편차가 5점인데, 길동이는 원점수 70점을 받았다. 이때 길동이의 T점수는?   ■ 12국 7

① 40
② 50
③ 60
④ 70

Z점수 = (70 − 60)/5 = 2
T점수 = 10Z(2) + 50 = 70

정답 ④

17 어느 학교 1학년의 학생수가 250명이다. 이 학생들의 영어시험 평균점수(M)가 81점, 표준편차(SD)가 5점이었다. 철수의 표준점수인 Z점수가 1.4라면 철수의 영어점수는 몇 점인가?   ■ 10 7급

① 64
② 74
③ 87
④ 88

Z점수 = (원점수 − 평균)/표준편차
원점수(철수의 영어점수) − 평균(81)/표준편차(5) = Z점수(1.4)를 계산하면 철수의 영어점수는 88점이다.

정답 ④

18 철수의 수학 시험 성적은 60점이었다. 정규분포를 보이는 철수의 학교 전체 학생 50명의 수학 점수 평균은 50, 표준편차는 10이었다. 철수의 수학 점수는 학교에서 8등이었고 동점자는 없었다. 철수의 학교 내 규준점수에 대한 설명으로 옳지 않은 것은?　■ 24 국가직 7급

① 스테나인 점수는 7이다.　② 백분위는 68이다.
③ Z점수는 1이다.　④ T점수는 60이다.

철수의 백분위는 14%이다.

정답 ②

19 다음의 내용과 가장 관계있는 문항반응이론의 개념은?　■ 09 7급

> 김교사는 인지능력검사를 제작하여 서울과 농촌지역 학생들을 대상으로 검사를 실시한 다음 이들의 문항정답률을 기초로 인지능력검사를 타당화하고자 한다. 그런데 서울과 농촌지역 학생들간의 능력차가 문항정답률에 영향을 주지 않을까 고민하고 있다.

① 일차원성(unidimensionality)　② 정규분포성(normal distribution)
③ 지역독립성(local independence)　④ 불변성(invariance)

서울과 농촌지역 학생들을 대상으로 검사를 실시한 다음 이들의 문항정답률을 기초로 인지능력검사를 실시하여 서울과 농촌지역 학생들간의 능력차가 문항정답률에 영향을 주지 않게 하는 것은 불변성(invariance)이다.

정답 ④

20. 다음 내용을 올바르게 설명한 것은? ■ 07 7급

> 대학교육에 필요한 수학능력을 측정하기 위한 시험인 대학수학능력시험이 사실상 대학 입학 후 학생들의 학업성취도에 미치는 영향이 거의 없었다.

① 대학수학능력시험의 내용타당도가 낮다.
② 대학수학능력시험의 구인타당도가 낮다.
③ 대학수학능력시험의 공인타당도가 낮다.
④ 대학수학능력시험의 예언타당도가 낮다.

대학교육에 필요한 수학능력을 측정하기 위한 시험인 대학수학능력시험이 사실상 대학 입학 후 학생들의 학업성취도에 미치는 영향이 거의 없었다는 것은 미래에 대한 예언타당도가 낮다는 것이다.

정답 ④

21. 다음 설명의 ㉠~㉢에 들어갈 개념을 바르게 연결한 것은? ■ 18 7급

> • (㉠)란 검사 또는 측정 도구가 본래 측정하고자 하는 것을 충실히 측정하고 있는가의 문제이다.
> • (㉡)란 검사도구가 측정하려는 것을 안정적이고 일관성 있게, 그리고 오차 없이 측정하는가의 문제이다.
> • (㉢)란 검사의 채점자가 주관적 편견 없이 얼마나 공정하게 채점하느냐의 문제이다.

	㉠	㉡	㉢
①	타당도	변별도	객관도
②	변별도	타당도	신뢰도
③	신뢰도	타당도	변별도
④	타당도	신뢰도	객관도

• 타당도란 검사 또는 측정 도구가 본래 측정하고자 하는 것을 충실히 측정하고 있는가의 문제이다.
• 신뢰도란 검사도구가 측정하려는 것을 안정적이고 일관성 있게, 그리고 오차 없이 측정하는가의 문제이다.
• 객관도란 검사의 채점자가 주관적 편견 없이 얼마나 공정하게 채점하느냐의 문제이다.

정답 ④

22 우수한 학생을 선발하기 위한 적성검사를 제작할 때 검사의 타당성을 검증할 수 있는 방법으로 옳지 않은 것은?
▪ 7급 국가직 14년

① 적성검사에서 높은 점수를 받은 학생이 학교에서 얼마나 우수한 성적을 보이는지 관계를 살펴본다.
② 적성검사를 받고 나서 일정 시간이 지난 다음 다시 적성검사를 실시하여 두 점수의 일치도를 살펴본다.
③ 새로 제작한 적성검사에서 높은 점수를 받은 학생이 기존의 다른 표준화된 적성검사에서도 높은 점수를 받는지 살펴본다.
④ 내용 전문가에 의해 검사가 측정하고자 하는 속성을 제대로 측정하고 있는지 그리고 내용 영역을 얼마나 잘 대표하는지를 주관적으로 판단하게 한다.

② 재검사 신뢰도를 측정하는 방법이다.
① 예언 타당도를 측정하는 방법이다.
③ 공인 타당도를 측정하는 방법이다.
④ 내용 타당도를 측정하는 방법이다.

🔒 정답 ②

23 인간의 심리적 특성을 규명한 후, 그 심리적 특성이 검사 도구를 통하여 제대로 측정되었는지를 검증하는 타당도는?
▪ 7급 국가직 13년

① 구인타당도(construct validity)
② 예측타당도(predictive validity)
③ 공인타당도(concurrent validity)
④ 내용타당도(content validity)

구인 타당도는 심리적 특성을 이루고 있는 하위 구인들이 실제로 검사 도구에 구성되고 있는지를 측정하는 것이다.

🔒 정답 ①

24. (가)에 공통적으로 들어갈 말은?

- [(가)] 이란 이론적 근거에 기반한 추상적이고 가설적인 개념으로, 검사 도구에 반영되어 있다고 하는 인간의 어떤 특성을 의미한다.
- [(가)] 타당도란 조작적으로 정의되지 않은 인간의 심리적 특성이나 성질에 조작적 정의를 부여한 후, 검사가 이를 제대로 측정하였는가를 검증하는 방법이다.
- [(가)] 타당도를 검증하는 방법으로 요인분석이 있으며, 이외에도 다양한 검증 방법을 종합하여 사용할 수 있다.

① 예언(predictive)
② 내용(content)
③ 구인(construct)
④ 공인(concurrent)

구인타당도는 심리적 특성을 이루고 있는 하위 구인들이 실제로 검사 도구에 구성되고 있는지를 측정하는 것으로 검사가 의도한 바의 특성을 측정하고 있는지에 대한 증거를 수집하는 과정이다.
① 예언타당도 : 준거관련 타당도 중에 하나이며, 검사 도구가 수험자의 미래의 행동특성을 어느 정도 정확하게 예언하는지를 나타내는 지수
② 내용타당도 : 교수・학습과정에서 설정하였던 교육목표의 성취 여부를 묻는 학업성취도 검사의 타당성 검증을 위하여 주로 사용
④ 공인타당도 : 기존에 타당성을 입증받고 있는 검사로부터 얻은 점수와의 관계를 통해서 검증되는 타당도

정답 ③

25. 검사 도구에 대한 설명으로 옳은 것만을 모두 고르면?

ㄱ. 반분검사 신뢰도는 두 부분 검사로 양분하는 방법에 따라 신뢰도가 다르게 추정된다는 단점이 있다.
ㄴ. 내용 타당도는 내용 전문가에게 측정하려는 속성을 제대로 측정하였는지 판단하게 하여 검증한다.
ㄷ. 각각의 문항을 하나의 검사로 간주하여 문항 간 측정의 일치성을 추정하는 방법을 검사 -재검사 신뢰도라고 한다.
ㄹ. 동형검사 신뢰도는 두 집단이 하나의 검사를 치르고 점수 간 상관계수를 통해 검사의 신뢰도를 추정한다.

① ㄱ, ㄴ
② ㄱ, ㄷ
③ ㄴ, ㄹ
④ ㄷ, ㄹ

ㄷ. 문항내적일관성에 대한 설명이다.
　검사-재검사 신뢰도(Test-Retest Reliability)는 한 검사를 동일한 집단에게 일정한 시간적 간격(2~4주)을 두고 두 번 실시하고 검사결과 간의 상관계수로 신뢰도를 제시하는 방법이다.
ㄹ. 동형검사 신뢰도는 두 개의 동형검사 도구를 제작하고, 두 검사 간의 상관계수를 산출하여 신뢰도를 나타내는 방법이다.

정답 ①

26 다음에 해당하는 신뢰도는?
■ 21 7급

- 같은 집단에 특성이 비슷한 두 개의 검사를 각각 실시하고 두 검사점수 간의 상관계수를 산출하여 신뢰도를 구한다.
- 기억효과와 연습효과가 감소된다.

① 검사-재검사 신뢰도　　② 동형검사 신뢰도
③ 반분 신뢰도　　　　　　④ 문항내적 일관성 신뢰도

비슷한 두 개의 검사는 동형검사 신뢰도이다.

정답 ②

27 검사도구의 신뢰도에 대한 설명으로 옳은 것을 모두 고르면?
■ 7급 국가직 12년

ㄱ. 문항 변별도가 높을수록 신뢰도가 높아진다.
ㄴ. 신뢰도는 타당도를 높이기 위한 필요조건이다.
ㄷ. 난이도가 중간 수준으로 적절해야 신뢰도가 높아진다.
ㄹ. 측정 내용의 범위가 넓고 일반적일수록 신뢰도가 높아진다.

① ㄱ, ㄹ　　　　　　　　② ㄱ, ㄴ, ㄷ
③ ㄴ, ㄷ, ㄹ　　　　　　④ ㄱ, ㄴ, ㄷ, ㄹ

측정 내용의 범위가 좁을수록 신뢰도가 높아진다.

정답 ②

28 교육평가를 위해 활용되는 척도에 대한 설명으로 옳지 않은 것은? ■ 22 7급

① 명명척도 – 단순히 분류하거나 범주화할 목적으로 사용하는 척도이다.
② 서열척도 – 측정대상에 순위나 서열을 부여하는 것으로, 측정단위의 간격 간에 등간성이 유지된다.
③ 등간척도 – 각 측정단위 사이의 간격이 동일한 척도로서 절대영점은 없고 임의영점은 있다.
④ 비율척도 – 분류, 순위, 등간의 속성은 물론 절대영점을 가지고 있으며 가감승제를 자유롭게 할 수 있다.

측정단위의 간격 간에 등간성이 유지되는 것은 등간척도이다.

 ②

29 A교사는 부모의 거주지역에 따라 학생들의 영어성적에 차이가 있는지를 알아보기 위하여 지역을 공업지역, 상업지역, 농업지역, 수산업지역으로 나누고 각각에 0, 1, 2, 3을 부여하였다. 부여된 수의 특징에 대한 설명으로 옳은 것은? ■ 7급 국가직 11년

① 수(數)들 간에 동간성이 있다.   ② 0은 절대영점이다.
③ 단순한 이름에 불과하다.   ④ 순위를 나타내는 수(數)이다.

명명척도로서 단순한 이름에 불과하다.

③

30 다음 척도에 대한 설명으로 옳은 것은? ■ 19 7급

> 현재 수강 중인 과목에 어느 정도 만족하십니까?
> ① 매우 불만 ② 불만 ③ 보통 ④ 만족 ⑤ 매우 만족

① 측정치 사이의 크기 또는 간격이 동일한 척도로, 절대영점을 갖고 있다.
② 측정대상을 상호배타적 범주로 분류하는 측정치로, 수치의 의미가 질적 구분만 가능하다.
③ 분류, 순위, 동간성을 갖고 있는 측정치로, 가감승제가 자유로운 가장 높은 수준의 측정이다.
④ 순위 또는 상대적 중요성에 대한 정보를 갖고 있는 측정치로, 측정치가 절대량의 크기를 나타내지 않는다.

제시된 평정법은 순위 또는 상대적 중요성에 대한 정보를 갖고 있는 측정치로, 측정치가 절대량의 크기를 나타내지 않는다.

정답 ④

31 실험연구의 내적타당도 저해요인에 대한 설명으로 옳지 않은 것은? ■ 22 7급

① 성숙 – 시간 흐름에 따른 피험자의 내적 변화가 종속변수에 영향을 미치게 된다.
② 통계적 회귀 – 극단적인 측정값을 보인 사례를 다시 측정하면 실험처치와 무관하게 덜 극단적인 측정값으로 회귀하는 경향이 있다.
③ 반복검사 – 사전검사와 사후검사가 동일한 경우 사전검사가 사후검사에 영향을 미치게 된다.
④ 피험자 탈락 – 실험집단과 통제집단을 구성할 때 무작위배치를 하지 않음으로써 두 집단 간의 동질성이 결여된다.

피험자 탈락은 실험을 진행하는 가운데 초기에 참여했던 피험자가 나중에 참여하지 못하게 되는 현상이다. 이 현상이 문제가 되는 경우는 탈락의 원인이 실험에서 주어진 처치와 관련 있는 경우이고, 문제가 되지 않는 경우는 실험처치와 무관하게, 즉 무선적(random)으로 발생한 경우이다. 후자의 경우, 각 실험조건별로 무선적으로 자료를 제거함으로써 표본크기를 동일하게 하여 다시 균형설계로 만들어 분석할 수 있다.

정답 ④

32 통계적 가설검증에 대한 설명으로 옳지 않은 것은? ■ 7급 국가직 13년

① 통계적 가설은 영가설과 대립가설로 구분된다.
② 제1종 오류는 영가설이 참일 때 그것을 부정하는 오류이다.
③ 통계적 검증력이란 영가설이 참이 아닐 때 이를 기각하는 확률이다.
④ 유의수준이란 영가설이 참일 때 이를 채택하는 확률이다.

유의수준(level of significance) : 가설검증에서 귀무가설이 실제로 참일 때 귀무가설에 대한 판단의 오류수준(잘못 기각할 확률)을 말하며, 제1종 오류의 위험성을 부담할 최대 확률을 가설의 유의수준이라고 한다.

정답 ④

33 교육현상과 관련하여 독립변수 X와 종속변수 Y 사이에 인과관계가 성립하기 위한 조건에 해당하지 않는 것은?   ■ 19 7급

① X가 Y보다 시간적으로 앞서 일어나야 한다.
② X가 변화하면 Y도 같이 변화해야 한다.
③ X와 Y 모두 연속변수로서 측정의 엄밀성을 갖추고 있어야 한다.
④ Y의 변화가 제3의 변수 또는 외생변수에 의해 설명될 가능성이 없어야 한다.

해설
인과관계는 변수의 종류와 상관없이 성립할 수 있다. 따라서 X와 Y가 연속변수로 측정되어야만 할 필요는 없다.

정답 ③

Ⅵ 교육행정

01 다음 설명에 해당하는 교육행정 조직의 원리는?   ■ 17 7급

> 공동목표를 달성하기 위해 조직의 직무를 권한과 책임의 정도에 따라 수직적으로 조직화한다.

① 계층의 원리
② 기능적 분업의 원리
③ 명령 통일의 원리
④ 통솔 한계의 원리

계층의 원리란 조직을 수직적 구조로 조직하여 권한과 책임을 명확히 하는 원리이다.
① 기능적 분업의 원리 : 직무를 기능별로 나누고 분업하는 원리
③ 명령 통일의 원리 : 한 사람의 상급자로부터만 명령을 받는 원리
④ 통솔 한계의 원리 : 관리자가 효과적으로 조직을 관리할 수 있도록 적정한 수의 사용자를 가져야 하는 원리

정답 ①

02 교육행정의 원리에 대한 설명으로 옳지 않은 것은?   ■ 20 7급

① 효율성의 원리를 지나치게 강조하면 교육의 본질이 손상될 수 있다.
② 민주성의 원리를 지나치게 강조하면 기회균등의 원리를 저해할 수 있다.
③ 합법성의 원리를 지나치게 강조하면 형식적이고 경직된 행정을 초래할 수 있다.
④ 자주성의 원리는 교육이 일반행정에서 분리·독립되고 정치·종교로부터 중립성을 유지해야 한다는 것이다.

민주성의 원리를 지나치게 강조하더라도 기회균등의 원리를 저해할 수 없다. 오히려 민주성의 원리가 강조될 경우 기회균등의 원리도 지킬 수 있게 된다.

정답 ②

03 교육행정의 원리 중 지방분권과 중앙집권의 적정한 균형을 유지하려는 것과 가장 관계가 깊은 원리는?   ■ 21 7급

① 민주성의 원리
② 적도집권의 원리
③ 자주성의 원리
④ 합법성의 원리

지방분권과 중앙집권의 적정한 균형을 유지하려는 것은 적도집권의 원리이다.

정답 ②

04 교육행정의 원리에 대한 설명으로 옳지 않은 것은?　　■ 7급 국가직 12년
① 지방분권의 원리가 강화되는 것은 최근의 세계적 현상이다.
② 교육의 전문성과 정치적 중립성은 교육의 자주성을 확보하기 위한 전제가 된다.
③ 효율성의 원리는 민주행정의 원리와 충돌할 가능성이 있다.
④ 법치행정의 원리는 행정재량권의 남용을 방지하고자 하는 의도를 포함하고 있다.

현재는 중앙과 지방의 조화를 강조한 적도집권의 원리를 중요시한다.

정답 ①

05 현행 법령에 따르면, 교육감 후보자의 자격은 교육경력 또는 교육행정 경력이 5년 이상이거나 두 경력을 합하여 5년 이상인 자로 제한되어 있다. 이와 가장 관련이 깊은 교육자치의 원리는?
① 지방분권의 원리　　② 자주성 존중의 원리　　■ 7급 국가직 11년
③ 민중통제의 원리　　④ 전문적 관리의 원리

제시된 내용은 전문적 관리의 원리이다.
※ 현재는 3년 이상이다.

정답 ④

06 교육정책에 요구되는 원칙에 대한 설명으로 옳지 않은 것은?　　■ 22 7급
① 민주성의 원칙 – 민주적 절차와 참여가 중요하다는 것으로 공청회·입법예고 등의 행정 절차와 관련이 있다.
② 중립성의 원칙 – 정책 대상의 본질과 중요도를 분별하여 우선순위를 밝히는 것을 요구한다.
③ 합리성의 원칙 – 정책에 과학성을 부여하는 것으로 과학적 분석에 기초한 정책 형성을 추구한다.
④ 효율성의 원칙 – 비용과 효과의 비교를 통해 최소한의 시간과 인적·물적 자원을 들여 최대의 성과를 거두는 것을 의미한다.

중립성의 원칙이란 교육정책이 정치적·종교적·이념적으로 치우치지 않아야 한다는 원칙으로 정책 결정이나 집행에서 특정 정당이나 이익집단에 편향되지 않아야 한다.
"정책 대상의 중요도에 따른 우선순위 설정"은 합리성의 원칙에 가깝다고 볼 수 있다.

정답 ②

07 다음 중 테일러(F. Taylor)가 주장한 과학적 관리론의 원리를 적용한 학교경영 방침은?
① 학교 내의 비공식 조직의 중요성을 인정하고 이들과 협력한다.   ■ 7급 13국
② 교원의 성과에 따라 보수를 차등적으로 지급한다.
③ 학생들이 스스로 학습에 재미를 느끼고 공부할 수 있는 환경을 조성한다.
④ 지역사회의 중요성을 인식하고 기업, 상급학교, 교육청 등에 학교를 적극적으로 홍보한다.

①, ③ 인간관계론 입장이다.
④ 체제적 관점이다.

정답 ②

08 과학적 관리론이 교육행정에 적용된 내용으로 옳지 않은 것은?   ■ 23 7급
① 보비트(F. Bobbitt)는 과학적 관리기법을 학교경영에 종합적으로 적용해야 한다고 주장했다.
② 학교를 공장에 비유하고 있다는 점에서 공장제 모델(factory model)로 비판받기도 하였다.
③ 과학적 연구방법을 활용한 사실 관찰 중심의 교육행정이론 개발이 활성화되었다.
④ 스폴딩(F. Spaulding)은 교육행정의 비효율성을 극복하기 위해서는 학교행정에도 기업경영의 원리를 적용해야 한다고 주장하였다.

과학적 관리론과 관련하여 과학적 연구방법은 관찰 중심(질적 연구)보다 양적 연구를 중심으로 이루어진다.

연구방법
1) **양적 연구**: 숫자로 양화(量化)될 수 있는 자료를 사용해서 이루어지는 연구(예 통계자료)
2) **질적 연구**: 자료가 질적인 경우(예 역사연구를 위한 서술적 기록물, 설문조사)

정답 ③

09 인간관계론이 교육행정에 준 영향으로 옳지 않은 것은? ■ 16국 7
① 교육행정의 과정에서 교사의 참여를 중시한다.
② 교장의 비억압적이고 비지시적인 지도력을 강조한다.
③ 학교 안 공식적 조직의 역할과 기능이 부각된다.
④ 교육행정의 과정에서 명령, 지시보다는 동기유발, 직무만족감 증진 등이 강조된다.

③ 과학적 관리론 입장이다.

 ③

10 교육행정이론에서 인간관계론의 관점에 해당하지 않는 것은? ■ 24 국가직 7급
① 개인은 적극적이며 능동적인 존재이다.
② 경제적 요인만이 중요한 동기유발 요인은 아니다.
③ 고도의 전문화가 작업집단을 가장 효율적인 조직으로 이끈다.
④ 생산 수준은 개인의 능력보다는 비공식 조직의 사회적 규범에 더 영향을 받는다.

③ 과학적 관리론의 관점에 해당한다.
인간관계론은 과학적 관리론의 반작용으로 등장하였다. 학교 내의 비공식적 조직의 중요성을 인정하였으며, 교장의 비억압적이고 비지시적인 지도력과 교사의 참여를 중시한다.

 ③

11 호이(Hoy)와 미스켈(Miskel)의 학교조직에 대한 관점에 해당하지 않는 것은? ■ 21 7급
① 학교는 하나의 개방된 사회체제이다.
② 학교에서는 환경의 영향을 받으며 각종 투입이 이루어지고, 몇 가지 하위체제를 통해 전환이 일어난다.
③ 학교의 하위체제로는 기획·조직·명령·조정·통제 체제가 있다.
④ 학교의 산출로는 성취, 직무 만족, 출석(결석률), 중도탈락 등이 있다.

행정가 관리론(Fayol)
Fayol의 주된 관심은 노동자가 아닌 관리자의 효율적 조직 관리에 있었다. 그래서 Fayol은 Taylor가 과학적 관리의 원리를 세운 것과 유사한 방식으로 경영자를 위한 원리를 제시하였다.
1) 기획(planning) : 기획은 경영의 첫 단계로서 미래를 예측하고 그것에 대비하는 활동이다. 기획 단계에서는 조직이 추구하는 목표를 분명히 하고, 그 목표를 달성하는 데 필요한 주요 활동과 단계를 정리하고, 필요한 인적·물적 수단을 강구한다. Fayol은 훌륭한 기획의 특성으로 통합성, 지속성, 융통성, 정확성을 들었다.
2) 조직(organizing) : 목표가 정립되고 나면 그 목표를 달성하는 데 필요한 조직을 구성해야 한다.
3) 명령(commanding) : 명령은 단순히 복종만을 강요하는 것 이상으로 모든 고용인들이 조직을 위해 최선을 다하도록 하는 것을 포함한다.
4) 조정(coordinating) : 조정은 조직의 모든 운영을 조화시키고 분산된 노력을 통합시키는 기능이다.
5) 통제(controlling) : 통제는 조직의 활동 결과를 검토하고 평가하는 과정이다.

 ③

12 교육행정 관련 이론과 그 이론이 교육행정에 미친 영향을 잘못 짝지은 것은? ■ 08 7급

① 행정관리론 – 계획, 조직, 지시, 조정, 통제 등 교육행정의 과정 요소를 제안
② 인간관계론 – 구성원 참여의 확대와 같은 민주적인 원리를 적용해 교육행정의 발전과 민주화에 기여
③ 해석론 – 교육의 실제에 기초해 설정된 가설을 양적 연구를 통해 과학적으로 검증하고, 결과를 해석하려는 노력의 확대
④ 과학적 관리론 – 학교의 비효율과 낭비를 제거하고 효율성을 극대화하기 위한 체계적인 관리의 도입 및 적용

해석론은 양적 연구가 아니라 질적 연구이다.

 ③

13 20세기 교육행정 이론의 핵심 주장을 등장 시기순으로 바르게 나열한 것은? ■ 21 7급

(가) 학생의 표준화, 교수방법의 표준화, 교사의 자격 강화 및 훈련의 과학화
(나) 동기유발, 정확하고 신속한 의사소통, 민주적인 권력구조, 고도로 앙양된 사기
(다) 학교조직 목적의 불분명함, 교사·행정가·장학 요원이 사용하는 기술의 불명확성, 참여자의 유동성

① (가) → (나) → (다) ② (가) → (다) → (나)
③ (나) → (가) → (다) ④ (다) → (가) → (나)

해설

과학적 관리론 – 인간관계론 – 최근 학교조직

정답 ①

14 칼슨(Carlson)의 조직유형론에서 공립학교처럼 조직이 그 조직에 들어오는 사람을 통제할 수 없고, 조직의 고객도 그 조직에 참여하는 것을 스스로 선택할 수 없는 조직유형은? ■ 7급 국가직 14년
① 이완 조직
② 야생 조직
③ 사육 조직
④ 조직화된 무질서 조직

 해설

사육 조직 또는 온상 조직이다.

정답 ③

15 칼슨(Carlson)의 봉사조직 유형론에 대한 설명으로 옳지 않은 것은? ■ 22 7급
① 조직의 고객선택권과 고객의 참여결정권은 교사와 학생의 적응에 영향을 미치는 중요 변인이다.
② 야생조직(wild organization)에 속하는 학교는 학생 유치를 위해 다른 학교와 경쟁해야 한다.
③ 사육조직(domesticated organization)에 속하는 학교에 대한 학생의 학교선택권은 폭 넓게 인정된다.
④ 조직은 고객선택권을 갖지만 고객은 참여결정권이 없는 유형에 속하는 조직은 실제로 찾아보기 어렵다.

 해설

사육조직은 학교선택권이 없다.

정답 ③

16
다음은 에치오니(Etzioni)의 조직유형론의 기준과 예시를 나타낸 것이다. ㉠~㉣에 들어갈 내용을 바르게 연결한 것은?
■ 17국 7

권력＼참여	소외	타산	(㉠)
강제	(㉡)		
(㉢)		(㉣)	
규범			학교

	㉠	㉡	㉢	㉣
①	보상	군대	친밀	종합병원
②	헌신	교도소	보상	일반회사
③	몰입	복지기관	통합	종교단체
④	협동	소방서	지원	전문대학

학교가 에치오니(A. Etzioni)의 구분에 의한 규범적 조직의 성격이 강할 때 구성원은 헌신적 참여를 한다.

정답 ②

17
'조직화된 무질서(organized anarchy)'로 설명되는 교육조직의 특징으로 옳지 않은 것은?
■ 09 7급
① 학교 구성원들의 참여가 유동적이고 간헐적이다.
② 교육조직의 목적은 구체적이지 못하며 명료하지도 않다.
③ 학교의 각 하위체제들은 수직적인 위계 특성을 지니고 있다.
④ 학교운영 기술뿐만 아니라 교수-학습기술이 분명하지 않다.

'조직화된 무질서(organized anarchy)' 조직은 수직적인 위계 특성과는 거리감이 있다.

정답 ③

18
조직화된 무질서 조직(Organized Anarchy)으로 학교조직의 특징을 설명하는 내용으로 옳지 않은 것은?
■ 23 7급
① 학교조직의 목적이 구체적이지 못하고 분명하지 않다.
② 어떤 방법과 자료를 활용해야 학습자가 목표에 도달할 수 있을지 합의된 견해가 없다.
③ 학생은 입학한 후 일정 기간이 지나면 졸업하고, 교사와 행정가도 이동하며, 학부모와 지역사회도 필요시에만 참여한다.
④ 강제적 권력과 소외적 참여를 특징으로 한다.

조직화된 무정부로서의 학교(organizational anarchies) : Cohen, March와 Olsen
1) 학교 구성원들의 참여가 유동적이고 간헐적이다.
2) 교육 조직의 목적은 구체적이지도 명료하지도 않다.
3) 학교운영 기술뿐만 아니라 교수학습 기술이 분명하지 않다.
4) 대학을 대상으로 연구한 결과에 기반하고 있으며, 주로 고등교육조직을 설명할 때 많이 활용된다.
5) 의사결정이 주먹구구식으로 이루어진다고 하여 쓰레기통(garbage can) 모형이라고 한다.

 ④

19 다음 진술과 가장 관련이 깊은 학교조직의 특성은?　　■ 7급 국가직 11년

- 이질적이거나 성격이 다른 요소들이 공존하며 상호간에 영향력이 약하다.
- 교육행정가가 교육과정, 교육평가, 교수방법, 교육권 등을 관리·통제하는 데에 제한적인 위치에 있다.
- 조직의 효율적인 운영을 위해서는 신뢰의 원칙이 중요하다.

① 이완조직　　　　　　　② 전문적 관료제 조직
③ 이중조직　　　　　　　④ 조직화된 무질서 조직

이완조직은 조직의 효율적인 운영을 위해서는 신뢰의 원칙이 중요하다.

 ①

20 학교조직의 특성에 대한 설명으로 옳은 것은?　　■ 7급 국가직 16년

① 마이어(Meyer)와 로완(Rowan)은 학교조직의 이완결합성이 신뢰의 논리를 전제로 한다고 가정하였다.
② 조직화된 무질서로서의 학교조직은 하위조직들이 서로 연결은 되어 있으나 독자성을 유지하면서 어느 정도 분리되어 있는 모습을 말한다.
③ 이완결합체제로서의 학교조직은 목표의 모호성, 불분명한 과학적 기법, 유동적 참여 등의 특징을 가지고 있다.
④ 분업과 전문화, 몰인정성, 규칙과 규정, 경력지향성 등은 전문적 성격으로서의 학교조직의 특징이다.

② 이완결합체제에 대한 설명이다.
③ 조직화된 무질서에 대한 설명이다.
④ 관료제에 대한 설명이다.

정답 ①

21 초·중등학교 조직의 특성에 대한 설명으로 옳지 않은 것은?
■ 18 7급

① 학교는 웨익(K. E. Weick)이 말하는 느슨한 결합조직으로서 빠르고 체계적으로 변화하지 않는 현상을 보인다.
② 학교는 칼슨(R. O. Carlson)의 구분에 따른 사육조직으로서 학생의 독특한 적응 방식(상황적 은퇴, 반항적 적응, 부수적 보상 적응)에 직면한다.
③ 학교는 민츠버그(H. Mintzberg)의 구분에 따른 전문적 관료제로서 교사는 교육의 자율성과 관련한 역할 갈등을 경험한다.
④ 학교가 에치오니(A. Etzioni)의 구분에 의한 공리조직의 성격이 강할 때 구성원은 헌신적 참여를 한다.

학교가 에치오니(A. Etzioni)의 구분에 의한 규범적 성격이 강할 때 구성원은 헌신적 참여를 한다.

정답 ④

22 다음은 교육 조직의 발전 전략에 대한 글에서 일부를 발췌한 것이다. (㉠) ~ (㉢)에 들어갈 가장 적합한 단어를 차례대로 나열한 것은?
■ 10 7급

(㉠)는 조직 구성원들의 행동을 변화시킬 수 있는 조직 발전 전략의 하나로 새롭게 주목받고 있다. 전통적인 조직 운영 방법인 지시, 명령, 통제, 감독, 규정과 절차, 즉 (㉡)적 방법보다는 조직 구성원들이 공유하고 있는 규범, 가치관 등의 (㉢)적 요소가 구성원들의 더욱 적극적인 참여와 헌신을 유도하고 창의적인 업무 수행을 자극할 수 있다. 최근 교육개혁에서는 근대적 과학주의, 합리주의에 바탕을 둔 하향식 접근(top-down approach)보다는 교직 사회에 공유되고 있는 광범위한 의식, 신념, 가치 등을 포함하는 (㉢)적 요소를 변화시키려는 (㉢)적 접근방법이 중시되고 있다.

	㉠	㉡	㉢		㉠	㉡	㉢
①	조직 풍토	관료	윤리	②	조직 풍토	위계	문화
③	조직 문화	위계	문화	④	조직 문화	관료	윤리

조직 문화는 조직 구성원들의 규범과 가치관을 포함하며 조직 풍토는 조직의 분위기나 환경을 의미한다. 또한 윤리는 도덕적 기준을 뜻하며 문화는 조직의 가치와 규범을 의미한다.

정답 ③

23 매슬로우(Maslow)의 욕구위계이론상 욕구를 결핍 욕구와 성장 욕구로 구분할 때, 성장 욕구에 해당하는 것은? ■ 21 7급

① 안전의 욕구 ② 소속과 애정의 욕구
③ 자존의 욕구 ④ 자아실현의 욕구

선지 중 ④ 자아실현의 욕구만 성장 욕구이며 나머지 선지는 결핍 욕구에 해당한다.

매슬로우의 욕구위계이론에 따르면 욕구는 결핍 욕구와 성장 욕구로 구분된다.
- 결핍 욕구 : 안전의 욕구, 소속과 애정의 욕구, 자존의 욕구 등이 포함된다. 이러한 욕구는 충족되지 않으면 개인이 불안과 긴장을 느낀다.
- 성장 욕구 : 자아실현의 욕구는 개인이 자신의 잠재력을 최대한 발휘하고, 자기 발전을 이루고자 하는 욕구로, 결핍 상태와는 관계없이 지속적으로 추구한다.

정답 ④

24 매슬로우(Maslow)의 욕구계층이론에 대한 설명으로 옳은 것으로만 묶인 것은? ■ 07 7급

ㄱ. 욕구순서는 생리적 욕구 → 안전욕구 → 소속과 사랑의 욕구 → 존경의 욕구 → 자아실현의 욕구로 계층화된다.
ㄴ. 모든 욕구의 완전한 충족이란 있을 수 없기 때문에 욕구의 충족은 상대적이다.
ㄷ. 일단 충족된 욕구는 동기유발 요인으로서 의미가 대체로 약화된다.
ㄹ. 욕구계층이론은 모든 사람과 상황에 보편적으로 적용된다.

① ㄱ, ㄴ, ㄷ ② ㄱ, ㄴ, ㄹ
③ ㄴ, ㄷ, ㄹ ④ ㄱ, ㄴ, ㄷ, ㄹ

매슬로우는 각 개인이나 문화에 따라 욕구의 우선순위가 달라질 수 있다고 주장하였다.

정답 ①

25 인간의 행동을 유발하는 요인에 대한 매슬로우(A. H. Maslow)의 욕구계층이론, 알더퍼(C. P. Alderfer)의 ERG 이론, 허즈버그(F. Herzberg)의 동기위생이론의 공통적 특징으로 옳지 않은 것은?

■ 10 7급

① 인간의 욕구는 목표지향적인 행동을 창출하고 유지하는 주요 요인이다.
② 타인으로부터 존경받으려는 욕구가 가장 높은 단계의 욕구이다.
③ 대인관계나 소속감과 같은 사회성을 무시한다면 조직의 효과를 기대할 수 없다.
④ 조직의 효과성을 위해 구성원의 성장과 자아실현에 대한 욕구를 충족시키는 풍토를 조성해야 한다.

가장 높은 단계는 자아실현(성장)의 욕구이다.

정답 ②

26 맥그레거(D. M. McGregor)의 Y이론을 지지하는 교육행정가의 행동으로 적절하지 않은 것은?

■ 7급 국가직 18년

① 차등성과급을 이용하여 조직구성원의 동기를 조절하려고 한다.
② 조직구성원은 맡은 일을 수행하기 위하여 자기지시와 자기통제를 행사할 수 있다고 보고 지원한다.
③ 조직구성원의 잠재력이 원활하게 발휘될 수 있도록 지원한다.
④ 조직구성원에게 잠재하는 높은 수준의 상상력, 독창성, 창의성을 발휘할 기회를 부여한다.

① X이론 관점의 설명이다.

정답 ①

27 동기 이론에 대한 설명으로 옳지 않은 것은?

■ 7급 국가직 15년

① 아담스(Adams)의 공정성이론에 따르면 사람이 다른 사람과 비교해서 과소보상을 느끼면 직무에 시간과 노력을 더 많이 투입한다.
② 로크(Locke)의 목표설정이론에서는 대부분의 인간 행동은 유목적적이며 행위는 목표와 의도에 따라 통제되고 유지된다고 본다.
③ 브룸(Vroom)의 기대이론에서 유인가(valence)는 목표, 결과, 보상 등에 대해서 개인이 갖는 선호도를 말한다.
④ 허츠버그(Herzberg)의 동기-위생이론에 따르면 동기추구자는 욕구체계에서 주로 성취, 인정, 발전 등 상위 욕구에 관심을 둔다.

아담스(Adams)의 공정성이론에 따르면 사람이 다른 사람과 비교해서 과소보상을 느끼면 직무에 시간과 노력을 더 많이 투입하지 않는다.

정답 ①

28 브룸(Vroom)의 기대이론에 대한 설명으로 옳지 않은 것은? ▪ 22 7급

① 유인가(valence), 성과기대(expectancy) 및 보상기대(instrumentality)를 중심으로 동기유발을 설명한다.
② 유인가는 보상에 대하여 가지는 매력 혹은 인지된 가치를 말한다.
③ 유인가와 보상기대는 높고 성과기대는 낮을 경우 최고 수준의 동기를 유발할 수 있다.
④ 동일한 성과상여금 기준을 적용받는 교직원 간에 동기유발 효과는 다를 수 있다.

유인가와 보상기대가 높고 성과기대도 높을 경우 최고 수준의 동기를 유발할 수 있다.

정답 ③

29 동기이론 중 공정성 이론에 대한 설명으로 옳지 않은 것은? ▪ 23 7급

① 한 개인이 타인에 비해 얼마나 공정한 대우를 받고 있는가에 초점을 둔 사회적 비교이론이다.
② 개인의 동기를 유발하는 기저 요인은 절대적인 가치에 의해 좌우된다.
③ 개인이 불공정성을 인식하였을 때, 투입이나 성과를 조정하여 공정한 균형상태를 이루고자 노력한다.
④ 공정성의 정도를 지각하는 데 있어 고려하는 투입 요인으로 직무수행과 관련된 노력, 교육 경험을 들 수 있다.

개인의 동기를 유발하는 기저 요인은 타인과 비교에 의해 좌우된다.

공정성 이론 : Adams
1) 공정성 이론은 개인이 타인에 비해 얼마나 공정한 대우를 받고 있다고 느끼는가에 초점을 맞춘 이론이다. 투입-성과 비율이 자신과 타인이 동등하다고 느낄 때 조직구성원은 공정한 거래를 하고 있다고 느끼고, 직무에 대한 만족감을 느끼게 된다.
2) 공정성 이론에 따르면 과대보상과 과소보상은 모두 불공정성을 자극한다. 즉, 조직구성원들은 부족한 보상에 불만족을 느끼고, 과도한 보상에 대해서 부담감을 지각하게 된다는 것이다. 따라서 불공정한 거래를 하고 있다고 느낄 때에는 직무에 불만족감을 갖고 공정성을 회복하기 위한 행동을 선택하게 된다.

정답 ②

30. 허시(Hersey)와 블랜차드(Blenchard)의 지도성 유형에 대한 설명으로 옳은 것은?

① 참여형(participating) - 높은 과업행동과 낮은 관계행동에 적합하다.
② 위임형(delegating) - 낮은 과업행동과 높은 관계행동에 적합하다.
③ 설득형(selling) - 높은 과업행동과 높은 관계행동에 적합하다.
④ 지시형(telling) - 낮은 과업행동과 낮은 관계행동에 적합하다.

■ 7급 국가직 17년

① 지시형 - 높은 과업행동과 낮은 관계행동에 적합하다.
② 참여형 - 낮은 과업행동과 높은 관계행동에 적합하다.
④ 위임형 - 낮은 과업행동과 낮은 관계행동에 적합하다.

정답 ③

31. 변혁적 지도성(transformational leadership)에 대한 설명으로 옳지 않은 것은?

① 지도자가 구성원들로부터 신뢰와 존경을 받고 이상적인 영향력을 행사한다.
② 구성원의 기대와 동기를 지속적으로 자극하여 높은 수행과 발전을 유도한다.
③ 봉사와 그 대가인 보상을 상호 교환함으로써 구성원을 보다 많이 동기화시킨다.
④ 일상적인 생각에 대해 의문을 제기하고 문제들을 재구조화하여 구성원이 혁신적이고 창의적이 되도록 유도한다.

■ 23 7급

봉사와 그 대가인 보상을 상호 교환하는 지도성은 거래적 지도성과 관련된 것이다.

정답 ③

32. 다음 설명에 해당하는 교육정책 결정 모형은?

■ 23 7급

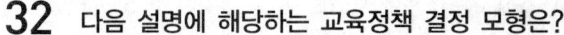

- 정책 결정이 합리성에만 근거해서 이루어지는 것이 아니라 때로는 직관, 창의 등에 의해 이루어진다.
- 혁신적인 정책 결정에 도움을 주지만, 비현실적이고 이상적이라는 비난을 받는다.

① 최적 모형(optimal model)
② 만족 모형(satisfying model)
③ 점증 모형(incremental model)
④ 혼합 모형(mixed-scanning model)

해설

최적 모형 : 드로어(Dror)
정책 결정이 합리성에만 근거해서 이루어지는 것은 아니며, 때때로 직관 등 초합리성이 개입되어 이루어짐을 주장한 모형이다.

만족 모형(satisfying model) : 사이먼(Simon)
1) 인간이 가지는 한계를 인식하고 인간의 사회심리적인 측면을 고려하여 의사결정 시 최적의 대안을 선택하기보다는 만족할 만한 대안을 선택한다는 것을 강조하는 모형이다.
2) 혁신 또는 창의적인 문제해결방안을 기대하기가 어렵다.

점증 모형(incremental model) : 린드블롬(Lindblom)
1) 의사결정 시 현실을 긍정하고 이전의 상태보다 다소 향상된 대안을 추구하는 모형이다.
2) 보수적이고 소극적이라는 비판을 받고 있다.

혼합 모형 = 합리 + 점증
혼합 모형은 합리 모형과 점증 모형의 약점을 보완하여 전자의 이성적 요소와 후자의 현실적·보수적 특성을 적절히 혼합해 의사결정이 이루어진다고 보는 입장이다.

정답 ①

33 의사결정 모형 중 쓰레기통(garbage can) 모형에 대한 설명으로 옳은 것은? ■ 24 국가직 7급

① 문제, 해결책, 참여자, 선택 기회의 우연적 결합을 상정한다.
② 기존의 정책이나 결정을 점진적으로 수정한다.
③ 현실적 한계를 고려하여 더 만족스러운 대안을 선택한다.
④ 의사결정의 전제로 인간의 전능성을 강조한다.

해설

쓰레기통 모형이란 학교조직의 의사결정이 다양한 문제와 해결 방안들 사이의 혼란스러운 상호작용 속에서 비합리적이고 우연적 방식으로 이루어지는 것이다. 조직의 목적 또한 사전에 설정되는 것이 아니라 자연스럽게 나타난다.
② 점증모형에 대한 설명이다.
③ 만족모형에 대한 설명이다.
④ 합리적 모형에 대한 설명이다.

정답 ①

34 다음 설명에 해당하는 교육정책 결정모형은? ■ 7급 국가직 18년

> - 연속적인 제한적 비교 접근법을 통해 결정 대안을 도출한다.
> - 안정적인 정책 결정과 집행, 실현 가능성이 높은 대안선택, 대중의 폭넓은 지지 획득의 가능성 등이 장점으로 인정받는다.
> - 지나치게 보수적이고 대중적인 모형이라는 평가를 받기도 한다.

① 최적화 모형 ② 만족화 모형
③ 점증 모형 ④ 혼합 모형

연속적인 제한적 비교 접근법을 통해 결정하고 대안을 도출하는 모형은 점증 모형이다.

정답 ③

35 다음 내용에 부합하는 교육정책결정 모형은? ■ 09 7급

> - 획기적인 대안의 선택보다는 기본적인 목표의 틀 속에서 다소 향상된 정책결정에 만족하는 모형이다.
> - 구체적이고 실제적인 대안들을 계속적으로 비교하므로 온건지향적이고 보수적인 조직에서 환영받는 정책결정 모형이다.
> - 개혁이나 혁신적인 정책결정에는 부적합하다.

① 합리모형 ② 점증모형
③ 만족모형 ④ 최적모형

점증모형은 획기적인 대안의 선택보다는 기본적인 목표의 틀 속에서 다소 향상된 정책결정에 만족하는 모형이다.

정답 ②

36 교육정책 결정 모형에 대한 설명으로 옳은 것은? ■ 7급 국가직 12년

① 합리성 모형은 이성적인 판단과 함께 감성적인 심리작용을 고려한다.
② 만족화 모형은 객관적 상황보다는 주관적 입장에서 정책결정자의 행동에 주목한다.
③ 점증주의 모형은 개혁이나 혁신적인 의사 결정에 적합하다.
④ 혼합 모형은 기본적 결정은 만족화 모형을, 세부적 결정은 점증주의 모형을 활용할 것을 권장한다.

① 합리성 모형은 주로 이성적이고 논리적인 판단을 바탕으로 한다.
③ 점증주의 모형은 이전의 상태보다 다소 향상된 대안을 추구하는 모형으로 보수적이며 소극적인 결정을 한다.
④ 혼합 모형은 합리 모형과 점증 모형의 약점을 보완하여 의사결정이 이루어진다.

정답 ②

37. 교육정책결정에 대한 이론모형 중 '쓰레기통 모형'에 대한 설명으로 옳은 것만을 모두 고른 것은?

■ 7급 국가직 15년

ㄱ. 인간은 인간의 심리적, 인지적 한계를 고려하여 제한된 합리성에 기초하여 정책을 결정한다.
ㄴ. 불안정하고 비합리적인 상황 하에서 의사결정은 날치기 통과 등의 방식으로 이루어진다.
ㄷ. 의사결정에 참여하는 개인은 상당히 유동적이고 부분적인 참여를 한다.
ㄹ. 정책이 실제 상황에서 점증적으로 결정되거나 결정되어야 한다고 본다.
ㅁ. 정책결정은 문제, 해결책, 의사결정권을 가진 참여자, 결정의 기회라는 네 요소가 우연한 계기에 한 곳에 모두 모이게 될 때 이루어진다.
ㅂ. 코헨(Cohen), 마치(March), 그리고 올센(Olsen) 등이 제시한 모형이다.

① ㄱ, ㄷ, ㄹ   ② ㄱ, ㄴ, ㅂ
③ ㄷ, ㅁ, ㅂ   ④ ㄴ, ㄷ, ㅁ, ㅂ

ㄱ. 만족모형에 대한 설명이다.
ㄹ. 점증모형에 대한 설명이다.

쓰레기통 모형의 특징
1) 조직의 목적은 사전에 설정되는 것이 다니라 자연스럽게 나타난다.
2) 수단과 목적은 독립적으로 존재하며, 우연 또는 생각지 못했던 기회에 서로 연결된다.
3) 문제와 해결책이 조화를 이룰 때 좋은 의사결정이 이루어진다.
4) 의사결정은 합리성보다는 우연성에 기초하여 이루어진다.
5) 의사결정자들은 조화를 이루는 것을 찾기 위해 기존의 해결책, 문제, 참여자 및 기회를 탐색한다.

 ④

38 브리지즈(Bridges)의 참여적 의사결정 모형에 대한 설명으로 옳지 않은 것은? ■ 7급 국가직 16년

① 수용영역이란 구성원이 상급자의 어떤 의사결정에 대해서 의심없이 기꺼이 받아들이는 영역을 말한다.
② 구성원들이 수용영역의 안에 있는 경우 모두 참여시키는 것이 효과적이다.
③ 적절성(relevance) 검증이란 결정할 사안에 대하여 구성원이 개인적인 이해관계가 있는 가를 따지는 것이다.
④ 전문성(expertise) 검증이란 구성원이 결정에 기여할 수 있는 충분한 지식과 경험을 갖고 있는가를 따지는 것이다.

② 수용영역(zone of acceptance)이란 구성원이 상급자의 의사결정을 의심 없이 기꺼이 받아들이는 영역이다.

정답 ②

39 다음 설명에 해당하는 의사결정의 관점은? ■ 19 7급

- 관료제적 조직보다는 관련자의 능력과 자율이 보장되는 전문직 조직에 더 적합하다.
- 소규모 조직이나 대규모 조직 산하 전문가 집단의 결정 행위를 분석하는 데 적합하다.
- 공동의 가치에 대한 인식, 전문가의 식견에 대한 신뢰 등이 전제되고 있다.

① 참여적 관점　　　　② 정치적 관점
③ 우연적 관점　　　　④ 합리적 관점

공동의 가치에 대한 인식, 전문가의 식견에 대한 신뢰 등이 전제되는 것은 참여적 관점이다.

정답 ①

40 교육을 받고자 하는 모든 사람에게 교육의 기회를 부여해야 한다는 원칙에 가장 부합하여 이루어지는 교육기획 접근은? ■ 09 7급

① 사회수요에 의한 접근　　　　② 인력수요에 의한 접근
③ 수익률에 의한 접근　　　　　④ 국제비교에 의한 접근

국민이 교육받을 수요가 얼마나 되느냐에 기초하여 교육기획을 수립하는 방법은 사회수요에 의한 접근에 해당한다.

정답 ①

41 교육기획의 접근방법 중 사회수요에 의한 접근법(social demand approach)에 대한 설명으로 가장 적절한 것은? ▪ 7급 국가직 13년

① 사회의 교육적 수요에 부응함으로써 정치·사회적 안정과 불만 해소를 도모할 수 있다는 장점이 있다.
② 1960년대 인적자본론의 영향으로 특히 개발도상국에서 유행하였던 방법으로서 교육과 취업, 경제성장을 긴밀하게 연계하려고 하였다.
③ 목표연도의 경제성장에 필요한 인력수요를 추정한 다음 그것을 교육자격별 인력수요 자료로 전환하는 과정을 거친다.
④ 국가나 개인이 투입한 교육비용이 얼마나 수익을 가져왔느냐를 분석할 수 있기 때문에 비용-수익 분석이라고도 한다.

사회수요에 의한 접근법은 국민이 교육받을 수요가 얼마나 되느냐에 기초하여 교육기획을 수립한다. 이를 통해 사회의 교육적 수요에 부응함으로써 정치 사회적 안정과 불만 해소를 도모할 수 있다는 장점이 있다.
② 인력수요 접근법에 대한 설명이다.
③ 인력수요 접근법에 대한 설명이다.
④ 수익률 접근법에 대한 설명이다.

 ①

42 허시(P. Hersey)와 블랜차드(K. Blanchard)의 상황적 지도성(situational leadership) 이론에 따를 때, 교장이 효과적인 지도성을 발휘하기 위해 가장 중요하게 고려해야 할 점은? ▪ 10 7급

① 교직원들의 성숙도에 따른 지도성을 강조한다.
② 업무 성과에 따른 보상을 강조한다.
③ 독특한 학교문화를 강조한다.
④ 솔선수범과 헌신적인 봉사를 강조한다.

허시(P. Hersey)와 블랜차드(K. Blancharc)의 상황적 지도성(situational leadership) 이론에 따를 때, 교장이 효과적인 지도성을 발휘하기 위해 가장 중요하게 고려해야 할 점은 교직원들의 성숙도에 따른 지도성을 강조하는 것이다.

정답 ①

43. 다음의 교장상과 일치하는 지도성 이론은?

■ 09 7급

- 교사들에게 도덕적, 윤리적으로 모범을 보여야 한다.
- 교사 개개인의 요구에 대해 민감하고 세심한 관심을 기울여야 한다.
- 교사들에게 학교경영에 대한 비전을 제시하고 사명감을 고취시켜야 한다.
- 교사들이 전문성을 계속 개발할 수 있도록 지적 자극과 지원을 제공해야 한다.

① 상황적 지도성 이론
② 변혁적 지도성 이론
③ 관리망 지도성 이론
④ 지도자 특성이론

Bass(1985)의 변혁적 지도성의 핵심적 요소 네 가지 요인
1) **이상화된 영향력(idealized influence)**: 구성원으로부터 신뢰와 존경을 받고 동일시와 모방의 대상이 되어 이상적인 영향력을 행사한다.
2) **영감적 동기화(inspirational motivation)**: 구성원들로 하여금 조직의 과업이 달성되고 발전할 수 있다는 기대와 도전감을 갖도록 하며, 비전을 공유하도록 구성원을 동기화시킨다.
3) **지적 자극(intellectual stimulation)**: 기존 상황에 대해 새롭고 개방적인 방식으로 접근함으로써 구성원들이 혁신적이 되고 창의적이 되도록 자극한다.
4) **개별화된 배려(individualized consideration)**: 구성원들의 개인적 성장 욕구에 관심을 보이며, 지원적 분위기에서 학습기회를 제공하여 그들의 잠재력을 발전시키고자 한다.

정답 ②

44. 서지오반니(Sergiovanni)가 제시한 문화적 지도성을 가진 지도자의 특징과 가장 관계가 깊은 것은?

■ 21 7급

① 학교 구성원의 기대와 동기를 지속적으로 자극하여 높은 수행과 발전을 유도한다.
② 학교로 하여금 독특한 정체성을 갖게 만드는 가치와 믿음, 관점을 창조하고 강화·유지하는 것을 중요시한다.
③ 미래 비전의 제시, 인상 관리, 자기희생 등을 통해 학교의 과업 수행과 관련된 구성원들의 강한 동기를 유발한다.
④ 학교 구성원 각자가 자율적으로 자신의 지도력을 발휘하여 조직의 생산성을 제고하는 방향으로 일하게 한다.

문화적 지도성은 서지오반니가 제안한 개념으로, 학교나 조직의 문화와 가치관을 중시하는 리더십 유형이다. 지도자는 단순히 목표 달성을 위해 지시하는 역할을 넘어, 학교 구성원들이 공유하는 가치와 신념을 창출하고 강화하는 데 중점을 둔다.
① 변혁적 지도성과 관련 있는 설명이다.
③ 카리스마적 지도성과 관련 있는 설명이다.
④ 자율적 지도성, 초유량 지도성과 관련 있는 설명이다.

정답 ②

45 임상장학의 특징으로 옳지 않은 것은? ※ 07 7급
① 교사의 수업기술 향상이 주된 목적이다.
② 교사와 장학담당자 간의 대면적 관계와 상호작용을 중시한다.
③ 일련의 체계적이고 집중적인 지도·조언의 과정이다.
④ 자아실현의 욕구가 강한 능력 있는 교사들에게 효과적이다.

자아실현의 욕구가 강한 능력 있는 교사들에게 효과적인 것은 자기장학이다.

정답 ④

46 컨설팅장학의 특징으로 옳지 않은 것은? ※ 7급 국가직 12년
① 공식적 컨설팅 관계는 컨설턴트와 의뢰인의 상호 합의와 계약이 있어야 성립된다.
② 컨설턴트는 변화에 관한 결정을 내리거나 집행하는 권한을 가지고 있지 않다.
③ 의뢰한 문제가 해결되었다고 컨설팅 관계가 종료되어서는 안 된다.
④ 학교 조직의 내부인보다는 외부인이 컨설턴트로 활동하는 데 유리한 면이 있다.

의뢰한 문제가 해결되었다면 컨설팅 관계가 종료된다.

정답 ③

47 다음 설명에 해당하는 장학의 유형은? ※ 23 7급

- 학급에서 교사와 학생 사이에 이루어지는 상호작용에 초점이 맞춰진 장학활동이다.
- 장학활동이 이루어지는 당사자 간에 상하관계보다는 쌍방적 관계를 지향한다.
- 교사와 학생 간의 상호작용 및 수업과 관련된 교사의 지각·신념·태도·지식에 대한 정보를 중심으로 수업의 개선을 도모한다.

① 임상장학　　　　　　　② 약식장학
③ 동료장학　　　　　　　④ 지방장학

약식장학
1) 평상시에 교장 및 교감의 계획과 주도하에 이루어지는 것으로, 다른 장학형태의 보완적인 성격을 지닌다.
2) 단위학교에서 일상적으로 빈번하게 수행되기 때문에 일상장학이라고도 부른다.

임상장학(마이크로 티칭과 비교)
1) 학급 내에서 수업의 질을 개선하기 위한 것으로, 교사와 학생 사이에서 이루어지는 상호작용에 초점을 둔다.
2) 장학 담당자와 교사의 지속적이며 성숙한 상호관계성의 형성과 유지가 성공적인 임상장학의 전제조건이며, '관찰 전 계획 → 수업관찰 및 협의회 → 수업관찰 후 평가'라는 순환적인 단계로 이루어진 체계적인 과정이라고 할 수 있다.

동료장학
1) 수업전략을 개발하기 위한 것으로, 교사 간에 상호협력하는 장학형태이다. 인적 자원 활용의 극대화라는 측면에 장점이 있다.
2) **성공적인 동료장학 방법** : 목적설정, 준비, 일정잡기, 점검

정답 ①

48. 우리나라의 학제와 관련된 설명으로 옳지 않은 것은? ■ 11 7급

① 기본적으로 단선형 학제이다.
② 방송대학은 방계(특별)학제에 포함된다.
③ 기간(기본)학제는 정규학교제도를 의미한다.
④ 유치원은 기간학제에 포함되지 않는다.

우리나라의 기본학제는 유치원을 포함한다.

정답 ④

49. 학급경영의 영역에 해당하지 않는 것은? ■ 24 국가직 7급

① 교직원 인사   ② 교과지도
③ 특별활동   ④ 생활지도

학급경영은 학생을 중심으로 한 교과지도, 생활지도, 특별활동, 학부모 협력 등을 포함하며, 교직원 인사는 학교경영의 일부에 해당한다.

정답 ①

50 매클래건(P. McLagan)의 인적자원 수레바퀴 모형에 제시된 인적자원개발(HRD)의 영역에 해당하지 않는 것은?
■ 24 국가직 7급

① 개인 개발(training & development)
② 생산 개발(production development)
③ 경력 개발(career development)
④ 조직 개발(organization development)

해설
매클래건의 수레바퀴모형은 조직 내 인적자원의 역할과 기능을 체계적이고 효과적으로 재고하기 위해 만들어졌으며 3가지 영역으로 나누어진다.
1) HRD 영역 : 훈련과 개발, 조직 개발, 경력 개발
2) HRD와 인접한 영역 : 선발과 직무배치, 성과관리체계, 인적자원 계획, 조직 및 직무 설계
3) HRM 영역 : 인적자원 연구와 정보체계, 노사관계, 종업원 지원, 보상과 이익

정답 ②

---

51 던(Dunn)의 정책 평가기준과 그에 대한 설명으로 옳은 것은?
■ 7급 국가직 15년

① 능률성(efficiency)은 정책의 목표를 얼마나 달성했느냐를 평가하는 것이다.
② 효과성(effectiveness)은 정책목표를 달성하기 위하여 투입한 노력의 정도를 평가하는 것이다.
③ 충족성(adequacy)은 정책목표의 달성이 문제해결에 어느 정도 공헌하고 있는가를 평가하는 것이다.
④ 적합성(appropriateness)은 정책의 결과가 특정 집단의 요구, 선호, 가치 등에 어느 정도 부합하느냐를 평가하는 것이다.

해설
① 효과성은 정책의 목표를 얼마나 달성했느냐를 평가하는 것이다.
② 능률성은 정책목표를 달성하기 위하여 투입한 노력의 정도를 평가하는 것이다.
④ 대응성은 정책의 결과가 특정 집단의 요구, 선호, 가치 등에 어느 정도 부합하느냐를 평가하는 것이다.

정답 ③

---

52 교육문제에 대한 정책이 이루어지는 과정을 순서대로 바르게 나열한 것은?
■ 20 7급

| ㄱ. 사회적 이슈화 | ㄴ. 정책결정 | ㄷ. 정책의제설정 |
| ㄹ. 정책집행 | ㅁ. 정책평가 | |

① ㄱ→ㄷ→ㄴ→ㄹ→ㅁ
② ㄱ→ㅁ→ㄷ→ㄴ→ㄹ
③ ㄷ→ㄴ→ㄹ→ㄱ→ㅁ
④ ㄷ→ㅁ→ㄱ→ㄴ→ㄹ

사회적 이슈화 → 정책의제설정 → 정책결정 → 정책집행 → 정책평가

정답 ①

53 로위(Lowi)가 제시한 정책의 유형과 그에 해당하는 교육정책의 사례를 바르게 연결한 것은?

■ 19 7급

유형	사례
① 구성 정책	사립학교 설립 인가
② 규제 정책	두뇌한국(BK)21 사업
③ 배분 정책	교육공무원 보수 및 연금 관련 법령 정비
④ 재분배 정책	취약 지역에 기숙형 공립고등학교 집중 설립

1) **구성 정책(Constituent Policy)** : 정부의 조직, 권한, 절차 등을 규정하며, 조직의 구조나 행정 절차를 구성하는 정책이다. 다른 정책을 실행하기 위한 제도적 틀을 마련하는 데 초점을 둔다. 사립학교 설립은 정부의 교육행정 체계와 절차를 규정하는 구성 정책에 해당하지 않는다.
2) **규제 정책(Regulatory Policy)** : 개인이나 집단의 활동을 제한하거나 규제하여 공익을 보호하는 정책이다. 특정 행동이나 활동에 대한 규제를 수반한다.
3) **배분 정책(Distributive Policy)** : 사회적 자원을 특정 집단이나 개인에게 배분하는 정책이다. 대체로 모든 국민이나 조직이 혜택을 받을 수 있는 정책이다.
4) **재분배 정책(Redistributive Policy)** : 사회적 약자나 특정 집단에 혜택을 주기 위해 자원을 재분배하는 정책이다. 소득이나 자원의 이전을 통해 사회적 불평등을 완화하는 데 초점을 둔다. 예 취약 지역에 기숙형 공립고등학교 집중 설립

정답 ④

54 신자유주의적 관점과 관계가 먼 교육정책은?

■ 08 7급

① 교육기관과 교육자의 자율성을 확대시켜 나가야 한다.
② 교육서비스 내용에 대한 피교육자의 선택이 확대되어야 한다.
③ 교사들간 및 학교들간의 경쟁의 도입과 확대가 필요하다.
④ 우수인재 양성을 위해 교육에 대한 정부의 간섭은 불가피하다.

신자유주의는 자유를 강조하며 정부의 간섭을 최소화시키는 관점으로 정부의 간섭은 바람직하지 않다.

정답 ④

Ⅶ. 교육사회

01 기능주의 관점에서 학교 교육을 설명하는 내용으로 옳지 않은 것은?　■ 23 7급

① 학교 교육은 공동체 의식과 사회적 연대를 강화하는 역할을 한다.
② 학교 교육은 기존 이념을 전수할 뿐 새로운 이념을 창출하지는 않는다.
③ 학교 교육은 사회의 한 부분으로서 전체 사회를 유지하는 기능을 담당한다.
④ 학교 교육에서의 성취 수준에 따라 사회적 지위가 달라지는 것을 공정하다고 간주한다.

해설

기존 이념을 전수할 뿐 새로운 이념을 창출하지 않는 관점은 갈등주의적 관점이다.

교육의 사회적 기능
1) 문화유산 보존 및 전달기능
2) 사회통합의 기능
3) **사회충원의 기능** : 인력의 선발과 분류, 배치의 기능
4) **사회적 지위 이동의 기능** : 수직(사회계층)적·수평(직종과 지역)적 기능
5) 사회개혁 기능

🔒정답 ②

02 기능론적 관점에서의 지위 획득에 관한 설명으로 옳지 않은 것은?　■ 08 7급

① 능력에 근거하여 개인들을 선발하고 노동시장에 배분함으로써 사회적 효율성이 신장된다.
② 기회의 균등 분배와 더불어 결과의 균등 분배까지 도모해야 사회평등을 위한 이상이 실현된다.
③ 선발 과정에서 우수한 사람을 공정하게 선발하는 합리성이 준수됨으로써 도덕적 정당성이 확산된다.
④ 교육체제는 직업세계의 분화에 따라 직업세계가 필요로 하는 사람들을 선발하여 길러내는 역할을 한다.

해설

기능론적 관점은 능력에 근거하여 선발하되 결과의 균등 분배는 역차별을 초래할 수 있다고 보는 입장이다.

🔒정답 ②

03 교육에 대한 기능이론과 갈등이론의 공통점으로 볼 수 없는 것은? ■ 10 7급
① 교육을 정치·경제적 구조의 종속변수로 본다.
② 교육을 기존의 사회구조와 문화를 그대로 반영한 것으로 본다.
③ 인간과 사회의 관계에서 인간의 수동성을 가정한다.
④ 교육현상에 대해 미시적으로 접근한다.

기능이론과 갈등이론은 교육에 대해 거시적 관점으로 미시적 접근(신교육사회학)을 하지 않는다.

 ④

04 시험의 다양한 기능에 대한 설명으로 옳지 않은 것은? ■ 7급 국가직 15년
① 공식적 시험일수록 시험의 지식위계화 기능은 뚜렷하지 않다.
② 시험은 학습자들에게 선택적으로 학습하게 하고 시험기간에 공부를 집중하게 하는 기능이 있다.
③ 대학입학시험은 결과적으로 사회적 지위획득에 영향을 주므로 사회적 선발 기능을 수행하기도 한다.
④ 시험은 학습자들에게 학습목표를 지시해줌과 동시에, 그 목표에 도달하고자 하는 동기를 촉발하는 유인으로 작용한다.

공식적 시험일수록 시험의 지식위계화 기능은 뚜렷하다. 예 수능

정답 ①

05 교육이론을 기능주의 이론과 갈등주의 이론으로 구분할 때, 기능주의 이론에 해당하는 것은?
① 인간자본론   ② 재생산이론   ■ 21 7급
③ 종속이론   ④ 저항이론

교육이론을 기능주의 이론과 갈등주의 이론으로 구분할 때, 기능주의 이론에 해당하는 것은 인간자본론이다.

정답 ①

06 학교와 사회평등의 관계에 대한 설명으로 옳지 않은 것은? ■ 22 7급

① 취약계층 학생을 위한 보상교육 프로그램은 학교가 사회평등에 기여할 수 있다는 기대를 바탕으로 한다.
② 보울즈(Bowles)는 학교가 경제적 불평등을 바로잡는 데 무력하다고 보았다.
③ 파슨스(Parsons)는 능력주의 관점을 토대로 학교와 사회평등은 무관하다는 결론에 도달했다.
④ 갈등론에서는 학교가 사회적 상승이동을 돕는 게 아니라 사회불평등을 재생산하는 통로가 된다고 본다.

파슨스(Parsons)는 기능주의자로 학교와 사회평등은 상관이 있다고 본다.

 ③

07 부르디외(P. Bourdieu)의 문화자본 이론에 대한 설명으로 옳은 것만을 모두 고르면? ■ 23 7급

> ㄱ. 문화자본은 개인의 기술적 생산력을 나타내는 인적 자본에 해당한다.
> ㄴ. 학교 졸업장은 소유할 수 있는 재산의 형태를 띤 가장 대표적인 객관화된 문화자본이다.
> ㄷ. 학교는 지배집단의 자의적인 문화 상징물에 대해 가치와 정통성을 부여해 주는 역할을 한다.
> ㄹ. 문화자본은 계급관계를 재생산하는 역할을 수행한다.

① ㄱ, ㄴ　　　　　　　　　② ㄱ, ㄷ
③ ㄴ, ㄹ　　　　　　　　　④ ㄷ, ㄹ

ㄱ. 문화자본(cultural capital)은 특정 문화에 계급적 가치가 부여되어 자본적 역할을 수행하는 것을 의미한다.
ㄴ. 학교 졸업장은 제도화된 자본에 해당한다.

문화자본의 3가지 핵심 자본 : 아비투스적 자본
1) 몸과 마음속에 오랫동안 지속적인 상태로 남아 있는 성향들의 형태인 아비투스적 자본(habitus capital)
2) 책, 그림, 사전, 도구, 기계와 같은 형태의 객관화된 자본(objective capital)
3) 학위, 학력, 자격증 같은 제도화된 자본(institutional capital)

정답 ④

08 일리치(Illich)의 탈학교론에 대한 설명으로 옳은 것은?

■ 21 7급

① 1990년대 초 학교교육에 대한 비판과 함께 처음 등장하였다.
② 학습망(learning webs)을 통한 의무교육의 실현을 제안하였다.
③ 학교제도 자체의 폐지를 주장하지는 않았다.
④ 학습이 학교에 의해서만 이루어지는 것은 아니며, 학교가 반드시 학습의 증진을 가져다 주는 것도 아니라고 강조한다.

탈학교 사회(학습망) : 일리치(Illich)
1) 가톨릭 신부인 일리치는 남미 사회의 제도화된 교육의 모순을 목격하고, 1970년에 「탈학교 사회」를 발표하였다. 그에 의하면 남미의 교육은 인간의 자주성과 창의성을 마비시키고 인간을 정형화된 규격체로 양성하고 있다고 하였다. 제도화된 기관들은 인간의 욕구와 잠재 능력을 억압하고 있으며 사회실체를 왜곡하고 있다고 비판하였다.
2) 그는 학습이 학교에 의해서만 이루어지는 것은 아니며, 학교가 반드시 학습의 증진을 가져다 주는 것도 아니라고 강조하였다.

 ④

09 다음에 해당하는 학자는?

■ 21 7급

- 기존의 교육을 은행예금식 교육으로 비유하면서, 기존의 교육이 피억압자들을 수동적으로 만들고 비인간화한다고 비판한다.
- 대화의 교육방식을 통해 불평등한 사회구조를 타파하고 인간해방을 지향하는 문제제기식 교육을 할 것을 주장한다.

① 지루(Giroux)
② 프레이리(Freire)
③ 애플(Apple)
④ 잭슨(Jackson)

기존의 교육을 은행예금식 교육으로 비유한 학자는 프레이리(Freire)이다.

정답 ②

10. 다음 설명에 해당하는 교육사회학 이론은? ■ 24 국가직 7급

> • 학생들은 수동적 존재가 아닌 능동성과 주체성을 가진 존재로서 학교가 전달하고자 하는 이데올로기를 맹목적으로 수용하지 않는다.
> • 노동계급의 학생은 자신들을 사ㄴ-이(lad)라 부르며 노동문화에서의 가치관을 학교문화에 접목함으로써 반학교문화를 형성한다.

① 볼스와 진티스(S. Bowles & H. Gintis)의 경제 재생산론
② 윌리스(P. Willis)의 저항이론
③ 부르디외(P. Bourdieu)의 문화 재생산론
④ 번스타인(B. Bernstein)의 문화 전달론

해설

윌리스의 저항이론은 인간을 구조적이며 수동적 존재로 파악하는 관점을 비판하면서 인간을 새로운 사회개혁을 주도하는 능동적이고 자율적인 존재로 인식한다. 또한 노동계급의 학생들은 공장 문화의 영향으로 사나이라고 지칭된다.
① **볼스와 진티스의 경제 재생산론**: 학교교육이란 자본주의 사회의 계급적 모순을 은폐하고, 불평등한 위계적 관계를 정당화하여 지배계급의 사회적 이점을 유지하며, 재생산 기능을 수행하는 제도적 장치라고 인식하고 있다.
③ **부르디외의 문화 재생산론**: 상류층의 문화가 보편적 가치 기준이 되어 지배계급 학생에게 유리하게 작용하고 있으며, 궁극적으로 자본주의 사회의 계급적 불평등을 은밀히 재생산하고 있다.
④ **번스타인의 문화 전달론**: 언어코드를 통하여 상위계급과 하위계급을 나누었으며 학교는 정교화된 코드를 선호하기 때문에, 상위계급 아동은 하위계급 아동보다 학업성취에서 우월하여, 미래에 차지할 직업적 지위에 대해서도 유리한 위치에 놓이게 된다.

정답 ②

11. 교육사회학의 주요 이론에 대한 설명으로 옳지 않은 것은? ■ 7급 국가직 12년

① 문화재생산론은 경제재생산론이 학생을 재생산 구조에 수동적으로 따르는 존재로 보는 관점을 극복하였다.
② 상징적 상호작용이론은 교사와 학생의 개별적 상황은 강조하지만, 학급이 속한 학교제도나 사회구조의 한계는 관심의 대상이 아니다.
③ 인간자본론은 교육 수준과 생산 수준이 일치한다고 보기 때문에 학력 인플레이션 현상을 설명하기 어렵다.
④ 지위경쟁이론은 학력별 교육수익률의 변화가 기술 수준과 관계없이 발생할 수 있다고 본다.

해설

문화재생산론은 경제적 재생산에 초점을 맞추기보다 문화적 가치와 이념의 전파를 강조하였다.

정답 ①

12 교육사회학의 패러다임에 대한 설명으로 옳지 않은 것은? ■ 7급 국가직 13년

① 해석학적 관점은 사회구성원과 행위자의 행위 및 상호작용, 학교의 내적 상황 등에 초점을 두는 미시적 접근이다.
② 갈등주의 관점은 자본주의 사회에서 학교가 지배계급에게 유리하게 작용함으로써 물신화와 소외, 비인간화 등을 가져오는 것에 대한 비판적 접근이다.
③ 기능주의 관점에서 교육은 사회체계를 이루는 한 부분인 동시에 독립적으로 하나의 소사회인 교육체계를 형성한다.
④ 신교육사회학적 관점에서는 교과과정의 효율성과 학교교육의 외적 과정에 관심을 갖는다.

신교육사회학적 관점에서는 교과과정의 효율성과 학교교육의 외적 과정에 관심을 갖지 않는다.

정답 ④

13 교육사회학 연구에서 해석학적 접근이 지니는 특징으로만 묶인 것은? ■ 7급 국가직 11년

ㄱ. 미시적 관점에서 교육과정에 관심을 갖는다.
ㄴ. 사회현상에 대한 가치중립적이며 객관적 이해를 추구한다.
ㄷ. 학교에서 일어나는 다양한 상호작용의 장면을 중요시 한다.
ㄹ. 방법론의 측면에서 질적 방법을 많이 활용한다.

① ㄱ, ㄴ, ㄷ
② ㄱ, ㄴ, ㄹ
③ ㄱ, ㄷ, ㄹ
④ ㄴ, ㄷ, ㄹ

해석학적 접근은 사회현상에 대한 가치중립적이며 객관적 이해보단 미시적이며 이해론적 이해를 강조한다.

정답 ③

14 신교육사회학의 입장에 해당하는 것을 모두 고른 것은? ■ 09 7급

ㄱ. 학교는 개인의 사회적 지위를 결정하는 공정한 선발 기관이다.
ㄴ. 학교는 인간을 다룰 뿐만 아니라 지식을 다루는 사회 기관이다.
ㄷ. 교육은 정치·경제적 구조에 의해 종속된다.
ㄹ. 교육내용은 보편적인 가치를 지니는 것이 아니라 선택적이며 상대적인 가치를 지닌다.

① ㄱ, ㄴ
② ㄱ, ㄷ
③ ㄴ, ㄹ
④ ㄷ, ㄹ

ㄱ. 기능론, 거시적 관점에 해당한다.
ㄷ. 갈등론, 거시적 관점에 해당한다.

 ③

15 신교육사회학(The new sociology of education)에 대한 설명으로 옳지 않은 것은? ▪18 7급
① 학교에서 가르치는 지식의 정치학적 성격에 주목한다.
② 교육과정 및 교사-학생 간 상호작용이 주요 연구주제이다.
③ 종전의 교육사회학이 사회구조적 문제를 도외시했던 점을 비판한다.
④ 교육내용의 성격과 그것이 전수되는 과정을 이해하고자 하였다.

신교육사회학은 기존의 교육사회학이 사회구조적인 문제를 부각시켜 대안으로 나온 이론이다.

 ③

16 번스타인(Bernstein)의 문화전수이론에 대한 설명으로 옳지 않은 것은? ▪7급 국가직 16년
① 지식은 사회적 진공상태에서 전수되는 것이 아니며, 권력과 통제가 교육과정의 모든 국면에 스며든다.
② 분류(classification)는 과목 간, 학과 간 구분으로서 각 교육내용들 간 경계의 선명도를 말한다.
③ 구조(frame)는 교육내용의 선택, 조직, 진도에 대한 교사와 학생의 통제력 정도를 말한다.
④ 구조화(framing)가 강하면 학생의 관심과 요구를 반영하여 교육과정을 편성하기가 용이하다.

구조화(framing)는 과목 또는 학과 내의 조직의 문제로 가르칠 내용과 가르치지 않을 내용의 구분이 뚜렷한 정도, 계열성의 엄격성, 시간배정의 엄격성 등을 포함하는 개념이다. 즉, 교육내용의 선정, 조직, 진도에 대하여 교사와 학생이 소유하고 있는 통제력의 정도를 의미한다.

④

17 교육과정 사회학에 대한 설명으로 옳지 않은 것은? ■ 20 7급

① 영(Young)에 따르면 학교 교육과정은 학교 밖 정치권력 구조와 관계가 있다.
② 지루(Giroux)에 따르면 학교가 사회의 불평등한 경제적·정치적 질서를 재생산하고 있다.
③ 애니언(Anyon)은 학교에서 학생이 사용하는 언어와 그들의 사회계층과의 관계를 분석하였다.
④ 애플(Apple)에 따르면 학교 교육과정은 사회적 갈등의 부정적 측면을 강조하고 긍정적 측면을 배제하고 있다.

애니언(J. Anyon) : 미국의 중등학교에서 사용되고 있는 역사 교과서를 분석하여 교육내용의 선정이 편파적으로 이루어지고 있고, 특정 집단에 편파적으로 되어 있음을 발견하였다.

정답 ③

---

18 학자와 그들의 주장으로 옳은 것은? ■ 7급 국가직 15년

① 블라우와 던컨(Blau & Duncan) : 경제적 불평등을 바로잡는 데 학교는 다른 어떤 요소보다 영향력이 적다.
② 번스타인(Bernstein) : 교육은 다음 세대의 상향이동을 촉진하므로 교육의 보편화는 평등사회에 이르는 촉진제가 된다.
③ 보울즈와 진티스(Bowles & Gintis) : 가정에서 부모가 사용하는 언어의 질과 가정의 교육적 분위기는 자녀의 학업성취에 영향을 미친다.
④ 콜만(Coleman) : 부모와 지역사회 간의 사회적 관계가 자녀의 학업성취에 영향을 미친다.

콜만은 사회적 자본의 중요성에 대해 이야기하며 부모와 지역사회 간의 사회적 관계가 자녀의 학업성취에 영향을 미친다고 주장하였다.
① **보울스와 진티스** : 경제적 불평등을 바로잡는 데 학교는 다른 어떤 요소보다 영향력이 적다.
② **드리븐** : 교육은 다음 세대의 상향이동을 촉진하므로 교육의 보편화는 평등사회에 이르는 촉진제가 된다.
③ **번스타인** : 가정에서 부모가 사용하는 언어의 질과 가정의 교육적 분위기는 자녀의 학업성취에 영향을 미친다.

정답 ④

19 교육평등에 대한 설명으로 옳지 않은 것은? ■ 7급 국가직 15년

① 허용적 평등관은 개인의 역량 차이에 상관없이 모든 사람이 같은 수준의 교육을 받아야 한다는 것이다.
② 교육조건의 평등은 취학기회의 평등만이 아니라 우수한 학교에 평등하게 취학하는 것을 의미한다.
③ 결실의 평등은 학교를 졸업하고 사회에 진출하여 획득하는 교육의 결실(직업, 수입, 지위 등)이 일치하는 수준을 의미한다.
④ 교육평등의 개념은 기회의 균등에서 결과의 평등으로 점차 바뀌고 있다.

교육기회의 허용적 평등관 : 모든 사람에게 동등한 기회가 주어져야 한다.

정답 ①

20 경제적 빈곤가정의 자녀들이 방과후 학교프로그램에 참여할 수 있도록 교육비를 지원하는 제도와 관계가 깊은 교육평등의 개념은? ■ 09 7급

① 교육기회의 보장적 평등
② 교육기회의 허용적 평등
③ 교육조건의 평등
④ 교육결과의 평등

교육비를 지원하는 제도와 관계가 깊은 교육평등은 교육기회의 보장적 평등이다.

정답 ①

21 다음 ㉠과 ㉡의 주장과 가장 관련이 깊은 교육평등관은? ■ 7급 국가직 12년

㉠ 사람이 타고나는 능력은 다르기 때문에, 교육의 양은 능력에 비례해야 한다. 따라서 교육기회는 엄격한 기준에 의한 선발을 통해 주어져야 한다.
㉡ 사람의 능력은 마치 '자연의 복권추첨'과 같은 것이므로, '복권을 잘못 뽑아' 불리해진 사람에게 우수한 능력을 가진 사람이 어느 정도의 적선을 하는 것이 도리에 맞다.

	㉠	㉡
①	기회의 보장적 평등	결과의 평등
②	기회의 허용적 평등	조건의 평등
③	기회의 보장적 평등	조건의 평등
④	기회의 허용적 평등	결과의 평등

㉠ 능력에 따른 교육기회를 주는 것은 허용적 평등에 해당한다.
㉡ 똑같은 출발선을 제시하도록 우수한 능력을 가진 사람이 그렇지 못한 사람에게 어느 정도 적선을 하는 것은 결과의 평등에 해당한다.

정답 ④

22 교육평등관에 대한 설명으로 옳지 않은 것은?

■ 20 7급

① '교육결과의 평등'을 위한 보상정책은 능력주의 지지자들의 비판을 받는다.
② 산골에 사는 어린이 대상 통학 교통편 무상지원 정책은 '교육기회의 허용적 평등'의 사례이다.
③ 미국의 헤드스타트사업(Project Head Start), 한국의 교육복지우선지원사업은 '교육결과의 평등'의 사례이다.
④ 학교의 시설, 교사의 자격, 교육과정 등에 있어서 학교 간의 차이를 줄이는 정책은 '교육조건의 평등'의 사례이다.

보장적 평등 : 산골에 사는 어린이 대상 통학 교통편 무상지원 정책

정답 ②

23 '콜맨(Coleman) 보고서'의 내용으로 옳지 않은 것은?

■ 07 7급

① 교육기회와 효과의 불평등 현상 및 원인을 밝히는데 목적을 두고 있다.
② 학교는 사회적 평등을 위한 기능을 제대로 수행하지 못하고 있다.
③ 교사의 질은 교육과정에 비해 학업성취에 미치는 영향이 상대적으로 작다.
④ 학생의 가정배경은 학업성취에 미치는 영향이 매우 크다.

교사의 질은 학생들의 학업성취에 중요한 영향을 미친다. 특히 교사의 능력, 자질, 기대 수준이 학업성취에 강한 영향을 미치며 교사의 질은 교육과정이나 물리적 환경보다 중요한 요인으로 평가된다.

정답 ③

24 콜먼(J. Coleman)의 교육평등 연구에 대한 설명으로 옳지 않은 것은? ▪ 7급 국가직 13년
① 1960년대 인권과 불평등에 대한 사회적 관심이 고조되는 가운데 수행되었다.
② 불우한 계층의 학업실패 원인이 학교에 있기보다는 학생의 가정 배경에 있다고 결론 내렸다.
③ 교육평등의 관점을 결과의 평등에서 기회의 평등으로 한 차원 높였다.
④ 불우한 계층의 교육기회를 실질적으로 보장하기 위한 정책들이 나오게 되었다.

교육평등의 관점을 과정의 평등에서 결과의 평등으로 한 차원 높였다.

 ③

25 콜맨(J. S. Coleman)에 대한 설명으로 옳지 않은 것은? ▪ 18 7급
① 학교별 교육조건의 차이가 학생들의 성적에 어떻게 반영되는가를 분석하였다.
② 교육평등에 영향을 주는 가정배경 및 학교변인을 분석한 콜맨보고서(Coleman Report)를 발표하였다.
③ 효과적인 학교에 평등하게 취학 기회가 부여되어야 한다는 의미로 교육결과의 평등을 주장하였다.
④ 학업성취에 대한 가정의 영향을 규명하는 데 '사회자본(social capital)'의 유용성에 주목하였다.

콜맨의 연구가 교육결과의 평등에 영향을 미쳤다.

 ③

26 1966년에 발간된 「콜만보고서(Coleman report)」에 대한 설명으로 옳지 않은 것은? ▪ 22 7급
① 기본 문제의식은 학업성취도 격차의 완화기제로서 학교의 가능성을 알아보는 것이었다.
② 학교조건의 차이는 학업성취도 격차와 큰 관련이 없는 것으로 드러났다.
③ 학생의 학업성취도 격차를 설명하는 주된 요인은 가정 배경 관련 요인으로 나타났다.
④ 다른 연구자에 의해 관련 연구가 이어지지 못함으로써 당시 사용된 분석방법과 자료의 적합성은 검토되지 못했다.

결과의 평등에 대한 연구가 이어졌다.

④

27 교육의 보상적 평등관에 대한 설명으로 가장 적절한 것은?   ▪ 10 7급

① 개인의 능력주의에 기초한다.
② 교육을 경쟁원리로 접근한다.
③ 모든 사람에게 동일한 취학 기회를 제공한다.
④ 저소득층 집단의 교육적 결손을 해소한다.

저소득층 집단의 교육적 결손을 해결하기 위해 방과후 수업 등을 통해 결과의 평등(보상교육)을 실시한다.

정답 ④

28 교육평등관과 그 예시가 바르게 짝지어지지 않은 것은?   ▪ 24 국가직 7급

① 교육기회의 허용적 평등 – 성별, 종교, 인종, 사회적 신분 등을 이유로 한 차별 철폐
② 교육기회의 보장적 평등 – 취학을 가로막는 경제적·사회적·지리적 제약 제거
③ 교육조건의 평등 – 교사의 질 및 교육과정에서의 학교 간 격차 해소
④ 교육결과의 평등 – 모든 학생들에게 동일한 교육환경 제공

모든 학생들에게 동일한 교육환경을 제공하는 것은 교육조건의 평등에 가깝다. 교육결과의 평등은 학업성취의 평등을 위한 적극적 조치를 취해야 한다는 입장이다.

정답 ④

29 미국의 'Head Start Program'이나 영국의 '교육우선지역(EPA : Educational Priority Area)' 사업이 추구하는 평등의 유형은?   ▪ 7급 국가직 13년

① 허용적 평등   ② 보장적 평등
③ 과정의 평등   ④ 결과의 평등

미국의 'Head Start Program'이나 영국의 '교육우선지역(EPA : Educational Priority Area)' 사업이 추구하는 평등의 유형은 결과의 평등이다.

정답 ④

30 현대사회의 학력 상승 원인과 관련된 이론에 대한 설명으로 옳지 않은 것은? ■ 19 7급

① 기술기능이론에서는 과학기술의 발달로 인한 직업기술 수준의 향상을 학력 상승의 원인으로 강조한다.
② 학습욕구이론의 강점은 오늘날의 학교가 지적, 인격적 성장을 위한 학습 욕구를 제대로 충족시켜 주는 기관이라는 사실을 입증해 준다는 데 있다.
③ 지위경쟁이론에서는 학력이 사회적 지위획득의 수단이기 때문에 사람들이 경쟁적으로 높은 학력을 취득하는 탓에 학력이 계속 높아진다고 설명한다.
④ 국민통합이론은 정치단위인 국가의 이데올로기 통합 과정에서 교육제도가 수행하고 있는 정치적 기능을 새롭게 지적하였다는 데 의의가 있다.

학습욕구이론은 오늘날의 학교가 지적, 인격적 성장을 위한 학습 욕구를 제대로 충족시켜 주는 기관이라는 사실을 입증하지 못하고 있다.

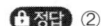 ②

31 학교교육은 팽창하고 학력이 계속 높아지는 현상을 설명하는 이론 중 다음과 같은 내용을 포함하는 것은? ■ 10 7급

- 교육팽창을 정치적 요인으로 설명
- 교육은 국민으로서의 정체감을 형성시키는 기제
- 벤딕스(R. Bendix)에 의해 제시

① 학습욕구이론 ② 지위경쟁이론
③ 신마르크스주의이론 ④ 국민통합론

국민통합이론
국민통합이론은 국가의 형성과 이에 따른 국민 통합의 필요성 때문에 교육이 팽창되었다고 설명한다(Dronkers and Ploeg, 1995 : 133-434). 벤딕스는 역사적으로 볼 때, 교육의 팽창과 교육에 대한 정치적 통제는 근대 국가의 성장과 밀접하게 관련되어 있다고 하였다. 교육은 다양하고 이질적인 문화적, 지역적 집단과 계급으로 구성된 국민들에게 일체성을 형성하는 제도이다.

④

32. 학력상승의 원인에 대한 대화이다. 기술기능이론에 바탕을 둔 B의 대답으로 옳은 것은?

▪ 7급 국가직 16년

> A : 학력이 지속적으로 상승하는 원인이 무엇이라고 생각하시나요?
> B : (   )

① 누구나 뭔가 새로운 것을 배우고자 하는 욕구가 있잖아요.
② 현대 사회에서 학력은 지위획득을 위한 합법적 사다리잖아요.
③ 사회에서 요구되는 직업전문성 수준이 계속 향상되기 때문이지요.
④ 교육을 통해 국민들 사이에 일체감을 형성할 필요가 있잖아요.

기술기능이론이란 과학기술의 부단한 발달 때문에 직업기술의 수준이 계속 향상됨에 따라 사람들의 학력이 높아질 수밖에 없다는 것이다. 따라서 ③이 기술기능이론에 바탕을 둔 대답이라고 볼 수 있다.
① 학습욕구이론과 관련이 있다.
② 지위경쟁이론과 관련이 있다.
④ 국민통합이론과 관련이 있다.

정답 ③

33. 다음 내용에 해당하는 교육제도성장이론과 학자를 바르게 연결한 것은?

▪ 07 7급

> 그는 「학력주의 사회(The Credential Society)」라는 저서에서 미국 고등교육이 과잉 공급 상태에 있었음에도 불구하고 새로운 대학이 설립되는 등 고등교육의 팽창이 계속되는 현상에 주목하였다. 그리고 이러한 현상의 원인이 대학의 학위 인정권에 있었음을 밝히고 있다. 다시 말하면, 실용적인 훈련의 강조가 아니라 학위부여 기능을 대학이 가지게 됨으로써 교육팽창이 이루어졌다는 것이다.

① 인간자본론 - 베커(Becker)
② 지위집단경쟁이론 - 콜린스(Collins)
③ 계급재생산이론 - 보울스와 진티스(Bowles & Gintis)
④ 세계체제론 - 마이어(Meyer)

지위경쟁이론 : 현대 산업사회의 학교팽창 현상을 지위 집단 간의 경쟁과 갈등에 의해 설명하는 이론이 이론에서는 사회의 기본 단위를 동일한 문화를 공유하고 있는 지위 집단이라고 보며 다양한 지위 집단은 보다 많은 부와 권력을 획득하기 위해 경쟁하는 관계에 있다고 본다. 또한 학교의 핵심적 기능은 특정한 지위집단의 문화 즉 언어양식, 심미적 취향, 가치관과 행동방식 등을 가르치는 것이라고 본다. 지위경쟁이론에서는 학력의 상승과 이에 따른 학력 인플레 현상이 보다 높은 학력을 획득하고자 하는 지위 집단 간의 경쟁에 의해 초래되었다고 주장한다.

정답 ②

34 학력이 계속 상승하는 원인에 대한 이론적 설명으로 옳지 않은 것은? ■ 07 7급
① 기술기능이론 ② 국민통합이론
③ 학습욕구이론 ④ 재생산이론

 재생산이론은 교육이 기존의 사회적 구조와 계급을 유지하고 재생산하는 역할을 한다고 주장한다. 즉, 이론적으로 학력 상승을 설명하는 데 적합하지 않으며, 오히려 학력이 상승하지 못하는 이유를 설명하는 데 사용된다.

정답 ④

35 학업성취의 격차를 지능 또는 문화소양의 차이로 설명하는 모형은? ■ 11 7급
① 교육과정모형 ② 갈등모형
③ 기회모형 ④ 결핍모형

 결핍 모형을 취하는 이론으로 지능이론(知能理論 : intelligence theory)과 문화실조론(文化失調論 : cultural deprivation theory)을 들 수 있다.

정답 ④

36 학생의 학업성취에 영향을 미치는 학교 내 요인으로 가장 거리가 먼 것은? ■ 13 7급
① 학생 문화 ② 학생의 지능
③ 학급 규모 ④ 능력별 반편성

 학생의 지능은 학생 개인의 요인이다.

정답 ②

37 다음과 같이 주장한 해비거스트(Havighurst)의 학교교육을 바라보는 입장으로 옳은 것은?

■ 7급 국가직 15년

> "과학기술의 발달은 훈련받은 기술인력의 공급을 필요로 하고 과학기술의 진보는 훈련받은 연구자들에게 달려 있다. 개인의 재능은 교육을 통하여 발전하고 잠재적 재능을 가진 어린이도 교육을 통하여 그 능력이 계발된다. …(중략)… 교육은 또한 하류층의 소비습관에도 영향을 주어 중류계급의 가치관과 소유양식을 가르친다. 심지어 하류층 사람들의 노동자교육과 초·중등교육의 확대를 통하여 자신들의 소득을 증가시키는 데 필요한 조직활동을 배울 수 있다는 사실을 깨달음으로써 소득격차를 줄이는 데 이바지할 수 있다."

① 일반적인 조건하에서 교육기회의 확대는 사회 불평등을 감소시키지 않으며, 이것은 교육기회의 분배가 호전되어도 마찬가지다.
② 교육은 다음 세대의 상향 이동을 촉진하므로 교육의 보편화는 평등사회의 촉진제가 된다. 따라서 학교교육이 사회 불평등을 없애거나 줄일 수 있다.
③ 학교는 평등의 추구를 위하여 발전한 것이 아니고, 훈련받은 기술 인력을 자본주의 기업가들에게 공급하고 정치적 안정을 위한 사회통제의 필요 때문에 발전한 것이다.
④ 특정 수준의 학교교육이 보편화되는 단계에 이르면 그 수익률이 낮아져서 경제적으로는 가치가 없지만, 그나마 학교 졸업장도 없으면 사람 취급을 받기 어렵기 때문에 하류층도 다니게 된다.

해비거스트(Havighurst)는 학교교육이 직업능력 향상을 통한 계층 상승에 기여하고 사회적 상승 이동을 촉진하며 사회평등에 기여한다고 보았다.

 ②

38. 학업성취 격차의 원인을 이해하는 관점에 대한 설명으로 옳지 않은 것은? ■ 22 7급

① 학업성취 격차의 원인을 지능에서 찾는 관점은 지능을 둘러싼 유전-환경 결정 논쟁과 관련이 깊다.
② 교육내용이 선정·조직되는 측면을 중시하는 관점은 학업성취 격차가 발생하는 과정을 '검은상자(black box)'로 남겨 두었다는 한계를 갖는다.
③ 가정의 문화적 환경을 중시하는 관점은 학교 내 변인만으로는 학업성취 격차를 해소하는 데 불충분하다고 본다.
④ 교사-학생 간 상호작용에 초점을 둔 관점은 교사의 기대수준 및 학생의 자기충족예언이 학업성취 격차에 미치는 영향에 관심을 둔다.

해설

기존의 관점이 '검은상자(black box)'로 남겨 두었다는 한계를 갖고 있어 교육내용이 선정·조직되는 측면을 중시하는 관점으로 발전되었다.

정답 ②

VIII 교육사 철학

01 피터스(R. S. Peters)가 제시한 교육의 개념적 준거(criterion)에 대한 설명으로 옳지 않은 것은?
① 피터스는 자신의 저서 『윤리학과 교육』에서 교육의 개념을 규정하였다.   ■ 23 7급
② 규범적 준거에 따르면, '교육'은 교육의 개념에 붙박여 있는 내재적 가치를 추구하는 활동이어야 한다.
③ 인지적 준거는 학습자가 부분적인 기능에 숙달하여도 이를 용인하는 것을 의미한다.
④ 과정적 준거는 교육의 규범적 준거가 방법 면에서 상세화된 것을 말한다.

부분적인 기능의 숙달이 아니라 폭넓은 지적 안목을 강조한다.

정답 ③

02 교육의 개념에 대한 정의 방식에 대한 설명 중 옳은 것을 모두 고른 것은?   ■ 11 5급

> ㉠ 규범적 관점은 교육활동 속에 들어 있는 가치나 그 기준을 드러내는 데 관심을 가진다.
> ㉡ 공학적 관점은 교육의 이상적 모습, 즉 이상적 조건과 당위적 규칙을 추구한다.
> ㉢ 교육개념으로서의 성장은 아동이 가진 잠재 가능성을 자연스럽게 실현해 나가는 과정을 중시한다.
> ㉣ 뒤르껭(Durkheim)은 교육을 문명화된 삶의 형식으로 입문시키는 일로 정의한다.
> ㉤ 피터스(Peters)는 교육을 미성숙한 아동을 사회적 존재로 만드는 과정으로 정의한다.

① ㉠, ㉡   ② ㉠, ㉢
③ ㉢, ㉣   ④ ㉡, ㉢
⑤ ㉡, ㉣

㉡은 규범적 정의, ㉣은 피터스(Peters), ㉤은 뒤르껭(Durkheim)에 대한 설명이다.

정답 ②

03 교직을 전문직으로 인정할 만한 요소가 아닌 것은?

■ 09 5급

① 교과에 대한 체계적 지식
② 교수방법의 자율적 결정
③ 장기간의 교육에 의해 습득된 고도의 전문적 지식
④ 학생에 대한 교사의 윤리적 태도
⑤ 학교의 관료적 위계질서

해설

교원의 전문직으로 교과, 교수방법, 학생의 생활지도의 자율성과 재량권을 인정하고 있으나 관료적 위계질서는 전문성과 관련이 없다.

정답 ⑤

04 (가), (나)에 들어갈 말을 바르게 연결한 것은?

■ 22 7급

> (가) 의 비유에서 교육은 마치 석회나 진흙을 일정한 모양의 틀에 부어 어떤 것을 만들어 내는 것과 같다. 교사는 장인에 해당하고 학생은 석회나 진흙과 같은 재료에 해당한다. 신체의 근육을 단련하듯이 교육을 통해 마음의 능력인 지각, 기억, 의지 등을 단련하는 데 초점을 둔다.
>
> (나) 의 비유는 권위주의나 전제주의적 교육에 대한 비판적 관점을 반영한다. 식물이 스스로 자라나듯이 교육은 아동이 가진 잠재적 가능성을 자연스럽게 실현해가는 과정으로 본다.

	(가)	(나)		(가)	(나)
①	만남	성년식	②	만남	성장
③	주형	성년식	④	주형	성장

해설

석회나 진흙을 일정한 모양의 틀에 부어 비교하는 것은 주형이다. 식물이 스스로 자라나는 것의 비유는 성장이다.

정답 ④

05 교육학의 성격에 대한 오코너(O'Connor)와 허스트(Hirst) 사이의 논쟁에서 오코너의 입장으로 옳은 것은?

■ 16 7급

① 교육이론은 신념, 도덕, 종교 등 형이상학적 가치판단의 문제를 포함해야 한다.
② 엄밀한 자연과학적 이론체계를 갖추고 있지 못한 교육이론은 예우상의 경칭(a courtesy title)에 불과하다.
③ 교육이론은 실제적 질문에 판단을 내리고 합리적으로 정당화한 것이다.
④ 교육이론은 자연과학이론에 종속되거나 열등한 이론이 아니다.

오코너(O'Connor)는 교육학에 대한 학문적 성격에 대하여 가치판단의 기준을 객관적으로 밝힐 수 없다면 교육이론에 포함시킬 수 없다는 가치중립적 입장이다.

정답 ②

06 다음의 내용과 관련되는 학자들로 묶인 것은?

■ 08 7급

- 도구적 합리성 비판
- 해방적 인식관심
- 사회적 삶의 실질적 조건에 대한 계몽
- 이상적 담화

① 퍼스(Peirce), 제임즈(James), 듀이(Dewey)
② 니체(Nietzsche), 사르트르(Sartre), 부버(Buber)
③ 비트겐슈타인(Wittgenstein), 피터스(Peters), 허스트(Hirst)
④ 호르크하이머(Horkheimer), 아도르노(Adorno), 하버마스(Habermas)

호르크하이머(Horkheimer), 아도르노(Adorno), 하버마스(Habermas)는 비판적 교육철학자로서 도구적 합리성 비판과 해방적 인식에 관심을 가졌다.

정답 ④

07 다음의 특징을 지닌 상담이론과 가장 관련이 깊은 교육사조는?

■ 7급 국가직 11년

- 개인은 현실을 경험하고 지각하는 대로 반응한다.
- 내담자가 감정을 자유롭게 표현하도록 북돋아 준다.
- 진실성, 온정, 공감, 존경 등을 중시한다.

① 실존주의
② 본질주의
③ 항존주의
④ 실용주의

실존주의
1) 교육의 목적은 자유롭고 주체적이며 창조적인 인간형성에 있다.
2) 교육은 자기결정적인 자아의 형성을 위한 것이다.
3) 교육에서는 인간적인 만남이 중요하다.

정답 ①

08 실존주의 교육철학의 기본 관점으로 가장 거리가 먼 것은?
■ 7급 국가직 13년

① 지식과 진리는 주체의 삶 속에서 구체적인 의미를 부여하며 '지금 여기에' 존재한다.
② 인간의 성장과 발달은 점진적이고 지속적으로 이루어진다.
③ 교육은 인간의 본래적 모습을 회복하는 데 초점을 두어야 한다.
④ 교육은 적극적 형성 작용도 아니고 소극적 보호 작용도 아니다.

인간의 성장과 발달은 비선형적일 수 있다. 7 존의 관점은 선형적 발달 지향적이라 한다면 실존주의는 비선형적이다.

실존주의 특징
1) 교육의 목적은 자유롭고 주체적이며 창조적인 인간형성에 있다.
2) 교육은 자기결정적인 자아의 형성을 위한 것이다.
3) 교육에서는 인간적인 만남이 중요하다.

정답 ②

09 다음 설명에 해당하는 교육사조는?
■ 20국 7

- 킬패트릭(Kilpatrick)의 교육사상을 지지한다.
- 아동중심 교육관에 기반하여 아동의 흥미를 중시한다.
- 교육원리는 프래그머티즘(pragmatism)에 철학적 기반을 둔다.
- 교육은 현재 생활 그 자체이지 미래 생활을 준비하는 과정이 아니다.

① 구성주의 ② 인본주의
③ 진보주의 ④ 사회재건주의

진보주의 교육은 전통적 교육과의 대결에서 그 존재 가치를 드러낸다. 전통적 교육은 교사와 교재 중심의 전달과 주입식 교육이다. 진보주의자들은 교육의 출발점을 학습자의 흥미와 필요에서 찾는다.

정답 ③

10 교육철학 사조와 강조점을 짝지은 것으로 옳지 않은 것은? ■ 7급 국가직 11년
① 분석적 교육철학 – 교육적 언어의 의미 분석, 교육적 개념의 명료화
② 항존주의 – 교양과 고전, 지적 수월성, 사회적 미덕
③ 진보주의 – 인간 의식의 사회적, 경제적, 정치적 제약 요인의 분석과 비판
④ 포스트모더니즘 – 개인의 감정과 정서, 지식의 사회·문화적 구성

③ 진보주의 – 학습은 직접적으로 아동의 흥미와 관련되어야 한다.

정답 ③

11 서양의 교육철학 사조에 대한 설명으로 가장 적절한 것은? ■ 7급 국가직 18년
① 본질주의 – 아동이 당장 흥미가 없고 힘들더라도 철저히 학습하도록 하는 것이 필요하다고 보았다.
② 항존주의 – 위대한 고전을 이용한 교육을 실용적인 직업교육과 융합하려고 노력하였다.
③ 재건주의 – 문화유산과 고전과목 등 전통적 교과과정을 중시하였다.
④ 진보주의 – 최초로 주장한 학자는 허친스(R. M. Hutchins)이다.

본질주의에서는 아동이 흥미가 없고 힘들어하더라도 필수적인 지식을 학습해야 한다고 주장하였다.
② 항존주의는 위대한 고전을 이용해 이성을 계발하고자 하였으며 실용적인 직업교육과 융합하는 것은 재건주의에 가깝다.
③ 문화유산 등 전통적 교과과정을 중시한 것은 항존주의에 가깝다.
④ 진보주의의 최초 주장자는 존 듀이이며 허친스는 항존주의자이다.

정답 ①

12 본질주의와 항존주의에 대한 설명으로 옳지 않은 것은? ■ 7급 국가직 20년
① 항존주의는 본질주의를 비판하면서 태동하였다.
② 본질주의는 읽기, 쓰기, 셈하기 등의 기초학습능력을 강조하였다.
③ 허친스(Hutchins)는 '위대한 고전(Great Books)' 읽기 교육을 주장하였다.
④ 본질주의는 인류의 문화 유산 중 핵심적인 것을 다음 세대에 교육할 것을 주장하였다.

① 항존주의는 진보주의를 비판하면서 태동하였다.

정답 ①

13 본질주의 교육사조에 대한 설명으로 옳지 않은 것은? ■ 7급 국가직 17년
① 수월성을 강조하는 오늘날의 교육은 본질주의 사조와 일맥상통한 면이 있다.
② 미국 정부가 과거에 주도했던 '기초 회귀(Back-to-basics)' 운동은 본질주의 입장의 재현으로 볼 수 있다.
③ 현재의 문화적 위기 속에서 교육을 통하여 새롭고 민주적인 세계질서가 수립될 수 있다고 주장한다.
④ 수업의 주도권이 교사에게 있으며, 교재는 학습자의 현재의 관심과는 무관하게 선정되어야 한다고 본다.

③ 재건주의 교육사조에 대한 설명이다.
본질주의의 기초가 되는 철학은 이상주의와 실재주의이다.

정답 ③

14 교육철학 사조와 그 내용으로 옳지 않은 것은? ■ 7급 국가직 15년
① 분석적 교육철학은 교육적 언어의 의미를 분석하고 교육적 개념을 명료화하는 데 초점을 두었다.
② 본질주의는 형이상학과 신학이 고등교육의 교육과정에 포함되어야 한다고 주장하였다.
③ 항존주의는 미국 사회의 진보주의 교육운동을 비판하며 등장한 보수적인 교육철학 이념이다.
④ 포스트모더니즘은 사회의 이질성과 다원성을 의식하고 인정하는 교육을 강조하였다.

진보주의와 항존주의가 변화와 전통, 상대성과 절대성으로 대조되는 교육철학이라면, 본질주의는 진보주의와 항존주의의 문제점을 배격하고 긍정적인 측면을 수용하는 교육운동이었다. 즉 본질주의 교육철학의 기본적인 입장은 진보주의의 실험정신과 현재의 삶에 대한 강조이다.

정답 ②

15 본질주의 교육사상에 대한 설명으로 옳지 않은 것은? ■ 24 국가직 7급
① 진보주의 교육을 비판하며 등장하였다.
② 교육의 목표는 문화적 가치 유산의 전수이다.
③ 교사 중심의 훈육을 강조한다.
④ 대표 학자로 허친스(R. Hutchins)가 있다.

허친스는 항존주의자이다.
본질주의는 진보주의의 교육을 비판하며 등장하였다. 진보주의의 실험정신과 현재의 삶에 대한 강조, 그리고 항존주의의 과거의 위대한 업적에 대한 강조를 절충하였다. 기본적인 학문적 지식을 교육의 핵심으로 삼고 교사는 권위적인 지식의 전달자로 중요한 역할을 해야 한다고 주장하였다.

정답 ④

16 현대 교육사조에 대한 설명으로 옳지 않은 것은? ■ 07 7급
① 진보주의 교육사상은 기초지식의 학습을 소홀히 하였다.
② 본질주의 입장에서는 교과서가 중요한 의미를 지닌다.
③ 항존주의는 고전과 형이상학에 대한 비판에서 출발하였다.
④ 재건주의는 브라멜드(Brameld), 카운츠(Counts) 등이 주창하였다.

항존주의는 고전과 형이상학에 대해 긍정적인 입장이다.

정답 ③

17 20세기 미국의 재건주의 교육의 기본 원리에 해당하지 않는 것은? ■ 21 7급
① 교육에서는 개인의 자유가 존중되어야 하며, 교육의 목표는 개인적 자아실현의 추구이어야 한다.
② 교육은 문화의 기본적 가치 실현을 위한 새로운 사회질서 창조에 기여해야 한다.
③ 교육의 목적과 방법은 행동과학의 연구성과에 의해 혁신되어야 한다.
④ 교사는 새로운 사회건설의 긴급성과 타당성을 학습자들에게 교육해야 한다.

재건주의자들은 아동의 개성을 강조했던 진보주의 교육가들과는 달리 사회변화에 주된 관심을 가졌다.

정답 ①

18 다음에서 포스트모더니즘과 관련된 교육적 주장과 합치되는 것을 모두 고른 것은? ▪ 10 7급

> ㄱ. 보편적·절대적 지식 추구
> ㄴ. 사회의 다원성을 인정하는 교육 강조
> ㄷ. 다문화적 문해교육 강조
> ㄹ. 서구 계몽주의 교육유산의 계승
> ㅁ. 교육에서의 거대담론 거부 또는 해체

① ㄱ, ㄴ, ㄷ
② ㄴ, ㄷ, ㅁ
③ ㄷ, ㄹ, ㅁ
④ ㄱ, ㄹ, ㅁ

1) 개요
   ① 모더니즘은 서구 사회를 주도해 온 사상적 흐름인 계몽주의적 태도 또는 이성중심주의적 태도를 말한다. 서구의 계몽주의는 인간 주체와 이성을 세계의 중심에 두고, 이성에 의해 세계와 그 본질을 완전하게 인식할 수 있다고 본다. 그리고 그러한 인식을 바탕으로 이성적인 사회를 건설하여 자연과 억압적 사회제도로부터 해방되는 미래를 제시한다.
   ② 그러나 포스트모더니즘은 인간 주체, 이성, 역사의 진보 등이 모두 신화에 불과할 뿐만 아니라 실제로 이성이 인간을 해방시키는 것이 아니라 도리어 억압해 왔다고 본다.
2) 포스트모더니즘 특징
   ① 포스트모더니즘은 거대서사(grand narratives)를 거부한다.
   ② 포스트모더니즘은 반정초주의(anti-foundationalism)를 표방한다.
   ③ 포스트모더니즘은 다원주의를 표방한다.
   ④ 포스트모더니즘은 형이상학에 비판적이다.

 ②

19 포스트모더니즘과 교육의 관계를 설명한 것으로 옳지 않은 것은? ▪ 07 7급

① 포스트모던 사회에서는 소서사(작은 이야기)가 정당화되며, 지식 면에서 인지적 요소 뿐만 아니라 윤리적, 미적인 요소가 다양한 삶의 양식으로 대등하게 다루어질 것이 요구된다.
② 포스트모더니스트들은 가치란 문화적 구성물이기 때문에 적어도 기초는 존재한다고 주장한다.
③ 포스트모던 사회의 교육 문제로는 극단적 이기주의, 생태위기와 환경문제, 감각과 쾌락의 증대로 인한 정신적 빈곤화를 들 수 있다.
④ 지식사회의 도래, 과학기술혁명의 진전과 함께 포스트모던 시대에는 급격한 사회변화에 따른 교육의 질적 변화가 한층 더 요구된다.

포스트모더니스트들은 기초가 존재한다는 주장에 대하여 부정적이다.

②

20 스파르타와 아테네의 교육을 비교한 것으로 옳지 않은 것은?　　■ 15 특

		스파르타	아테네
①	교육목적	용감한 군인의 양성	건전한 자유시민의 양성
②	교육내용	인문 교과 중심	체육 중심
③	교육방법	통제와 훈련 위주	개성 존중
④	교육받은 인간상	국가가 필요로 하는 강인한 군인	지혜로운 인간 또는 철학자

교육내용에 대해 스파르타는 체육을, 아테네는 인문교육을 강조하였다.

정답 ②

21 소크라테스의 회상설(回想說)에 대한 설명으로 옳은 것만을 모두 고르면?　　■ 23 7급

> ㄱ. 진리는 본래 알고 있는 것을 상기하는 것이다.
> ㄴ. 학습자의 마음을 백지(白紙) 상태라고 규정한다.
> ㄷ. 학습 및 교수 방법으로서 대화법과 산파술이 적합하다.
> ㄹ. 교사는 학습자에게 지식을 주입하는 데 주력해야 한다.

① ㄱ, ㄴ　　　　　　　　　② ㄱ, ㄷ
③ ㄴ, ㄹ　　　　　　　　　④ ㄷ, ㄹ

ㄴ. 학습자의 마음을 백지(白紙) 상태라고 규정하는 것은 로크이다.
ㄹ. 교사가 학습자에게 지식을 주입하는 데 주력하는 것은 주입식 교육 또는 교과중심 교육과 관련이 있다.

정답 ②

22 다음 설명과 가장 밀접한 것은?　　■ 7급 국가직 18년

> • 지식을 주입하는 대신에 질문을 통하여 스스로 생산적 사고를 하도록 한다.
> • 지혜는 물이 높은 곳에서 낮은 곳으로 흘러가듯 교사로부터 학생에게 손쉽게 전달되지는 않는다.

① 반문법과 산파술　　　　② 코메니우스(J. A. Comenius)의 감각교육
③ 실물교육과 노작교육　　④ 3학 4과 교육

소크라테스의 반문법과 산파술에 대한 설명이다.

정답 ①

23 중세시대 대학 발생의 주요 배경에 대한 설명으로 옳지 않은 것은? ■ 7급 국가직 17년

① 스콜라 철학이 발달하면서 학문적 열기가 고조되었다.
② 십자군 원정 이후 외부 지역으로부터 실용학문이 널리 유입되었다.
③ 대중의 교육적 요구에 따라 조합학교(guild school)가 새롭게 등장하였다.
④ 도시와 상공업이 발달하면서 법조인, 의사와 같은 전문 인력에 대한 수요가 증가하였다.

십자군 원정 이후 외부 지역으로부터 실용학문 유입 : 조합학교(guild school)

정답 ③

24 종교개혁이 서양 근대교육에 미친 영향으로 옳은 것은? ■ 21 7급

① 교육의 구심점이 국가에서 교회로 이동하였다.
② 성서 중심 교육이 중시되어 교육의 종교화를 초래하였다.
③ 아동의 발달단계에 따른 교육을 강조하는 계기가 되었다.
④ 라틴어 대신에 모국어가 성경과 교육의 언어로 사용되면서 교육의 보편화에 기여하였다.

종교개혁기의 교육특징
1) 종교개혁 과정에서 국가의 대중교육에 대한 책무가 강조되었다.
2) 종교개혁은 성서주의에 그 바탕을 두고 있다.
3) 성서 읽기를 위한 기본 문해교육이 강조되었다.
4) 라틴어 대신에 모국어가 성경과 교육의 언어로 사용되면서 교육의 보편화에 기여하였다.

정답 ④

25 종교개혁기의 서양교육에 대한 설명으로 옳은 것은? ■ 7급 국가직 19년

① 교회 중심의 기독교 교육을 강조하였다.
② 교육에서 현세의 고행과 금욕을 강조하였다.
③ 성서 읽기를 위한 기본 문해교육이 강조되었다.
④ 스콜라 철학을 바탕으로 한 대학교육이 발달하였다.

종교개혁기의 교육특징
1) 종교개혁 과정에서 국가의 대중교육에 대한 책무가 강조되었다.
2) 종교개혁은 성서주의에 그 바탕을 두고 있다.
3) 성서 읽기를 위한 기본 문해교육이 강조되었다.
4) 라틴어 대신에 모국어가 성경과 교육의 언어로 사용되면서 교육의 보편화에 기여하였다.

정답 ③

26 다음에 해당하는 서양 근대의 교육사조는?

■ 21 7급

- 교육은 합리적인 자연의 원리에 합당해야 한다는 교육방법의 원칙을 채택한다.
- 교육의 목표를 사회적 분업에 따른 유용한 인간을 양성하는 데 둔다.

① 계몽주의 ② 국가주의
③ 인문주의 ④ 신인문주의

계몽주의(17~18세기) : 인간의 이성 신뢰
1) **자연주의** : 루소, 전통적인 관습과 권위에 도전
2) **범애주의** : 바제도우, 교육을 통한 무지의 타파와 교육운동
3) **합리주의** : 볼테르, 칸트, 인간의 이성적 능력을 신뢰

 ①

27 자연주의 교육원리에 대한 설명으로 옳지 않은 것은?

■ 7급 국가직 13년

① 위대한 고전을 통하여 교양의 폭을 넓힘으로써 개인적 발달을 가져올 수 있다고 믿었다.
② 교육에 있어서 인공적인 것을 배격하는 입장을 취하였다.
③ 자연의 법칙을 발견하여 그것을 교육의 과정에 적용하는 것을 강조하였다.
④ 20세기의 진보주의 교육운동과 아동중심 교육운동으로 이어졌다.

① 항존주의에 대한 설명이다.

 ①

28 다음 글의 저자가 가지고 있는 견해와 가까운 것은?

■ 09 7급

- 자연의 질서 속에서는 인간은 모두 다 평등하다. 그러므로 그들의 공통된 천직은 인간의 상태로 있는 일이다.
- 인간은 그 무엇으로도 폐기될 수 없는 하나의 권리에 의하여 성년에 도달하고, 자기의 지배자가 되며, 그를 공동체에 가입시키고 있는 계약을 파기하고, 그 공동체를 성립하고 있는 나라를 떠날 자유까지 가지고 있기 때문이다.

① 올바른 사회생활보다는 자연으로의 회귀에 의한 인간본성 회복을 강조하였다.
② 인간의 보편적 권리를 실현하기 위해 자연에 의한 교육을 강조하였다.
③ 남녀차별을 두지 않는 교육을 주장하였다.
④ 자연적 원리에 근거한 주지주의적 교수방법을 제시하였다.

위 글은 자연에 의한 교육을 강조하고 있다.

정답 ②

29 신인문주의 교육에 대한 설명으로 옳지 않은 것은?
■ 7급 국가직 19년

① 인간 본성의 미적, 지적 차원의 조화로운 발달을 추구하였다.
② 국민국가의 민족적 관점에서 전통과 유산을 중요한 교육소재로 삼았다.
③ 고전 연구와 교육을 위해 이탈리아의 궁정학교와 독일의 김나지움 같은 학교가 생겨났다.
④ 공리주의적이고 실리적인 계몽주의에 맞서 학교교육 전반에 걸친 개혁을 추구하였다.

16세기 인문주의	19세기 신인문주의
로마화된 그리스로의 접근	자국·민족적 관점에서 그리스로의 접근
언어적 형식적 측면에 관심	고전 속에 깃든 인간 정신의 본질에 관심
모방적-이상적 특징	비판적-현실적 특성

정답 ③

30 서양의 근대 공교육 제도의 발달에 대한 설명으로 옳지 않은 것은?
■ 7급 국가직 15년

① 종교개혁 과정에서 국가의 대중교육에 대한 책무가 강조되었다.
② 프랑스 혁명기에 꽁도르세(Condcrcet)는 '공교육 조직 법안'에서 교육의 자유원칙을 주장하였다.
③ 영국에서는 19세기 말에 자유주의자들과 비국교도들이 국가교육연맹을 구성하여 의무무상교육 운동을 전개하였다.
④ 미국에서는 1890년대에 중등학교 취학률이 급격히 증가하여 복선제 학제가 강화되었다.

복선제 학제는 학교 계통이 두 가지 노선으로 정해져 있어 비민주적이라는 비판을 받고 있으며 미국에서는 1890년대에 단선제 학제를 실시하였다.

정답 ④

31 서양 교육사상가의 교육사상과 실천에 대한 설명으로 옳은 것은?　　■ 7급 국가직 16년

① 루소(Rousseau)는 부모와 교사가 주도적 역할을 하는 적극교육의 중요성을 강조하였다.
② 페스탈로치(Pestalozzi)는 빈민과 고아를 위한 학교를 운영하며 노작의 교육적 가치에 주목하였다.
③ 프뢰벨(Fröbel)은 종교, 자연, 수학, 언어를 중심으로 한 유아교육을 강조하였다.
④ 헤르바르트(Herbart)가 제시한 수업의 형식단계설에서 체계와 방법은 전심(concentration) 과정에 해당한다.

페스탈로치(Pestalozzi)는 스위스 전역에 만연한 부랑아들, 고아, 그리고 빈곤한 농민들의 자녀를 위한 교육 사업을 하였다.
① 루소(Rousseau)는 소극적 교육을 통한 아동의 자연스러운 성장을 강조하였다.
③ 프뢰벨(Fröbel)은 종교, 자연, 수학, 언어, 예술, 놀이를 중심으로 한 유아교육을 강조하였다.
④ 헤르바르트(Herbart)가 제시한 수업의 형식단계설에서 체계와 방법은 치사(reflection) 과정에 해당한다.

정답 ②

32 다음과 같이 주장한 교육사상가는?　　■ 7급 국가직 17년

- '다면적 흥미'의 형성을 중시하였다.
- 명료, 연합, 체계, 방법으로 이어지는 수업의 단계를 주장하였다.
- 단순한 지식 전달을 넘어 도덕적 인격을 갖추는 데 기여하는 '교육적인 수업'을 강조하였다.

① 퀸틸리아누스(Quintilianus)　　② 헤르바르트(Herbart)
③ 루소(Rousseau)　　　　　　　　④ 듀이(Dewey)

헤르바르트(J. F. Herbart, 1776~1841) : 교육학의 정립, 다면적 흥미

정답 ②

33 헤르바르트(Herbart)의 교육사상에 대한 설명으로 옳지 않은 것은?　　■ 7급 국가직 12년

① 심리학과 윤리학을 교육학의 기초학문으로 삼았다.
② 명료-연합-체계-방법이라는 4단계 교수법을 제시하였다.
③ 교육의 모든 세부적 목적들을 포괄하는 최고의 목적으로 도덕성의 함양을 강조하였다.
④ 어머니무릎학교-모국어학교-라틴어학교(김나지움)-대학으로 구성된 4단계의 학교 제도를 제안하였다.

어머니무릎학교 – 모국어학교 – 라틴어학교(김나지움) – 대학으로 구성된 4단계의 학교제도를 제안한 것은 코메니우스다.

④

34 다음에서 설명하는 교육사상가?

■ 24 국가직 7급

- 아동의 본성은 선하다는 신념을 가졌다.
- 학습과 관련하여 최대한의 자유를 허용하였다.
- 서머힐 학교(Summerhill School)를 창립하여 아동 중심의 자유주의 교육을 실천하였다.

① 니일(A. S. Neill)
② 부버(M. Buber)
③ 몬테소리(M. Montessori)
④ 듀이(J. Dewey)

니일은 영국의 교육학자이자 서머힐 학교 창립자로 자유롭고 민주적인 교육방식을 주장하는 학자 중의 하나이다. 니일은 어린이의 감정적, 정신적 발달에 큰 비중을 두었으며 교육은 아이들의 선택에 따라 자율적으로 운영하였다.
② 부버는 대화와 만남의 중요성을 주장하였으며 나-너 관계를 통한 상호작용 방식을 설명하였다.
③ 몬테소리는 아동 중심 교육을 주장하며 가동의 자기주도적 학습을 강조하였다. 또한 오감을 통한 감각적 학습을 장려하였다. 몬테소리 교육에서는 특별한 학습자료가 사용된다. 예를 들면 언어교육에서는 글자를 촉각적으로 느낄 수 있는 모래 알파벳을 사용하여 아이들이 글자를 배우고, 쓰기를 연습한다.

①

Ⅸ 한국교육사

01 대학 수준의 고등교육기관으로 보기 어려운 것은?   ▪ 15 특
   ① 고구려의 태학(太學)   ② 통일신라의 국학(國學)
   ③ 고려의 국자감(國子監)   ④ 조선의 4부학당(四部學堂)

학당은 중등 수준의 교육기관이다.

정답 ④

02 우리나라 교육의 역사에 대한 설명 중 옳지 않은 것은?   ▪ 08국 7
   ① 경당(扃堂)은 고려시대의 교육기관으로 최초의 지방 학교였다.
   ② 향교(鄕校)는 고려시대에 설립되었으나 조선시대에 들어와 크게 확충되었다.
   ③ 태학은 고구려시대에 설립된 관학(官學)으로서 우리나라 최초의 고등교육기관이다.
   ④ 통일신라의 학교교육은 당나라의 교육제도를 모방하여 설립한 국학에서 시작되었다.

경당은 고구려의 교육기관이다.

정답 ①

03 고려시대 교육제도에 대한 설명으로 옳지 않은 것은?   ▪ 7급 국가직 14년
   ① 서당은 향촌에 설치된 민간의 자생적인 사설 초등교육기관이다.
   ② 국자감은 유학계의 3학인 국자학, 태학, 사문학과 기술계의 3학인 율학, 서학, 산학으로 구성되었다.
   ③ 향교는 공자 등 성현을 모시는 제사 기능의 문묘와 학생들에게 수업을 하는 교육 기능의 명륜당으로 구성되었다.
   ④ 십이도는 서민 자제의 교육을 위해 국가가 경영한 학교로서 문묘가 없이 학생을 가르치는 교육 기능을 하였다.

사학 12도는 고려 때 개경에 있었던 12개의 사립교육기관이다. 고려 문종 때 최충(崔冲)이 9재(九齋)를 설립해 성황을 이루자, 이에 자극을 받은 유신들이 앞을 다투며 사숙(私塾)을 열어 개경에만 11개의 도(徒)가 설립되었다.

정답 ④

04 다음 설명에 해당하는 조선시대 교육기관은? ■ 22 7급

- 조선 중기 이후 각 지방에 세워진 사학(私學)이다.
- 선현 존숭(尊崇)과 후진 양성을 목적으로 하였다.
- 지역 양반사회의 결속과 유대 강화의 기능을 하였다.

① 서원 ② 향교
③ 성균관 ④ 사부학당

서원은 조선 중기 이후 각 지방에 세워진 사학(私學)이다. 그리고 선현 존숭(尊崇)과 후진 양성을 목적으로 하였다.

정답 ①

05 조선시대 교육기관에 대한 설명으로 옳지 않은 것은? ■ 13 7급

① 향교는 문묘와 명륜당을 둔 지방의 대표적 교육기관이었다.
② 사학으로서 서원이 등장하여 발전하였다.
③ 중앙의 사립 고등교육기관으로서 12도가 등장하여 발전하였다.
④ 향교와 비슷한 수준의 교육기관으로 4학이 있었다.

12도는 고려 문종 때 최충이 지은 9재 학당(문헌공도)에서 시작하였다.

정답 ③

06 조선시대 교육기관 중 관학이 아닌 것은?
■ 24 국가직 7급

① 성균관 ② 사부학당
③ 향교 ④ 서원

조선시대 서원은 민간이 각 지방에 선현에 대한 사묘(祠廟)를 설치하여 제향(祭享)을 행하고, 유학을 가르치는 중등교육기관이다.
① 성균관은 조선시대 중앙 관학으로 태조 7년(1398)에 지금의 성균관대학교 자리에 건립되었다.
② 사부학당은 조선시대 국립교육기관으로 국가에서 토지와 노비를 주어 장려하였고 운영 경비는 성균관의 양현고에서 지급하였다.
③ 향교는 고려시대 지방교육을 계승한 중등교육기관으로 일읍일교(一邑一校)의 원칙에 따라 설립된 지방 관학이다.

정답 ④

07 조선시대의 잡학(雜學)과 그 담당관서가 바르게 연결된 것은?
■ 7급 국가직 11년

① 역학(譯學) – 이조(吏曹) ② 의학(醫學) – 도화서(圖畫署)
③ 음양학(陰陽學) – 관상감(觀象監) ④ 율학(律學) – 호조(戶曹)

① 역학 – 사역원
② 의학 – 전의감, 혜민서 / 화학 – 도화원
④ 율학 – 형조 / 산학 – 호조

정답 ③

08 소수서원(紹修書院)에 대한 설명으로 옳지 않은 것은?
■ 12국 7

① 처음에는 '백운동서원'이라 불리었다.
② 관학인 향교의 발달에 대응하여 사림들이 설립한 사학이다.
③ 퇴계 이황의 요청에 의해 우리나라 최초의 사액서원이 되었다.
④ 소과 합격자인 생원·진사에게 거재(居齋) 유생의 자격을 우선적으로 부여하였다.

명종 4년(1519)에 풍기 군수 이황(李滉, 1501~1570)의 건의에 따라 '소수서원(書院)'으로 사액(賜額)됨으로써 국가의 인정과 지원을 받게 되었다. 향교가 제 역할을 다하지 못하여 서원이 발달하였다.

정답 ②

09 조선 시대 교육기관으로서 서당(書堂)에 대한 설명으로 옳은 것만을 모두 고르면? ■ 23 7급

> ㄱ. 중종 38년 풍기 군수 주세붕이 안향을 제향(祭享)하면서 세운 사당에 기원을 두고 있다.
> ㄴ. 국가가 운영하는 관학(官學) 성격의 교육기관이었다.
> ㄷ. 촌락이나 동리와 같이 향촌 사회에 널리 설립되어 운영되었던 초급 교육기관이었다.
> ㄹ. 서재(書齋), 서실(書室), 서숙(書塾)은 서당을 지칭하는 또 다른 용어이다.

① ㄱ, ㄴ   ② ㄱ, ㄹ   ③ ㄴ, ㄷ   ④ ㄷ, ㄹ

ㄱ. 중종 38년 풍기 군수 주세붕이 안향을 제향(祭享)하면서 세운 사당에 기원을 두고 있는 것은 서원이다.
ㄴ. 국가가 운영하는 관학(官學) 성격의 교육기관은 성균관, 학당이다.

정답 ④

10 전통적 교육기관인 경당, 12도, 서원의 공통점으로 적합한 것은? ■ 09 7급

① 국가가 직접 통제하지 않는 사립교육기관
② 문무를 겸비한 인재를 양성하는 교육기관
③ 일반서민들을 주요 대상으로 하는 교육기관
④ 조선시대의 향교와 비슷한 성격의 교육기관

경당, 12도, 서원은 각 시대의 사립교육기관이다.

정답 ①

11 한국의 전통적 교육제도에 대한 설명으로 옳은 것만을 모두 고른 것은? ■ 16 7급

> ㄱ. 삼국시대의 교육제도 성립과 발전에 결정적인 영향을 준 것은 유교, 불교, 천도교였다.
> ㄴ. 고려시대의 관학에는 국자감, 학당, 향교가 있었고, 사학에는 12도, 서당, 서원이 있었다.
> ㄷ. 조선시대 성균관의 교육과정은 4서와 5경, 역사서의 강독과 제술 및 서법으로 구성되어 있었다.
> ㄹ. 조선시대 잡학교육은 장악원, 사역원, 전의감, 관상감 등에서 담당하였다.

① ㄱ, ㄴ   ② ㄱ, ㄹ   ③ ㄴ, ㄷ   ④ ㄷ, ㄹ

ㄱ. 삼국시대의 교육제도 성립과 발전에 결정적 영향을 준 것은 유교이다.
ㄴ. 서원(書院)은 조선시대 중기 이후이다.

정답 ④

12 과거시험과 성리학 교육에 대한 설명으로 옳지 않은 것은? ■ 18 7급

① 고려시대에는 경학(經學)보다 사장(詞章)이 중시되면서 제술업 급제자가 명경업 급제자보다 많았다.
② 조선시대의 문과시험 중 대과는 초시와 복시 2단계로 구분되었다.
③ 율곡 이이는 입지(立志)와 성경(誠敬)을 바탕으로 지행합일, 내면적 동기, 반복학습을 통한 점진적 발전 등을 강조하였다.
④ 퇴계 이황은 거경(居敬)과 궁리(窮理)를 근본원리로 삼아, 도덕적 심성을 배양하고 의심이 없도록 사물의 이치를 깨닫는 교육방법을 강조했다.

조선시대 문과시험 중 대과는 초시(初試), 복시(覆試), 전시(殿試)의 3단계로 구분된다. 전시는 복시 합격자를 대상으로 임금 앞에서 순위를 정하는 최종 단계에 해당한다.

정답 ②

13 조선시대 과거제도에 대한 설명으로 옳지 않은 것은? ■ 21 7급

① 크게 문과, 무과, 잡과의 세 종류로 나뉜다.
② 3년에 한 번, 식년(式年)에 실시하는 것을 원칙으로 한다.
③ 잡과의 시험은 초시, 복시, 전시의 3단계로 치러진다.
④ 생원시와 진사시의 합격자에게는 성균관에 입학하여 수학할 수 있는 자격이 주어진다.

잡과(雜科)는 보통 초시와 복시의 2단계로만 치러졌고 전시는 없었다.

정답 ③

14 다음 밑줄 친 부분에 들어갈 알맞은 말은? ■ 09국 7

> 조선의 대유학자이자 교육가인 퇴계 이황은 유교교육의 일반적 목적과 같이 인(仁)을 체득한 사람인 성현이 되는 것에 교육목적을 두었으며, 부단히 기질을 변화시키는 것을 중요시하였다. 보다 구체적으로는 _____을(를) 중시하고 있는데, _____이란(란) 지적 행위와 실천 행위를 보다 넓고 깊게 철저화한 개념으로서 일신의 주재인 심(心)을 다시금 주재하는 것이다.

① 각(覺) ② 경(敬)
③ 성(誠) ④ 지(志)

해설

경(敬) : 퇴계에 의하면, 경은 모든 사물에 대하여 그 이치와 까닭, 존재 이유를 깊이 밝히고, 온전하게 이해하여 몸에 베게 하며, 세월이 오래되어 공력이 깊어지면 하루아침에 녹아들어 확 뚫리게 하여 삶을 건전하게 이끌어 가는 바탕이다. 경은 "한 몸을 주재하는 모든 일의 근본"이라고 했다.

정답 ②

15 다음 내용이 포함된 율곡 이이의 책은?   ■ 20국 7

> 그 독서하는 순서는 먼저 『소학』으로 근본을 배양하고, 다음으로는 『대학』과 『근사록』으로 그 큰 틀을 정하고, 다음으로 『논어』와 『맹자』, 『중용』, 〈오경〉을 읽고, 그 사이사이에 역사서와 선현들의 성리서를 읽어 의취를 넓히고 식견을 정밀하게 한다.

① 『만언봉사』
② 『성학십도』
③ 『성학집요』
④ 『학교모범』

 해설

학교모범(學校模範) : 1582년(선조 15) 왕명에 의하여 지은 교육 훈규. 16조로 되어 있는데 당시 청소년의 교육을 쇄신하기 위한 것으로서, 학령(學令)의 미비한 점을 보충하였다. 학교생활뿐만 아니라 가정 및 사회생활의 준칙까지 제시되어 있다.

정답 ④

16 조선 후기 실학자들의 교육에 대한 주장으로 볼 수 없는 것은?   ■ 19 7급

① 실용을 위한 공부와 교육을 해야 한다.
② 우리나라의 역사와 문화를 가르쳐야 한다.
③ 신분의 구별 없이 교육의 기회를 제공해야 한다.
④ 『천자문』, 『사략』, 『통감』 등의 교재로 아동교육을 내실화해야 한다.

 해설

정약용은 『천자문(千字文)』, 『사략(史略)』, 『통감절요(通鑑節要)』를 가르쳐서는 안 된다는 불가독설(不可讀設)을 주장하였다. 『천자문』은 문자가 체계적으로 배열되어 있지 않기 때문에 문자를 학습하는 데 비효과적이라고 지적했다. 『사략』은 중국의 역사책을 요약한 것인데 대부분이 허구(虛構)라고 보고 조선 교육의 발전을 위하여 『사략』을 없애야 한다고 주장하였다. 『통감절요』는 중국에서도 인정받지 못하는 책인데 조선에서 읽히고 있음을 개탄하였다.

정답 ④

17. 정약용과 최한기의 교육사상을 비교한 것으로 옳지 않은 것은?

■ 08 7급

① 정약용과 최한기는 실용주의적 입장을 취했다는 공통점을 지닌다.
② 정약용은 아학편을 지어 학습자 중심의 교육자료를 개발하였고, 최한기는 논리와 분석력을 기르기 위해 수(數) 교육의 중요성을 강조하였다.
③ 정약용은 주자의 영향을 받아 성현을 본받는 법성현을 강조하였고, 최한기는 학습의 준비 태세로 입지를 매우 중시하였다.
④ 정약용은 신분의 귀천을 가리지 않는 인본적 평등주의를 주장하였고, 최한기는 경험과 지각에 기초한 경험주의를 주장하였다.

입지를 강조한 학자는 율곡 이이다.

정답 ③

18. 다음은 유형원의 『반계수록』에 나오는 과거제도에 대한 비판이다. 이에 대한 설명으로 가장 적합하지 않은 것은?

■ 10 7급

> 과거(科擧)는 이름을 풀로 봉하고 등록하여 사람을 잠시 사이에 버리고 뽑는 것이므로 천거하는 사람은 임용을 보증하는 책임이 없어서 인물의 현우(賢愚)를 식별하지 못함을 근심하지 아니하며 선비되는 사람은 구차히 한때의 요행을 바라면서 자신의 수양에는 뜻을 두지 아니하니 비록 재주가 없이 과거에 합격한 사람이 있더라도 고시관은 말하기를 나는 그 문사(文詞)를 고사(考査)하는 것만 알 뿐이오 그 이외의 일은 알지 못하였다고 하고 선비된 사람은 또한 말하기를 과장(科場)에서 요행히 합격하는 것은 이것이 보통의 일이다.

① 학문의 과정보다는 결과를 중시하는 선발 방식의 문제점을 지적하고 있다.
② 평가의 타당도를 문제 삼고 있다.
③ 채점자 간의 신뢰도를 문제 삼고 있다.
④ 오늘날 대학 수시입학 제도의 취지와 관련이 있다.

위 글은 과거제도 평가의 정확성에 대하여 비판하고 있으며 채점자 간의 신뢰도를 비판하지는 않았다.

정답 ③

19 다음 중 육영공원(育英公院)에 대한 설명으로 옳지 않은 것은? ▪ 10 7급

① 1886년에 조선 정부가 설립한 교육기관이었다.
② 핼리팩스(T. E. Halifax)가 주두 교사였으며, 통역관을 양성하기 위해 설립되었다.
③ 헐버트(H. B. Hulbert), 길모어(G. W. Gilmore), 벙커(D. A. Bunker) 등의 교사들이 영어로 서양의 신학문을 주로 가르쳤다.
④ 정부의 재정 부족을 비롯한 입학생의 신분제한, 교육내용과 교사수급의 한계 등으로 인해 1894년에 폐교되었다.

② 1883년 동문학(통변학교)에 대한 설명이다.

정답 ②

20 갑오·광무 교육개혁 시기에 이루어진 한국 근대교육의 성과에 해당하는 것은? ▪ 19 7급

① 사립학교령의 제정·공포
② 한성사범학교 관제의 공포·시행
③ 최초의 여성교육기관인 이화학당의 설립
④ 외국어와 신학문 교육을 위한 육영공원의 설립

① 사립학교령의 제정·공포 : 조선통감부 1908년
② 한성사범학교 관제의 공포·시행 : 갑오개혁 1894년~광무개혁 1896년
③ 최초의 여성교육기관인 이화학당의 설립 : 개화기 1886년
④ 외국어와 신학문 교육을 위한 육영공원의 설립 : 개화기 1886년

정답 ②

21 우리나라 근대 초등교육의 역사에 대한 설명으로 옳은 것은? ▪ 21 7급

① 1895년에 한성사범학교가 설립되어 근대적인 초등교원을 양성하였다.
② 통감부 시기에 초등 교육기관의 명칭이 보통학교에서 소학교로 바뀌었다.
③ 제1차 조선교육령(1911년)에는 소학교와 보통학교의 수업연한상의 차별이 없었다.
④ 제2차 조선교육령(1922년)에 의해 초등 교육기관의 명칭이 국민학교로 바뀌었다.

한성사범학교는 한성사범학교관제(1895. 4)에 의거하여 설립된 최초의 사범학교로 소학교 교원 양성이 목적이었다.

정답 ①

22 일제강점기 교육에 대한 설명으로 옳은 것은?
■ 17 7급

① 1920년대에 소학교를 국민학교로 개칭한 후 일본인과 조선인을 함께 교육하였다.
② 제3차「조선교육령」시기에 조선인들의 고등교육에 대한 요구를 충족시키기 위하여 경성제국대학을 설립하였다.
③ 일제의 우민화 정책에도 불구하고 제2차「조선교육령」시기에 조선인의 보통학교 재학생 수는 증가하였다.
④ 전쟁인력을 확보하고자 제1차「조선교육령」시기에 학교에서 전시준비교육을 실시하였다.

① 일본인과 조선인을 함께 교육하지 않았다.(분리 교육 정책 유지)
  소학교를 국민학교로 개칭한 것은 1941년(제4차 조선교육령)이다.
② 제2차 시기이며 조선인들의 고등교육에 대한 통제의 목적으로 설립하였다.
④ 전시준비교육은 1938년(제3차 조선교육령) 이후에 본격적으로 시작되었으며 중일전쟁(1937년)과 태평양전쟁(1941년)과 같은 전쟁 상황에서 조선인을 일본의 전쟁인력으로 동원하기 위한 목적이었다.

정답 ③

23 우리나라 초·중등교육의 확대 과정에서 나타난 특징으로 옳지 않은 것은?
■ 22 7급

① 국민의 교육 요구를 제도적으로 충족시키기 위한 정책이 시행되면서 취학률은 초등교육 단계부터 빠르게 상승하였다.
② 국가 교육재정의 한계로 인해 교육기회의 양적 팽창에 사립학교가 상당한 역할을 하였다.
③ 교육을 통한 사회이동의 기대와 맞물려 진학경쟁이 과열되는 문제가 대두되었다.
④ 고교평준화 정책은 고등학교 완전취학이 달성된 1970년에 전국적으로 동시에 시행되었다.

고교평준화 정책은 1974년 서울과 부산에서 시작되어 1975년 대구·인천·광주로 확대되었고, 1979~1980년에는 중소도시까지 확대되었다.

정답 ④

X 교육법

01 헌법 제31조의 일부이다. ㉠~㉢에 들어갈 용어를 바르게 묶은 것은? ▪ 7급 16국

> ① 모든 국민은 능력에 따라 (㉠)하게 교육을 받을 권리를 가진다.
> ② 모든 국민은 그 보호하는 자녀에게 적어도 (㉡)교육과 (㉢)이 정하는 교육을 받게 할 의무를 진다.
> ③ 의무교육은 무상으로 한다.
> ④ 교육의 자주성·전문성·정치적 중립성 및 대학의 자율성은 (㉢)이 정하는 바에 의하여 보장된다.

	㉠	㉡	㉢		㉠	㉡	㉢
①	평등	초등	교육법	②	평등	중등	법률
③	균등	중등	교육법	④	균등	초등	법률

헌법 제31조
① 모든 국민은 능력에 따라 균등하게 교육을 받을 권리를 가진다.
② 모든 국민은 그 보호하는 자녀에게 적어도 초등교육과 법률이 정하는 교육을 받게 할 의무를 진다.
③ 의무교육은 무상으로 한다.
④ 교육의 자주성·전문성·정치적 중립성 및 대학의 자율성은 법률이 정하는 바에 의하여 보장된다.
⑤ 국가는 평생교육을 진흥하여야 한다.
⑥ 학교교육 및 평생교육을 포함한 교육제도와 그 운영, 교육재정 및 교원의 지위에 관한 기본적인 사항은 법률로 정한다.

🔒 정답 ④

02 「교육기본법」 제2조에 명시된 교육이념이 아닌 것은? ▪ 7급 국가직 15년

① 홍익인간의 이념 ② 창의 인재 양성
③ 자주적 생활능력 함양 ④ 민주시민으로서 필요한 자질 함양

「교육기본법」 제2조에 명시된 교육이념이 아닌 것은 창의 인재 양성이다.

제2조(교육이념)
교육은 홍익인간(弘益人間)의 이념 아래 모든 국민으로 하여금 인격을 도야(陶冶)하고 자주적 생활능력과 민주시민으로서 필요한 자질을 갖추게 함으로써 인간다운 삶을 영위하게 하고 민주국가의 발전과 인류공영(人類共榮)의 이상을 실현하는 데에 이바지하게 함을 목적으로 한다.

정답 ②

03 「교육기본법」의 내용으로 옳지 않은 것은? ■ 24 국가직 7급

① 모든 국민은 성별, 종교, 신념, 인종, 사회적 신분, 경제적 지위 또는 신체적 조건 등을 이유로 교육에서 차별을 받지 아니한다.
② 국가와 지방자치단체는 교육의 자주성과 전문성을 보장하여야 하며, 국가는 지방자치단체의 교육에 관한 자율성을 존중하여야 한다.
③ 의무교육 기간은 초등학교부터 고등학교까지 12년으로 한다.
④ 전 국민을 대상으로 하는 모든 형태의 평생교육은 장려되어야 한다.

교육기본법 제8조(의무교육)
① 의무교육은 6년의 초등교육과 3년의 중등교육으로 한다.

정답 ③

04 다음은 「초·중등교육법」상의 교원 자격 기준에 관한 설명이다. ㉠~㉣에 들어갈 숫자를 모두 합하면? ■ 7급 국가직 13년

- 2급 정교사가 1급 정교사가 되기 위해서는 (㉠)년 이상의 교육경력을 가지고 소정의 재교육을 받거나, 교육대학원에서 석사학위를 받고 (㉡)년 이상의 교육경력이 있어야 한다.
- 교감이 되기 위해서는 정교사(1급) 자격증을 가지고 (㉢)년 이상의 교육경력과 소정의 재교육을 받아야 한다.
- 교장이 되기 위해서는 교감 자격증을 가지고 (㉣)년 이상의 교육경력과 소정의 재교육을 받아야 한다.

① 10 ② 15
③ 20 ④ 30

㉠ : 3 ㉡ : 1 ㉢ : 3 ㉣ : 3

정답 ①

05 「초·중등교육법」에 포함되어 있는 것으로만 묶인 것은? ■ 7급 국가직 11년

ㄱ. 의무교육대상자의 범위
ㄴ. 교원의 자격에 관한 일반 기준
ㄷ. 기초자치단체의 학교 설립 기준
ㄹ. 사립학교 설립 및 폐지의 인가 주체

① ㄱ, ㄴ, ㄷ
② ㄱ, ㄴ, ㄹ
③ ㄱ, ㄷ, ㄹ
④ ㄴ, ㄷ, ㄹ

기초자치단체의 학교 설립 기준은 「초·중등교육법」에 포함되어 있지 않다.

ㄱ. 제12조(의무교육)

> ① 국가는 「교육기본법」 제8조 제1항에 따른 의무교육을 실시하여야 하며, 이를 위한 시설을 확보하는 등 필요한 조치를 강구하여야 한다.

ㄴ. 제21조(교원의 자격)

> ① 교장과 교감은 별표 1의 자격 기준에 해당하는 사람으로서 대통령령으로 정하는 바에 따라 교육부장관이 검정(檢定)·수여하는 자격증을 받은 사람이어야 한다.
> ② 교사는 정교사(1급·2급), 준교사, 전문상담교사(1급·2급), 사서교사(1급·2급), 실기교사, 보건교사(1급·2급) 및 영양교사(1급·2급)로 나누되, 별표 2의 자격 기준에 해당하는 사람으로서 대통령령으로 정하는 바에 따라 교육부장관이 검정·수여하는 자격증을 받은 사람이어야 한다.

ㄹ. 제4조(학교의 설립 등)

> ② 사립학교를 설립하려는 자는 특별시·광역시·특별자치시·도·특별자치도 교육감(이하 "교육감"이라 한다)의 인가를 받아야 한다.
> ③ 사립학교를 설립·경영하는 자가 학교를 폐교하거나 대통령령으로 정하는 중요 사항을 변경하려면 교육감의 인가를 받아야 한다.

정답 ②

06 「초·중등교육법」상 교직원의 임무에 대한 설명으로 옳지 않은 것은? ■ 22 7급

① 교사는 법령에서 정하는 바에 따라 학생을 교육한다.
② 수석교사는 교장을 보좌하여 교무를 관리하고, 교사의 교수·연구 활동을 감독한다.
③ 교장은 교무를 총괄하고, 소속 교직원을 지도·감독하며, 학생을 교육한다.
④ 행정직원 등 직원은 법령에서 정하는 바에 따라 학교의 행정사무와 그 밖의 사무를 담당한다.

수석교사는 교장을 보좌하지 않는다.

정답 ②

07 수석교사제도에 대한 설명으로 옳지 않은 것은? ■ 7급 국가직 14년

① 수석교사는 임용 이후 3년마다 재심사를 받는다.
② 수석교사는 임기 중에 교장 자격을 취득할 수 없다.
③ 수석교사는 교사의 교수·연구 활동을 지원하며, 학생을 교육한다.
④ 수석교사가 되려면 15년 이상의 교육경력(교육전문직 근무경력 포함)을 필요로 한다.

수석교사는 임용 이후 4년마다 재심사를 받는다.

정답 ①

08 「초·중등교육법 시행령」상 교육감이 자율학교로 지정·운영할 수 있는 학교만을 모두 고르면? ■ 19 7급

> ㄱ. 특성화중학교
> ㄴ. 산업수요 맞춤형 고등학교 및 특성화고등학교
> ㄷ. 학습부진아 등에 대한 교육을 실시하는 학교
> ㄹ. 「농어업인 삶의 질 향상 및 농어촌지역 개발촉진에 관한 특별법」 제3조 제4호에 따른 농어촌학교

① ㄱ, ㄴ   ② ㄷ, ㄹ
③ ㄱ, ㄴ, ㄹ   ④ ㄱ, ㄴ, ㄷ, ㄹ

ㄱ, ㄴ, ㄷ, ㄹ 모두 해당된다.

정답 ④

09 초·중등학교 교원의 정치적 중립성에 대한 설명으로 옳은 것은? ■ 18 7급

① 의무교육기관이 아니라면 교원이 특정한 정당을 지지·반대하기 위한 학생 지도를 할 수 있다.
② 교원은 정당이 아닌 정치단체에 가입하도록 권유 운동을 할 수 있다.
③ 교원의 노동조합은 정치활동이 넓게 허용된다.
④ 사립학교 교원도 선거에서 특정 정당을 지지하기 위한 행위가 금지된다.

해설
사립학교 교원도 선거에서 특정 정당을 지지하기 위한 행위가 금지된다.

정답 ④

10 초·중등교육법령상 학교운영위원회의 구성 및 운영에 대한 설명으로 옳은 것만을 모두 고르면?
■ 21 7급

ㄱ. 국립·공립학교에 두는 학교운영위원회는 그 학교의 교원 대표, 학부모 대표 및 지역사회 인사로 구성한다.
ㄴ. 국립·공립학교뿐만 아니라 사립학교도 학교운영위원회를 구성·운영하여야 한다.
ㄷ. 국립·공립학교의 학교운영위원회는 학교 교육과정의 운영 방법 및 교과용 도서의 선정 등을 심의한다.
ㄹ. 학생회는 법적 기구가 아니므로 학교운영위원회는 학생 대표 등을 회의에 참석하게 하여 의견을 들을 수 없다.

① ㄱ, ㄴ
② ㄱ, ㄹ
③ ㄱ, ㄴ, ㄷ
④ ㄴ, ㄷ, ㄹ

해설
ㄹ. 학교운영위원회는 학생 대표 등을 회의에 참석하게 하여 의견을 들을 수 있다.

정답 ③

11 학교운영위원회의 의결 사항은?
■ 7급 국가직 15년

① 교과용 도서 및 교육 자료의 선정에 관한 사항
② 학교발전기금의 조성·운용 및 사용에 관한 사항
③ 학교헌장과 학칙의 제정 또는 개정에 관한 사항
④ 교복·체육복·졸업앨범 등 학부모가 경비를 부담하는 사항

해설
학교운영위원회의 의결 사항은 학교발전기금의 조성·운용 및 사용에 관한 사항이다.

정답 ②

12 학교운영위원회에 대한 설명으로 옳지 않은 것은? ■ 7급 국가직 13년

① 교원위원, 학부모위원, 지역위원으로 구성된다.
② 국·공립학교의 장은 당연직 위원이다.
③ 사립학교 학교운영위원회는 학교의 예산안과 결산에 대한 의결권을 가진다.
④ 학교운영의 자율성을 높이고 지역의 실정과 특성에 맞는 다양하고도 창의적인 교육을 하기 위한 것이다.

사립학교 학교운영위원회는 학교의 예산안과 결산에 대한 의결권이 없다.

정답 ③

13 현행 학교운영위원회에 대한 설명으로 옳지 않은 것은? ■ 7급 국가직 12년

① 학교운영위원회의 법적 근거는 「초·중등교육법」에 명시되어 있다.
② 국·공립학교의 경우 심의기구, 사립학교의 경우 자문기구의 역할을 수행한다.
③ 사립학교에서 학칙을 개정하기 위해서는 학교운영위원회에서 논의해야 한다.
④ 학교운영위원회는 학교발전기금을 조성할 수 있다.

사립학교에서 학칙을 개정하기 위해서는 학교운영위원회에서 논의하지 않아도 된다.

정답 ③

14 초·중등학교의 기간제교원에 대한 설명으로 옳지 않은 것은? ■ 7급 국가직 14년

① 퇴직 교원을 임용할 수 있다.
② 교원 자격증을 가진 사람을 임용하여야 한다.
③ 정규 교원 임용에서 우선권을 인정할 수 있다.
④ 교원의 휴직, 파견, 연수 등으로 후임자의 보충이 불가피한 경우 임용할 수 있다.

교육공무원법 제32조
② 제1항에 따라 임용된 교원(이하 "기간제교원"이라 한다)은 정규 교원 임용에서 어떠한 우선권도 인정되지 아니하며, 같은 항 제4호에 따라 임용된 사람을 제외하고는 책임이 무거운 감독 업무의 직위에 임용될 수 없다.

정답 ③

15 교육과정운영상 필요한 경우, 정규교원 이외에 학교에 둘 수 있도록 초·중등교육법 제22조에 규정되어 있지 않은 자는? ■ 09 7급

① 산학겸임교사 ② 명예교사
③ 기간제교사 ④ 강사

제22조(산학겸임교사 등)
① 교육과정을 운영하기 위하여 필요하면 학교에 제19조 제1항에 따른 교원 외에 산학겸임교사·명예교사 또는 강사 등을 두어 학생의 교육을 담당하게 할 수 있다.

정답 ③

16 교원에 대한 설명으로 옳은 것은? ■ 17 7급

① 「교육공무원법」상 초·중등 교원의 정년은 60세이다.
② 「교원의 지위 향상 및 교육 활동 보호를 위한 특별법」상 교원은 현행 범인인 경우 외에는 소속 학교의 장의 동의 없이 학원 안에서 체포되지 아니한다.
③ 「교원의 노동조합 설립 운영 등에 관한 법률」상 교원에게는 단결권, 단체교섭권, 단체행동권이 각각 보장된다.
④ 「교육기본법」상 교원은 대통령령으로 정하는 바에 따라 다른 공직에 취임할 수 있다.

① 「교육공무원법」상 초·중등 교원의 정년은 62세이다.
③ 교원의 경우 단결권과 단체교섭권은 허용되어 있으나 단체행동권은 제한된다.
④ 교원은 법률로 정하는 바에 따라 다른 공직에 취임할 수 있다.

정답 ②

17 「교원의 노동조합 설립 및 운영 등에 관한 법률」에 의할 때 단체교섭의 대상이 될 수 없는 의제는?

① 교원보수체계의 개편 ② 교육과정의 개정 ■ 08 7급
③ 학교급별 교원의 근무조건 ④ 초등교원과 중등교원 간의 수당차이 해소

교육과정의 개정은 국가 교육정책과 직결된 사안으로, 이는 정부와 교육당국이 결정하는 범위에 속하며 교원의 근로조건과는 관련이 없으므로 단체교섭의 대상이 될 수 없다.

정답 ②

18 「교육공무원법」상 임용권자가 교육공무원 본인의 의사와 관계없이 휴직을 명하여야 하는 경우는?

■ 19 7급

① 신체상·정신상의 장애로 장기요양이 필요할 때
② 학위취득을 목적으로 해외유학을 하거나 외국에서 1년 이상 연구 또는 연수를 하게 된 경우
③ 「공무원연금법」 제25조에 따른 재직기간 10년 이상인 교원이 자기개발을 위하여 학습·연구 등을 하게 된 경우
④ 만 8세 이하 또는 초등학교 2학년 이하의 자녀를 양육하기 위하여 필요하거나 여성 교육공무원이 임신 또는 출산하게 된 경우

신체상·정신상의 장애로 장기요양이 필요할 때 임용권자는 교육공무원 본인의 의사와 관계없이 휴직을 명하여야 한다.

정답 ①

19 교육공무원의 승진제도에 대한 설명으로 옳지 않은 것은?

■ 24 국가직 7급

① 현행 교육공무원의 승진제도는 연공과 실적을 절충하는 형태로 이루어진다.
② 경력평정은 매 학년도 종료일을 기준으로 하여 정기적으로 실시한다.
③ 교사의 근무성적평정은 매 학기 종료일을 기준으로 동료교사의 다면평가 결과를 합산한 성적으로 한다.
④ 교육공무원의 교육성적평정은 직무연수성적과 자격연수성적으로 나누어 평정한 후 이를 합산한 성적으로 한다.

교육공무원 승진규정 제28조의2(근무성적평정 및 다면평가의 실시 등)
① 교사에 대하여는 매 학년도 종료일을 기준으로 하여 해당 교사의 근무실적·근무수행능력 및 근무수행태도에 관하여 근무성적평정과 다면평가를 정기적으로 실시하고, 각각의 결과를 합산한다.

정답 ③

20 지방교육자치제도에 대한 설명으로 옳은 것은?

■ 7급 14

① 교육위원회는 시·도의회와는 독립하여 구성된다.
② 교육감의 임기는 4년이고, 계속 재임은 2기에 한한다.
③ 교육감은 집행기관으로서 교육규칙제정권을 갖고 있지 않다.
④ 교육감후보자가 되려는 사람은 당해 시·도지사의 피선거권이 있는 사람으로서 후보자 등록신청개시일부터 과거 1년 동안 정당의 당원이 아닌 사람이어야 한다.

해설
① 교육위원회는 시·도의회와는 독립하여 구성되어 있지 않다.
② 교육감의 임기는 4년이고, 계속 재임은 3기에 한한다.
③ 교육감은 집행기관으로서 교육규칙제정권을 갖고 있다.

정답 ④

21 「지방교육자치에 관한 법률」상 지방교육자치제에 대한 설명으로 옳은 것은?   ■ 7급 15
① 지방자치단체의 교육·과학·기술·체육 그 밖의 학예에 관한 사무는 특별시·광역시 및 도·시·군·구의 사무로 한다.
② 정당은 교육감선거에 후보자를 추천할 수 있다.
③ 특별시·광역시 및 도의 교육·학예에 관한 경비를 따로 경리하기 위하여 당해 지방자치단체에 교육비특별회계를 둔다.
④ 교육위원회는 법령 또는 조례의 범위 안에서 그 권한에 속하는 사무에 관하여 교육규칙을 제정할 수 있다.

해설
① 제2조(교육·학예사무의 관장)
　지방자치단체의 교육·과학·기술·체육 그 밖의 학예(이하 "교육·학예"라 한다)에 관한 사무는 특별시·광역시 및 도(이하 "시·도"라 한다)의 사무로 한다.
② 제46조(정당의 선거관여행위 금지 등)
　정당은 교육감선거에 후보자를 추천할 수 없다.
④ 제25조(교육규칙의 제정)
　교육감은 법령 또는 조례의 범위 안에서 그 권한에 속하는 사무에 관하여 교육규칙을 제정할 수 있다.

정답 ③

22 현행 지방교육자치에 대한 내용으로 옳은 것은?   ■ 7급 국가직 12년
① 교육감 후보자는 후보자등록신청개시일로부터 과거 2년 동안 정당의 당원이 아니어야 한다.
② 주민은 교육감을 소환할 수 없다.
③ 교육감의 임기는 4년이며, 계속 재임은 3기에 한한다.
④ 지방의회의원이 교육감 후보자가 되려고 할 때 그 직을 가지고 입후보할 수 있다.

① 교육감 후보자가 되려는 사람은 해당 시·도지사의 피선거권이 있는 사람으로서 후보자등록신청개시일부터 과거 1년 동안 정당의 당원이 아닌 사람이어야 한다.
② 주민은 교육감을 소환할 권리를 가진다.
④ 교육감 후보자가 되려는 사람은 해당 시·도지사의 피선거권이 있는 사람으로서 후보자등록신청개시일부터 과거 1년 동안 정당의 당원이 아닌 사람이어야 한다.

정답 ③

23 「지방교육자치에 관한 법률」상 교육감과 관련된 규정으로 옳지 않은 것은? ■ 23 7급

① 교육감은 학생통학구역에 관한 사항을 담당 지역 교육장이 그 사무를 관장하도록 권한을 위임하여야 한다.
② 교육감은 교육과 학예에 관한 소관 사무로 인한 소송이나 재산의 등기에 대하여 해당 시·도를 대표한다.
③ 교육감은 소관 사무 중 시·도의회의 의결이 필요한 사항에 대하여 학생의 안전과 교육기관 등의 재산 보호를 위하여 긴급하게 필요한 사항으로서 시·도의회에서 의결이 지체되어 의결되지 아니한 때에는 선결처분을 할 수 있다.
④ 교육감 후보자가 되려는 자는 해당 시·도지사의 피선거권이 있는 사람으로서 후보자등록신청개시일로부터 과거 1년 동안 정당의 당원이 아닌 사람이어야 한다.

학생통학구역에 관한 사항은 교육감이 관장한다.

제20조(관장사무)
교육감은 교육·학예에 관한 다음 각 호의 사항에 관한 사무를 관장한다.
1. 조례안의 작성 및 제출에 관한 사항
2. 예산안의 편성 및 제출에 관한 사항
3. 결산서의 작성 및 제출에 관한 사항
4. 교육규칙의 제정에 관한 사항
5. 학교, 그 밖의 교육기관의 설치·이전 및 폐지에 관한 사항
6. 교육과정의 운영에 관한 사항
7. 과학·기술교육의 진흥에 관한 사항
8. 평생교육, 그 밖의 교육·학예진흥에 관한 사항
9. 학교체육·보건 및 학교환경정화에 관한 사항
10. 학생통학구역에 관한 사항
11. 교육·학예의 시설·설비 및 교구(敎具)에 관한 사항
12. 재산의 취득·처분에 관한 사항
13. 특별부과금·사용료·수수료·분담금 및 가입금에 관한 사항
14. 기채(起債)·차입금 또는 예산 외의 의무부담에 관한 사항
15. 기금의 설치·운용에 관한 사항
16. 소속 국가공무원 및 지방공무원의 인사관리에 관한 사항
17. 그 밖에 해당 시·도의 교육·학예에 관한 사항과 위임된 사항

정답 ①

24 「지방교육자치에 관한 법률」 및 「지방자치법」상 지방교육자치에 대한 설명으로 옳지 않은 것은?

■ 22 7급

① 지방자치단체의 교육·학예에 관한 경비 중 의무교육에 관련되는 경비는 국가가 모두 부담하여야 한다.
② 주민의 권리 제한 또는 의무 부과에 관한 사항이나 벌칙을 정하는 교육조례는 법률의 위임이 있어야 한다.
③ 교육조례안의 의결이 법령에 위반되거나 공익을 현저히 해친다고 판단되면 교육부장관은 교육감에게 재의를 요구하게 할 수 있다.
④ 교육부장관의 직무이행명령에 대해 이의가 있으면 교육감은 대법원에 소를 제기할 수 있다.

지방교육자치에 관한 법률 제37조(의무교육경비 등)
① 의무교육에 종사하는 교원의 보수와 그 밖의 의무교육에 관련되는 경비는 「지방교육재정교부금법」에서 정하는 바에 따라 국가 및 지방자치단체가 부담한다.

정답 ①

25 「지방교육자치에 관한 법률」상 교육감의 교육·학예에 관한 관장사무에 해당하지 않는 것은?

■ 24 국가직 7급

① 학교, 그 밖의 교육기관의 설치·이전 및 폐지에 관한 사항
② 과학·기술교육의 진흥에 관한 사항
③ 평생교육, 그 밖의 교육·학예진흥에 관한 사항
④ 대학 등 고등교육의 진흥에 관한 사항

제20조(관장사무)
교육감은 교육·학예에 관한 다음 각 호의 사항에 관한 사무를 관장한다.
1. 조례안의 작성 및 제출에 관한 사항
2. 예산안의 편성 및 제출에 관한 사항
3. 결산서의 작성 및 제출에 관한 사항
4. 교육규칙의 제정에 관한 사항
5. 학교, 그 밖의 교육기관의 설치·이전 및 폐지에 관한 사항
6. 교육과정의 운영에 관한 사항
7. 과학·기술교육의 진흥에 관한 사항
8. 평생교육, 그 밖의 교육·학예진흥에 관한 사항
9. 학교체육·보건 및 학교환경정화에 관한 사항
10. 학생통학구역에 관한 사항
11. 교육·학예의 시설·설비 및 교구(敎具)에 관한 사항

12. 재산의 취득·처분에 관한 사항
13. 특별부과금·사용료·수수료·분담금 및 가입금에 관한 사항
14. 기채(起債)·차입금 또는 예산 외의 의무부담에 관한 사항
15. 기금의 설치·운용에 관한 사항
16. 소속 국가공무원 및 지방공무원의 인사관리에 관한 사항
17. 그 밖에 해당 시·도의 교육·학예에 관한 사항과 위임된 사항

🔒 정답 ④

26 지방교육행정기관에 대한 설명으로 옳은 것은?
■ 7급 국가직 14년

① 시·도교육청의 장을 교육장이라 한다.
② 시·도교육청 산하의 하급교육행정기관은 지역교육청이다.
③ 본청에 두는 실·국의 설치 및 그 사무분장은 교육규칙으로 정한다.
④ 지방교육행정기관은 기구와 정원을 총액인건비를 기준으로 운영하여야 한다.

 해설

① 시·도교육청의 장을 교육감이라 한다.
② 시·도교육청 산하의 하급교육행정기관은 교육지원청이다.(지역교육청은 과거에 사용되었으나 지금은 교육지원청이라 명칭)
③ 본청에 두는 실·국의 설치 및 그 사무분장은 법령이나 조례로 정한다.

🔒 정답 ④

27 현행 지방교육행정조직에 대한 설명으로 옳지 않은 것은?
■ 20 7급

① 정당은 교육감 선거에 후보자를 추천할 수 없다.
② 교육감의 임기는 4년으로 하며, 교육감의 계속 재임은 3기에 한한다.
③ 부교육감은 고위공무원단에 속하는 일반직공무원 또는 장학관으로 보한다.
④ 특별시·광역시·도의 교육·학예에 관한 사무를 분장하기 위하여 시·군 및 자치구를 관할구역으로 하는 하급교육행정기관으로서 지역교육청을 둔다.

 해설

특별시·광역시·도의 교육·학예에 관한 사무를 분장하기 위하여 시·군 및 자치구를 관할구역으로 하는 하급교육행정기관으로서 교육지원청을 둔다.

🔒 정답 ④

28 「학교폭력예방 및 대책에 관한 법률」의 내용으로 옳지 않은 것은? ■ 23 7급

① 교육부장관은 학교폭력의 예방 및 대책에 관한 기본계획을 5년마다 수립하고 시행해야 한다.
② 학교폭력의 예방 및 대책에 관한 기본계획의 수립 및 시행에 대한 평가 등을 심의하기 위하여 국무총리 소속으로 학교폭력대책위원회를 둔다.
③ 교육감은 시·도교육청에 학교폭력의 예방과 대책을 담당하는 전담부서를 설치하고 운영하여야 한다.
④ 학교폭력대책심의위원회는 의무교육과정에 있는 가해학생일지라도 그 가해 정도가 심각한 경우에는 그 학생에 대해 퇴학처분의 조치를 취할 수 있다.

학교폭력예방 및 대책에 관한 법률 제17조(가해학생에 대한 조치)
① 심의위원회는 피해학생의 보호와 가해학생의 선도·교육을 위하여 가해학생에 대하여 다음 각 호의 어느 하나에 해당하는 조치(수 개의 조치를 동시에 부과하는 경우를 포함한다)를 할 것을 교육장에게 요청하여야 하며, 각 조치별 적용 기준은 대통령령으로 정한다. 다만, 퇴학처분은 의무교육과정에 있는 가해학생에 대하여는 적용하지 아니한다.
  1. 피해학생에 대한 서면사과
  2. 피해학생 및 신고·고발 학생에 대한 접촉, 협박 및 보복행위(정보통신망을 이용한 행위를 포함한다)의 금지
  3. 학교에서의 봉사
  4. 사회봉사
  5. 학내외 전문가, 교육감이 정한 기관에 의한 특별 교육이수 또는 심리치료
  6. 출석정지
  7. 학급교체
  8. 전학
  9. 퇴학처분

정답 ④

29 「학교폭력 예방 및 대책에 관한 법률」의 내용으로 옳지 않은 것은? ■ 18 7급

① 학교폭력 현장을 보거나 그 사실을 알게 된 자는 학교 등 관계 기관에 이를 즉시 신고하여야 한다.
② 국가는 학교폭력 예방 및 근절을 위하여 학교폭력 업무 등을 전담하는 경찰관을 둘 수 있다.
③ 학교폭력대책자치위원회는 가해학생이 특별교육을 이수할 경우 해당 학생의 보호자도 함께 교육을 받게 하여야 한다.
④ 학교폭력대책자치위원회는 가해학생에 대한 퇴학처분을 학교운영위원장에게 요청하여야 한다.

학교폭력대책자치위원회는 가해학생에 대한 퇴학처분을 교육장에게 요청하여야 한다.
※ 학교폭력대책자치위원회 → 학교폭력대책심의위원회로 개정됨

정답 ④

30 우리나라 의무교육 제도에 대한 설명으로 옳은 것은?　　■ 22 7급
① 교육을 받을 권리를 실효성 있게 보장하기 위하여 의무교육을 헌법에 명문화하였다.
② 취학의무의 이행을 독려받고도 취학의무를 이행하지 아니한 자에 대한 벌금 제도를 두었다.
③ 처음 의무교육이 도입된 이후 의무교육기간은 늘어나지 않았다.
④ 초등학교, 중학교, 고등학교를 대상으로 총 12년간의 의무교육을 시행한다.

② 취학의무의 이행을 독려받고도 취학의무를 이행하지 아니한 자에 대한 과태료 제도를 두었다.
③ 처음 의무교육이 도입된 이후 의무교육기간은 늘어났다.(초등학교 → 중학교)
④ 초등학교, 중학교를 대상으로 총 6년간의 의무교육을 시행한다.

정답 ①

31 기초학력 보장 정책과 관련된 내용으로 옳지 않은 것은?　　■ 22 7급
① 기초학력을 갖추지 못한 학습지원 대상 학생에게 맞춤형 교육을 실시한다.
② 학교 교육과정을 통하여 갖추어야 하는 최소한의 성취기준을 충족하는지 진단한다.
③ 진로 개척 역량을 길러주기 위해 과목 선택제를 도입한다.
④ 학습결손 보충을 위한 학교 안팎의 프로그램을 활성화한다.

진로 개척 역량을 길러주기 위한 과목 선택제와 기초학력 보장 정책은 관련이 없다.

정답 ③

32 「학교안전사고 예방 및 보상에 관한 법률」상 학교안전사고 및 예방교육에 대한 설명으로 옳은 것은?　　■ 20 7급
① 교원은 학교안전교육의 대상이 아니다.
② 등·하교 시 발생하는 사고는 학교안전사고에 포함된다.
③ 학교안전교육은 교원자격증을 갖춘 자가 실시해야 한다.
④ 성매매 예방교육은 학교장이 실시해야 하는 학교안전교육에 포함되지 않는다.

① 교원은 학교안전교육의 대상이다.
③ 학교안전교육은 교원자격증이 필요없다.
④ 성매매 예방교육은 학교장이 실시해야 하는 학교안전교육에 포함된다.

정답 ②

33 「평생교육법」 제4조에 규정된 평생교육의 이념에 해당하지 않는 것은?　　■ 17 7급
① 일정한 평생교육 과정을 이수한 자에게는 그에 상응하는 자격 및 학력 인정 등 사회적 대우를 부여하여야 한다.
② 평생교육은 학습자의 자유로운 참여와 자발적인 학습을 기초로 이루어져야 한다.
③ 평생교육은 정치적·개인적 편견의 선전을 위한 방편으로 이용되어서는 아니 된다.
④ 평생교육은 학습자의 필요와 실용성을 존중하여야 한다.

제4조(평생교육의 이념)
① 모든 국민은 평생교육의 기회를 균등하게 보장받는다.
② 평생교육은 학습자의 자유로운 참여와 자발적인 학습을 기초로 이루어져야 한다.
③ 평생교육은 정치적·개인적 편견의 선전을 위한 방편으로 이용되어서는 아니 된다.
④ 일정한 평생교육과정을 이수한 자에게는 그에 상응하는 자격 및 학력인정 등 사회적 대우를 부여하여야 한다.

정답 ④

34 「평생교육법」의 내용으로 옳지 않은 것은?　　■ 24 국가직 7급
① 교육부장관은 매년 평생교육진흥기본계획을 수립하여야 한다.
② 유치원 및 학교의 장은 평생교육프로그램 운영에 필요할 때에는 평생교육사를 채용할 수 있다.
③ 국가·지방자치단체와 공공기관의 장 또는 각종 사업의 경영자는 소속 직원의 평생학습 기회를 확대하기 위하여 유급 또는 무급의 학습휴가를 실시하거나 도서비·교육비·연구비 등 학습비를 지원할 수 있다.
④ 시·도교육감 및 시장·군수·자치구의 구청장은 관할 구역 안의 주민을 대상으로 평생교육프로그램 운영과 평생교육 기회를 제공하기 위하여 평생학습관을 설치 또는 지정·운영하여야 한다.

제9조(평생교육진흥기본계획의 수립)
① 교육부장관은 5년마다 평생교육진흥기본계획(이하 "기본계획"이라 한다)을 수립하여야 한다.

정답 ①

35 현행 「평생교육법」과 「평생교육법 시행령」에 규정된 '학습계좌' 제도에 대한 설명으로 옳지 않은 것은? ■ 10 7급
① 국민의 평생교육을 촉진하고 인적자원의 개발·관리를 위하여 국민의 개인적 학습경험을 종합적으로 집중 관리하는 제도이다.
② 교육과학기술부장관은 학습계좌에서 관리할 학습과정을 교육과학기술부령으로 정하는 바에 따라 평가인정할 수 있다.
③ 학습계좌의 개설은 본인이 신청한 경우에만 할 수 있다.
④ 학습계좌에 수록된 정보의 열람 또는 증명서의 발급 신청은 본인 또는 본인의 위임을 받은 자만 할 수 있다.

교육부장관은 학습계좌에서 관리할 학습과정을 대통령령으로 정하는 바에 따라 평가인정할 수 있다.
※ 교육과학기술부장관 → 교육부장관
※ ③ 법령 개정 : 학습계좌의 개설은 본인 또는 본인의 위임을 받은 자가 신청한 경우에만 할 수 있다.

정답 ②

36 「평생교육법」상 평생교육시설에 대한 설명으로 옳은 것은? ■ 19 7급
① 학교 부설 평생교육시설은 대학을 제외한 각급학교의 장이 설치·운영할 수 있다.
② 학교형태의 평생교육시설을 설치·운영하고자 하는 자는 대통령령으로 정하는 시설·설비를 갖추어 교육부장관에게 등록하여야 한다.
③ 사내대학형태의 평생교육시설은 해당 사업장에 고용된 종업원만을 대상으로 한다.
④ 사업장 부설 평생교육시설은 대통령령으로 정하는 규모 이상 사업장의 경영자가 해당 사업장의 고객 등을 대상으로 설치·운영할 수 있다.

사업장 부설 평생교육시설은 대통령령으로 정하는 규모 이상 사업장의 경영자가 해당 사업장의 고객 등을 대상으로 설치·운영할 수 있다.

정답 ④

XI 교육재정

01 「지방교육재정교부금법」상 지방교육재정교부금에 대한 설명으로 옳지 않은 것은?

■ 7급 국가직 15년

① 지방교육재정교부금의 목적은 지방자치단체가 교육기관 및 교육행정기관을 설치·경영함에 필요한 재원의 전부 또는 일부를 국가가 교부하여 교육의 균형 있는 발전을 도모하는 것이다.
② 국가가 지방자치단체에 교부하는 교부금은 이를 보통교부금과 특별교부금으로 나눈다.
③ 교육부장관은 특별교부금을 기준재정수입액이 기준재정수요액에 미달하는 지방자치단체에 총액으로 교부한다.
④ 교육부장관은 특별시·광역시·도 및 특별자치도의 교육행정기관의 장이 교부된 특별교부금을 2년 이상 사용하지 않는 경우에는 그 반환을 명할 수 있다.

해설
교육부장관은 보통교부금을 기준재정수입액이 기준재정수요액에 미달하는 지방자치단체에 총액으로 교부한다.
※ ④에서 교육행정기관의 장 → 교육감으로 개정됨

정답 ③

02 우리나라 교육비 분류에 대한 설명으로 옳지 않은 것은?

■ 22 7급

① 교육비는 직접교육비와 간접교육비로 구분할 수 있다.
② 직접교육비는 공교육비와 사교육비로 구분되고, 공교육비는 공공의 회계 절차를 거쳐 지출되는 경비이다.
③ 학부모가 부담하는 학교의 입학금·수업료는 사부담(私負擔) 사교육비에 해당한다.
④ 교육기관이 누리는 면세의 가치는 공부담(公負擔) 간접교육비에 해당한다.

해설
학부모가 부담하는 학교의 입학금·수업료는 사부담(私負擔) 공교육비에 해당한다.

정답 ③

03 국내의 교육비 분류방식을 따를 때 공교육비와 사교육비에 대한 설명으로 옳은 것은?

■ 7급 국가직 15년

① 학교운영지원비는 공부담사교육비에 해당한다.
② 학생이 학교에 낸 '방과후학교' 수강비가 학교회계 절차를 거쳐 지출되면 이는 사부담공교육비에 해당한다.
③ 각급 학교법인이 지출하는 교육비는 사부담공교육비에 해당한다.
④ 학부모가 지출하는 학생등록금은 사부담사교육비에 해당한다.

① 학교운영지원비는 사부담공교육비
③ 각급 학교법인이 지출하는 교육비는 공부담공교육비
④ 학부모가 지출하는 학생등록금은 사부담공교육비

정답 ②

04 콘(Cohn)의 교육비 분류에 대한 설명으로 옳은 것은?

■ 7급 국가직 14년

① 건물과 장비의 감가상각비는 직접교육비에 속한다.
② 비영리 교육기관에 부여되는 면세의 가치는 기회비용에 속한다.
③ 학부모가 부담하는 입학금은 공공회계 절차를 거치므로 간접교육비에 속한다.
④ 교육받는 기간 동안 취업할 수 없는 데에서 오는 포기된 소득은 직접교육비에 속한다.

① 건물과 장비의 감가상각비는 간접교육비에 속한다.
③ 학부모가 부담하는 입학금은 직접교육비에 속한다.
④ 교육받는 기간 동안 취업할 수 없는 데에서 오는 포기된 소득은 간접교육비에 속한다.

정답 ②

05 국·공립 초·중등학교의 학교회계에 대한 설명으로 옳지 않은 것은?

■ 22 7급

① 도입 취지는 단위학교 경영책임제의 활성화에 있다.
② 학교운영위원회 심의를 거쳐 학부모가 부담하는 경비는 학교회계의 세입에 포함되지 않는다.
③ 학교의 장은 회계연도마다 결산서를 작성하여 회계연도가 끝난 후 2개월 이내에 학교운영위원회에 제출하여야 한다.
④ 학교회계는 학교 운영과 학교시설의 설치 등을 위하여 필요한 모든 경비를 세출로 한다.

학교운영위원회 심의를 거쳐 학부모가 부담하는 경비는 학교회계의 세입에 포함된다.

정답 ②

06 공립의 초등학교·중학교·고등학교 및 특수학교의 학교회계제도에 대한 설명으로 옳은 것은?

■ 18 7급

① 학교운영지원비뿐만 아니라 수업료도 당해 학교에 설치된 학교회계의 세입항목에 포함된다.
② 교직원은 예산요구서를 작성하여 제출하는 방식으로 학교 예산안을 편성하는 과정에 참여할 수 있다.
③ 「초·중등교육법」 제30조에 따른 통합운영학교라고 해도 학교회계는 학교별로 설치하여야 한다.
④ 학교자율화 정책에 따라 교육감이 학교회계 예산편성기본지침을 학교의 장에게 시달하는 것은 금지되었다.

① 공립 초·중등학교의 수업료는 무상교육으로 학교회계 세입항목에 포함되지 않는다.
③ 「초·중등교육법」 제30조에 따른 통합운영학교의 경우 하나의 학교회계로 통합할 수 있다.
④ 학교자율화 정책에 따라 교육감이 학교회계 예산편성기본지침을 학교의 장에게 시달해야 한다.

정답 ②

07 학교회계의 운영과 관련하여 「초·중등교육법」에 명시된 내용으로 옳지 않은 것은?

■ 7급 국가직 14년

① 학교회계의 회계연도는 매년 3월 1일에 시작하여 다음 해 2월 말일에 끝난다.
② 학교운영위원회는 학교회계 세입세출예산안을 회계연도가 시작되기 5일 전까지 심의하여야 한다.
③ 학교장은 회계연도마다 학교회계 세입세출예산안을 편성하여 회계연도가 시작되기 10일 전까지 학교운영위원회에 제출하여야 한다.
④ 새로운 회계연도가 시작될 때까지 예산안이 확정되지 않을 경우, 학교장은 학교시설의 유지관리비를 전년도 예산에 준하여 집행할 수 있다.

학교장은 회계연도마다 학교회계 세입세출예산안을 편성하여 회계연도가 시작되기 30일 전까지 학교운영위원회에 제출하여야 한다.

정답 ③

08 학교회계의 운영에 관한 내용으로 옳지 않은 것은? ■ 7급 국가직 11년
① 회계연도는 매년 3월 1일에 시작하여 다음해 2월 말일에 종료한다.
② 학교운영위원회는 학교회계 세입세출예산안을 회계연도 개시 5일 전까지 심의해야 한다.
③ 학교장은 결산서를 작성하여 회계연도 종료 후 2개월 이내에 해당 시·도교육청에 제출해야 한다.
④ 학교시설의 유지관리비는 예산안이 확정되지 아니한 때에도 전년도 예산에 준하여 집행할 수 있다.

학교장은 결산서를 작성하여 회계연도 종료 후 2개월 이내에 학교운영위원회에 제출해야 한다.

정답 ③

09 학교회계 등 교육재정에 대한 설명으로 옳은 것은? ■ 24 국가직 7급
① 시·도의 교육·학예에 관한 경비를 따로 경리하기 위하여 해당지방자치단체에 학교회계를 둔다.
② 초·중·고 학교회계는 지방자치단체의 심의·의결을 거쳐 성립되며, 회계연도는 매년 1월 1일에 시작하여 12월 31일에 끝난다.
③ 학교회계는 국가의 일반회계나 지방자치단체의 교육비특별회계로부터 받은 전입금, 학교운영위원회 심의를 거쳐 학부모가 부담하는 경비, 학교발전기금으로부터 받은 전입금, 국가나 지방자치단체의 보조금 및 지원금, 사용료 및 수수료, 이월금, 물품매각대금, 그 밖의 수입을 세입으로 한다.
④ 의무교육에 종사하는 교원의 보수와 그 밖의 의무교육에 관련되는 경비는 「지방교육재정교부금법」에서 정하는 바에 따라 학부모가 부담한다.

① 시·도의 교육·학예에 관한 경비를 따로 경리하기 위하여 해당지방자치단체에 교육비특별회계를 둔다.
② 학교회계의 회계연도는 매년 3월 1일에 시작하여 다음 해 2월 말일에 끝난다.
④ 의무교육에 종사하는 교원의 보수와 그 밖의 의무교육에 관련되는 경비는 「지방교육재정교부금법」에서 정하는 바에 따라 국가 및 지방자치단체가 부담한다.

정답 ③

10 예산편성기법에 대한 설명으로 옳은 것은? ■ 10 7급

① 품목별 예산제도는 정책이나 계획수립이 용이하고 집행에 있어서도 융통성을 기할 수 있다.
② 성과주의 예산제도는 공무원의 재량권을 제한하기 위해 만든 제도이다.
③ 기획 예산제도는 단기적인 예산편성을 실행계획과 연결시켜 1년 단위의 예산제도를 기본으로 한다.
④ 영기준 예산제도는 점증주의적 예산과정을 탈피하여 경기 변동에 신축성 있게 대응할 수 있다.

① 품목별 예산제도는 정책이나 계획수립이 용이하고 집행에 있어서도 융통성을 기할 수 있다. → 성과주의 예산제도
② 성과주의 예산제도는 공무원의 재량권을 제한하기 위해 만든 제도이다. → 품목별 예산제도
③ 기획 예산제도는 장기적인 예산편성에 적합하다.

정답 ④

11 두 교사의 대화에서 나타나는 교장의 생각과 일치하는 예산편성 기법은? ■ 20 7급

> 김 교사 : 내년에 우리 학교가 지역사회와 함께하는 마을공동체 한마당 대축제를 추진한다는 얘기를 들었어요.
> 이 교사 : 아니, 그런 행사를 추진할 돈이 어디 있어요? 금년 예산을 보면 가능한 일인가요?
> 김 교사 : 글쎄요. 교장 선생님이 일단 금년 예산은 생각하지 말고 계획을 세우라고 했어요.
> 이 교사 : 그렇군요. 그럼 금년 예산에 구애받지 않고 계획을 세워도 되겠네요.

① 기획예산제도
② 성과주의예산제도
③ 영기준예산제도
④ 품목별예산제도

금년 예산은 생각하지 말고 계획을 세우는 것은 영기준예산제도에 해당한다.

정답 ③

XII 평생교육

01 평생교육에 대한 설명으로 옳지 않은 것은?　　　■ 7급 국가직 16년
① 평생교육 논의가 본격화된 데에는 유네스코의 역할이 컸다.
② 유네스코는 평생교육의 기본적 성격을 교육시기의 연장과 교육장의 확대 등에서 찾으려 했다.
③ 우리나라 헌법은 국가의 평생교육 진흥 의무를 규정하고 있다.
④ 학교교육을 지원하는 데 주목적을 두고 지식과 이론 중심으로 교육대상을 선발하여 가르친다.

학교교육을 지원하는 데 주목적을 두지 않는다.

정답 ④

02 성인학습(andragogy)의 특성으로 옳지 않은 것은?　　　■ 7급 국가직 15년
① 교과중심의 학습보다는 생활문제 중심의 학습을 선호한다.
② 성인의 경험은 계속 축적되며, 그 축적된 경험은 학습자원으로 활용된다.
③ 학습동기는 내재적인 요인보다 외재적인 요인에 의해 유발된다.
④ 교육자와 학습자의 협의를 통해 교육계획을 설정하고 학습내용을 평가한다.

학습동기는 내재적인 요인과 외재적인 요인에 의해 유발된다.

정답 ③

03 ㉠, ㉡에 들어갈 말로 옳은 것은?

■ 7급 국가직 14년

> 사회 변화에 따른 직업의 변화, 작업환경의 변화는 (㉠)을 요청하고 있다. 과학기술의 발달, 경제적 여유, 노동시간의 단축 등으로 여가를 통해 자아실현을 추구하려는 경향이 나타나고 있다. 또 노령화 사회로 접어들면서 노인들의 적극적 사회경제활동 참여와 늘어난 노년기를 효율적이고 유익하게 보내려는 교육수요가 점증하고 있다. 이와 관련하여 1970년 유네스코는 장차 세계의 교육은 학교중심 교육에서 벗어나 (㉡)의 방향으로 나아갈 것이므로 각국은 이를 교육제도 개혁과 교육정책 수립의 기본방향으로 잡아야 한다고 권고하였다. 이후 우리나라를 비롯한 세계 각국은 이것을 교육개혁의 목표로 추진하고 있다.

	㉠	㉡		㉠	㉡
①	취업교육	직업능력개발	②	순환교육	노인교육
③	원격교육	지식정보화	④	계속교육	평생학습

사회 변화에 따른 직업의 변화, 작업환경의 변화는 계속교육을 요청하고 있다. 과학기술의 발달, 경제적 여유, 노동시간의 단축 등으로 여가를 통해 자아실현을 추구하려는 경향이 나타나고 있다. 또 노령화 사회로 접어들면서 노인들의 적극적 사회경제활동 참여와 늘어난 노년기를 효율적이고 유익하게 보내려는 교육수요가 점증하고 있다. 이와 관련하여 1970년 유네스코는 장차 세계의 교육은 학교중심 교육에서 벗어나 평생학습의 방향으로 나아갈 것이므로 각국은 이를 교육제도 개혁과 교육정책 수립의 기본방향으로 잡아야 한다고 권고하였다. 이후 우리나라를 비롯한 세계 각국은 이것을 교육개혁의 목표로 추진하고 있다.

 ④

04 다음 설명에 해당하는 성인학습 유형은?

■ 17국 7

> - 개인이 주변 현실을 지각하고, 이해하고, 느끼는 방식에 대한 극적이고 근본적인 변화에 관한 학습이다.
> - 기존에 겪은 경험의 의미를 재해석하고 새로운 의미를 만들어 가는 비판적 성찰을 필수적인 과정으로 본다.
> - 주장에 대한 논쟁과 증거를 검토하는 담론 과정과 학습에서 습득한 결과를 행동으로 옮기는 과정을 중시한다.

① 자기주도학습(Self-directed learning)
② 상황학습(Situated learning)
③ 우연학습(Incidental learning)
④ 전환학습(Transformative learning)

제시된 지문은 전환학습으로 메지로우가 주창한 개념이며 지식을 습득, 축적하는 전통적 학습과는 달리 개인이 가진 많은 기본적인 가치와 가정들이 학습을 통해 변화하는 하나의 과정을 의미한다.
① 학습자가 주체적으로 학습과정을 계획하고 이끌어가는 학습 방법이다.
② 학습이 특정 활동, 생활의 맥락, 문화의 기능 내에서 일어난다는 이론이다.
③ 의도적이지 않거나 계획되지 않은 상태에서 발생하는 학습이다.

정답 ④

05 학습경험의 평가인증방안에 대한 설명으로 옳지 않은 것은? ■ 11 7급
① 학점은행제는 학교 내·외에서 이루어지는 다양한 형태의 학습경험과 자격을 학점으로 인정하고 기준이 충족되면 학위취득이 가능한 제도이다.
② 독학학위제는 학습자의 자기주도적 학습 정도가 학사학위 취득의 수준에 도달하였는지를 평가하여 국가가 학위를 수여하는 제도이다.
③ 학습계좌제는 국민의 개인적 학습경험을 국가가 집중적으로 관리하는 제도로 평생교육과 인적자원 개발을 위한 제도이다.
④ 국가직무능력표준은 직무수행에 필요한 지식·기술·소양 등의 표준을 국가가 규정한 것으로 개인의 학력과 경력을 기초로 작성된다.

국가직무능력표준은 직무수행에 필요한 지식·기술·소양 등의 표준을 국가가 규정한 것으로 직무의 요구사항과 직무 수행에 필요한 능력을 기준으로 작성된다.

정답 ④

06 노울즈(Knowles)가 강조하는 성인 학습자의 특징으로 옳지 않은 것은? ■ 21 7급
① 사회적으로 풍부한 경험을 바탕으로 학습한다.
② 아동·청소년과 달리 내적 동기만이 학습의 원동력이 된다.
③ 사회적 지위와 역할에 따라서 학습 준비도가 결정된다.
④ 아동기의 수동적·의존적 자아개념에서 점차 주도적·독립적 자아개념으로 변화한다.

외적 동기도 학습의 원동력이 된다.

정답 ②

07 다음 설명에 해당하는 우리나라의 평생교육 제도는?　　■ 23 7급

- 학습자가 자기 주도적으로 공부한 정도가 학사학위를 취득할 수 있는 수준에 이르렀는지를 오직 시험만으로 평가해 국가가 학위를 수여하는 제도이다.
- 학위취득을 위해서 교양과정 인정시험, 전공기초과정 인정시험, 전공심화과정 인정시험, 학위취득 종합시험을 모두 거쳐야 한다.
- 7급 이상의 공무원 공개경쟁 채용시험 합격자, 국가기술자격 취득자, 공인회계사, 세무사, 관세사, 유치원·초중등학교 준교사 및 특수학교 교사 등과 같이 일정한 자격이나 면허를 취득한 자에게는 시험 일부를 면제할 수 있다.

① 검정고시　　② 독학학위제
③ 학점은행제　　④ 평생학습계좌제

독학학위제는 사회적, 경제적, 신체적으로 어려운 환경의 사람들이 대학에 다니지 않고도 대학 학위를 취득할 수 있도록 하는 제도로 학생들의 자기주도학습과 학습결과에 대한 시험으로 학습결과를 인정해준다.

정답 ②

08 평생교육을 촉진하고 인적자원의 개발·관리를 위하여 국민의 개인적 학습경험을 종합적으로 집중 관리하는 제도는?　　■ 18국 7

① 입학사정관제　　② 학습계좌제
③ 편입학제도　　④ 조기이수제

학습계좌제는 성인학습자가 자신의 학습과 자격에 관한 것을 공적으로 누적·기록함으로써 자신의 평생에 걸친 계발과 상급학교 진학, 취업 등에 활용할 수 있도록 지원하기 위한 목적의 제도이다. 평생교육을 촉진하고 인적자원의 개발·관리를 위하여 국민의 개인적 학습경험을 종합적으로 집중 관리하는 제도이다.

정답 ②

09 우리나라 평생교육제도에 대한 설명으로 옳은 것은?　　■ 7급 국가직 12년

① 학점은행제에서는 표준교육과정을 정하고 있지 않다.
② 독학학위제에서는 일정한 학습 수준을 보장할 수 있는 자격이나 학점을 취득한 경우 부분적으로 시험을 면제받을 수 있다.
③ 평생교육사 자격증은 평생교육 업무를 전문적으로 수행하는 데 필요한 자격이지만, 국가에서 부여하는 자격증은 아니다.
④ 우리나라 평생학습도시 운동은 중앙정부 수준에서 먼저 진행되었다.

독학학위제에서는 일정한 학습 수준을 보장할 수 있는 자격이나 학점을 취득한 경우 부분적으로 시험을 면제받을 수 있다.

정답 ②

10 현행 평생교육법 시행령에 명시된 평생교육사의 직무범위에 해당되지 않는 것은? ▪ 09 7급

① 평생교육 프로그램의 요구분석·개발·운영·평가·컨설팅
② 프로그램에 소요되는 인적·물적 자원과 예산 확보
③ 학습자에 대한 학습정보 제공, 생애능력개발 상담·교수
④ 평생교육 진흥관련 사업계획 업무

제17조(직무범위)
법 제24조 제4항에 따라 평생교육사는 평생교육 진흥을 위하여 다음 각 호에 해당하는 직무를 수행한다.
1. 평생교육 프로그램의 요구분석·개발·운영·평가·컨설팅
2. 학습자에 대한 학습정보 제공, 생애능력개발 상담·교수
3. 그 밖에 평생교육 진흥 관련 사업계획 등 관련 업무

정답 ②

11 평생교육에서 강조하는 학습이론과 그 이론을 주창하고 체계화한 학자를 바르게 연결한 것은?

① 의식화학습(conscientization) – 콜브(Kolb) ▪ 08 7급
② 자기주도학습(self-directed learning) – 애들러(Adler)
③ 경험학습(experiential learning) – 피터스(Peters)
④ 전환학습(transformative learning) – 메지로우(Mezirow)

① 의식화학습(conscientization) – 프레이리
② 자기주도학습(self-directed learning) – 마이크 로시
③ 경험학습(experiential learning) – 콜브

정답 ④

세상의 모든
교육학 기출 1200

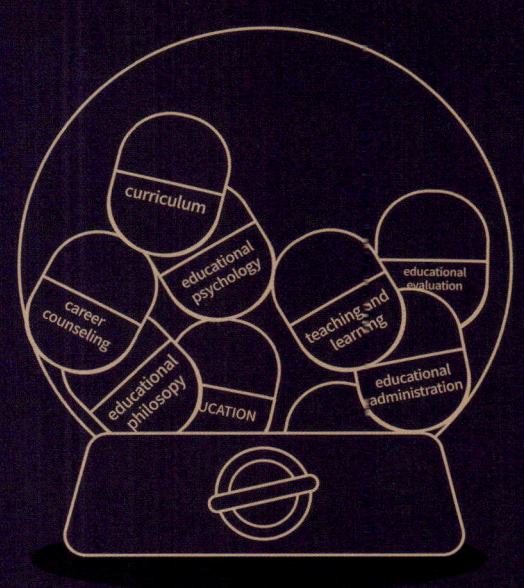

2026 7·9급 교육행정직 공무원시험 대비

세상의 모든
교육학 기출 1200
임용편

curriculum
educational psychology
career counseling
teaching and learning
educational evaluation
educational philosopy
UCATION
educational administration

김신 편저

✔ **키워드 3단계 학습법**을 통한 철저한 시험중심 학습
✔ 9급, 7급, 임용고시 **기출문제** 선별 총망라
✔ 기본개념은 물론 고난도 문제까지 **해결능력 상승**

동영상 강의 | 공단기 gong.conects.com

Fonus

PART 03

임용편

I. 교육과정

01 교육과정 학자와 그의 업적이 잘못 연결된 것은?
■ 06 중등

① 타바(H. Taba) : 귀납적 탐구 과정과 교육과정 개발에서 교사의 역할을 강조하였으며 사회과의 '단원'구성법을 제시하였다.
② 보빗(F. Bobbitt) : 과학적 관리에 기초한 활동 분석법을 활용하여 교육목표를 설정하였고, 전문가에 의한 교육과정 개발을 강조하였다.
③ 워커(D. Walker) : 교육 수요자의 요구 분석에 기초하여 교육목표를 설정하고, 체계적 절차를 따르는 교육과정 개발 모형을 제안하였다.
④ 스펜서(H. Spencer) : 근대 과학의 연구 성과를 교육과정 논의에 적용하였고, 실생활을 향상시키는 데 기여하는 지식의 우선순위를 정하였다.

워커는 교육과정을 개발할 때 이론이나 논리를 따르기보다 교육과정 문제가 처한 특수하고 다양한 상황을 충분히 숙의할 것을 주문한다. 워커의 모형은 현장에서 이루어지는 자연스러운 교육과정 개발과정을 염두에 둔 것이다.

🔒 정답 ③

02 〈보기〉는 예술 교육의 가치에 대한 서로 다른 입장이다. (가)와 (나)에 들어 갈 학자는?
■ 08 초등

┤ 보기 ├
- (가) 은(는) 학교에서 가르칠 가치가 있는 지식에 대해 우선순위를 정하면서, 개인적 기호와 취미를 만족시키는 여가 활동에 관한 지식을 최하위에 두었다.
- (나) 은(는) 학교교육이 언어 논리나 수리력만 강조함으로써 창의력 신장이나 인성 함양에 지장을 가져왔다고 보고, 다양한 표현형식을 제공하는 예술이 교육과정에서 중요하게 취급되어야 한다고 주장하였다.

	(가)	(나)
①	스펜서(H. Spencer)	블룸(B. S. Bloom)
②	스펜서(H. Spencer)	아이즈너(E. W. Eisner)
③	허스트(P. Hirst)	블룸(B. S. Bloom)
④	허스트(P. Hirst)	아이즈너(E. W. Eisner)

(가) 스펜서(H. Spencer)는 실생활을 향상시키는 데 기여하는 지식의 우선순위를 정하였으며, 삶과 건강을 위해서도, 생활에 필요한 재화를 얻기 위해서도, 자녀를 적절하게 기르기 위해서도 과학이 가장 효율적인 공부라고 주장하였다.
(나) 다양한 표현형식을 제공하는 예술이 교육과정에서 중요하게 취급되어야 한다고 주장한 학자는 아이즈너(E. W. Eisner)이다.

정답 ②

03 보비트(F. Bobbitt)의 교육과정 구성 방법과 거리가 먼 것은? ■ 07 초등
① 교육과정 구성은 교과의 형태를 취한다.
② 성인들의 활동을 분석한 자료에 근거한다.
③ 테일러(W. Taylor)의 과학적 관리 방법을 활용한다.
④ 교육내용 선정·조직 이전에 평가 계획을 먼저 수립한다.

교육내용 선정·조직 이전에 평가 계획을 먼저 수립한 것은 백워드 교육과정으로 위긴스, 맥타이(G. wiggins & J. McTighe)가 주장하였다.

정답 ④

04 다음 (가)와 (나)에 들어갈 학자로 옳은 것은? ■ 13 중등

김 교사 : 교육활동을 시작하기 전에 교육의 목적을 명확하게 설정하기 곤란한 경우가 있습니다. 대표적으로 예술교육이 여기에 해당합니다. 이 경우에는 교사가 사전에 예측할 수 없는 수많은 변인이 교육활동에 작용하며, 교사는 교육을 하는 과정에서 학습자의 요구에 맞게 반응해야 합니다. 교육활동이 수행된 후에 가지게 되는 학습경험을 교육의 목적이라고 할 때, (가) 는 이 목적을 '표현적 결과(expressive outcomes)'라고 불렀습니다.
최 교사 : 학교 교육과정은 과학적 연구에 기초하여 개혁되어야 합니다. 지금까지 학교에서 전통적으로 가르쳐 온 교과는 근거가 불분명한 이론에 기초하고 있습니다. 학교 교육과정은 장차 젊은이들이 몸담게 될 '성인의 활동 영역'에 대한 과학적 조사를 바탕으로 새롭게 구성되어야 합니다. (나) 의 연구에 의하면, 성인의 활동 영역은 언어 활동, 건강 활동, 시민 활동 등 10가지로 분류될 수 있습니다. 학교에서는 이런 것들을 가르쳐야 합니다.

	(가)	(나)
①	브루너(J. Bruner)	보비트(F. Bobbitt)
②	아이즈너(E. Eisner)	보비트(F. Bobbitt)
③	아이즈너(E. Eisner)	브로우디(H. Broudy)
④	파이나(W. Pinar)	브로우디(H. Broudy)
⑤	파이나(W. Pinar)	브루너(J. Bruner)

표현적 결과는 아이즈너, 성인의 활동은 보비트가 주장하였다.

 ②

05 교육과정에 대한 〈보기〉의 연구들을 발표된 순서대로 배열하면? ▪ 12 초등

보기

ㄱ. 보비트(F. Bobbitt)의 『교육과정(The Curriculum)』: 교육과정 계획 원리가 활동중심으로 제시되어 있으며, 교육과정의 과학화에 기여했다.
ㄴ. 브루너(J. Bruner)의 『교육의 과정(The Process of Education)』: 지식의 구조가 강조되는 학문중심 교육과정의 아이디어가 제시되어 있다.
ㄷ. 슈왑(J. Schwab)의 「실제성: 교육과정을 위한 언어(The Practical : A Language for Curriculum)」: 전통적 교육과정 연구의 정체성 위기를 비판하는 내용이 제시되어 있으며, 실제적 교육과정 탐구 패러다임 형성에 영향을 미쳤다.
ㄹ. 타일러(R. Tyler)의 『교육과정과 수업의 기본 원리(Basic Principles of Curriculum and Instruction)』: 교육과정 개발의 합리적 모형을 제시하여 교육과정 개발 연구 패러다임의 토대를 마련했다.

① ㄱ → ㄷ → ㄴ → ㄹ
② ㄱ → ㄹ → ㄴ → ㄷ
③ ㄷ → ㄹ → ㄱ → ㄴ
④ ㄹ → ㄱ → ㄴ → ㄷ
⑤ ㄹ → ㄷ → ㄱ → ㄴ

연구과정 발표 순서는 ㄱ → ㄹ → ㄴ → ㄷ이다.
ㄱ. 보비트(F. Bobbitt)의 『교육과정(The Curriculum)』: 교육과정 계획 원리가 활동중심으로 제시되어 있으며, 교육과정의 과학화에 기여했다.
ㄹ. 타일러(R. Tyler)의 『교육과정과 수업의 기본 원리(Basic Principles of Curriculum and Instruction)』: 교육과정 개발의 합리적 모형을 제시하여 교육과정 개발 연구 패러다임의 토대를 마련했다.
ㄴ. 브루너(J. Bruner)의 『교육의 과정(The Process of Education)』: 지식의 구조가 강조되는 학문중심 교육과정의 아이디어가 제시되어 있다.
ㄷ. 슈왑(J. Schwab)의 「실제성: 교육과정을 위한 언어(The Practical : A Language for Curriculum)」: 전통적 교육과정 연구의 정체성 위기를 비판하는 내용이 제시되어 있으며, 실제적 교육과정 탐구 패러다임 형성에 영향을 미쳤다.

 ②

06 다음의 교육과정 관점에 대한 설명으로 옳지 않은 것은? ■ 11 중등

> 인간의 정신은 몇 개의 능력들(faculties)로 이루어져 있고, 이 능력들을 단련하는 데에는 거기에 적합한 교과가 있다. 교과교육에서 무엇을 기억하고 추리하느냐가 중요한 것이 아니고, 기억되고 추리되는 내용이 무엇이든지 간에 그것을 기억하고 추리한다는 점이 중요하다. 따라서 교과는 인간의 정신을 도야하는 가치에 따라 그 중요성이 결정되며, 정신능력들을 도야하는 데 적합한 교과들을 학교에서 가르쳐야 한다.

① 교과 학습에서 흥미가 없는 교과라도 학습자의 노력이 중시된다.
② 교과 내용의 가치를 개인 생활의 의미와 사회적 유용성에서 찾는다.
③ 교과의 중요성은 구체적인 내용에 있기보다는 내용을 담는 형식에 있다.
④ 능력심리학에 근거하여 심근(心筋) 단련을 위한 수단으로 교과를 강조한다.
⑤ 교과를 가르치는 방법으로 훈련과 반복을 강조하고 일반적 전이를 가정한다.

해설

교과 내용의 가치를 개인 생활의 의미와 사회적 유용성에서 찾는다. 생활적응 교육은 모든 청소년들로 하여금 스스로 만족스럽게 민주적으로 생활하면서 가족의 일원으로서, 직업인으로서, 또 시민으로서 사회를 위하여 유익한 일을 할 수 있도록 준비시키는 교육을 의미한다.

TIP
1) **교과를 중심으로 하는 교육과정** : 교과중심, 학문중심, 행동주의 교육과정
2) **학습자를 중심으로 하는 교육과정** : 경험중심, 인간중심, 구성주의
3) **사회를 중심으로 하는 교육과정** : 생활적응, 직업, 사회개조

🔒 정답 ②

07 다음 내용을 모두 포괄하는 이론은? ■ 05 중등

> • 성장과 습관의 의미가 교육적 과정으로 해석되어야 한다.
> • 교과의 논리와 학습자의 심리가 동시에 고려되어야 한다.
> • 계속성(continuity)과 상호작용(interaction)의 원리를 강조한다.

① 로크(J. Locke)의 경험론(Empiricism)
② 듀이(J. Dewey)의 경험(Experience) 이론
③ 가다머(H.-G. Gadamer)의 해석적 경험(Hermeneutic Experience) 이론
④ 오크쇼트(M. Oakeshott)의 경험의 양상(Experience and Its Modes) 이론

1) 듀이(J. Dewey)의 경험(Experience) 이론
   경험의 논리적 측면은 교과 그 자체를 뜻하는 것이며, 경험의 심리적 측면은 학습자와의 관련 속에서 교과를 뜻하는 것이며 계속성과 상호작용 강조는 듀이이다.
2) 경험주의(empiricism) : 인식론에 있어서, 모든 지식의 기원을 경험에 두고 경험적 인식을 절대시하는 학설
   ① 단어나 개념이 가지고 있는 의미는 그것이 실제적인 경험과 연결되었을 때만 파악
   ② 어떤 명제(命題)나 신념의 정당성은 반드시 경험에 의존
   ③ 이성적인 것이 인식에 있어서 가장 중요하다고 보는 이성주의(理性主義)와는 반대

정답 ②

08 〈보기〉와 같은 특징을 지닌 교육과정은? ■ 06 중등

| 보기 |
- 과학교과에서는 초등학교에서 배운 광합성의 원리를 중등학교에서도 심화·반복한다.
- 경제 단원에서 자원의 희소성, 수요와 공급 등의 기본 개념과 원리를 교과 구조 속에서 강조한다.
- 교사가 결과적 지식을 먼저 제시하기보다 학생들로 하여금 탐구과정을 통해 일반화된 원리를 발견하게 한다.

① 인간중심 교육과정 ② 학문중심 교육과정
③ 생활중심 교육과정 ④ 경험중심 교육과정

심화·반복 및 교과의 구조 학습과 탐구과정을 통해 일반화된 원리를 발견하는 학습을 강조한 것은 학문중심 교육과정이다.

정답 ②

09 다음과 같은 교육과정의 관점을 반영하여 교육내용을 가장 적절하게 조직하는 방법은? ■ 11 중등

어떤 교과든지 그 교과를 특징적으로 교과답게 해 주는 골간(骨幹)으로서 구조가 있다. 교과의 구조란 각 교과가 모태로 삼고 있는 학문 분야의 기본적인 아이디어나 개념 및 원리를 말한다. 이러한 구조는 기본적이고 일반적이므로 단순하다. 그래서 어린 나이에도 지식의 구조 학습이 가능하며 나아가서는 새로운 문제에 대한 적용 범위도 넓다. 그리고 구조 학습을 통해 초보 수준의 지식과 고등 수준의 지식 간의 간극을 좁힐 수 있다.

① 구안법을 통하여 활동 중심으로 내용을 조직한다.
② 교과의 논리보다 학습자의 심리를 우선하여 조직한다.
③ 작업단원법에 따라 생활 영역을 중심으로 내용을 조직한다.
④ 사회의 주요 문제를 중심으로 핵심 및 주변 과정을 조직한다.
⑤ 기본 개념을 반복하면서 폭과 깊이를 확대·심화시켜 조직한다.

교과의 구조를 강조한 것은 학문중심 교육과정이며 기본 개념을 반복하면서 폭과 깊이를 확대·심화시켜 조직한다.

정답 ⑤

10 인본주의 교육과정(humanistic curriculum)의 관점과 관련이 깊은 것을 〈보기〉에서 모두 고른 것은?

■ 10 중등

| 보기 |
ㄱ. 개인의 잠재적 능력 계발과 자아실현을 지향한다.
ㄴ. 사회가 요구하는 직업 능력을 갖춘 사회 구성원 양성을 주 목적으로 한다.
ㄷ. 교사와 학습자 간의 관계에서 존중, 수용, 공감적 이해를 중시한다.
ㄹ. 대표적인 학자로 메이거(R. Mager), 마자노(R. Marzano) 등이 있다.

① ㄱ, ㄷ   ② ㄴ, ㄷ   ③ ㄴ, ㄹ
④ ㄱ, ㄴ, ㄹ   ⑤ ㄱ, ㄷ, ㄹ

인본주의 교육과정은 자아실현과 공감적 이해를 중시하였다.
- **직업교육과정**: ㄴ. 사회가 요구하는 직업 능력을 갖춘 사회 구성원 양성을 주 목적으로 한다.
- **행동주의 교육과정**: ㄹ. 대표적인 학자로 메이거(R. Mager), 마자노(R. Marzano) 등이 있다.

정답 ①

11 잠재적 교육과정을 설명하는 사례로 가장 적절한 것은?

■ 06 중등

① 계발활동에서 문예반을 선택하여 소설을 읽고 현대 소설의 특징을 이해하였다.
② 냉전시대 공산주의 국가에서는 시장 경제 체제의 장점을 제대로 가르치지 않았다.
③ 수업시간에 배운 한자를 30번씩 써 오라는 숙제 때문에 한문을 싫어하게 되었다.
④ 국어시간에 일제 강점기 독립운동에 기여한 문학 작품을 조사하고 각각의 특징을 기술하였다.

잠재적 교육과정은 공식적인 교육 내용 외에 학생들이 학교 생활을 통해 자연스럽게 배우는 비공식적인 요소를 강조한다. 비공식적 요소에는 (긍정적, 부정적) 학습 경험, 사회적 상호작용, 자기인식과 태도 등이 있다.

정답 ③

12 다음의 현상을 설명하는 데 가장 적합한 교육과정 유형은? ■ 02 중등

- 일본의 역사교과서에서 한국 침략 내용을 의도적으로 배제
- 진화론은 가르치나, 성경의 창조론은 배제
- 사회과 교과서에서 사회적 약자에 대한 논의 배제

① 영교육과정(Null Curriculum)
② 공식적 교육과정(Formal Curriculum)
③ 잠재적 교육과정(Latent Curriculum)
④ 교사배제교육과정(Teacher-Proof Curriculum)

일본의 역사교과서에서 한국 침략 내용을 의도적으로 배제한 것을 영교육과정(Null Curriculum)이라 한다.

정답 ①

13 〈보기〉에 제시된 A교사의 생각을 가장 잘 설명해주는 교육과정은? ■ 03 초등

┤보기├
A교사는 평소 학교교육에서는 예능 교과가 그 중요성에 비해 소홀히 다루어지고 있다고 생각한다. 지적 기능 못지않게 중요한 감성은 음악이나 미술 교과를 통해서 잘 계발될 수 있으나, 학교에서는 수업시수가 적어 많은 내용이 가르쳐지지 않고 배제되고 있다는 것이다.

① 영 교육과정
② 중핵 교육과정
③ 융합 교육과정
④ 상관 교육과정

제시문에서 설명하는 배제된 교육과정을 영 교육과정(Null Curriculum)이라 한다.

정답 ①

14 다음 두 교사의 대화 내용 중, B 교사가 근거하고 있는 교육과정의 개념은? ▪ 05 중등

> A 교사 : 고고학은 정말 중요한 학문인데, 우리나라 고등학교에서는 왜 안 가르치는지 모르겠어요.
> B 교사 : 어떤 것을 가르친다는 것은 다른 것을 가르치지 않는다는 것을 의미하지요. 제한된 여건 때문에 모든 것을 동시에 다 가르칠 수는 없지요.

① 영 교육과정(Null Curriculum)
② 명시적 교육과정(Explicit Curriculum)
③ 암시적 교육과정(Implicit Curriculum)
④ 현성 교육과정(Emerging Curriculum)

공식적 교육과정(우리나라 고등학교)에서 배제된(고고학) 교육과정으로 영 교육과정이다.

정답 ①

15 다음 사례에 공통적으로 나타나는 교육과정 개념에 대한 설명으로 가장 적절한 것은? ▪ 10 초등

> • 어느 국가에서는 생물 수업 시간에 진화론을 가르치지 않는다.
> • 어느 국가의 경제 교과서에서는 노동자의 인권에 대한 내용이 배제되어 있다.
> • 어느 국가에서는 자국(自國)에 불리한 역사적 사실을 학교 교육내용에서 제외시킨다.

① 공식적 문서로서의 표면적 교육과정
② 학교교육에서 의도되지 않은 학습결과
③ 상황맥락성을 강조하는 내러티브적 교육과정
④ 공식적 교육과정에 결여되어 있기 때문에 학습할 수 없는 내용
⑤ 공식적 교육과정에 포함되지 않으나 학생들이 경험하는 교육과정

위 사례는 공식적 교육과정에 결여되어 있기 때문에 학습할 수 없는 내용이다.

정답 ④

16 실제 교수·학습 활동을 중요한 개념적 요소로 포함하는 교육과정의 정의는? ▪ 06 초등

① 교육과정은 의도된 학습의 결과이다.
② 교육과정은 교과 혹은 교과목에 담긴 내용이다.
③ 교육과정은 교육활동을 위한 문서화된 계획이다.
④ 교육과정은 학교의 지도 아래 학생이 겪는 경험이다.

실제 교수·학습 활동을 중요한 개념적 요소로 포함하는 교육과정의 정의는 교육과정을 통해 학교의 지도 아래 학생이 겪는 경험이다.

정답 ④

17 〈보기〉의 (가), (나), (다)를 타일러(R. Tyler)가 제안한 학습 경험 선정의 일반적 원리와 짝지은 것으로 가장 적절한 것은? ▪ 12 초등

┤보기├
(가) 학습활동을 선택할 때는 여러 가지 목표를 동시에 달성하는 데 도움이 되는 활동을 선택하도록 한다.
(나) 한 가지 교육목표를 달성하는 데는 여러 가지 활동이 있으므로 다양한 학습활동을 선정하도록 한다.
(다) 특정 교육목표를 달성하기 위해 그 목표 달성에 필요한 활동을 학습자 스스로 해볼 수 있도록 한다.

	(가)	(나)	(다)
①	만족의 원리	기회의 원리	다성과의 원리
②	기회의 원리	만족의 원리	가능성의 원리
③	다경험의 원리	가능성의 원리	만족의 원리
④	가능성의 원리	다성과의 원리	다경험의 원리
⑤	다성과의 원리	다경험의 원리	기회의 원리

- **다성과의 원리** : (가) 학습활동을 선택할 때는 여러 가지 목표를 동시에 달성하는 데 도움이 되는 활동을 선택하도록 한다.
- **다경험의 원리** : (나) 한 가지 교육목표를 달성하는 데는 여러 가지 활동이 있으므로 다양한 학습활동을 선정하도록 한다.
- **기회의 원리** : (다) 특정 교육목표를 달성하기 위해 그 목표 달성에 필요한 활동을 학습자 스스로 해볼 수 있도록 한다.

정답 ⑤

18 타일러(R. W. Tyler)의 교육과정 개발 모형에 대한 비판으로 볼 수 없는 것은? ▪ 08 중등

① 교육과정 개발을 지나치게 단순화해서 파악한다.
② 교육내용 선정에 대하여 직접적인 답을 제공하지 못한다.
③ 교육과정 개발에 개입되는 정치적 이해관계에 관심을 기울이지 않는다.
④ 학습경험의 조직을 지나치게 강조하여 교육목표의 효율적 달성을 소홀히 다룬다.

타일러(R. W. Tyler)의 교육과정 개발 모형은 교육목표 달성을 지나치게 강조하였다는 비판을 받고 있다.

정답 ④

19 〈보기〉의 진술 중 타일러(R. Tyler)가 『교육과정과 수업의 기본원리』(1949)에서 제시한 교육목표에 관한 주장들로만 묶인 것은? ▪ 07 중등

┤보기├
ㄱ. 교육목표에 기초하여 교육경험(학습경험)을 선정, 조직해야 한다.
ㄴ. 교육목표는 인지적 영역, 정의적 영역, 심동적 영역으로 구분되어야 한다.
ㄷ. 타당한 교육목표 설정을 위해서 계속성, 계열성, 통합성의 원리를 준수해야 한다.
ㄹ. 교육목표에는 학생이 성취해야 할 행동, 그리고 삶의 내용 또는 영역이 포함되어야 한다.

① ㄱ, ㄴ ② ㄱ, ㄹ
③ ㄴ, ㄷ ④ ㄷ, ㄹ

ㄴ. '교육목표는 인지적 영역, 정의적 영역, 심동적 영역으로 구분되어야 한다.'는 블룸의 주장이다.
ㄷ. 교육목표에 기초하여 계속성, 계열성, 통합성의 원리에 따라 교육과정을 조직한다.

정답 ②

20 성취 행동의 관점에서 볼 때 가장 적절하게 진술된 수업 목표는? ▪ 02 초등

① 수질 오염 방지 대책에 대해 토론한다.
② 비례 대표제의 장점과 단점을 열거할 수 있다.
③ '오빠 생각' 노래를 피아노 반주에 맞춰 연습한다.
④ 광합성 작용의 절차를 실험을 통해 파악하게 한다.

성취 행동의 관점은 학생의 학습과 행동을 평가할 때, 성취를 중심으로 바라보는 접근이다. 이는 학생들이 달성해야 할 구체적인 학습 목표를 명확하게 제시해야 한다. 따라서 '비례 대표제의 장점과 단점을 열거할 수 있다.'와 같이 '~할 수 있다'로 표현하는 것이 적절하다.

정답 ②

21 다음 〈보기〉의 내용 중 타일러(Tyler)가 제시한 행동적 수업목표 진술의 3가지 특징은?

■ 01 초등

┤보기├─
가. 수업목표 진술은 학습자의 행동으로 진술하여야 한다.
나. 행동과 함께 내용도 진술하여야 한다.
다. 기대되는 학습자 행동은 충분히 세분화하여야 한다.
라. 학습자의 도착점 행동과 그 상황도 제시하여야 한다.

① 가, 나, 다 ② 가, 나, 라
③ 가, 다, 라 ④ 나, 다, 라

라. '학습자의 도착점 행동과 그 상황도 제시하여야 한다.'는 메이거의 주장이다.

정답 ①

22 블룸(Bloom)의 교육목표 분류체계에 따를 때, 다음 중 가장 상위 수준의 교육목표에 해당하는 것은?

■ 03 초등

① 삼투압의 원리를 설명한다.
② 삼투압의 원리를 암송한다.
③ 삼투압의 원리를 이해한다.
④ 삼투압의 원리를 실생활에 적용한다.

인지적 영역은 '지식, 이해, 적용, 분석, 종합, 평가' 순이다. ①, ②는 지식의 수준, ③은 이해의 수준, ④는 적용으로 가장 상위의 수준이다.

정답 ④

23 다음은 교육목표에 관한 타일러(R. Tyler)와 블룸(B. Bloom)의 견해를 대화 형식으로 구성한 것이다. (가)~(다)에 들어갈 말을 바르게 나열한 것은?
▪ 11 초등

> 타일러 : 저는 일찍이 (가) 의 입장에서 교육목표를 진술해야 한다고 말한 바 있습니다.
> 블 룸 : 예, 잘 알고 있습니다. 선생님께서는 또한 (나) 으로 이루어진 이원적 목표 진술을 강조하셨죠?
> 타일러 : 물론입니다. 그런데 선생님이 동료들과 함께 분류하려고 한 것은 그 중의 어느 것입니까?
> 블 룸 : 저희들은 그 두 차원 중에서 (다) 의 차원을 분류했습니다.

	(가)	(나)	(다)
①	교사	지식과 기능	기능
②	교사	내용과 행동	행동
③	학생	지식과 기능	기능
④	학생	지식과 기능	지식
⑤	학생	내용과 행동	행동

타일러(R. W. Tyler)는 (가) 학생의 입장에서 교육목표를 진술해야 한다고 하였으며 (나) 내용과 행동으로 이원적 목표로 진술할 것을 강조하였다. 블룸(E. Bloom)은 교육목표를 (다) 행동의 차원으로 분류하였다.

정답 ⑤

24 블룸(B. Bloom)의 인지적 영역 교육목표 분류와 크래쓰월(D. Krathwohl) 등의 정의적 영역 교육목표 분류에 대한 설명으로 적절하지 않은 것은?
▪ 10 중등

① 인지적 영역 목표의 분류 준거는 복잡성이다.
② 하위수준의 인지능력은 상위수준의 인지능력을 성취하기 위한 선행조건이다.
③ 정의적 영역 목표는 위계적으로 구성되어 있다.
④ 정의적 영역 목표의 분류 준거는 다양성이다.
⑤ 정의적 영역 목표는 감수, 반응, 가치화, 조직화, 인격화이다.

블룸(B. Bloom)의 인지적 영역은 복잡성의 원리에 의해 위계적으로 구성되어 있으며 크래쓰월의 정의적 영역은 개인이 사회에 의해 주어지는 태도, 가치, 행동양식 등을 자기 것으로 받아들이는 내면화의 수준에 따라 분류될 수 있다.

정답 ④

25 아이즈너(E. Eisner)가 말한 '표현적 결과(expressive outcomes)'에 관한 설명으로 가장 적절한 것은?

◦ 09 초등

① 수업내용을 분석하여 측정 가능한 행동 용어로 결과를 진술한다.
② 수업결과로 나타나는 목표를 의미하는 것으로서 수업 전에 미리 정해져 있다.
③ 수업시간에 일정한 조건을 주고 그 조건 내에서 문제 해결책을 발견해 내는 활동이다.
④ 설정된 목표에 따라 학습 내용을 가르치고 그 결과를 파악할 필요가 있을 경우에 적합하다.
⑤ 구체적인 목표 없이 수업을 시작하여 수업 활동 중 혹은 종료 후 결과적으로 얻게 되는 것이다.

구체적인 목표 없이 수업을 시작하여 수업 활동 중 혹은 종료 후 결과적으로 얻게 되는 것을 '표현적 결과(expressive outcomes)'라 한다.

정답 ⑤

26 아이즈너(E. Eisner)가 제시한 교육 목표 중 〈보기〉의 교육활동에 가장 적합한 유형의 목표는?

◦ 07 초등

┤보기├
• 몸이 불편한 친구를 돕기 위한 방법을 찾아낸다.
• 한정된 예산으로 학습 효과를 최대화할 수 있는 책들을 구입한다.

① 행동 목표
② 운영 목표
③ 문제 해결 목표
④ 표현적 결과 목표

문제 해결 목표란 문제와 문제 해결에 필요한 조건만 가지고 해당 조건을 충족시키면서 문제를 해결하는 것을 말한다.

정답 ③

27 교육목표에 관한 아이즈너(E. Eisner)의 관점으로 적절하지 않은 것은?

◦ 06 초등

① 모든 목표는 관찰 가능한 행동적 용어로 진술되어야 한다.
② 명백한 목표뿐만 아니라 의도되지 않은 목표도 고려해야 한다.
③ 어떤 교육활동에 대해서는 구체적인 목표를 미리 설정할 수 없다.
④ 어떤 목표는 교육활동이 전개된 이후에 설정되는 것이 타당하다.

해설 아이즈너는 교육의 복잡성과 예술적 측면을 강조하며, 목표 설정에서 단순한 행동적 접근만으로는 충분하지 않다고 보았으며 교육의 복잡성과 깊이를 반영하는 보다 포괄적인 접근이 필요하다고 주장하였다.

정답 ①

28 타바(H. Taba)의 교육과정 개발 모형에 대해 바르게 설명한 것을 〈보기〉에서 모두 고른 것은?
■ 10 중등

보기
ㄱ. 귀납적 접근 방법을 사용하였다.
ㄴ. 요구 진단 단계를 설정하였다.
ㄷ. 내용과 학습경험을 구별하여 개발 단계를 설정하였다.
ㄹ. 반응평가모형을 제안하였다.

① ㄱ, ㄷ　　② ㄱ, ㄹ　　③ ㄴ, ㄹ
④ ㄱ, ㄴ, ㄷ　　⑤ ㄴ, ㄷ, ㄹ

해설
ㄹ. 반응평가모형을 제안한 학자는 스테이크(Stake)이다.

정답 ④

29 워커(D. Walker)가 제안한 자연주의적 교육과정 개발 모형의 숙의(deliberation) 단계에 해당되는 사항을 〈보기〉에서 고르면?
■ 12 초등

보기
ㄱ. 대안들의 예상되는 결과를 검토하기
ㄴ. 교육과정 개발의 목적과 그것을 달성하기 위한 방법을 확인하기
ㄷ. 교육과정 개발 참여자들이 갖고 있는 개념, 이론, 목적 등에 관한 공감대 형성하기
ㄹ. 교육과정을 구성하는 교과의 선정, 수업방법이나 자료 등을 확정하며, 이를 위한 행·재정적 지원 절차 등을 계획하기

① ㄱ, ㄴ　　② ㄱ, ㄷ　　③ ㄴ, ㄷ
④ ㄴ, ㄹ　　⑤ ㄷ, ㄹ

해설
• 숙의 단계 : ㄱ, ㄴ　• 토대 단계 : ㄷ　• 설계 단계 : ㄹ

정답 ①

30 워커(D. Walker)가 제안한 교육과정 개발 모형에 대한 설명으로 가장 적절한 것은? ■ 09 초등

① 합리적·처방적 교육과정 개발 모형에 속한다.
② 학업성취 향상을 위해서 역행설계(backward design) 방식을 취한다.
③ 교육과정 개발 절차를 준수할 것과 그 절차의 직선적 계열성을 강조한다.
④ 개발 참여자들의 기본 입장이 제시되는 강령(platform)이 중요한 요소이다.
⑤ 개발 과정이 5단계로 구분되어 있고, 어느 단계에서도 개발을 시작할 수 있다.

①, ③ 타일러의 교육과정 모형에 대한 설명이다.
② 위긴즈와 맥타이의 교육과정 모형에 대한 설명이다.
⑤ 스킬벡의 교육과정 모형에 대한 설명이다.

정답 ④

31 워커(D. Walker)의 교육과정 개발 모형에서 여러 대안 중 가장 현실적인 대안을 찾아내는 단계는?

① 설계(design)   ② 강령(platform)   ■ 06 초등
③ 숙의(deliberation) ④ 평가(evaluation)

숙의 과정에서는 다양한 대안들이 논의되고, 각 대안의 장단점이 평가되며, 최종적으로 가장 적합하고 실행 가능한 대안을 선택한다. 참여자 간의 의견 교환과 비판적 토론을 통해 이루어지며, 교육과정 개발에 있어 실질적이고 효과적인 결정을 내리는 데 중요한 역할을 한다.

정답 ③

32 '교육과정 재개념화'에 관한 진술로 옳은 것을 〈보기〉에서 고르면? ■ 12 초등

|보기|
ㄱ. 다양한 담론을 활용하여 교육과정을 이해하고자 한다.
ㄴ. 교육과정 연구에서 질적 접근보다는 양적 접근을 중시한다.
ㄷ. 연구의 초점을 교수·학습 과정의 일반적 원리나 모형의 개발에 맞춘다.
ㄹ. 대표적인 학자로는 파이너(W. Pinar), 애플(M. Apple), 아이즈너(E. Eisner) 등을 들 수 있다.

① ㄱ, ㄴ   ② ㄱ, ㄹ   ③ ㄴ, ㄷ
④ ㄴ, ㄹ   ⑤ ㄷ, ㄹ

재개념주의 교육과정 연구에서는 양적 접근보다는 질적 접근을 중시하며 개발보다 이해나 해석에 초점을 맞춘다.

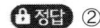 ②

33 〈보기〉의 주장과 관련 있는 교육과정 이론은? ▪ 02 초등

―| 보기 |―
- 학생들을 둘러 싼 생활 세계를 존중해야 한다.
- 교과서의 지식은 특정 계층의 이데올로기를 반영하고 있다.
- 현재의 학교 교육은 학생들을 정신적으로 황폐화시키고 있다.
- 사전에 설정된 교육 목표에 따라 수업하는 것은 바람직하지 않다.

① 재개념주의   ② 개념경험주의
③ 경험주의   ④ 전통주의

교육과정 재개념주의는 전통적인 지식 정의가 형식적이고 객관적인 정보 전달에 국한되어 있으며 지배 계층의 이데올로기를 반영하고 있다고 비판하며 등장하였다. 재개념주의자들은 교육과정이 학생의 흥미와 요구를 반영해야 한다고 주장하며 교육과정의 유연성과 개별화를 강조하였다.

 ①

34 "교육과정은 그 어원인 '쿠레레(currere)'에 복귀해야 한다."라는 주장이 최근에 일고 있다. 이러한 주장과 관련 있는 것은? ▪ 01 초등

① 교육과정 논의의 대상은 교육과정 설계와 개발이다.
② 학교교육이 이루어지는 과정을 전달 과정에 비유한다.
③ 교육 경험을 통한 개개인의 의미형성 과정을 강조한다.
④ 교육과정 질 관리의 차원에서 교사의 책무성을 강조한다.

"교육과정은 그 어원인 '쿠레레(currere)'에 복귀해야 한다."라는 주장은 재개념주의로 교육 경험을 통한 개개인의 의미형성 과정을 강조한다.

정답 ③

35 다음은 파이너(W. Pinar)의 쿠레레(currere) 방법 4단계이다. (가)와 (나)의 특징을 〈보기〉에서 고른 것은?

■ 12 중등

(가) → (나) → 분석 → 종합

⊢ 보기 ⊢
ㄱ. 자유연상을 통해 아직 현실화되지 않은 미래의 모습을 상상한다.
ㄴ. 내면의 목소리에 귀를 기울이고, 자기에게 주어진 현재의 의미를 자문한다.
ㄷ. 과거·미래·현재라는 세 장의 사진을 놓고, 이들 간의 복잡한 관계를 탐구한다.
ㄹ. 자신의 실존적 경험을 회상하면서 기억을 확장하고, 과거의 경험을 상세히 묘사한다.

	(가)	(나)		(가)	(나)
①	ㄱ	ㄷ	②	ㄴ	ㄱ
③	ㄴ	ㄷ	④	ㄹ	ㄱ
⑤	ㄹ	ㄴ			

파이너(W. Pinar)의 쿠레레(currere) 방법 4단계
1) **회귀** : 자신의 실존적 경험을 회상하면서 기억을 확장하고, 과거의 경험을 상세히 묘사한다.(그대로 기억, 평가 해석 금물, 과거의 순간순간의 관점유지 기록, 현재와 반응 체크)
2) **전진** : 자유연상을 통해 아직 현실화되지 않은 미래의 모습을 상상한다.(미래를 상상, 자유연상, 비판적 사고 금물, 편안함)
3) **분석** : 과거·미래·현재라는 세 장의 사진을 놓고, 이들 간의 복잡한 관계를 탐구한다.(현재를 기록하고, 회귀와 진보의 세 사진을 탐구, 나열, 상호관계)
4) **종합** : 내면의 목소리에 귀를 기울이고, 자기에게 주어진 현재의 의미를 자문한다.(내면의 목소리, 나는 누구인가?, 나는 함께 놓여있다.)

정답 ④

36 다음 대화에서 추론할 수 있는 교사와 교장의 교육과정 실행에 대한 관점을 옳게 연결한 것은?

■ 10 초등

> 김 교사 : 국가가 정한 교육과정에 얽매이기보다는 교사가 창의적으로 교육내용을 만들어서 가르치는 것이 중요하다고 봐요. 교육과정은 교사와 학생이 함께 만들어가는 교육 경험이라 할 수 있잖아요.
> 이 교장 : 글쎄요. 국가 교육과정은 전국적인 교육의 질을 보장하기 위하여 공통된 내용을 정하여 실시하는 교육계획이지요. 그렇다면 교사가 수업을 임의로 해서는 안 되고, 당초 국가 교육과정에서 정한 목표와 내용을 중심으로 가르쳐야지요.
> 박 교사 : 두 분 말씀은 알겠는데요. 교육과정을 실제로 운영하는 것은 복잡한 일입니다. 국가 교육과정뿐만 아니라 교실 상황, 학습자 수준, 교사의 요구도 함께 고려해야죠. 교육과정 개발자와 사용자 간의 의견 조정도 중요하다고 봐요.

	김 교사	이 교장	박 교사
①	형성(생성) 관점	충실성 관점	상호적응 관점
②	형성(생성) 관점	상호적응 관점	충실성 관점
③	충실성 관점	상호적응 관점	형성(생성) 관점
④	충실성 관점	형성(생성) 관점	상호적응 관점
⑤	상호적응 관점	충실성 관점	형성(생성) 관점

- 김 교사 : 교육과정은 교사와 학생이 함께 만들어가는 교육경험이라 할 수 있잖아요. → 생성형
- 이 교장 : 교사가 수업을 임의로 해서는 안 되고, 당초 국가 교육과정에서 정한 목표와 내용을 중심으로 가르쳐야지요. → 충실성
- 박 교사 : 국가 교육과정뿐만 아니라 교실 상황, 학습자 수준, 교사의 요구도 함께 고려해야죠. → 상호적응

 정답 ①

37 방과 후 학교 프로그램을 평가하는 데 참여한 각각의 교사들이 선호하는 교육평가 모형을 가장 적절하게 짝지은 것은?

■ 11 초등

> 김 교사 : 목표 달성 여부를 확인하기 위해 프로그램에 참여한 학생들의 학업성취도를 평가하는 것이 좋겠습니다.
> 이 교사 : 제 생각에는 평가의 주된 목적은 프로그램 개선을 위한 의사결정을 돕는 데 있다고 봅니다. 이를 위해서는 상황, 투입, 과정, 산출의 네 가지 측면에서 프로그램을 평가하는 것이 좋다고 생각합니다.
> 박 교사 : 저는 프로그램의 부수적인 효과까지 평가 항목에 포함해 분석하는 것이 더 좋다고 생각합니다. 목표 달성에는 실패했지만 부수적인 효과가 큰 경우 그 프로그램을 계속 채택할 수 있기 때문입니다.

	김 교사	이 교사	박 교사
①	타일러(Tyler) 모형	스테이크(Stake) 모형	스터플빔(Stufflebeam)모형
②	타일러 모형	스터플빔 모형	스크리븐(Scriven) 모형
③	타일러 모형	스크리븐 모형	스테이크 모형
④	스테이크 모형	스크리븐 모형	타일러 모형
⑤	스테이크 모형	타일러 모형	스크리븐 모형

목표 달성 여부 확인은 타일러, 의사결정을 돕는 평가는 스터플빔 모형, 부수적인 효과의 평가는 스크리븐의 모형이다.

 ②

38 다음과 같은 단계로 진행되는 교육 프로그램 평가모형으로 가장 적절한 것은?

■ 13 중등

> • 1단계 : 학교의 교육목표를 설정한다.
> • 2단계 : 설정된 교육목표를 분류한다.
> • 3단계 : 분류된 교육목표를 행동적 용어로 진술한다.
> • 4단계 : 교육목표의 달성여부를 확인할 수 있는 장면이나 조건을 설정한다.
> • 5단계 : 측정방법 및 도구를 선정 또는 개발한다.
> • 6단계 : 측정을 통하여 자료를 수집한다.
> • 7단계 : 수집된 자료를 분석하여 학생의 성취를 행동목표와 비교한다.

① 스테이크(R. Stake)의 반응적 평가(responsive evaluation) 모형
② 타일러(R. Tyler)의 목표중심 평가(objective-oriented evaluation) 모형
③ 스크리븐(M. Scriven)의 탈목표 평가(goal-free evaluation) 모형
④ 구바와 링컨(E. Guba & Y. Lincoln)의 자연주의적 평가(naturalistic evaluation) 모형
⑤ 팔렛과 해밀턴(M. Parlett & D. Hamilton)의 조명적 평가(illuminative evaluation) 모형

교육목표를 행동적 용어로 진술하고 측정방법 및 도구를 선정 또는 개발하는 과정은 타일러의 목표중심 평가모형에 해당한다.

정답 ②

39 다음에서 김 교사가 동료교사들과 개발한 교육과정의 유형으로 가장 적절한 것은? ■ 13 중등

> 사회과 김 교사는 남대천이 흐르는 도시의 어느 중학교에서 근무하고 있다. 김 교사, 주민, 그리고 학생들은 지역사회의 가장 큰 문제가 남대천의 잦은 범람이라는 데 생각을 같이하고 있다. 김 교사는 과학과, 기술·가정과 교사와 협력하여 '남대천의 범람'을 주제로 한 교육과정을 개발하여 '창의적 체험활동' 시간에 운영하기로 하였다. 김 교사는 남대천의 범람 원인과 지역사회의 피해 정도를 세부 주제로 그 교육과정 전체의 핵심이 되는 한 개의 과정을 설계하였다. 그리고 과학과와 기술·가정과 교사는 지구 온난화가 환경에 미치는 영향, 범람을 막기 위해 실천 가능한 방안과 소요 비용 산출, 방안 실천 시 기술·과학적 고려사항 등을 세부 주제로 '주변과정' 5가지를 설계하였다.

① 분과 교육과정 ② 생성 교육과정
③ 중핵 교육과정 ④ 나선형 교육과정
⑤ 잠재적 교육과정

 중핵 교육과정은 핵심주제와 여러 주변 주제로 이루어진 교육과정을 말한다.

정답 ③

40

다음은 스킬벡(M. Skilbeck)의 모형(SBCD)에 따른 학교 교육과정 개발의 단계와 내용이다. (가)~(다)에 대한 설명으로 옳은 것만을 〈보기〉에서 있는 대로 고른 것은?   ■ 13 중등

단계	내용
상황 분석	(가)

목표 설정	• 교육과정 운영 목표 설정
	  - 전년 대비 학업 성취도 2% 향상
	                            (하략)

프로그램 구성	(나)

(다)	• 변화된 교육과정에 따라 야기되는 문제점 예측
	  - 교과교실제 확대에 따른 교실 2개 부족
	                            (하략)

모니터링, 피드백,
평가, 재구성
	• 모니터링 및 평가 체제 설계
	  - 교육과정 평가 일정 준비
	                            (하략)

┤보기├
ㄱ. (가)에서는 교육정책과 학교풍토에 대한 분석이 이루어진다.
ㄴ. (나)에서는 교수·학습 활동에 대한 설계가 이루어진다.
ㄷ. (나)에서는 교사배제 교육과정(teacher-proof curriculum)의 아이디어를 실현하기 위한 활동이 수행된다.
ㄹ. (다)는 '해석과 실행' 단계에 해당한다.

① ㄱ, ㄴ   ② ㄱ, ㄷ   ③ ㄷ, ㄹ
④ ㄱ, ㄴ, ㄹ   ⑤ ㄴ, ㄷ, ㄹ

스킬벡(Skilbeck)의 모형의 5단계
1) 상황 분석(analyse the situation)
　① 외적 요인으로는 문화적·사회적 변화, 학부모 요구 및 기대, 지역사회의 가치, 부모와 자녀간 관계의 변화, 이데올로기, 교과 성격의 변화 등이다.
　② 내적 요인으로는 학생의 적성, 능력, 교육적 요구와 교사의 가치, 태도, 기능, 지식, 경험, 강점 및 약점, 역할, 학교 풍토 및 정치적인 구조 등이다.
2) 목표 설정(define objectives)
3) 프로그램 구성(design the teaching-learning programme)
4) 해석과 실행(interpret and implement the programme)
5) 모니터링·피드백·평가·재구성(assess and evaluate)

🔒정답 ④

41 스킬벡(M. Skilbeck)이 제안한 학교 중심 교육과정 개발모형의 특성이라 할 수 없는 것은?

① 교육과정 개발에서 강령(platform)을 중요한 요소로 삼는다.　　■ 07 초등
② 교육과정 개발의 과정은 지속적이고 역동적인 성격을 지닌다.
③ 교육과정 개발은 학교 현실이나 상황에 기초하여 이루어진다.
④ 상황 분석 단계에서는 상황 구성의 내·외적 요인을 분석한다.

교육과정 개발에서 강령(platform)을 중요한 요소로 삼는 것은 워커의 숙의모형이다.

정답 ①

42 〈보기〉는 위긴스와 맥타이(G. Wiggins & J. McTighe)의 백워드 설계(Backward Design)에서 학교교육의 목표가 되는 6가지 이해에 관한 진술이다. (가) 가장 낮은 수준의 이해와 (나) 가장 높은 수준의 이해를 바르게 짝지은 것은?　　■ 12 중등

보기
ㄱ. 비판적이고 통찰력 있는 견해(관점)
ㄴ. 의미를 제공하는 서술이나 번역(해석)
ㄷ. 타인의 감정과 세계관을 수용할 수 있는 능력(공감)
ㄹ. 지식을 새로운 상황이나 다양한 맥락에 효과적으로 사용하는 능력(적용)
ㅁ. 사건과 아이디어들을 '왜' 그리고 '어떻게'를 중심으로 서술하는 능력(설명)
ㅂ. 자신의 무지를 아는 지혜 혹은 자신의 사고와 행위를 반성할 수 있는 능력(자기지식)

	(가)	(나)		(가)	(나)
①	ㄴ	ㄱ	②	ㄴ	ㄷ
③	ㄹ	ㅂ	④	ㅁ	ㄷ
⑤	ㅁ	ㅂ			

(가) 가장 낮은 수준의 이해는 설명, (나) 가장 높은 수준의 이해는 자기지식이다.

정답 ⑤

43 교육과정 개발과 운영에 관한 현장연구(action research)의 특징에 대한 설명으로 가장 적절한 것은? ▪ 05 중등

① 교육과정 개발에서 질적 연구방법보다는 양적 연구방법에 더 큰 비중을 둔다.
② 교사는 교육학자의 이론을 교육과정 운영의 원리로 수용하고 그대로 교육현장에 적용한다.
③ 행위를 통한 성찰에 근거하여 교육과정 운영상의 특수한 문제 해결에 관심을 둔다.
④ 비판적 연구와 경험과학적 연구를 통합하여 교육과정 개발의 보편적 법칙을 발견한다.

① 교육과정 개발에서 질적 연구에 더 큰 비중을 둔다.
② 교사는 교육학자의 이론을 그대로 적용하지 않고 현장(실제)을 반영한다.
④ 보편적 법칙보다 현장(실제)을 반영한다.

정답 ③

44 포스트모더니즘(postmodernism) 교육과정 이론에 가장 부합되는 교사의 활동은? ▪ 05 중등

① 객관적이고 보편적인 지식을 교육내용으로 가르친다.
② 중앙집권형 교육과정 개발의 이론적 근거를 정당화한다.
③ 수업시간에 문화적 다원주의 또는 상대주의를 강조한다.
④ 현대의 과학적 관리이론을 적용하여 인적 자원을 효율적으로 개발한다.

보편, 이론, 과학적 관리는 모더니즘에서 강조한다.

정답 ③

45 '생성(emerging)' 교육과정의 특징을 가장 잘 설명한 것은? ▪ 08 초등

① 학교에서 사회의 직업적 수요와 기업의 주문에 따라 제작하는 교육과정
② 학생의 요구를 중심으로 교사와 학생이 협력하여 구성하고 실천하는 교육과정
③ 교사가 유기체의 탄생, 성장, 성숙, 쇠퇴 소멸의 주기에 따라 개발하는 교육과정
④ 국가에서 정치 이데올로기를 학생들의 의식 속에 내면화시키기 위해 수립하는 교육과정

생성형 교육과정은 교사와 학생이 함께 만들어가는 교육과정이다.

정답 ②

46 학년 간 교육내용의 반복성을 강조하는 교육과정 조직의 원리는? ▪ 05 초등

① 통합성　　　　　　　　　② 균형성
③ 계속성　　　　　　　　　④ 계열성

학년 간 교육내용의 반복성을 강조하는 교육과정 조직의 원리는 계속성이다.

정답 ③

47 다음은 4~5학년 과학과 교육과정의 일부를 예시한 것이다. 이에 관한 세 교사의 대화와 교육내용 조직 원리를 가장 적절하게 짝지은 것은? ▪ 11 초등

(4학년)	(5학년)
• 식물의 생김새와 특징 알아보기 • 식물이 사는 곳에 따른 생김새와 생활 방식 알아보기 • 비슷한 특징을 가진 식물끼리 묶어 보기	• 뿌리의 기능 알아보기 • 물관을 통한 물의 이동 실험하기 • 증산작용 실험하기 • 광합성의 산물 알아보기

박 교사 : 4~5학년에는 식물이라는 주제가 반복적으로 등장하도록 조직되어 있네요.
이 교사 : 4학년은 식물의 겉모습에 초점을 두고 있는데, 5학년은 식물의 구조와 기능으로 심화되는 내용으로 조직되어 있네요.
노 교사 : 5학년의 식물이라는 주제를 실과의 '꽃 가꾸기'와 하나로 묶어 조직하는 것도 좋을 것 같네요.

	박 교사	이 교사	노 교사
①	계속성	계열성	통합성
②	계속성	통합성	계열성
③	계열성	계속성	통합성
④	통합성	계속성	계열성
⑤	통합성	계열성	계속성

박 교사는 반복으로 계속성, 이 교사는 심화되는 내용으로 계열성, 노 교사는 하나로 묶어 조직하므로 통합성이다.

정답 ①

48
다음은 교사들이 교육과정 설계에 관하여 문제를 제기한 것이다. 이를 해결하기 위한 가장 적합한 전략을 올바르게 짝지은 것은?

■ 11 중등

> 김 교사 : 시(詩) 수업에서의 행동목표는 너무 구체적이고 명세적이기 때문에 문학의 의미를 가르치는 데 많은 한계가 있다.
> 이 교사 : 중학교 3년 동안 배워야 할 교과목 수가 너무 많아 학생들의 학습 부담이 크다.
> 박 교사 : 어떤 교과목은 중학교 3학년과 고등학교 1학년 간의 교육내용 수준의 차가 크다.
> 최 교사 : 내가 가르치고 있는 교과목의 내용이 너무 분과적이고 중복이 심하다.

	김 교사	이 교사	박 교사	최 교사
①	학습과제분석	계열(sequence)조정	연계적 조직	통합
②	표현목표설정	범위(scope)조정	연계적 조직	통합
③	표현목표설정	계열(sequence)조정	중핵적 조직	압축
④	문제해결목표설정	범위(scope)조정	중핵적 조직	통합
⑤	문제해결목표설정	계열(sequence)조정	연계적 조직	압축

- 김 교사 : 표현목표(표현적 결과)
- 이 교사 : 범위
- 박 교사 : (수직적)연계성
- 최 교사 : 통합

정답 ②

49
교육과정을 지방 자치적으로 운영하던 나라들이 국가 수준의 교육과정기준(National Standards) 또는 국가 교육과정(National Curriculum)을 채택하게 된 이유와 가장 거리가 먼 것은?

■ 02 중등

① 교사의 전문성과 자율성을 향상시킬 수 있다.
② 교육의 책무성 강화를 통해 국가 경쟁력을 높일 수 있다.
③ 지역 교육과정 개발을 위한 비용과 시간을 절감할 수 있다.
④ 학생의 거주지 이동에 관계없이 교육의 계속성을 보장할 수 있다.

교사의 전문성과 자율성을 향상시킬 수 있는 것은 학교 수준 교육과정과 관련이 높은 설명이다. 국가 수준의 교육과정은 일관된 교육과정으로 인하여 교사의 전문성과 자율성을 저해할 수 있다.

지방 자치적인 교육 운영에서 국가 수준의 교육과정으로 전환된 이유
1) **일관성 및 공정성** : 모든 학생들에게 동일한 교육을 제공하여 교육의 질을 보장하고 일관성을 높이며, 기본 교육수준을 유지하여 지역 간 교육 격차를 감소
2) **자원 배분의 효율성** : 국가 수준 교육과정시 정책 결정과 자원 배분이 효율적으로 이루어짐
3) **국가경쟁력** : 높은 수준의 교육기준을 마련하는 등 교육의 책무성을 강화하여 국가경쟁력 성장시킴

정답 ①

50 제7차 교육과정에서는 단위학교에서 학교 교육과정을 편성·운영하도록 하고 있다. 이에 따라 변화될 학교 교육의 모습으로 가장 적절하지 않은 것은? ■ 02 중등
① 교육과정 전문가로서 교사의 역할이 강화된다.
② 학교의 특성을 충분히 살려 다양한 교육을 실천할 수 있다.
③ 교사, 교과서 중심의 교육이 학생, 교육과정 중심의 교육으로 전환하게 된다.
④ 학교는 국가 교육과정의 틀과 통제에서 벗어나 교육과정을 자율적으로 운영할 수 있다.

학교는 국가수준 및 지역수준의 교육과정운 지침에 따라 편성·운영할 수 있다.

정답 ④

51 우리나라에서 '시·도 교육청 교육과정 편성·운영지침' 작성권이 시·도 교육청에 부여된 시기는 언제부터인가? ■ 02 중등
① 제3차 교육과정기   ② 제4차 교육과정기
③ 제6차 교육과정기   ④ 제7차 교육과정기

'시·도 교육청 교육과정 편성·운영지침' 작성권이 시·도 교육청에 부여된 시기는 제6차이다.

정답 ③

52 시기별 교육과정의 특징에 대한 설명으로 바르지 않은 것은? ■ 06 초등
① 제2차 교육과정은 '경험 중심 교육과정'을 표방하였다.
② 제3차 교육과정은 '인간 중심 교육과정'을 표방하였다.
③ 제6차 교육과정은 '교육과정 결정의 분권화'를 표방하였다.
④ 제7차 교육과정은 '학생 중심 교육과정'을 표방하였다.

제3차 교육과정은 '학문 중심 교육과정'을 표방하였다.

정답 ②

53 다음에서 알 수 있는 우리나라 교육과정 변천과정의 경향은? ■ 04 초등

- 초등학교 사회과에서 지역별 교과서를 개발하도록 하고 있다.
- 시·도 교육청에 교육과정 편성·운영 지침 작성권을 부여하고 있다.
- 학교의 실정이나 학생의 요구에 따른 교육과정을 편성·운영할 수 있도록 하고 있다.

① 교육과정 결정의 분권화
② 교육과정 결정의 구조화
③ 교육과정 결정의 표준화
④ 교육과정 결정의 집중화

제시문은 교육과정 결정의 분권화에 대한 내용이다. 교육과정 분권화는 교육과정의 설계와 운영 권한을 중앙 정부에서 지역 교육청이나 개별 학교로 이양하는 과정이다. 이를 통해 지역적 특성을 반영하고 더욱 학생 중심의 교육으로 나아갈 수 있다. 또한 교육과정에 교사들이 참여하게 되면서 교사 전문성을 활용하여 현장 경험이 반영된 교육과정을 만들어 갈 수 있다.

정답 ①

Ⅱ 교육심리

01 다음은 삐아제(J. Piaget) 이론의 인지발달 기제와 관련된 예화이다. ㉠, ㉡, ㉢에 해당되는 개념을 바르게 나열한 것은? ■ 05 중등

> 현아는 모둠 학습과제를 위해 디지털 카메라를 꺼내어 작동시켜 보았더니 고장이 나 있었다. 그래서 어머니께서 빌려다 주신 것을 사용하게 되었다. ㉠ <u>낯선 제품이었지만 평소 자기의 카메라를 다루던 방식으로 전원 스위치를 눌렀더니 작동이 되었다.</u> 그러나 ㉡ <u>풍경모드로 전환하는 방식이 예전의 자기 것과는 달라 당황스러웠다.</u> 현아는 ㉢ <u>기능 버튼을 이리저리 눌러 보고 새로운 제품의 사용방법을 익혔다.</u> 그 결과 그 제품을 자유로이 다룰 수 있게 되었다.

	㉠	㉡	㉢		㉠	㉡	㉢
①	도식	조절	동화	②	조절	동화	도식
③	동화	비평형화	조절	④	조절	비평형화	동화

㉠ 동화 : 자신의 기존 도식에 맞추어 새로운 지식이나 정보를 수용하는 것
㉡ 비평형화 : 인지적 갈등
㉢ 조절 : 자신의 기존 도식을 새로운 지식이나 정보에 부합되도록 변화시키는 것

 ③

02 비고츠키(L. Vygotsky)의 관점에 부합하지 않는 것은? ■ 05 초등
① 언어가 사고를 발달시키기보다는 사고가 언어 발달을 촉진한다.
② 교사의 역할은 역동적 평가를 통해 학습 잠재력을 확인하는 일이다.
③ 교사는 협력적인 학습 환경을 조성함으로써 아동의 학습을 촉진할 수 있다.
④ 아동의 인지 발달은 더 성숙하고 유능한 사람과의 상호작용을 통해 촉진될 수 있다.

비고츠키는 언어발달이 인지를 발달시킨다고 보았다. 따라서 혼잣말을 긍정적으로 본 것이다. 피아제는 인지발달 후 언어발달이 이루어진다고 보았다

 ①

03 〈보기〉에서 비고츠키(L. Vygotsky)의 견해와 부합하는 것을 고르면? ■ 08 초등

| 보기 |
가. 적절한 학습이 발달을 촉진한다.
나. 언어가 사고발달을 촉진하기보다는 사고가 언어발달을 촉진한다.
다. 아동은 혼자서 세계에 대한 폭넓은 이해를 구성하는 '작은 과학자'이다.
라. 아동의 인지발달을 위해 성인이나 유능한 또래와의 협동적인 상호작용이 중요하다.

① 가, 다 ② 가, 라
③ 나, 다 ④ 나, 라

'나'와 '다'는 피아제의 견해에 해당한다.

 ②

04 프로이드(Freud)의 심리성적(心理性的) 발달이론과 에릭슨(Erikson)의 심리사회적(心理社會的) 발달이론에서는 원만한 성격 발달을 위하여 성장과정에서 어떤 경험을 많이 해야 한다고 보는가? ■ 02 중등

① 여러 가지 욕구가 적절하게 충족되어야 한다.
② 무엇이든 스스로 할 기회를 많이 가져야 한다.
③ 유아기 때부터 생활 습관이 잘 형성되어야 한다.
④ 좋지 못한 행동을 했을 때에는 벌을 받아야 한다.

프로이드(Freud)는 각 단계에서 아동이 성적 쾌감을 충분히 느끼지 못하여 욕구불만이 생기거나 지나치게 몰두하면 고착(fixation) 현상을 일으켜 다음 단계로 순조롭게 발달이 이루어지지 못한다고 보았다. 에릭슨(Erikson)은 점진적 분화의 원리에 따라 발달이 선천적으로 예정된 시점에 따라 이루어지며 각 단계에는 심리사회적 위기(psycho-social crisis)가 있으며, 각 단계의 위기를 성공적으로 해결했을 때 성격 발달이 제대로 이루어진다고 보았다.

 ①

05 에릭슨(Erikson)의 심리사회적 발달이론 중, 각 단계에서 직면하는 위기와 단계별로 획득해야 할 기본 덕목이 올바르게 연결된 것은?
■ 03 중등

	발달 단계	위기(적응적·부적응적 대처양식)	기본 덕목
①	영아기	주드성 대 죄책감	능력
②	유(幼)아기	신뢰감 대 불신감	의지력
③	청년기	자아정체감 대 역할혼미	충성심
④	성인기	생산성 대 자아통정	지혜

 해설

심리사회적 위기	연령	주요 사회관계	주요 특징	바람직한 결과
신뢰 대 불신	출생~18개월	어머니	유아는 일관성 있는 양육자에 대한 사랑과 신뢰감을 형성하며 양육자의 거부적 태도는 불신감을 발달시킨다.	신뢰 희망
자율성 대 수치 및 의심	18개월~3세	부모	걷기, 잡기 등 통제를 포함하는 신체적 기술의 발달이 이루어지도록 허용하고 격려할 때 자율성이 발달한다. 도움이 부족하거나 과잉보호하는 것은 자신의 능력에 의심을 갖게 하여 수치심이 형성된다.	의지
주도성 대 죄의식	3~6세	이웃, 학교	탐색할 수 있는 자유를 허용하고 아동의 질문에 충실히 답해줄 때 주도성이 발달한다. 아동의 활동을 제한하거나 간섭하고 질문에 불성실하게 대하면 죄의식이 형성된다.	목적 의도
근면성 대 열등감	6~12세	이웃, 학교	새로운 것을 학습할 기회를 부여하고, 성취한 것에 대한 인정을 받으면 근면성이 발달한다. 성취할 기회를 갖지 못하거나 결과에 대해 비난을 받으면 열등감이 형성된다.	유능감
정체감 대 역할혼미	청년기	또래집단, 리더십 모델	자신의 존재, 가치에 대한 인식이 정체감을 발달시킨다. 신체적 불안감, 성 역할과 직업선택의 불안정은 역할혼미를 초래한다.	성실 충성
친밀성 대 고립	성인 전기	친구, 연인, 회사동료	타인과 친밀한 인간관계를 유지하는 능력을 발달시킨다. 친밀한 관계 형성에 실패하면 고립감을 느끼게 된다.	사랑
생산성 대 침체	성인 중기	노동 분화와 가사 분담	자녀나 다음 세대의 지도과정에 참여하여 타인과 사회를 위해 노력할 때 생산성이 발달한다. 이러한 활동에 참여하지 못할 때 침체감에 빠진다.	배려
통합성 대 절망	노년기	인류	자신의 인생이 만족스러웠다고 회상하고, 있는 그대로의 자신을 수용하고, 인생에 대한 관조를 할 수 있을 때 통합성이 형성된다. 인생을 후회하고 죽음을 두려워할 때 절망감에 빠진다.	지혜

🔒 정답 ③

06 에릭슨(E. Erikson)의 자아 정체감(ego-identity) 발달에 관한 견해 중 옳은 것은? ■ 04 중등
① 정체감 확립은 아동기의 중요한 발달과업이다.
② 정체감은 삶을 완성하고 회고하는 단계에서 확립될 수 있다.
③ 심리적 유예기는 정체감 형성을 위해 대안적인 탐색을 계속 진행하는 시기이다.
④ 정체감 확립은 부모나 교사의 권유에 따라 자신의 진로나 역할 방향을 성급히 선택한 상태이다.

① 정체감 확립은 청소년기의 중요한 발달과업이다.
② 통합성은 삶을 완성하고 회고하는 단계에서 확립될 수 있다.
④ 정체감 확립은 자신의 진로나 역할 방향을 주체적으로 선택한 상태이다.

🔒 정답 ③

07 마샤(J. Marcia)가 제시한 청소년기의 정체감 상태 중에서 〈보기〉에 해당하는 것은? ■ 05 초등

┤보기├
• 정체감 위기를 경험하지 못했다.
• 삶에 대한 방향감이 결여되어 있다.
• 어떤 일을 하더라도 왜 하는지 모른다.
• 타인들이 어떤 일을 왜 하는지에 관심이 없다.

① 정체감 혼미　　　　　② 정체감 유실
③ 정체감 유지　　　　　④ 정체감 확립

정체감 혼미 : 삶의 방향성이 결여되어 있는 상태

🔒 정답 ①

08 〈보기〉는 콜버그(L. Kohlberg)의 도덕발달 단계 중 일부 단계의 도덕적 판단 근거를 기술한 것이다. 발달 순서대로 바르게 나열한 것은? ■ 06 중등

┤보기├
ㄱ. 물질적 보상과 벌　　　ㄴ. 타인의 칭찬과 인정
ㄷ. 사회적 관습과 법　　　ㄹ. 보편적 도덕원리와 양심

① ㄱ-ㄴ-ㄷ-ㄹ　　　　　② ㄱ-ㄷ-ㄴ-ㄹ
③ ㄷ-ㄱ-ㄴ-ㄹ　　　　　④ ㄷ-ㄴ-ㄱ-ㄹ

ㄱ. 물질적 보상과 벌 → ㄴ. 타인의 칭찬과 인정 → ㄷ. 사회적 관습과 법 → ㄹ. 보편적 도덕원리와 양심

정답 ①

09 다음은 조작적 조건형성을 위한 방법을 제시한 것이다. '라'에 해당하는 조건형성의 예를 적절히 기술한 것은?

■ 04 초등

강화자극		자극의 성질	
		유쾌	불쾌
제시 방식	제시	가	나
	제거	다	라

① 숙제를 다하면 나가서 놀게 한다.
② 관심을 끌려는 행동을 모른 체 한다.
③ 소란을 피울 때 자유시간을 박탈한다.
④ 착한 일을 할 때 교실청소를 면제한다.

 착한 일을 할 때 교실청소(불쾌)를 면제(제거)한다.
① '가'에 해당한다.
② '나'에 해당한다.
③ '다'에 해당한다.

정답 ④

10 다음과 같은 강화계획의 유형은?

■ 04 중등

> 스티커 10장을 모으면 환경왕 메달을 수여하기로 하고, 교실 바닥의 쓰레기를 줍거나 거울을 닦는 등 환경 미화를 위한 바람직한 행동을 한 번 할 때마다 스티커를 하나씩 주었다.

① 고정비율   ② 고정간격
③ 변동간격   ④ 변동비율

• 스티커 10장 : 비율
• 바람직한 행동을 한 번 할 때마다 : 고정

정답 ①

11 영희는 수학시간에 5개의 문제를 잘 풀어 담임선생님으로부터 칭찬을 받았고, 국어시간에도 3개의 문제를 잘 풀어 담임선생님으로부터 칭찬을 받았다. 영희의 담임선생님이 사용한 강화계획은?
■ 01 초등

① 고정비율강화 ② 변동비율강화
③ 고정간격강화 ④ 변동간격강화

해설
수학시간에 5개 칭찬, 국어시간 3개 칭찬 : 변동횟수(비율)

정답 ②

12 놀기를 좋아하고 수학공부를 싫어하는 민지에게 어머니께서는 "수학 공부를 2시간 하면, 1시간 놀 수 있도록 해 주겠다."고 말씀하셨다. 민지의 어머니가 적용한 강화 기법은?
■ 06 중등

① 비율 강화 ② 사회적 강화
③ 행동 연쇄법 ④ 프리맥 원리(Premack)

해설
프리맥(Premack)의 원리 : 학습자에게 빈번하게 발생하는 행동이 상대적으로 덜 빈번하게 일어나는 행동의 빈도를 증가시키기 위한 강화물로 사용될 수 있다는 것을 의미한다.
예 독서를 싫어하는 아이에게 독서를 하면 좋아하는 축구를 하게 해 주겠다고 한다.

정답 ④

13 〈보기〉에서 사회학습이론(social learning theory)에 기초한 것끼리 묶인 것은?
■ 08 중등

| 보기 |
| ㄱ. 통찰학습(insight learning) ㄴ. 관찰학습(observational learning) |
| ㄷ. 프로그램학습(programmed learning) ㄹ. 자기조절학습(self-regulated learning) |

① ㄱ, ㄴ ② ㄴ, ㄷ
③ ㄴ, ㄹ ④ ㄷ, ㄹ

해설
ㄱ. 통찰학습은 인지주의 학습이론과 관련 있다.
ㄷ. 프로그램학습은 학습자가 스스로 학습할 수 있도록 설계된 체계적인 학습 방법론으로 주로 행동주의 학습이론에 기반을 두고 있다.

사회학습이론의 주요 개념
1) 모델링 : 특정행동을 관찰하고 흉내내는 과정
2) 대리적 조건 형성 : 다른 사람의 행동에 제공되는 강화와 벌을 관찰하고, 그 행동의 빈도 정도가 형성되는 과정
3) 관찰학습 : 타인이나 주변에 일어나는 일에 선택 주의집중하여 정보와 기술을 획득하는 과정
   • 관찰학습 단계 : 주의집중 – 파지 – 재생(운동) – 동기화
4) 자기효능감 : 과제를 성공적으로 수행하는 데 요구되는 개인의 능력에 대한 자신의 판단 또는 신념
   • 자기효능감 요인 : 성공경험, 모델링, 사회적 설득, 심리적 상태
5) 자기조절 : 학습자가 스스로 설정한 목표를 달성하기 위해 체계적으로 인지, 행동정서를 조절하고 유지하는 과정
   • 자기조절 단계 : 자기관찰, 자기판단, 자기반응

정답 ③

14 다음은 반두라(A. Bandura)의 관찰학습 과정에 관한 모형도이다. 이를 한 학생이 연예인의 행동을 모방하게 되는 과정에 적용해 볼 때, B 단계에 해당되는 설명은?   ▪ 05 중등

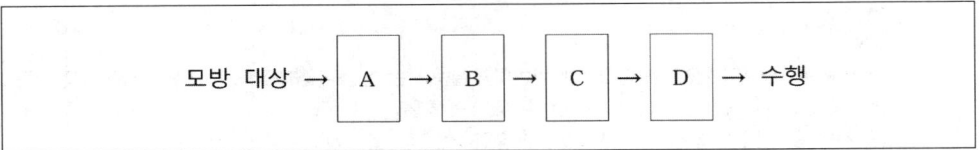

① 연예인의 행동을 상징적 기호로 저장한다.
② 연예인의 독특하고 재미있는 표정이나 몸짓에 주의를 기울인다.
③ 연예인의 행동과 같아지기 위해 연습을 반복하고, 자기의 행동을 스스로 관찰한다.
④ 관찰을 통해 기억된 연예인의 행동을 친구들 앞에서 해 본 후 칭찬을 받는다.

해설
관찰학습 단계는 주의집중 – 파지 – 재생(운동) – 동기화 순서로 B는 파지이다. 행동을 상징적 기호로 저장하는 것이 파지에 해당한다.
② 주의집중(A)에 해당한다.
③ 재생(C)에 해당한다.
④ 동기화(D)에 해당한다.

정답 ①

15 다음 그래프는 톨만(E. Tolman)이 실시한 미로학습 실험에서 보상의 유형에 따른 과제의 수행 결과를 나타낸 것이다. 그래프를 바르게 해석한 것은?

■ 07 중등

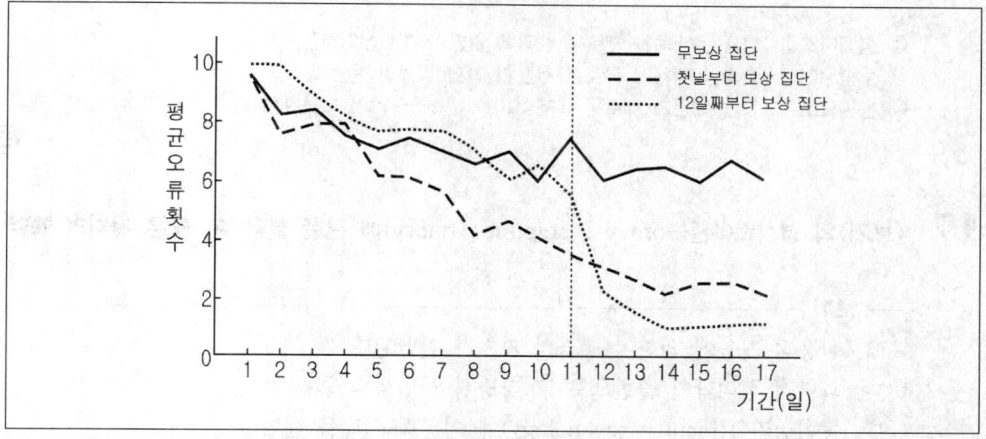

① 과제의 수행 정도는 보상과 아무런 관계가 없다.
② 과제의 수행 정도는 보상의 양에 비례하여 상승한다.
③ 보상을 받지 않아도 과제의 학습은 어느 정도 일어난다.
④ 보상을 철회하면 과제의 학습에 부정적인 영향을 미친다.

보상을 받지 않아도 과제의 학습은 어느 정도 일어난다.

정답 ③

16 〈보기〉에 나타난 최교사의 견해와 가장 일치하는 것은?

■ 06 중등

| 보기 |
| 진 영 : 학교에서는 실생활에 도움도 되지 않는 수학을 왜 그렇게 많이 가르치지요?
최교사 : 수학공부가 당장 쓸모는 없어 보여도 논리력을 길러주어 그 능력을 장래 여러 가지 일에 발휘할 수 있게 해주기 때문이지. 마치 운동을 열심히 하면 근력이 길러져서 힘든 일을 더 잘 할 수 있는 것과 같은 이치지.

① 형태이조설(transposition) ② 수평전이설(laternal transfer)
③ 형식도야설(formal discipline) ④ 동일요소설(identical elements)

형식도야설은 연습과 훈련을 통해 주의력, 기억력, 판단력, 상상력을 향상시킬 수 있고, 결국 지적인 인간을 형성시킬 수 있다고 주장한다.
① 형태이조설 : 학습된 내용을 새로운 상황에 일반화하여 전이하는 것
② 수평전이설 : 학습한 내용이 유사한 수준의 과제로 전이되는 것
④ 동일요소설 : 학습 내용과 새로운 과제 사이에 공통 요소가 많을수록 전이가 잘 이루어지는 것

 ③

17 〈보기〉의 형식도야론(Formal Discipline Theory)에 관한 설명 중, 옳은 것끼리 묶인 것은?

■ 05 중등

┤보기├
ㄱ. 실용적 기능에 의하여 교과의 가치가 판단된다.
ㄴ. 과학적 심리학의 출현으로 그 타당성이 입증되었다.
ㄷ. 능력심리학(faculty psychology)에 이론적 기반을 둔다.
ㄹ. 재미없고 어려운 교과를 힘들여 공부하는 이유를 정당화한다.

① ㄱ, ㄴ   ② ㄱ, ㄹ
③ ㄴ, ㄷ   ④ ㄷ, ㄹ

ㄱ. 형식도야론은 실용적 기능이 아닌 교과의 훈련적 가치를 중시한다.
ㄴ. 형식도야론은 능력심리학에 근거하여 주장되었다.

정답 ④

18 〈보기〉의 내용에 부합하는 학습 전기 이론은?

■ 08 초등

┤보기├
• 두 학습과제 간에 원리가 동일하거나 유사할 때 전이가 이루어진다.
• '지식의 구조'를 강조하는 브루너(J. S. Bruner) 등의 학문 중심 교육과정에서 지지되고 있다.
• 수중 30cm 깊이에 있는 표적 맞추기 실험을 했을 때 굴절의 원리를 배운 학생들이 배우지 않은 학생들보다 표적을 잘 맞추었다.

① 일반화설   ② 동일요소설
③ 형식도야설 ④ 형태이조설

일반화설은 선행학습에서 획득된 원리나 법칙을 후속 학습에 활용할 수 있을 때 전이가 일어난다고 주장하는 이론이다.

정답 ①

19 영희는 "시험칠 때 갑자기 배가 아팠어요."라고 시험점수가 낮은 이유를 부모님께 말씀드렸다. 영희의 말을 와이너(B. Weiner)의 귀인이론에 근거하여 원인의 소재, 안정성, 통제 가능성의 세 차원으로 설명할 때, 바르게 나열한 것은?

■ 06 초등

	원인의 소재	안정성	통제 가능성
①	내적	안정적	불가능
②	내적	불안정	불가능
③	외적	안정적	가 능
④	외적	불안정	가 능

- 배가 아픔 : 내적
- 배탈 : 불안정, 통제 불가능

 ②

20 다음 (가)와 (나)의 대화에서 최 교사가 활용하고 있는 동기유발 활동에 부합하는 동기이론으로 가장 적절한 것은?

■ 13 중등

(가) 은 미 : 선생님, 처음에는 역사가 재미있어서 열심히 했는데, 요즘에 배우는 고려 시대 내용은 재미도 없고 너무 어려운 것 같아요.
  최 교사 : 그래? 그런데 내가 생각하기로는 잘 하고 있는 것으로 보이는데……. 그리고 너는 고고학자가 꿈이잖아. 아마 지금 배우고 있는 고려 시대 내용은 너에게 중요하고 앞으로 도움이 많이 될 거야.
(나) 최 교사 : 미영아, 다음 주에 배울 6단원의 주제들이 조금 어렵긴 하지만, 이 중 어떤 주제를 언제 발표할지 정해서 알려 줄래?
  미 영 : 맞아요. 6단원 내용이 어려운 것 같아요. 하지만 해 볼 만한 것 같아요. 저는 6단원 중에서 '조선 시대의 통치 체제'에 대해 준비해서 발표할게요. 발표는 다음 주 수요일에 할게요.

	(가)	(나)
①	귀인이론	욕구위계이론
②	귀인이론	자기결정성이론
③	기대-가치이론	강화이론
④	기대-가치이론	욕구위계이론
⑤	기대-가치이론	자기결정성이론

(가) 최 교사 : 그래? 그런데 내가 생각하기로는 잘 하고 있는 것으로 보이는데……. 그리고 너는 고고학자가 꿈이잖아. 아마 지금 배우고 있는 고려 시대 내용은 너에게 중요하고 앞으로 도움이 많이 될 거야. → 기대-가치이론
(나) 미 영 : 맞아요. 6단원 내용이 어려운 것 같아요. 하지만 해 볼 만한 것 같아요. 저는 6단원 중에서 '조선시대의 통치 체제'에 대해 준비해서 발표할게요. 발표는 다음 주 수요일에 할게요. → 자기결정성이론

정답 ⑤

21 다음과 같은 견해에 가장 부합하는 학습동기 이론은? ■ 11 초등

- 학생들의 자율성, 유능감, 관계 유지 욕구를 자극하고 충족시키면 그들의 내재적 동기가 높아진다.
- 학생들은 자신이 외재적 보상을 받거나 처벌을 피하기 위해서가 아니라 자신의 의지에 의해 그러한 행동을 한다고 믿고 싶어 한다.
- 학생들은 과제 자체에 대한 흥미 때문에 특정한 과제를 수행하는 경우도 있지만, 외재적 보상 때문에 시작한 행동이 점차 내면화되어 결국 외재적 보상이 없어도 그러한 행동을 지속하는 경우가 많다.

① 귀인 이론
② 성취목표 이론
③ 욕구위계 이론
④ 자기효능감 이론
⑤ 자기결정성 이론

자기결정성 이론은 사람은 내적 동기를 통해 행동한다고 주장하여 인간의 동기와 행동을 이해하는 데 초점을 맞추고 있다. 자기결정성 이론에서 세 가지 기본 심리적 욕구는 자율성, 유능감, 관계성이라고 보고 있다.

정답 ⑤

22 동기의 성취목표이론에서는 목표를 수행목표(performance goal)와 학습목표(learning goal)로 구분한다. 〈보기〉에서 학습목표 지향적인 학생들의 특성만을 고르면? ■ 08 초등

보기
가. 실수를 했을 때 그것을 인정하지 않고 당황스러워 한다.
나. 어려운 과제에 직면했을 때 타인의 도움을 적극적으로 요청한다.
다. 실패했을 때 자신의 노력보다는 능력의 부족에서 그 원인을 찾는다.
라. 내재적 동기가 높으며, 도전적이고 의미있는 과제에 가치를 부여한다.

① 가, 다
② 가, 라
③ 나, 다
④ 나, 라

> 해설

'가'와 '다'는 수행목표 지향적인 학생들의 특성에 해당한다.

정답 ④

23 그림은 왼쪽 도형을 오른쪽 배경에서 찾아내는 수준에 따라 개인의 인지양식을 진단하는 '잠입도형검사(Embedded Figure Test)'의 예이다. 이 검사 점수가 높은 학생들의 인지양식에 맞추어 지도한 교사의 행동을 〈보기〉에서 고른 것은? ■ 10 초등

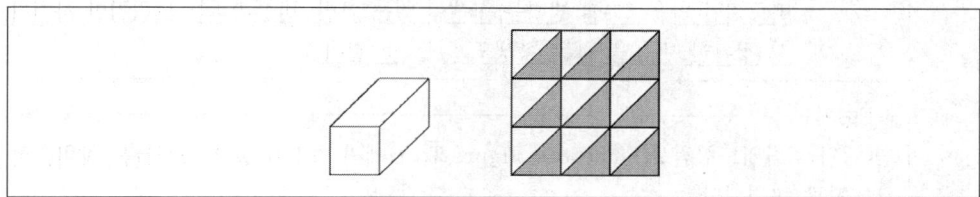

| 보기 |

ㄱ. 외적 보상을 통해서 동기를 유발하였다.
ㄴ. 안내와 시범 없이 스스로 수학문제를 풀도록 하였다.
ㄷ. 모둠별 활동보다 개인별 활동을 할 수 있도록 하였다.
ㄹ. 교사가 작성한 구조화된 표를 주고 암석의 종류를 비교해 보도록 하였다.

① ㄱ, ㄴ   ② ㄱ, ㄷ   ③ ㄱ, ㄹ
④ ㄴ, ㄷ   ⑤ ㄴ, ㄹ

> 해설

'잠입도형검사(Embedded Figure Test)'의 검사 점수가 높은 학생들의 인지양식은 장독립형으로 개인 목표를 통해 동기화되며 자신이 스스로 분석하고 문제를 푸는 것을 좋아한다.

정답 ④

24 장(場) 의존적 학습유형(learning style)을 가진 학습자의 특성과 거리가 먼 것은? ■ 07 초등

① 외부의 비판에 민감하게 반응한다.
② 사물을 분석적으로 지각하는 것을 선호한다.
③ 타인과의 상호작용이나 토론하기를 선호한다.
④ 대상을 요소로 분리하지 않고 전체로 지각한다.

> 해설

사물을 분석적으로 지각하는 것은 장 독립형이다.

정답 ②

25 다음 두 교사의 대화에서 (가)와 (나)의 내용에 부합하는 학습양식 이론에 대한 설명으로 옳은 것만을 〈보기〉에서 있는 대로 고른 것은?

■ 12 중등

> 강 교사 : 학생들마다 공부하는 방식에 차이가 있는 것 같아요. 어떤 사물을 지각할 때 (가) 그 사물의 배경이 되는 맥락의 영향을 많이 받고 배경과 요소들을 연결지어 지각하는 학생이 있는 데 반해 맥락의 영향을 별로 받지 않고 사물의 요소들을 분리하여 지각하는 학생이 있는 것 같아요.
> 윤 교사 : 강 선생님이 이야기한 학습양식의 차이 외에도 어떤 자극에 대한 (나) 반응속도가 빠르지만 반응오류를 범하는 학생이 있는 반면, 반응속도는 느리지만 사려가 깊어서 정확한 반응을 하는 학생도 있는 것 같아요.

┤보기├

ㄱ. (가) : 잠입도형검사(Embedded Figure Test)에서 점수가 높은 학생들은 장의존형 학습자로 판별된다.
ㄴ. (가) : 장독립형 학습자는 과제와 관련된 구체적인 상황이 주어지지 않아도 분석적 능력을 요구하는 학습과제를 잘 해결하는 경향이 있다.
ㄷ. (나) : 충동형과 반성형의 학습양식을 판별하는 방법으로 케이건(J. Kagan)의 같은 그림찾기(Matching Familiar Figure) 검사가 있다.
ㄹ. (나) : 충동형 학습양식을 반성형 학습양식으로 수정하기 위한 방법으로 매켄바움(D. Meichenbaum)의 자기교수법(self-instruction)이 있다.

① ㄱ, ㄴ   ② ㄱ, ㄹ   ③ ㄴ, ㄷ
④ ㄱ, ㄴ, ㄹ   ⑤ ㄴ, ㄷ, ㄹ

- 강 교사 : (가) 그 사물의 배경이 되는 맥락의 영향을 많이 받고 배경과 요소들을 연결지어 지각하는 학생이 있는 데 반해 → 장의존형 학습자 / 맥락의 영향을 별로 받지 않고 사물의 요소들을 분리하여 지각하는 학생이 있는 것 같아요. → 장독립형 학습자
- 윤 교사 : (나) 반응속도가 빠르지만 반응오류를 범하는 학생이 있는 반면 → 충동형 / 학습자 반응속도는 느리지만 사려가 깊어서 정확한 반응을 하는 학생도 있는 것 같아요. → 숙고형 학습자

 ⑤

26. 다음 세 교사의 견해에 근거가 되는 지능 이론가들을 올바르게 짝지은 것은? ■ 11 중등

> 최 교사 : 우리 반 영철이는 IQ가 높아서인지 공부를 참 잘해요. 과목별 점수로 봐도 영철이가 거의 전교 1, 2등이잖아요. 머리가 좋으니까 나중에 어떤 직업을 갖더라도 잘 할 거예요.
>
> 송 교사 : 우리 반 순희는 언어와 수리 교과는 잘 하지만, 음악이나 체육은 재능이 없어 보여요. 친구들하고 잘 어울리지도 못해요. 그런 것을 보면 지능이 높다고 뭐든 잘 하는 것 같지는 않아요. 그리고 공부뿐만 아니라 인간관계 능력이나 다른 것들도 지적 능력에 포함되는 것이 아닐까요? 결국, 영역별로 지적 능력이 따로 있는 것 같아요.
>
> 강 교사 : 영역별 지능도 중요하지만, 제 생각엔 지능이 한 가지 경로로만 발달하지는 않는 것 같아요. 기억력처럼 뇌 발달과 비례하는 능력들도 있지만, 언어이해력과 같은 것들은 문화적 환경과 경험에 의해 발달하잖아요.

	최 교사	송 교사	강 교사
①	스턴버그(R. Sternberg)	골만(D. Goleman)	카텔(R. Cattell)
②	스피어만(C. Spearman)	가드너(H. Gardner)	카텔(R. Cattell)
③	스피어만(C. Spearman)	가드너(H. Gardner)	길포드(J. Guilford)
④	스턴버그(R. Sternberg)	가드너(H. Gardner)	길포드(J. Guilford)
⑤	스피어만(C. Spearman)	골만(D. Goleman)	길포드(J. Guilford)

- 최 교사 : '머리가 좋으니까 나중에 어떤 직업을 갖더라도 잘 할 거예요.' → 스피어만(C. Spearman) 일반요인
- 송 교사 : '우리 반 순희는 언어와 수리 교과는 잘 하지만, 음악이나 체육은 재능이 없어 보여요.' → 가드너(H. Gardner) 다중지능이론
- 강 교사 : '기억력처럼 뇌 발달과 비례하는 능력들도 있지만, 언어이해력과 같은 것들은 문화적 환경과 경험에 의해 발달하잖아요.' → 카텔(R. Cattell) 유동지능과 결정지능

 ②

27. 최근에 대두된 다중지능(Multiple Intelligence), 정서지능(Emotional Intelligence), 도덕지능(Moral Intelligence), 성공지능(Successful Intelligence)에 관한 논의들은 지능을 어떤 능력으로 보려고 하는가? ■ 02 중등

① 학문적 수행 능력
② 정의적 행동 능력
③ 실제적 삶의 영위 능력
④ 언어·논리·수리적 사고 능력

최근의 지능들은 실제적 삶과 관련된 능력으로 본다.

③

28 창의성과 관련한 다음 진술 중 가장 적절한 것은? ■ 02 중등
① 유창성은 창의성의 주요 요소이다.
② 창의성은 학교 학업 성적에 영향을 주지 않는다.
③ 창의성이 높은 학생일수록 자신을 개방하려는 경향이 적다.
④ 지능이 높을수록 창의성이 높으며 그 상관계수는 약 .80 정도이다.

창의성의 요소에는 유창성(fluency), 유연성(flexibility), 독창성(originality), 정교성(elaboration) 그리고 민감성(sensitivity), 재정의(redefinition) 능력이 있다.

정답 ①

29 〈보기〉의 창의력 검사 문항이 측정하는 능력은? ■ 02 초등

―| 보기 |―
바늘의 주된 용도는 옷을 깁는 것이다. 이 용도 외에 바늘의 다른 용도를 가능한 한 많이 써 보시오. (제한 시간 30초)

① 유창성   ② 정교성
③ 융통성   ④ 독창성

융통성 : 다양한 답을 내는 것, 각기 다른 반응범주의 수로 측정

정답 ③

30 렌줄리(J. Renzulli)가 제안한 영재성 개념의 구성 요소가 아닌 것은? ■ 07 초등
① 사회성   ② 창의성
③ 과제 집착력   ④ 평균 이상의 일반 능력

렌줄리(J. S. Renzulli)가 제안한 영재성 개념의 구성 요인 3가지
1) 평균 이상의 일반 능력
2) 높은 수준의 과제 집착력
3) 높은 수준의 창의성

정답 ①

31 그림은 렌줄리(J. Renzulli)가 제시한 영재 특성 모형이다. (가)에 해당하는 것은? ▪ 05 초등

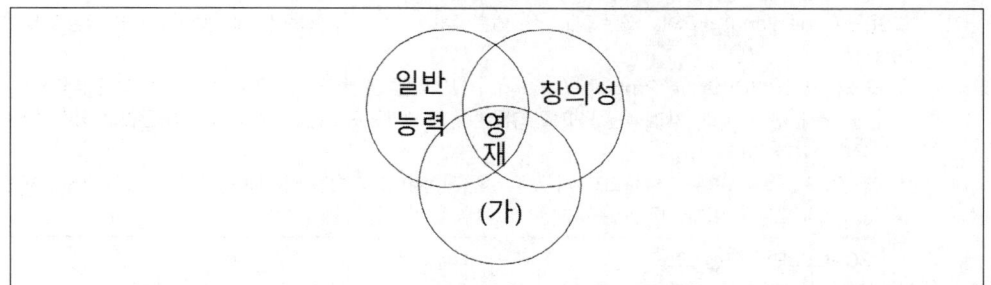

① 학업 성취도
② 과제 집착력
③ 정보처리 능력
④ 상위인지 능력

해설

렌줄리(J. S. Renzulli)가 제안한 영재성 개념의 구성 요인 3가지
1) 평균 이상의 일반 능력
2) 높은 수준의 과제 집착력
3) 높은 수준의 창의성

정답 ②

32 다음에서 설명하는 창의성 개발 기법은? ▪ 08 중등

- 아이디어 건의, 제안 등을 처리하는 창의적인 기법으로 사용된다.
- 학생들은 단순히 어떤 아이디어를 좋아하거나 좋아하지 않는다고 판단하지 않는다.
- 학생들에게 어떤 아이디어에 대하여 먼저 좋은 점을 생각하고 다음에는 나쁜 점을 생각하며, 마지막으로 좋지도 나쁘지도 않지만 주목할 만한 가치가 있다고 생각되는 점을 살펴보도록 하여 사고의 방향을 안내한다.

① 드 보노(E. de Bono)의 PMI
② 오스본(A. F. Osborn)의 CPS
③ 에벌리(B. Eberle)의 SCAMPER
④ 브랜스포드(J. D. Bransford)의 IDEAL

해설

① 드 보노(E. de Bono)의 PMI : 좋은 점(Plus), 나쁜 점(Minus), 흥미로운 점(Interest)을 찾아 가장 알맞은 아이디어를 선택
② 오스본의 CPS(Creative Problem Solving) : 창의적인 문제 해결을 위한 체계적인 접근 방법으로 개별 접근을 통해 구조적이고 체계적인 사고를 촉진한다. 주요개념으로는 단계적 접근, 비판없는 아이디어 생성, 융합적 사고가 있다.
③ 에벌리(B. Eberle)의 SCAMPER : 각 글자가 특정한 사고 기법을 나타내며, 기존의 아이디어나 제품을 개선하거나 새로운 아이디어를 창출한다.

> SCAMPER의 구성 요소
> S – Substitute(대체하기)
> C – Combine(결합하기)
> A – Adapt(적용하기)
> M – Modify(수정하기)
> P – Put to another use(다른 용도로 사용하기)
> E – Eliminate(제거하기)
> R – Rearrange(재배열하기)

④ 브랜스포드(J. D. Bransford)의 IDEAL : 창의적이고 효과적인 문제 해결 과정을 안내

> IDEAL의 구성 요소
> I – Identify the problem(문제 인식)
> D – Define the goals(목표 정의)
> E – Explore possible strategies(가능한 전략 탐색)
> A – Act on the strategies(전략 실행)
> L – Look back and evaluate(반성 및 평가)

정답 ①

33. 창의성을 기르기 위한 수업 상황에서 교사가 사용할 수 있는 활동들을 〈보기〉에서 모두 고른 것은?

■ 03 중등

보기
가. 브레인스토밍을 통하여 논리적 판단력과 비판력을 기른다.
나. 일상적, 보편적 아이디어를 새롭게 변형, 조합, 개선시킨다.
다. 지속적인 반복 연습과 암기 학습으로 창의적 능력을 강화한다.
라. 변형, 조합, 은유, 유추적 결합 등으로 창의적 사고의 의미를 알게 한다.

① 가, 나 ② 가, 다
③ 나, 라 ④ 다, 라

해설

브레인스토밍은 아이디어를 비판하지 않으며, 암기 학습으로 창의적 능력을 강화하기 힘들다.

정답 ③

Ⅲ. 진로상담

01 다음의 사례에서 보람이가 사용한 방어기제는? ■ 05 중등

> 보람이는 학급 임원으로 선출되기를 기대했다. 그러나 아무도 추천하지 않아 후보에도 오르지 못했다. 선거가 끝난 후 보람이는 스스로에게 다음과 같이 말하였다.
> "임원이 되면 공부할 시간이 없을텐데, 잘된 거야."

① 투사(projection)
② 동일시(identification)
③ 합리화(rationalization)
④ 반동형성(reaction formation)

합리화(rationalization) : 자신의 행동에 대한 실제 이유를 숨기기 위하여 무의식적으로 자기를 정당화하는 설명을 만들어 낼 때 일어난다.

정답 ③

02 〈보기〉의 사례에 해당하는 프로이드(S. Freud)의 방어기제는? ■ 06 중등

> **보기**
> 외아들인 기수는 형제가 있는 친구들을 볼 때마다 매우 부러워했다. 특히 학교를 가지 않는 날이면 외롭고 쓸쓸하였다. 그래서 기수는 시(市)에서 운영하는 청소년 단체에 가입해서 나이가 서로 다른 사람들과 어울림으로써 외로움을 많이 달랬고, 그 결과 사교성도 발달하였다.

① 승화
② 투사
③ 치환
④ 합리화

승화(submission) : 성적·공격적 충동을 사회적으로 수용될 수 있는 건설적인 목표로 전환함으로써 불안을 해소하는 것이다. 공격적 충동을 운동으로 표출한다든가, 성적인 충동을 그림, 음악 등 예술적 행동으로 표현하는 것을 말한다.

정답 ①

03 내담자 중심 상담이론에 가장 부합하는 것은?
① 방어기제와 가족관계 등의 분석을 통해 내담자를 이해한다.
② 심리검사를 통해 개인을 파악하고, 필요한 자료를 수집하여 제공한다.
③ 인간주의적 접근으로 무조건적 수용과 인정을 통해 내담자의 문제해결 과정을 돕는다.
④ 과잉된 행동이 문제가 될 경우에는 그 행동을 감소시키고, 결손이 문제가 될 경우에는 그 행동을 새로이 학습시키거나 증가시킨다.

■ 03 중등

내담자 중심 상담이론의 중요한 점은 상담자가 내담자를 그 어떠한 가치 기준도 적용하지 않은 채, 상담자가 내담자를 하나의 인격체로서 있는 그대로 수용하고 무조건적으로 존중해주는 것이다.

정답 ③

04 로저스(C. Rogers)의 인간중심 상담이론에 따른 상담자의 태도로서 공감(empathy), 수용 (unconditional positive regard), 진정성(genuineness)에 관한 설명으로 옳지 않은 것은?
① 진정성은 자신의 감정과 경험을 주관적으로 표현하는 것이다.
② 공감, 수용, 진정성을 내담자에게 얼마나 잘 지각하게 하느냐가 중요하다.
③ 공감은 객관적인 현실보다 내담자가 지각한 현실에 초점을 두는 것이다.
④ 공감, 수용, 진정성은 함께 행해지는 것보다 각각 행해질 때에 더 효과적이다.
⑤ 수용은 내담자의 '자기실현 경향성(self-actualization tendency)'을 인정하고 신뢰하는 것이다.

■ 13 중등

공감, 수용, 진정성은 함께 행해질 때에 더 효과적이다.

정답 ④

PART • 03

05 〈보기〉에서 글래서(W. Glasser)의 현실치료 이론에 대한 옳은 설명을 모두 고른 것은?

■ 09 초등

| 보기 |
ㄱ. 인간은 기본적으로 생존, 자유, 힘, 즐거움, 소속의 욕구를 가지고 있다.
ㄴ. 인간은 행동을 선택할 수 있고 이미 행한 모든 행동은 선택에 의해서 이루어진 것이다.
ㄷ. 인간은 행동을 선택할 때 자신의 욕구를 최대한으로 충족시키기 위해서 자신을 통제한다.
ㄹ. 전행동(total behavior)은 활동(acting), 생각(thinking), 느낌(feeling), 신체반응(physiology)의 네 가지로 구성된다.
ㅁ. 전행동 중에서 인간이 통제할 수 있고, 행동의 방향을 잡아주는 것은 활동과 신체반응이다.

① ㄱ, ㄴ ② ㄱ, ㄷ, ㄹ ③ ㄷ, ㄹ, ㅁ
④ ㄱ, ㄴ, ㄷ, ㄹ ⑤ ㄴ, ㄷ, ㄹ, ㅁ

ㅁ. 전행동 중에서 인간이 통제할 수 있고, 행동의 방향을 잡아주는 것은 활동과 생각이다.

정답 ④

06 교류분석(Transactional Analysis) 상담이론에 관한 진술로 옳지 않은 것은?

■ 12 초등

① 각본분석은 내담자를 조력하기 위해 사용되는 방법 중의 하나다.
② 어른자아(Adult ego)는 현실을 검증하고 문제를 해결하는 합리적이고 객관적인 기능을 한다.
③ 자기긍정 – 타인긍정의 생활자세를 갖는 아동은 자신과 타인에 대한 긍정적인 삶의 태도를 갖는다.
④ 구조분석을 통해 내담자는 자신의 세 가지 자아상태가 어떻게 구성되어 있는지 알 수 있다.
⑤ 상보교류(complementary transaction)는 두 사람이 대화할 때 상대방이 기대하는 욕구가 무시되거나 잘못 이해되는 경우에 나타나는 교류 유형이다.

상보교류는 문제가 없는 대화로, 말을 건네는 사람과 응답을 하는 사람 사이에 원활한 대화가 이루어진다. 말을 건네는 사람은 기대한 응답이 돌아오기 때문에 기분이 나쁘지 않게 된다. 보통의 사람들은 이런 상보교류로 대화를 하며 친교를 다지게 된다. 서로 부모 입장에서 대화를 하거나(PP) 부모와 어린이 간의 대화도(P-C) 상보교류가 잘 이루어진다. 또는 직장에서 일을 할 때는 주로 어른과 어른과의 대화로 교류가 진행된다.

정답 ⑤

Ⅲ. 진로상담

07 상담에서 〈보기〉의 내용을 강조한 인물은?

■ 07 초등

┤보기├
- 열등감
- 사회적 관심
- 생활양식
- 허구적 최종 목적론

① 버언(E. Berne) ② 아들러(A. Adler)
③ 로저스(C. Rogers) ④ 프로이드(S. Freud)

〈보기〉와 관련된 상담이론은 개인심리 상담이론이며 열등감을 극복하려는 과정 속에서 부적응이 발생한다고 보는 인물로는 아들러이다.

정답 ②

08 상담 접근과 그 주요 기법을 잘못 짝지은 것은?

■ 07 초등

① 인지치료 - 왜곡된 사고를 찾아내어 보다 현실적인 사고로 대체시킨다.
② 정신분석 - 꿈의 내용을 분석하여 무의식 속에 억압된 욕구를 파악한다.
③ 현실치료 - 현재의 행동이 소망하는 것을 달성시키고 있는지 파악하게 한다.
④ 교류분석 - 불안을 느끼는 상황을 상상하게 하면서 동시에 이완훈련을 시킨다.

불안을 느끼는 상황을 상상하게 하면서 동시에 이완을 시키는 것은 체계적 둔감법이다.

정답 ④

09 상담이론에 대한 설명 중 옳은 것을 〈보기〉에서 고른 것은?

■ 12 중등

┤보기├
ㄱ. 프로이드(S. Freud)의 정신분석 상담이론은 집단 무의식을 강조하며, 주요한 상담기법 중의 하나로 자유연상을 사용한다.
ㄴ. 엘리스(A. Ellis)의 합리·정서·행동 상담이론(REBT)은 신념 체계를 강조하며, 주요한 상담기법 중의 하나로 논박을 사용한다.
ㄷ. 번(E. Berne)의 교류분석 상담이론은 세 가지 자아상태(부모, 성인, 아동)를 강조하며, 주요한 상담기법 중의 하나로 구조분석을 사용한다.
ㄹ. 글래서(W. Glasser)의 현실주의 상담이론은 인간의 5가지 기본 욕구(소속감, 힘, 즐거움, 자유, 생존)를 강조하며, 주요한 상담기법 중의 하나로 생활양식을 분석한다.

① ㄱ, ㄴ ② ㄱ, ㄷ ③ ㄴ, ㄷ
④ ㄴ, ㄹ ⑤ ㄷ, ㄹ

ㄱ. 프로이드(S. Freud)의 정신분석 상담이론은 개인 무의식을 강조한다. 집단 무의식을 강조하는 것은 융이다.
ㄹ. 생활양식은 아들러가 강조한 이론이다.

 ③

10 글래서(W. Glasser)와 우볼딩(R. Wubbolding)의 현실주의 상담에서 사용되는 〈보기〉의 4단계 상담과정을 순서대로 옳게 배열한 것은? ▪ 13 중등

| 보기 |
| ㄱ. 내담자의 책임 있는 행동 계획하기   ㄴ. 내담자의 욕구 파악하기 |
| ㄷ. 내담자의 현재행동 탐색하기   ㄹ. 내담자 자신의 행동 평가하기 |

① ㄱ - ㄴ - ㄷ - ㄹ
② ㄱ - ㄷ - ㄴ - ㄹ
③ ㄱ - ㄹ - ㄷ - ㄴ
④ ㄴ - ㄷ - ㄹ - ㄱ
⑤ ㄴ - ㄹ - ㄷ - ㄱ

WDEP시스템
1) W(want, 욕구) : 내담자들에게 "무엇을 원하는가?"라고 질문함으로써, 자신의 욕구를 충족시킬 수 있는 방법을 발견할 수 있도록 한다.
2) D(doing, 행동) : 상담 초기에 내담자에게 원하는 것을 얻기 위해 무엇을 하고 있는지를 묻는 과정으로 상담의 전반적인 방향(어디로 가고 있는가)을 탐색하도록 도와준다.
3) E(evaluation, 평가) : 욕구충족을 위해 선택한 행동이 얼마나 효율적인지 평가한다.
4) P(planning, 계획) : 욕구충족과 관련된 내담자의 현재 행동 중에서 비효과적이고 부정적인 것을 찾아 이를 긍정적이고 효율적인 것으로 바꾸도록 한다.

 ④

11 다음 내용에 따르면 김교사는 어느 이론의 입장에서 상담하고 있는가? ▪ 02 중등

- 철수는 항상 남보다 공부를 잘 하고 선생님으로부터 인정받아야 한다고 생각하고 있다.
- 그래서 철수는 성적이 떨어지거나 선생님으로부터 꾸중을 들으면 심하게 좌절을 한다.
- 교사는 상담과정에서 철수가 가지고 있는 신념은 현실성이 없음을 깨우치려고 노력하고 있다.
- 교사는 철수에게 '남으로부터 항상 인정받고 있는 사람'이 있으면 예를 들어 보라고 말하기도 한다.

① 행동주의적 상담이론
② 정신분석적 상담이론
③ 형태주의적 상담이론
④ 합리적·정서적·행동적 상담이론

해설

합리적·정서적·행동적 상담이론(REBT, rational-emotion behavior theory)
1) 인간의 심리적 문제는 여러 가지 사고 중에서 어떤 상황의 외부에서 주어진 자극을 합리적이지 못한 방식으로 지각하고 받아들이기 때문에 일어난다는 것이다.
2) 어떤 사건을 자신이 가지고 있는 비합리적인 사고방법으로 해석하기 때문에 정서적 문제를 경험하게 된다는 것이다.
3) 따라서 인간의 비합리적인 사고로 인해 나타나는 문제를 해결하기 위해서는 비합리적 사고를 합리적인 사고로 바꾸어야 한다고 주장한다.

정답 ④

12 <보기> 가~사의 상황과 엘리스(Ellis)의 합리-정서치료(RET) 요소가 바르게 연결된 것은?

■ 03 중등

┤보기├
가. 나는 입학 시험에 떨어졌다.
나. 부모님께 죄책감이 들고 자신에게 절망감이 들었다.
다. 방안에서만 지내면서 아무도 만나지 않았다.
라. 입학 시험에 떨어진 것은 곧 파멸이라 생각했기 때문이었다.
마. "떨어진 아이들도 많은데 유독 너만 파멸이라고 생각하면 되겠느냐"라는 어머니의 말씀을 듣고, "나는 왜 시험에 떨어지면 파멸이라고 생각했지?"라고 스스로 반문했다.
바. 시험에 떨어진 것이 자랑은 아니지만, 그것이 곧 파멸은 아니라는 생각이 들었다.
사. 시험에 떨어진 것이 불쾌하지만 절망하지는 않게 되면서, 내 실력에 맞는 다른 학교를 알아보게 되었다.

A : 선행사건,   irB 비합리적 신념,   rB : 합리적 신념,
C : 결과,   D : 논박,   E : 효과

	가	나	다	라	마	바	사
①	A	C	C	irB	D	rB	E
②	A	irB	D	rB	rB	irB	C
③	A	C	E	rB	D	E	C
④	A	irB	C	rB	D	rB	E

ABCDE모형
1) A는 내담자가 노출되었던 문제 장면 또는 '선행사건(Activating event)'을 말한다.
2) B는 문제 장면에 대한 내담자의 사고체계 또는 '신념체계(Belief system)', REBT에서는 A(반응을 일으키는 사건)가 C(정서적 결과)를 초래한다고 보는 것이 아니라 각 개인의 A에 대한 믿음, 즉 사고 B(belief)가 C인 정서적 반응을 초래한다고 본다. 그리하여 인간이 자신의 정서반응이나 장애를 일으키는 비합리적인 생각을 어떻게 바꾸는지 그 방법을 내담자에게 제시하는 것이 REBT의 핵심이다.
3) C는 선행사건 A 때문에 생겨났다고 내담자가 보고하는 정서적·행동적 '결과(Consequence)', 이 반응은 적절할 수도 있으며 부적절할 수도 있다.
4) D는 비합리적 신념(Irrational Belief)에 대한 치료자의 '논박(Dispute)'을 뜻한다. D는 내담자가 자신의 비합리적인 생각을 고치는 데 적용될 수 있는 과학적 방법이다. 논리를 가르침으로써 비현실적이고 검증할 수 없는 자기파괴적 가설들을 포기하게 할 수 있다. 여기에 E와 F를 포함시키기도 한다.
5) E는 논박이 성공하면 내담자의 적절한 정서와 적응적 행동을 일으키는 '효과(Effect)'이다.
6) F는 효과 때문에 나타나는 새로운 '감정(Feeling)'을 의미한다.
7) 엘리스에 의하면, 성공적인 상담은 비합리적 사고를 계속적으로 논박하여 어느 정도 재교육에 성공하느냐에 따라 좌우된다고 강조하고 있다.

정답 ①

13 다음은 교사가 파악한 어떤 학생의 문제이다.

> 우수한 학업성적으로 주위로부터 인정을 받아왔던 철수는 최근 여자 친구와 헤어지게 되면서 학업성적이 크게 떨어졌고, 동료학생들과 다투는 등의 부적응 행동으로 교무실에 불려오는 일이 잦아졌다. 그는 누구든 가치 있는 사람이 되려면 반드시 유능해야 하고, 모든 영역에 걸쳐 완벽하게 일을 성취해야 한다고 믿고 있었다. 그러나 철수는 그렇지 못해 너무나도 무능하고 무가치한 사람이라고 자신을 비하하였다.

〈보기〉에서 현실요법을 적용하여 이 학생을 상담하고자 하는 상담교사의 접근으로 옳은 것을 모두 고른 것은?

■ 05 중등

---|보기|---
ㄱ. 현재를 중시하면서 철수의 감정이나 태도보다 행동에 초점을 맞춘다.
ㄴ. 철수의 비합리적 신념에 대한 근거와 타당성을 입증하도록 논박하여 합리적인 신념을 갖게 한다.
ㄷ. 철수의 욕구충족을 위해 선택한 행동의 효과성을 평가하면서, 새롭고 합당한 방법을 찾도록 돕는다.
ㄹ. 지금 여기에서 철수의 현재 감정에 초점을 맞추어 반영하고, 그에게 주는 의미를 자각할 수 있도록 돕는다.

① ㄱ, ㄷ   ② ㄴ, ㄹ
③ ㄱ, ㄷ, ㄹ   ④ ㄴ, ㄷ, ㄹ

1) 글래서의 현실요법상담은 정신분석의 결정론적 입장을 반대하며, 인간은 자유롭고 자신의 목표를 스스로 선택하고자 하는 욕구를 가진 존재로 궁극적으로 자기결정을 하며 자기행동 및 삶에 책임을 질 수 있는 존재라고 본다.
2) 즉, 우리 모두가 성장할 수 있는 힘(growth forth)을 가지고 있으며, 이 힘이 우리의 환경을 통제하면서 다섯 가지 생리적인 욕구(생존, 사랑, 성취, 즐거움, 자유)를 충족시키고 성공적인 정체감을 발전시킬 수 있다고 본다.
3) 현실요법상담은 통제이론(선택이론)에 그 근거를 두고 있으며, 부적응이란 개인의 기본적인 욕구 중 과거부터 현재에 이르기까지 여전히 충족되지 못하고 있는 욕구에서 기인한 것이라고 본다.
4) '거의 대부분의 인간의 행동은 자신이 선택한 것이다'라는 관점을 가지고 따라서 선택한 행동에 대한 책임이 개인에게 있음을 강조한다.

 ①

14 〈보기〉와 같은 절차에 따라 상담을 실시한 김 교사의 상담기법은?　　■ 06 중등

┤보기├

단계1 : 김 교사는 내담자인 선미가 무엇을 원하는지 그리고 상담을 통하여 무엇을 기대하는지를 물었다. 이에 선미는 급우들의 따돌림에서 벗어나 좋은 관계를 맺고 싶다고 답하였다.
단계2 : 김 교사는 선미가 급우들에게 무슨 행동을 어떻게 하고 있는지를 탐색하였다.
단계3 : 김 교사는 선미에게 급우관계를 개선하기 위해 얼마나 노력했는지, 급우를 대하는 자신의 행동이 얼마나 적절했는지 등을 스스로 평가해 보도록 도왔다.
단계4 : 김 교사는 선미의 급우관계를 개선하기 위해 선미가 앞으로 실천해야 할 구체적 방안과 계획을 수립하도록 도왔다.

① 현실요법　　　　　　　② 행동수정요법
③ 인간중심요법　　　　　④ 합리·정서 행동요법

WDEP시스템
W(want) : 욕구 파악 – D(doing) : 행동 탐색 – E(evaluation) : 평가 – P(planning) : 계획
현재를 중시, 감정이나 태도보다 행동에 초점

 ①

15 다음 진술의 내용과 관련된 상담이론에서 주로 적용하는 상담 기법은? ■ 07 중등

> 상담은 내담자가 알아차림(awareness)을 통해 '지금 – 여기'의 감정에 충실하거나 미해결 과제를 자각하고 표현하게 하여 비효율적인 감정의 고리에서 벗어나도록 돕는 것을 목표로 삼는다.

① 빈의자 기법
② 자유연상
③ 합리적 논박
④ 체계적 둔감법

1) 게슈탈트
  전체, 형태 혹은 모습을 의미하는 독일어로, 여기에는 형태를 구성하는 개별적 부분들이 조직화되는 방식이 내포되어 있다.
2) 전경과 배경
  개인이 대상을 인식할 때 어느 한 순간 관심의 초점이 되는 부분을 전경, 관심 밖에 놓여 있는 부분을 배경이라 한다. 게슈탈트를 형성한다는 것은 개체가 어느 한 순간 가장 중요한 욕구나 감정을 전경으로 떠올린다는 말과 같은 뜻이다.
3) 알아차림 = 자각(awareness)
  ① 알아차림은 "개체가 개인-환경의 장에서 일어나는 현재의 가장 중요한 내적·외적 사건들을 지각하고 체험하는 것이다."(Yontef, 2008)
  ② 자각은 유기체의 고유한 능력으로, 자신을 환경에 적응시키면서 성장해 나가기 위해 반드시 필요한 생존 도구이다.
4) 접촉(Contact)
  ① 접촉은 전경으로 떠오른 게슈탈트를 해소하기 위해 환경과 상호작용하는 행위로서 유기체와 환경 간의 창조적 교류 혹은 적응이며, 변화와 성장이 일어나기 위한 필수조건이다.
  ② 환경과 유기체가 상호작용함에 있어 접촉 경계에서는 회피·접근·지각·감정·갈등 등의 작용이 일어나며 이를 통해 개인은 성장하고 변화해 나가게 된다.
5) 미해결 과제(unfinished business)
  ① 개인에게 '완결되지 않은' '해소되지 않은' 혹은 '불완전한' 게슈탈트를 미해결 과제라 한다.
  ② 이러한 미해결 과제는 분노, 격분, 증오, 고통, 불안, 슬픔, 죄의식, 포기 등과 같이 자신 또는 타인과 효율적으로 접촉하는 것을 방해하는 형태로 현재 생활에 나타나게 된다.
6) 빈의자 기법
  현재 상담에 참여하지 않은 사람과 상호작용할 필요가 있다고 판단될 때 사용한다. 여기서 내담자는 그 인물이 맞은 편 빈의자에 앉아 있다는 상상을 하며 대화를 하는 방법이다.

정답 ①

16 게슈탈트(Gestalt) 상담이론의 특징은? ■ 08 중등
① 자유와 책임, 삶의 의미, 죽음과 비존재, 진실성을 강조한다.
② 미해결사태를 해결하기 위해 전경과 배경의 자연스러운 교체를 강조한다.
③ 개인의 사회적 관심과 생활양식에 초점을 두고, 열등감의 극복을 강조한다.
④ 자아 상태를 부모 자아, 성인 자아, 어린이 자아로 나누고 세 가지 자아 상태의 균형을 강조한다.

해설
① 실존주의 상담의 특징이다.
③ 아들러의 상담이론에 대한 특징이다.
④ 에릭번의 교류분석에 대한 특징이다.

정답 ②

17 상담이론에 대한 설명으로 옳은 것을 〈보기〉에서 고른 것은? ■ 10 중등

| 보기 |
ㄱ. 합리적 정서적 행동치료(REBT)에서는 정서적 문제를 유발하는 원인이 사건 자체가 아니라 그 사건에 대한 비합리적인 신념 때문이라고 본다.
ㄴ. 인간중심 상담이론에서는 성장을 위한 적절한 조건이 갖추어지면 누구나 자아실현을 이룰 수 있다고 본다.
ㄷ. 정신분석 상담이론에서는 '지금-여기'에 초점을 두며 접촉을 통한 자각으로 통합을 이루게 된다고 본다.
ㄹ. 게슈탈트 상담이론에서는 죽음과 비존재, 실존적 불안, 삶의 의미를 강조한다.

① ㄱ, ㄴ   ② ㄱ, ㄹ   ③ ㄴ, ㄷ
④ ㄴ, ㄹ   ⑤ ㄷ, ㄹ

해설
ㄷ. 게슈탈트 이론이다.
ㄹ. 실존주의 상담이론이다.

정답 ①

18 수업에서 활용한 상담기법을 옳게 제시한 것은? ▪ 08 중등

> 김 교사는 수학시간에 ㉠ 일차 방정식을 푸는 과정을 보여주고 학생들에게 그 방법을 적용하여 문제를 따라서 풀어보도록 하였다. 그리고 ㉡ 학생들이 문제를 맞게 풀 때마다 칭찬을 하고 스티커 한 장을 주며 네 장 이상 모으면 자기가 하고 싶은 활동을 해도 좋다고 허락하였다. ㉢ 문제를 풀지 않고 떠들거나 다른 행동을 하는 학생에게는 교실 뒤편에 서서 김 교사가 풀어 놓은 방정식을 보도록 하였다.

	㉠	㉡	㉢
①	모델링	부적강화	자극통제
②	모델링	토큰강화	타임아웃
③	조성법	토큰강화	자극통제
④	조성법	부적강화	타임아웃

㉠ 문제 푸는 방법을 보여주고 따라서 풀게 하는 것은 모델링이다.
㉡ 학생들에게 스티커를 주고 더 큰 강화로 바꿀 수 있게 하는 것은 토큰강화이다.
㉢ 교실 뒤편으로 보내는 것은 타임아웃이다.

- **자극통제(Stimulus Control)** : 특정 행동이 특정 자극에 의해 영향 받는 것이다. 특정 환경이나 신호가 특정 행동을 촉진하거나 억제하는 역할을 하는 것으로 식사 시간이 되면 배고픔을 느끼고 음식을 찾는 행동이 발생하는 것을 예로 들 수 있다.
- **조성법(Shaping)** : 목표 행동을 점진적으로 강화하는 것으로 복잡한 행동을 단계별로 나누어 각 단계에서 점진적으로 목표 행동에 가까운 행동을 보일 때마다 보상을 통해 강화한다.

🔒 정답 ②

19 시험불안 증세를 보이는 학생에게 적용할 수 있는 행동주의적 상담기법은? ▪ 06 초등

① 시험불안과 관련된 내담자의 방어기제를 해석한다.
② 불안위계 목록을 작성하고 단계적으로 둔감화시킨다.
③ 내담자가 말하는 내용 속에 다른 숨은 의도가 있는지 분석한다.
④ 내담자에 대한 상담자의 생각과 감정을 솔직하게 이야기해준다.

① 정신분석 상담기법에 해당한다.
③ 상호교류 분석기법에 해당한다.
④ 인간중심 상담기법에 해당한다.

🔒 정답 ②

20 다음 세 명의 교사가 학생의 행동 특성을 변화시키기 위해 제안한 상담기법으로 가장 적절하게 연결된 것은?

■ 12 중등

> 김 교사: 명수는 숙제를 해오지 않는 경우가 많습니다. 이 문제를 해결하기 위해 부모님과 의논해서, 숙제를 모두 마치면 명수가 좋아하는 인터넷 게임을 할 수 있도록 해주는 것이 좋을 것 같습니다.
> 박 교사: 영수는 교사의 지속적인 칭찬이 있을 때에는 주의 집중하거나 과제물을 챙겨오는 등 긍정적 행동변화를 보이지만, 그 행동이 계속 유지되지 못하는 경향이 있습니다. 긍정적 행동변화를 지속시키기 위해 매번 칭찬하기보다는 가끔씩 하는 것이 좋을 것 같습니다.
> 서 교사: 진수는 학교에서 당번이 되어 화장실 청소하는 것을 매우 싫어합니다. 그리고 과제물을 챙겨 오지 않는 경우가 빈번하여 학습에 지장을 초래하곤 합니다. 진수가 과제물을 잘 챙겨 오도록 하기 위해, 과제물을 챙겨 올 경우 화장실 청소를 면제해 주는 방법이 좋을 것 같습니다.

	김 교사	박 교사	서 교사
①	정적강화	체계적 둔감화	부적강화
②	정적강화	간헐적 강화	타임아웃
③	행동조성	자기조절	모방학습
④	프리맥의 강화원리	간헐적 강화	부적강화
⑤	프리맥의 강화원리	간헐적 강화	타임아웃

- 김 교사: 프리맥의 강화원리
- 박 교사: 간헐적 강화
- 서 교사: 부적강화

 ④

21 다음은 교사와 학생과의 상담과정에서 일어날 수 있는 대화의 일부이다. 가장 바람직하지 않은 것은?

■ 02 중등

① "안녕하세요? 무슨 일로 찾아 왔나요? 무슨 걱정이라도 있나요?"
② "오늘 상담은 오후 3시부터 약 50분간 합니다."
③ "내가 도움을 줄 수는 있지만, 최종적인 문제해결은 학생 스스로가 해야 합니다."
④ "너무 걱정하지 말아요. 솔직하게 말해주기만 하면 내가 해결해줄 겁니다."

상담자는 내담자의 고민을 다 해결해 줄 수 없다.

정답 ④

22 상담교사가 '재진술'을 사용하여 학생과 상담하려고 한다. 다음 빈칸에 들어갈 알맞은 반응은?

■ 08 중등

> 학생 : 친구들이 저만 따돌리고, 선생님들께서도 저에게 관심이 없어요.
> 교사 : _____

① 친구들이 너만 따돌리고 선생님들께서도 관심이 없단 말이구나.
② 선생님도 예전에 친구들한테 따돌림을 당했을 때 몹시 힘들었단다.
③ 친구들이 너만 따돌린다는 말이 무슨 말인지 좀 더 이야기 해줄 수 있니?
④ 친구들이 따돌리지 않고 선생님들도 너에게 관심을 가져주었으면 했는데, 그렇지 않아서 많이 힘들었겠다.

재진술 : 내담자가 표현한 내용을 상담자가 자신의 언어로 다시 말해줌으로써 내담자가 자신의 생각이나 감정을 더 명확하게 이해하도록 돕고, 상담자가 내담자의 이야기를 잘 듣고 있다는 느낌을 준다. 재진술의 주요 요소로는 내용확인, 명확화, 신뢰형성 등이 있다.
② 상담자가 자신의 경험이나 감정을 내담자와 공유하는 자기공개 기법을 사용하였다.
③ 상담자가 자신의 생각과 감정을 더 자유롭게 표현할 수 있도록 유도하는 개방형 질문 기법을 사용하였다.
④ 상담자가 내담자의 감정을 인식하고, 그 감정을 언어로 표현하여 되돌려주는 감정 반영 기법을 사용하였다.

정답 ①

23 다음 (가), (나), (다)의 박 교사 반응과 가장 부합하는 상담 기법을 각각 바르게 짝지은 것은?

▪ 12 초등

> (가) (가영이가 같은 반 친구와 다툰 일에 대해 괜찮다고 말하면서 울먹이며 눈시울이 약간 젖어 있다.)
> 박 교사 : 가영아, 너는 괜찮다고 말하지만 목소리가 떨리고 눈물이 글썽이네.
> (나) (자신이 공부를 못해서 친구들에게 무시당한다고 생각하는 철수는 학교에서 친구들에게 습관적으로 욕을 하고 자주 싸운다. 그러나 박 교사는 이런 철수가 자신에게 관심을 보이는 음악 선생님께는 깍듯이 인사도 하고, 음악 시간에 좋은 수업태도를 보인다는 것을 알고 있다. 박 교사는 철수와 상담을 하고 있다.)
> 철 수 : 애들이 나보고 공부 못한다고 할 때마다 화가 나서 참을 수가 없어요.
> 박 교사 : 철수가 제일 화가 날 때는 친구들이 너를 무시한다는 느낌이 들 때구나. 무시당하는 느낌이 들면 화가 나고 그래서 욕을 하고 싸우게 되니 말이야. 그런 걸 보면 다른 사람들이 철수를 함부로 대하지 않고 존중해 주고 인정해 주는 것이 너에게는 정말 중요한가 보다.
> (다) 기 욱 : 선생님, 저는 영희가 좋아요. 그런데 영희가 어떤 때는 저에게 웃으며 대해 주다가 어떤 때는 차갑게 대해요. 영희가 저를 좋아하는지 싫어하는지 헷갈려요.
> 박 교사 : 영희가 너를 대하는 태도가 때에 따라 달라지니까 너를 좋아하는지 아닌지 잘 모르겠다는 거구나.

	(가)	(나)	(다)
①	공감	해석	재진술
②	직면	재진술	해석
③	즉시성	재진술	자기개방
④	직면	해석	재진술
⑤	즉시성	직면	공감

(가) **직면** : 내담자가 깨닫지 못하거나 인정하지 않는 부분에 대해 재주목하게 함
(나) **해석** : 내담자의 이야기를 통해 문제해결의 시각을 제공해 줌
(다) **재진술** : 내담자의 말을 돌려 줌

정답 ④

24
상담면접 방법 중 '감정의 반영'에 대한 설명으로 옳은 것을 〈보기〉에서 모두 고른 것은?

▪ 10 중등

보기
ㄱ. 상담자는 내담자가 진술하거나 함축적으로 표현한 감정을 내담자에게 반영해 준다. ㄴ. 상담자는 내담자가 자신의 문제를 새로운 관점에서 볼 수 있도록 행동, 사고, 감정의 새로운 의미를 설명해준다. ㄷ. 상담자는 내담자로 하여금 자신의 감정을 알아차리고 경험하게 함으로써 문제해결에 이르도록 돕는다.

① ㄱ ② ㄴ ③ ㄱ, ㄷ
④ ㄴ, ㄷ ⑤ ㄱ, ㄴ, ㄷ

ㄴ. 해석에 관한 설명이다.

 ③

25
다음의 ㉠, ㉡, ㉢에 나타난 A 학생의 문제를 진단하기 위한 심리검사로 가장 적절한 것은?

▪ 09 중등

중학교 1학년인 A 학생은 학교생활이 즐겁지 않다. 초등학교 때부터 ㉠ 학습 부진 문제를 겪었던 A 학생은 중학교에 올라오면서 공부가 더 어렵게 느껴지고 수업내용도 따라가기 힘들다. ㉡ 친구들과의 관계에서도 놀림과 따돌림을 당하기 일쑤이며, 혼자 배회하거나 책상에 엎드려 있는 경우가 많다. 최근에는 좋아하던 미술 시간에도 흥미를 보이지 않고, 자주 ㉢ 우울감을 호소하기도 한다.

	㉠	㉡	㉢
①	HTP	MMPI	MBTI
②	MMPI	K-WISC-Ⅲ	TAT
③	TAT	MBTI	HTP
④	K-WISC-Ⅲ	TAT	MMPI
⑤	MBTI	HTP	K-WISC-Ⅲ

㉠ K-WISC-Ⅲ : 언어성 검사와 동작성 검사로 이루어진 지능검사
㉡ TAT : 투영법에 속하는 인격진단 검사
㉢ 미네소타 다면적 인성 검사(MMPI) : 정신건강의학과 임상장면에서 환자들의 정신 병리를 더 신뢰할 만하고 효율적으로 진단 평가할 목적으로 개발된 자기보고형 검사

정답 ④

26 다음 세 교사 견해의 근거가 되는 지능검사 혹은 평가접근을 올바르게 짝지은 것은? ▪12 중등

> 김 교사 : 지난번에 현우와 연수에게 언어성 검사와 동작성 검사로 이루어진 지능검사를 실시한 결과, 두 학생의 지능지수가 유사하게 나온 것을 보니 두 학생의 지적 능력은 비슷하다고 보아도 좋을 것 같아요.
> 박 교사 : 제가 보기에 현우와 연수는 발달잠재력이 서로 다른 것 같은데, 혼자서 과제를 해결할 수 있는 발달수준과 도움을 받아서 과제를 해결할 수 있는 발달수준을 모두 평가하여 이를 비교하는 것이 더 타당하다고 생각합니다.
> 이 교사 : 제가 보기에도 현우와 연수가 서로 다른 지적 능력을 갖고 있는 것 같은데, 혹시 지능검사 자체가 갖고 있는 문화적 편파(cultural bias)가 영향을 미친 결과가 아닐까요? 그래서 저는 문화적으로 영향을 줄 수 있는 요인들을 제거하거나 그 영향을 최소화한 문화평형검사(culture-fair test)가 필요하다고 생각해요.

	김 교사	박 교사	이 교사
①	MMPI	정적 평가(static assessment)	TAT
②	MMPI	정적 평가(static assessment)	SOMPA
③	K-WISC-Ⅲ	정적 평가(static assessment)	TAT
④	K-WISC-Ⅲ	역동적 평가(dynamic assessment)	SOMPA
⑤	K-WISC-Ⅲ	역동적 평가(dynamic assessment)	TAT

해설

- K-WISC-Ⅲ : 언어성 검사와 동작성 검사로 이루어진 지능검사
- 역동적 평가 : 혼자서 과제를 해결할 수 있는 발달수준과 도움을 받아서 과제를 해결할 수 있는 발달수준을 모두 평가
- SOMPA : 문화공정검사

정답 ④

27
홀랜드(J. Holland)의 진로이론에 관한 설명으로 옳은 것만을 〈보기〉에서 있는 대로 고른 것은?

■ 13 중등

―| 보기 |―
ㄱ. 직업적 행동은 성격과 환경의 상호작용의 결과이다.
ㄴ. 직업을 선택할 때 자신의 태도와 가치관에 맞는 직업 환경을 선호한다.
ㄷ. 직업적 성격유형 중 실재형(realistic type)에 해당하는 사람이 선택하는 대표적인 직업으로는 정치가, 판사, 관리자 등이 있다.
ㄹ. 직업환경을 실재적(realistic), 탐구적(investigative), 예술적(artistic), 사회적(social), 설득적(enterprising), 관습적(conventional) 환경으로 분류한다.

① ㄱ, ㄷ
② ㄴ, ㄹ
③ ㄱ, ㄴ, ㄹ
④ ㄴ, ㄷ, ㄹ
⑤ ㄱ, ㄴ, ㄷ, ㄹ

여섯 가지 성격 유형
1) **실재적(Realistic)** : 기계, 도구, 동물에 관한 체계적인 조작 활동을 좋아함. 사회적 기술 부족. 기술자
2) **탐구적(Investigative)** : 분석적이고 호기심이 많고 조직적이며 정확함. 리더십 기술이 부족. 과학자
3) **예술적(Artistic)** : 표현이 풍부하고 독창적이며 비순응적. 규범적인 기술 부족. 음악가와 미술가
4) **사회적(Social)** : 다른 사람과 일하고 돕는 것을 좋아함. 조직 활동을 싫어하고 기계적이고 과학적인 능력이 부족함. 사회복지사, 교육자, 상담가
5) **설득적(기업가적, Enterprising)** : 조직 목표나 경제적 목표를 달성하기 위해 타인을 조작하는 활동을 함. 상징적이고 체계적인 활동을 싫어하고 과학적 능력이 부족함. 기업경영인, 정치가
6) **관습적(Conventional)** : 체계적으로 자료를 잘 처리하고 기록을 정리하거나 자료를 재생산하는 것을 좋아함. 심리적 활동을 피함. 경리사원, 사서

🔒 정답 ③

28
홀랜드(J. Holland)의 직업 성격 여섯 가지 유형 중 실재적(realistic) 유형에 대한 진술로 가장 적절한 것은?

■ 12 초등

① 호기심이 많고 분석적이며 논리적인 활동을 선호한다.
② 지구력이 있으며 기계와 도구에 관한 체계적인 조작 활동을 선호한다.
③ 세밀하고 조심성이 많으며 자료를 기록, 정리, 조직하는 활동을 선호한다.
④ 이해심이 많고 다른 사람과 함께 일하거나 다른 사람을 돕는 활동을 선호한다.
⑤ 통솔력이 있으며 조직의 목적을 달성하기 위해 사람을 관리하는 활동을 선호한다.

실재적(Realistic) : 기계, 도구, 동물에 관한 체계적인 조작 활동을 좋아함. 사회적 기술 부족. 기술자

🔒 정답 ②

29 영철이의 진로 선택 요인을 가장 잘 설명해 주는 상담이론은? ■ 11 초등

김 교사는 '진로와 직업'이라는 집단상담 프로그램을 학생들에게 실시하였다. 김 교사는 학생들에게 직업카드를 보여 주고 좋아하는 직업을 선택하게 한 후 그 이유를 발표하게 하였다. 변호사 카드를 선택한 영철이는 변호사가 되어 억울한 사람을 도와주고 싶다고 말하였다. 영철이는 최근 아버지가 친구의 빚보증을 섰다가 억울하게 법적 소송에 휘말려 어려움을 겪고 있는 사정을 이야기하였다

① 로우(A. Roe)의 욕구 이론
② 홀랜드(J. Holland)의 인성 이론
③ 파슨스(F. Parsons)의 특성-요인 이론
④ 크럼볼츠(J. Krumboltz)의 사회학습 이론
⑤ 해켓과 베츠(G. Hackett & N. Betz)의 자기효능감 이론

법적 소송(사회적 경험)으로 인해 직업을 선택하는 것으로 보아 사회학습 이론으로 볼 수 있다.
크럼볼츠의 진로선택 사회학습 이론: 사회학습 이론을 적용하여 개인이 진로를 선택하는 과정에 미치는 요인을 밝히고자 하는 진로선택 이론이다.
크럼볼츠, 미첼과 겔라트(Krumboltz, Mitchel, & Gelatt, 1975)는 사회학습 이론으로 진로선택 과정을 설명하려고 하였고, 진로선택에 영향을 미치는 요인 중 환경적 조건과 사건은 사회정책, 보수, 노동법, 자연적 자원, 기술의 발달, 사회적 구조, 교육체계, 가정교육, 지역사회와 같은 사회적, 문화적, 정치적, 경제적, 관습적 요인들이 있다.

정답 ④

30 로우(A. Roe)의 욕구이론에 관한 설명으로 옳은 것을 〈보기〉에서 고른 것은? ■ 11 중등

ㅣ보기ㅣ
ㄱ. 개인의 직업적 성격유형을 직업 환경과 연결시킨 육각형 모형에 기반하고 있다.
ㄴ. 부모와 자녀의 관계에 따라 자녀의 성격이 형성되고, 이는 직업선택에 영향을 준다고 본다.
ㄷ. 냉담한 양육 환경에서 성장한 사람은 인간 지향적인(person-oriented) 직업을 선택하게 된다고 본다.
ㄹ. 새로운 직업분류체계를 개발함으로써 직업선호도검사, 직업 흥미검사, 직업명 사전 개발에 영향을 주었다.

① ㄱ, ㄴ   ② ㄱ, ㄷ   ③ ㄴ, ㄷ
④ ㄴ, ㄹ   ⑤ ㄷ, ㄹ

로우(Anne Roe)의 욕구이론
1) 개요
   ① Roe는 초기 아동기 특히 12세 이전에 부모가 보여 준 자녀 양육방식이 자녀의 진로선택에 영향을 줄 수 있다고 보고, 이를 검증하고자 시도하였다.
   ② 그녀는 예술적 창의성에 관련된 성격요인에 대한 연구를 시작으로 저명한 과학자의 특성에 대한 일련의 연구를 통해 자신의 진로이론을 구축하였다. 그녀는 직업선택이 생물학적, 사회학적, 심리학적인 개인차에 기초한다고 가정하였다.
   ③ 특히 부모가 자녀를 대하는 양육방식이 자녀의 심리적 욕구와 상호작용해서 직업선택이 이루어질 수 있음을 가정하고 이를 검증하였다.
   ④ 부모와 자녀의 관계에 따라 자녀의 성격이 형성되고, 이는 직업 선택에 영향을 준다.
2) 직업분류체계
   ① Roe는 "직업만큼 모든 수준의 기본욕구를 충족시켜 줄 수 있는 단일상황은 없다."고 하면서 직업과 기본욕구 충족의 관련성을 Maslow의 5단계 욕구위계설의 바탕으로 보았다.
   ② 직업은 생리적 욕구와 안전의 욕구를 제공하며, 동질집단과 일하는 것은 만족스러운 직업생활의 중요한 측면이자 그 집단 속의 다른 동료들에 의해 수용됨으로써 자존감을 증가시킬 수 있다(Roe & Lunneborg, 1990)는 것이다.

정답 ④

31 진로이론에 대한 설명 중 옳은 것을 〈보기〉에서 고른 것은?   ■ 10 중등

보기
ㄱ. 수퍼(D. Super)의 발달이론에서는 직업 선택이 부모-자녀 관계에서 형성된 개인의 성격과 욕구구조에 의해서 결정된다고 본다.
ㄴ. 홀랜드(J. Holland)의 인성이론에서는 성격유형과 직업환경을 각각 6가지로 분류하고, 개인의 성격유형에 맞는 직업환경을 찾아야 한다고 본다.
ㄷ. 파슨스(F. Parsons)의 특성요인이론에서는 자아개념을 중요시하며, 진로선택을 타협과 선택이 상호작용하는 적응 과정으로 본다.
ㄹ. 블로(P. Blau)의 사회학적 이론에 따르면 가정, 학교, 지역사회 등의 사회적 요인이 직업 선택에 큰 영향을 미친다.

① ㄱ, ㄴ   ② ㄱ, ㄷ   ③ ㄴ, ㄷ
④ ㄴ, ㄹ   ⑤ ㄷ, ㄹ

ㄱ. 직업 선택이 부모-자녀 관계에서 형성된 개인의 성격과 욕구구조에 의해서 결정된다고 보는 것은 로우의 욕구이론이다.
ㄷ. 자아개념을 중요시하는 것은 수퍼의 진로발달이론이다.

정답 ④

32 다음은 교사가 학생들에게 진로지도 활동을 시작하면서 소개한 내용의 일부이다. 이 내용에 가장 적합한 진로 이론은?

■ 05 중등

> 인생 초기에 어떤 방식으로 양육되었고, 어떤 경험을 했느냐는 여러분이 장차 어떤 직업을 택하게 되는가에 중요한 영향을 미칩니다. 부모가 자녀를 대하는 양상에 따라 세 가지 심리적 환경이 조성됩니다. 냉담한(cold) 가정분위기, 온정적 또는 냉담한(warm or cold) 가정 분위기, 온정적(warm) 가정 분위기가 그것들입니다. -〈중략〉- 수용이나 거부 또는 과잉보호나 과잉요구에 대한 여러분의 감정이 인간지향적이거나 비인간지향적인 생활양식을 발전시키게 됩니다. 이는 결국 여러분들로 하여금 특정한 직업을 선택하도록 하는 진로지향성을 형성하도록 합니다.

① 수퍼(D. Super)의 발달이론
② 홀랜드(J. Holland)의 성격이론
③ 로우(A. Roe)의 욕구이론
④ 파슨스(F. Parsons)의 특성요인 이론

초기 아동기에 부모가 보여준 자녀 양육 방식이 자녀의 진로 선택에 영향을 미치고, 부모-자녀 관계에서 형성된 개인의 성격과 욕구구조에 의해서 직업 선택이 결정된다고 보는 것은 로우의 욕구이론이다.

🔒정답 ③

33 다음 사례의 박 교사와 같이 청소년 비행에 접근하는 이론으로 가장 적절한 것은? • 09 중등

> A중학교에서 박 교사가 맡고 있는 반의 많은 학생들은 지각과 무단결석을 일삼고 학교폭력을 비롯한 크고 작은 말썽을 피웠다. 문제의 원인을 찾던 박 교사는 다른 아이들과는 달리 문제행동을 일으키지 않는 재민이를 주목하였다. 관찰 결과 박 교사는 재민이가 교우관계가 좋고 부모와의 관계도 친밀할 뿐만 아니라 이웃과도 사이좋게 지낸다는 것을 알게 되었다. 이에 박 교사는 재민이 주변에 있는 좋은 친구와 부모, 이웃이 재민이가 문제행동을 자제하도록 하는 데 중요한 역할을 하고 있다고 생각하게 되었다.

① 낙인 이론(labelling theory)
② 편류 이론(drift theory)
③ 아노미 이론(anomie theory)
④ 문화 일탈 이론(cultural departure theory)
⑤ 사회 통제 이론(social control theory)

 해설

개인이 법을 지키는 것은 사회에서 범죄를 억제하는 '사회적 연대'가 있기 때문이라고 주장하는 이론은 사회 통제 이론이다.
① **낙인 이론** : 사회가 특정 개인을 낙인찍음으로써 개인의 자아와 행동에 영향을 미친다.
② **편류 이론** : 일탈은 개인의 성격이나 결함이 아니라, 일시적인 편류 현상으로 본다.
③ **아노미 이론** : 사회적 규범이나 가치가 붕괴되어 정상적인 목표달성의 방법을 찾지 못할 때 일탈이 발생한다.
④ **문화 일탈 이론** : 일탈행위가 사회에서 문화적인 전통이나 규범으로 정당화되어 일탈행동이 허용된다고 본다.

🔒 정답 ⑤

Ⅳ 교수학습

01 브루너(J. Bruner)의 발견학습이론에 근거한 교사의 행동으로 가장 거리가 먼 것은? ■ 06 중등

① 외재적 보상보다 내재적 보상을 강조한다.
② 다양한 학습 자료를 준비하여 제시한다.
③ 어떤 사건의 원인과 결과를 찾도록 한다.
④ 모든 교과 학습에 동일한 탐구 방식을 적용한다.

발견학습의 특징
1) 교재의 기본 구조에 대한 철저한 학습을 강조한다. (개념, 원리, 지식의 구조)
2) 학습의 결과보다 과정과 방법을 중요시한다. (학습 과정에서의 방법적 지식)
3) 학습자의 능동적인 학습을 강조한다. (내적 보상 강조)
4) 학습 효과의 전이를 중시한다. (방법적 지식은 다양한 장면에 적용, 전이)

 ④

02 〈보기〉의 내용과 가장 관련이 있는 교수·학습이론은? ■ 06 중등

┤ 보기 ├
- 새로운 지식이나 정보와 선행 학습내용의 통합을 강조한다.
- 학습자의 인지구조에 알맞게 포섭·동화되도록 학습과제를 제시한다.
- 일반적이고 포괄적인 지식을 먼저 제시하고, 그 다음에 세부적이고 상세한 지식을 제시한다.

① 블룸(B. Bloom)의 완전학습이론
② 오수벨(D. Ausubel)의 유의미학습이론
③ 콜린스(A. Collins)의 인지적 도제이론
④ 스키너(B. Skinner)의 행동주의 학습이론

학습자의 인지구조에 알맞게 포섭 및 동화되도록 학습과제를 제시하는 것은 오수벨(Ausubel)의 유의미학습이론이다.

 ②

03 박 교사는 오수벨(D. Ausubel)의 유의미 수용학습 이론에 따라 수업을 하고자 한다. (가), (나), (다)에 들어갈 내용을 바르게 짝지은 것은?
■ 10 중등

> 박 교사는 학생들에게 먼저 수업목표를 명확히 제시하고, 수업내용을 쉽게 이해하도록 하기 위해 수업내용을 포괄하는 예를 [(가)]로 제시하였다. 박 교사는 [(가)]가 학생들의 인지구조 내에서 새로운 학습내용을 [(나)]하여 의미 있는 수용학습이 이루어지도록 촉진할 것이라고 기대하였다. 그 이유는 수업내용을 학습하기 전에 수업내용에 관한 포괄적인 예를 제시하면 그것이 [(다)]의 역할을 수행하여 학습의 정교화를 촉진할 것이기 때문이다.

	(가)	(나)	(다)
①	비교조직자	대조	정착 아이디어(anchoring ideas)
②	비교조직자	포섭	지식망(knowledge network)
③	설명조직자	대조	정착 아이디어(anchoring ideas)
④	설명조직자	포섭	지식망(knowledge network)
⑤	설명조직자	포섭	정착 아이디어(anchoring ideas)

해설

설명조직자는 학습과제와 학습자의 인지구조 사이에 전혀 관련이 없을 때 사용한다. 교사가 학습과제보다 상위에 있는 지식을 설명해 주는 것이다. 포섭은 새로운 학습과제를 학습자의 인지구조 속에 병합시키는 과정이며, 이것이 곧 학습이다. 포섭에는 종속적 포섭과 상위적 포섭 등이 있다. 새로운 학습과제가 의미 있게 학습되려면 학습자의 기존 인지구조 속에 새 학습과제와 어떠한 관련을 맺을 수 있는 지식이 있어야 하는데, 이 지식을 관련 정착 지식(정착 아이디어)이라 한다.

정답 ⑤

04 그림은 오스벨(D. Ausubel)의 유의미 학습 이론을 나타낸 것이다. (나)에 해당하는 요소를 바르게 설명한 것은?
■ 05 초등

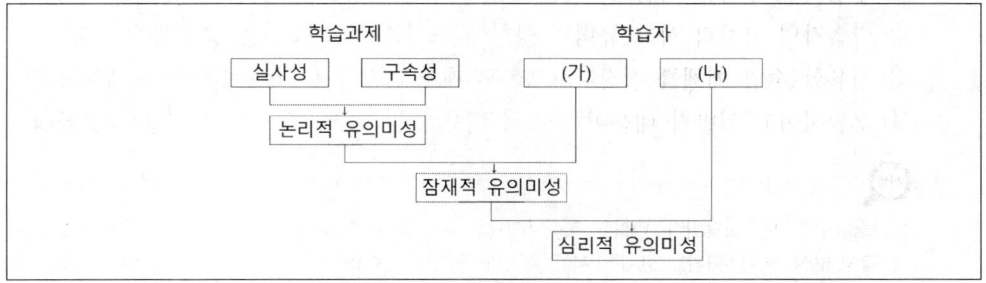

① 특정 과제를 어떻게 표현하더라도 그 의미가 변하지 않는다.
② 새로운 학습 과제를 의미 있게 포섭할 수 있는 선행 조직자의 역할이 강조된다.
③ 일단 임의적으로 맺어진 의미 관계가 관습이 되면 그 의미는 변경될 수 없다.
④ 주어진 학습 과제를 자신의 인지 구조에 의미 있게 관련시키려는 학습자의 성향이다.

(가)는 관련 정착의미, (나)는 유의미학습태세이다. 유의미학습태세란 학습을 하려는 동기로 주어진 학습 과제를 자신의 인지 구조에 의미 있게 관련시키려는 학습자의 성향을 의미한다.

🔒정답 ④

05 캐롤(Carroll)의 학교학습모형은 〈보기〉에 제시한 다섯 개의 요소를 사용하여 학습의 정도를 학습에 필요한 시간과 학습에 소비한 시간의 함수로 표현한다. 학습에 소비한 시간으로 분류된 요소로 묶인 것은?
■ 03 초등

보기
가. 적성　　　　　나. 수업의 질　　　　　다. 수업이해력
라. 학습지속력　　　마. 학습기회

① 가, 다
② 나, 라
③ 다, 마
④ 라, 마

• 학습에 소비한 시간 = 학습기회, 학습지속력
• 학습에 필요한 시간 = 적성, 수업이해력, 수업의 질

🔒정답 ④

06 가네(Gagné)가 제시한 수업 설계 이론의 기본 가정을 가장 적절하게 설명한 것은? ■ 02 초등
① 수업이 추구하는 학습의 결과 유형에 따라서 수업을 설계해야 한다.
② 학습자의 고차적 사고 능력의 향상에 초점을 두고 수업을 설계해야 한다.
③ 사용할 수업 매체를 결정하고 난 후 매체의 성격에 따라 수업을 설계해야 한다.
④ 포괄적이고 일반적 내용이 구체적 내용에 앞서 제시되도록 수업을 계열화해야 한다.

② 블룸이 주장한 내용이다. 블룸은 학습 목표를 지식, 이해, 적용, 분석, 종합, 평가 여섯 단계로 구분하였다. 특히 분석, 종합, 평가는 고차적 사고 능력과 관련 있으며 이러한 고차적 사고를 촉진하는 것이 중요하다고 주장하였다.
③ ASSURE 모형에 대한 설명이다.
④ 오수벨의 유의미 학습모형에 대한 설명이다.

🔒정답 ①

07 가네(R. Gagné)의 수업사태(events of instruction)에 관한 진술로 옳지 않은 것은? ■ 08 중등

① 학습자의 내적 학습 과정을 지원하는 일련의 외적 교수 활동이다.
② 교실수업을 계획할 때 수업사태의 순서를 변경하거나 생략할 수 있다.
③ '학습 안내 제공' 단계에서는 학습을 위한 적절한 자극자료를 제시하고, 교재나 보조자료의 구성과 활용방법을 안내한다.
④ '파지와 전이 촉진' 단계에서는 학습자에게 다양한 종류의 새로운 과제를 제시하여 학습의 전이가 잘 일어날 수 있도록 지원한다.

'자극자료의 제시' 단계에서 학습을 위한 적절한 자극자료를 제시한다.
'학습 안내 제공' 단계에서는 학생들에게 학습내용에 대한 힌트나 질문을 던지거나, 지난 시간에 학습한 내용과의 유사점과 차이점을 설명해준다.

 ③

08 〈보기〉의 내용과 모두 관계된 가네(R. Gagné)의 학습된 능력의 영역은? ■ 07 초등

―| 보기 |―
• 학습이나 사고에 대한 통제 및 관리 능력이다.
• 다양한 상황에서의 문제해결 경험을 통해 개발된다.
• 비교적 오랜 기간에 걸쳐 습득되는 창조적 능력이다.

① 태도　　　　　　　　　　② 지적 기술
③ 인지 전략　　　　　　　　④ 언어적 정보

학습이나 사고에 대한 통제 및 관리 능력은 인지 전략이다.

 ③

09 체제적 수업 설계의 필요성과 거리가 먼 것은? ■ 05 초등

① 수업에 관한 전체적인 틀을 제공함으로써 수업을 개선할 수 있다.
② 수업 중에 일어난 예기치 못한 상황에 즉각적으로 대처할 수 있다.
③ 수업목표, 수업내용, 수업방법, 매체, 평가 등을 일관성 있게 계획할 수 있다.
④ 학습자의 요구 분석과 과제 분석을 통해 학습자에게 적절한 수업목표를 설정할 수 있다.

체제적 교수 설계는 단계적인 절차에 따른 모형으로 절차에서 벗어난 예기치 못한 상황에 대응하기 힘든 모형이다.

정답 ②

10 일반적 교수체제 설계모형(ADDIE)의 '분석 단계'에서 수행하는 활동을 〈보기〉에서 모두 고른 것은?
■ 09 초등

| 보기 |
ㄱ. 요구 분석   ㄴ. 환경 분석   ㄷ. 교수자 분석
ㄹ. 학습자 분석   ㅁ. 직무 및 과제 분석

① ㄱ, ㄴ, ㄷ
② ㄱ, ㄹ, ㅁ
③ ㄴ, ㄹ, ㅁ
④ ㄱ, ㄴ, ㄷ, ㄹ
⑤ ㄱ, ㄴ, ㄹ, ㅁ

교수자 분석은 분석 단계에서 하지 않는다.

정답 ⑤

---

11 딕과 캐리(W. Dick & L. Carey)의 체제적 교수설계에서 제시하는 학습과제 분석에 대한 설명으로 옳은 것을 〈보기〉에서 모두 고른 것은?
■ 09 중등

| 보기 |
ㄱ. 최소공배수를 구하는 학습과제는 위계분석을 한다.
ㄴ. 시간을 잘 지키는 태도를 기르는 학습과제는 군집분석을 한다.
ㄷ. 각 나라와 그 수도를 연결하여 암기하는 학습과제는 통합분석을 한다.
ㄹ. 다항식의 덧셈을 하는 학습과제는 상위목표에서부터 하위목표로 분석해 나간다.

① ㄱ, ㄴ
② ㄱ, ㄹ
③ ㄴ, ㄷ
④ ㄴ, ㄹ
⑤ ㄱ, ㄷ, ㄹ

ㄱ. 최소공배수를 구하는 학습과제는 위계분석을 한다.(지적기능-위계분석)
ㄹ. 다항식의 덧셈을 하는 학습과제는 상위목표에서부터 하위목표로 분석해 나간다.(지적기능-위계분석)
ㄴ. 시간을 잘 지키는 태도를 기르는 학습과제는 군집분석을 한다.(태도는 통합분석)
ㄷ. 각 나라와 그 수도를 연결하여 암기하는 학습과제는 통합분석을 한다.(암기는 군집분석)

정답 ②

12 딕(W. Dick)과 캐리(L. Carey)의 체제적 교수설계 모형에서 학습과제분석(또는 교수과제분석)의 결과와 그 활용에 관한 설명 중 거리가 먼 것은? ■ 06 중등

① 분석된 모든 목표와 하위기능을 수행목표(또는 성취목표)로 진술한다.
② 분석된 학습목표들을 고려하여 연습문제, 형성평가 및 총합평가 도구를 개발한다.
③ 설정된 출발점 행동을 본시수업 초기단계에서 가르치고 형성평가 단계에서는 성취도를 평가한다.
④ 분석결과에 따라 하위기능을 먼저 가르치고, 그 다음 관련된 상위목표를 달성하도록 수업순서를 정한다.

설정된 출발점 행동을 본시수업 초기단계에서 가르치지 않는다.

정답 ③

13 딕(W. Dick)과 캐리(L. Carey)의 수업설계모형에서 형성평가에 대한 설명으로 가장 적절한 것은?

① 일대일평가, 소집단평가, 현장평가 등을 실시한다. ■ 07 중등
② 형성평가의 결과를 바탕으로 총괄평가를 실시한다.
③ 개발된 수업프로그램을 실제 수업에 활용한 후에 실시한다.
④ 개발된 수업프로그램의 계속 사용 여부를 결정하기 위해 실시한다.

② 형성평가는 주로 수업 개선을 위한 피드백을 제공하며 총괄평가는 과정이 끝난 후 학습 성과를 평가하는 것으로 형성평가의 결과를 바탕으로 총괄평가가 이루어진다고 볼 수는 없다.
③ 개발된 수업프로그램을 실제 수업에 활용한 후에 실시하는 것은 총괄평가이다.
④ 개발된 수업프로그램의 계속 사용 여부를 결정하기 위해 실시하는 것은 총괄평가이다.

정답 ①

14 딕과 케리(W. Dick, L. Carey & J. Carey)의 교수설계모형에 대한 설명으로 옳지 않은 것은?

① 교수 프로그램을 설계 및 개발하기 위해 체계적인 접근을 한다. ■ 11 중등
② 딕과 케리의 교수설계모형에는 ADDIE 모형의 실행단계(I)가 생략되어 있다.
③ 교수 프로그램 설계 및 개발 과정을 주도한 교수설계자가 총괄평가를 실시할 것을 권한다.
④ 수행목표진술 단계에서는 학습이 끝났을 때 학습자가 할 수 있는 것으로 기대되는 목표를 구체적으로 진술한다.
⑤ 교수분석 단계에는 목표를 학습 영역(learning outcomes)에 따라 분류하고 수행 행동의 주요 단계를 파악하는 활동이 포함된다.

교수 프로그램 설계 및 개발 과정을 주도한 교수설계자가 형성평가를 실시할 것을 권한다.

정답 ③

15 딕과 캐리(Dick & Carey)의 체제적 수업설계 모형 요소의 일부분이다. 순서대로 나열한 것은?
■ 05 중등

| ㄱ. 수업전략 개발 | ㄴ. 학습과제 분석 |
| ㄷ. 형성평가 실시 | ㄹ. 구체적 행동목표 진술 |

① ㄴ – ㄹ – ㄱ – ㄷ
② ㄴ – ㄹ – ㄷ – ㄱ
③ ㄹ – ㄴ – ㄱ – ㄷ
④ ㄹ – ㄴ – ㄷ – ㄱ

ㄴ. 학습과제 분석 → ㄹ. 구체적 행동목표 진술 → ㄱ. 수업전략 개발 → ㄷ. 형성평가 실시

정답 ①

16 켈러(J. Keller)가 제안한 동기설계에 관한 ARCS 모형에 대한 설명으로 적절하지 않은 것은?
■ 07 중등

① 학습동기 유발을 위한 동기요소에는 주의집중, 관련성, 자신감, 만족감이 있다.
② 교사주도 수업뿐만 아니라 컴퓨터보조수업이나 e-러닝 콘텐츠 설계에도 활용가능한 모형이다.
③ 학습동기를 유발하고 지속시키기 위하여 학습환경의 동기적 측면을 설계하는 문제해결 접근이다.
④ 학습자의 동기수준을 최대한 높임으로써 학업성취 향상에 직접적인 영향을 미치고자 동기설계를 하는 모형이다.

켈러(J. Keller)가 제안한 동기설계에 관한 ARCS 모형은 학업성취 향상에 간접적인 영향을 준다.

정답 ④

17 켈러(Keller)의 ARCS 이론의 만족감(Satisfaction) 증대를 위한 수업 전략은? ■ 03 중등

① 친밀한 인물이나 사건의 활용
② 비일상적인 내용이나 사건의 제시
③ 쉬운 것에서 어려운 것의 순서로 과제 제시
④ 성공적 학습 결과에 대한 긍정적 피드백 제공

① 관련성 : 친밀한 인물이나 사건의 활용
② 주의 : 비일상적인 내용이나 사건의 제시
③ 자신감 : 쉬운 것에서 어려운 것의 순서로 과제 제시

정답 ④

18 강 교사는 새로운 학습내용을 제시하기에 앞서 학생들의 사전 지식과 경험을 활성화하여 동기를 유발하였다. 켈러(J. Keller)의 ARCS 이론 중 강 교사가 사용한 수업전략과 가장 관계가 깊은 요소는? ■ 06 초등

① 주의(attention) ② 관련성(relevance)
③ 자신감(confidence) ④ 만족감(satisfaction)

학생들의 사전 지식과 경험을 통해 동기를 유발하는 수업전략은 관련성과 관계가 깊다.

정답 ②

19 다음은 어느 교사가 작성한 교단일기 중의 일부이다. ㉠∼㉤에서 라이겔루스(C. Reigeluth)가 제시한 교수의 3가지 변인 중 '조건' 변인에 해당하는 것으로 가장 적절한 것은? ■ 13 중등

> 우리 학교의 교과별 교육과정에는 월별 계획뿐 아니라 매 시간 수업을 통해 도달해야 할 목표와 다루어야 할 교육내용이 상세하게 규정되어 있다. 모든 교사는 그 교육과정에 따라 수업을 진행해야 한다. 따라서 ㉠ 나는 정해진 수업목표와 교육내용을 바꿀 수 없었다. 그러나 ㉡ 수업목표 달성을 위한 전략은 내가 선택하여 사용할 수 있었다. 나는 교육내용을 강의식으로 설명하기보다는 학습자들이 서로 협력하여 토론하게 하는 전략을 활용하였다. 그 전략은 강의식에 비해 ㉢ 학습시간이 더 많이 소요되었다. 그렇지만 수업이 끝난 후 ㉣ 대부분의 학습자들이 수업목표에 도달하였고, ㉤ 수업에 대한 흥미도가 높아졌으며 그 수업의 내용에 대해서도 지속적인 관심을 보였다.

① ㉠ ② ㉡ ③ ㉢
④ ㉣ ⑤ ㉤

라이겔루스(C. Reigeluth)가 제시한 교수의 3가지 변인은 조건, 방법, 결과이다.
- 교수의 조건 : 교수설계자나 교사가 통제할 수 없는 것
- 교수의 방법 : 서로 다른 조건하에서 학습 결과를 성취하기 위해 사용되는 다양한 전략
- 교수 결과 : 교수활동의 최종 산물

㉠ 교사가 통제할 수 없는 것으로 교수 조건에 해당한다.
㉡ 학습 결과를 성취하기 위한 전략으로 교수 방법에 해당한다.
㉢ 교수 결과 중 효율성에 해당한다.
㉣ 교수 결과 중 효과성에 해당한다.
㉤ 교수 결과 중 매력성에 해당한다.

정답 ①

20 다음 중 라이겔루스(Reigeluth)의 정교화 이론(Elaboration Theory)에 대한 설명으로 틀린 것은? ■ 02 중등
① 정교화된 계열은 학습자가 사용해야 할 인지전략의 조직이다.
② 정교화에는 개념적 정교화, 절차적 정교화, 이론적 정교화의 세 유형이 있다.
③ 종합자는 아이디어들을 서로 연결시키고 통합시키기 위하여 사용되는 전략요소이다.
④ 요약자는 학습자가 학습한 것을 망각하지 않도록 하기 위해 체계적으로 복습하는 데 사용되는 전략요소이다.

① 정교화된 계열은 교수설계자가 사용하는 방법이다.

정답 ①

21 교수-학습이론 중 〈보기〉는 어떤 이론에 대한 설명인가? ■ 03 초등

―| 보기 |―
먼저 광각렌즈를 통해 사물의 전체적인 모습을 관찰함으로써 각 부분들이 서로 어떠한 관계를 형성하고 있는지 파악할 수 있을 것이다. 그 다음 각 부분별로 확대해 들어가 세부 사항들을 관찰할 수 있을 것이다. 한 단계 줌인(zoom-in)해서 세부사항들을 관찰한 다음 다시 줌아웃(zoom-out)해서 전체와 부분간의 관계를 다시 반복적으로 검토할 수도 있다.

① 정교화 이론   ② 처방적 교수이론
③ 내용요소 제시이론   ④ 구성주의 교수이론

줌인(zoom-in), 줌아웃(zoom-out)은 정교화 이론이다.

정답 ①

22 라이겔루스(C. Reigeluth)가 교수의 3대 변인 사이의 관계를 도식화한 다음 모형에 대한 설명으로 옳은 것만을 〈보기〉에서 있는 대로 고른 것은?
■ 12 중등

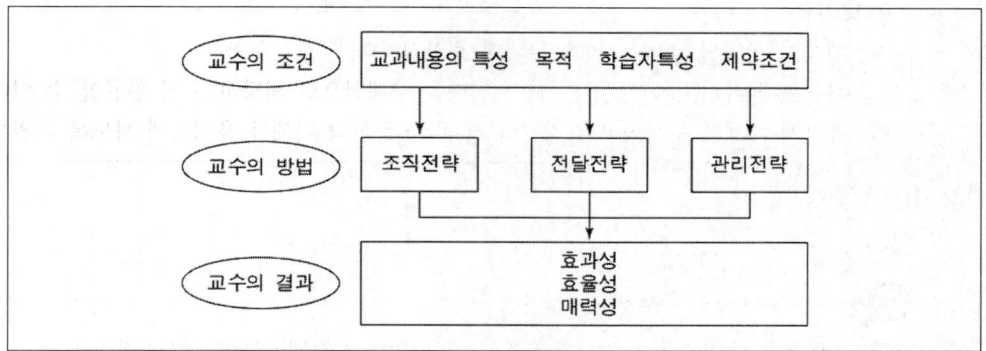

┤보기├
ㄱ. '교수의 조건'이란 교수설계자나 교사가 통제할 수 있는 것으로, 가네(R. Gagné)의 학습조건 중 외적 조건과 같은 의미이다.
ㄴ. '교수의 방법'이란 서로 다른 조건 하에서 의도한 학습 결과를 성취하기 위하여 사용되는 다양한 교수전략을 의미한다.
ㄷ. '조직전략'에는 하나의 아이디어를 가르칠 때의 교수 전략인 미시적 조직전략과 복합적인 여러 아이디어를 가르칠 때의 교수전략인 거시적 조직전략이 있다.
ㄹ. '교수의 결과' 중 매력성(appeal)이란 학습자가 교수·학습 활동과 학습자료 등에 매력을 느껴 학습을 더 자주 하려 하고, 습득한 지식이나 기능을 사용하려는 성향을 의미한다.

① ㄱ, ㄴ   ② ㄷ, ㄹ   ③ ㄱ, ㄴ, ㄹ
④ ㄱ, ㄷ, ㄹ   ⑤ ㄴ, ㄷ, ㄹ

ㄱ. '교수의 조건'이란 교수설계자나 교사가 통제할 수 없는 것이다.

정답 ⑤

23 〈보기〉는 메릴(M. D. Merrill)의 내용요소제시이론에 대한 설명이다. 옳은 것을 모두 고른 것은?

■ 08 중등

| 보기 |
ㄱ. 인지적 영역의 수업을 설계하는 데 효과적이다.
ㄴ. 목표를 분류하고 이에 따른 교수 전략을 구체적으로 처방하는 데 활용할 수 있다.
ㄷ. 개방적 체제로 구성되어서 지식의 전체적·통합적 이해를 용이하게 하도록 지원한다.

① ㄱ, ㄴ ② ㄱ, ㄷ
③ ㄴ, ㄷ ④ ㄱ, ㄴ, ㄷ

메릴의 내용요소제시이론은 미시적 접근이론으로 구조적이고 체계적인 접근을 중요시한다.

 ①

24 다음의 내용을 특징으로 하는 교수설계 이론은?

■ 02 중등

• 학습결과의 범주를 이차원적인 수행-내용 행렬표로 제시하고 있다.
• 일차적 자료제시 형태는 일반성과 사례, 설명식과 탐구식으로 이루어져 있다.
• 이차적 자료제시 형태는 맥락, 선수학습, 암기법, 도움말, 표현법, 피드백을 포함한다.

① 상황학습 이론(Situated Learning Theory)
② 체제설계 이론(System Design Theory)
③ 내용요소제시 이론(Component Display Theory)
④ 자기주도학습 이론(Self-Directed Learning Theory)

이차원적인 수행-내용 행렬표로 제시한 이론은 메릴의 내용요소제시 이론(Component Display Theory)이다.

 ③

25 다음에서 김교사가 활용한 토의식 수업의 유형은?

• 07 중등

김교사는 환경오염에 대한 수업시간에 환경전문가인 강박사를 초청하였다. 김교사는 수업 방식 및 주제에 대하여 간단히 안내하였다. 강박사는 학생들에게 약 15분간 지역의 환경오염 방지 방안을 설명하였다. 이후 김교사의 사회로 학생들은 설명 내용에 대하여 30분간 강박사와 질의응답 시간을 가졌다.

① 포럼(forum)
② 배심토의(panel discussion)
③ 버즈토의(buzz session method)
④ 원탁토의(round table discussion)

포럼(forum) : 전문가 1~3명이 자신의 의견을 청중 앞에 발표하고 발표한 내용을 중심으로 여러 명의 청중과 질의 응답하는 방법이다.

 ①

26 다음에서 제시하고 있는 토의학습 유형에 해당되는 것은?

• 04 중등

김 교사는 토의학습을 위해 7~8명의 학생을 학습집단으로 편성하였다. 토의학습에 참여한 모든 학생이 상호 대등한 관계 속에서 자유롭게 의견을 교환하도록 하였다. 각 집단은 주제에 관련된 사전 지식이 있는 학생을 사회자로 선출하고 기록자도 선정하였다. 김 교사는 구성원 모두가 발언할 수 있는 기회를 가질 수 있도록 안내하였다.

① 공개토의
② 원탁토의
③ 배심토의
④ 단상토의

원탁토의 : 자유로운 분위기에서 구성원 모두가 발언할 수 있는 기회를 가질 수 있도록 안내한다.

 ②

27 인터넷을 이용한 〈보기〉와 같은 토론수업의 교육적 기대 효과와 가장 거리가 먼 것은?

• 03 중등

┤보기├─
교사는 대학 기여 입학제에 관한 토론 수업을 시도하였다. 먼저 학생들로 하여금 각자 찬반 의견을 인터넷 토론방에 올리도록 하였다. 그리고 동료 학생들의 의견을 읽고 비평하게 하였다. 마지막으로 자신의 의견을 수정하여 다시 올리도록 하였다.

① 의사소통 능력의 향상
② 다양한 사고활동의 촉진
③ 비판적 사고능력의 함양
④ 교사가 의도한 최종 결론의 도출

> **해설**
> 교사가 의도한 최종 결론의 도출은 토론수업의 교육적 기대 효과가 아니다.
>
> **정답** ④

28 다음은 토의법과 협동학습에 대한 교사들의 대화이다. 각 교사의 요구에 가장 부합하는 토의법이나 협동학습 방법을 옳게 짝지은 것은?   ■ 11 중등

> 이 교사 : 발표자 중심의 교실 전체 토의수업에서는 나머지 학생들의 참여와 상호작용이 저조한 경우가 많아요. 소집단 토의처럼 학생들이 청중이 아닌 토론의 주체가 되어 활발하게 상호작용하면 좋겠습니다.
> 장 교사 : 저는 협동학습에서 무임승차하는 학생들이 더 문제라고 봅니다. 집단 보상 시에 개인의 성취 결과를 집단 점수에 반영하여 모든 학생들이 책무성을 갖도록 하면 좋겠습니다.
> 김 교사 : 토의법이나 협동학습에서 학생들은 무엇을 어떻게 해야 할지 몰라서 시간을 낭비하는 경우가 종종 있지요. 토의나 협동학습의 주제, 형식과 절차 및 구성원의 역할 분담이 명확하게 제시되면 좋겠습니다.

	이 교사	장 교사	김 교사
①	버즈토의 (buzz discussion)	함께 학습하기 (Learning Together)	원탁토의 (round table discussion)
②	버즈토의 (buzz discussion)	성취-과제분담 (STAD)	과제분담학습 Ⅱ (Jigsaw Ⅱ)
③	배심토의 (panel discussion)	팀경쟁학습 (TGT)	집단조사 (Group Investigation)
④	공개토의 (forum discussion)	팀경쟁학습 (TGT)	원탁토의 (round table discussion)
⑤	배심토의 (panel discussion)	함께 학습하기 (Learning Together)	집단조사 (Group Investigation)

> **해설**
> • 이 교사 : 학생들이 청중이 아닌 토론의 주체가 되어 활발하게 상호작용하는 것은 버즈토의
> • 장 교사 : 집단 보상 시에 개인의 성취 결과를 집단 점수에 반영하여 모든 학생들이 책무성을 갖도록 하는 것은 성취-과제분담(STAD)
> • 김 교사 : 토의나 협동학습의 주제, 형식과 절차 및 구성원의 역할 분담이 명확하게 제시되는 것은 과제분담학습
>
> **정답** ②

29 사회교육 방법으로 단상토론(symposium)에 대한 설명으로 맞는 것은?

① 전문적 식견을 가진 50명 이하의 참석자 전원이 발표자의 발제 내용에 대하여 공개적으로 질의·토론한다.
② 사회자의 진행에 의해 특정 주제에 관하여 3~6명의 토론자가 청중들 앞에서 유목적적인 대화의 형태로 토론을 한다.
③ 3~4명의 학습자 집단(청중 대표)과 3~4명의 전문가 집단이 청중 앞에서 사회자의 진행으로 특정 주제에 대하여 대담 토론을 한다.
④ 몇몇 주제를 중심으로 청중들 앞에서 2~5명의 발표자들이 공식적으로 각자의 전문적 지식과 의견을 제시하고 발표자 간 좌담식 토론을 한다.

몇몇 주제를 중심으로 청중들 앞에서 2~5명의 발표자들이 공식적으로 각자의 전문적 지식과 의견을 제시하고 발표자끼리 좌담식 토론을 하는 것은 단상토론이다.

정답 ④

30 다음과 같은 상황에서 학생들의 불만을 해소하면서, 김 교사가 추구했던 목적도 달성할 수 있는 교수-학습 방법으로 가장 적합한 것은?

> 경쟁의식이 지나쳐 학생들이 학습에 필요한 정보도 서로 교환하지 않는 교실문화에서 김 교사는 학생들의 협동심을 길러주기 위해 소집단 학습을 시도하였다. 그러나 몇몇 성적이 우수한 학생들이 자기 분단에서 열심히 참여하지 않은 학생들이 있음에도 모두 같은 점수를 받는 것이 공정하지 않다고 불만을 털어놓았다.

① 토론
② 사례분석
③ 시뮬레이션
④ 자율적 협동학습(Co-op Co-op)

- 학생들의 협동심을 길러주기 위한 소집단 학습 방법은 자율적 협동학습(Co-op Co-op)이다.
- **시뮬레이션** : 실제의 상황을 간단하게 축소한 모형을 통해서 실험을 하고 그 실험결과에 따라 행동이나 의사결정을 하는 기법
- **사례분석** : 하나의 사례를 집중적으로 연구하는 횡단 분석의 유형

정답 ④

31. (가)와 (나)에 해당하는 협동학습 모형을 바르게 짝지은 것은?

■ 10 중등

(가) 교사는 단원을 몇 개의 소주제로 나누어 원집단에 질문의 형식으로 제시한다. 원집단의 구성원들은 소주제를 하나씩 나누어 맡는다. 각 구성원은 원집단에서 나와, 같은 소주제를 맡은 다른 집단의 구성원들과 전문가 집단을 형성하여 맡은 과제를 집중적으로 학습한다. 학습이 끝나면 원집단으로 돌아가 습득한 전문 지식을 다른 구성원에게 가르친다. 마지막으로 단원 전체에 대해 개별 시험을 치른 후, 집단 보상을 받는다.

(나) 교사와 학생들이 토의를 통해서 학습과제를 선택한 후, 이것을 다시 소주제로 분류한다. 학생들은 각자 학습하고 싶은 소주제를 선택하고, 같은 소주제를 선택한 학생들끼리 팀을 구성한다. 팀 구성원들은 소주제를 더 작은 미니 주제들(mini-topics)로 나누어 개별 학습한 후, 그 결과를 팀 내에서 발표한다. 팀 별로 보고서를 작성한 후, 학급 전체에서 발표한다.

	(가)	(나)
①	과제분담학습 Ⅱ(Jigsaw Ⅱ)	팀경쟁학습(TGT)
②	과제분담학습 Ⅱ(Jigsaw Ⅱ)	자율적 협동학습(Co-op Co-op)
③	과제분담학습 Ⅱ(Jigsaw Ⅱ)	팀보조 개별학습(TAI)
④	성취-과제분담(STAD)	팀경쟁학습(TGT)
⑤	성취-과제분담(STAD)	자율적 협동학습(Co-op Co-op)

(가) 각 구성원이 원집단에서 나와, 같은 소주제를 맡은 다른 집단의 구성원들과 전문가 집단을 형성하는 것은 직소 모형이다.
(나) 학생들이 각자 학습하고 싶은 소주제를 선택하는 것은 자율적 협동학습이다.

정답 ②

32

슬라빈(Slavin)은 협동학습시 집단 구성원간의 긍정적 상호의존성을 높여 무임승차를 줄일 수 있는 보상방식을 제시하였다. 협동학습을 실시한 수업에서 A조의 성적이 다음과 같을 때, 슬라빈이 제시한 방식에 따라 A조에 대한 보상 여부를 결정한다면 다음 중 어느 방법이 가장 적합한가?

■ 03 초등

학생 \ 시험시기	4주	5주	6주	7주
갑	45	50	50	55
을	95	95	95	100
병	90	90	90	95
정	30	30	40	45
A조 평균				74
학급 평균				60

① 90점을 넘긴 두 학생에게만 보상한다.
② 학급 평균 이하인 학생이 50%이므로 모두에게 보상하지 않는다.
③ 모든 학습자가 이전 주에 비해 성적이 향상되어 모두에게 보상한다.
④ A조의 평균이 교사가 기대하는 80점을 넘지 못하여 모두에게 보상하지 않는다.

 해설

모든 학습자가 이전 주에 비해 성적이 향상되어 모두에게 보상하는 집단 보상을 한다.

정답 ③

33 다음과 같은 학습절차를 갖는 협동학습 유형으로 가장 적절한 것은?　　■ 12 초등

```
┌─────────────────────────────────────────────┐
│                  집단구성                     │
└─────────────────────────────────────────────┘
                      ↓
┌─────────────────────────────────────────────┐
│       전체 학습내용 읽기와 집단 내 개인별 과제 분담       │
└─────────────────────────────────────────────┘
                      ↓
┌─────────────────────────────────────────────┐
│  각 집단에서 동일 과제를 맡은 학생끼리 모인 전문가 집단에서 협동학습  │
└─────────────────────────────────────────────┘
                      ↓
┌─────────────────────────────────────────────┐
│           원 소속집단으로 돌아가 협동학습            │
└─────────────────────────────────────────────┘
                      ↓
┌─────────────────────────────────────────────┐
│                  개별평가                     │
└─────────────────────────────────────────────┘
                      ↓
┌─────────────────────────────────────────────┐
│        개인점수, 향상점수, 집단점수 산출            │
└─────────────────────────────────────────────┘
                      ↓
┌─────────────────────────────────────────────┐
│             개별보상 및 집단보상              │
└─────────────────────────────────────────────┘
```

① 직소 Ⅱ(Jigsaw Ⅱ)
② 자율적 협동(Co-op Co-op)
③ 집단 조사(Group Investigation)
④ 팀 경쟁(Teams Games Tournaments)
⑤ 성취과제분담(Student Teams Achievement Divisions)

해설

원집단과 전문가집단으로 나누어지는 것은 직소모형이며 집단보상을 하는 것은 직소 Ⅱ(Jigsaw Ⅱ)이다.

정답 ①

34. 다음의 내용과 가장 부합하는 토의 유형은?

■ 12 초등

- 여러 개의 소집단이 열띠게 토의하는 과정을 비유해 토의 유형의 이름이 붙여졌다.
- 3~6명으로 편성된 소집단들이 주어진 주제에 대해 6분 정도 토의하는 형태로 시작된다.
- 사회자가 비슷한 결론을 내린 소집단들을 점점 합쳐 가며 토의를 진행하고, 최종적으로 전체가 모여 토의의 결론을 내린다.
- 좌석배치의 예를 들면 아래 그림과 같다.

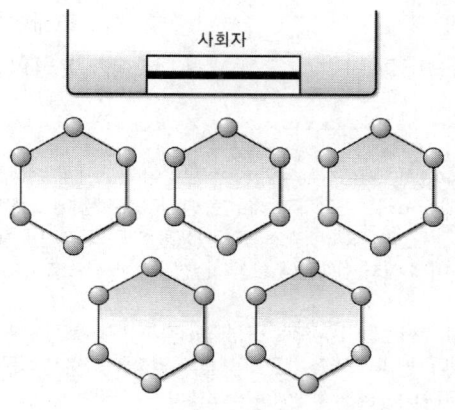

① 버즈토의(buzz)
② 배심토의(panel)
③ 공개토의(forum)
④ 단상토의(symposium)
⑤ 원탁토의(round table)

소집단이 열띠게 토의하는 과정을 비유하여 이름 지은 것은 버즈토의(buzz)이다.

정답 ①

35. 〈보기〉에서 협동학습에 대한 설명으로 맞는 것을 모두 고르면?

■ 04 중등

보기
ㄱ. 학습과정에서 리더십, 의사소통 기술과 같은 사회적 기능들을 직접 배운다.
ㄴ. 협동기술은 청취기술, 번갈아 하기, 도움주기, 칭찬하기 등이 있다.
ㄷ. 정해진 시간에 다양한 지식을 전달할 수 있으며, 교사의 의사대로 수업시간과 학습량에 대한 조절이 용이하다.

① ㄱ
② ㄱ, ㄴ
③ ㄴ, ㄷ
④ ㄱ, ㄴ, ㄷ

ㄷ. 협동학습으로는 정해진 시간에 다양한 지식을 전달하기 힘들며, 교사의 의사대로 수업시간과 학습량에 대한 조절이 어렵다.

정답 ②

36 과제의 상호의존성은 높고 보상의존성은 낮은 협동학습 모형은? ■ 05 중등

① 팀경쟁학습(TGT)
② 팀보조개별학습(TAI)
③ 성취과제분담학습(STAD)
④ 과제분담학습 I(Jigsaw I)

④ **과제분담학습 I(Jigsaw I)** : 학생들이 각자의 역할에 따라 과제를 수행하고, 그 결과를 서로 공유하므로 상호의존성이 높지만 개별적으로 가르치고 배우는 방식이기 때문에 보상의존성은 낮다.
① **팀경쟁학습(TGT)** : 팀 간의 경쟁이 강조되어 학생들은 팀의 성과를 높이기 위해 서로 협력하지만, 보상은 팀의 성과에 기반하여 주어지기 때문에 보상의존성이 상대적으로 높다. 따라서 상호의존성과 보상의존성 모두 높다.
② **팀보조개별학습(TAI)** : 학생들이 팀으로 구성되어 각자 개별적으로 학습하면서 팀원들끼리 도와주는 방식으로 상호의존성이 있다. 팀의 성과가 개인의 학습에 영향을 미치기 때문에 보상의존성도 어느 정도 존재한다.
③ **성취과제분담학습(STAD)** : 팀의 성과에 따라 보상이 주어지는 방식으로, 학생들은 팀 내에서 협력하여 높은 점수를 받기 위해 노력한다. 따라서 상호의존성과 보상의존성 모두 높은 편이다.

정답 ④

37 다음과 같은 활동은 어떤 협동학습의 방법인가? ■ 01 초등

> 유교사는 반 전체 학생을, 6명씩 7개의 모둠으로 구성하였다. 그리고 학습주제를 6개로 분류하여 각 모둠원이 하나의 주제를 선택하도록 하였다. 각 모둠내에서 동일 주제를 선택한 학생들끼리 새로운 모둠을 구성하여 해당 주제를 협동하면서 학습하였다. 해당 주제를 학습한 후 각자 최초의 자기 모둠으로 다시 모여 자신이 학습한 내용을 서로 돌아가면서 가르쳐 주었다.

① 직소방법(jigsaw method)
② 집단탐구(group investigation)
③ 협동을 위한 협동학습(co-op co-op 모형)
④ 토너먼트 게임형(teams-games tournaments model)

해당 주제를 학습한 후 모집단으로 돌아가는 것은 직소모형이다.

🔒정답 ①

38 〈보기〉와 같은 방식에 따라 김교사가 진행한 협동학습 유형으로 가장 적절한 것은? ■ 07 중등

| 보기 |

- 전체 학생들에게 기본적인 학습내용을 설명한 후, 학습능력 등을 고려하여 이질적인 4명 씩으로 팀을 구성하였다.
- 팀별로 나누어준 학습지의 문제를 협동학습을 통하여 해결하도록 하였다.
- 팀별 활동이 끝난 후, 모든 학생들에게 퀴즈를 실시하여 개인 점수를 부여하였고, 이를 지난 번 퀴즈의 개인 점수와 비교한 개선 점수를 주었다.
- 개선 점수의 합계를 근거로 우수 팀을 선정하였다.

① 집단조사(Group Investigation)
② 팀경쟁학습(Team Games Tournaments)
③ 팀보조 개별학습(Team Assisted Individualization)
④ 성취과제분담학습(Student Teams-Achievement Division)

모든 학생들에게 퀴즈를 실시하여 개인 점수를 부여하고, 이를 지난 번 퀴즈의 개인 점수와 비교한 개선 점수를 주며 개선 점수의 합계를 근거로 우수 팀을 선정하는 것은 성취과제분담학습(Student Teams-Achievement Division)이다.

🔒정답 ④

39 다음과 같은 교수·학습 절차가 적용되는 교수·학습 모형은? ■ 04 초등

- 사전 진단검사를 통해 능력수준이 각기 다른 학생들을 4~5명씩으로 하여 팀을 구성한다.
- 각자의 수준에 맞는 학습과제를 교사의 도움 아래 개별적으로 학습한다.
- 단원평가 문제를 각자 풀게 한 후, 팀 구성원들을 두 명씩 짝지어 교환채점을 하게 한다.
- 일정 성취수준에 도달하면, 그 단원의 최종적인 개별시험을 보게 한다.
- 개별점수를 합하여 각 팀의 점수를 산출한다.
- 미리 설정해 놓은 팀 점수를 초과한 팀에게 보상을 한다.

① 직소(Jigsaw)모형
② 함께 학습하기(LT)모형
③ 팀 보조 개별학습(TAI)모형
④ 토너먼트 게임식 팀 학습(TGT)모형

진단검사를 통해 각자의 수준에 맞는 학습과제를 교사의 도움 아래 개별적으로 학습하는 모형은 팀 보조 개별학습(TAI)모형이다.
② 함께 학습하기(Learning Together, LT)모형 : 학생들을 소규모 그룹으로 나누어 각 그룹은 특정한 학습 목표를 설정한 후 학생들은 각자의 역할을 맡아 과제를 수행한다. 교사는 학습 과정을 관찰하고 피드백을 제공하며 학습이 끝난 후, 학생들은 그룹 활동에 대한 성찰을 한다.

정답 ③

40 상황학습(situated learning)에 대한 설명으로 적절하지 않은 것은? ■ 07 중등
① 상황학습에서 활용되는 평가방법에는 포트폴리오(portfolio) 평가가 있다.
② 상황학습은 실제적인 문제를 포함하는 환경에서 이루어지는 문화 적응 과정이다.
③ '실행공동체'(community of practice)와 '정당한 주변적 참여'(legitimate peripheral participation)는 상황학습의 주요 개념이다.
④ 상황학습환경을 설계할 때, 학습자간의 상호작용은 최소화하고 교사가 개별 학습자에게 정선된 학습내용을 지속적으로 전달할 수 있도록 해야 한다.

상황학습환경을 설계할 때, 학습자간의 상호작용을 최소화하지 않고 최대화한다.

정답 ④

41 상황학습이론(situated learning theory)을 적용한 수업 방법과 가장 거리가 먼 것은?
① 교과 간 통합적 과제나 문제를 제시한다. ■ 02 초등
② 매체를 활용하여 구체적 사례들을 다양하게 제시한다.
③ 지식이나 기능이 사용되는 구체적 맥락을 제시한다.
④ 복잡한 지식과 기능은 되도록 단순화하여 명료하게 제시한다.

객관주의가 복잡한 지식과 기능은 되도록 단순화하여 명료하게 제시한다.

정답 ④

42 인터넷을 활용한 인지적 도제 수업을 설계하고자 할 때 (가)에 가장 적합한 수업 활동은?

■ 11 초등

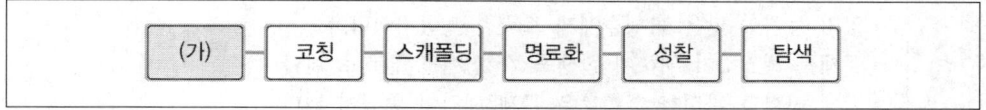

① 학생들에게 문제해결 과정을 블로그에 스스로 정리하게 한다.
② 학생들에게 과제수행에 필요한 자료를 인터넷으로 조사하게 한다.
③ 학생들에게 과제수행 과정에 대한 UCC를 제작하여 수업 게시판에 올리게 한다.
④ 전문가의 과제수행 과정이 담긴 동영상을 인터넷에서 찾아 학생들에게 보여준다.
⑤ 과제수행 중 문제에 봉착한 학생들에게 문제해결의 단서를 트위터를 통해 제공한다.

(가)는 모델링 단계로 전문가의 과제수행 과정이 담긴 동영상을 인터넷에서 찾아 학생들에게 보여준다.

정답 ④

43 박 교사가 수업에 적용한 이론으로 가장 적절한 것은?

■ 12 초등

> 박 교사는 수학 교과는 실제적인 맥락에서 학습되어야 한다고 생각한다. 그래서 그는 수학 교과의 내용을 적용하여 실제적인 문제를 해결해 가는 이야기를 담은 동영상을 제작하고 이를 수업 시간에 제시하였다. 문제가 발생되는 장면에서 동영상을 멈추고 학생들에게 이야기 속에 암시된 여러 단서들을 찾아 스스로 문제를 해결해 보도록 하였다. 그런 다음 멈추었던 동영상을 다시 틀어 문제가 해결되는 과정을 보여주었다.

① 이중부호화 이론(dual coding theory)
② 상황정착 수업 이론(anchored instruction theory)
③ 인지유연성 이론(cognitive flexibility theory)
④ 내용요소전시 이론(component display theory)
⑤ 정교화 수업 이론(elaboration theory of instruction)

동영상을 활용하는 수업은 상황정착 수업 이론(anchored instruction theory)이다.

정답 ②

44 〈보기〉의 내용과 가장 가까운 교수·학습 모형은? ■ 07 초등

> ─┤보기├─
> • 읽기 능력이 낮은 학생들에게 효과적인 방법이다.
> • 문제를 해결하기 위하여 학생들 간 협력을 필요로 한다.
> • 실제 상황과 관련한 흥미로운 문제 해결이 중심이 된다.
> • 실제 상황을 모사한 영상매체의 이야기를 통해 수학문제를 제시한다.

① 정착 수업(anchored instruction)
② 위계 학습(hierarchical learning)
③ 디자인 중심 학습(learning by design)
④ 프로그램 학습(programmed learning)

① 정착 수업 : 영상 매체와 실제 상황을 활용하기 때문에 읽기 능력이 낮은 학생들에게 효과적이며 문제를 해결하기 위한 협력이 강조된다.
② 위계 학습(hierarchical learning) : 학습 내용을 구조적으로 조직하여 점진적으로 학습하는 것으로 복잡한 지식이나 기술을 작은 단위로 나누어, 각 단위를 단계적으로 학습하고 통합하는 학습법이다.
③ 디자인 중심 학습(learning by design) : 학생들이 실제 문제를 해결하기 위해 디자인 프로세스를 활용하며 창의적 사고, 협력, 문제 해결을 강조하고, 학생들이 주도적으로 참여할 수 있도록 유도한다.
④ 프로그램 학습(programmed learning) : 학생들이 체계적으로 정보를 습득할 수 있도록 설계되었으며 학습자가 스스로 학습 과정을 조절할 수 있고 각 단계에서 피드백을 제공하여 학습 효과를 극대화한다.

 ①

45 '일반적인 문제해결 전략은 없다.'는 입장과 부합하는 접근으로서, 구체적인 내용과 실제적인 맥락을 중시하는 학습형태는? ■ 06 초등

① 정착학습(anchored learning)
② 완전학습(mastery learning)
③ 원리학습(principle learning)
④ 프로그램학습(programmed learning)

'일반적인 문제해결 전략은 없다.'는 입장과 부합하는 접근은 구성주의로서 보기에서 구성주의 관련 학습은 정착학습(anchored learning)이다.

정답 ①

46. 다음의 교수·학습 방법에서 강조하는 교사의 역할과 가장 거리가 먼 것은?
■ 10 중등

- 팰린사(A. Palincsar)와 브라운(A. Brown)이 독해력 지도를 위해 제안하였다.
- 교사는 독해력을 지도할 때 질문하기, 요약하기, 명료화하기, 예견하기의 4가지 인지전략을 사용한다.
- 리더 역할은 경우에 따라 교사나 학생이 모두 수행할 수 있다.

① 수업의 처음 단계와 마지막 단계를 교사가 통제한다.
② 학생에게 현재 수준에 맞는 피드백과 조언을 제공한다.
③ 학생이 능동적으로 지식을 구성하도록 교사가 격려한다.
④ 사회적 상호작용을 통해 학생의 사고 발달을 교사가 촉진한다.
⑤ 도입 단계에서 교사는 학생에게 인지전략을 설명하고 시범 보인다.

팰린사(A. Palincsar)와 브라운(A. Brown)이 독해력 지도를 위해 제안한 것은 상보적 교수(reciprocal teaching) 모형으로 학습자 중심 수업모형이다.

정답 ①

47. 다음에서 제시하는 교수학습 방법은?
■ 08 중등

- 학생이 읽은 내용을 깊이 이해하고 생각하도록 도와주는 것이 목적이다.
- 학생으로 하여금 자신이 읽은 내용을 요약하고, 의문을 제기하고 이해가 어려운 부분을 명료화하고, 후속 내용을 예측하게 한다.
- 과제의 난이도와 학생의 능력을 고려하여, 학습의 주도권이 교사로부터 학생에게 점진적으로 옮겨가게 한다.

① 구안법(project method) ② 상호교수(reciprocal teaching)
③ 발견학습(discovery learning) ④ 프로그램교수(programmed instruction)

상호교수(reciprocal teaching) : 학생이 읽은 내용을 깊이 이해하고 생각하도록 도와주는 것이 목적이다.

정답 ②

48 학생들에게 복잡하고 비구조화된 개념을 가르치기 위하여, 스피로(R. Spiro)의 인지적 유연성 이론에 기초하여 개발된 동영상 수업자료를 활용하고자 한다. 이때 수업시간에 보여 줄 동영상 형태로 가장 적합한 것은? ■ 09 중등

① 해당 개념에 대한 강의를 5분 단위로 자른 동영상 5~6개
② 해당 개념이 한 가지 관점에서 한 사례에 적용된 5분 안팎의 동영상 1개
③ 해당 개념이 한 가지 관점에서 한 사례에 적용된 20분 안팎의 동영상 1개
④ 해당 개념에 대한 강의에 시각자료를 포함한 20분 안팎의 동영상 1개
⑤ 해당 개념이 각기 다른 관점에서 여러 사례에 적용된 1분 안팎의 동영상 5~6개

다양하고 많은 사례 : 해당 개념이 각기 다른 관점에서 여러 사례에 적용된 1분 안팎의 동영상 5~6개

 ⑤

49 〈보기〉와 가장 관련 깊은 이론은? ■ 03 중등

┤보기├
• 대부분의 지식은 복잡하고 다원적인 개념으로 형성되어 있다.
• 지식을 단순화·구조화하여 제시하는 것은 고차적 지식 습득을 오히려 방해한다.
• 지식의 전이는 지식을 단순히 기억해내는 것이 아니라 즉각적으로 재구성하는 것이다.
• 적용 사례들을 제시해 줌으로써 다양한 형태의 지식을 다각도로 체험하게 한다.

① 정교화 이론(Elaboration Theory)
② 신경망 이론(Neural Network Theory)
③ 내용요소 제시 이론(Component Display Theory)
④ 인지적 융통성 이론(Cognitive Flexibility Theory)

적용 사례들을 제시해 줌으로써 다양한 형태의 지식을 다각도로 체험하게 하는 것은 인지적 융통성 이론(Cognitive Flexibility Theory)이다.

정답 ④

50 인지적 유연성(cognitive flexibility) 이론을 적용한 하이퍼텍스트에 대한 설명으로 가장 적절한 것은?
▪ 07 초등

① 교사 주도의 수업에 주로 활용된다.
② 수학과 같은 구조화된 교과 영역에 특히 적합하다.
③ 학습 경로를 사전에 계열화하는 것이 매우 중요하다.
④ 다양하고 구체적인 사례들이 내용의 주된 구성 요소이다.

인지적 유연성(cognitive flexibility) 이론은 다양하고 구체적인 사례들이 내용의 주된 구성 요소이다.
① 하이퍼텍스트는 주로 학습자가 자율적으로 탐색할 수 있는 자원으로 활용된다.
② 비구조화된 개념 학습에 적합하며, 수학과 같은 구조화된 교과에 국한되어 사용되지 않는다.
③ 하이퍼텍스트는 비선형 탐색이 가능하기에 사전 계열화는 필요하지 않다.

🔒정답 ④

51 문제중심학습(problem-based learning)의 특성을 가장 적합하게 설명한 것은?
▪ 01 초등

① 준거지향평가를 강조한다.
② 단답형 문제 중심으로 학습한다.
③ 실제 상황과 관련된 문제로 학습활동을 수행한다.
④ 행동주의와 인지주의 학습이론을 중심으로 교육한다.

문제중심학습은 학생들이 실제 상황에서 발생할 수 있는 문제를 해결하기 위한 학습이다.
① 문제중심학습은 일반적으로 과정 중심의 평가를 강조한다.
② 문제중심학습은 복잡하고 개방적인 문제를 중심으로 학습한다.
④ 문제중심학습은 주로 구성주의 이론에 기초하고 있다.

🔒정답 ③

52 문제중심학습(problem-based learning)에 대한 설명으로 잘못된 것은?
▪ 05 중등

① 문제는 복잡하고 비구조적이며 실제적인 특성을 지닌다.
② 평가는 과정 중심적이라기보다는 결과 중심적이다.
③ 상대주의적 인식론인 구성주의에 이론적 근거를 둔다.
④ 학습방식은 자기주도적 학습과 협동학습으로 이루어진다.

평가는 과정 중심적이며 자기평가를 강조한다.

🔒정답 ②

53 조나센(D. Jonassen)의 구성주의 학습환경 설계 모형에 근거하여 박 교사가 프로젝트 수업을 위한 웹사이트를 제작하고자 한다. 설계 요소로서 (가)에 가장 적합한 것은?   ■ 12 중등

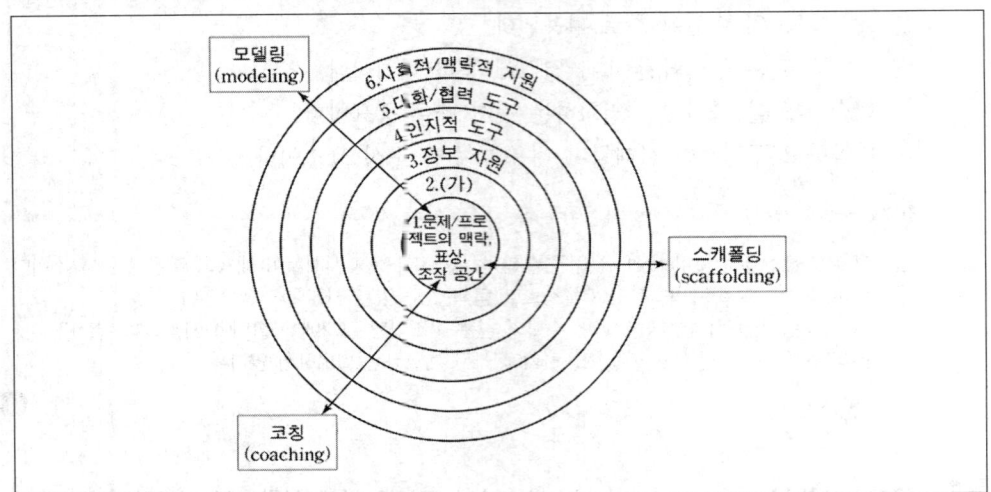

① 용어집 ② 학습계획서
③ 성찰하기 도구 ④ 개념도 그리기 도구
⑤ 프로젝트와 관련된 사례

조나센의 구성주의 학습환경 설계 모형 단계
1) 실제적이고 현실적인 문제 혹은 프로젝트(problem/project)
2) 문제 이해를 지원하는 관련 사례
3) 문제 탐구를 지원하는 정보 자원
4) 문제 해석 및 수행을 지원하는 인지 도구
5) 팀 활동 및 팀 학습을 지원하는 대화 및 협력 도구
6) 학습분위기를 조성하는 사회·맥락적 지원

정답 ⑤

54
다음은 조나센(D. H. Jonassen)의 구성주의 학습 환경 설계 모형이다. ☐ 안에 들어갈 교수자의 교수 활동에 해당하지 않는 것은?

■ 08 중등

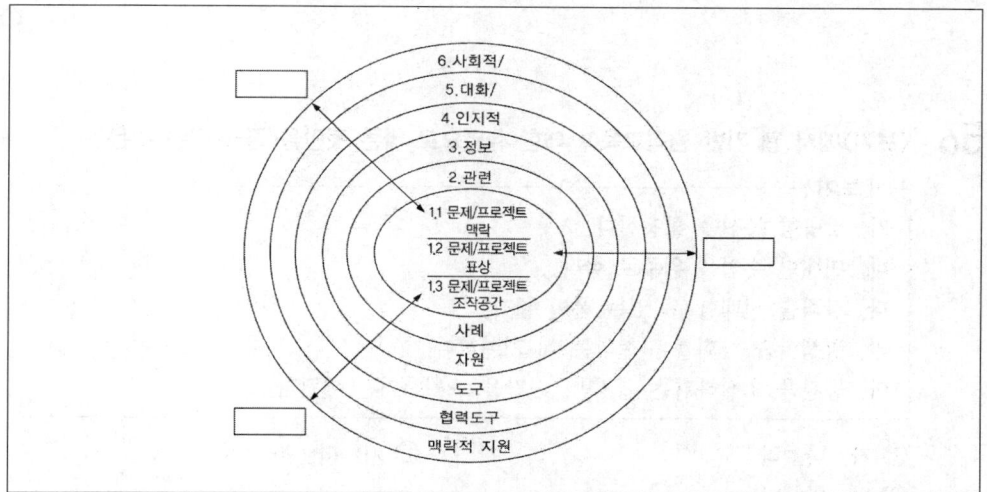

① 코칭(coaching) ② 통찰(insight)
③ 모델링(modeling) ④ 비계설정(scaffolding)

교수 활동
1) 코칭(coaching)
2) 비계설정(scaffolding)
3) 모델링(modeling)

🔒정답 ②

55
다음과 같은 방식으로 진행한 학습체제로 가장 적절한 것은?

■ 07 중등

> 학생들은 학급 홈페이지에 교사가 게시한 학습내용을 수업시간 전에 스스로 학습하였다. 교실 수업시간에는 교사의 안내에 따라 그 학습내용을 토대로 토론을 진행하였다. 수업이 끝난 후에는 교사가 제시한 토의 주제에 대하여 홈페이지 게시판에 의견을 제시하였다.

① 블렌디드 학습(blended learning)
② 온라인 프로젝트 학습(online-project learning)
③ 비디오 회의 활용 학습(video conference learning)
④ 온라인 시뮬레이션 학습(online-simulated learning)

수업, 토론, 홈페이지를 연계하여 교수·학습하는 것은 블렌디드 학습이다.

정답 ①

56. 〈보기〉에서 웹 기반 원격교육에 대한 설명으로 바른 것만을 골라 묶은 것은? ■ 05 초등

| 보기 |
가. 쌍방향 통신을 활용한다.
나. 면대면 수업을 위주로 한다.
다. 강좌를 선택할 수 있는 폭이 넓다.
라. 평생학습 사회를 구현하는 데 기여한다.
마. 공간을 초월하기는 쉽지만, 시간을 초월하기는 어렵다.

① 가, 나, 라 ② 가, 다, 라
③ 나, 다, 마 ④ 다, 라, 마

나. 비대면 수업을 위주로 한다.
마. 시간을 초월하기 쉽다.

정답 ②

57. ASSURE모형을 활용하여 교수매체를 사용하고자 할 때, 다음에 제시된 교사의 활동 단계는? ■ 04 중등

- 수업자료가 학습자와 학습목표에 적절한가를 사전에 검토한다.
- 교수매체를 이용할 교실의 주변 환경을 점검한다.
- 학습자에게 학습 준비를 위해 학습내용과 교수매체에 관한 정보를 제공한다.

① 목표 진술 ② 학습자 분석
③ 평가와 수정 ④ 매체와 자료의 활용

매체와 자료의 활용 단계이다.

정답 ④

58 〈보기〉와 같은 특성을 지닌 교수매체는? ■ 06 초등

> **보기**
> - 사용 범위가 넓고 제시물을 원색 그대로 나타내준다.
> - 그림, 사진, 실물을 따로 가공하지 않고 투영할 수 있다.
> - 하나 밖에 없거나 작아서 여러 사람이 보기 힘든 자료를 확대 투영하여 많은 학습자에게 동시에 보여줄 수 있다.

① OHP ② 슬라이드
③ 실물화상기 ④ 컴퓨터

사용 범위가 넓고 제시물을 원색 그대로 나타내며 그림, 사진, 실물을 따로 가공하지 않고 투영할 수 있는 것은 실물화상기이다.

정답 ③

59 멀티미디어의 특성에 관한 설명으로 틀린 것은? ■ 06 초등

① 많은 양의 정보를 다양한 형태로 수록할 수 있다.
② 정보가 선형적으로 제공되므로 모든 사용자가 동일한 정보를 얻는다.
③ 실제상황과 유사한 현상을 체험할 수 있는 다감각적 학습 환경을 제공한다.
④ 상호작용이 가능하여 사용자의 반응에 따라 프로그램 진행이 달라질 수 있다.

인터넷을 활용한 수업은 학습자의 다양한 검색을 통해 비선형적으로 제공되므로 모든 사용자가 각기 다른 정보를 얻을 수 있다.

정답 ②

60 멀티미디어 활용 수업에서 나타나는 〈보기〉와 같은 학습자의 경험을 가장 잘 설명해 주는 것은?

■ 08 초등

―| 보기 |―
• 한 화면에 여러 가지 학습내용들이 동시에 제시되었을 경우 내용에 대한 이해도가 떨어졌다.
• 단순화시킨 그림 자료보다 실제 모습을 담은 사진 자료를 제시했을 경우 개념 이해도가 떨어졌다.

① 인지적 부조화 ② 인지적 과부하
③ 선수지식의 비활성화 ④ 지식의 탈맥락화

한 화면에 여러 가지 학습내용들이 동시에 제시되었을 경우 내용에 대한 이해도가 떨어지는 것은 인지적 과부하 때문이다.

① **인지적 부조화** : 우리의 신념 간에 또는 신념과 실제로 보는 것 간에 불일치나 비일관성이 있을 때 생기는 것으로, 인지 부조화 이론에 따르면 개인이 믿는 것과 실제로 보는 것 간의 차이가 불편하듯이 인지 간의 불일치가 불편하므로 사람들은 이 불일치를 제거하려 한다. 인지 부조화 이론에서 나온 결과 중 하나는 자신의 태도(나는 따분한 일은 좋아하지 않아)와 일치하지 않는 과제(많은 보수를 받고 무엇인가 따분한 일을 하기)에 참여하면 태도가 행동과 일치하는 방향으로 변한다는 것이다. 이는 불일치에서 생긴 '부조화 압력'(그 과제가 정말로 그렇게 따분하지는 않아) 때문이다.

③ **선수지식의 비활성화** : 선수학습에서 배운 지식의 맥락에서 학습한 지식은 새로운 맥락에서 사용하기 힘들다. 이유는 선수지식에서 배운 맥락과 새 맥락의 적절을 이해하기 힘들기 때문이다.

정답 ②

Ⅴ. 교육평가

01 〈보기〉의 평가유형 적용 사례 중 옳은 것을 모두 고르면?　　■ 12 초등

　┌ 보기 ┐
　ㄱ. 수업 시작 전에 학생의 학습준비도를 확인하기 위해 진단평가를 실시하였다.
　ㄴ. 수업을 진행하면서 수업 내용과 관련된 학생들의 오류와 문제점을 확인해서 피드백하기 위해 형성평가를 실시하였다.
　ㄷ. 학생들 간의 상대적 서열보다는 학생이 무엇을 얼마나 성취하였는가를 확인하기 위해 규준참조평가를 실시하였다.
　ㄹ. 실시된 평가의 장단점을 평가관련자에게 알려주고 평가의 질적 개선을 도모하기 위해 메타평가를 실시하였다.

① ㄱ, ㄴ　　　　② ㄱ, ㄹ　　　　③ ㄱ, ㄴ, ㄹ
④ ㄱ, ㄷ, ㄹ　　　⑤ ㄴ, ㄷ, ㄹ

ㄷ. 학생들 간의 상대적 서열보다는 학생이 무엇을 얼마나 성취하였는가를 확인하기 위해서는 준거참조평가를 실시해야 한다.

🔒정답 ③

02 규준참조평가(norm-referenced evaluation)에 관한 진술로 가장 거리가 먼 것은?　　■ 06 중등
① 규준이란 교과에서 설정한 학습목표이다.
② 학생 상호간의 점수 경쟁을 조장할 수 있다.
③ 개인의 집단 내 상대적 위치에 대한 정보 파악이 용이하다.
④ '수·우·미·양·가'의 평어를 부여할 때는 미리 정해 놓은 각 등급의 배당비율을 따른다.

교과에서 설정한 학습목표는 준거이다.

🔒정답 ①

03 규준지향평가와 준거지향평가를 비교한 것으로 적절한 것은? ■ 04 중등

	규준지향평가	준거지향평가
①	절대평가	상대평가
②	타당도 강조	변별도 강조
③	선발적 교육관	발달적 교육관
④	부적편포 기대	정상분포 기대

해설

- 규준지향평가 : 선발적 교육관
- 준거지향평가 : 발달적 교육관

정답 ③

04 아래 그래프는 평준화 지역에 위치한 일반계 고등학교에서 실시한 세 과목(A, B, C)의 기말 고사 성적 분포이다. 쉬운 문항과 어려운 문항이 적절히 포함되고, 중간 수준 난이도 문항이 다수인 시험 점수 분포(가)와 표준편차가 가장 큰 분포(나)를 나타내는 것은? ■ 03 중등

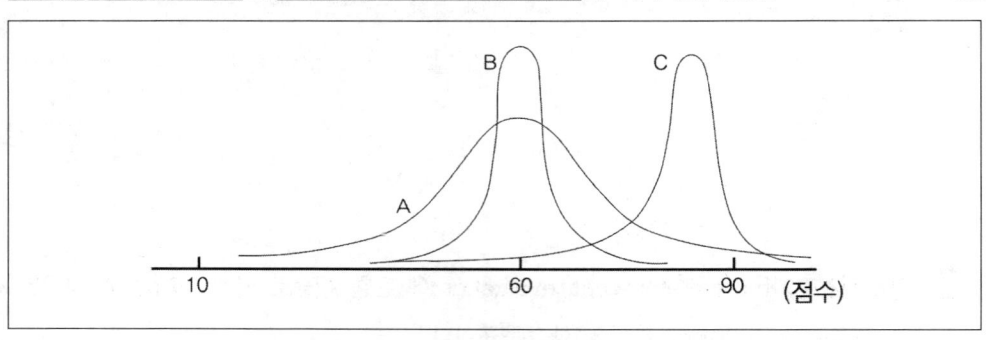

	(가)	(나)		(가)	(나)
①	A	C	②	A	A
③	B	A	④	B	C

해설

(가)와 (나) 모두 A

정답 ②

05 평균이 50점이고 표준편차가 10점인 정규분포를 이루고 있는 수학시험에서 60점을 얻은 A 학생에 대한 설명으로 옳은 것은? ■ 07 중등

① z-점수는 1.0이다.
② T-점수는 40이다.
③ 60백분위에 해당한다.
④ A 학생보다 높은 점수를 얻은 학생은 10%이다.

② T-점수는 60이다.
③ 84.13백분위에 해당한다.
④ A 학생보다 높은 점수를 얻은 학생은 15.87%이다.

정답 ①

06 A 교사는 국어과 2학기 중간고사에서 60점을 받은 어떤 학생의 상대적 위치가 어느 정도인지 알고 싶어한다. 국어과 성적은 정규분포를 따르고 평균 60, 표준편차 10이라고 할 때, 이 학생의 상대적 위치를 나타내는 것으로 틀린 것은? ■ 05 중등

① T는 50   ② Z는 1
③ 백분위는 50   ④ 구간점수(stanine)는 5

Z는 0이다.

정답 ②

07 10개의 문항으로 이루어진 국어 시험에서 4개의 문항에 대한 학생들의 응답이 다음과 같을 때 문항 변별도가 가장 높은 문항은? ■ 03 초등

(○ : 정답, × : 오답)

문항번호 학생	1번	2번	…	9번	10번	검사총점
기영	×	○	…	×	○	3점
소림	○	×	…	×	○	6점
민지	○	×	…	○	○	6점
대환	○	×	…	○	×	8점

① 1번   ② 2번
③ 9번   ④ 10번

상위 학습자가 많이 맞춘 문항 1번

정답 ①

08 다음은 4개의 각 집단 구성원(각 50명)의 점수 분포이다. 표준편차(standard deviation)가 가장 큰 집단은?

■ 02 중등

점수 \ 집단	Ⅰ (N=50명)	Ⅱ (N=50명)	Ⅲ (N=50명)	Ⅳ (N=50명)
100점			10명	
90점			10명	10명
80점			10명	
70점	10명		10명	10명
60점	10명		10명	10명
50점	10명	10명		10명
40점	10명	10명		
30점	10명	10명		10명
20점		10명		
10점		10명		
평균	50점	30점	80점	60점

① Ⅰ　　　　　　　　　② Ⅱ
③ Ⅲ　　　　　　　　　④ Ⅳ

표준편차는 집단 구성원의 분포가 큰 것으로 집단 Ⅳ이다.

정답 ④

09 다음 그래프는 문항반응이론의 '3-모수' 모형으로 추정한 문항 난이도, 변별도, 추측도를 바탕으로 그린 문항특성곡선이다. 네 문항의 특성에 대한 설명 중 옳은 것은? ■ 07 중등

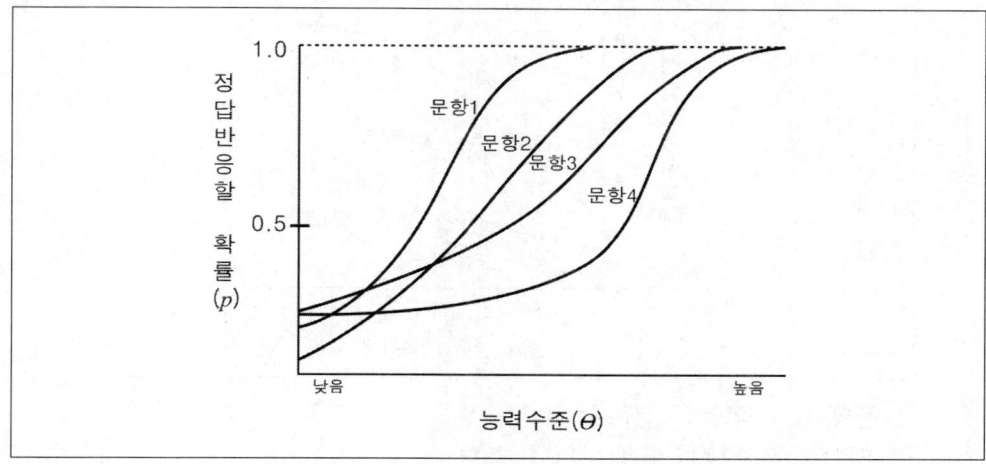

① 문항 1은 능력 수준이 중간 정도인 사람들을 변별하는 데에 적합하다.
② 문항 2는 문항 1보다 변별도가 높다.
③ 문항 3은 문항 4보다 변별도가 높다.
④ 문항 4는 능력 수준이 높은 사람들을 변별하는 데에 적합하다.

해설

문항 4는 능력 수준이 높은 사람들을 변별하는 데에 적합하다.
① 문항 1은 능력 수준이 낮은 사람들을 변별하는 데에 적합하다.
② 문항 2는 문항 1보다 변별도가 낮다.
③ 문항 3은 문항 4보다 변별도가 낮다.

정답 ④

10 다음의 문항특성곡선들에 대한 해석으로 옳은 것은? ■ 08 초등

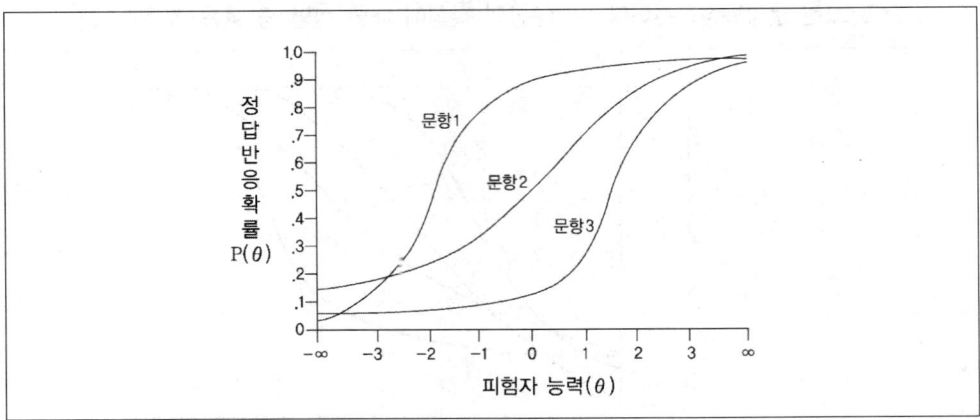

① 문항2의 문항난이도 지수는 1이다.
② 문항1이 문항2보다 문항추측도가 높다.
③ 문항2가 문항3보다 문항변별도가 낮다.
④ 문항1은 능력 수준이 높은 피험자들을 변별하는 데 적합하다.

해설

문항2가 문항3보다 문항변별도가 낮다.
① 문항2의 문항난이도 지수는 0에 가깝다.
② 문항1이 문항2보다 문항추측도가 낮다.
④ 문항1은 능력 수준이 낮은 피험자들을 변별하는 데 적합하다.

정답 ③

11 〈보기〉의 대화에서 학부모가 원하는 정보를 제공하는 데 가장 적합한 평가 유형은? ■ 06 초등

┌─┤보기├─
│ 학 부 모 : 우리 주현이 수학시험 성적은 어떤가요?
│ 최 교 사 : 반에서 10등쯤 합니다.
│ 학 부 모 : 그런가요? 그런데 저는 등수보다 우리 아이가 무엇을 할 줄 아는지를 더 알고 싶
│   어요. 두 자리 수 뺄셈을 제대로 할 줄 아는지, 그런 것들을 좀 알고 싶어요.

① 규준지향평가(norm-referenced evaluation)
② 준거지향평가(criterion-referenced evaluation)
③ 능력지향평가(ability-referenced evaluation)
④ 성장지향평가(growth-referenced evaluation)

준거지향평가(criterion-referenced evaluation)는 등수보다 우리 아이가 무엇을 할 줄 아는지를 더 알고 싶어 하는 것이다.

🔒 정답 ②

12 준거지향평가(criterion-referenced evaluation)로 학생들의 학업 성취도를 평가하고자 할 때 평가 기준의 근거가 되는 것은? ■ 02 초등

① 학습 동기
② 성취 목표
③ 학생의 요구
④ 전체 집단의 성적 분포

평가 기준의 근거가 되는 것은 성취 목표이다.

🔒 정답 ②

13 능력참조평가(ability-referenced evaluation)와 성장참조평가(growth-referenced evaluation) 의 특징을 〈보기〉의 내용과 옳게 짝지은 것은? ■ 09 초등

┤보기├
ㄱ. 학생들의 상대적 서열에 초점을 맞춰 능력의 변별에 관심을 둔 평가이다.
ㄴ. 학생들의 성장단계를 고려해 학년별 성취목표의 달성여부에 관심을 둔 평가이다.
ㄷ. 학생들이 자신의 능력수준에서 그 능력을 얼마나 발휘하느냐에 관심을 둔 평가이다.
ㄹ. 교수·학습 과정을 통한 변화에 관심을 두며 초기 능력수준에 비해 얼마만큼 능력의 향상을 보였느냐를 강조하는 평가이다.

	능력참조평가	성장참조평가		능력참조평가	성장참조평가
①	ㄱ	ㄴ	②	ㄱ	ㄹ
③	ㄷ	ㄴ	④	ㄷ	ㄹ
⑤	ㄹ	ㄴ			

• 규준참조평가 : ㄱ. 학생들의 상대적 서열에 초점을 맞춰 능력의 변별에 관심을 둔 평가이다.
• 준거참조평가 : ㄴ. 학생들의 성장단계를 고려해 학년별 성취목표의 달성여부에 관심을 둔 평가이다.
• 능력참조평가 : ㄷ. 학생들이 자신의 능력수준에서 그 능력을 얼마나 발휘하느냐에 관심을 둔 평가이다.

🔒 정답 ④

14 김교사는 학생들에게 약수와 배수에 대해 가르치려고 한다. 가르치기에 앞서 김교사는 덧셈, 뺄셈, 곱셈, 나눗셈 등에 관한 문제로 구성된 간단한 시험을 실시하였다. 시험을 실시한 이유로 가장 적절한 것은? ■ 02 초등

① 시험 보는 기술을 훈련시키기 위해서이다.
② 수학에 관한 흥미를 유발하기 위해서이다.
③ 학생들의 선수 학습 정도를 파악해 보기 위해서이다.
④ 약수와 배수에 관한 그릇된 개념을 교정하기 위해서이다.

가르치기에 앞서 진행하는 것은 진단평가이며 학생들의 선수 학습 정도를 파악하기 위함이다.

 ③

15 〈보기〉의 교사 행동을 진단평가, 형성평가, 총합평가와 가장 적절하게 짝지은 것은? ■ 06 중등

┤보기├
ㄱ. 수업 중에 학습 오류 수정을 위하여 쪽지시험을 실시하였다.
ㄴ. 수업계획을 수립하기 위하여 학생의 기초학습능력과 선수학습 정도를 파악하였다.
ㄷ. 기말고사를 실시하여 성적을 부여하였다.

	진단평가	형성평가	총합평가
①	ㄱ	ㄴ	ㄷ
②	ㄴ	ㄱ	ㄷ
③	ㄴ	ㄷ	ㄱ
④	ㄷ	ㄴ	ㄱ

ㄱ. 수업 중에 이루어졌으므로 형성평가이다.
ㄴ. 수업계획을 수립하기 위하여 선수학습 정도를 파악하는 것은 진단평가이다.
ㄷ. 기말고사를 실시하여 성적을 부여하는 것은 총합평가이다.

 ②

16 다음은 형성평가를 위해 선택형 문항을 작성할 때 고려해야 할 사항이다. 이 중 학생들의 학습 곤란이나 학습결손을 파악하려는 교사의 의도가 가장 잘 반영된 것은?   ■ 07 중등

① 답지가 서로 다른 차원의 내용을 포함하지 않도록 한다.
② 정답이 분명히 드러나지 않도록 오답지의 매력도를 높인다.
③ 추측에 의해 정답을 선택할 가능성이 높아지지 않도록 답지의 수를 늘린다.
④ 학생들이 자주 범할 수 있는 오류의 유형을 확인할 수 있도록 답지를 구성한다.

학생들이 자주 범할 수 있는 오류의 유형을 확인할 수 있도록 답지를 구성한다.

정답 ④

17 교수·학습 과정에서 활용되는 평가에 대한 설명으로 옳지 않은 것은?   ■ 04 초등

① 진단평가는 학생의 출발점 행동을 알아보기 위해 실시된다.
② 형성평가는 교수·학습 활동을 개선하기 위한 정보를 제공해 준다.
③ 형성평가에서는 교사가 제작한 검사보다는 표준화검사가 사용된다.
④ 총괄평가는 학습 목표 달성 여부를 판정하여 성적을 산출하는 데 활용된다.

형성평가에서는 교사가 제작한 검사가 바람직하다.

정답 ③

18 〈보기〉는 평정법(rating scale method)에 의해서 학생의 수행을 평가할 때, 평정자에 의해 발생할 수 있는 오류의 유형을 설명한 것이다. 옳은 것을 모두 고르면?   ■ 08 중등

┤보기├
ㄱ. 논리적 오류(logical error)는 전혀 다른 두 가지 행동 특성을 비슷한 것으로 생각해서 평정하는 경향을 말한다.
ㄴ. 후광 효과(halo effect)는 평정대상에 대해 가지고 있는 특정 인상을 토대로 또 다른 특성을 좋게 또는 나쁘게 평정하는 경향을 말한다.
ㄷ. 집중경향의 오류(error of central tendency)는 아주 높은 점수나 낮은 점수는 피하고 평정이 중간 부분에 지나치게 자주 모이는 경향을 말한다.

① ㄱ, ㄴ
② ㄱ, ㄷ
③ ㄴ, ㄷ
④ ㄱ, ㄴ, ㄷ

해설

모두 맞는 보기다.
- ㄱ. 논리적 오류(Logical Error) : 논리적으로는 별개의 특성임에도 불구하고 평정자가 그 둘 사이에 논리적인 연관성이 있다고 지각하여, 실제로 측정한 결과와 관계없이 비슷한 점수를 주게 되는 경향이다.
- ㄴ. 후광 효과(Halo Effect) : 평정대상(학생)의 어떤 특정적인 인상(일반적인 태도, 외모, 한 가지 뛰어난 특성 등)이 다른 모든 특성의 평정에 일반적인 영향을 미쳐, 다른 특성들도 그 인상에 따라 좋거나 나쁘게 평정하는 경향이다.
- ㄷ. 집중경향의 오류(Error of Central Tendency) : 평정자가 극단적인 점수(아주 좋음 또는 아주 나쁨)를 피하고 중간 또는 보통의 점수만을 주려는 경향이다.

정답 ④

19 다음 대화에서 김 교사가 범하고 있는 평정의 오류는? ■ 11 초등

> 박 교사 : 이제 학생들의 실기평가 채점을 하도록 하지요. 오늘 학생들 중에서 제일 잘한 학생을 누구로 할까요?
> 이 교사 : 철수가 제일 연기를 잘한 것 같아요. 동작의 섬세함이나 대사의 표현력에서 다른 학생들보다 더 뛰어나게 연기한 것 같아요.
> 김 교사 : 그래요? 저는 철수가 평가장에 들어올 때부터 첫 느낌이 좋지 않았어요. 그래서 연기력도 별로인 것 같아 낮은 점수를 주었어요.

① 대비의 오류(contrast error)
② 관대성의 오류(leniency error)
③ 근접의 오류(approximate error)
④ 인상의 오류(error of halo effect)
⑤ 집중화 경향의 오류(error of central tendency)

 해설

평가자가 피험자에 대한 첫인상이나 선입견 등에 따라 평가하는 오류이며 후광효과라고도 한다.
① 대비의 오류 : 평가자가 자신이나 다른 평가 대상과 비교하여 상대적으로 평가하는 오류
② 관대성의 오류 : 평가자가 전반적으로 높은 점수를 주는 경향
③ 근접의 오류 : 평가자가 서로 시간적으로나 공간적으로 가까운 요소에 대해 비슷한 점수를 부여하는 경향
⑤ 집중화 경향의 오류 : 평가자가 점수를 극단적으로 주지 않고 중간 점수로 몰리는 경향

정답 ④

20 수행평가의 특징과 관계가 가장 먼 것은?   ■ 03 중등
① 높은 신뢰도
② 높은 타당도
③ 과정(process)에 대한 평가
④ 실제적인 상황에서의 평가

해설
수행평가는 신뢰도가 낮다.

정답 ①

21 다음과 같은 자료는 어떤 방법을 사용하여 평가하는 것이 가장 적합한가?   ■ 02 중등

일기장, 연습장, 미술작품집, 과제일지

① 논문형 검사
② 포트폴리오법
③ 관찰법
④ 면접법

해설
포트폴리오법이다.

정답 ②

22 〈보기〉에서 포트폴리오를 이용한 수행평가에 해당하는 설명을 골라 바르게 묶은 것은?   ■ 05 초등

―| 보기 |―
가. 과정보다는 결과 평가에 중점을 둔다.
나. 신뢰도는 높으나, 타당도는 낮은 경향이 있다.
다. 지적 능력은 물론 정의적 특성도 평가할 수 있다.
라. 전통적인 인식론보다는 구성주의 인식론에 바탕을 둔다.

① 가, 나
② 가, 다
③ 나, 라
④ 다, 라

해설
가. 과정과 결과 둘 다 중요하다.
나. 신뢰도는 낮으나, 타당도는 높은 경향이 있다.

정답 ④

23. 다음 중 정의적 영역의 평가방법이라고 할 수 없는 것은?
■ 00 초등

① 사회성 측정법　　② 표준화 학력검사
③ 관찰법　　　　　④ 면접법

정의적 영역의 평가방법에는 질문법, 평정법, 관찰법, 체크리스트법, 의미분석법, 면접법 등이 있다.

정답 ②

24. 다음은 김 교사가 학기말 시험문제를 출제하는 과정을 진술한 것이다. 김 교사가 출제과정에서 고려한 타당도로 가장 적합한 것은?
■ 11 중등

> 중학교에서 국어를 가르치고 있는 김 교사는 다음과 같은 방법으로 학기말 시험문제를 출제하였다. 우선 이원분류표에 근거하여 수업목표 및 교수·학습과정에서 중요하게 다루었던 내용들을 확인하였으며, 이것들을 중심으로 학기말 시험문제를 출제하였다. 시험문제를 출제한 후 국어 교과 전문가와 협의하여 자신이 출제한 문항들이 대표성을 가지고 있는 문항 표집인지 점검하였다.

① 내용타당도　　② 안면타당도　　③ 공인타당도
④ 구인타당도　　⑤ 예언타당도

이원분류표에 근거한 타당도는 내용타당도이다.

정답 ①

25. 내적 일관성 신뢰도(internal consistency reliability)에 대한 설명으로 옳지 않은 것은?
■ 08 중등

① 호이트(Hoyt) 신뢰도는 분산분석 방법을 사용해서 신뢰도를 추정한다.
② 검사를 한번만 실시하고도 검사의 신뢰도를 추정할 수 있는 방법이다.
③ 반분검사 신뢰도의 경우 검사를 양분하는 방법에 따라 신뢰도 계수가 다르게 추정된다.
④ 스피어만-브라운(Spearman-Brown) 신뢰도는 각각의 문항을 하나의 검사로 간주하여 문항들 간의 유사성을 측정한다.

각각의 문항을 하나의 검사로 간주하여 문항들 간의 유사성을 측정하는 것은 문항내적일관성 신뢰도이다.

정답 ④

26 검사-재검사 신뢰도 추정과 관계없는 것은? ▪ 05 중등
① 검사실시 간격에 따라 결과가 다르다.
② 기억 및 연습효과가 결과에 영향을 미친다.
③ 검사문항을 반으로 나누어 신뢰도를 추정한다.
④ 동일한 검사환경, 검사동기, 검사태도의 조성이 어렵다.

검사문항을 반으로 나누어 신뢰도를 추정하는 것은 반분신뢰도이다.

정답 ③

27 음악 경연 대회에서 5명의 심사위원이 7명의 학생을 평가하였다. 심사위원은 각 학생에게 부여한 점수 중에서 최고점과 최하점을 제외한 점수의 합을 최종 평가의 기준으로 삼았다. 이 방법을 사용한 의도는? ▪ 03 중등
① 변별도 제고 ② 타당도 제고
③ 실용도 제고 ④ 신뢰도 제고

심사위원의 일관성을 유지하는 것으로 신뢰도를 제고하기 위함이다.

정답 ④

28 수행평가를 실시할 때 유의할 사항으로 가장 옳은 것은? ▪ 04 중등
① 신뢰도를 높이기 위해 채점자 사전 교육을 삼가야 한다.
② 타당도를 높이기 위해 간접적인 평가방법을 사용해야 한다.
③ 실용도를 높이기 위해 수행과제의 수를 많이 포함해야 한다.
④ 객관도를 높이기 위해 동일한 문항을 여러 명이 채점하게 한다.

① 신뢰도를 높이기 위해 채점자 사전 교육을 실시해야 한다.
② 타당도를 높이기 위해 직접적인 평가방법을 사용해야 한다.
③ 실용도를 높이기 위해 수행과제의 수는 무작정 많이 하기보다는 적정성을 유지해야 한다.

정답 ④

29 서술형 문항의 객관적인 채점을 위해 고려할 사항으로 가장 적절한 것은? ■ 01 초등

① 학생단위가 아닌 문항단위로 채점한다.
② 검사를 실시한 후에 채점기준표를 만든다.
③ 학생의 선행 학습수준을 고려하면서 채점한다.
④ 어려운 문항부터 쉬운 문항의 순서로 채점한다.

서술형 문항의 객관적인 채점을 위해서 학생단위가 아닌 문항단위로 채점한다.

정답 ①

30 다음 사례에서 김 교사가 사용한 표집방법으로 가장 적절한 것은? ■ 11 초등

> 유치원에 근무하고 있는 김 교사는 행동장애 유아의 특성에 관한 조사 연구를 수행하고자 한다. 김 교사는 '유치원 교사 경력 5년 이상인 자로서 유아특수교육학을 전공한 석사 학위 취득자'라는 표본 선정 기준을 설정하고, 전국의 유치원 교사 중에서 이 기준을 충족한 100명의 유치원 교사를 대상으로 설문조사를 실시하였다.

① 군집 표집(cluster sampling)
② 의도적 표집(purposive sampling)
③ 체계적 표집(systematic sampling)
④ 유층 표집(stratified random sampling)
⑤ 단순무선 표집(simple random sampling)

김 교사는 '유치원 교사 경력 5년 이상인 자로서 유아특수교육학을 전공한 석사 학위 취득자'라는 표본 선정 기준을 설정하고 설문조사를 실시하여 의도적 표집으로 볼 수 있다.
1) 단순무선 표집
   ① 모집단의 모든 구성원이 표본에 추출될 확률이 동일하고 하나의 구성원이 추출되는 사건이 다른 구성원이 추출되는 것에 영향을 주지 않는 독립적인 표집방법
   ② 가장 기본적이고 널리 쓰이는 표집방법
   ③ 추출 단위 전부에 같은 확률을 주어 추출하는 방법
   ④ 단순 무작위 추출, 확률 추출 : 제비뽑기
2) 유층 표집
   ① 모집단을 층의 비율에 따라 전집을 가장 대표할 수 있도록 표집하는 방법
   ② 하위집단 내부는 균일하게, 하위집단 간은 불균일하게 분할
   ③ 하위집단들의 특성 파악 용이
   ④ 하위집단의 계층간 비교 가능
   ⑤ 계층정보에 의한 모집단 표집틀 제작으로 많은 시간 소모

3) 군집 표집
   ① 표집의 단위가 개인이나 요소가 아니라 집단
   ② 어떤 집단에 속한 사람들에게 묻는 것으로 집단 추출
   ③ 시간과 경비 절약, 비교적 간단한 작업
   ④ 많은 수의 군집을 표집해야 표집 오차가 작음
   ⑤ 대표 표집이 어려워 다른 통계치의 적용 곤란
4) 체계적 표집
   ① 모집단의 표집 목록에서 일정한 간격을 두고 연구대상을 추출하는 표집방법
   ② 표집 목록에 일련번호를 부여한 후 한 번호를 선정하고 K번째를 뛰어넘는 표집방법
   ③ 모집단의 표집들이 무선적으로 배열되어 있지 않을 경우, 특정 집단이 상대적으로 많이 추출되어 모집단을 대표하지 못할 가능성

정답 ②

31 〈보기〉의 (가)에 들어갈 말로 가장 적절한 것은?
■ 06 초등

| 보기 |
실험연구에서 독립변인 이외의 다른 변인들이 종속변인에 미치는 영향을 잘 통제한다면, 연구 결과의 (가) 가 높아질 것이다.

① 내적 타당도   ② 외적 타당도
③ 일반화가능도   ④ 내적 일관성 신뢰도

독립변인 이외의 다른 변인들을 잘 통제하면 내적 타당도가 높아진다.

정답 ①

32 다음 실험에서 내적타당도를 가장 크게 저해하는 것은?
■ 05 중등

A 박사는 최근 개발한 우울증 치료 프로그램의 효과를 검증하기 위해 우울증으로 진단된 피험자들을 대상으로 프로그램을 적용하였다. 프로그램 적용 후, 피험자들의 우울증세가 적용 전에 비하여 적용 후에 유의하게 감소한 것으로 나타났다. 그런데 예기치 않게 실험 과정에서 몇몇 피험자들이 공동 구매한 복권이 일등에 당첨되어, 그들의 우울증세 감소에 영향을 미쳤다는 사실을 알게 되었다.

① 역사   ② 실험자 효과
③ 피험자 선발   ④ 통계적 회귀

실험에서 복권 당첨이라는 외부 사건이 실험결과에 영향을 미쳤다. 이는 역사적 요인에 해당한다.

내적타당도 위협 요인	요약
모호한 시간적 선행	연구에서 원인과 결과 중 무엇이 선행하는지 알 수 없는 것
(참여자) 선정	실험집단과 통제집단의 동질성을 확보하지 않고 배치
역사	사전검사와 사후검사 사이에 종속 변인에 영향을 줄 수 있는 특수한 외적 사건
성숙	연구 기간 동안 연구 참여자들에게 일어날 수 있는 신체적, 정신적 변화
(통계적) 회귀	극단적인 측정값으로 집단을 구성하였는데, 다음 측정에서는 처치와 관계없이 덜 극단적인 값이 나오는 것
(참여자) 탈락	참가자가 연구에서 탈락하여 처치의 영향을 알기 힘든 것
검사	사전검사를 받은 경험이 사후검사에 영향을 주는 효과
도구화(도구변화)	사전검사와 사후검사에서 사용한 검사도구(문항)가 달라지거나, 관찰자나 채점자의 변화로 인하여 실험에서 얻은 측정치에 변화가 생기는 것을 말한다.
가산적·상호작용적 영향	내적타당도 위협 요인이 가산적 또는 상호작용적으로 작용하는 것

 ①

33. 다음에 제시된 실험의 내적타당도를 위협하는 요인으로 옳은 것만을 〈보기〉에서 있는 대로 고른 것은?

■ 13 중등

> 박 교사는 창의성 교육 프로그램의 효과를 알아보고자 하였다. 그는 이 프로그램에 참여하기를 원하는 학생 중 선착순 30명을 실험집단으로, 참여 여부를 밝히지 않은 학생 중 30명을 편의표집(convenience sampling)하여 통제집단으로 구성하였다. 박 교사는 두 집단 모두에게 사전검사를 실시한 후 실험집단만을 대상으로 프로그램을 3개월간 적용하였다. 사전검사 점수가 너무 낮은 것으로 판단되었으므로 박 교사는 사전검사에서 정답률이 20% 미만인 문항들을 제외한 나머지 문항으로 사후검사를 실시하였다. 사후검사에서 실험집단 30명과 통제집단 30명의 평균 차이는 1% 유의수준에서 통계적으로 유의하였다.

보기
ㄱ. 검사(testing)   ㄴ. 탈락(attrition)
ㄷ. 선발(selection)   ㄹ. 도구화(instrumentation)

① ㄱ, ㄴ   ② ㄱ, ㄷ   ③ ㄴ, ㄹ
④ ㄱ, ㄷ, ㄹ   ⑤ ㄴ, ㄷ, ㄹ

실험에서 사전검사와 사후검사를 시행했기 때문에 검사요인이 내적타당도를 위협하고 있다. 선발은 실험집단과 통제집단이 동질적으로 구성되지 않았을 때 발생하는 오류이다. 실험집단을 자발적 참여, 통제집단을 편의 표집으로 구성했으므로 내적타당도를 저해하는 요인에 해당한다. 또한 채점기준이 사전검사에서 정답률 20% 미만인 문항을 제외하였으므로 도구화 요인도 내적타당도를 저해할 수 있다.

정답 ④

34 실험연구에서 연구가설에 대한 설명으로 가장 적절한 것은? ■ 07 초등

① 연구문제 해결을 위해 수집한 경험적 증거이다.
② 연구의 내적타당도를 높이기 위해 설정된 가정이다.
③ 연구자가 연구문제에 대해 잠정적으로 내린 결론이다.
④ 연구문제를 해결하기 위해 탐색해야 할 이론적 배경이다.

연구가설은 연구자가 연구문제에 대해 잠정적으로 내린 결론이다.

정답 ③

35 다음 〈보기〉에서 설명하는 교육연구방법은? ■ 01 초등

┤보기├
- 개별적 연구의 결과를 통합할 목적으로 다수의 관련 선행연구를 재분석한다.
- 통계적 방법을 활용하여 선행연구에서 밝힌 독립변인이 종속변인에 미치는 영향의 크기를 분석한다.

① 메타분석법 ② 내용분석법
③ 델파이방법 ④ 문화기술법

메타분석법: 여러 연구결과를 하나로 통합하여 요약할 목적으로 개별 연구의 결과를 수집하여 통계적으로 재분석하는 방법
② **내용분석법**: 텍스트, 이미지, 영상 등 질적 자료를 체계적으로 분석하고 해석하는 방법
③ **델파이방법**: 전문가 집단의 의견을 반복적으로 수렴하여 합의에 도달하는 방법
④ **문화기술법**: 특정 집단이나 사회의 문화와 행동을 깊이있게 관찰하고 기술하는 방법

정답 ①

36 질적 연구 방법의 특징과 가장 가까운 것은? ▪ 03 초등
① 연구결과를 일반화하기 위해 수집된 자료를 양화한다.
② 초기에 설정한 연구 가설은 연구 과정 중에 바꿀 수 없다.
③ 인간 행동을 가능한 한 행위자 외부의 객관적 관점에서 본다.
④ 연구자는 비통제적이며 자연스러운 태도를 유지하려고 노력한다.

양화, 객관적 관점 및 연구 가설을 바꿀 수 없는 것은 양적 연구의 관점이다.

정답 ④

37 문화기술지(ethnography)라는 연구방법을 적용하여 학교에서의 집단 따돌림 현상을 연구하고자 한다. 유념해야 할 사항으로 가장 적절한 것은? ▪ 04 중등
① 연역적 접근이 이루어지도록 한다.
② 자료의 수집은 주로 설문조사를 활용한다.
③ 학생의 입장에서 현실 상황을 이해하도록 노력한다.
④ 전체적인 상황을 거시적으로 파악하는 데 역점을 둔다.

질적 연구는 학생의 입장에서 현실 상황을 이해하도록 노력한다.

정답 ③

38 A 학교에서는 수학과 학기말 고사를 실시하여 최저 성취수준에 미달되는 학생들을 대상으로 특별보충학습을 하려고 한다. 이러한 목적을 지닌 검사 도구를 제작할 때 유의해야 할 점이 아닌 것은? ▪ 04 초등
① 검사문항의 대표성
② 교육목표의 재확인 및 상세화
③ 서열을 산출하기 위한 규준의 작성
④ 최저 성취수준을 판단하기 위한 준거의 설정

성취수준과 관련된 것은 준거참조평가로서 목표와 관련된 문항의 대표성, 교육목표, 준거의 설정이 중요하며 서열을 산출하기 위한 것은 규준참조평가이다.

정답 ③

39 〈보기〉 중 질적 연구에서 주로 사용하는 방법은?   ■ 04 초등

┤보기├
가. 무선표집과 변인통제   나. 면담에 의한 자료 수집
다. 현장 조사 및 참여 관찰   라. 통계적 추리에 의한 가설 검증

① 가, 나   ② 가, 라
③ 나, 다   ④ 다, 라

질적 연구에서 주로 사용하는 방법은 면담에 의한 자료 수집과 현장 조사 및 참여 관찰이다.
변인통제와 통계적 추리에 의한 가설검증은 양적 연구와 관련되어 있다.

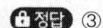 ③

40 〈보기〉의 정규분포에 관한 설명 중, 옳은 것끼리 묶인 것은?   ■ 05 중등

┤보기├
ㄱ. 평균이 중앙값보다 크다.
ㄴ. 평균을 중심으로 좌우대칭이다.
ㄷ. 분포 곡선은 X축과 절대로 만나지 않는다.
ㄹ. 평균을 중심으로 좌우 1표준편차 내에 약 95%가 분포한다.

① ㄱ, ㄷ   ② ㄱ, ㄹ
③ ㄴ, ㄷ   ④ ㄴ, ㄹ

ㄱ. 평균이 중앙값과 같다.
ㄹ. 평균을 중심으로 좌우 1표준편차 내에 약 84%가 분포한다.

정답 ③

41 교수방법이 학업성취도에 미치는 영향을 알아보기 위해 남녀로 구성된 동질적인 두 집단을 표집하여 연구하였다. 한 집단은 교수방법 A로 다른 집단은 교수 방법 B로 8주 동안 가르친 후 다음의 결과를 얻었다고 할 때, 결과에 대한 해석으로 가장 적절한 것은? ▪ 06 중등

교수방법 A			교수방법 B		
	평균	표준편차		평균	표준편차
전체집단(N = 40)	83	7.9	전체집단(N = 40)	82	8.1
남학생(N = 20)	87	8.5	남학생(N = 20)	80	8.9
여학생(N = 20)	79	8.7	여학생(N = 20)	84	9.1

① 두 전체집단간의 평균 차이가 작으므로 성별에 따른 평균 차이는 무시해도 된다.
② 교수방법 A와 교수방법 B간의 차이가 없으므로 어느 방법으로 가르쳐도 상관없다.
③ 두 집단간 표준편차의 차이가 작으므로 교수방법에 따른 남녀간 평균 차이는 무시해도 된다.
④ 교수방법 A와 교수방법 B를 적용할 때 성별을 고려해야 할 필요가 있는지를 검증해 본다.

교수방법 이후 남학생은 성적이 내려갔으며 여학생은 성적이 올라갔으므로 교수방법 A와 교수방법 B를 적용할 때 성별을 고려해야 할 필요가 있는지를 검증해 본다.

🔒 정답 ④

42 다음 상황에서 김 교사가 사용한 표집방법은? ▪ 08 중등

> 김 교사는 전국의 중등교사 중에서 1,000명을 표집하여 교실환경 개선방향에 대한 의견을 조사하고 있다. 김 교사는 전국의 중등교사가 근무하는 지역을 크게 대도시, 중·소도시, 읍·면 지역으로 나눈 다음, 각 지역에 근무하는 교사수의 비율을 2:1:1로 가정하여 대도시에 소재한 학교에 근무하는 교사 500명, 중·소도시에 소재한 학교에 근무하는 교사 250명, 읍·면 지역에 소재한 학교에 근무하는 교사 250명을 표집하였다.

① 유층 표집(stratified sampling) ② 의도적 표집(purposive sampling)
③ 편의 표집(convenience sampling) ④ 체계적 표집(systematic sampling)

2:1:1 비율에 따라 표집하였으므로 유층 표집에 해당한다.

🔒 정답 ①

43. 최빈값, 중앙값, 평균에 대한 특성을 설명한 것 중에서 옳은 것은?

■ 08 중등

① 표집에 따른 변화가 가장 작으며 안정성 있는 집중경향값은 최빈값(mode)이다.
② 점수의 분포가 정상분포(normal distribution)를 이루는 경우에는 최빈값, 중앙값, 평균이 일치한다.
③ 명명척도(nominal scale)의 속성을 가진 자료일 경우에는 평균(mean)을 집중경향값으로 사용하는 것이 바람직하다.
④ 한 전집의 추정값으로서 표집을 통하여 그 값을 계산하는 경우에, 극단값의 영향을 가장 크게 받는 것은 중앙값(median)이다.

해설
① 표집에 따른 변화가 가장 작으며 안정성 있는 집중경향값은 중앙값이다.
③ 명명척도(nominal scale)의 속성을 가진 자료일 경우에는 최빈값을 집중경향값으로 사용하는 것이 바람직하다.
④ 한 전집의 추정값으로서 표집을 통하여 그 값을 계산하는 경우에, 극단값의 영향을 가장 크게 받는 것은 평균이다.

정답 ②

44. 실험결과의 내적 타당도(internal validity)를 위협하는 요인과 그에 대한 설명으로 옳지 않은 것은?

■ 08 중등

① 피험자의 선발 : 실험집단과 비교집단의 피험자들을 선발할 때 동질성이 결여되어 나타나는 영향을 말한다.
② 통계적 회귀 : 한 피험자가 여러 가지 실험처치를 받음으로써 이전의 처치 경험이 이후의 처치 효과에 미치는 영향을 말한다.
③ 성숙 : 실험처치 이외에 시간의 흐름에 따라 나타나는 피험자의 신체적·정신적 변화가 피험자의 반응에 영향을 주는 것을 말한다.
④ 측정도구 : 사전검사와 사후검사에서 사용한 검사도구가 달라지거나, 관찰자나 채점자의 변화로 인하여 실험에서 얻은 측정치에 변화가 생기는 것을 말한다.

해설
• 통계적 회귀 : 극단적인 측정값으로 집단을 구성하였는데, 다음 측정에서는 처치와 관계없이 덜 극단적인 값이 나오는 것
• 검사 : 한 피험자가 여러 가지 실험처치를 받음으로써 이전의 처치 경험이 이후의 처치 효과에 미치는 영향을 말한다.

정답 ②

 교육행정

01 다음 제도 개혁의 취지에 부합하는 '교육행정에 대한 관점'을 설명한 내용으로 가장 적절한 것은?
■ 13 중등

> 최근 지방교육행정조직에서 '지역교육청'의 명칭을 '교육지원청'으로 변경하고 그 역할에 있어서도 변화를 꾀하였다. 이를 통해 행정의 기능을 종래의 '관리·점검' 중심에서 '일선 학교의 교육활동에 대한 지원 강화' 중심으로 새롭게 정립하고자 하였다.

① 교육행정을 '교육에 관한 행정'으로 보는 입장이다.
② 자율적 행정지원보다 관료적 효율성을 강조한 관점이다.
③ 교육의 자주성·전문성 측면보다 행정의 통제성·획일성 측면을 강조한 관점이다.
④ 교육 관련 법규에 따라 교육정책을 집행하는 공권적 작용을 강조하는 입장이다.
⑤ 교육행정을 교육목표의 효과적 달성에 필요한 조건을 정비·확립하는 수단적 활동으로 보는 입장이다.

⑤ 조건정비설(기능주의론)의 관점으로 교수와 학습의 인적·물적·재정적 제반 조건을 정비하는 '교육행정에 대한 관점'이다.
①, ②, ③, ④ 교육행정을 '교육에 관한 행정'으로 보는 입장으로 국가통치권론(국가공권설) 관점이다.

 ⑤

02 〈보기〉의 진술 내용과 가장 관련이 많은 교육행정에 대한 관점은?
■ 07 중등

| 보기 |
- 교육행정은 교육자와 학생 간에 이루어지는 교육활동을 지원하기 위한 보조적 활동이다.
- 교육행정은 근본적으로 교육의 기본 목표를 보다 능률적으로 달성토록 하기 위한 일련의 지원활동이다.
- 교육행정은 그 자체에 목적이 있는 것이 아니라 교수-학습을 통해 교육목표를 달성하도록 돕는 수단이다.

① 행정과정론　　　　　　　　② 조건정비론
③ 협동행위론　　　　　　　　④ 사회과정론

교육활동을 지원하기 위한 보조적 활동으로 보는 견해는 조건정비론이다.

정답 ②

03 '교육을 위한 행정'이라는 입장에서 교육 행정의 기능을 올바르게 설명한 것은? ■ 02 초등

① 운영에 있어서 권력적·강제적 요소를 강조한다.
② 교육 법규를 해석하고 그대로 집행하는 데 중점을 둔다.
③ 교수-학습 과정을 개선하는 데 필요한 조건의 지원에 중점을 둔다.
④ 공식적 교육 조직에서 상급자의 명령에 절대적인 복종을 요구한다.

구분	교육에 관한 행정	교육을 위한 행정
관점	행정영역 구분설, 법규해석적 정의, 국가공권력설, 국가통치권론	기능주의설(기능적 접근), 조건정비론(조건정비적 접근)
입장	교육행정은 국가 행정기능의 일부이다.	교육행정은 교육을 위한 것이어야 한다.

정답 ③

04 교육행정의 기본원리 중에서 민주성의 원리와 가장 관련이 깊은 것은? ■ 04 중등

① 중학교 무상 의무교육 실시
② 고교평준화 정책의 기본 골격 유지
③ 선택과 집중에 의한 대학 재정 지원
④ 정책결정 과정에 국민의 참여기회 확대

민주성의 원리를 반영한 것은 정책결정 과정에 국민을 참여시키는 것이다.

정답 ④

05 테일러(F. W. Taylor)의 과학적 관리론을 따르거나 중시하는 학교관리자가 취할 가능성이 가장 높은 행동 특성은? ■ 06 중등

① 학교관리에 있어 비용-편익의 효율성을 강조한다.
② 학교 구성원간의 사회·심리적 관계를 우선시한다.
③ 학교운영에 관한 모든 일을 교사 및 학생들과 긴밀하게 협의하여 결정한다.
④ 교사의 교육 전문성을 중시하기 때문에 일반 관리업무와 사무에도 교사를 적극 활용한다.

과학적 관리론은 효율성과 생산성을 극대화하는 데 중점을 두며, 작업의 표준화와 규칙적인 절차를 강조한다. 따라서 비용과 편익을 고려한 효율성을 강조한다.
② 과학적 관리론은 효율성과 생산성에 초점을 두기 때문에 사회·심리적 관계를 우선시하지는 않는다.
③ 과학적 관리론은 상위관리자가 주도적으로 결정하는 경향이 있다.
④ 과학적 관리론은 표준화된 절차를 중시하여 교사의 전문성을 적극 활용하지 않는다.

정답 ①

06 과학적 관리론이 근거하고 있는 인간관을 가장 바르게 설명한 것은?　　■ 03 중등
① 인간은 스스로 동기 부여와 자기 규제를 할 수 있는 존재이다.
② 인간은 금전적 보상이나 처벌의 위협에서 일할 동기를 얻는다.
③ 인간은 어떠한 환경에도 적응할 수 있는 유연성을 지니고 있다.
④ 인간은 관리자의 통제보다는 집단의 일체감이나 소속감에 더 잘 감응한다.

과학적 관리론에서 인간은 금전적 보상이나 처벌을 통한 동기 부여를 인정한다.
① 과학적 관리론은 외부요인에 의한 동기 부여를 강조한다. 따라서 인간의 자기 규제에 따른 동기부여 관점과는 거리가 있다.
③ 과학적 관리론은 표준화된 절차와 규칙을 중요시하므로 인간의 유연성 관점과는 거리가 있다.
④ 과학적 관리론은 일체감이나 소속감보다 통제나 명령을 중요시한다.

정답 ②

07 〈보기〉와 같은 원칙을 제시하고 있는 교육행정이론은?　　■ 08 초등

| 보기 |
- 교육에서의 낭비 요소를 최대한 제거하여야 한다.
- 가능한 모든 시간에 모든 교육시설을 활용하여야 한다.
- 교직원의 작업 능률을 최대로 유지하며, 교직원의 수를 최소로 감축하여야 한다.
- 교사들에게 학교행정을 맡기기보다는 학생들을 가르치는 데에 전념하도록 한다.

① 행동과학론　　② 인간관계론
③ 과학적 관리론　　④ 사회체제론

'교육에서의 낭비 요소를 최대한 제거하여야 한다.'는 과학적 관리론 입장이다.

정답 ③

08 학교조직이 관료제적 특성을 지니고 있다는 설명과 가장 거리가 먼 것은? ■ 04 중등
① 학교조직에는 직제상 명확하고 엄격한 권위의 위계가 있다.
② 학교는 효율적인 교육을 위해 전문화와 분업의 체제를 갖추고 있다.
③ 학교는 독립된 조직단위로 운영되고, 교사의 주요 교육활동은 교실에서 이루어진다.
④ 학교조직은 교직원의 행동을 일관되게 통제하기 위하여 규칙과 규정을 제정·활용한다.

학교는 교육부와 교육청과 연계되어 있으며 교사의 교육활동은 학교 안팎으로 이루어진다.

 ③

09 민츠버그(Mintzberg)의 조직이론에 비추어 볼 때, 다음과 같은 특성을 보이는 학교의 조직 형태는? ■ 02 중등

> 학교장은 민주적인 방식으로 학교를 운영하고 있으며, 교직원들은 교육과정 운영 및 제반 학교운영 관련 업무를 권한과 책임을 가지고 처리하고 있다.

① 단순구조　　　　　　　　　② 임시조직
③ 전문적 관료제　　　　　　　④ 기계적 관료제

민츠버그(Mintzberg)는 전문적 관료제를 주장하였다.

 ③

10 〈보기〉의 내용과 같은 특징을 지니고 있는 민츠버그(H. Minzberg)의 조직구조 기본 유형은? ■ 07 초등

┤보기├
- 조직의 주요 부분은 핵심 작업층이다.
- 조직의 주요 조정 기제는 기술의 표준화이다.
- 조직의 설계에서는 훈련과 수평적 직무 전문화가 주요하게 고려된다.
- 조직의 구조는 복잡하면서도 안정적인 환경이나 비규제적 환경에 적합하다.

① 임시구조　　　　　　　　　② 사업부제 구조
③ 기계적 관료구조　　　　　　④ 전문적 관료구조

전문적 관료구조 : 조직의 주요 부분은 핵심 작업층이다.

정답 ④

11 다음은 어떤 교육행정이론에 대한 설명이다. 이 이론을 적용한 학교 행정의 특징으로 옳은 것을 〈보기〉에서 모두 고른 것은? ■ 10 중등

- 교육행정의 민주화에 공헌하였다.
- 비공식 집단의 중요성을 강조한다.
- 인간은 경제적 유인보다는 사회적·심리적 요인으로 동기 유발된다.

┤보기├
ㄱ. 조직 구성원 간의 권위의 위계가 명확하다.
ㄴ. 동료 교사 간의 인간관계와 교사의 개인적 사정에 대한 배려를 중시한다.
ㄷ. 교사와 행정직원의 역할 구분이 명확하여 교사는 가르치는 일에 전념한다.
ㄹ. 교장은 의사결정 과정에 교사 친목회, 교사 동호회의 의견을 반영한다.
ㅁ. 교원 평가 결과를 바탕으로 성과 상여금을 지급한다.

① ㄱ, ㄷ ② ㄱ, ㅁ ③ ㄴ, ㄹ
④ ㄱ, ㄷ, ㄹ ⑤ ㄴ, ㄹ, ㅁ

제시문은 인간관계론으로 'ㄴ의 인간관계, ㄹ의 교사 동호회'가 여기에 해당된다.
ㄱ. 조직 구성원 간의 권위의 위계가 명확하다. → 관료제
ㄷ. 교사와 행정직원의 역할 구분이 명확하여 교사는 가르치는 일에 전념한다. → 관료제
ㅁ. 교원 평가 결과를 바탕으로 성과 상여금을 지급한다. → 과학적 관리론

정답 ③

12 메이오(E. Mayo)와 뢰슬리스버거(F. Roethlisberger)가 호손(Hawthorne) 공장에서 수행한 실험연구를 통해 정립된 이론에 근거하여 학교행정을 가장 잘 설명하고 있는 것은? ■ 07 중등

① 학교행정은 계획, 조직, 명령, 조정, 통제의 과정을 거쳐 이루어져야 한다.
② 학교행정가는 구성원의 참여를 보장하고 교직원의 사기와 인화를 촉진해야 한다.
③ 학교행정가는 학교를 하나의 사회체제로 파악하여 체제적 관점에서 접근해야 한다.
④ 학교의 비효율과 낭비를 제거하고 관리의 효율성을 극대화하기 위해서는 학교 구성원 및 과업에 대한 체계적인 관리가 필요하다.

학교행정가는 구성원의 참여를 보장하고 교직원의 사기와 인화를 촉진해야 한다.
① 페이욜의 행정행위 5요소
③ 체제이론
④ 과학적 관리론

정답 ②

13 〈보기〉의 내용을 교육행정 이론의 시대적 변천 순으로 올바르게 배열한 것은? ■ 11 중등

┤보기├
ㄱ. 효과적인 의사결정을 위해 제한된 합리성을 토대로 하는 행정적 인간형이 필요하다는 주장과 더불어 교육행정의 이론화에 크게 영향을 주었다.
ㄴ. 교직원들의 사회적·심리적 여건과 비공식 집단의 사회 규범이 생산성에 중요하게 영향을 미친다는 주장과 더불어 교육행정의 민주화에 크게 공헌하였다.
ㄷ. 작업 과정의 표준화를 통해 교직원의 작업 능률을 최대한 유지하면서 학교의 비효율과 낭비를 제거하여야 한다는 주장과 더불어 교육행정의 효율화를 극대화하였다.

① ㄱ → ㄴ → ㄷ
② ㄱ → ㄷ → ㄴ
③ ㄴ → ㄱ → ㄷ
④ ㄷ → ㄱ → ㄴ
⑤ ㄷ → ㄴ → ㄱ

ㄷ(과학적 관리론) → ㄴ(인간관계론) → ㄱ(행동과학론)

정답 ⑤

14 학교에 대한 브루코버(W. B. Brookover)와 그 동료들의 사회체제 접근 모형에 관한 설명으로 옳은 것을 〈보기〉에서 모두 고른 것은? ■ 09 중등

┤보기├
ㄱ. 학교의 사회·심리적 풍토를 강조한다.
ㄴ. 학교사회에 대한 거시적 접근방식을 취한다.
ㄷ. 교장, 교사, 직원의 배경 요인을 과정 변인으로 설정한다.
ㄹ. 학교를 분석하기 위해 투입-과정-산출 모형을 도입한다.
ㅁ. 학교 구성원 상호 간의 역할 지각, 기대, 평가 등을 강조한다.

① ㄱ, ㄴ
② ㄱ, ㄹ, ㅁ
③ ㄴ, ㄷ, ㅁ
④ ㄷ, ㄹ, ㅁ
⑤ ㄱ, ㄴ, ㄹ, ㅁ

ㄴ. 사회체제 접근 모형은 학교사회에 대한 미시적 접근방식을 취한다.
ㄷ. 교장, 교사, 직원의 배경 요인을 투입 변인으로 설정한다.

브루코버 사회체제 접근 모형
1) 학교의 사회·심리적 풍토를 강조한다.
2) 학교를 분석하기 위해 투입-과정-산출 모형을 도입한다.
   ① 투입 변인: 인적 자원, 물적 자원, 재정적 자원, 정책적 자원으로 학교의 성과에 영향을 미치는 기초적인 요소로 작용
   ② 과정 변인: 교수학습 과정, 상호작용, 학교문화와 환경, 평가 및 피드백으로 투입 변인을 바탕으로 이루어지는 활동을 말하며 성과에 직접적인 영향을 미치는 요소
   ③ 산출 변인: 학습성과, 사회적 발달 등 과정 변인과 투입 변인의 상호작용을 통해 나타나는 결과
3) 학교 구성원 상호 간의 역할 지각, 기대, 평가 등을 강조한다.

 ②

15 사회체제이론에 대한 설명이 바르게 짝지어진 것은?
■ 02 중등

> ㄱ. 사회체제는 여러 하위체제로 구성되어 있다.
> ㄴ. 사회체제와 환경은 서로 영향을 주지 않는다.
> ㄷ. 사회체제는 전환과정(transformation)을 통해 교정적 정보를 제공받는다.
> ㄹ. 사회체제는 목표달성, 적응, 통합 등 기본적 기능을 수행한다.

① ㄱ, ㄴ   ② ㄴ, ㄷ
③ ㄷ, ㄹ   ④ ㄱ, ㄹ

ㄴ. 사회체제와 환경은 서로 영향을 받는다.
ㄷ. 사회체제는 산출과정을 통해 교정적 정보를 제공받는다.

 ④

16 고교평준화 지역의 공립 고등학교를 가장 잘 나타내고 있는 칼슨(Carlson)의 조직 유형은?
■ 03 중등

① 야생 조직(wild organization)   ② 강압 조직(coercive organization)
③ 적응 조직(adaptive organization)   ④ 온상 조직(domesticated organization)

고교평준화 지역의 공립 고등학교를 가장 잘 나타내고 있는 칼슨(Carlson)의 조직 유형은 온상 조직(domesticated organization)이다.

 ④

17 코헨과 마치(Cohen & March)가 주장한 교육 조직의 '조직화된 무질서(organized anarchy)'의 특징과 관련이 가장 적은 것은? ■ 03 중등

① 학교 구성원들의 참여가 유동적이고 간헐적이다.
② 교육 조직의 목적은 구체적이지도 명료하지도 않다.
③ 학교의 각 하위 체제들은 수직적인 위계 특성을 지니고 있다.
④ 학교운영 기술뿐만 아니라 교수·학습 기술이 분명하지 않다.

수직적인 위계 특성은 조직화된 무질서의 특징과 관련이 없다.

 ③

18 〈보기〉와 같이 학교조직의 특성을 파악할 때, 가장 부합하는 조직 유형은? ■ 06 초등

―| 보기 |―
학교의 목적은 구체적이지도 않고 분명하지도 않다. 비록 그 목적이 명료하게 표방되어 있다고 하더라도 그 해석은 사람마다 다르며, 그것을 달성할 수단과 방법도 분명하게 제시하기 어렵다. 또한 학교의 구성원인 교사들은 수시로 학교를 이동하며, 학생들도 일정한 시간이 지나면 졸업하여 학교를 떠나간다. 학교 조직은 이러한 특성으로 인해 여타 조직과 다른 특성을 나타낸다.

① 야생 조직(wild organization)
② 사육 조직(domesticated organization)
③ 관료 조직(bureaucratic organization)
④ 조직화된 무질서 조직(organized anarchy)

학교의 구성원인 교사들이 수시로 학교를 이동하는 조직의 특성을 가진 것은 조직화된 무질서 조직(organized anarchy)이다.

④

19 학교조직에 대한 학자들의 설명으로 옳지 않은 것은? ▪ 10 중등

① 코헨(M. Cohen) 등에 의하면, 학교는 구성원들의 참여가 고정적이고 조직의 목표와 기술이 명확한 조직이다.
② 민츠버그(H. Mintzberg)에 의하면, 학교는 전문적 성격이 강하지만 관료적 성격도 동시에 지니는 전문적 관료제 조직이다.
③ 에치오니(A. Etzioni)의 순응에 기반한 조직 분류에 의하면, 학교는 규범적 권력을 사용하여 구성원들의 높은 헌신적 참여를 유도하는 규범 조직이다.
④ 파슨스(T. Parsons)의 사회적 기능에 따른 조직 분류에 의하면, 학교는 유형유지 조직에 속하며 체제의 문화를 유지하고 새롭게 하는 기능을 수행한다.
⑤ 와익(K. Weick)에 의하면, 학교는 조직 구조 연결이 자체의 정체성과 독립성을 가지고 있어서 다른 조직에 비해서 구조적으로 느슨하게 결합되어 있는 조직이다.

코헨(M. Cohen) 등에 의하면, 학교는 구성원들의 참여가 고정적이지 않고 조직의 목표와 기술이 명확하지 않은 조직이다.

정답 ①

20 〈보기〉에 제시된 특징과 가장 관련이 많은 학교조직에 대한 관점은? ▪ 07 중등

| 보기 |
- 학교 구성원들에게 더 많은 자유재량과 자기결정권을 부여한다.
- 각 부서 및 학년 조직의 국지적(局地的) 적응을 허용하고 인정한다.
- 환경 변화에 적응하기 위해 학교조직에서 이질적인 요소들이 공존하는 것을 허용한다.

① 관료제(bureaucracy)
② 이완조직(loosely coupled system)
③ 사육조직(domesticated organization)
④ 조직화된 무질서(organized anarchy)

이완조직(loosely coupled system)은 자유재량과 자기결정권을 부여한다.

정답 ②

21 허즈버그(Herzberg)의 동기위생이론에 비추어볼 때, 충족되는 경우에 교사의 직무만족감 증진에 가장 크게 기여하는 것은? ■ 02 중등

① 보수
② 근무조건
③ 학생의 존경
④ 동료와의 관계

교사의 직무만족감 증진에 가장 크게 기여하는 것은 학생의 존경이다.

정답 ③

22 다음 송 장학사의 진술에서 피들러(F. Fiedler)의 상황적 지도성 모형에 근거할 때, '상황' 요소에 해당하는 내용으로 옳은 것만을 있는 대로 고른 것은? ■ 13 중등

송 장학사는 A중학교의 학교경영 컨설팅 의뢰에 따라 학교를 방문하여 학교 현장을 분석하고 그 결과를 다음과 같이 진술하였다. A중학교는 ㉠ 교장과 교사가 서로 신뢰하며 존중하고 있었다. ㉡ 교사들은 교육에 대한 열의가 높았고, 업무 능력도 탁월했다. 또한 ㉢ 교사들의 관계도 좋은 편이었다. ㉣ 교사들이 학교에서 하는 업무들은 구조화·체계화되어 있었고, ㉤ 교장이 교사들에게 행사할 수 있는 지위권력 수준은 낮은 편이었다.

① ㉠, ㉣, ㉤
② ㉡, ㉢, ㉣
③ ㉢, ㉣, ㉤
④ ㉠, ㉡, ㉢, ㉤
⑤ ㉠, ㉡, ㉣, ㉤

㉠ 지도자와 구성원의 관계
㉣ 과업구조
㉤ 지도자의 지위권력

정답 ①

23 다음에 제시된 A 교장의 지도성 행위를 가장 잘 설명해주는 이론은? ■ 05 중등

• 교사들에게 학교경영의 비전을 제시하고 사명감을 고취시킨다.
• 교사 개인의 능력, 배경, 필요에 대해 민감하고 세심한 관심을 기울인다.
• 일상적 수업, 생활지도, 학급경영의 의미를 새롭게 해석해보도록 지적으로 자극한다.
• 근무평정과 성과급 등 보상을 통한 교환관계를 초월하여 인격적 감화를 통해 영향력을 행사한다.

① 지도자 특성이론
② 지도성 행위이론
③ 상황적 지도성이론
④ 변혁적 지도성이론

교사들에게 학교경영의 비전을 제시하고 사명감을 고취시키는 것은 변혁적 지도성이다.

정답 ④

24 변혁지향적 리더십 이론을 바르게 설명한 것은? ■ 03 초등
① 지도성 이론에서 상황이론은 변혁지향적 리더십 이론에 속한다.
② 구성원 각자가 스스로를 이끌 수 있도록 만드는 리더십을 말한다.
③ 지도자가 구성원들의 조직 문제에 대한 인식 수준을 끌어올리기 위해 노력한다.
④ 지도자가 조직의 성과를 향상시키기 위해 구성원이 원하는 다양한 보상을 제공한다.

변혁지향적 리더십은 지도자가 구성원들의 조직 문제에 대한 인식 수준을 끌어올리기 위해 노력한다.

정답 ③

25 〈보기〉와 같은 요건을 강조하는 학교장의 지도성 유형은? ■ 02 초등

보기
• 도덕적 품성 • 인간에 대한 신뢰 • 변화 선도 • 솔선수범 • 지적 자극의 제공

① 변혁 지향적 지도성   ② 상황 적응적 지도성
③ 인화 중심 지도성   ④ 과업 중심 지도성

도덕적 품성과 인간에 대한 신뢰를 강조하는 것은 변혁 지향적 지도성이다.

정답 ①

26 교육정책 결정 모형에 대한 설명으로 옳은 것만을 〈보기〉에서 있는 대로 고른 것은? ■ 13 중등

| 보기 |
ㄱ. 쓰레기통모형(garbage-can model)은 조직화된 무질서(organized anarchies) 상태에서 정책 결정이 우발성에 기초하여 이루어지고 있음을 강조한 모형이다.
ㄴ. 점증모형(incremental model)은 합리모형의 비현실성을 극복하기 위해 제안된 것으로, 기존의 정책 틀을 기반으로 하여 현재보다 다소 개선된 수준의 대안을 선택해 나가는 모형이다.
ㄷ. 최적모형(optimal model)은 정책 결정이 합리성에만 근거해서 이루어지는 것은 아니며, 때때로 직관 등 초합리성이 개입되어 이루어짐을 주장한 모형이다.
ㄹ. 혼합모형(mixed-scanning model)은 정책 결정을 기본적인 결정과 세부적인 결정으로 나누고 전자는 합리모형을, 후자는 만족모형을 활용하는 모형이다.

① ㄱ, ㄷ ② ㄱ, ㄴ, ㄷ ③ ㄱ, ㄴ, ㄹ
④ ㄴ, ㄷ, ㄹ ⑤ ㄱ, ㄴ, ㄷ, ㄹ

ㄹ. 혼합모형(mixed-scanning model) : 합리모형 + 점증모형

정답 ②

27 다음과 같은 내용을 간과하고 있다고 비판받는 교육정책결정 모형은? ■ 09 초등

- 인간은 감정을 가진 심리적·사회적 동물이다.
- 실제 교육정책결정 상황에서는 가치와 사실이 불가분의 관계에 있다.
- 인간은 전지전능하지 못하고 문제 분석 능력에 한계를 가질 수밖에 없다.
- 대안을 과학적으로 비교 평가하는 데 요구되는 정보를 충분히 구하지 못하는 경우가 많다.

① 점증 모형 ② 혼합 모형
③ 만족화 모형 ④ 합리성 모형
⑤ 쓰레기통 모형

합리성 모형 : 인간의 합리성에 대한 비판을 받음

정답 ④

28 아래 〈그림〉은 제미슨(D. Jamieson)과 토마스(K. Thomas)의 갈등 해결 모형을 나타낸 것이다. 제Ⅴ유형에 대한 진술로 가장 옳은 것은?
■ 06 초등

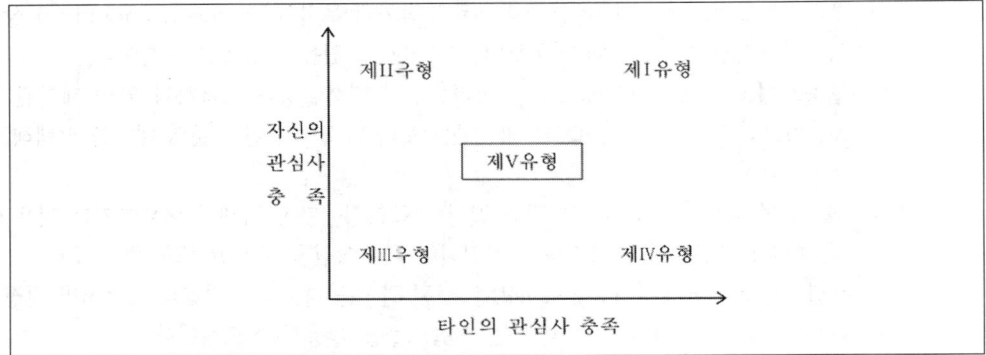

① 상대방을 압도하여 갈등을 해결하는 유형이다.
② 가능한 한 갈등을 무시하고 회피하는 유형이다.
③ 상호 희생과 타협을 통해 갈등을 해소하는 유형이다.
④ 상대의 주장에 따름으로써 갈등을 해소하는 유형이다.

해설
상호 희생과 타협을 통해 갈등을 해소하는 것은 타협 유형이다.

정답 ③

29 토마스(Thomas)는 상황에 따라 유용한 갈등관리 전략이 존재한다는 상황적응론적 갈등관리론을 주장했다. 그의 이론에 비추어 볼 때 〈보기〉와 같은 상황에 적절한 갈등관리 전략은?
■ 03 초등

┤보기├
• 다른 사람의 관심을 이해할 시간적 여유가 없을 때
• 해당 문제가 다른 문제들의 해결로부터 자연스럽게 해결될 수 있을 때
• 갈등해소에 따른 부작용이 너무 클 때

① 경쟁   ② 회피
③ 조정   ④ 타협

해설
해당 문제가 다른 문제들의 해결로부터 자연스럽게 해결될 수 있을 때 회피전략을 쓴다.

정답 ②

30 장학에 대한 설명으로 가장 적절한 것은? ▪ 05 중등
① 임상장학은 학교가 직면하고 있는 문제에 대한 전문적 진단과 처방에 초점을 둔다.
② 장학은 크게 보아 관리장학 – 협동장학 – 수업장학 – 발달장학으로 개념이 변해 왔다.
③ 우리나라에서는 장학과업이 수준별로 전문화되어 체계적 장학활동이 이루어지고 있다.
④ 우리나라에서는 엄격한 훈련과 자격제도로 장학 전문직(장학사·장학관 등)을 양성하고 있다.

장학은 관리 – 협동 – 수업 – 발달장학 순으로 발달하였다.
① 임상장학은 특정 수업 문제를 해결하기 위해 교사와 함께 진행하는 장학으로, 실제 수업을 관찰하고 피드백을 제공하는 장학으로 전문적 진단과 처방에 초점을 두지 않는다.
③ 우리나라에는 다양하고 전문적인 장학활동이 이루어지지만 비체계적인 장학도 존재한다.
④ 장학 전문직 양성 과정이 엄격한 훈련과 자격제도로만 이루어진 것은 아니다.

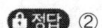 ②

31 다음의 대화에서 세 교사가 언급하고 있는 장학지도 유형을 가장 바르게 짝지은 것은?
▪ 12 중등

> 김 교사 : 금년에 발령받은 최 교사는 수업의 질이 낮아 학생과 학부모의 불만이 많습니다. 그의 수업 전문성을 향상시키기 위해서는 전문성을 갖춘 교내 교원의 개별적 도움이 필요합니다. 최 교사의 수업을 함께 계획하고, 실제 수업을 관찰, 분석, 피드백 해줄 필요가 있습니다.
> 박 교사 : 김 선생님, 저도 초임 때는 그런 경험이 있었어요. 이제 중견교사가 되고 보니 그 동안의 노력과 경험으로 수업에 대한 자신감이 생기긴 했어요. 그래도 더 좋은 수업을 위해 제가 필요하다고 생각하면 대학원에도 다니고 각종 연수에도 적극 참여하려고 합니다.
> 이 교사 : 부족한 부분을 채워야 하겠다는 자발적 의지가 중요해요. 학교에서 일상적으로 이루어지는 장학 활동보다는 내가 모르는 것을 교내·외의 유능한 전문가에게 의뢰하고 체계적인 도움을 받았으면 해요. 때로는 누군가가 전문가를 소개해 주었으면 해요.

	김 교사	박 교사	이 교사
①	동료장학	자기장학	약식장학
②	동료장학	요청장학	컨설팅장학
③	임상장학	자기장학	컨설팅장학
④	임상장학	동료장학	자기장학
⑤	요청장학	약식장학	자기장학

해설
- 김 교사 : 임상장학
- 박 교사 : 자기장학
- 이 교사 : 컨설팅장학

정답 ③

32 〈보기〉의 설명과 가장 가까운 교내자율장학의 유형은? ■ 07 중등

| 보기 |
- 교장이나 교감이 학교교육 전반의 정보를 파악하는 데에 도움이 된다.
- 교장이나 교감이 간헐적으로 학급을 순시하거나 수업을 참관하는 것이다.
- 교장이나 교감이 교사들의 평상시 수업 및 학급경영활동을 관찰하고 지도·조언한다.

① 약식장학 ② 동료장학
③ 수업장학 ④ 자기장학

해설
교장이나 교감이 간헐적으로 학급을 순시하거나 수업을 참관하는 것은 약식장학이다.

정답 ①

33 선택적 장학에 따르면, 교직 경력이 6개월이고 수업 기술의 개선에 필요한 도움을 전문가로부터 받고자 하는 교사에게 가장 적합한 장학유형은? ■ 04 중등

① 임상장학 ② 동료장학
③ 자기장학 ④ 전통장학

해설
선택적 장학에 따르면, 교직 경력이 6개월이고 수업 기술의 개선에 필요한 도움을 전문가로부터 받고자 하는 교사에게 가장 적합한 장학유형은 임상장학이다.

정답 ①

34 교사의 수업 전문성 향상을 목적으로 〈보기〉와 같이 진행되는 수업은? ▪ 08 초등

보기

- 모의 수업을 실시하고 이를 비디오로 녹화한다.
  ↓
- 비디오를 반복적으로 보면서 수업 내용을 관찰·분석한다.
  ↓
- 분석 내용을 토대로 수업 실시자에게 피드백을 제공한다.

---

① 팀 티칭(team teaching)
② 마이크로 티칭(micro teaching)
③ 상보적 수업(reciprocal teaching)
④ 프로그램 수업(programmed teaching)

임상장학은 코건(Cogan)에 의해 개발되어 처음에는 8단계의 세밀한 절차를 채택하였으나 애치슨(Acheson)과 갈(Gall)에 의해 발전된 것으로, 장학자와 교사의 친밀한 관계 속에서 수업과 장학에 임하기 전에 사전 계획협의회를 하고 수업관찰을 통하여 분석하고 피드백협의회를 하여 다시 수업전략을 세우는 3단계를 거치는 교실 현장방문 중심의 일대일의 장학방법이다. 이는 학급단위의 장학으로 교사중심 장학이라 할 수 있다.

마이크로 티칭(micro-teaching)도 임상장학의 원리와 비슷하고, 원래 교사양성기관에서 교수기술 향상훈련을 위해서 개발되었다는 점에서 비슷하다. 우선 '마이크로'라는 말이 의미하듯이 축소된 수업으로, 이것은 실제 상황의 수업이 아니라 시간을 4~20분간 축소하고, 학생도 3~10명의 소집단을 대상으로 축소하며, 교수기술도 한두 가지에 초점을 둔 하나의 수업연습이라 할 수 있다.

 ②

35. 다음과 가장 부합하는 교육행정이론은?
■ 09 초등

- 학교 구성원들은 역할과 인성의 상호작용을 통해 행동한다.
- 학교는 지역사회의 가치, 정치 및 역사 등에 의해 영향을 받는다.
- 학교의 주요 목적은 학생들에게 성인의 역할을 하도록 준비시키는 것이다.
- 학교 구성원들의 적절한 행동은 공식적 규칙과 비공식적 규범에 의해 이루어진다.

① 비판이론 ② 인간관계론 ③ 행정과정론
④ 사회체제이론 ⑤ 과학적 관리론

사회체제이론은 학교를 사회적 체제로 보고, 하위 체계 간 상호작용과 외부 환경(지역사회, 역사 등)의 영향을 강조한다.
① **비판이론**: 교육을 기존의 사회적·경제적 불평등을 재생산하는 도구로 비판하며, 교육의 해방적 가능성을 강조하는 이론
② **인간관계론**: 구성원의 사회적, 심리적 욕구를 중시하며 조직 내 비공식적 집단과 인간관계를 강조
③ **행정과정론**: 교육행정에서 의사결정, 계획, 조직, 지휘, 조정, 통제 등 행정과정을 강조
⑤ **과학적 관리론**: 조직의 효율성과 생산성을 극대화하기 위해 과학적 방법을 적용

정답 ④

36. 다음의 교육정책에서 공통적으로 강조되고 있는 것은?
■ 12 초등

- 학교정보 공시제 도입
- 에듀파인 학교회계 시스템 도입
- 학교평가 및 학교장 중임심사 강화
- 국가수준 학업성취도평가의 전수 실시 및 결과 공개

① 교육의 자주성 ② 교육의 책무성
③ 교육의 지방분권 ④ 지역교육의 특수성
⑤ 교육의 정치적 중립성

학교와 교육기관이 책임을 다하도록 촉구하고 있는 내용으로 교육의 책무성에 해당한다.

정답 ②

37 <보기>의 (가)와 (나)에 적합한 용어로 짝지어진 것은?   ■ 06 초등

┤보기├─
학제의 구조는 (가) 과 (나) 에 따라 구성된다. 여기서 (가) 은 어떠한 교육을 하고 있는가, 또는 어떠한 계열의 학생들을 대상으로 하고 있는가를 나타내며, (나) 은 어느 정도의 교육을 받은 상태인가, 혹은 어떠한 연령층을 대상으로 하는가를 나타낸다.

① 계통성 − 단계성
② 단계성 − 계통성
③ 특수성 − 보편성
④ 연속성 − 특수성

학제의 구조는 각 국가마다 다양한 형태를 보이고 있는데, 그 기본적인 구성요소로서 계통성과 단계성을 들 수 있다. 계통성은 학교의 종별을 의미하는 것으로, 어떠한 교육을 목표로 하는지, 또 누구를 교육대상자로 하는가에 대한 문제다. 흔히 보통교육계통, 직업교육계통, 특수교육계통, 서민교육계통, 귀족학교계통 또는 인문계 학교, 실업계 학교 등으로 구분할 수 있다. 단계성은 취학자의 연령층을 전제로 한 학교 차이를 의미하는 것으로, 어떠한 연령층 또는 어느 정도의 교육수준인가에 따라서 교육의 목적과 내용이 달라진다. 일반적으로 취학 전 교육, 초등교육, 중등교육, 고등교육으로 분류한다(권건일, 2004 343).

🔒정답 ①

Ⅶ 교육사회

01 기능론적 관점에서 학교교육을 설명한 것으로 가장 적절한 것은? ■ 06 중등
① 학교는 이데올로기적 국가기구이다.
② 학교 시험은 지배적 문화와 가치관을 주입시키는 도구이다.
③ 학교는 자본주의 사회의 생산관계를 재생산하는 데 기여한다.
④ 학교는 사회생활에 필요한 보편적 가치를 어린 세대에게 가르친다.

기능론은 교육을 긍정적인 시각으로 보며 학교는 사회생활에 필요한 보편적 가치를 어린 세대에게 가르친다고 본다.
①, ②, ③은 갈등론 입장이다.

정답 ④

02 기능주의 교육관과 거리가 먼 것은? ■ 04 중등
① 학교는 교육기회의 균등을 통해 공정한 사회이동을 촉진한다.
② 학교는 사회 문제의 해결과 사회 발전을 도모하는 제도적 수단이다.
③ 학교는 지배집단 문화를 전수하는 기관으로 사회 안정화를 도모한다.
④ 학교의 교과내용은 보편적 가치와 사회 구성원의 합의에 의해 이루어진다.

학교는 지배집단 문화를 전수하는 기관으로 사회 안정화를 도모한다. → 갈등론이다.

정답 ③

03 〈보기〉에서 뒤르껭(E. Durkheim)의 교육론에 부합하는 것끼리 묶은 것은? ■ 06 중등

┤보기├─
ㄱ. 교육은 사회화의 기능을 수행한다.
ㄴ. 교사의 권위를 세우기 위해서 체벌은 불가피하다.
ㄷ. 학교교육은 사회적 기능을 수행하기 때문에 국가가 관여해야 한다.
ㄹ. 시대가 바뀌더라도 도덕교육의 내용은 변하지 않는다.

① ㄱ, ㄷ   ② ㄱ, ㄹ
③ ㄴ, ㄷ   ④ ㄴ, ㄹ

뒤르껭(Durkheim)은 체벌을 반대하였으며 시대에 따라 도덕교육이 변할 수 있다고 보았다.

정답 ①

04 뒤르껭(E. Durkheim)의 교육사회학적 입장에 대한 설명으로 옳은 것은? ■ 08 초등
① 사회구조가 변화하더라도 교육해야 할 도덕이념은 동일하다.
② 세대가 바뀌어도 집합의식이 유지될 수 있도록 기성세대의 영향을 최소화해야 한다.
③ 산업사회에서 분업화가 진행될수록 보편사회화보다는 특수사회화가 더 중요해진다.
④ 이기적인 어린 세대에게 규율의 정신을 가르치는 것은 필요하나, 체벌을 허용해서는 안 된다.

뒤르껭(E. Durkheim)은 도덕이념은 변한다고 보았으며 집합의식이 유지되려면 기성세대의 역할이 필요하다고 보았다. 또한 산업사회에서 분업화가 진행될수록 보편사회화를 강조하였다.

정답 ④

05 드리븐(R. Dreeben)의 학교사회화 내용 중 다음의 (　)에 해당하는 것은? ■ 07 중등

(　)은 학년이 높아짐에 따라 흥미와 적성에 맞는 분야의 교육에 집중함으로써 학생들이 학습하게 되는 것이다.

① 독립성　　　　　　　　　　　② 특정성
③ 보편성　　　　　　　　　　　④ 성취성

드리븐(R. Dreeben) : 규범적 사회화
1) **독립성** : 스스로 모든 일을 처리하고 책임을 수행하려는 태도이다.(과제, 시험부정)
2) **보편성** : 다른 학생들과 모든 것을 공유하는 태도이다. 동일연령의 학생들이 같은 학습내용과 과제를 공유하게 함으로써 형성된다.(공동)
3) **특정성** : 자신의 흥미와 적성을 고려하는 태도 등을 말한다.(예외)
4) **성취성** : 최선을 다하여 자신에게 부여되는 과제를 수행하려는 태도이다.(성과)

정답 ②

06 드리븐(Dreeben)의 학교사회화 내용 중 다음 〈보기〉에 해당하는 규범은?

■ 01 초등

|보기|
- 시험시간에 부정행위를 못하게 한다.
- 숙제를 다른 사람이 대신 하지 못하도록 하고, 평가는 개인별로 실시한다.
- 학교에서 학생들 스스로 과제를 처리하게 하고, 자신의 행동에 대한 책임을 지게 한다.

① 특정성(specificity)
② 성취성(achievement)
③ 독립성(independence)
④ 보편성(universalism)

드리븐(R. Dreeben) : 규범적 사회화
1) 독립성 : 스스로 모든 일을 처리하고 책임을 수행하려는 태도이다.(과제, 시험부정)
2) 보편성 : 다른 학생들과 모든 것을 공유하는 태도이다. 동일연령의 학생들이 같은 학습내용과 과제를 공유하게 함으로써 형성된다.(공동)
3) 특정성 : 자신의 흥미와 적성을 고려하는 태도 등을 말한다.(예외)
4) 성취성 : 최선을 다하여 자신에게 부여되는 과제를 수행하려는 태도이다.(성과)

정답 ③

07 슐츠(T. Schultz)의 인간자본론(human capital theory)에 대한 설명으로 가장 적절한 것은?

① 교육은 생산성 향상을 위한 투자이다.
② 아동의 가정 배경이 사회적 지위 획득에 영향을 미친다.
③ 부모와 친밀한 관계를 맺고 있는 아동은 학업성취가 높다.
④ 신뢰할 수 있는 인간관계의 망은 고용과 소득 증가에 유리하게 작용한다.

■ 07 초등

슐츠(T. Schultz)의 인간자본론(human capital theory)은 교육에 투자함으로써 생산성을 증가시킬 수 있다고 보았다.

정답 ①

08 다음 〈보기〉 중 갈등이론자들이 주장하는 학교교육의 사회적 기능에 대한 설명과 일치하는 것만으로 묶은 것은?
■ 01 초등

| 보기 |
가. 학교는 이념적 국가기구의 하나로써 지배 이데올로기를 정당화한다.
나. 학교는 차별적 사회화 과정을 통하여 기존의 불평등한 사회구조를 재생산한다.
다. 학교는 사회가 필요로 하는 인재를 선발하여 적재적소에 배치하는 역할을 수행한다.
라. 학교는 보편적인 사회규범을 내면화하고, 전문성을 신장시켜 사회발전에 이바지한다.
마. 학교는 자본주의 사회의 필요에 대응하여 자본주의 생산 양식에 적합한 태도와 가치관을 교육한다.

① 가, 나, 마
② 나, 다, 라
③ 가, 다, 라
④ 다, 라, 마

'다'와 '라'는 기능주의자들이 주장하는 내용이다.

정답 ①

09 〈보기〉의 내용을 설명하는데 가장 적합한 이론은?
■ 03 중등

| 보기 |
가정 형편이 넉넉하지 못한 영희는 학업성취 수준이 비교적 낮았다. 그래서 영희의 어머니는 성공적인 삶을 살도록 하기 위해서 경제적 형편이 어렵지만 무리하여 사교육비를 지출하면서까지 영희를 대학에 진학시키고자 하였다.

① 지위경쟁이론
② 예견적 사회화
③ 상징적 상호작용론
④ 기술기능주의이론

지위경쟁이론(status-competition theory) : 콜린스(R. Collins)
1) 1979년에 출판된 콜린스의 「자격증 사회」에서 비롯됐으며, 실제 내용은 학력 사회에 관한 것이다.
2) 사회적 이해관계가 지위구조와 밀접한 관계가 있으며, 이런 이해관계는 지위집단이 선호하는 문화 양식에서 영향을 받는다고 한다. 지위집단이 선호하는 문화 양식, 즉 가치와 신념체계, 삶의 양식 등은 그들의 이해관계를 반영하는 상징적 기제로서 작용한다.
3) 지위란 한 개인 또는 집단이 유지하고 있는 신분, 직업, 학력 등에 따른 일정한 사회적 명예와 위신(prestige)의 수준을 의미한다.

정답 ①

10 보울스(S. Bowles)와 긴티스(H. Gintis)의 대응이론(correspondence theory)에서 바라본 교육과 노동의 사회적 관계에 대한 설명으로 옳지 않은 것은?
■ 08 중등

① 학생과 노동자는 각각 학습과 노동으로부터 소외되어 있다.
② 학교에서의 성적 등급은 작업장에서의 보상 체제와 일치한다.
③ 작업장에서의 사회적 관계는 학교에서의 사회적 관계에 그대로 반영되어 있다.
④ 지식의 단편화와 분업을 통해서 학생과 노동자의 임무가 효율적으로 확장된다.

해설
지식의 단편화와 분업을 통한 효율성은 대응이론과 반대의 입장이다.

정답 ④

11 보울스와 긴티스(S. Bowles & H. Gintis)의 경제적 재생산론에 나타난 학교교육관을 바르게 설명한 것은?
■ 04 중등

① 학교교육은 하위 계급의 학생에게 비판적 의식을 심어주고 있다.
② 학교교육은 능력주의(meritocracy) 이념을 통해 계급적 모순을 은폐하고 있다.
③ 학교교육은 사회 불평등을 해소하고 있다.
④ 학교교육은 학생을 능동적이며, 인격적 존재로 대우하고 있다.

해설
① 학교교육은 하위 계급의 학생에게 비판적 의식을 억압하고 있다고 주장한다.
③ 학교교육은 사회 불평등을 유지하고 심화한다고 주장한다.
④ 학교교육은 학생을 수동적인 존재로 대우하고 있다.

정답 ②

12 부르디외(P. Bourdieu)의 문화적 재생산론(Cultural Reproduction Theory)의 관점에 해당하는 것은?
■ 03 중등

① 문화는 사회계급 구조와 관련이 없다.
② 현대사회는 대중문화에 의해 지배받고 있다.
③ 상징적 폭력을 통해 학교교육이 사회적으로 정당화된다.
④ 학교는 보편적이고 중립적인 문화적 가치를 전수하는 기관이다.

부르디외(P. Bourdieu)의 문화적 재생산론(Cultural Reproduction Theory)은 상징적 폭력을 통해 학교교육이 사회적으로 정당화된다고 보았으며 문화와 사회계급 구조가 긴밀하게 연결되었다고 보았다. 대중문화보다는 특정 사회계급에 의해 현대사회가 지배받고 있으며, 학교는 지배계급의 문화적 가치를 정당화하고 전수하는 역할을 한다고 주장하였다.

정답 ③

13 〈보기〉에서 부르디외(P. Bourdieu)의 문화재생산론에 부합하는 것끼리 묶은 것은? ▪ 06 초등

┤보기├─
가. 교사가 행하는 폭언을 상징적 폭력이라 한다.
나. 문화 자본은 가정에서 지출하는 사교육비를 말한다.
다. 학업 성취는 가정에서 습득한 문화의 영향을 받는다.
라. 졸업장·학위·자격증 등은 제도화된 문화 자본에 속한다.

① 가, 나 ② 나, 다
③ 다, 라 ④ 가, 라

가. 상징적 폭력은 진짜 체벌이 아닌 사회적 허구성에 의해 부여된 상류계급의 문화가 보편적 기준으로 작용하여, 다른 문화를 규정하고 계급적 차이를 만드는 권력적 작용을 의미한다.
나. 문화 자본은 단순 비용을 뜻하지 않고 개인이나 집단이 갖고 있는 문화적 자원이나 문화적 역량을 의미한다. 이는 교육적, 사회적 맥락에서 개인의 사회적 위치와 관계된 중요한 자원이다.

정답 ③

14 다음의 가상적 사례를 가장 잘 설명해 주는 이론은? ▪ 06 중등

가난한 집안에서 태어난 철수는 대중음악을 즐겨 들으며 성장하였고, 부유한 집안에서 태어난 영훈이는 고전음악을 즐겨 들으며 성장하였다. 그런데 학교 음악시간에는 대중음악보다 고전음악을 주로 가르친다. 고전음악에 익숙한 영훈이는 음악시간이 즐겁고 성적도 좋지만, 그렇지 못한 철수는 음악시간이 지루하고 성적도 좋지 못하다.

① 파슨스(T. Parsons)의 학교사회화론
② 부르디외(P. Bourdieu)의 문화자본론
③ 하그리브스(D. Hargreaves)의 상호작용론
④ 보울즈와 긴티스(S. Bowles & H. Gintis)의 대응이론

지문의 사례는 부르디외(P. Bourdieu)의 문화자본론이다.

정답 ②

15 다음의 (가)와 (나)에 들어갈 가장 적합한 용어는?   ■ 07 중등

> 알뛰세(L. Althusser)는 학교가 이데올로기적 국가기구로서 사회적 기능을 수행한다고 보았다. 이데올로기적 국가기구로서 학교가 억압적 국가기구와는 달리 가족이나 언론 매체와 유사한 기능을 수행하는 것은, (가)보다는 (나)을(를) 통해 그 구성원들에게 영향력을 행사한다는 것을 의미한다.

	(가)	(나)		(가)	(나)
①	교화	학습	②	공권력	관리
③	강제력	동의	④	이념	설득

알뛰세(L. Althusser)는 학교가 이데올로기적 국가기구로서 사회적 기능을 수행한다고 보았다. 이데올로기적 국가기구로서 학교가 억압적 국가기구와는 달리 가족이나 언론 매체와 유사한 기능을 수행하는 것은, 강제력보다는 동의를 통해 그 구성원들에게 영향력을 행사한다는 것을 의미한다.

정답 ③

16 다음은 학교의 사회적 역할과 기능에 대한 학자들의 주장이다. (가)와 (나)가 나타내는 개념은?
■ 12 중등

> (가) 학교에서 교장과 교사, 교사와 학생, 학생과 학생, 학생과 학업 사이의 관계는 위계적 노동 분업을 그대로 본뜨고 있다. 자본주의 기업체의 노동 분업처럼 학교제도도 정교하게 구분된 위계적 권위와 통제 체제를 가지고 있으며, 경쟁과 외적인 보상체계가 참여자들의 관계를 지배한다.
> (나) 자본의 사회는 생산 관계의 재생산을 통해 유지된다. 이는 가족, 교회, 학교, 언론, 문학, 미디어 등에 의해 자본주의적 생산 관계의 유지에 필요한 지식, 기술, 태도, 가치 등이 전달되기 때문에 가능하다. 특히 학교는 자본주의 사회에 복종하는 순치된 노동력을 재생산하는 핵심 장치이다.

	(가)	(나)
①	대응원리	이데올로기적 국가기구
②	대응원리	억압적 국가기구
③	헤게모니	관료주의적 국가기구
④	아비투스(habitus)	억압적 국가기구
⑤	아비투스(habitus)	관료주의적 국가기구

(가)는 대응원리, (나)는 이데올로기적 국가기구이다.

정답 ①

17 갈등이론과 관련된 진술로 옳은 것은? ■ 05 중등

① 학교교육이 기존의 계급구조를 재생산한다고 본다.
② 아동에 대한 교육적 관심이나 유대감을 문화적 자본이라고 한다.
③ 학교에서 체벌을 사용하여 지식을 가르치는 것을 상징적 폭력이라고 한다.
④ 보울스와 긴티스(S. Bowles & H. Gintis)는 학교와 공장에서 다루는 지식의 내용이 동일하다고 본다.

갈등론에서의 학교교육은 기존의 사회구조를 재생산하며 계급구조와 불평등을 정당화한다.
② 문화적 자본은 특정 문화에 계급적 가치가 부여되어 자본적 역할을 수행하는 것을 의미한다.
③ 상징적 폭력은 진짜 체벌이 아닌 사회적 허구성에 의해 부여된 상류계급의 문화가 보편적 기준으로 작용하여, 다른 문화를 규정하고 계급적 차이를 만드는 권력적 작용을 의미한다.
④ 보울스와 긴티스(S. Bowles & H. Gintis)는 학교와 공장에서 다루는 지식의 내용이 동일하다고 보기보다는 자본주의적 생산의 위계관계를 학교에서 그대로 반영하고 있다고 주장하였다.

정답 ①

18 프레이리(P. Freire)의 문제제기식 교육에 대한 설명으로 옳지 않은 것은? ■ 11 중등

① 학생은 비판적으로 사고하는 사람으로 육성되어야 한다고 하였다.
② 학생의 탐구를 막는 것은 마치 폭력을 행사하는 것과 같다고 본다.
③ 학생에게 지식을 수동적으로 축적하게 하는 교육 방식을 비판하였다.
④ 학교에서는 경쟁을 통해 사회 적응력을 키우는 교육을 해야 한다고 본다.
⑤ 학생이 역사적 맥락에서 자신의 삶을 파악할 수 있게 교육하는 것이 중요하다고 본다.

경쟁을 통해 사회 적응력을 키우는 교육에 대해 비판하였다.

정답 ④

19 "교육은 사회화이다"라는 주장이 강조하는 교육의 기능에 가장 가까운 것은? ■ 02 초등

① 교화
② 의식화
③ 혁신 보급
④ 문화 전승

"교육은 사회화이다"는 기능론으로 문화 전승에 가깝다.

정답 ④

20 다음 내용을 공통으로 포함하는 개념과 그 개념을 제안한 학자로 옳은 것은? ▪ 13 중등

- 학습자가 학습에 필요한 자료에 쉽게 접근할 수 있도록 한다.
- 함께 학습하기를 원하는 학습동료를 쉽게 찾을 수 있도록 지원한다.
- 학습자가 원하는 전문가, 준전문가, 프리랜서 등 교육자들의 인명록을 갖추어 놓는다.
- 기능을 가지고 있는 사람들의 인명록을 비치하여 기능교환이 이루어질 수 있도록 한다.

	개념	학자
①	학습망(learning webs)	일리치(I. Illich)
②	학습망(learning webs)	프레이리(P. Freire)
③	학습망(learning webs)	허친스(R. Hutchins)
④	학습공동체(learning community)	프레이리(P. Freire)
⑤	학습공동체(learning community)	허친스(R. Hutchins)

지문의 내용은 일리치의 학습망에 관련된 내용이다.

정답 ①

21 일리치(Illich), 라이머(Reimer) 등이 제기한 탈학교론의 주장에 가장 가까운 것은? ▪ 02 초등

① 학교 교육을 통한 국가 발전의 약속은 제3세계에서나 실현될 수 있다.
② 학교 교육을 통한 성공의 신화를 깨기 위하여 학교 교육을 해체하여야 한다.
③ 학교 사회에서의 폭력이나 소외는 교육의 순기능을 능가하는 부작용을 낳고 있다.
④ 정보 통신 기술을 활용하는 개별 학습이 일반화되면서 학교 체제는 존립 위기에 처해 있다.

일리치는 학교 교육을 통한 성공의 신화를 깨기 위하여 학교 교육을 해체하여야 한다고 주장하였다.

정답 ②

22. 교사들의 대화내용과 공교육의 개혁방향에 대한 관점을 가장 적절하게 연결한 것은?

■ 10 초등

> 김 교사 : 학교에 대한 국가의 획일적 통제와 학교의 비효율성이 문제입니다. 수요자의 선택권과 학교 간 경쟁을 강화하고, 민간 주도의 교육서비스를 확대해야 합니다.
> 정 교사 : 그런 방식은 계급 간 교육 불평등을 더욱 심화시킬 뿐입니다. 교육 불평등을 줄일 수 있는 대책을 세워야 해요. 지배집단의 관점에 치우친 교육과정도 수정해야 하구요.
> 최 교사 : 저는 학교교육이 학습자의 자율성을 억압하는 것이 문제라고 생각해요. 누구나 자율적으로 학습할 수 있도록 학교를 '학습 조직망'으로 대체하는 것이 문제해결의 열쇠가 될 수 있을 것 같아요.

	김 교사	정 교사	최 교사
①	신자유주의	신마르크스주의	탈학교론
②	신자유주의	포스트모던주의	생태주의
③	포스트모던주의	신자유주의	탈학교론
④	포스트모던주의	탈학교론	생태주의
⑤	탈학교론	신마르크스주의	생태주의

- 김 교사 : 신자유주의
- 정 교사 : 신마르크스주의
- 최 교사 : 탈학교론

정답 ①

23. 다음의 학자들이 아래 저서를 통해 공통적으로 주장하고 있는 것은?

■ 04 초등

- 일리치(I. Illich)의 『탈학교사회』
- 라이머(E. Reimer)의 『학교는 죽었다』
- 프레이리(P. Freire)의 『피압박자의 교육』
- 실버맨(C. Silberman)의 『교실의 위기』

① 학교교육의 효율성 제고　　② 학교교육의 한계와 비판
③ 학교교육의 순기능 강조　　④ 학교의 사회통제 기능 강화

학교교육의 한계와 비판을 하고 있다.

정답 ②

24. 대학의 팽창에 대한 다음과 같은 설명에 가장 근접한 이론은? ■ 09 초등

> 한국사회가 지식기반사회로 진입함에 따라 고급인력에 대한 수요가 증가하였다. 국가는 이러한 고급인력의 수요에 부응하기 위하여 대학교의 설립과 대학정원의 확대를 허용하였으며, 그 결과 대학이 팽창하였다.

① 지위경쟁이론   ② 기술기능이론   ③ 국민통합론
④ 계급통제론   ⑤ 학습욕구론

기술기능이론은 사회가 지식기반사회로 진입함에 따라 고급인력에 대한 수요가 증가한다고 본다.

정답 ②

25. 다음 〈보기〉의 내용을 포함하는 학력(學歷)상승 이론은? ■ 01 초등

ㅣ보기ㅣ
- 학력간 임금격차는 치열한 대학입시 경쟁을 더욱 심화시킨다.
- 학력의 양적 팽창은 학력의 평가 절하 현상을 초래하기도 한다.
- 학력이 취업 및 결혼을 결정하는 중요한 요소이므로 모든 사람이 상급학교 졸업장을 받기 위하여 온갖 노력을 경주한다.

① 인적자본론   ② 기술기능이론
③ 지위경쟁이론   ④ 학습욕구이론

학력간 임금격차가 치열한 대학입시 경쟁을 더욱 심화시킨다고 보는 것은 지위경쟁이론이다.

정답 ③

26. 교육팽창과 관련된 설명으로 옳은 것을 〈보기〉에서 모두 고르면? ■ 11 초등

ㅣ보기ㅣ
ㄱ. 학벌주의란 학력(學歷)보다 지적·기술적 능력이 지위 결정에 중요한 요소로 작용하는 사회적 풍토를 말한다.
ㄴ. 학력 인플레이션이란 학력의 등급이 수요에 비하여 지나치게 많아 그 가치가 노동시장에서 평가절하되는 것을 말한다.
ㄷ. '졸업장 병(diploma disease)'이란 학력이 지위 획득의 수단으로 작용하여 더욱 높은 학력을 쌓기 위한 경쟁이 계속되는 것을 말한다.

① ㄴ   ② ㄱ, ㄴ   ③ ㄱ, ㄷ
④ ㄴ, ㄷ   ⑤ ㄱ, ㄴ, ㄷ

ㄱ. 학벌주의는 학력을 중요한 요소로 생각한다.

정답 ④

27 지위경쟁론 관점에서 일제강점기 초등교육 팽창의 사회적 동인(動因)으로 가장 적절한 것은?
① 경제발전을 위한 기술 인력의 수요 증가   ■ 12 초등
② 강제 징집 또는 징용을 회피하려는 취학의 증가
③ 신분제 폐지로 인한 학력(學歷)에 대한 수요 증가
④ 조선총독부의 '내선일체(內鮮一體)'와 우민화 정책 실시
⑤ 단순기술과 순응적 태도를 갖춘 노동자들에 대한 군수산업 자본가들의 수요 증가

지위경쟁론 관점에서 일제강점기 초등교육 팽창의 사회적 동인(動因)은 신분제 폐지로 인한 학력(學歷)에 대한 수요 증가로 본다.

정답 ③

28 문화결핍 이론에 대한 설명으로 가장 타당한 것은?   ■ 03 중등
① 보상교육의 필요성을 강조한다.
② 문화를 고급문화와 하급문화로 구분한다.
③ 가정의 사회계층이 학업 성취에 미치는 영향을 무시한다.
④ 교육 현상을 설명하는 데 문화는 중요한 요인이 아니라고 본다.

문화결핍을 보완하기 위해 보상교육의 필요성을 강조한다.
문화실조(cultural deprivation, **文化失調**) : 문화적인 환경이 결핍되거나 시기적으로 적절하지 못해서 인지·사회·정서 발달에 지장을 초래하는 것

정답 ①

29 다음은 학력(學歷) 상승의 원인에 대한 두 교사의 대화이다. 각 교사의 설명에 부합하는 학력상승 이론을 바르게 짝지은 것은?
■ 12 중등

> 강 교사 : 학교는 산업사회를 지탱하는 핵심 장치입니다. 사람들의 학력이 높아지는 원인은 직종이 다양해지고 각 직업에서 요구하는 지식의 수준이 높아지는 데 있어요. 우리 시대가 유능한 인재를 요구하고 있으니, 학교는 인재 양성에 매진해야 합니다.
> 정 교사 : 저는 그렇게 생각하지 않습니다. 직업구조의 변화가 학력 상승을 유발하기는 하지만 그것만으로는 충분한 설명이 되지 못합니다. 남보다 한 단계라도 높은 학력을 가지고 있는 것이 좋은 직업 획득에 도움이 되는 상황을 생각해 보세요. 학력 상승은 그 결과로 발생하는 현상입니다.

	강 교사	정 교사
①	마르크스이론	지위경쟁이론
②	기술기능이론	마르크스이론
③	기술기능이론	지위경쟁이론
④	지위경쟁이론	기술기능이론
⑤	지위경쟁이론	학습욕구이론

- 강 교사 : 기술기능이론
- 정 교사 : 지위경쟁이론

정답 ③

30 교사가 회고하는 다음 학생의 삶을 가장 잘 설명하는 이론은?
■ 11 중등

> 그 학생은 학창 시절 말썽을 많이 피웠지. 비슷한 또래들과 몰려다니면서 싸움도 자주 하고, 각종 교칙을 밥 먹듯이 위반했어. 수업을 시시하다고 하면서 방해하기도 하고, 공부 잘하는 애들을 계집애 같다고 놀려 대기도 했어. 반면에 자기 부류의 애들은 사내답다며 우쭐댔지. 자기는 육체노동직에 종사하는 아버지처럼 사나이답게 살고 싶다고 했지. 나중에 보니 그 학생은 스스로 진학을 포기하고 자기 아버지와 같이 육체노동직을 선택하더라고.

① 저항이론 ② 헤게모니이론 ③ 문화재생산론
④ 경제재생산론 ⑤ 상징적 상호작용론

육체노동직에 종사하는 아버지처럼 사나이답게 살고 싶다고 생각하는 것은 저항이론이다.

정답 ①

31 윌리스(P. Willis)의 저항이론에서 노동자계급의 자녀가 다시 노동자계급이 되는 이유는?

① 공부를 잘하면 계층이동할 수 있다고 착각하기 때문에
② 모범생들로부터 주도권을 완전히 장악하지 못하기 때문에
③ 학교의 권위에 대항할 만한 반학교문화를 만들지 못하기 때문에
④ 남성우월주의적인 육체노동문화를 자신의 이상적 가치관으로 받아들이기 때문에

■ 05 중등

윌리스(P. Willis)의 저항이론에서 노동자계급의 자녀가 다시 노동자계급이 되는 이유는 노동자계급의 아이들이 남성우월주의적인 육체노동문화를 자신의 이상적 가치관으로 받아들이기 때문이다.

정답 ④

32 윌리스(P. Willis)가 『노동학습(Learning to labor)』에서 제시한 노동계급 학생들의 특성과 일치하지 않는 것은?

■ 07 초등

① 모범생들을 수동적인 존재로 간주하고 배척한다.
② 반(反) 학교 문화를 형성하는 자율적·능동적 존재이다.
③ 육체 노동을 남성적 우월성에, 정신 노동을 여성적 열등성에 결부시킨다.
④ 노동 계급의 처지를 벗어나기 위하여 스스로 포부 수준을 높게 설정한다.

노동 계급 학생들은 노동 계급의 처지를 벗어나기 위하여 스스로 포부 수준을 높게 설정하지 않는다.

정답 ④

33 〈보기〉의 글에서 강조하고 있는 점을 가장 바르게 기술한 것은?

■ 02 초등

─┤보기├─
최근 가정의 경제적 형편보다 부모의 학력이 아동들의 교육 성취도를 더 크게 좌우한다는 연구 결과가 보고되었다. 이러한 결과는 경제적 자본보다 문화적 자본이 교육에서 더 큰 영향력을 발휘하고 있을지 모른다는 짐작을 하게 한다. 그러나 문화적 자본이 가정 안에 아무리 많이 축적되어 있다 하더라도 사회적 자본이 같이 마련되지 못한다면, 그 문화적 자본의 효과가 발현되기는 힘들 것이다.

① 친구 관계가 가정 환경보다 중요하다.
② 가정이 위치한 지역 사회의 교육 환경이 중요하다.
③ 부모와 자녀 사이의 긴밀한 상호 작용이 중요하다.
④ 부모가 사회인으로서 모범을 보여주는 것이 중요하다.

해설

〈보기〉에서 강조하고 있는 것은 부모와 자녀 사이의 긴밀한 상호 작용이다.

정답 ③

34. 신교육사회학(New Sociology of Education)의 지식관에 해당하지 않는 것은?   ■ 03 중등

① 지식은 사회적으로 구성된다.
② 지식의 가치는 사회적으로 위계화되어 있다.
③ 지식의 본질은 사회적 · 역사적으로 변화되지 않는다.
④ 학교지식은 특정 집단의 이해관계를 반영하고 있다.

해설

신교육사회학 교육 이론적 특징
1) 거시적 수준에서 벗어나 미시적 수준의 학교 내부에 숨어 있는 사회적 역학관계를 밝히기 위한 것이다.
2) 교과내용의 지식 구성과 교사와 학생의 상호작용 관계에 주목하고 있다.
3) 미시적 수준의 사회적 관계를 이해하기 위해, 연구 방법론을 주로 해석적 패러다임에 의존하였다.
4) 해석적 패러다임은 인간의 상호작용 속에 일어나는 해석과 의미 부여에 관심을 두고 있으며, 연역적 설명보다 귀납적 설명, 즉 일상생활의 세계를 구체적으로 이해할 수 있는 해석적 과정에 초점을 두고 있다. 특정 집단의 이해관계를 반영하고 있다.

정답 ③

35. 〈보기〉 중 교육과정사회학의 관점에 해당되는 것은?   ■ 03 초등

┤보기├
가. 교육과정에 들어 있는 지식은 사회적, 정치적으로 형성된 것이다.
나. 교육과정은 보편타당한 객관적인 내용으로 구성되어 있다.
다. 무엇이 학교지식으로 중요시되는가에 관심이 많다.
라. 교사는 주어진 교육과정을 학생들에게 충실히 전달하면 된다.
마. 교육과정에는 주로 지배집단의 이데올로기가 반영되어 있다.

① 가, 나, 다
② 가, 다, 마
③ 나, 라, 마
④ 다, 라, 마

해설

'나'와 '라'에 대한 비판적 관점에서 교육과정사회학의 연구가 진행되었다.

정답 ②

36 교육은 인류의 문화유산인 지식을 가르치는 것이어야 한다는 주장에 대하여 교육과정사회학자들이 제기할 만한 반박을 가장 잘 표현한 것은?   ■ 02 초등

① 학교에서는 박제된 지식보다 구성적인 지식을 중시하여야 한다.
② 산업사회에서 후기산업사회로의 변화를 고려하지 못하고 있다.
③ 모든 지식을 가르칠 수는 없고 사회적 효용을 고려하여 선정해야 한다.
④ 위 주장에서 말하는 지식이 교육적으로 보편적인 가치를 지니지 않는다.

해설
인류의 문화유산이 교육적으로 보편적인 가치가 있음을 담보하지 못한다.

정답 ④

37 다음의 내용과 관련 깊은 학자는?   ■ 04 중등

> 진석은 대화할 때, 논리적이며 추상적이고 문법과 문장 규칙이 정확한 정교화된 언어를 구사하고 있다. 이와 달리 철수는 문법과 문장이 부정확하고 의미가 분명하지 않은 제한된 언어를 사용하고 있다. 이러한 언어 능력 차이로 인해 학교에서 진석은 철수보다 학업 성적이 우수한 것으로 나타났다.

① 영(M. F. D. Young)
② 애플(M. Apple)
③ 번스틴(B. Bernstein)
④ 콜린스(R. Collins)

해설
지문의 내용은 번스틴의 언어 유형이다.

정답 ③

38 번스타인(B. Bernstein)의 교육과정사회학 이론에 근거하여, ○○고등학교 교육과정 운영의 특성을 설명한 것으로 옳은 것은?   ■ 13 중등

> ○○고등학교에서는 A, B, C 과목의 경계가 뚜렷하게 구분되지 않아서 이 교과를 담당하는 세 명의 교사는 담당 교과에 얽매이지 않고 자유롭게 상호 교류한다. 또한 세 명의 교사는 차시마다 가르칠 내용을 정하지 않고 학생들의 흥미나 수업상황에 따라 융통성 있게 조정한다. 수업에서 다루는 주제에 대한 시간 배정도 엄격하지 않다.

① 강한 분류(classification)와 강한 구조(frame)의 집합형 교육과정을 운영하고 있다.
② 강한 분류(classification)와 약한 구조(frame)의 집합형 교육과정을 운영하고 있다.
③ 약한 분류(classification)와 강한 구조(frame)의 통합형 교육과정을 운영하고 있다.
④ 약한 분류(classification)와 약한 구조(frame)의 집합형 교육과정을 운영하고 있다.
⑤ 약한 분류(classification)와 약한 구조(frame)의 통합형 교육과정을 운영하고 있다.

- ○○고등학교에서는 A, B, C 과목의 경계가 뚜렷하게 구분되지 않아서 → 약한 분류(classification)
- 학생들의 흥미나 수업상황에 따라 융통성 있게 조정한다. → 약한 구조(frame)

 ⑤

39 다음 내용과 공통적으로 관련된 개념은?
■ 10 중등

- 애플(M. Apple)이 교육사회학 이론에 활용한 그람시(A. Gramsci)의 개념이다.
- 학교는 지배 이데올로기를 정당화하는 역할을 한다.
- '학교교육이 교육의 기회를 공정하게 제공하고 능력에 따라 사회계층을 결정하게 한다.' 고 믿게 하는 지배력 행사 방식이다.

① 프락시스(praxis) ② 아비투스(habitus)
③ 문화적응(accommodation) ④ 모순간파(penetration)
⑤ 헤게모니(hegemony)

헤게모니: 사회의 지배적인 문화나 이데올로기가 어떻게 형성되고 유지되는지를 설명하는 것을 단순한 물리적 힘이나 권력이 아니라, 사회적 합의와 문화적 영향력을 통해 이루어진다는 점에서 중요성을 가진다. 헤게모니를 강조하는 학자는 애플이다.

① **프락시스(praxis)**: 이론과 실제의 통합을 강조하는 개념으로, 특정한 이론이 실제 행동이나 실천에 어떻게 적용되는지를 뜻한다. 교육이론이 어떻게 교실에서의 교수법이나 학습 방식에 영향을 미치는지를 탐구한다.
② **아비투스(habitus)**: 개인의 행동, 사고방식, 취향 등이 사회적, 문화적 배경에 의해 형성된다는 것을 의미하며 특정한 사회적 맥락에서 개인이 어떻게 행동하는지를 설명할 수 있다.
③ **문화적응(accommodation)**: 새로운 문화적 요소를 기존의 문화 체계에 통합하는 과정이다.
④ **모순간파(penetration)**: 사회적 관계나 구조 속에서 존재하는 모순이나 갈등을 인식하고 분석하는 것으로 주로 갈등이론이나 비판적 이론에서 강조된다.

 ⑤

40 다음 내용과 가장 밀접한 관련이 있는 학자는?
■ 04 초등

- 비판적 교육과정 이론가
- 상징적 체계를 통한 학교의 사회통제
- 문화적 헤게모니(hegemony)의 개개자로서의 학교

① 뒤르껭(E. Durkheim) ② 보울즈(S. Bowles)
③ 애플(M. Apple) ④ 콜맨(J. Coleman)

비판적 교육과정 이론가로서 문화적 헤게모니(hegemony)를 주장한 학자는 애플(M. Apple)이다.

정답 ③

41 다음 학생의 진술을 설명하는 가장 적합한 이론은? ▪ 05 중등

> 우리 담임선생님은 '화끈한 선생님'이다. 놀 때 놀게 하고 공부할 때 공부하게 한다. 인기가 정말 좋다. 담당과목이 어려운 수학이지만 모두들 열심히 공부한다. 하지만 옆 반 선생님은 정말 종잡을 수 없다. 애들은 '이상한 선생님'이라고 부른다. 언제 야단칠지 도무지 알 수 없고, 언제 조용히 해야 하는지 알 수 없기 때문에 모두들 선생님의 눈치를 살피게 된다.

① 종속이론 ② 인간자본론
③ 문화적 재생산론 ④ 상징적 상호작용론

교사들이나 다른 학교 구성원이 학생들로부터 받는 각각의 의미에 따라 그들의 행동이 달라진다는 것으로 상징적 상호작용론이다.

정답 ④

42 다음과 같은 학급상황을 설명하는 데 가장 적합한 이론은? ▪ 10 초등

> 우리 학급 친구들은 대체로 쾌활하고 말이 많은 편이다. 영어 교과전담 선생님은 학급 분위기가 들떠 있어서 수업을 제대로 진행할 수가 없다고 하면서, 우리를 '문제 학생'이라고 부르며 자주 꾸짖으신다. 영어시간만 되면 힘들고 수업 분위기도 가라앉는다. 그런데, 담임선생님은 우리를 '명랑 학생'이라고 부르며 자주 칭찬해 주신다. 담임선생님의 수업 시간에는 적극적으로 의사표현을 하게 되고 수업 분위기도 활발하다.

① 저항이론 ② 구조기능론
③ 경제 재생산론 ④ 문화 재생산론
⑤ 상징적 상호작용론

교사들이나 다른 학교 구성원이 학생들로부터 받는 각각의 의미에 따라 그들의 행동이 달라진다는 것으로 상징적 상호작용론이다.

정답 ⑤

43. 교사와 학생의 상호작용을 연구하는 신교육사회학의 해석적 접근 방식과 거리가 먼 것은?

① 내부자 관점을 강조한다.
② 인과 법칙의 발견을 주 목적으로 한다.
③ 거시적 분석보다 미시적 분석을 강조한다.
④ 수집한 자료는 맥락 속에서 이해되어야 한다.

■ 07 초등

해설

해석적 접근은 주로 질적 연구에 기반하여 개인의 경험과 의미를 이해하려고 하며, 인과 법칙을 발견하는 것보다는 상황과 맥락에서의 해석을 중시한다.

정답 ②

44. 다음은 맥닐(L. McNeil)의 연구결과에서 설명하고 있는 수업전략 중 하나이다. 이 수업전략에 해당하는 것은?

■ 13 중등

> 사회과 교사가 학생들의 능력이나 수업에 대한 관심이 부족하다고 생각할 때 즐겨 사용하는 수업전략이다. 이것의 주요 특징은 교사가 수업 시간에 정치적으로 덜 민감하거나 논쟁의 여지가 적은 주제를 선택한다는 점이다. 이 수업전략을 사용할 때, 교사는 학생들에게 '빈칸 채우기' 형태의 연습문제를 풀게 하거나 주제의 개요만을 말해 주는 방식을 취한다. 이러한 과정을 통해 교사가 중요한 주제를 수업 시간에 다루었다고 학생들이 느끼게 한다.

① 사회화(socialization)
② 식민화(colonization)
③ 신비화(mystification)
④ 도구적 순응(instrumental conformity)
⑤ 방어적 단순화(defensive simplification)

해설

방어적 단순화: 교사가 학생들의 능력이나 관심이 부족하다고 느낄 때, 정치적으로 덜 민감한 주제를 선택하고, 학생들에게 간단한 형태의 연습문제나 개요를 제공하는 방식이다.
① **사회화**: 학생들이 사회의 규범, 가치, 행동 양식 등을 배우고 내재화하는 것이다.
② **식민화**: 교육 체계가 학생들의 사고방식이나 행동을 지배하고, 특정한 가치나 문화를 학생들에게 주입하여 학생들이 비판적으로 사고하는 능력을 저해한다.
③ **신비화**: 특정 개념이나 지식이 복잡하게 표현되고 이해하기 어렵게 만들어 학생들이 내용을 쉽게 받아들이지 못하게 하고, 교육의 불투명성을 강화한다.
④ **도구적 순응**: 학생들이 본질적으로 자신의 의견이나 비판적 사고보다는 주어진 규칙이나 요구에 순응하는 경향을 의미한다.

정답 ⑤

45 맥닐(J. McNeil)의 방어적 수업과 가장 관계가 먼 것은?   ■ 06 초등

① 논쟁의 여지가 있는 주제는 생략한다.
② 어려운 주제는 간단히 언급만 하고 넘어간다.
③ 복잡한 논의를 막기 위해 수업내용을 신비화한다.
④ 토론식 수업을 통해 학생과 활발하게 상호작용한다.

맥닐(J. McNeil)의 방어적 수업과 가장 관계가 먼 것은 토론식 수업이다.

정답 ④

46 〈보기〉의 내용을 설명하는 데 가장 적합한 개념은?   ■ 07 초등

┤보기├
- 교사는 아동의 가정 배경과 차림새에 따라 능력에 대한 기대를 달리하였다.
- 교사는 자신이 기대하는 바에 따라 아동 집단을 구분하여 각각 다르게 대하였다.
- 높은 능력 기대 집단에 속한 아동은 교사와의 상호작용이 활발해지고 성적도 좋아졌으나, 낮은 능력 기대 집단에 속한 아동은 학급 활동 참여가 줄고 성적도 낮아졌다.

① 문화 실조(cultural deprivation)
② 상응 원리(correspondence principle)
③ 자성 예언(self-fulfilling prophecy)
④ 사회적 자본(social capital)

교사가 자신이 기대하는 바에 따라 아동 집단을 구분하여 각각 다르게 대한 것은 자성 예언(self-fulfilling prophecy) 또는 자기충족예언(self-fulfilling prophecy)이다. 이는 머튼(Merton)이 주장하였다.

정답 ③

47 다음 사례를 가장 잘 설명하는 이론은?   ■ 04 초등

김○○가 장난삼아 던진 돌에 지나가던 아이가 중상을 입게 되었다. 이로 인해 김○○는 경찰서에 신고되고 비행 청소년으로 취급되었다. 그 이후로 김○○가 가졌던 자아정체감은 부정적으로 바뀌게 되었고, 결국은 일탈자가 되었다.

① 차별교제이론
② 낙인이론
③ 상호작용론
④ 아노미이론

해설

낙인에 따른 교사의 차별적인 기대는 학생의 자기지각에 영향을 준다. → 낙인이론

정답 ②

48 낙인이론(labeling theory)에 관한 설명 중 옳지 않은 것은? ■ 08 중등
① 낙인은 추측 → 고정화 → 정교화의 순서로 이루어진다.
② 낙인의 주요 요인에는 성, 인종, 외모, 경제적 배경 등이 있다.
③ 낙인에 따른 교사의 차별적인 기대는 학생의 자기지각에 영향을 준다.
④ 낙인이론은 학교에서 교사와 학생 간의 상호작용을 연구하는 데 활용된다.

해설

낙인은 추측 - 정교화 - 고정화 순서로 이루어진다.

정답 ①

49 평등의 원리 중에서 '같은 것은 같은 방식으로 대우한다'는 동일성의 원리와 가장 부합하는 것은?
① 대안학교의 운영   ② 의무교육제도의 실시   ■ 04 중등
③ 특수목적고등학교의 설치와 운영   ④ 저소득층 자녀에 대한 보상교육의 실시

해설

평등의 원리 중에서 같은 것은 같은 방식으로 대우한다는 동일성의 원리는 기회의 평등으로 의무교육제도의 실시이다.

정답 ②

50 다음 〈보기〉에 제시된 내용은 어떤 교육평등관을 실현하기 위한 것인가? ■ 01 초등

| 보기 |
• 농어촌 학생을 위한 대학 특례입학제도를 실시한다.
• 저소득층의 취학전 아동을 위한 보상교육을 실시한다.
• 우수한 학생보다 열등한 학생에게 더 좋은 교육조건을 제공한다.

① 교육과정의 평등   ② 교육결과의 평등
③ 교육기회의 허용적 평등   ④ 교육기회의 보장적 평등

결과의 평등과 관련이 있다.

정답 ②

51 "학교교육이 사회평등에 기여한다."는 입장을 뒷받침하는 것으로 가장 적절한 것은? ▪ 05 중등
① 교육수익률이 높을 때는 경제적 상류층이 학교교육을 받는다.
② 부모의 사회경제적 지위는 학교교육을 매개로 하여 학생에게 대물림된다.
③ 고용주가 노동자보다 학교교육연한에 따른 수입 증가의 비율이 더 높다.
④ 경제적으로 상·하층인 학생들 간의 성적차가 수업 기간 중에는 커지지 않는 반면, 방학 기간 중에는 커지는 경향이 있다.

학생들 간의 성적차가 수업 기간 중에는 커지지 않고 방학 기간 중에는 커지는 것으로 보아 학교교육은 사회평등에 기여한다.

정답 ④

52 우리나라의 고교평준화 정책에 관한 설명으로서 가장 적합한 것은? ▪ 03 초등
① 교육의 결과적 평등관에 입각한 정책이다.
② 중등교육의 보편화, 평등화라는 이념에 부합된다.
③ 중등교육의 종합학교(comprehensive school)화라는 추세에 부합된다.
④ 결과적으로 학생과 교사의 균등배정보다는 학교의 물리적 교육여건의 평준화를 초래하였다.

우리나라의 고교평준화 정책은 중등교육의 보편화, 평등화라는 이념에 부합된다.

정답 ②

53 교육평등관과 그 예시가 잘못 연결된 것은? ▪ 04 초등
① 교육기회의 허용적 평등 - 소규모 학교의 통폐합
② 교육기회의 보장적 평등 - 중등교육의 무상·의무화
③ 교육여건의 평등 - 고교평준화정책
④ 교육결과의 평등 - 저소득층 자녀를 위한 보상교육

소규모 학교의 통폐합은 교육기회의 허용적 평등을 저해할 수 있다.

🔒 정답 ①

54 다음은 미국 존슨 대통령이 하워드 대학에서 한 연설의 일부이다. 이 연설의 취지에 부합하는 교육정책은?
■ 08 중등

> 오랫동안 쇠사슬에 묶였던 사람들을 갑자기 풀어준 뒤, '맘대로 뛰어보라'며 달리기 출발선에 세운다면 그것은 공정한 교육정책이 아니다.

① 대학의 기여입학제 허용
② 협약학교(charter school) 도입
③ 농어촌 자녀 특별전형제도 확대
④ 지방교육자치제도 실시 범위 확대

오랫동안 쇠사슬에 묶였던 사람들에 대한 보상이 필요한 것은 결과의 평등에 해당하며 대표적인 사례로 농어촌 자녀 특별전형제도 확대가 있다.

🔒 정답 ③

55 교육에서 보상적(補償的) 평등관에 관한 설명으로 가장 적절한 것은?
■ 06 중등

① 개인의 능력주의에 기초한 평등관이다.
② 교육을 시장 원리로 접근하려는 평등관이다.
③ 누구에게나 취학기회를 개방해야 한다는 평등관이다.
④ 사회경제적 지위가 낮은 집단의 교육적 결손을 해소하려는 평등관이다.

보상적(補償的) 평등관은 사회경제적 지위가 낮은 집단의 교육적 결손을 해소하려는 평등관이다.
① 허용적 평등에 가까운 개념이다.
② 조건의 평등에 가까운 개념이다.
③ 허용적 평등 또는 조건의 평등에 가까운 개념이다.

🔒 정답 ④

56 학습부진 학생을 위해 별도의 교재를 만들어 방과 후 보충 지도를 하는 것은 어떤 교육평등관을 실현하기 위한 것인가?
■ 02 중등

① 보상적 평등관
② 허용적 평등관
③ 보수주의 평등관
④ 자유주의 평등관

학습부진 학생을 위해 별도의 교재를 만들어 방과 후 보충 지도를 하는 것은 보상적 평등관이다.

정답 ①

57 학업성취 결정요인 중 하나인 가정배경은 경제자본, 문화자본, 사회자본, 인간자본 등으로 구성된다. 이 가운데 사회자본의 예로 가장 적절한 것은? ■ 04 중등

① 부모의 경제적 지원 능력
② 부모의 지적 능력 또는 교육 수준
③ 가정에서 형성된 취향이나 심미적 태도
④ 부모와 자녀 사이의 상호 신뢰와 유대감

사회자본은 개인이나 집단의 사회적 관계망과 신뢰를 통해 형성되는 자원이다. 부모와 자녀 간의 신뢰와 유대감은 긍정적인 사회적 관계를 나타내며 이는 학업 성취에 긍정적인 영향을 미칠 수 있다.
① 경제자본에 해당한다.
② 인간자본에 해당한다.
③ 문화자본에 해당한다.

정답 ④

58 콜만(J. S. Coleman)의 사회자본(social capital)과 인적자본(human capital)의 개념에 기초하여, 철수네 가정의 인적자본과 사회자본의 강약 정도를 바르게 제시한 것은? ■ 08 중등

> 철수는 서울 중심지의 작은 셋집에서 다섯 식구와 함께 살고 있는 중학교 2학년생이다. 부모님의 학력은 중졸이고 수입은 넉넉하지 않지만 화목한 가족 관계는 이웃의 모범이 될 정도이다. 철수는 반에서 1등을 놓친 적이 없으며, 작년에는 전국 수학경시대회에서 금상의 영예를 안았다.

① 인적자본과 사회자본이 모두 강하다.
② 인적자본과 사회자본이 모두 약하다.
③ 인적자본은 약하지만 사회자본은 강하다.
④ 인적자본은 강하지만 사회자본은 약하다.

• 부모님의 학력은 중졸이고 수입은 넉넉하지 않지만 : 인적자본은 약함
• 화목한 가족 관계는 이웃의 모범이 될 정도 : 사회자본은 강함

정답 ③

59 다음의 현상을 설명하는 데 가장 적합한 교육이론은? ▪ 02 중등

- 사회계층별로 독특한 문화를 가지고 있다.
- 학교 교육과정은 하류계층보다 중상류계층의 문화를 더 많이 반영하고 있다.
- 예컨대, 학교에서는 대중음악보다 고전음악을 중시하는데, 고전음악은 하류계층보다 중상류계층이 더 많이 향유한다.
- 따라서, 중상류계층 학생의 학업성취가 하류계층 학생보다 더 높다.

① 저항이론 ② 발전교육론
③ 문화재생산론 ④ 상징적 상호작용론

 해설

사회계층별로 독특한 문화를 가지고 있으며 학교 교육과정이 하류계층보다 중상류계층의 문화를 더 많이 반영하고 있다고 보는 것은 문화재생산론이다.

 정답 ③

Ⅷ. 교육사 철학

01 〈보기〉에 제시된 A와 B 두 교사의 철학적 관심 영역을 바르게 나열한 것은?   ■ 05 중등

┤보기├
- A 교사 : 나는 지식의 전달자로서 지식의 속성, 진리의 요건, 인간이 지식을 획득하는 과정에 대해 관심이 있다.
- B 교사 : 나는 인성을 지도하는 사람으로서 선악에 관한 인간의 인식과 선악을 구분하는 기준에 대해 관심이 있다.

	A 교사	B 교사		A 교사	B 교사
①	존재론	가치론	②	존재론	인식론
③	인식론	가치론	④	인식론	존재론

- 인식론(지식론)은 인간이 지식을 획득하는 과정에 대해 관심을 가지는 것이다.
- 가치론(행위론)은 인간의 인식과 선악을 구분하는 기준에 대해 관심을 가지는 것이다.

정답 ③

02 〈보기〉는 교과서에 포함될 지식의 성격에 관한 최교사의 주장이다. 이러한 주장을 뒷받침하는 인식론은?   ■ 07 중등

┤보기├
- 오류가 없는 표준적, 보편적 진리이어야 한다.
- 교과서를 구성하는 언어는 세계의 실재와 대응관계를 유지해야 한다.
- 과학 교과서의 지식은 과학의 발전 과정보다는 공인된 이론이어야 한다.

① 객관주의(objectivism)   ② 구성주의(constructivism)
③ 상대주의(relativism)   ④ 도구주의(instrumentalism)

객관주의(objectivism)는 표준적, 보편적 진리를 추구한다.

정답 ①

03 다음과 같은 특징을 지닌 교육과정에 가장 부합하는 관점은?   ■ 02 중등

- 학생이 주체적으로 학습에 참여하게 한다.
- 학생은 자신이 속한 역사적·문화적·사회적 상황을 바탕으로 하여 의미와 지식을 만들어 간다.
- 학생은 교사의 도움을 받아 가며 동료들과 협동적으로 탐구한다.

① 구성주의 ② 인본주의
③ 본질주의 ④ 행동주의

 해설
구성주의는 역사적·문화적·사회적 상황을 바탕으로 하여 의미와 지식을 만들어 간다.

정답 ①

04 빈칸 A와 B에 들어갈 말을 바르게 나열한 것은?   ■ 05 중등

교육의 기능은 크게 두 가지로 나누어 설명할 수 있다. 첫째는 교육이라는 개념에 함의된 기능, 즉 인간을 가르치고 기르는 기능이다. 둘째는 교육 이외의 바람직한 결과를 가져오는 기능이다. 교육을 통한 경제 발전이 그 예이다. 이 중 전자를 교육의 ┌─A─┐ 기능이라 하고, 후자를 ┌─B─┐ 기능이라 부른다.

	A	B		A	B
①	실용적	장식적	②	본질적	수단적
③	자연적	인위적	④	외재적	내재적

 해설
교육이라는 개념에 함의된 기능, 즉 인간을 가르치고 기르는 기능은 본질적 기능이다. 교육 이외의 바람직한 결과를 가져오는 기능은 수단적 기능이다.

정답 ②

05 교육의 내재적 목적에 대한 설명으로 옳은 것은?   ■ 04 중등

① 노작교육을 통한 실천적 인간 양성 강조
② 지식교육을 통한 합리적 마음의 계발 강조
③ 직업교육을 통한 전문적 직업인 육성 강조
④ 교양교육과 실용적 교육의 조화 강조

교육의 내재적 목적으로 지식교육을 통한 합리적 마음의 계발을 강조하며 자유교육의 입장이다.

정답 ②

06 교직관에 대한 설명으로 가장 적절한 것은? ■ 11 초등
① 노동직관은 일부에서 주장되고 있지만 아직은 법적으로 전혀 인정되지 않고 있다.
② 전문직관은 교원 양성기관의 설립과 자격제도의 도입으로 설명될 수 있는 교직관이다.
③ 성직관은 성직자가 교직을 담당하였던 것에서 유래한 것으로, 오늘날 전면 부정되고 있다.
④ 공직관은 국가공무원 신분에 근거한 것이므로 공·사립학교 교원에게는 해당되지 않는다.
⑤ 성직관, 전문직관, 노동직관, 공직관은 상호 배타적이기 때문에 한 시대에 공존할 수 없다.

전문직관은 교직원의 전문성을 강조한 것으로 교원 양성기관 설립과 자격제도를 강화한 것으로 볼 수 있다.

정답 ②

07 다음에 해당하는 피터스(R. S. Peters)의 교육의 개념적 준거는? ■ 08 초등

> 아무리 좋은 내용이라 하더라도 그것을 학습자의 의지와 자발성이 결여된 방식으로 가르쳐서는 안 된다. 이 점에서 조건화(conditioning)나 세뇌(brainwashing) 등과 같은 방법은 교육이라 부를 수 없다.

① 과정적 준거 ② 규범적 준거
③ 기술적 준거 ④ 인지적 준거

피터스의 교육의 준거
1) **규범적 준거** : 교육은 가치 있는 것을 전달함으로써 그것에 헌신하는 사람을 만들어야 한다.
2) **인지적 준거** : 교육은 지식과 이해, 그리고 폭넓은 지적 안목을 길러주어야 하며, 이런 것들은 무기력한 것이어서는 안 된다.
3) **과정적 준거** : 교육은 교육받는 사람의 의식과 자발성을 전제로 해야 한다.

정답 ①

08 다음 (가)와 (나)에 들어갈 말로 옳은 것은?
■ 13 중등

학생 : 선생님, "교육받은 사람은 누구나 희랍에서 고향을 느낀다."는 말이 있는데, 여기에서 희랍의 교육은 어떤 교육을 가리키는지요?
교사 : 음, 교육의 원형이라고 볼 수 있는 자유교육(liberal education)이라 할 수 있겠지.
학생 : 그러면 희랍의 자유교육은 구체적으로 무엇인지요?
교사 : 글쎄, 제대로 설명하려면 아주 길어. 간단히 말하면, 희랍의 자유교육은 근본적으로 인간의 마음(mind)을 무지, 오류, 환상으로부터 해방시키는 교육이라 할 수 있지. 여기에는 두 가지 철학적 주장이 들어 있는데, 허스트(P. Hirst)에 따르면, 그것은 마음과 (가) , (가) 와/과 (나) 의 관련성에 관한 것이지.
학생 : 휴, 생각보다 복잡한 것 같습니다.
교사 : 희랍의 자유교육에는 형이상학적 가정이 들어 있어서 그렇게 느껴지는가 보구나.

	(가)	(나)		(가)	(나)
①	감각	실재	②	정서	경험
③	정서	실재	④	지식	경험
⑤	지식	실재			

지식에 대한 실재론적(實在論的) 관점 : 개별 사물은 일단은 우리의 감각기관에 포착되지만, 그것을 알려면 여러 개별 사물들이 서로 공유하고 있는 일반적 형식을 추론할 수 있어야 한다. 그리고 이 일은 바로 우리 마음의 가장 핵심적 능력인 이성이 담당하는 기능이다. 인간의 마음은 이성을 올바르게 사용함으로써 사물의 본질적 성격을 알 수 있고, 무엇이 궁극적으로 참된 것이며 변하지 않는 것인지를 파악할 수 있다.

정답 ⑤

09 다음은 어느 교육학자와 한 가상 인터뷰의 일부이다. 이 내용과 가장 관계가 깊은 학자는?

■ 09 중등

> 저는 지난 20년 남짓 동안 교육은 합리적 마음을 계발하기 위해 학생을 '지식의 형식'(forms of knowledge)에 입문시키는 일이라고 생각하여 왔습니다. 그러나 저는 이론적 지식이 훌륭한 삶을 결정하는 유일한 논리적 토대라고 보는 중대한 오류를 범하였습니다. 지금 저의 입장은 교육이 '지식의 형식'에의 입문이라기보다는 '사회적 실제'(social practices)에의 입문이어야 한다는 것입니다. 저의 변화된 교육 개념은 좀 더 체계적으로 가다듬어야 할 필요가 있고, 종전 견해와의 관련성에 대해서도 더 논의가 필요합니다. 그럼에도 불구하고, 저는 교육이 근본적인 면에서 '사회적 실제'에 학생을 입문시키는 일이어야 한다는 주장에는 주저함이 없습니다.

① 듀이(J. Dewey)
② 피터스(R. S. Peters)
③ 허스트(P. H. Hirst)
④ 화이트(J. P. White)
⑤ 오크쇼트(M. Oakeshott)

해설

후기 허스트는 학생들을 구체적이고도 실질적인 활동의 복합체로 입문케 함으로써 그들이 건강한 삶 또는 좋은 삶을 살도록 하는데서 교육의 핵심을 찾았다.

정답 ③

10 박 교사의 주장에 부합하는 견해를 가진 학자는?

■ 13 중등

> 이 교사 : 우리나라 교육의 심각한 문제점은 교육이 지나치게 외재적 목적을 추구하는 데 있다고 생각합니다. 저는 교육이 다른 어떤 것을 얻기 위한 수단이 아니라 교육활동 그 자체를 목적으로 추구해야 한다고 봅니다. 그 활동은 다름 아닌 지식을 추구하는 것입니다.
> 박 교사 : 교육이 지나치게 외재적 목적을 추구해서는 안 된다는 점에 대해서는 저도 이의가 없습니다. 그렇다고 교육이 내재적 목적만을 추구해야 하는지, 그리고 교육에서 내재적으로 가치 있는 활동이 지식 추구에 한정되어야 하는지에 대해서는 여전히 의문이 있습니다. 제가 보기에 자유 민주주의 사회에서 교육의 목적은 내재적 가치 추구를 넘어서 개인의 자율성(personal autonomy) 신장이나 개인의 좋은 삶 곧 웰빙(well-being)에 두어야 한다고 생각합니다.

① 듀이(J. Dewey)
② 피터스(R. Peters)
③ 화이트(J. White)
④ 맥킨타이어(A. MacIntyre)
⑤ 화이트헤드(A. Whitehead)

피터스(Peters)와 허스트(Hirst)는 자유교육을 무지(無知)와 편견 등과 같은 것에 대해 합리적인 마음 계발로 보았다. 화이트(White)는 국가나 집단의 위협에서 '개인이 자유롭고, 자율적인 선택'을 할 수 있게 하는 자율성 신장에 대한 교육으로 보았다. '이 교사'는 피터스(Peters)와 허스트(Hirst)의 주장이다.

정답 ③

11 다음 교사들의 토론에서 최 교사의 견해와 가장 유사한 교육철학은? ■ 12 초등

> 김 교사 : 학교에서는 무엇보다 지식교육을 해야 합니다. 학교에서 지식교육을 하지 않고 도대체 어떤 교육을 할 수 있단 말입니까?
> 박 교사 : 글쎄요, 김 선생님께서는 학교에서 지식교육을 해야 한다고 주장하시는데, 지금까지 지식교육을 해 온 결과가 어떻게 되었는지 생각해 보십시오. 학교에서 그토록 열심히 지식을 가르쳐 왔는데도 불구하고, 제대로 된 인간을 기르는 데 실패하지 않았습니까? 저는 지식교육이 그 자체로 상당한 결함이 있다고 보고, 그렇기 때문에 인간교육을 해야 한다고 생각합니다.
> 최 교사 : 잠깐만요. 두 선생님의 주장에는 지식교육과 인간교육이 다르다는 것이 논리적으로 가정되어 있군요. 제 생각에는 '지식교육을 해야 한다.' 혹은 '인간교육을 해야 한다.'는 주장에 대해 논하기 전에 지식교육과 인간교육이 과연 별개의 개념인지를 검토해야 할 것 같습니다.

① 분석적 교육철학   ② 비판주의 교육철학
③ 실존주의 교육철학   ④ 진보주의 교육철학
⑤ 포스트모던 교육철학

분석철학 : 언어의 구조가 실재의 구조를 반영하는 것으로 보고, 언어를 명료화하고 분석하는데 중점을 두고 있다.

정답 ①

12 다음 내용에 공통적으로 영향을 끼친 현대철학 사조는? ■ 11 중등

> • 특정 사회의 정치·경제 구조가 교육에 미치는 영향에 관한 분석
> • 교육에서 발생하는 억압 관계와 인간 소외 문제를 개선하는 방안 마련
> • 교육의 과정에서 왜곡된 의사소통을 합리적인 의사소통으로 전환시키려는 시도
> • 교육이념의 사회적 발생 조건을 학문적으로 밝히고 그 잘못된 영향을 드러내려는 시도

① 현상학   ② 비판이론   ③ 분석철학
④ 생태주의   ⑤ 실존주의

비판적 교육철학 또는 비판교육학(critical pedagogy)에 대한 특징
1) 교과지식의 획득보다는 사회의 구조적 문제해결에 더 관심을 둔다.
2) 교육문제에 대해 좀 더 실제적이고 정치사회적인 관점을 취한다.
3) 교육이 처해 있는 사회구조나 제도에 대해 의문을 제기한다.

정답 ②

13 다음과 같은 교육관이 기초하고 있는 현대 교육철학 사조는? ■ 12 중등

- 학생 개인의 독자적인 삶과 자유를 존중한다.
- 추상적이고 보편적인 인간을 지향하는 교육목표를 비판한다.
- 관념적인 지식 위주 교육을 비판하고 학생 스스로 각성하여 자아를 발견하는 것을 중시한다.
- 철저한 신념과 확신으로 뭉친 책임감을 지닌 실천가와 개성을 가진 인간을 양성하는 것을 추구한다.

① 항존주의   ② 구조주의   ③ 실존주의
④ 재건주의   ⑤ 본질주의

실존주의는 개인의 주체성, 자유, 자아실현을 강조하며, 보편적이고 추상적인 교육목표나 지식 중심의 교육을 비판한다.

정답 ③

14 실존주의 교육에서 강조되지 않는 것은? ■ 07 중등
① 교육방법의 체계화   ② 「나-너」의 인격적 만남
③ 인문학 및 예술 영역의 교과   ④ 인간의 비연속적 형성 가능성

실존주의는 교육방법의 체계화 또는 획일화가 아니라 학생들의 다양성을 존중한다.

정답 ①

15 교육현상을 보는 여러 철학적 관점에 대한 설명 중 맞는 것은?   ■ 02 중등
① 인간학적 관점은 가치중립적으로 학생을 고찰한다.
② 실증주의적 관점은 개인의 주관적 경험을 중시한다.
③ 변증법적 관점은 이분법적 사고로 문제에 접근한다.
④ 실존주의적 관점은 인간을 자유로운 존재로 고찰한다.

실존주의는 개인의 자유와 자아실현을 중요시하며 인간을 자유로운 존재로 고찰한다.
① 인간학적 관점은 인간 존재의 의미와 가치를 중심으로 보는 관점으로 가치중립적이지 않다.
② 실증주의는 객관적이고 과학적인 방법을 중시한다.
③ 변증법적 관점은 대립되는 두 개념의 상호작용을 통해 문제에 접근한다.

 ④

16 김 교사는 다음과 같은 교육관을 가지고 있다. 그의 교육관에 가장 가까운 교육철학 사조는?   ■ 02 중등

- 배우는 일은 본래 쉽지 않기 때문에 열심히 노력해야 한다.
- 교사가 이끄는 대로 배우는 것이 중요하다.
- 반복학습과 암기가 매우 중요하다.
- 교과 및 교재의 논리적 체계에 따라 가르쳐야 한다.

① 계몽주의 ② 이상주의
③ 본질주의 ④ 재건주의

본질주의는 기본적인 학문적 지식을 교육의 핵심으로 삼고 교사는 권위적인 지식의 전달자로 중요한 역할을 해야 한다고 주장하였다.
① **계몽주의** : 이성의 자유를 속박하는 종교, 정치, 사회 등 온갖 권력구조를 제거하고, 인간의 이성을 신뢰
② **이상주의** : 현실보다는 이상적인 세계나 목표를 추구
④ **재건주의** : 사회변화에 관심을 가지며 개인적 경험 및 사회적 경험 모두를 재건해야 할 필요가 있다고 강조

 ③

17 <보기>에 나타난 최교사의 교육관을 가장 잘 설명할 수 있는 교육철학은? ▪ 06 중등

┤보기├
최교사는 민족적 경험이 엄선되어 체계화되었다고 생각하는 교재를 사용하여 교사중심의 수업을 실시한다. 그리고 수업의 주안점을 학생의 미래준비를 위한 훈련에 둔다.

① 진보주의
② 실존주의
③ 본질주의
④ 분석철학

민족적 경험이 엄선되어 체계화되었다고 생각하는 교육철학은 본질주의다.

 ③

18 다음 주장에 함의되어 있는 교육관으로 가장 적절한 것은? ▪ 11 초등

교육은 가르침이요, 가르침은 지식이다. 지식은 진리이며, 진리는 모든 곳에서 동일하다. 그러므로 교육은 모든 곳에서 동일하다.
― 허친스(R. Hutchins)

① 교육은 생활을 위한 준비가 아니라 생활 그 자체이어야 한다.
② 교육은 인간 본성인 이성을 계발하는 일이므로 지식을 중심으로 이루어져야 한다.
③ 교육은 아동의 흥미와 필요를 존중하고 아동의 발달 단계에 근거하여 이루어져야 한다.
④ 교육은 새로운 사회 질서의 창조에 전력해야 한다는 점에서 사회적 자아실현을 추구해야 한다.
⑤ 교육은 한 사회의 고유한 문화적 전통과 가치를 전수함으로써 그 사회의 후속 세대를 길러 내야 한다.

허친스(R. M. Hutchins)는 항존주의자이다. 항존주의는 교육이 지식 중심으로 이루어져야 한다고 주장하였다.

 ②

19 ⟨보기⟩는 교사 A, B, C의 교육관을 나타낸 것이다. 진보주의 교육관을 가진 교사를 모두 고른 것은?

▪ 05 중등

┤보기├
A : 교육의 출발점은 아동이어야 한다. 따라서 모든 교육활동은 아동의 필요와 흥미를 중심으로 이루어져야 한다.
B : 교육은 아동의 경험을 토대로 하는 활동이다. 따라서 교사는 아동의 경험이 확장되도록 교육의 과정을 주도해야 한다.
C : 교육에서 경쟁은 아동을 동기화시키는 중요한 수단이라고 생각한다. 그러므로 교사는 경쟁을 적절히 활용할 필요가 있다.

① A ② B
③ A, C ④ A, B, C

- B : 교육은 아동의 경험을 토대로 하는 활동이다. 따라서 교사는 아동의 경험이 확장되도록 교육의 과정을 주도해야 한다. → 진보주의는 학습자가 주도
- C : 교육에서 경쟁은 아동을 동기화시키는 중요한 수단이라고 생각한다. 그러므로 교사는 경쟁을 적절히 활용할 필요가 있다. → 진보주의는 경쟁을 활용하지 않음

🔒정답 ①

20 ⟨보기⟩에서 설명하는 교육사조와 대표적 학자를 바르게 묶은 것은?

▪ 07 중등

┤보기├
- 경험과 변화를 유일한 실재라고 본다.
- 절대적 진리관보다는 상대적 진리관을 취한다.
- 경험에 의해 실용성과 효용성이 입증된 것을 가치롭게 본다.

① 프래그머티즘 - 듀이 ② 분석철학 - 피터스
③ 항존주의 - 허친스 ④ 본질주의 - 브리드

인간은 자신을 둘러싸고 있는 여타의 생명치 또는 비생명체와 함께 살면서 상호작용하기 때문에, 그러한 상호작용의 결과 필연적으로 어떤 경험을 획득한다. 프래그머티즘에서 지식이란 살아있는 유기체와 그를 둘러싸고 있는 환경 간 상호작용의 산물이다.

🔒정답 ①

21 다음 〈보기〉의 내용과 관련이 가장 깊은 철학사조는? ■ 01 초등

| 보기 |
- 지식 및 지식행위에 내재된 권력적 속성을 폭로함
- 절대적 진리(absolute truth) 대신에 국지적 진리(local truth)를 옹호함
- 전체화(totalizing)를 추구하는 거대담론(grand narratives)에 반대함

① 실존주의 ② 비판이론
③ 신자유주의 ④ 포스트모더니즘

포스트모더니즘 : 전체화(totalizing)를 추구하는 거대담론(grand narratives)에 반대함

정답 ④

22 포스트모더니즘(postmodernism)의 입장에 가장 가까운 것은? ■ 03 중등
① 지식의 구조와 학문적 성과의 전달을 중시한다.
② 인류의 고전적 문화 유산의 계승 전달을 추구한다.
③ 보편적 지식의 전달보다 국지적 지식의 이해를 더 중시한다.
④ 거대 서사(grand narratives)의 체계적 지식 전달을 지향한다.

①, ②, ④는 모더니즘 입장이다.

정답 ③

23 〈보기〉에서 포스트모더니즘의 주요한 특징으로만 묶인 것은? ■ 07 중등

| 보기 |
ㄱ. 다원주의   ㄴ. 반정초주의(anti-foundationalism)
ㄷ. 인간해방   ㄹ. 소서사(little narrative)의 정당화
ㅁ. 몸의 경시   ㅂ. 보편주의

① ㄱ, ㄴ, ㄹ   ② ㄱ, ㄹ, ㅂ
③ ㄴ, ㄷ, ㅁ   ④ ㄷ, ㅁ, ㅂ

포스트모더니즘의 주요한 특징
1) 다원주의
2) 반정초주의(anti-foundationalism)
3) 소서사(little narrative)의 정당화

 ①

24 포스트모더니즘의 교육관에 가장 가까운 주장은? ▪ 04 초등

① 문화 상대주의가 초래한 학교교육의 혼란을 극복하려는 노력이 필요하다.
② 정보화에 따른 사고의 파편화에 대항하여 합리적 비판능력의 함양이 요청된다.
③ 세계화의 충격으로 인해 발생한 위기를 극복하기 위한 사회 통합의 교육이 필요하다.
④ 보편적 이성의 계발을 통한 개인과 사회의 진보라는 계몽주의적 신념은 재검토되어야 한다.

포스트모더니즘의 교육관은 보편적 이성의 계발을 통한 개인과 사회의 진보라는 계몽주의적 신념에 대해 부정적이며 재검토되어야 한다고 주장한다.

 ④

25 다음은 소크라테스(Socrates)에 관한 진술이다. 이것으로부터 추론할 수 있는 학습자에 대한 이해로 옳은 것은? ▪ 08 중등

- 일방적인 지식 전수 대신에 문답법을 사용했다.
- "학습은 지식을 상기(想起)하는 것이다."라고 주장했다.

① 학습자는 신의 형상을 닮은 존재이다.
② 학습자는 탐구하는 능력을 지닌 존재이다.
③ 학습자의 내면은 창이 없는 소우주와 같다.
④ 학습자의 내면은 무엇이든지 다 쓸 수 있는 백지와 같다.

산파법 : 교사가 이미 알고 있는 정답을 미리 알려주지 않고 학생 스스로 그 답을 찾도록 안내하는 대화 기법

②

26 〈보기〉에서 고대 그리스의 교육사상가에 관한 설명 중 옳은 것을 고르면? ▪08 초등

| 보기 |
가. 소피스트들은 법과 관습보다 시민 개개인의 권리를 더 중요시하였다.
나. 소크라테스는 선의 실천이 선행되어야 선의 본질을 이해할 수 있다고 주장하였다.
다. 크세노폰은 덕의 기초는 지식이 아니라 좋은 습관에 있다고 주장하였다.
라. 플라톤은 사물의 실재는 개별적 존재 속에 구현되어 있는 이데아에서 찾아야 된다고 주장하였다.

① 가, 다   ② 가, 라
③ 나, 다   ④ 나, 라

 해설

가. 소피스트들은 상대주의를 주장하며, 법과 관습은 인간이 만들어낸 것이라고 보고 시민 개개인의 권리와 개인의 의견을 강조하였다.
다. 크세노폰은 지식보다는 습관의 형성을 통해 덕을 길러야 한다고 주장했으며, 실제로 좋은 습관을 교육의 중요한 요소로 보았다.
나. 소크라테스는 덕은 지식이다(Virtue is Knowledge)라는 철학적 입장에서, 지식이 덕(선한 행동)의 기초라고 주장하였다. 소크라테스는 선의 본질이 실천보다 무엇인지 먼저 알아야 함을 강조하였다.
라. 플라톤은 이데아론을 통해 사물의 실재는 개별적 존재 속이 아니라, 이데아의 세계(초월적 실재)에서 존재한다고 주장하였다.

🔒 정답 ①

27 고대 그리스 시대의 교육사상에 대한 설명으로 옳지 않은 것은? ▪12 중등

① 소크라테스(Socrates)는 교수방법으로서 반어법과 문답법을 활용하였다.
② 플라톤(Platon)은 웅변가를 이상적으로 교육받은 인간상으로 간주하였다.
③ 이소크라테스(Isocrates)는 논증과 변론을 통한 수사학 교육을 강조하였다.
④ 프로타고라스(Protagoras)는 모든 가치의 기준이 개인에 따라 상대적이라고 주장하였다.
⑤ 아리스토텔레스(Aristoteles)는 최고선으로서의 행복을 추구하기 위해 지성적 삶과 습관 형성을 중시하였다.

 해설

웅변가는 이소크라테스 또는 소피스트 입장이다.

🔒 정답 ②

28 고대 그리스 시대의 이소크라테스(Isocrates) 교육사상에 대한 진술로 옳지 않은 것은? ■ 13 중등
① 수사학을 통해서 덕을 함양하고 영혼을 고상하게 만들 수 있다고 보았다.
② 공공의 선과 행복에 기여하는 훌륭한 웅변가를 양성하는 데 주요 목적을 두었다.
③ 최상의 행복은 이성을 계발함으로써 사물의 본질을 관조하는 데서 찾을 수 있다고 보았다.
④ 철학자 양성에 주요 목적을 둔 플라톤의 아카데미아 교육에 대해 비판적인 입장을 취하였다.
⑤ 웅변가가 되기 위해서는 수사학의 원리와 기술뿐만 아니라 문학, 논리학, 역사 등 일반적인 지식도 갖추어야 한다고 보았다.

"관조(觀照)"라는 표현은 플라톤에게서 시즈되어, 아리스토텔레스에서 중용적 실천 이후의 최고 삶으로 발전한다. 따라서 ③은 이소크라테스가 아니라, 플라톤적·아리스토텔레스적 사유를 반영한 문장이다.
이소크라테스는 실천적 지혜(phronesis)와 덕 있는 시민 양성을 중시했다.

정답 ③

29 그리스 시대의 교육사상가 이소크라테스(Isokrates)에 대한 설명 중 맞는 것은? ■ 02 중등
① 철학적 문답법을 통해 정치가를 양성하였다.
② 양심의 각성을 통한 언행일치의 교육을 강조했다.
③ 수사학적 인간도야를 주창하고 수사학교를 설립했다.
④ 실천철학과 심리학에 근거하는 교육이론을 제시했다.

이소크라테스는 수사학을 중요 교육의 내용으로 삼았으며 이를 통해 인간도야를 주창하였다.
① 소크라테스에 대한 설명이다.
② 플라톤에 대한 설명이다.
④ 아리스토텔레스에 대한 설명이다.

정답 ③

30 플라톤의 교육사상에 대한 설명으로 옳은 것은? ■ 04 중등
① 교육의 초기 단계에서는 변증법을 공부한다.
② 교육의 최종 단계는 선의 이데아를 획득하는 것이다.
③ 학문을 탐구하는 목적은 변화으 모습을 파악하는 데 있다.
④ 계층에 관계 없이 모든 사람에게 동일한 교육을 실시한다.

② 플라톤의 교육 목표는 선의 이데아를 이해하고, 이를 통해 진리를 깨닫는 철학적 완성을 하는 것이다.
① 플라톤의 교육 체계에서는 초기 단계에서 음악과 체육 교육을 하며 마지막 단계 교육은 변증법이다.
③ 플라톤은 변화하는 현실 세계보다, 영원하고 변하지 않는 이데아의 세계를 탐구하는 것을 중시하였다.
④ 플라톤의 교육은 개인의 타고난 자질과 능력에 따라 차별적으로 이루어진다. 《국가》에서 그는 인간을 세 계층(통치자, 수호자, 생산자)으로 나누고, 교육 내용과 수준을 차별화해야 한다고 보았다.

🔒 정답 ②

31 다음은 플라톤의 대화편 일부를 재구성한 것이다. (가)에 공통적으로 들어갈 가장 적합한 말은?
■ 12 초등

> 이데이만토스 : (트라시마코스는 (가) 을/를 강자의 이익이라고 말했습니다만) 우리가 소크라테스 선생님께 듣고자 하는 것은 (가) 의 외양이 아닌 실재, 즉 (가) 이/가 이익이 되느냐 손해가 되느냐 하는 것과 관계없이 그 자체로 좋다는 것입니다. 만약 아이들이 어렸을 때부터 (가) 이/가 그 자체로 좋은 것이라는 말을 듣고 자란다면, 나중에 그들은 다른 사람의 감시가 필요 없이 자기 자신의 감시자가 되어 그것을 행하게 될 것입니다.
> 　　　　　　　　　　　　　　　　　　　　　- 플라톤, 『국가』 366d~367c
> 소크라테스 : 나를 고발한 사람들에게 한 가지 요구하고 싶습니다. 내 아이들이 훌륭한 인간이 되기보다는 돈을 쫓아다닌다고 생각되거나 자신이 아무 것도 아니면서 마치 무엇이나 된 것처럼 행동한다고 생각되면, 내가 여러분을 질타했듯이 여러분도 그들을 질타해 주십시오. 만약 여러분이 이렇게 해 주신다면, 여러분은 나와 내 아이들에게 (가) 을/를 행하는 것입니다.
> 　　　　　　　　　　　　　　　　　　　　　- 플라톤, 『변론』 41e~42a

① 덕(virtue)　　　　② 지혜(wisdom)
③ 용기(courage)　　④ 절제(temperance)
⑤ 정의(justice)

플라톤의 대화편의 주요 내용은 정의(justice)이다.

🔒 정답 ⑤

32 다음은 플라톤의 대화편 『프로타고라스』의 일부를 재구성한 것이다. 덕(德)에 관한 소크라테스의 견해에 비추어, 빈칸에 들어갈 가장 적절한 말은?   ■ 11 초등

> 소 크 라 테 스 : 용감한 사람은 어떤 사람입니까?
> 프로타고라스 : 적군을 향하여 주저 없이 나아가는 사람이 용감한 사람이지.
> 소 크 라 테 스 : 그러면 물불 안 가리고 앞으로 돌진하는 사람도 용감한 사람입니까?
> 프로타고라스 : 그야 절대 아니지.
> 소 크 라 테 스 : 그러면 무엇을 향해 나아가는 사람이 용감한 사람입니까? 선(善)의 이상(理想)입니까? 아니면 추한 욕망입니까?
> 프로타고라스 : 그야 물론 선의 이상이지.
> 소 크 라 테 스 : 그러면 _____
> 프로타고라스 : 그렇지. 무지한 사람은 용감한 사람이 될 수 없다네.

① 용감한 사람은 착한 사람이겠군요?
② 용감한 사람은 대담한 사람이겠군요?
③ 용감한 사람은 무서운 것이 없는 사람이겠군요?
④ 용감한 사람은 선이 무엇인지 아는 사람이겠군요?
⑤ 용감한 사람은 자신의 욕망을 실현하는 방법을 아는 사람이겠군요?

플라톤에게 용감한 사람은 선이 무엇인지 아는 사람이다.

정답 ④

33 다음 대화에 나타난 교사의 견해를 뒷받침하는 고대 그리스 철학자는?   ■ 11 중등

> 학생 : 선생님, 아는 것과 행동하는 것이 반드시 일치하지는 않는 것 같습니다.
> 교사 : 그 둘 사이의 불일치 문제는 고대 그리스어 아크라시아(akrasia)에 해당하는데, 이 단어는 본래 자제력이 없다는 의미를 가진단다.
> 학생 : 자제력은 어디서 오는 것인가요?
> 교사 : 자제력은 앎에서 오는 것이 아니라, 감정이나 정서에서 오는 것이지.
> 학생 : 그럼 도덕이 합리성에만 의존하는 것은 아니네요?
> 교사 : 그렇지. 도덕성은 합리성 그 이상을 의미하고, 거기엔 정서의 문제가 함께 자리하는 셈이지.

① 플라톤(Platon)　　　　　　② 고르기아스(Gorgias)
③ 소크라테스(Socrates)　　　④ 이소크라테스(Isocrates)
⑤ 아리스토텔레스(Aristoteles)

개인의 이기적인 욕심이 끼어들거나 천부적으로 약한 의지를 지니고 있어서 실천을 가로막는 경우가 많다. 이러한 방해요인을 아크라시아(akrasia)라고 불렀다. 이 단어는 중용이나 절제와 반대되는 뜻으로 무절제와 탐욕을 가리키며 아리스토텔레스(Aristoteles)가 언급하였다.

 ⑤

34 다음의 설명에 해당하는 교육이론을 제시한 사람은? ■ 02 중등

- 인간의 영혼은 신체적 힘의 총화로서 신체가 없이는 존재할 수 없다.
- 교육은 참된 윤리적 생활을 가능하게 하는 것으로 정치적 문제와 관련되어 있다.
- 본성, 습관, 이성이 함께 해야 교육이 가능하다.

① 에라스무스 ② 소크라테스
③ 플라톤 ④ 아리스토텔레스

 아리스토텔레스는 신체와 영혼의 관계에 대해 중요하게 다루었다. 또한 윤리적 교육을 중요하게 보았으며 본성, 습관, 이성 세 가지 요소의 상호작용을 통해 완전한 교육을 이룰 수 있다고 주장하였다.

 ④

35 중세 서양 대학에 대한 기술로서 옳지 않은 것은? ■ 10 중등

① 대학의 기능과 역할은 일차적으로 교육보다 연구에 있었다.
② 대학의 기원과 도시 자치권의 확대 사이에 긴밀한 관련이 있었다.
③ 중세 초기 대학의 설립과 운영에 있어서 교회의 발언권이 강했다.
④ 유니버시티(university)라는 말은 본래 선생과 학생의 조합을 뜻했다.
⑤ 이탈리아와 남부 프랑스의 대학들은 볼로냐(Bologna) 대학을 모범으로 삼았다.

 사회의 분화 발전에 따라 전문 인력에 대한 수요가 증가하였고 그에 따른 인력 양성이 요구되었다.

①

36 유럽의 중세 시민교육에 관한 설명으로 옳지 않은 것은? ▪ 12 초등

① 학교의 형태는 각 나라와 도시에 따라 다양하다.
② 시민학교는 시민계급에게 의무·무상교육을 실시하였다.
③ 중세 상공업의 발달로 출현한 시민계급의 수요에 의해 생겨났다.
④ 시민학교는 교육수준에 따라 크게 상류층을 위한 학교와 하류층을 위한 학교로 나뉜다.
⑤ 읽기, 쓰기, 셈하기, 직업기술의 습득, 법률적 지식 등 시민계급의 실제적 필요를 충족시키기 위해 학교가 설립되었다.

시민계급들은 자신들의 실생활에 필요한 지식과 기술을 가르쳐 경제적 이익을 추구하기 위한 방안으로 도제교육을 도입하였다.

정답 ②

37 르네상스 시기의 인문주의 교육에 관한 설명으로 옳은 것을 〈보기〉에서 고르면? ▪ 11 초등

―| 보기 |―
ㄱ. 과학혁명의 성과가 반영되어 과학이 가장 중요한 교과가 되었다.
ㄴ. 자유교육을 통하여 완전한 인간과 선량한 시민을 길러내고자 하였다.
ㄷ. 키케로의 문체를 작문의 유일한 표본으로 삼은 사람들은 언어적 형식주의에 빠져 있다는 비판을 받았다.
ㄹ. 자국 문화와 언어에 대한 관심이 높아지면서 라틴어가 퇴조하고 모국어가 교육의 주된 언어로 자리 잡았다.

① ㄱ, ㄴ   ② ㄱ, ㄷ   ③ ㄱ, ㄹ
④ ㄴ, ㄷ   ⑤ ㄴ, ㄹ

ㄱ. 산업혁명에 대한 설명이다.
ㄹ. 종교개혁에 대한 설명이다.

정답 ④

38 〈보기〉의 서양교육에 대한 설명 중, 옳은 것끼리 묶인 것은?

■ 05 중등

―보기―
ㄱ. 과학적 실학주의는 자연의 탐구를 중시한다.
ㄴ. 계몽주의는 인간의 이성과 감성을 존중한다.
ㄷ. 키케로주의(Ciceronianism)는 인문주의의 한 형태이다.
ㄹ. 루소가 주장하는 청소년기의 교육은 일체의 인위적인 교수활동과 훈련을 배제한다.

① ㄱ, ㄷ ② ㄱ, ㄹ
③ ㄴ, ㄷ ④ ㄷ, ㄹ

ㄴ. 계몽주의는 인간의 이성을, 신인문주의(낭만주의)는 감성을 존중한다.
ㄹ. 루소는 청소년 시기에 적절한 인위적인 교수활동과 훈련을 존중한다.

🔒정답 ①

39 종교개혁으로 인한 유럽 교육의 변화를 설명한 것으로 가장 타당한 것은?

■ 05 초등

① 의무교육 사상의 형성이 촉진되었다.
② 교육에 대한 희랍 문화의 영향이 증대되었다.
③ 도시학교에 대한 교회의 통제력이 강화되었다.
④ 교육은 본래 개인의 일이라는 관념이 정착되었다.

종교개혁으로 인해 성서 읽기를 통한 문해력이 강조되고 이런 과정 속에서 의무교육 사상이 형성되었다.

🔒정답 ①

40 서양의 실학주의 교육사상에 대한 설명으로 옳은 것은?

■ 04 중등

① 실학주의는 기독교 교육의 형식주의에 대한 반성에서 생겨났다.
② 감각적 실학주의는 여행이나 사회생활을 통한 학습을 강조하였다.
③ 인문적 실학주의는 실물이나 표본에 의한 학습을 강조하였다.
④ 사회적 실학주의는 신사(紳士) 양성을 교육의 주된 목적으로 삼았다.

① 실학주의는 기존 교육의 형식주의에 대한 반성에서 생겨났다.
② 사회적 실학주의는 여행이나 사회생활을 통한 학습을 강조하였다.
③ 감각적 실학주의는 실물이나 표본에 의한 학습을 강조하였다.

🔒정답 ④

41. 교육에 대한 다음과 같은 관점을 가장 잘 담고 있는 서양 교육 사조는?

■ 09 중등

- 세상은 가장 훌륭한 교과서이다.
- 감각적 경험이 올바른 지식을 획득하는 통로이다.
- 고전 공부의 진정한 목적은 현학적 지식의 습득이 아니라 인간의 삶에 대한 이해를 통하여 교육의 현실적 적합성을 추구하는 것이다.
- 삶의 지혜와 학문적 지식은 구분되어야 하며, 아이에게 실제적 지혜의 기초가 충분히 다져지기 전까지는 학문적 지식에 대한 공부를 보류해야 한다.

① 실학주의(Realism)
② 인문주의(Humanism)
③ 계몽주의(Enlightenment)
④ 자연주의(Naturalism)
⑤ 신인문주의(Neo-humanism)

실학주의(Realism) : 인문주의의 폐단을 정확히 인지하고 참다운 자유교육의 이상을 실현하고자 하였으며 언어주의자들에게 보이는 고전의 형식, 즉 어법, 문장의 구조, 문체보다는 고전에 포함되어 있는 실제 생활에 필요한 내용들, 이를테면 과학적, 역사적, 사회적 지식을 되살리고자 하였다.

정답 ①

42. 17세기 서양의 실학주의(realism) 교육사조에 해당하는 것만을 〈보기〉에서 있는 대로 고른 것은?

■ 13 중등

|보기|
ㄱ. 현학적인 교양인을 기르는 데 목적을 두었다.
ㄴ. 구체적 사물에 대한 직접적 경험을 강조하였다.
ㄷ. 현실 생활에 대한 이해와 교육의 현실적 적합성을 중시하였다.
ㄹ. 이성에 의해 모든 것을 판단하는 합리적 인간을 이상적 인간상으로 보았다.
ㅁ. 모든 사람이 교육받아야 하며 국가가 교육을 관장해야 한다는 새로운 교육적 이상을 제시하였다.

① ㄴ, ㄷ
② ㄴ, ㅁ
③ ㄱ, ㄷ, ㅁ
④ ㄱ, ㄹ, ㅁ
⑤ ㄴ, ㄷ, ㄹ

17세기 서양의 실학주의(realism) 교육사조
1) 구체적 사물에 대한 직접적 경험을 강조하였다.(ㄴ)
2) 현실 생활에 대한 이해와 교육의 현실적 적합성을 중시하였다.(ㄷ)

정답 ①

43. 다음의 내용을 담고 있는 저술은? ■ 12 초등

- 교육에 바쳐야 할 기간을 각각 6년씩 유아기, 아동기, 소년기, 청년기의 4단계로 구분한다.
- 4단계에 상응하는 네 가지 교육기관으로 가정마다 어머니 (무릎) 학교, 마을마다 모국어 학교, 도시마다 라틴어 학교, 왕국 또는 주마다 대학을 두도록 한다.
- 어머니 학교에서는 외적 감각을, 모국어 학교에서는 상상과 기억을, 라틴어 학교에서는 이해와 판단을, 대학에서는 이 모든 것을 조화하는 의지를 계발해야 한다.

① 루소의 『에밀』
② 로크의 『교육론』
③ 칸트의 『교육론』
④ 코메니우스의 『대교수학』
⑤ 페스탈로치의 『은자의 황혼』

코메니우스의 『대교수학』
- 교육의 4단계 : 유아기, 아동기, 소년기, 청년기
- 4단계에 상응하는 네 가지 교육기관 : 가정마다 어머니 (무릎) 학교, 마을마다 모국어 학교, 도시마다 라틴어 학교, 왕국 또는 주마다 대학을 두도록 한다.

 ④

44. 다음 중 서로 맞게 연결된 것은? ■ 02 중등

① 로크 – 교육에서 경험과 습관을 중요시했다.
② 페스탈로치 – 교육을 민중교육과 귀족교육으로 이원화했다.
③ 바제도우 – 낭만주의 교육사상가로 유아체육교육을 강조하였다.
④ 훔볼트 – 교사를 정원사에 비유하였으며 학교환경을 중요시했다.

② 페스탈로치 – 교육을 민중교육과 귀족교육으로 이원화했다.
→ 페스탈로치(Johann Heinrich Pestalozzi)는 모든 사람에게 평등한 교육을 제공해야 한다고 주장한 인물로, 민중교육을 중시하였다.
③ 바제도우 – 낭만주의 교육사상가로 유아체육교육을 강조하였다.
→ 해당 선지는 프뢰벨이다.
④ 훔볼트 – 교사를 정원사에 비유하였으며 학교환경을 중요시했다.
→ 훔볼트(Wilhelm von Humboldt)는 인문주의 교육사상가이며 교사를 정원사에 비유한 것은 프뢰벨(F. Fröbel)이다.

 ①

45 코메니우스(Comenius)의 저서 『대교수학(Didactica magna)』에서 다루어지지 않은 내용은?

■ 02 중등

① 학교교육의 필요성과 일반원리
② 인간교육을 위한 5단계 교수법
③ 아동 이해에 기초한 교육의 목적
④ 교수-학습 방법 및 언어·도덕·신앙 교수법

인간교육을 위한 5단계 교수법은 대교수학에서 다루어지지 않았다.

정답 ②

46 18세기 서양 계몽주의 교육사상에 관한 설명으로 옳은 것은?

■ 11 중등

① 예술적 능력의 배양을 주요 교육목표로 삼았다.
② 아동이 갖고 태어나는 신성(神性)의 발현을 강조하였다.
③ 감정이나 종교적 계시보다 합리성을 기르는 데 초점을 두었다.
④ 참다운 인간성을 고대 그리스 문학과 예술에서 찾고자 하였다.
⑤ 역사와 민족성을 근거로 하여 국민적 자각을 강조하는 경향이 있었다.

계몽주의는 이성과 합리적 사고를 중시하며 과학적이고 합리적인 사고의 발전을 강조했다.
① 낭만주의 교육사상에 대한 설명이다.
② 낭만주의 교육사상에 대한 설명이다.
④ 항존주의 교육사상에 대한 설명이다.
⑤ 민족주의 교육사상에 대한 설명이다.

정답 ③

47 루소의 '자연에 따른 교육'의 의미를 가장 잘 설명한 것은?

■ 01 중등

① 자연의 제 법칙에 따라 가르치는 자연 과학 교육을 의미한다.
② 아동의 감각 발달에 따라 적극적으로 가르치는 언어 교육을 의미한다.
③ 아동의 발달 단계에 따라 일찍부터 가르치는 조기 교육을 의미한다.
④ 흥미와 관심 등 아동의 본성에 따라 가르치는 아동 중심 교육을 의미한다.

해설

루소(J. Rousseau)의 '자연에 따르는 교육'의 특징
1) 교육의 목적은 자연질서의 한 부분인 자연과 인간본성에 의존해야 한다.
2) 자연은 감각기관을 통해 이해할 수 있다. 즉 감각은 실재에 대한 지식의 근본이 된다.
3) 자연의 과정은 느리고 점진적이며 진화적으로 발전하기에, 교육 또한 서두르지 말아야 한다. 흥미와 관심 등 아동의 본성에 따라 가르치는 아동 중심 교육을 의미한다.

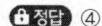 ④

48 『에밀』에 나타난 루소(Rousseau)의 교육사상을 잘못 진술한 것은? ■ 01 초등

① 모든 인간은 평등하므로 여성 교육이 남성 교육과 달라서는 안 된다.
② 교육은 자연적인 발달 순서에 맞추어 단계적으로 실행해야 한다.
③ 아동기에는 서적을 통한 지적 교육보다 체험을 통한 신체적 교육이 더 중요하다.
④ 사회악에 물들지 않도록 초기 교육은 사회로부터 격리시켜 시행하는 것이 바람직하다.

 해설

교육방법 : 소극교육론, 발달단계론, 고상한 야인, 남녀별학
1) **소극교육론** : 어린이 밖에서 어린이에게 적극적인 영향을 주어 어린이를 강제적으로 통제하려는 적극교육론의 반대개념이다.
2) **발달단계론** : 식물이 하늘이 준 소질을 생명의 리듬과 법칙에 따라 연속적으로 키워가듯이 인간교육도 인간 안에 깃든 인간적인 여러 소질의 씨앗들이 몇 단계를 거치며 피어나는 과정이다.
3) **아동중심 교육** : 루소는 어린이를 발견한 최초의 사람이라고도 평가받는데, 그것은 어린이에게는 어린이의 세계, 즉 그들의 발달단계에 알맞은 존재의 양식이 있다는 말이다.

 ①

49 〈보기〉의 내용과 가장 관련이 있는 교육사상가는? ■ 06 중등

┤보기├
• 아동의 흥미와 노력을 중시한다.
• 교육방법은 직관의 원리에 따른다.
• 아동을 성인의 축소판으로 보지 않는다.
• 교육목적을 지식·도덕·기능의 조화로운 발달에 둔다.

① 페스탈로찌(J. Pestalozzi)   ② 에라스무스(D. Erasmus)
③ 루터(M. Luther)   ④ 로크(J. Locke)

해설

페스탈로찌 교육사상
1) 페스탈로찌 교육사상은 계몽주의적 요소도 있지만 기본적으로 신인문주의 성격을 더 강하게 갖고 있다.
2) 그는 루소의 자연주의와 직관주의에 영향을 받았지만, 종교적 심성의 도야와 모성애에 의한 유아기의 교육을 중시한 신인문주의의 주정적(主情的)인 요소도 보여준다.
3) 페스탈로찌의 인간관을 가장 분명하게 보여주는 것은 인간성의 삼단층론(三斷層論)이라고 불리는 이론이다. 이 이론에 따르면 인간은 자연의 상태에서 사회적 상태로, 사회적 상태에서 도덕적·종교적 상태로 층을 이루면서 질적인 도약을 거듭해야 하는 존재이다.
4) 교육의 목적을 '머리와 마음과 손, 3H(Heart, Head, Hand)'의 조화로운 발달에 두고 노동을 통한 교육과 실물(實物)과 직관의 교육을 스스로 실천하였다.
5) 교육방법의 원리 : 노작교육의 원리, 직관의 원리, 합자연의 원리, 자발성의 원리

정답 ①

50 김 교사는 헤르바르트(J. Herbart)의 '교수 단계론'을 현대적 관점에서 해석하여 자신의 국어 수업에 적용해 보았다. 〈보기〉에 기술된 김 교사의 교수행위를 헤르바르트의 '교수 단계론'에 따라 순서대로 배열한 것은?   ■ 10 중등

보기
ㄱ. '시(詩)의 구조'를 학생들이 이미 배운 시에 관한 지식과 관련지어 설명하였다.
ㄴ. 이번 시간에 배운 '시의 구조' 개념을 새로운 시에 적용하여 해석할 수 있도록 설명하였다.
ㄷ. '시의 구조' 개념과 관련된 내용 요소를 세분하여 학생들에게 명료하게 설명하였다.
ㄹ. '시의 구조'를 구성하고 있는 지식들 사이에 체계적인 질서가 있음을 설명하였다.

① ㄱ-ㄴ-ㄷ-ㄹ ② ㄱ-ㄷ-ㄹ-ㄴ
③ ㄴ-ㄱ-ㄷ-ㄹ ④ ㄷ-ㄱ-ㄹ-ㄴ
⑤ ㄷ-ㄴ-ㄱ-ㄹ

해설

4단계 교수론
1) 명료(정적인 심화)의 단계 : 학습자로서는 오늘 배울 내용이 무엇인지 아는 단계요, 교사에게는 가르칠 주제를 쉬우면서 분명하게 제시하는 단계이다.
2) 연합(동적인 심화) 단계 : 학습자는 이미 파악된 요소들 모두를 배열해 일치성과 상이성이 분명히 드러나게 한다. 이전에 배운 주제와 새로 배울 내용을 결합시킨다.
3) 체계(정적인 숙고) 단계 : 학습내용이 일종의 질서가 잡힌 구조임을 가리킨다. 따라서 이 단계는 새로 배운 주제를 기존의 지식 체계 내에 위치시키는 단계이다.
4) 방법(동적인 숙고) 단계 : 이미 획득된 체계를 바탕으로 유사한 다른 사례에 적용하는 것을 목적으로 한다. 오늘날 우리가 사용하는 용어로 적용 및 응용에 해당된다. 방법의 단계는 새로 배운 주제를 응용하는 과정이다.

정답 ④

51 서양 근대 학교제도의 등장 배경에 대한 설명으로 적절하지 않은 것은? ■ 05 중등

① 시민계층의 권리 의식이 고조됨에 따라 교육에 대한 보다 많은 욕구가 표출되었다.
② 민족국가가 출현함에 따라 모든 국민을 대상으로 하는 공민 교육의 필요성이 대두되었다.
③ 사회가 급속히 산업화됨에 따라 노동 생산성의 증진을 위한 대규모 교육이 필요하게 되었다.
④ 교회와 국가가 분리되는 과정에서 구교도 신앙의 이완 현상을 방지하기 위해 체계적인 종교교육의 필요성이 대두되었다.

구교도 신앙의 문제로 인해 종교개혁이 일어났다.

정답 ④

52 〈보기〉의 교육 사상에 가까운 인물들을 나열한 것으로 가장 타당한 것은? ■ 03 중등

| 보기 |

"나는 감히 프랑스를 위하여, 오직 국가에만 의존하는 교육체제를 확립할 것을 주장한다. 그 이유는, 교육은 본질상 국가의 일이라는 데에 있으며, 모든 국가는 각각 그 구성원을 가르칠 신성불가침의 권리를 가지고 있다는 데에 있으며, 한마디로 말하여 국가의 어린이는 국가의 구성원에 의하여 양육되어야 한다는 데에 있다."
— La Chalotais, *Essai d'éducation nationale*(1763) 중에서

① 플라톤 - 루소 - 칸트
② 에라스무스 - 루터 - 로크
③ 헤겔 - 페스탈로치 - 듀이
④ 아담 스미스 - 콩도르세 - 피히테

국가 주도의 교육체제를 강조한 학자로는 피히테, 헤겔, 콩도르세, 아담 스미스 등이 있다.
- **피히테**: 국가의 필요에 따라 교육을 통해 국민을 양성해야 한다고 주장
- **콩도르세**: 교육의 발전이 사회의 진보에 필수적이라고 보았고, 국가의 역할을 강조
- **아담 스미스**: 경제적 측면에서 교육과 국가의 관계를 중시
- **헤겔**: 국가의 중요성을 강조하며 교육과 국가는 밀접한 관계에 있다고 주장

정답 ④

53. 듀이(J. Dewey)의 교육관으로 가장 적합한 것은?

■ 03 중등

① 교육은 삶의 본질인 성장(成長)과 동일하며, 교육 그 자체 이외의 다른 목적을 가지지 않는다.
② 자연은 단지 교육의 효소(酵素)만을 제공해 주며 그것을 발달시키고 완성시키는 것은 교육의 일이다.
③ 교육은 개인의 천부적인 적성을 발견하여 그것을 사회에 유용하도록 훈련시키는 것을 과제로 삼아야 한다.
④ 진정한 교육은 아동의 타고난 본성의 보존과 발달을 의미하며 그를 위해 무엇보다 아동의 연구가 중요하다.

듀이(J. Dewey)는 삶의 본질인 성장(成長)을 교육의 중요한 목적으로 보았다.
② 플라톤은 자연을 성장을 촉진하는 도구로 생각하였다.
③ 헤르바르트나 그람시는 개인의 적성을 중요시하며 이를 사회에 유용하도록 훈련해야 한다고 주장하였다.
④ 아동의 본성과 발달을 강조하며 아동 연구의 중요성을 주장한 학자는 루소이다.

정답 ①

54. 다음은 듀이(J. Dewey)의 『민주주의와 교육』의 내용을 서술한 것이다. ☐에 공통적으로 들어갈 말은?

■ 10 중등

> ☐은/는 어원적으로 볼 때 '사이에 있는 것', 즉 거리가 있는 두 사물을 관련짓는 것을 뜻한다. 교육의 경우에, 두 사물 사이의 메워야 할 거리는 시간적인 것으로 생각할 수 있다. 어떤 것이 발달하는 데 시간이 걸린다는 것은 너무도 자명하다. 그래서 성장에는 시작 단계가 있고 완성 단계가 있으며 그 사이에 밟아야 할 과정, 즉 중간 과정이 있다. 학습의 경우에, 학생이 현재 갖고 있는 능력과 성향이 학습의 출발 단계가 되며, 교사는 최종적으로 도달하게 될 교육목표를 설정한다. 이 두 가지 사이에 있는 ☐이/가 바로 수단(means)인데, 그것은 학생이 어떤 사물에 몰입하는 상태이다. 이 수단을 통해서만 애초에 시작한 교육활동이 만족스러운 최종 결과에 도달하게 된다.

① 경험　　　② 흥미　　　③ 지력
④ 도야　　　⑤ 구성

존 듀이(John Dewey, 1859~1952) : 아동, 흥미, 반성적 사고

정답 ②

55 서양교육에서 전체주의 교육과 대비되는 인간중심주의 교육의 성격을 지닌 것으로 가장 적절한 것은?

■ 06 중등

① 파시즘 교육
② 스파르타 교육
③ 자연주의 교육
④ 국가주의 교육

해설

자연주의 교육은 개인의 자연스러운 성장과 발달을 강조하며, 학습자의 경험과 필요를 중심으로 하는 교육철학으로 전체주의 교육과는 대조적으로 인간의 주체성과 자율성을 존중한다.
① 파시즘 교육 : 전체주의적이고 국가의 이익을 우선시
② 스파르타 교육 : 군사적이고 집단주의적인 교육 방식을 강조
④ 국가주의 교육 : 국가의 이익과 목표에 맞춰 교육을 운영

정답 ③

Ⅸ 한국교육사

01 삼국시대의 교육에 관한 설명으로 바르지 못한 것은? ■ 06 초등
① 고구려에는 태학과 경당이라는 학교가 있었다.
② 박사(博士) 제도의 존재는 백제에서 학교교육이 이루어졌을 가능성을 시사한다.
③ 신라는 화랑도 제도를 통하여 문무 일치의 교육을 실시하였다.
④ 신라의 국학은 공식 기록으로 확인되는 우리나라 최초의 학교이다.

우리나라 최초의 학교는 태학이다.

정답 ④

02 고구려의 학교교육에 대한 설명으로 적절하지 않은 것은? ■ 05 초등
① 경당은 서민층 미혼 자제들이 공부하던 곳이다.
② 경당에서는 송경습사(誦經習射) 교육이 이루어졌다.
③ 태학의 설립은 국가 체제의 정비와 관련이 깊다.
④ 태학의 교재는 유교, 불교, 도교 경전으로 구성되어 있다.

태학은 유교교육을 중심으로 관리 양성을 목적으로 하는 고구려의 국립 고등교육기관이다.

정답 ④

03 〈보기〉에서 독서삼품출신과(讀書三品出身科)에 대한 설명으로 옳은 것을 모두 고르면?

■ 08 초등

┌─ 보기 ├───┐
가. 신라 원성왕 4년(788년)에 국학에 설치된 관리 선발 제도이다.
나. 〈사서오경〉에 대한 독서의 정도를 상·중·하의 삼품으로 평가하여 관직을 제수한다.
다. 〈오경〉과 〈삼사(三史)〉, 〈제자백가서〉에 두루 능통한 경우에는 특별히 발탁하여 등용한다.
라. 신라 사회가 인재 선발의 기준으로 무예를 강조하던 시대에서 학식을 중시하는 시대로 이행하고 있음을 보여준다.
└──┘

① 가, 다
② 나, 라
③ 가, 다, 라
④ 가, 나, 다, 라

나. 사서는 고려 말부터 주요 교육과정이 되었다.

정답 ③

04 〈보기〉에 제시된 통일신라시대의 국학(國學)에 관한 설명 중 사실과 다른 것은?

■ 09 초등

┌─ 보기 ├───┐
ㄱ. 국학은 국내의 역사 기록에서 운영규정을 확인할 수 있는 최초의 대학이다.
ㄴ. 신라는 삼국을 통일한 이후, 필요한 관리 양성을 위해 이전의 화랑도(花郞徒)를 개편하여 국학을 설립하였다.
ㄷ. 국학 설립 과정에서 당(唐)의 국자감(國子監)을 모델로 삼았지만, 현실이 당과는 달랐기 때문에 동일하게 운영하지는 않았다.
ㄹ. 신라는 불교와 전통사상이 강한 상황이어서, 멸망할 때까지 문묘(文廟)를 설치하지 않았다.
ㅁ. 국학이 설립되자 박사와 조교가 교육을 담당하여 15세부터 30세까지의 학생을 대상으로 유학경전 등을 가르쳤다.
└──┘

① ㄱ, ㄷ
② ㄱ, ㅁ
③ ㄴ, ㄹ
④ ㄴ, ㅁ
⑤ ㄷ, ㄹ

ㄴ. 국학(國學)은 국자감 제도를 모방하여 설립한 국립 유교대학이다.
ㄹ. 성덕왕 16년(717)에는 왕자 김수충이 당나라에서 공자와 10철 및 72제자의 화상(초상화)을 들여와 국학에 안치함으로써 문묘(文廟) 제도의 시초가 되었다.

정답 ③

05 〈보기〉의 내용 중 고려 말 주자학의 도입이 한국 전통교육에 끼친 영향에 관한 설명으로 올바른 것을 모두 고르면?
■ 07 초등

―| 보기 |―
가. 학풍이 훈고·사장학적 유학에서 성리학적 유학으로 변화하였다.
나. 종래의 〈5경〉 중심 유학 교육과정이 〈4서5경〉 체제로 재편되었다.
다. 수기(修己)를 강조하는 교육에서 치인(治人)을 중시하는 교육으로 전환하였다.
라. 이상적 인재상과 관련하여 문학적 소양보다 경학적 소양을 더 강조하게 되었다.

① 가, 나
② 다, 라
③ 가, 나, 라
④ 나, 다, 라

주자학(성리학)은 수기(修己)를 교육의 출발점으로 위기지학(爲己之學)을 교육의 목표로 삼았으며, 치인(治人)보다 수기를 강조하였다.

정답 ③

06 고려시대의 교육에 관한 설명으로 올바른 것은?
■ 03 중등

① 조선시대의 서당과 유사한 초학자용 교육시설이 존재하였다.
② 최충(崔冲)의 학교('文憲公徒')는 후기 관학의 발전에 공헌했다.
③ 과거제는 진사과(進士科)와 의복과(醫卜科)의 양과 체제였다.
④ 국자감의 여섯 학부 중에서 사문학(四門學)이 가장 중요했다.

고려의 서당은 자세한 기록은 남아있지 않지만 전국 각지에 설치되었으며 미혼의 젊은이들이 교육의 대상이라고 알려져 있다.
② 최충의 12도는 사학에 해당한다.
③ 과거제는 문과, 잡과, 승과 체제이다.
④ 국자감의 여섯 학부 중에서 국자학이 가장 중요했다.

정답 ①

07 다음은 일연의 『삼국유사』 중 화랑도에 관한 내용이다. 이 내용에 비추어 당시 신라 교육을 옳게 설명한 것은?

■ 08 중등

- (진흥왕은) 천성이 멋스러워 신선을 매우 숭상하여 민가의 낭자 중에서 아름답고 예쁜 자를 택하여 받들어 원화(原花)로 삼았다. 이것은 무리를 모아서 인물을 뽑고 그들에게 효도와 우애, 그리고 충성과 신의를 가르치려 함이었으니, 또한 나라를 다스리는 대요(大要)이기도 하였다.
- 여러 해 뒤에 왕은 또 나라를 흥하게 하려면 반드시 풍월도(風月道)를 먼저 해야 한다고 생각하여 다시 명령을 내려 좋은 가문 출신의 남자로 덕행이 있는 자를 뽑아 (명칭을) 고쳐서 화랑(花郞)이라고 하였다. (…중략…) 이로부터 사람들로 하여금 악을 고쳐 선행을 하게 하고, 윗사람을 공경하고 아랫사람에게 온순하게 하니 오상(五常), 육예(六藝), 삼사(三師), 육정(六正)이 왕의 시대에 널리 행해졌다.

① 진흥왕은 효제충신(孝悌忠信)의 덕목을 중시하였다.
② 육예(六藝)는 유교 오경(五經)과 논어(論語)를 의미한다.
③ 원화(原花)와 화랑(花郞)은 덕행 있는 남자 중에서 선발하였다.
④ 진흥왕 때 선발된 화랑(花郞)은 국학(國學)에서 교육받았다.

② 육예는 예(禮)·악(樂)·사(射)·어(御)·서(書)·수(數) 등 6종류의 기술이다. 예는 예용(禮容), 악은 음악, 사는 궁술(弓術), 어는 마술(馬術), 서는 서도(書道), 수는 수학(數學)이다.
③ 원화는 화랑도의 전신이며 여자 2명을 임명했다.
④ 국학은 신문왕 때 설립되었으므로 진흥왕 때는 없었던 교육기관이다.

정답 ①

08
다음은 신라 국학(國學)에 대한 『삼국사기』 기록의 일부이다. (가)~(다)에 들어갈 직책과 연령대로 옳은 것은?
■ 13 중등

> - 교수 방법은 『주역』, 『상서』, 『모시』, 『예기』, 『춘추좌씨전』, 『문선』으로 나누어 학업을 닦게 하였다. (가) 나 (나) 1인이 혹은 『예기』, 『주역』, 『논어』, 『효경』을 가르쳤고, 혹은 『춘추좌씨전』, 『모시』, 『논어』, 『효경』을, 그리고 『상서』, 『논어』, 『효경』, 『문선』으로써 교수하였다.
> - 학생은 대사(大舍) 이하부터 지위가 없는 자까지로서 나이가 (다) 인 자들로 채웠다. 수학 기한을 9년으로 하였으며, 자질이 부족한 학생이 있으면 그만두게 했다.

	(가)	(나)	(다)
①	교수(敎授)	조교(助敎)	8세부터 14세까지
②	교수(敎授)	훈도(訓導)	8세부터 14세까지
③	박사(博士)	조교(助敎)	8세부터 14세까지
④	박사(博士)	조교(助敎)	15세부터 30세까지
⑤	박사(博士)	훈도(訓導)	15세부터 30세까지

국학에서 실제 교수를 담당한 관직은 박사와 조교였다. 15세부터 30세까지 학업을 수행할 수 있었으며, 9년을 기한으로 했는데 우둔해서 교화되지 않는 자는 그만두게 하고, 재기(才器)가 이루어질 수 있으나 익숙하지 못한 자는 비록 9년이 넘더라도 재학을 허락하였다.

정답 ④

09
주자(朱子)의 교육관에 대한 설명으로 옳지 않은 것은?
■ 06 중등

① 교재로 사서(四書)의 활용을 강조하였다.
② 교육내용으로 사장학(詞章學)을 중시하였다.
③ 교육목적으로 기질(氣質)의 변화를 주장하였다.
④ 교육방법으로 거경(居敬)과 궁리(窮理)를 강조하였다.

교육내용으로 사장학(詞章學)을 중시하지 않았다. 사장(詞章)은 문사(文詞)를 통칭하는 말이었으나 나중에는 시문(時文)·잡문(雜文) 등만을 가리키는 말이 되었다. 조선시대의 성리학(性理學)과 도학(道學)의 상대적 명칭으로 사장학(詞章學)이라고 불렀으며, 문장과 시부(詩賦)를 중시했던 이들이 사장파(詞章派)라고 불렸다.

정답 ②

10. 삼국시대 및 통일 신라와 발해의 교육에 대한 설명으로 옳은 것은?

■ 11 중등

① 백제 성왕 대에는 전업박사(專業博士)가 사서(四書)를 가르쳤다.
② 신라 진흥왕 대에는 화랑도(花郎徒)를 개편하고 국선(國仙)을 두었다.
③ 신라의 국학(國學)은 독서삼품과(讀書三品科)를 통해 입학생을 선발하였다.
④ 고구려의 경당(扃堂)은 태학(太學) 입학을 준비하기 위한 귀족 교육기관이었다.
⑤ 발해는 국자감(國子監)에 왕족 여성 교육을 위한 여사(女師) 제도를 두었다.

신라시대에는 화랑도를 통해 문과 무를 겸비하는 교육을 실시하였으며, 진흥왕 대에 화랑도를 개편하여 국선에 두었다.
① 백제의 전업박사는 천문과 지리, 의학, 율학 등 유학 이외의 여러 전문 기술 분야를 전공한 박사를 가리킨다.
③ 독서삼품과는 독서한 정도를 평가하여 국학생들에게 벼슬을 주는 제도이다.
④ 경당은 언제 설립하였는지 분명하지 않으나, 일반 서민들을 대상으로 한 사설 교육기관이다.(문·무 겸전)
⑤ 발해는 주자감에 왕족 여성 교육을 위한 여사(女師) 제도를 두었다.

🔒 정답 ②

11. 다음 글에 대한 설명으로 옳은 것만을 〈보기〉에서 모두 고른 것은?

■ 11 중등

> 맹자는 말하였다. "군자에게는 세 가지 즐거움이 있는데, 천하에 왕 노릇함은 여기에 들지 않는다. 부모가 모두 생존해 계시며 형제가 무고한 것이 첫 번째 즐거움이요, 위로는 하늘에 부끄럽지 않으며 아래로는 사람들에게 창피하지 않은 것이 두 번째 즐거움이요, 천하의 영재를 얻어 교육(敎育)하는 것이 세 번째 즐거움이다. 군자에게는 세 가지 즐거움이 있는데, 천하에 왕 노릇함은 여기에 들지 않는다."
> — 『맹자(孟子)』〈진심장구상(盡心章句上)〉 중 —

┤보기├
ㄱ. '교육(敎育)'이라는 단어는 사서오경 중 이 글에서 처음 나타난다.
ㄴ. 첫 번째 즐거움은 나의 의지를 통해 천명(天命)을 극복할 때에 얻어질 수 있다.
ㄷ. 두 번째 즐거움은 군자로서 솔성(率性)의 삶을 살아가는 도덕적 떳떳함을 뜻한다.
ㄹ. 세 번째 즐거움은 만남과 교학상장(敎學相長)을 통해 얻어지는 행복감이다.

① ㄱ, ㄴ   ② ㄷ, ㄹ   ③ ㄱ, ㄴ, ㄹ
④ ㄱ, ㄷ, ㄹ   ⑤ ㄴ, ㄷ, ㄹ

ㄴ. 천명(天命)은 극복의 대상이 아니다.

🔒 정답 ④

12 삼국 및 통일신라 시대 인물들의 교육활동에 대한 설명으로 옳지 않은 것은? ▪ 12 중등

① 왕인은 왜(倭)에 『논어』와 『천자문』을 전해주었으며, 당시 왜 태자의 스승이 되었다.
② 원광은 신라 사회의 현실을 고려하여 세속오계를 제정하였으며, 신라의 청년들을 가르치는 스승이 되었다.
③ 원효는 일심(一心)·화쟁(和諍)·무애(無碍)사상을 주창하였으며, 대중을 교화하는 방법으로 그들의 수행 능력에 맞는 염불을 사용하였다.
④ 설총은 당시 신라 말[方言]로써 구경(九經)을 읽어 후학들을 훈도하였으며, 화왕계(花王戒)를 통해 왕을 바른 길로 이끌었다.
⑤ 최치원은 독서삼품과에서 특품으로 발탁되었으며, 국학에서 생도들을 가르쳤다.

⑤ 최치원은 신라 6두품 출신으로 빈공과에 합격한 인물이다. 귀국하여 진성여왕에게 시무책 10여 조를 올렸으나 개혁안은 실현되지 못했고, 이후 해인사에 머무른 것으로 알려져 있다.

 ⑤

13 삼국시대에서 고려시대까지의 교육에 대한 서술로서 옳은 것을 <보기>에서 모두 고른 것은? ▪ 10 중등

┤보기├
ㄱ. 고구려에는 평민도 교육 받을 수 있는 교육기관이 존재했다.
ㄴ. 백제는 박사 파견 등을 통해 고대 일본의 학문과 교육 발전에 영향을 미쳤다.
ㄷ. 신라의 화랑도 교육에는 고유의 사상 및 종교의 요소가 있었다.
ㄹ. 고려의 학교교육은 불교사상을 근간으로 전개되었다.

① ㄱ, ㄷ   ② ㄴ, ㄹ   ③ ㄱ, ㄴ, ㄷ
④ ㄱ, ㄷ, ㄹ   ⑤ ㄴ, ㄷ, ㄹ

ㄱ. 고구려 경당은 서민들을 대상으로 한 사설 교육기관이다.
ㄴ. 백제는 근초고왕 때 아직기가 일본에 파견되는 등 일본의 학문에 많은 영향을 미쳤다.
ㄷ. 신라 화랑도의 전신인 원화는 여자 2명이 임명되었는데, 이는 종교적 의례에서 여성이 차지했던 지위를 반영하는 것이다. 따라서 진흥왕 대에 개편된 화랑도에도 여전히 종교적 역할의 수행이 요청되었음을 알 수 있다.
ㄹ. 고려의 학교교육은 유교사상을 근간으로 전개되었다. 불교는 민간교육에서 더욱 성행하였다.

정답 ③

14 고려시대 국자감과 관련된 내용을 바르게 기술한 것은?

■ 12 초등

① 교관(敎官)을 좌주(座主), 생도를 문생(門生)이라 호칭하였다.
② 경주, 평양, 청주에 설치하여 지역 교육의 발전을 도모하였다.
③ 양현고(養賢庫)를 설치하여 문묘(文廟) 관리를 담당하게 하였다.
④ 율학(律學), 서학(書學), 산학(算學) 분야는 12도(徒)에 위탁하여 교육하였다.
⑤ 칠재(七齋) 중 무학(武學) 분야인 강예재(講藝齋)는 설치되었다가 폐지되고 육재(六齋)로 운영되었다.

강예재는 고려 예종 4년에 설치되었다가 인종 11년에 폐지되었다.

정답 ⑤

15 고려시대 전문기술 분야의 교육 및 선발 제도에 관한 설명으로 옳은 것을 〈보기〉에서 모두 고르면?

■ 11 초등

보기
ㄱ. 율·서·산학은 성종 11년(992) 국자감 설립 당시부터 국자감에 속해 있었다.
ㄴ. 의학, 천문·지리학 등은 태의감, 태사국과 같은 실무 관서에서 운영하였다.
ㄷ. 광종 9년(958) 과거 시행 첫해부터 문관 선발 시험과 함께 의(醫), 복(卜) 등 전문기술관 선발 시험도 시행되었다.
ㄹ. 전문기술관 선발 시험으로는 명법업, 명산업, 명서업, 의업, 지리업 등이 있었다.

① ㄱ, ㄴ   ② ㄱ, ㄹ   ③ ㄴ, ㄷ
④ ㄴ, ㄷ, ㄹ   ⑤ ㄱ, ㄴ, ㄷ, ㄹ

유학계 3학 : 국자학, 태학, 사문학(성종 때 유학부만 시작)

정답 ④

16 주자학(朱子學)에서 제시하는 바람직한 공부의 모습과 거리가 먼 것은?

■ 10 중등

① 위기지학(爲己之學)을 통한 참된 본성의 실현을 지향한다.
② 공부의 전(全) 과정에서 경(敬)의 자세가 근간이 된다.
③ 소학(小學)에서 대학(大學)으로 이어지는 단계를 밟는다.
④ 지(知)와 행(行)이 서로를 밝히고[相發] 함께 진전한다[並進].
⑤ 독서 공부는 순서상 역사서를 두루 읽은 후 사서(四書)로 나아간다.

교육과정 : 사서(四書) 공부 이후 삼경으로 나아간다.

정답 ⑤

17 조선시대의 교육기관인 성균관에 대한 설명 중 맞는 것은? ※ 02 중등
① 문묘에서 성현의 제사와 교육을 병행하였다.
② 학생을 4학(四學) 출신으로 제한하여 선발하였다.
③ 4서 5경과 제자백가 관련 서적들을 교육내용으로 삼았다.
④ 논술시험인 제술(製述)과 구두시험인 강경(講經)이 있었다.

논술시험인 제술(製述)과 구두시험인 강경(講經)이 있었다.

성균관 : 순수한 유학(儒學) 교육기관(문묘와 학당이 공존)
1) 성균관의 건물 구조는 문묘(文廟 : 대성전)와 명륜당(明倫堂 : 강학하는 장소)이 중심이었다.
2) 성균관에는 원칙적으로 과거, 즉 소과(생원시, 진사시)에 합격한 생원과 진사가 입학하도록 되어 있었다.
3) 노자와 장자 및 불교서적과 제자백가와 잡학에 관한 책은 읽지 못하게 했다.

정답 ④

18 고등교육기관으로서 고려시대 국자감과 조선시대 성균관의 특성을 비교한 것으로 옳은 것은?
① 국자감의 최고관리자는 태학감, 성균관은 대사성이었다. ※ 04 중등
② 국자감은 관리 양성, 성균관은 유학자 양성을 주요 목적으로 하였다.
③ 국자감은 관리의 자제만, 성균관은 양반만이 입학할 수 있었다.
④ 국자감의 교육내용에는 잡학(기술학)이 포함되어 있었으나, 성균관의 교육내용에는 포함되어 있지 않았다.

국자감의 교육내용에는 잡학(기술학)이 포함되어 있었으나, 성균관의 교육내용에는 포함되어 있지 않았다.

정답 ④

19 조선시대의 향교에 관한 진술로 옳지 않은 것은? ▪ 07 초등

① 양반 사족뿐 아니라 일반 평민의 자제들도 입학할 수 있었다.
② 전국의 단위 행정구역인 주, 부, 군, 현에 각각 한 곳씩 설립하는 것이 원칙이었다.
③ 각 향교마다 중앙에서 파견된 박사 1인과 조교 1인이 교생(校生)의 교육을 담당하였다.
④ 각 도의 관찰사가 매년 6월에 도내의 교생을 대상으로 도회(都會)를 개최하는 제도가 있었다.

인력부족으로 인해 중앙에서 박사를 파견하기 힘들었으며 각 지역의 수령이 교육함으로써 교육의 질이 낮아지는 문제가 발생하였다.

 ③

20 다음은 퇴계 이황(李滉)이 풍기군수로 재직 시 경상도 관찰사에게 보낸 글의 일부를 번역한 것이다. (가)와 (나)에 들어가야 할 것은? ▪ 10 초등

> 제가 현재 국학(國學 : 성균관)을 살펴보니, 진실로 어진 선비들의 관문(關門)입니다. 그러나 지방 군·현(郡·縣)에 설치되어 있는 교육기관의 경우는 한낱 허울에 불과합니다. 그 교육이 크게 무너져 선비들이 (가) 에 머물며 공부하는 것을 수치로 여기니, 시들고 피폐함이 매우 심합니다. 어떤 방법으로도 고칠 수 없으니 한심하다 하겠습니다. 오직 (나) 에서의 교육이 지금부터 활발하게 일어난다면 아마도 학정(學政)의 부족한 부분을 채울 수 있고, 배우는 사람들이 돌아와 의탁할 곳이 있게 될 것입니다.
>
> 『퇴계선생문집(退溪先生文集)』

	(가)	(나)		(가)	(나)
①	사학(四學)	도회(都會)	②	서원(書院)	사학(四學)
③	영학(營學)	도회(都會)	④	영학(營學)	향교(鄕校)
⑤	향교(鄕校)	서원(書院)			

향교의 재정은 국가에서 지급한 학전(學田)과 지방의 재정으로 충당했으며, 조선 중엽까지 융성하였으나 임진왜란으로 황폐화된 곳이 많았다. 그 후 서원이 발달하면서 점차 교육기관으로서의 기능은 쇠퇴하여 문묘에 제사지내는 기능만 남게 되었다. 서원은 민간이 각 지방에 선현에 대한 사묘(祠廟)를 설치하여 제향(祭享)을 행하고, 유학을 가르치는 중등교육기관이다.

 ⑤

21 서당에서 사용된 아동교육용 교재에 대한 내용으로 바른 것은? ▪ 05 초등

① 천자문은 문자 학습서이며, 맹자가 편찬했다.
② 소학은 사서(四書) 중의 하나이며, 정약용이 편찬했다.
③ 동몽선습은 유학 및 우리나라와 중국의 역사를 담고 있으며, 박세무가 편찬했다.
④ 격몽요결은 초학자들의 입지(立志)를 강조한 유학 입문서로, 이황이 편찬했다.

해설
조선 중종 때의 학자인 박세무(1487~1554)가 저술한 동몽선습은 동몽들이 무엇보다 먼저 익혀야 할 내용을 경(經)과 사(史)로 나누어 제시한 책이다.

🔒정답 ③

22 다음과 같은 방식으로 운영된 조선시대의 교육 제도는? ▪ 11 초등

- 서울에서는 매년 6월 사학(四學)에서 각 20명의 유생을 뽑아 남학에 모아 놓고 경서를 강론하거나 문장을 제술하도록 하여 그 중 우수한 성적을 거둔 유생 10명을 생원·진사 시험의 복시에 바로 나갈 수 있게 하였다.
- 지방에서는 각 도의 관찰사가 매년 6월 도내 향교(鄕校)의 유생 중 우수한 자들을 적당수 선발하여 모아 놓고 강경이나 제술로 시험하여 그 중 우수한 성적을 거둔 자(경상·전라·충청도는 5명, 그 외는 3명)를 생원·진사 시험의 복시에 바로 나갈 수 있게 하였다.

① 도회(都會)   ② 순제(旬製)   ③ 원점(圓點)
④ 월강(月講)   ⑤ 재회(齋會)

해설
유월도회 : 매년 6월에 네 곳의 학당에서 각각 20명씩의 유생을 선발하여 남학에 모아 놓고, 경서를 강론하게 하거나 문장을 제술하게 하여, 거기에서 우수한 성적을 거둔 10명을 곧바로 생원이나 진사의 복시에 응시하게 하는 제도

🔒정답 ①

23 퇴계 이황의 생애 만년 저술로서 성인(聖人)이 되는 공부 방법을 보여주고 있는 것은?

① 입학도설   ② 성학집요   ▪ 03 초등
③ 천명도설   ④ 성학십도

해설
- 퇴계 이황(李滉, 1501~1570) : 『성학십도(聖學十圖)』
- 율곡 이이(李珥, 1536~1584) : 『성학집요(聖學輯要)』

🔒정답 ④

24

〈보기〉는 조선시대 유학자 이황(李滉, 1501-1570)의 교육관에 대한 설명이다. (가)와 (나)에 들어갈 말로 가장 적합한 것은?

■ 03 중등

┤보기├
이황은 학문과 수양의 방법으로 (가)을/를, 목적으로 (나)을/를 중시하였다.

	(가)	(나)		(가)	(나)
①	격물(格物)	위인지학(爲人之學)	②	입신(立身)	천인합일(天人合一)
③	거경(居敬)	위기지학(爲己之學)	④	박학(博學)	효제충신(孝悌忠信)

경(敬) : 퇴계에 의하면, 경은 모든 사물에 대하여 그 이치와 까닭, 존재 이유를 깊이 밝히고, 온전하게 이해하여 몸에 베게 하며, 세월이 오래되어 공력이 깊어지면 하루아침에 녹아들어 확 뚫리게 하여 삶을 건전하게 이끌어 가는 바탕이다. 경은 "한 몸을 주재하는 모든 일의 근본"이라고 했다.

🔒정답 ③

25

〈보기〉는 퇴계 이황이 「올바른 공부란 무엇인가」라는 주제와 관련하여 한 말이다. ㉮와 ㉯에 들어갈 말을 바르게 묶은 것은?

■ 07 초등

┤보기├
(㉮)이란 우리가 마땅히 알아야 할 바가 도리이며 우리가 마땅히 실천해야 할 바가 덕행이라 믿고, 가까운 데서부터 시작하여 나가되 마음으로 이해하고 몸으로 실천하는 것을 목표로 삼는 공부이다. (㉯)은 마음으로 이해하고 몸으로 실천하는 데 힘쓰는 대신 자기 안의 공허함을 감추고 바깥으로 관심을 돌려 지위와 명성을 얻고자 하는 공부이다.

	㉮	㉯
①	위인지학(爲人之學)	위기지학(爲己之學)
②	위기지학(爲己之學)	위인지학(爲人之學)
③	도수지학(度數之學)	명물지학(名物之學)
④	명물지학(名物之學)	도수지학(度數之學)

㉮ 위기지학 : "공부는 자신을 위한 것(爲己)" → 덕을 닦아 인격을 완성하려는 공부
㉯ 위인지학 : "공부는 남을 위한 것(爲人)" → 출세나 명예를 위한 공부

🔒정답 ②

26 다음 빈칸에 공통으로 들어갈 말로 옳은 것은? ■ 13 중등

- 조선 시대 학규인 「학교모범」 독서 조항에서는 『소학』을 읽어 근본을 배양하고, 다음으로 □□□과 함께 『근사록』을 읽도록 하고 있다. 다음으로 『논어』와 『맹자』 등의 공부로 나아가야 한다고 되어 있다.
- 주희(朱熹)는 『논어』와 『맹자』가 길에 따라 묻고 답한 책이어서 요령(要領)을 알기 어려운 데 비해, □□□은 내용의 앞뒤가 서로 연결되고 체계가 모두 갖추어져 있다고 말한다. 따라서 □□□을 즐겨 읽어 옛 사람이 학문함에 있어서 향(向)했던 바를 알고 나서 『논어』와 『맹자』를 읽는 것이 적절하다고 하였다.

① 『대학(大學)』 ② 『서경(書經)』
③ 『중용(中庸)』 ④ 『효경(孝經)』
⑤ 『동몽선습(童蒙先習)』

해설
학교모범에서는 독서의 순서를 「소학」-「대학」과 「근사록」-「논어」-「맹자」 순으로 제시하였다.

정답 ①

27 다음 율곡 이이의 저술 내용 중 (가)에 공통적으로 들어갈 용어는? ■ 12 초등

- 배우는 이는 먼저 마땅히 (가) 하여 도(道)로써 자신의 임무를 삼아야 한다. 도(道)는 높고 먼 것이 아닌데도 사람이 스스로 행하지 않는다. — 이이, 「학교모범」
- 처음으로 배우는 이는 먼저 마땅히 (가) 해야 한다. 반드시 성인(聖人)이 되는 것을 자기의 목표로 삼고서, 털끝만큼이라도 스스로 작게 여기고 물러서고 미루려는 생각을 가져서는 안 된다. 대개 보통 사람도 성인과 그 본성은 동일하다. …… (중략) …… 그러므로 맹자는 성(性)이 선(善)하다고 말하시며 늘 요순(堯舜)을 언급해 그것을 실증하면서 "사람은 다 요순이 될 수 있다."고 하였다. 어찌 우리를 속이셨으랴! — 이이, 『격몽요결』

① 격물(格物)   ② 치지(致知)   ③ 수의(守義)
④ 입지(立志)   ⑤ 거경(居敬)

해설
교육목적에 도달할 수 있는 교육방법으로는 입지(立志)를 강조하였다. 입지란 뜻을 세우는 것으로 성인이 되고자 마음의 방향을 결정하고, 그 뜻대로 행하는 것을 의미한다.

정답 ④

28 다산은 『아학편(兒學編)』을 저술하면서 기존의 문자 교재인 『천자문』을 비판하였다. 다산의 천자문 비판을 〈보기〉에서 골라 바르게 묶은 것은?

■ 03 초등

| 보기 |
가. 아동들의 이해 수준에 맞지 않다.
나. 문자를 같은 종류로 배치하지 않고 있다.
다. 문자 배열이 대비적으로 이루어지지 않고 있다.
라. 아동이 배우기에 문자의 수가 너무 많다.

① 가, 나, 다 ② 가, 나, 라
③ 가, 다, 라 ④ 나, 다, 라

라. 아학편은 천자문의 결점을 극복하고자 정약용이 저술하였으며 상하 각각 1,000자를 수록하여 2,000자로 구성되어 있다.

 ①

29 조선시대에 편찬된 〈보기〉의 교육용 도서 중 중국에서 전래된 『천자문』의 문제점을 비판하며 만들어진 한자 학습용 교재끼리 바르게 묶은 것은?

■ 08 초등

| 보기 |
가. 유희춘의 『신증유합(新增類合)』 나. 안정복의 『하학지남(下學指南)』
다. 장혼의 『아희원람(兒戲原覽)』 라. 정약용의 『아학편(兒學編)』

① 가, 나 ② 가, 라
③ 나, 다 ④ 다, 라

- 『아희원람(兒戲原覽)』: 조선 후기에 장혼(張混)이 아동교육용으로 만든 책이다.
- 『하학지남(下學指南)』: 하학(下學)이란 쉽게 알고 쉽게 행할 수 있는 일상적 공부를 말하며, 지남(指南)은 가르쳐 인도한다는 뜻이다.

 ②

30 양촌 권근의 『입학도설』에 대한 설명으로 옳지 않은 것은?

■ 07 초등

① 조선시대 도설류(圖說類) 교재의 효시가 되었다.
② 『소학』의 형식을 본 따 편찬한 아동용 교재이다.
③ 학생들이 평소 자주 하는 질문과 그에 대한 저자의 답을 싣고 있다.
④ 〈4서5경〉의 핵심 내용을 그림으로 그려 초학자(初學者)들의 이해를 돕고자 하였다.

입학도설(入學圖說) : 1425년(세종 7), 저자 권근(1352~1409)
1) 성리학의 기본 원리를 도식화하여 쉽게 설명한 목판본 성리학 입문서이다.
2) 『입학도설』은 책의 제목 그대로 성리학에 처음 입문하는 초학자들을 위하여 사서오경의 핵심 내용을 도표로 그리고 설명을 덧붙인 책이다.

정답 ②

31 조선시대의 서당에 관한 설명이 아닌 것은?
■ 06 중등
① 계절을 고려하여 교과목을 운영하였다.
② 개인차에 따른 개별 수업을 실시하였다.
③ 개인이나 마을 주민들이 공동으로 설립·운영하였다.
④ 학령(學令)에 선현 향사(享祀)에 관한 규정이 있었다.

향사 : 조선시대 향촌에서 활쏘기 시합을 하며 예법을 익히고, 상호 친목을 도모하는 의식으로 보통 주향(酒饗)을 겸하였다. 중국 고대 주(周)나라 시대부터 시작되었다.

정답 ④

32 다음은 조선시대에 편찬된 어느 초학(初學) 교재의 서문 중 일부이다. 이 초학 교재는?
■ 09 중등

> 무릇 이 책은 우리나라 학자가 지은 것이다. 앞에는 오륜(五倫)을 총론으로 놓고, 다시 부자·군신·부부·장유·붕우를 열거하였다. 그리고 태극(太極)이 처음 열린 때로부터 삼황(三皇)·오제(五帝)·하(夏)·은(殷)·주(周)·한(漢)·당(唐)·송(宋)을 거쳐 황조(皇朝)에 이르기까지 역대의 세계(世系)를 모두 자세히 기록하고, 우리나라에 대해서는 단군(檀君)을 시작으로 삼국(三國)을 거쳐 우리 왕조에 이르기까지 모두 실었다. 글은 비록 간략하지만 기록한 내용은 넓고, 책은 비록 작으나 포괄한 것은 크다. 더구나 요순(堯舜)의 도는 효제(孝悌)일뿐임에랴. 순임금이 설(契)에게 명하시며 오품(五品)을 중시하였으니, 이 책에서 오륜을 맨 앞에 놓은 것은 그 뜻이 굉장하다.

① 동몽선습(童蒙先習) ② 동사강목(東史綱目)
③ 격몽요결(擊蒙要訣) ④ 해동소학(海東小學)
⑤ 오륜행실도(五倫行實圖)

동몽선습(童蒙先習) : 조선 중종 때 학자 박세무(朴世茂)가 저술
1) 조선 중종 때의 학자인 박세무(1487~1554)가 저술한 동몽선습은 동몽들이 무엇보다 먼저 익혀야 할 내용을 경(經)과 사(史)로 나누어 제시한 책이다.
2) 경(經) : 오륜, 즉 부자유친·군신유의·부부유별·장유유서·붕우유신에 대하여 논하고 있다.
3) 사(史) : 삼황·오제에서부터 명나라에 이르는 중국 역대의 사실(史實)과 함께 단군(檀君)에서 조선에 이르는 우리나라의 역사를 기술하였다.

🔒 정답 ①

33 19세기 말 우리나라 교육에 관한 설명으로 가장 타당한 것은? ■ 03 중등

① 독립신문 등을 통해 남녀평등의 근대적 교육사상이 전파되었다.
② 갑오교육개혁의 일환으로 육영공원이 정부에 의해 설립되었다.
③ 갑오교육개혁과 동시에 소학교에서 대학에 이르는 신식 학제가 완비되었다.
④ 고종은 교육조서(教育詔書)에서 유학과 유학 교육의 무용(無用)함을 천명했다.

② 육영공원 설립 이후에 갑오개혁이 이루어졌다.
③ 갑오교육개혁과 동시에 소학교에서 대학에 이르는 신식 학제가 완비되지 않았다.
④ 고종은 교육조서(教育詔書)에서 유학과 유학 교육의 무용(無用)함을 천명하지 않았다.

🔒 정답 ①

34 고려의 동서학당(東西學堂)과 조선의 사부학당(四部學堂)에 관한 진술로 옳은 것은? ■ 09 초등

① 동서학당은 국자감 창설과 동시에 설립되었다.
② 동서학당은 각촉부시(刻燭賦詩)로 유명하였다.
③ 사부학당은 개화기에 배재학당으로 전환되었다.
④ 사부학당은 동학, 서학, 남학, 북학을 지칭하였다.
⑤ 사부학당은 성균관(成均館)의 관할 하에 운영되었다.

사부학당은 성균관의 하위교육기관으로 성균관의 관할 하에 운영되었다.
① 동서학당은 국자감과는 별개의 교육기관으로 동시에 설립되지 않았다.
② 각촉부시는 촛불을 켜놓고 초가 타내려 가는 일정 부분에 금을 새겨 놓아 그 시간 안에 시를 짓게 하는 일종의 경시대회로 십이도에서 성행하였다.
③ 배재학당은 개화기 이후 설립된 사립학교로 사부학당과 관련이 없다.
④ 사부학당은 동학, 서학, 남학, 중학으로 운영되었다.

🔒 정답 ⑤

35 개화기 사학에 대해 바르게 설명한 것은?
■ 05 초등

① 최초의 사학은 점진학교이다.
② 을사조약 이후에는 모두 강제 폐지되었다.
③ 최초로 남녀 공학을 실시한 학교는 배재학당이다.
④ 원산학사는 지역 주민의 자발적 성금에 의해 설립되었다.

① 최초의 사학은 원산학사이다.
② 을사조약 이후에 모두 강제 폐지되지 않았다.
③ 최초로 남녀 공학을 실시한 학교는 점진 학교이다.

정답 ④

36 다음의 (가)와 (나)에서 언급하고 있는 것은?
■ 12 초등

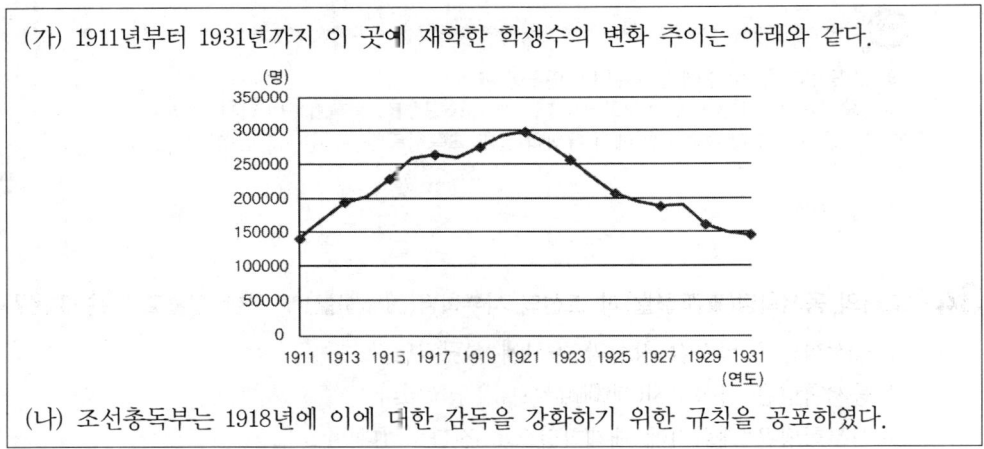

(가) 1911년부터 1931년까지 이 곳에 재학한 학생수의 변화 추이는 아래와 같다.

(나) 조선총독부는 1918년에 이에 대한 감독을 강화하기 위한 규칙을 공포하였다.

① 서당
② 2년제 간이학교
③ 공립 보통학교
④ 사립 보통학교
⑤ 고등보통학교

지문은 서당에 대한 설명이다.

정답 ①

37. 개화기 교육에 대한 설명 중 틀린 것은?
■ 02 중등

① 국가와 민간에 의해 다수의 근대학교가 설립되었다.
② 고종의 교육입국조서에 의해 육영공원이 설립되었다.
③ 을사보호조약을 계기로 교육구국운동이 활발하게 전개되었다.
④ 교사양성의 중요성이 대두되어 한성사범학교관제가 공포되었다.

육영공원은 1886년, 교육입국조서는 1895년이다.

정답 ②

38. 19세기 중반 이후 한국 근대교육의 형성기에 등장한 여러 신식(新式) 학교에 관한 설명으로 옳지 않은 것은?
■ 09 중등

① 조선 정부에서 설립한 것으로는 동문학과 육영공원이 있다.
② 원산학사는 개항장인 함경남도 원산의 일본인 거류지에 일본 상인들이 주도하여 설립하였다.
③ 장로교 선교사들이 설립한 것으로는 제중원 부설 의학교, 언더우드학당, 그리고 정동여학당 등이 있다.
④ 배재학당과 이화학당은 감리교 선교사인 아펜젤러(H. G. Appenzeller)와 스크랜튼(M. F. Scranton)이 각각 설립하였다.
⑤ 천주교에서는 충청북도 제천에 배론신학교(성요셉신학당)를 설립하여 철학·라틴어를 중심으로 다양한 서양 학문과 문물을 함께 교육하였다.

원산학사(1883) : 우리나라 최초의 민간인에 의해 설립
1) 원산학사는 강화도 조약 이후 개항하게 된 원산에서 그 곳 주민들이 외국의 도전과 새로운 정세에 대응하기 위해 교육의 필요성을 인식하게 되면서 설립되었다.
2) 원산학사의 역사적 의의는 지방민이 힘과 기금을 모아 자발적으로 설립하였다는 점, 외국의 학교를 모방한 것이 아니라 서당을 개량하여 설립하여 이것을 근대학교로 계승하였다는 점, 관민이 힘을 모아 설립하였다는 점이다.

정답 ②

39 갑오개혁기에 나타난 교육계의 변화로 옳은 것은?

■ 09 초등

① 실용교육을 제창하는 교육조서(教育詔書)가 반포되었다.
② 관료를 선발하는 과거제도에 서양의 근대적인 과목이 도입되었다.
③ 한성사범학교를 통하여 관립소학교 및 중학교 교원이 양성되었다.
④ 학무국(學務局)을 중심으로 근대적인 교육법령이 수립되기 시작하였다.
⑤ 소학교, 중학교, 전문학교, 대학교로 이루어진 새로운 학제가 마련되었다.

1) 갑오개혁(1894) : 과거제 폐지
2) 교육입국조서(1895) : 한성사범학교 소학교 교원 양성
3) 1910년 10월 1일에 한일 병합 조약에 따라 조선총독부가 설치되면서 내무부 관하에 학무국이 설치되었다. 1919년 8월 20일에 조선총독부 관제 개정(칙령 제386호)에 의해서 학무국은 총독 직속의 국으로 변경되었다.

정답 ①

40 갑오개혁부터 을사늑약 전까지의 시기에 해당하는 교육 상황을 〈보기〉에서 고른 것은?

■ 13 중등

┤보기├
ㄱ.「사립학교령」을 공포하여 사립학교에 대한 규제를 강화하였다.
ㄴ.「조선교육령」을 통해 수업 연한 3년의 여자고등보통학교 제도를 시행하였다.
ㄷ. 외국어를 비롯한 서구의 지식들을 가르치기 위해 육영공원(育英公院)을 신설하였다.
ㄹ. 고종은 이른바 '교육입국조서'를 통해 새로운 교육 강령으로 덕양(德養), 체양(體養), 지양(智養)을 선언하였다.
ㅁ.「중학교관제」를 제정하여 중학교의 수업 연한을 심상과(尋常科) 4년, 고등과(高等科) 3년으로 규정하였다.

① ㄱ, ㄴ   ② ㄱ, ㄹ   ③ ㄴ, ㄷ
④ ㄷ, ㅁ   ⑤ ㄹ, ㅁ

갑오개혁(1894년)~을사늑약(1905년)
ㄱ. 1908년 조선통감부 시기
ㄴ. 1911년 조선총독부 시기
ㄷ. 1886년 설립
ㄹ. 1895년 2월
ㅁ. 1899년 4월

정답 ⑤

41 일제 강점기의 우리나라 초등교육에 관한 설명으로 옳은 것은? ▪ 07 초등

① 1911년의 제1차〈조선교육령〉을 통하여 일제는 종래 4년이었던 보통학교의 수업 연한을 6년으로 연장하였다.
② 1920년대에 전체 초등교육 기관 중 보통학교의 재학생 수가 서당의 재학생 수보다 많아졌다.
③ 1930년대의 보통학교는 조선인들의 취학 기피로 인하여 전반적으로 그 숫자가 크게 감소하는 경향을 보였다.
④ 1941년에 일제가 기존의 '보통학교'를 '국민학교'로 개칭한 것은 '국민개학(國民皆學)'의 실현을 주 목적으로 한 것이었다.

1920년대 보통학교교육이 확대되어 전통적 교육기관인 서당에서 근대적 학교로 학생층이 이동하였다.
① 1906년「보통학교령」때 보통학교의 수업 연한이 6년에서 4년으로 단축, 4년에서 6년으로 연장된 것은 제2차 조선교육령(1922) 때이다.
③ 1930년대의 보통학교는 1면 1교주의 정책으로 보통학교의 수가 늘어났다.
④ 초등학교는 '황국신민'의 양성을 주 목적으로 한 것이었다.

🔒정답 ②

42 〈보기〉에서 일제강점기 식민지 교육의 특징을 모두 고른 것은? ▪ 06 중등

┌─보기─────────────────────────┐
ㄱ. 우민화 교육   ㄴ. 단선형 학교제도
ㄷ. 관·공립학교 우위 정책   ㄹ. 황민화(皇民化) 교육
ㅁ. 분권형 교육행정
└──────────────────────────────┘

① ㄱ, ㄴ, ㄹ   ② ㄱ, ㄷ, ㄹ
③ ㄴ, ㄷ, ㄹ   ④ ㄴ, ㄹ, ㅁ

ㄴ. 복선형 제도를 실시하였다.
ㅁ. 국가주도형 교육행정을 실시하였다.

🔒정답 ②

43 도산 안창호의 교육활동에 해당하는 것은?   ■ 11 중등

① 초등교육기관인 강명의숙(講明義塾)을 설립하였다.
② 점진학교(漸進學校)를 설립하여 남녀공학으로 운영하였다.
③ 교육구국을 위해 서우사범학교(西友師範學校)를 설립하였다.
④ 모곡학교(牟谷學校)를 설립하고 토론과 변론술을 연마시켰다.
⑤ 독립운동에 필요한 인재를 양성하기 위하여 오산학교(五山學校)를 설립하였다.

점진학교는 안창호가 세운 학교로 우리나라 사람의 손으로 세운 최초의 남녀공학 사립학교이다.
① 초등교육기관인 강명의숙(講明義塾)은 이승훈이 설립하였다.
③ 서우사범학교는 서우학회에서 세웠으며 초대 교장은 박은식이다.
④ 남궁억은 모곡학교를 설립하고 토론과 변론술을 연마시켰다.
⑤ 오산학교는 이승훈이 설립하였다.

정답 ②

44 우리나라 대안학교의 성격 및 형태와 가장 거리가 먼 것은?   ■ 02 중등

① 주로 노작교육과 생태교육을 강조한다.
② 일반학교에 비해 교육과정을 자유롭게 운영할 수 있다.
③ 관련 법령에 의해 일부 대안학교는 특성화학교로 전환되었다.
④ 대안학교 졸업자가 상급학교에 진학하려면 검정고시에 합격해야 한다.

인가형 대안학교의 경우 정규 학력이 인정되어 일반학교와 마찬가지로 상급학교로의 진학이 가능하다. 그러나 비인가형 대안학교의 경우 학력이 인정되지 않아 검정고시를 통해 학력을 인정받아야만 상급학교에 진학할 수 있다.

정답 ④

X 교육법

01 헌법 제31조에 규정되어 있는 조항을 〈보기〉에서 모두 고른 것은? ■ 10 중등

┤보기├
ㄱ. 모든 국민은 능력에 따라 균등하게 교육을 받을 권리를 가진다.
ㄴ. 모든 국민은 그 보호하는 자녀에게 적어도 초등교육과 3년의 중등교육을 받게 할 의무를 지닌다.
ㄷ. 교육의 자주성·전문성·정치적 중립성 및 대학의 자율성은 법률이 정하는 바에 의하여 보장된다.
ㄹ. 국가는 특수교육을 진흥하여야 한다.
ㅁ. 학교교육 및 평생교육을 포함한 교육제도와 그 운영, 교육재정 및 교원의 지위에 관한 기본적인 사항은 법률로 정한다.

① ㄱ, ㄷ, ㅁ　　② ㄴ, ㄷ, ㄹ　　③ ㄴ, ㄹ, ㅁ
④ ㄱ, ㄴ, ㄷ, ㄹ　　⑤ ㄱ, ㄴ, ㄷ, ㅁ

ㄴ. 초등교육과 법률이 정하는 교육을 받게 할 의무를 지닌다.

> 「교육기본법」 제8조(의무교육)
> 의무교육은 6년의 초등교육과 3년의 중등교육으로 한다.

ㄹ. 국가는 평생교육을 진흥하여야 한다.

🔒정답 ①

02 현행 법령상 국가공무원인 교원의 복무 규정으로 잘못된 것은? ■ 08 초등

① 근무 중 그 품위를 유지할 수 있는 단정한 복장을 착용하여야 한다.
② 겸임 근무하는 자는 복무에 관하여 본직 기관의 장의 지휘·감독을 받는다.
③ 다른 기관에 파견 근무하는 자는 복무에 관하여 원 소속 기관의 장의 지휘·감독을 받는다.
④ 국민 전체의 봉사자로서 직무를 민주적이고 능률적으로 수행하기 위하여 창의와 성실로써 맡은 바 책임을 완수하여야 한다.

다른 기관에 파견 근무하는 자는 복무에 관하여 원 소속 기관의 장의 지휘·감독을 받지 않고 현 근무기관의 장의 지휘·감독을 받는다.

🔒정답 ③

XI 교육재정

01 우리 나라 교육재정이 안고 있는 문제점이 아닌 것은? ■ 03 초등
① 교육자치단체의 재정 자립도가 너무 낮다.
② 교육세가 목적세로서의 역할을 다하지 못하고 있다.
③ 담배세와 주세에 교육세를 부과함으로써 세원이 안정적이지 못하다.
④ 지방교육재정교부금법이 지방자치단체간의 교육비 불균형을 심화시키고 있다.

해설

재원의 전부 또는 일부를 국가가 교부하여 교육의 균형 있는 발전을 도모함을 목적으로 한다.

정답 ④

02 현행 지방교육재정교부금 제도에 대한 설명으로 옳지 않은 것은? ■ 10 중등
① 지방교육재정교부금은 보통교부금과 특별교부금으로 나누어진다.
② 지방교육재정교부금의 목적은 지방교육의 균형 있는 발전을 도모함에 있다.
③ 특별교부금은 시책사업수요, 지역교육현안수요, 재해대책수요가 있을 때 교부한다.
④ 의무교육기관 교원에 대한 종전의 봉급교부금은 보통교부금에 통합되어 있다.
⑤ 보통교부금의 재원은 내국세 총액의 20% 해당액과 교육세 세입액 전액을 합한 금액이다.

해설

제3조(교부금의 종류와 재원)
① 국가가 제1조의 목적을 위하여 지방자치단체에 교부하는 교부금(이하 "교부금"이라 한다)은 보통교부금과 특별교부금으로 나눈다.
② 교부금 재원은 다음 각 호의 금액을 합산한 금액으로 한다.
  1. 해당 연도 내국세[목적세 및 종합부동산세, 담배에 부과하는 개별소비세 총액의 100분의 45 및 다른 법률에 따라 특별회계의 재원으로 사용되는 세목(稅目)의 해당 금액은 제외한다. 이하 같다] 총액의 1만분의 2,079
  2. 해당 연도 「교육세법」에 따른 교육세 세입액 중 「유아교육지원특별회계법」 제5조 제1항에서 정하는 금액 및 「고등·평생교육지원특별회계법」 제6조 제1항에서 정하는 금액을 제외한 금액

정답 ⑤

03 〈보기〉 중 학교회계에 대해 바르게 설명한 것으로 짝지어진 것은? ▪ 04 초등

| 보기 |
가. 회계연도는 매년 1월 1일부터 12월 31일까지이다.
나. 국·공·사립의 초·중등학교 및 특수학교에 설치한다.
다. 학교장과 학교운영위원회의 기능을 강화하기 위한 것이다.
라. 학교운영 및 학교시설의 설치 등을 위해 필요한 일체의 경비를 세출로 한다.

① 가, 나   ② 가, 다
③ 나, 라   ④ 다, 라

가. 회계연도는 매년 3월 1일부터 2월 말일까지이다.
나. 사립은 교비 회계이다.

 ④

04 다음에서 공통적으로 설명하고 있는 학교경영 관리 기법은? ▪ 10 중등

- 드러커(P. Drucker)가 소개하고, 오디온(G. Odiorne)이 체계화 하였다.
- 조직 구성원의 전체적인 참여와 합의를 중시한다.
- 활동의 과정과 결과에 대해 평가하며 수시로 피드백 과정을 거친다.
- 학교운영의 분권화와 참여를 통해 관료화를 방지할 수 있다.

① 델파이기법(Delphi Technique)
② 비용-수익분석법(Cost-Benefit Analysis)
③ 목표관리기법(Management by Objectives)
④ 영기준예산제(Zero-Base Budgeting System)
⑤ 정보관리체제(Management Information System)

드러커(P. Drucker)가 소개하고, 오디온(G. Odiorne)이 체계화한 학교경영 관리 기법은 목표관리기법(Management by Objectives)이다. 목표관리기법은 조직의 목표를 설정한 뒤 목표를 달성하기 위해 조직 구성원의 참여와 합의를 통해 개별 목표를 체계적으로 관리하는 기법이다.
① 델파이기법(Delphi Technique) : 전문가 그룹의 의견을 수집하여 문제를 해결하는 방법
② 비용-수익분석법(Cost-Benefit Analysis) : 특정 사업이나 정책의 비용과 수익을 분석하여 효율성을 평가하는 방법
④ 영기준예산제(Zero-Base Budgeting System) : 기존 예산을 고려하지 않고 현재의 필요성을 평가하여 우선순위를 정하는 방법
⑤ 정보관리체제(Management Information System) : 조직의 의사결정을 돕기 위해 데이터를 수집, 처리, 저장, 분석하는 정보 시스템

 ③

05 다음 (가)~(다)에 들어갈 말로 옳은 것은?
■ 13 중등

교육재정의 운영은 재정의 '확보 → 배분 → 지출 → 평가'의 과정으로 이루어진다. 확보, 배분, 지출, 평가의 각 단계에는 중요하게 요구되는 원리가 있다. '확보' 단계에서 요구되는 원리 중 (가) 는 교육활동을 운영하는 데 필요한 재원을 충분히 확보해야 한다는 것이고, '배분' 단계에서 요구되는 원리 중 (나) 는 최소한의 재정투자로 최대한의 교육성과를 이룰 수 있도록 교육재정을 사용해야 한다는 것이다. '평가' 단계에서 요구되는 원리 중 (다) 는 사용한 경비에 대해서는 납득할 만한 이유를 제시할 수 있고 책임을 질 수 있어야 한다는 것이다.

	(가)	(나)	(다)
①	안정성의 원리	자율성의 원리	효과성의 원리
②	안정성의 원리	효과성의 원리	적정성의 원리
③	자구성의 원리	효율성의 원리	효과성의 원리
④	충족성의 원리	효과성의 원리	책무성의 원리
⑤	충족성의 원리	효율성의 원리	책무성의 원리

- **충족성의 원리**: 교육활동을 운영하는 데 필요한 재원을 충분히 확보해야 한다는 원칙
- **효율성의 원리**: 최소한의 재정투자로 최대한의 교육성과
- **책무성의 원리**: 사용한 경비에 대해서는 납득할 만한 이유를 제시할 수 있고 책임을 질 수 있어야 한다는 것
- **안정성의 원리**: 교육재정이 안정적으로 확보되어야 한다는 원칙
- **자구성의 원리**: 교육재정을 확보하는 데 지역사회나 학교의 노력과 참여가 중요하다는 원칙
- **효과성의 원리**: 투입된 교육재정이 교육의 목적을 달성하는 데 효과적으로 사용되어야 한다는 원칙

정답 ⑤

06 현행 국·공립학교의 학교운영위원회와 관련된 진술로 옳지 않은 것은?
■ 12 초등

① 당연직 교원위원을 제외한 교원위원은 교원 중에서 선출하되, 교직원전체회의에서 무기명투표로 선출한다.
② 교장은 학교운영위원회의 심의·의결로 학교발전기금을 조성한 후 학교회계에 통합하여 운영하여야 한다.
③ 지역위원은 학부모위원 또는 교원위원의 추천을 받아 학부모위원 및 교원위원이 무기명투표로 선출한다.
④ 학교운영위원회 위원장은 회의 일시를 일과 후, 주말 등 위원들이 참석하기 편리한 시간으로 정하여야 한다.
⑤ 교장은 학교운영위원회의 심의결과와 다르게 시행하고자 하는 경우에는 이를 학교운영위원회와 관할청에 서면으로 보고하여야 한다.

해설

교장은 학교운영위원회의 심의·의결로 학교발전기금을 조성한 후 학교회계와 별도 운영하여야 한다.

정답 ②

07 국·공립학교 학교회계상의 세입에 포함되는 수입을 〈보기〉에서 모두 고른 것은? ■ 04 중등

보기
ㄱ. 국가의 일반회계 또는 지방자치단체의 교육비 특별회계로부터의 전입금 ㄴ. 학교운영지원비와 학교발전기금으로부터의 전입금 ㄷ. 국가 또는 지방자치단체의 보조금 및 지원금 ㄹ. 사용료 및 수수료

① ㄱ
② ㄴ, ㄹ
③ ㄱ, ㄴ, ㄷ
④ ㄱ, ㄴ, ㄷ, ㄹ

해설

학교회계는 다음 각 호의 수입을 세입(歲入)으로 한다.
1. 국가의 일반회계나 지방자치단체의 교육비특별회계로부터 받은 전입금
2. 제32조 제1항에 따라 학교운영위원회 심의를 거쳐 학부모가 부담하는 경비
3. 제33조의 학교발전기금으로부터 받은 전입금
4. 국가나 지방자치단체의 보조금 및 지원금
5. 사용료 및 수수료
6. 이월금
7. 물품매각대금
8. 그 밖의 수입

정답 ④

08 다음의 학교예산 편성 과정에 활용한 예산편성 기법으로 가장 적절한 것은? ■ 09 중등

올해 9월 A중학교에 부임한 김 교장은 금년도 예산에 구애받지 않고 모든 사업과 활동을 전면적으로 재검토하여 내년도 사업계획안을 마련하였다. 그리고 교직원 회의를 거쳐 사업의 우선순위를 결정한 다음, 김 교장은 이에 근거하여 한정된 예산을 우선순위에 따라 배분하는 내년도 예산안을 편성하여 학교운영위원회의 심의를 거쳐 확정하였다.

① 목표관리 제도
② 기획 예산제도
③ 품목별 예산제도
④ 영 기준 예산제도
⑤ 성과주의 예산제도

영 기준 예산제도 : 김 교장은 금년도 예산에 구애받지 않고 모든 사업과 활동을 전면적으로 재검토하여 내년도 사업계획안을 마련하였다.

정답 ④

09 현행 국·공립 초·중등 학교의 학교회계제도에 관한 설명 중 옳은 것을 〈보기〉에서 모두 고른 것은?

■ 03 중등

┤보기├
가. 학교 예산안은 학교운영위원회의 심의 사항이 아니다.
나. 학교 발전기금은 학교운영위원회 위원장 명의로 조성·운용되어야 한다.
다. 학교 회계의 회계 연도는 매년 1월 1일에 시작하여 당해 연도 12월 말에 종료된다.
라. 학교 회계의 주요 세입원은 국가의 일반 회계 또는 지방자치단체의 교육비 특별 회계로부터의 전입금이다.

① 가, 나   ② 가, 다
③ 나, 라   ④ 다, 라

가. 학교 예산안은 학교운영위원회의 심의 사항이다.
다. 학교 회계의 회계 연도는 매년 3월 1일에 시작하여 다음 연도 2월 말에 종료된다.

정답 ③

 평생교육

01 다음은 평생교육의 발전에 공헌한 학자들의 주장이다. (가)~(다)에 들어갈 말을 올바르게 짝지은 것은?
■ 11 중등

> • 랑그랑(P. Lengrand) : 「평생교육(L'éducation permanente)」(1965)을 통해 평생교육은 학습자가 필요로 할 때 언제든지 접근할 수 있어야 하며, (가) 이 통합된 학습을 지원하는 것을 강조하였다. 이를 위해 분절되었던 각 교육제도들을 연계하고 통합하는 사회적 시스템의 필요성을 역설하였다.
> • 포르(E. Faure) : 「존재를 위한 학습(Learning To Be)」(1972)을 통해 새 시대 교육제도의 개혁방향으로 ' (나) 건설'을 제안하였다. 이 보고서는 초·중등 및 고등교육 제도와 교육의 틀을 개혁함으로써 교육의 지평을 넓힐 것을 강조하였다.
> • 들로어(J. Delors) : 「학습 : 그 안에 담긴 보물(Learning : The Treasure Within)」(1996)을 통해 21세기를 준비하는 네 개의 학습 기둥을 제시했다. 네 개의 학습 기둥은 알기 위한 학습, 행동하기 위한 학습, 존재하기 위한 학습, (다) 위한 학습이다.

	(가)	(나)	(다)
①	앎과 삶	학습사회	함께 살기
②	여가와 노동	학습사회	성찰하기
③	여가와 노동	민주사회	함께 살기
④	여가와 노동	민주사회	성찰하기
⑤	앎과 삶	학습사회	성찰하기

 해설

1) 랑그랑(P. Lengrand) : 「평생교육에 대한 입문(Introduction to Lifelong Education, 1970)」
  ① 유네스코의 평생교육 지향에서 가장 중요한 인물 중 한 사람은 랑그랑이다.
  ② 「평생교육에 대한 입문」은 평생교육의 개념 정립보다는 평생교육의 대두 배경을 제시하였다.
  ③ 인간의 전 생애에 걸친 교육기회 제공, 인간의 발달단계에 적합한 교육기회 제공, 인간의 전 생애에 걸친 학습지원을 위한 제도적 장치 마련, 공교육기관의 평생교육 기관으로서의 기능 강화를 통해 개인의 사회 참여 등이다.
  ④ 평생학습을 통해 개인이 가진 다양한 소질을 계속적으로 발전시키는 교육이다.
  ⑤ 국제교육의 해와 개발연대를 맞이서 전 세계적으로 보급·확산에 기여했다.
2) 포르(Edgar Faure) : 「존재를 위한 학습(Learning to Be, 1972)」
  ① 포르는 1972년 「존재를 위한 학습」 보고서를 발간했다.
  ② 모든 국가는 평생교육을 모든 교육정책의 기본 개념으로 삼아야 한다고 전제하고, 이를 위한 교육개혁 방안을 제시하였다.

③ 이 보고서는 그 당시까지 계속교육에 치우쳤던 평생교육의 개념을 가정, 학교, 지역사회에서의 교육을 통합하는 개념으로 확대했고, 유네스코 교육연구소는 평생교육을 학교제도, 학교교육 과정, 교사양성 문제까지 연결하였다.
3) 들로어(J. Delors): 「학습: 그 안에 담긴 보물(Learning : The Treasure Within, 1996)」
  ① 유네스코 1996년에 보물을 담은 학습이라는 보고서를 발간 : 위원장 들로어
  ② 4가지 학습 : ㉠ 알기 위한 학습(learning to know), ㉡ 일하기 위한 학습(learning to do), ㉢ 함께 살기 위한 학습(learning to live together), ㉣ 존재하기 위한 학습(learning to be)
  ③ 교육은 인간의 기본적 권리이며, 평등과 발전과 평화를 성취하는 핵심적 수단이므로 교육으로부터 소외된 집단과 계층에게 동등한 교육기회를 제공하는 것이 중요하다고 주장하였다.

정답 ①

02 노울즈(M. Knowles)가 말한 안드라고지(andragogy)의 기본 가정에 해당하는 것을 〈보기〉에서 모두 고르면?

■ 10 초등

―| 보기 |―
ㄱ. 학습자의 학습 성향은 생활·과업·문제 중심적이다.
ㄴ. 학습은 내적 동기보다 외적 동기에 의해 이루어진다.
ㄷ. 학습자는 자신의 결정과 삶에 대하여 책임지려고 한다.
ㄹ. 학습자는 학습하기 전에 학습할 필요가 있는지 알고자 한다.
ㅁ. 학습자의 경험은 학습자원으로 중요하게 간주되지 않는다.

① ㄱ, ㄴ, ㄷ   ② ㄱ, ㄷ, ㄹ   ③ ㄴ, ㄷ, ㅁ
④ ㄷ, ㄹ, ㅁ   ⑤ ㄱ, ㄴ, ㄹ, ㅁ

ㄴ. 학습은 외적 동기보다 내적 동기에 의해 이루어진다.
ㄷ. 학습자의 경험은 학습자원으로 중요하게 간주된다.

정답 ②

03 다음 (가)와 (나)에 해당하는 평생교육 관련 개념으로 옳은 것은?

■ 13 중등

(가) OECD 교육혁신센터(CERI)에서 제안한 개념으로, 정규 교육을 마친 성인이 언제든지 직업능력 향상과 갱신을 위한 교육을 받을 수 있도록 기존의 학교교육 시스템과 직업능력 계발교육을 유기적으로 통합한 교육체제를 의미한다. 이것은 성인의 생산성 증진과 지속적인 고용 가능성을 지원하기 위해 학습과 일 사이의 긴밀한 연계를 강조한다.
(나) 노울즈(M. Knowles)가 제안한 개념으로, 아동·청소년을 대상으로 하는 교육과 대비된다. 이것은 학습자의 자율성 및 자기 주도성, 학습에서의 경험, 현장 중심의 학습 등을 중시한다.

	(가)	(나)
①	경험학습 (experiential learning)	안드라고지 (andragogy)
②	경험학습 (experiential learning)	학습사회 (learning society)
③	순환교육 (recurrent education)	안드라고지 (andragogy)
④	순환교육 (recurrent education)	전환학습 (transformative learning)
⑤	순환교육 (recurrent education)	학습사회 (learning society)

1) 순환교육 : OECD
   ① 전통적인 관점에서 순환교육은 일을 하다가 필요에 의하여 평생교육에 참여하게 되는 현상에 초점을 두었다.
   ② OECD에서 1973년 『순환교육 : 평생학습의 전략(Recurrent education : A strategy for lifelong learning)』을 출간하면서 개념적 논의와 실천 방법에 대한 담론이 확장되었다.
   ③ 1970년대의 순환교육은 교육의 양적 팽창과 이에 대한 비판적 목소리가 공존하던 시기에 평생교육의 또 다른 표현이었다.
   ④ 교육은 개인의 전 생애 동안 순환적인 방법으로 배분되며 사적 영역에서 이루어지고 있는 직무교육을 포함한다.
   ⑤ 교육과 일, 자발적 비고용 기간, 은퇴가 서로 교차할 수 있다.
   ⑥ 학습휴가제와 같이 혁신적인 방안을 함께 제시하면서 순환교육은 고등교육과 직업교육 그리고 평생교육을 연결하는 개념으로서 각광을 받았다.
   ⑦ 모든 형태의 학습이나 교육이 모든 연령 계층에게 필요하고 그로 인하여 수시로 일과 학습이 번갈아가며 이루어지는 현상을 설명하는 개념으로 활용될 수 있다.

2) 안드라고지 : 노울즈(K. Knowles), 자기주도학습
   ① 노울즈는 학습자로서의 성인의 일반적인 특성을 연구하면서 성인학습자의 학습 방식이 종전에 아동 교육에 사용되어 오던 페다고지(pedagogy)와 다르다는 것을 주장하였다.
   ② 성인들은 학습에 참여하기 전에 왜 학습에 참여하는지의 여부를 알고자 하며, 학습의 필요성을 인지한 이후 전적으로 자신들의 선택에 의하여 학습상황에 참여한다는 것이다.
   ③ 다양한 생활경험을 가지고 구체적이고 직접적인 목표 하에서 효율적으로 대처하면서 자기주도적으로 학습하고자 한다는 것이다.
   ④ 노울즈는 이것을 아동을 교육하는 교사 주도의 학습인 페다고지와는 다른 개념으로 성인교육으로서의 안드라고지(andragogy)라는 개념을 도입하였다.

 ③

04 학습사회에 대한 기구나 학자의 주장이 바르게 진술된 것은?
■ 07 초등

① 유네스코는 1972년에 '소유를 위한 학습(learning to have)'을 강조하는 학습사회를 주장하였다.
② 허친스(R. Hutchins)는 노동시장의 변화에 대응한 인적자원 개발을 강조하는 학습사회를 주장하였다.
③ 카네기 고등교육위원회는 1973년에 직업교육보다 개인의 자아실현을 강조하는 학습사회를 주장하였다.
④ 일리치(I. Illich)는 학습자원을 쉽게 활용할 수 있도록 지역 차원의 연계된 학습망에 기초한 학습사회를 주장하였다.

해설
① 포르(Faure)는 1972년에 '존재를 위한 학습(learning to be)'을 강조하는 학습사회를 주장하였다.
② 허친스(Hutchins)는 인적자원 개발이 아니라 자유교육(liberal education)이 중시되는 학습사회를 주장하였으며 민주사회 유지와 개인의 교양 향상을 위한 인문 교과 중심의 평생학습을 강조한 학자에 해당한다.
③ 카네기 고등교육위원회는 1973년 보고서를 통해 직업교육 및 재교육의 필요성과 인적자원 개발을 매우 중요하게 다루었다. 개인의 자아실현보다 직업교육을 강조하는 학습사회를 주장하였다.

정답 ④

05 학습계좌제에 대한 설명으로 가장 적절한 것은?
■ 09 초등

① 학습자 스스로 독학을 하여 일정 시험을 통과한 자에게 학사학위를 부여하는 제도이다.
② 여러 직종에서 공통적으로 요구되는 직무기초소양과 직무수행능력을 평가하여 인증하는 제도이다.
③ 저소득층 성인의 직업능력개발을 장려하기 위해 교육비를 지원하는 제도로서 일종의 평생교육복지제도이다.
④ 인적 자원의 효율적 개발·관리를 위해 개인의 일생에 걸친 총체적 학습경험을 종합적으로 누적하여 집중 관리하는 제도이다.
⑤ 학교 안팎의 다양한 학습경험과 자격을 학점으로 인정하고, 학점이 누적되어 일정기준을 충족하면 학위취득을 가능하게 하는 제도이다.

해설
① 독학학위제에 대한 설명이다.
② 직무능력인증제에 대한 설명이다.
③ 평생교육바우처에 대한 설명이다.
⑤ 학점은행제에 대한 설명이다.

정답 ④

06 다음 상황에 가장 적합한 평생교육제도는?
■ 11 초등

> 새봄초등학교에서는 학부모와 지역주민을 대상으로 방과 후와 주말에 평생교육 프로그램을 운영하고 있다. 학부모와 지역주민들이 프로그램에 참여하는 주된 목적은 취미와 여가를 위한 것이다. 주민들은 자신들의 평생교육 경험이 체계적으로 누적되어 사회적으로 인정받을 수 있도록 국가가 관리하고 인증해 주기를 바라고 있다.

① 독학학위제　　　　　　　② 학습계좌제
③ 학습휴가제　　　　　　　④ 직업능력 인증제
⑤ 문하생 학력인정제

성인학습자가 자신의 학습과 자격에 관한 것을 누적 기록하고 국가가 인적자원의 개발과 관리를 위하여 국민의 학습경험을 종합적으로 집중 관리하는 것은 평생학습계좌제에 해당한다.

정답 ②

07 현행 평생교육제도에 부합하는 사례를 모두 고르면?
■ 12 초등

> ○○군 ○○면에 위치한 하늘초등학교의 ㉠ 김 교장은 지역 주민들의 요구를 받아들여 방과 후에 학교에서 평생교육 프로그램을 직접 운영하고 있다.
> 이 학교의 강좌에 참여하는 철수 어머니는 ㉡ 학점은행제에 등록하여 학점인정교과목으로 인정받은 강좌를 이수하고, 법으로 규정하는 학점을 취득하여 학사 학위를 받았다.
> 또한 최 교사는 김 교장의 권유로 평일 야간과 주말을 이용하여 ㉢ 인근 대학부설 평생교육원에 개설된 평생교육사 양성 과정을 통해 평생교육사 2급 자격증을 취득하였다.
> 하늘초등학교의 우수사례가 확산되면서 ㉣ ○○군은 평생교육이 매우 활성화되었으나, 시(市) 지역이 아니라는 이유로 아쉽게도 '평생학습도시'로 지정받지 못하였다.

① ㉠, ㉡　　　② ㉠, ㉢　　　③ ㉠, ㉡, ㉢
④ ㉠, ㉢, ㉣　　　⑤ ㉡, ㉢, ㉣

평생교육법 제15조 제1항에 따르면 평생학습도시는 특별자치시, 시·군 및 자치구를 대상으로 지정 및 지원할 수 있다.

정답 ③

08 평생교육과 관련된 제도와 그에 대한 설명으로 옳지 않은 것은? ▪ 12 중등

① 평생교육사 : 평생교육의 기획, 진행, 분석, 평가, 교수 업무를 수행하는 전문 인력
② 학점은행제 : 학교 내외에서 이루어지는 다양한 학습활동을 학점으로 인정하여 학위 취득을 가능하게 하는 제도
③ 학습계좌제 : 평생교육을 촉진하고 인적자원의 개발·관리를 위하여 개인의 학습경험을 종합적으로 관리하는 제도
④ 전문인력정보은행제 : 평생교육기관의 전문 인력을 선발하는 데 필요한 문제은행을 만들어 체계적으로 제공·관리하는 제도
⑤ 학습휴가제 : 국가·지방자치단체와 공공기관의 장 또는 각종 사업의 경영자가 소속 직원의 평생학습 기회 확대를 위해 유급 또는 무급의 학습휴가를 실시하는 제도

전문인력정보은행제(강사 정보은행제)는 각급 학교 평생교육기관 등이 필요한 인적 자원을 활용할 수 있도록 하기 위하여 강사에 관한 정보를 수집·제공하는 제도를 말한다.

🔒 정답 ④

09 현행 「평생교육법」에 의하여 학력이 인정되는 평생교육시설 유형은? ▪ 10 중등

① 사업장 부설 평생교육시설
② 사내대학 형태 평생교육시설
③ 언론기관 부설 평생교육시설
④ 시민사회단체 부설 평생교육시설
⑤ 지식·인력개발사업 관련 평생교육시설

① 사업장 부설 평생교육시설, ③ 언론기관 부설 평생교육시설, ④ 시민사회단체 부설 평생교육시설, ⑤ 지식·인력개발사업 관련 평생교육시설은 별도의 검정고시 시험을 통해 학력을 인정받아야 한다.

🔒 정답 ②

10 평생교육 관련 개념에 대한 설명으로 적절하지 않은 것은? ▪ 07 초등

① 무형식 학습은 정규 학교교육과 우연적 학습을 제외한 모든 형태의 학습이다.
② 성인기초교육은 학교교육을 받지 못했던 사람을 대상으로 하는 문해교육과 생활 기능 교육을 포함하는 삶의 기본교육이다.
③ 인적자원개발은 개인, 조직 및 경력 개발에 대한 내용을 포함하는 개념으로 기업뿐 아니라 국가적 수준에서도 이루어진다.
④ 지역사회교육은 지역 주민들의 성장, 지역 문제의 해결 및 지역사회의 발전을 위해 이루어지는 다양한 형태의 교육이다.

무형식 학습에는 우연적 학습이 포함된다.

정답 ①

11 평생교육제도로서의 순환교육(recurrent education)에 대한 설명으로 잘못된 것은? ■ 08 초등
① 유급 교육휴가제는 순환교육 제도 가운데 하나이다.
② 학교에서의 학습과 일터에서의 학습이 상호 보완적으로 이루어진다.
③ 유네스코(UNESCO)에서 저개발국의 교육 발전을 지원하기 위한 목적으로 제안하였다.
④ 경제협력개발기구(OECD)의 『순환교육 : 평생학습의 전략』 보고서 이후 순환교육의 개념이 널리 사용되었다.

순환교육은 유네스코가 아닌 OECD에서 선진국을 대상으로 제안한 개념이다. 1973년 OECD 보고서에서 순환교육 개념이 처음으로 제안되었으며, 이후 평생학습 전략의 핵심 개념으로 자리 잡았다.

정답 ③

12 다음 설명에 해당하는 평생교육제도 모형은? ■ 10 중등

- 사상적 기초는 개인주의이다.
- 교육에 드는 비용은 학습자가 주로 부담한다.
- 교육에 대한 국가 통제력은 약하다.

① 시장모형　　　　　　　　② 통제모형
③ 복지모형　　　　　　　　④ 발전주의모형
⑤ 사회주의모형

① **시장모형** : 신자유주의. 교육이 상품으로 인식되어 교육기관은 공급자로, 학습자는 수요자로 규정되고 있다.
② **통제모형** : 모든 교육활동은 국가가 직영하거나 국가의 통제하에 있다.
③ **복지모형** : 평등주의, 국민들이 필요한 교육을 받을 수 있도록 교육기회를 마련하여 무상으로 제공하거나, 유상인 경우에는 교육을 받는데 소요되는 비용을 국가가 부담한다.
⑤ **사회주의모형** : 사유화를 철저히 배척. 모든 교육은 무상교육이다.

정답 ①

편저자 김 신
고려대학교 대학원 (교육학 전공)
공단기 교육학 교수

전) 한국교육개발원 연구원
　　해커스 교육학 교수
　　이그잼/아이티칭 교육학 강의

[저서]
- 통합 김신 교육학 백신
- 교육학 백신 POCKET BOOK
- 세상의 모든 교육학 기출 1200
- 김신 교육학 동형모의고사 V1
- 김신 교육학 동형모의고사 V2
- 김신 교육학 동형모의고사 V3

세상의 모든 교육학 기출 1200

출간일	2025년 11월 11일
편저자	김 신
발행처	도서출판 포러스
발행자	㈜포러스 대표 박상혁
주　소	(07282) 서울시 영등포구 선유로13길 25, 420(에이스하이테크시티2)
전　화	02-6084-7730
e-mail	forusbook@nate.com
URL	forusbook.tistory.com
ISBN	979-11-93823-65-1 (13370)
정가	32,000원

저자와의 협의하에 인지생략

도서출판 포러스